捕 获 法

Commentary on the Law of Prize and Booty

De Jure Praedae Commentarius

[荷] 格劳秀斯◇著　　[美]格拉蒂丝·L. 威廉姆斯◇英译

马呈元◇译

中国政法大学出版社

2020·北京

格劳秀斯（1583. 4. 10～1645. 8. 28）

总　序

　　进入 21 世纪以来，和平发展已经成为国际社会的主流和共识。各国政府认识到，基于和平共处的合作与发展是国家间关系的理想状态。尽管国际关系中依然存在各种矛盾和冲突，但是，在和而不同、求同存异的基础上解决国际争端，和衷共济地建设和谐世界符合各国人民的根本利益。而国际法在建设和谐世界，实现全球法治和治理方面无疑具有无可替代的作用。

　　中国的建设和发展同样需要这种和平共处的国际环境。不过，随着中国国力的增长和国际局势的演变，中国须直面的重大国际性法律问题与日俱增且愈益复杂：从领土争端到海洋权益纠纷，从国际贸易摩擦到民商事法律冲突，从应对全球气候变化到资源争夺，从打击恐怖主义和国际犯罪到海外中国公民及企业权益的保护……这些超越国界的法律问题，无一不关乎中国的重大利益，也无一不需要中国国际法学者予以关注、思考和回应。

　　正是基于这一背景，在我的倡议下，经过中国政法大学国际法学院和中国政法大学出版社的共同努力，"中国政法大学国际法文库"得以破茧而出。值此"文库"面世之际，我在欣喜之余，感到有必要谈谈对国际法学界同仁和"国际法文库"的殷切希望。鞭策之言，不足以为弁首也。

　　中国政法大学拥有世界上最大的法学家集团，其法学研究与教育在我国乃至国际上均享有盛誉。作为这个法学家集团的一部分，中国政法大学国际法学人的规模和研究能力也一直为各方所关注和重视。不过，我们应该有更广阔的国际视野和历史责任感，不能固步自封，或者对过往取得的成绩沾沾自喜。坦率地讲，无论是与西方发达国家的国际法研究水准相比，还是与我国国际法同行的最高研究水平相比，我们仍然存在不小的差距。这主要表现在两个方面：其一，在面对重大、突发的国际法理论与实践问题时，鲜有我校国际法学者发出的声音、阐释的观点或者发表的著述；其二，与国内其他一流法学院校相比，我们在国际法研究方面的优势并不明显。现有的地位，在很大程度上是依靠规模而不是质量上的优势获得的。

因此，我希望中国政法大学从事国际法研究的各位同仁能对此有清醒的认识，并产生忧患意识和危机意识，自觉抵御浮华的社会风气和浮躁的学术氛围，沉下心来做学问，以科学的精神和理性的态度关注当代中国面对的重大国际法理论与实践问题，产出高质量、高水平并经得起历史检验的学术成果。"板凳须坐十年冷，文章不写半句空。"以此与各位共勉！

基于上述认识，我希望"中国政法大学国际法文库"能够成为激励中国政法大学内外国际法学界同仁潜心研究的助推器；成为集中展示具有高水平和原创力的中国国际法学术作品的窗口；成为稳定而持续地推出国内高层次国际法理论成果的平台。欲达此目的，确保"文库"作品的质量是重中之重。

"中国政法大学国际法文库"应该以"开放性"为宗旨、以"精品化"为内涵：

第一，"开放性"是中国政法大学的办学理念之一，也是"文库"的首要宗旨。这里所谓的"开放性"，一是指"文库"收录的著述以"宏观国际法"为范畴，凡属对国际公法、国际私法、国际经济法，以及涉外性、跨国性法律问题进行研究的优秀成果，均可收录其中；二是"文库"收录的作品应当囊括校内外和国内外国际法学者的精品力作，凡达到国内一流或国际领先的高水平的国际法著述，均在收录之列。在我看来，坚持"开放性"宗旨是对"文库"范围的合理及必要的拓展，这不仅表明它海纳百川、百家争鸣的胸怀，更是它走"精品化"路线的前提与基础。

第二，"文库"以"精品化"为内涵与品质要求。所谓精品化，是指"文库"收录的作品应该是精品，只能是精品，必须是精品。为达此目的，"文库"要建立严格的申请和遴选制度，对申请文稿进行匿名评审，并以学术水平为评审的唯一标准。"文库"编委会应当适时召开会议，总结实际工作中的经验和教训，不断完善作品的遴选程序和办法，使"文库"出版的作品确实能够代表我国国际法学术研究的最新和最高水准。

我认为，只有秉持"开放性"与"精品化"的出版理念，坚持严格的遴选程序与标准，"中国政法大学国际法文库"才能获得持久的生命力。同时，我相信，经过一段时间的积淀，"中国政法大学国际法文库"必将成为法大乃至中国国际法研究的一个公认的学术品牌，并为构建具有"中国特色、中国风格、中国气派"的高水平国际法理论体系做出自己的贡献。

　　是谓序。

黄　进

2012 年 12 月 12 日

于北京

中译者序言

一

1583 年 4 月 10 日，格劳秀斯出生在荷兰海牙郊外风景如画的代尔夫特镇。他的父亲学识渊博，曾担任代尔夫特镇镇长和莱顿大学学监。格劳秀斯天资聪颖，幼年时被誉为"神童"，8 岁便可以写拉丁文挽歌。1594 年，11 岁的格劳秀斯进入莱顿大学学习，主修哲学和古典语言学。1597 年，他通过了哲学论文答辩，从莱顿大学毕业。1598 年，格劳秀斯跟随荷兰著名政治家奥登巴内费尔特访问法国，被法国国王路易四世称为"荷兰的奇迹"。同年，他留在法国奥尔良大学学习法律，并发表《司祭长》一文，对当时的政治局势进行评论。1599 年，格劳秀斯回国并定居海牙，开始从事律师职业。

作为一名年轻的执业律师，格劳秀斯很快脱颖而出。由于在几个案件的辩护中表现出色，他在律师业务方面取得很大进步。不过，格劳秀斯仍然感到十分焦虑，因为每天属于他的时间越来越少，也就是说，虽然他在律师业务方面进展顺利，但却没有足够的自由支配的时间用于学术研究。就像经常发生的情况那样，虽然他取得了成功，但仍然留有遗憾。[1]1602 年，格劳秀斯在一封信中以十分不满的语气谈到了自己的职业。他说道：代理案件需要耗费大量时间，而且要处理许多麻烦的事务。这样的工作不会给他带来尊敬和荣誉，不值得他为此耗费自己的生命。[2]

这时，对格劳秀斯的学术和职业生涯具有重大影响的一个事件发生了。

---

〔1〕［荷］弗鲁因："格劳秀斯的一部未发表的著作"，载《名作选集》（第 5 卷），第 38～39 页，莱顿，1925 年版。

〔2〕［荷］格劳秀斯著，［美］弗朗西斯·W. 凯尔西等英译，马呈元译：《战争与和平法》（第 1 卷）（修订版），中国政法大学出版社 2018 年版，"序文"，第 25 页。

　　1603 年 2 月 25 日凌晨，荷兰人海姆斯凯尔克率领的武装船队在新加坡海峡袭击了葡萄牙商船"凯瑟琳号"。到夜幕降临时，葡萄牙人投降了。海姆斯凯尔克缴获了该船和船上的大量货物。1604 年秋季"凯瑟琳号"大帆船及其所载货物在阿姆斯特丹拍卖时，其总价值达到了三百多万荷兰盾（大约三十万英镑）。[1]

　　海姆斯凯尔克捕获葡萄牙商船的行为在荷兰引起轩然大波。海姆斯凯尔克受雇于荷兰东印度公司，他前往东印度群岛航行的目的是从事和平的贸易活动。荷兰东印度公司董事会明确规定，除自卫或为遭受的损失取得赔偿以外，禁止船队使用武力。[2]虽然在荷兰为摆脱西班牙统治而进行的独立战争中，葡萄牙人可以说也是荷兰人的敌人，但是，因为海姆斯凯尔克的船队不是荷兰海军，他攻击的对象也不是敌人的军舰，所以，他的行为不属于战争行为。与此同时，海姆斯凯尔克没有取得荷兰颁发的私掠许可证，他的行为也不属于合法的私掠行为。因此，海姆斯凯尔克夺取葡萄牙商船可能是非法的海盗行为。

　　尽管荷兰东印度公司的股东们在获取利润的问题上意见一致，但进行战争却是一个完全不同的问题。战争需要付出高昂的代价，他们必须武装船只保护自己免受葡萄牙人的攻击，并且必须配备更多的武器和人员以便拿捕葡萄牙船只。正是在武装船只和海上捕获的问题上，荷兰东印度公司的股东们表现出了道德方面的极大忧虑。鉴于对此次捕获行为捕获物的合法性存在争议，荷兰捕获法庭对该案进行了公开审理。1604 年 9 月 9 日，捕获法庭对案件作出判决。判决宣布被捕获的葡萄牙商船和货物属于合法的捕获物，并且将捕获物的大部分收益判给荷兰东印度公司。

　　然而，荷兰东印度公司的许多股东，尤其是那些反对进行任何战争的门诺宗教派以及其他一贯追随再洗礼派生活方式的股东，对政府给予的这种恩惠并不领情，拒绝接受捕获法庭判给他们的收益份额。他们一方面反对战争，另一方面反对因武装船只的开支导致的利润的减少。当时，荷兰东印度公司

---

　　[1]　Hugo Grotius, *Commentary on the Law of Prize and Booty*, "Introduction", Liberty Fund, Inc., p. xiii, (2006).

　　[2]　Hugo Grotius, *Commentary on the Law of Prize and Booty*, "Introduction", Liberty Fund, Inc., p. xiii, (2006).

中的门诺派领袖做出了表率：他出售了自己的股票，辞去公司董事的职务并退出公司，因为他们希望通过与东方国家和平地进行贸易而获得利润。[1]此外，还有人设想在法国国王亨利四世的保护下在法国建立一个东印度公司，并将其视为一种双重保护措施。因为法国与葡萄牙及其宗主西班牙均处于和平状态，所以，在法国成立的公司可以在东方水域和平地从事贸易活动。

虽然后来发生在荷兰海军部的一场大火烧毁了包括该案的判决书、辩护人的辩护词等所有材料，但有确凿的证据表明，格劳秀斯作为荷兰东印度公司的代理人参与了该案的审理过程。弗鲁因教授写道："我们可以想象得到，对于格劳秀斯这样的人，如果他执业过程中遇到的案件不能按照一般常规进行裁决，而必须依据更高的法律原则作出判决的话，他将感到多么高兴啊！欣喜之余，他会去查阅自己喜欢的作者的著作，包括罗马的法学家和以后的时代中他们值得尊敬的对手的著作，以及哲学家，甚至神学家的著作。他会对阅读中看到的不同观点进行折中，并加以运用……当属于荷兰东印度公司的舰队拿捕了一艘葡萄牙船只以后，这样的法律问题就出现了。一个普通的执业律师不能完全和充分地回答这个问题。在本案中，需要适用战争法和万国法，但是，哪些律师曾经听到过这样的法律呢？大多数律师甚至不知道它们来源于哪里。而当时还不到21岁的格劳秀斯可能是他们中间唯一知道如何处理此类案件的人，但是，他必须借助那些可以指导他作出决定的法律原则。如果我的推测无误的话，当时，荷兰东印度公司把这个案件委托给了格劳秀斯去处理。他们不可能做出比这更幸运的选择了。"[2]

面对判决以后的形势，1604年9月，格劳秀斯的朋友、荷兰东印度公司董事长阿伦特·登·格鲁滕休斯的弟弟扬·登·格鲁滕休斯请格劳秀斯为荷兰东印度公司写一篇辩护词，[3]全面论述荷兰东印度公司夺取和占有该捕获物的正当性。格劳秀斯接受了他的请求，并于1605年春完成了这一部为荷兰东印度公司进行辩护的著作。这就是我们今天看到的《捕获法》（该书的英文名

---

〔1〕［荷］格劳秀斯著，［美］弗朗西斯·W. 凯尔西等英译，马呈元译：《战争与和平法》（第1卷）（修订版），中国政法大学出版社2018年版，"序文"，第27~28页。

〔2〕［荷］弗鲁因："格劳秀斯的一部未发表的著作"，载《名作选集》（第5卷），第39页，莱顿，1925年版。

〔3〕Hugo Grotius, *Commentary on the Law of Prize and Booty*, "Introduction", Liberty Fund, Inc. , p. xiv ~ xv, (2006).

称为 "Commentary on the Law of Prize and Booty"，直译为《捕获物与战利品法评论》）。为了对《捕获法》的写作做准备，他几乎收集了自己作为该案的辩护人所写的备忘录、捕获法庭的判决和荷兰东印度公司的所有文件。

格劳秀斯在《为海洋自由辩护——兼驳威尔沃德》[1] 中说明了他同意写作《捕获法》一书的原因：

"几年以前，我就认识到，与被称为东方的印度进行商业贸易对荷兰国家安全具有极其重要的意义，与此同时，我也看到了葡萄牙使用暴力和诡计对此进行阻挠的事实。很明显，如果没有武力作为后盾，这样的商业贸易将难以持续。从那时起，我就开始致力于激发我的同胞们勇敢地捍卫我们已经获得的利益的精神。由于我在那个案件中看到了平等和正义，而且我认为我们所信任的祖先传给我们的法律正是来源于平等和正义。因此，我要在完整的关于捕获法的评论中详细和充分地阐述有关战争和捕获的所有权利、葡萄牙人对我们的同胞实施各种野蛮和残暴行为的历史以及与之相关的许多其他事实。"[2]

然而，格劳秀斯的《捕获法》在写作完成后并未出版。虽然格劳秀斯没有说明他为什么这样做的理由，但可能存在以下几个原因：第一，由于荷兰当局的干涉，门诺派教徒建立竞争性安排的设想没有成功，他们最终未能在法国建立一个新的东印度公司，因而没有必要再对他们进行劝导。第二，荷兰东印度公司生意兴隆，没有出现原先预计的重大利润损失。随着公司的盈利源源不断地流入国库和私人的钱袋，荷兰东印度公司名声大噪，它在公众心目中受到尊崇的地位日益巩固。第三，拿捕葡萄牙船只日益被视为一种爱国主义行为，公众舆论亦对此表示赞同。[3] 这些因素的共同作用使得格劳秀斯的辩护词几乎在他搁笔之时即成为多余。

不过，虽然荷兰东印度公司感到没有必要出版《捕获法》一书，但他们和格劳秀斯的关系并没有结束。1608 年秋，荷兰与西班牙缔结和平条约的谈

---

〔1〕 格劳秀斯的《为海洋自由辩护——兼驳威尔沃德》当时并未发表，其手稿是在 1864 年与《捕获法》的手稿同时被发现的。

〔2〕 参见 [荷] 格劳秀斯著，[美] 弗朗西斯·W. 凯尔西等英译，马呈元译：《战争与和平法》（第 1 卷）（修订版），中国政法大学出版社 2018 年版，"序文"，第 17 页。

〔3〕 [荷] 格劳秀斯著，[美] 弗朗西斯·W. 凯尔西等英译，马呈元译：《战争与和平法》（第 1 卷）（修订版），中国政法大学出版社 2018 年版，"序文"，第 29 页。

判似乎陷入僵局，其主要原因是西班牙拒绝承认荷兰在东方从事贸易和航行的权利。荷兰东印度公司担心荷兰政府迫切希望和平的愿望可能促使他们在这个问题上做出让步，因此，该公司资助出版了一系列作品，旨在强调荷兰在东印度群岛地区从事贸易的正当性及其对国家的重要意义。有些学者相信，荷兰东印度公司要求格劳秀斯在这一场宣传战中予以配合。在 1608 年 11 月 4 日的一封信中，荷兰东印度公司要求格劳秀斯把《捕获法》中的第十二章拿出来，进行必要修改后单独向公众发行。[1]当时，格劳秀斯已退出律师界，成为荷兰省的总检察长。他抓紧时间进行工作，并于 1609 年 3 月匿名出版了他的第一部国际法著作《海洋自由论》。《海洋自由论》的出版引导了当时的公众舆论，对西班牙人放弃其非法主张发挥了重要影响。虽然直到 1868 年《捕获法》正式出版以后，整个世界才不再怀疑《海洋自由论》出自格劳秀斯之手，但是，格劳秀斯本人很清楚《海洋自由论》和《捕获法》之间的关系，也很清楚《捕获法》与在此基础上经过充实扩展并于 1625 年出版的《战争与和平法》之间的关系。[2] 1609 年 4 月 9 日，在法国的斡旋下，荷兰和西班牙（包括葡萄牙）签订了一份为期 12 年的停战协定，西班牙和葡萄牙被迫承认荷兰在东印度群岛地区进行航行和贸易的权利。最后，这份停战协定变成了一项正式的和平条约。

尽管有充分的理由相信，《海洋自由论》的出版促使格劳秀斯产生了出版《捕获法》整体内容的想法，但在当时的形势下，这个想法已很难实现了。荷兰与西班牙之间的战争已经结束，对葡萄牙人的指控更适合出现在法庭诉讼，而不是学术著作中。另外，在卸任荷兰省总检察长后，格劳秀斯成为鹿特丹市市长。由于工作繁忙，他无法抽出时间来对《捕获法》进行修改，因此，这部著作的出版问题被搁置了下来，甚至在此后很长时期内，人们甚至不知道格劳秀斯曾经创作了这样一部著作。

《捕获法》的手稿被遗忘了约 260 年。1864 年 11 月，居住在海牙的一位书商马丁努斯·尼杰霍夫宣布拍卖格劳秀斯书写的一件手稿。它属于这位杰

---

〔1〕［荷］格劳秀斯著，［美］弗朗西斯·W. 凯尔西等英译，马呈元译：《战争与和平法》（第1卷）（修订版），中国政法大学出版社 2018 年版，"序文"，第 30 页。

〔2〕［荷］格劳秀斯著，［美］弗朗西斯·W. 凯尔西等英译，马呈元译：《战争与和平法》（第1卷）（修订版），中国政法大学出版社 2018 年版，"序文"，第 30 页。

出法学家的直系后代科尔尼特·德·格劳秀斯家族。这一件第72号拍卖品被说成是格劳秀斯手写的一部尚未出版的关于捕获物和战利品法的书稿，共十五章。一个额外的评论引起了人们对这一事实的关注，即它的第十二章已经被以《海洋自由论》的名称出版发行了。[1]

这部由一位举世闻名的法学家书写，却为人所不知的著作的发现在莱顿大学法学院受到热情欢迎。莱顿大学法学院购买了这一部手稿，威瑟林教授立即开始对它进行研究。威瑟林教授的研究报告被收入1865年［荷兰］皇家科学院研讨会的论文集中。之后，莱顿大学的另一位教授罗伯特·弗鲁因再次对这部手稿进行了研究。手稿的内容使弗鲁因教授大为振奋，他劝说 H. G. 哈马克尔博士出版该书的拉丁文本，他本人则发表了一篇关于《捕获法》的极具说服力的论文，这就是《格劳秀斯的一部未发表的著作》。1868年，哈马克尔教授编辑出版了《捕获法》拉丁文本。1934年，奥诺·达姆斯特翻译出版了《捕获法》荷兰文本。1950年，卡内基基金资助出版了由格拉蒂丝·L. 威廉姆斯博士翻译的《捕获法》英文本。

二

《捕获法》共十五章，除第一章"引言"以外，其余十四章可以分为五个部分。

第一部分为"基本原理"，即第二章。

在本章中，格劳秀斯提出了由九条规则和十三项法律构成的理论体系，作为全书论述的基础。其中，第一条规则"神意之体现即为法"是这一理论体系的首要原则，它集中体现了格劳秀斯这一阶段的自然法思想。《捕获法》第二、第四和第五部分的论述主要是根据这九条规则和十三项法律展开的。此外，本章还对自然法、初级万国法、次级万国法、战争、正义战争、非正义战争、内战、外战等基本概念作了界定。

第二部分为"理论问题"，即第三至第十章。该部分分别对九组（个）与战争和捕获战利品有关的重要理论问题进行了论述。

第三章论述了战争是否具有正义性的第一组问题。通过引用著名哲学家、

───────────

〔1〕　参见本书"英译本序言"，第7页。

神学家和法学家的权威论述和《圣经》中上帝与耶稣基督的教导，格劳秀斯得出如下结论：有些战争是正义的，基督教徒的有些战争也是正义的；从所有法律的角度看，基督教徒针对基督教徒的有些战争同样是正义的。

第四章论述了捕获战利品或捕获物是否具有正义性的第二组问题。格劳秀斯指出，为了重新获得我们的财产、惩罚犯罪和取得敌人的财产权，捕获战利品或捕获物有时是正义的。根据权威学者的论述和《圣经》中的教导及事例，基督教徒捕获战利品或捕获物有时是正义的；从所有法律的角度看，基督教徒从基督教徒手中捕获战利品或捕获物有时也是正义的。

第五章论述了两个问题，即第三和第四个问题。对于在什么情况下捕获战利品或捕获物具有正义性的第三个问题，格劳秀斯根据第四章的论述简明扼要地指出，在正义战争中实施的所有捕获战利品或捕获物的行为均具有正义性。对于在什么情况下发动战争具有正义性的第四个问题，格劳秀斯在简要说明关于这个问题的不同学者的观点后指出，完全出于正当原因发动的所有战争均具有正义性。关于发动战争的正当原因，涉及什么人有权正当地发动战争，基于什么原因和针对什么人发动战争，以什么形式——即在什么范围内——发动战争和为了什么目的和出于什么意图发动战争等问题。这些问题正是"理论问题"后面几章论述的内容。

第六章的标题是"关于发动战争的有效原因"。本章实际上论述的是第五章中所讲的"什么人有权正当地发动战争"的问题。格劳秀斯分私战和公战两种情形对这一组问题进行研究后指出：私战可以由任何人正当地发动，包括与盟友共同发动或者通过作为代理人的臣民发动；公战可以由一个国家或该国不同级别的行政长官正当地发动，包括与盟国或盟国行政长官共同发动或者通过臣民作为代理人发动。

第七章论述了战争的主题事项（subject – matter），即可以根据什么原因和针对什么人发动战争的第六组问题。格劳秀斯分主动发动战争的责任人（即有权发动战争的人）和臣民两种类型对此进行了研究。根据他的研究结论，对主动发动战争的责任人来说，保护自己的生命和财产、重新取得属于自己的财产、索取应得的报酬或惩罚犯罪，均构成发动正义战争的原因；主动发动战争的责任人针对实施伤害行为的个人、国家或其行政长官发动的战争是正义的，同时，针对为实施伤害行为的本国公民提供保护的国家或对实施伤害行为的敌人的盟友和臣民发动的战争也是正义的。对臣民来说，由于他们主要是按照主动发动战争的责任人的命令行事，因此，上级命令构成他们发动正义战争的原因，只要他们在权衡各种可能性之后，认为战争并不违反理性；同时，根据同样的条件，他们按照上级命令针对敌人发动的战争是正义的。此外，第六组问题还有一个引申问题，即是否可能存在对双方均为正义的战争。关于这个问题，格劳秀斯认为，对主动发动战争的责任人来说，不可能存在对双方均为正义的战争；但对臣民来说，则可能存在对双方均为正义的战争，只要战争基本上按照上级的命令进行，而且他们在权衡各种可能性之后，认为上级命令并不违反理性。

　　第八章论述了关于发动与进行战争应当遵循的形式的第七组问题。格劳秀斯同样从公战和私战、主动发动战争的责任人和臣民等不同角度对此进行了论述。对于发动战争的形式（即前提）问题，格劳秀斯指出，如果司法救济缺失，即可正当地发动私战，但司法救济的暂时缺失和持续缺失存在区别；如果司法救济缺失或者已履行"要求归还财产或权利"的程序，并且国家已经通过开战的法令，即可正当地发动公战。对于进行战争的形式问题，格劳秀斯通过研究得出以下结论：对主动发动战争的责任人来说，如果战争限于争议权利的范围，其对象是因该权利而负有义务之人，且战争行为符合诚信原则，即可正当地进行战争；对臣民来说，如果上级命令从事战争，即可正当地进行战争。第七组问题还有三个重要的引申问题。对于这三个问题，格劳秀斯指出，如果敌国臣民因其不法行为而罪有应得或者阻挠我们伸张正义（即使是出于过失），我们即可正当地对其人身进行攻击；在敌人所欠债务全部清偿之前，无论何时我们均可正当地从任何敌国臣民手中夺取捕获物或战利品；对交战双方的臣民来说，如果在权衡各种可能性后认为上级下达的命令不违反理性，他们捕获和保留战利品通常即被认为是正当的；对交战双方的臣民来说，基于同样的条件，他们在对外公战中永久取得战利品和捕获物通常即被认为是正当的。

　　第九章论述了关于战争目的的第八组问题。格劳秀斯认为，在战争目的的问题上，主动发动战争的责任人和臣民存在区别：对于前者，他们为实现权利进行的战争均属具有正当目的的战争；对于后者，他们在执行上级命令的情况下进行的战争均属具有正当目的的战争。

第十章论述了什么人可以取得捕获物或战利品的第九组问题。格劳秀斯引用大量权威学者论述和历史事例，分私战和公战两种情形对此进行了深入细致的研究。他指出，在私战中，作为一种基本的权利，战利品只能由战争的主要发动者本人在满足其合理主张的范围内取得，而不能由其臣民或盟友取得；战争的主要发动者本人或者他在取得战利品之前指定的人可以成为战利品的所有人。在公战中，在绝对的意义上，发动公战的国家有权在国家本身的权利得到满足的范围内取得在战争中捕获的战利品；国家本身或者取得国家转让的战利品之人可以成为战利品的所有人。此外，第九组问题的引申问题与格劳秀斯所辩护的案件密切相关，那就是：对于自付成本、自担损失和［个人利益受损的］风险，且在没有任何补偿协议的情况下通过其代理人参加公战之人，允许他们在什么范围内取得捕获物或战利品。在对这一问题进行认真研究以后，格劳秀斯得出以下结论：对于在没有任何补偿协议的条件下自付成本，自担损失和［个人利益受损的］风险进行公战之人，其代理人通过努力奋战正当地取得的所有战利品均应归其所有，除非根据特别法或协议应当从中扣除特定部分。

第三部分为"历史分析"，即第十一章。

本章分为两个部分。在第一部分中，格劳秀斯一般性地阐述了荷兰与西班牙和葡萄牙进行战争的原因、荷兰人对西班牙人和葡萄牙人的礼让、葡萄牙人在本国境内和其他地区对荷兰人的伤害及其实施伤害的借口。在第二部分中，格劳秀斯集中阐述了葡萄牙人在东印度群岛地区对荷兰人的毁谤以及教唆当地人对荷兰人进行攻击的事例，详细列举了葡萄牙人对荷兰人的欺诈和背信弃义行为以及他们在对荷兰人及其盟友发动的战争中所犯的各种罪行。通过这一部分的阐述，格劳秀斯希望为荷兰人捕获葡萄牙船只的正当性提供支持。

第四部分为"海洋与贸易自由"，即第十二章。

尽管同样服务于《捕获法》一书的整体目的，但本章的内容相对独立，这也是格劳秀斯可以将其单独拿出来作为《海洋自由论》发表的原因。通过详细论证，格劳秀斯指出，任何人均可进入任何国家，这不仅是来源于许可，更是来源于万国法的命令。无论是基于发现、教皇的授予或战争的理由，都不能仅仅因为某些人是异教徒而剥夺他们的公共或私人的所有权。无论是基于占有、教皇的授予或时效（即习惯）的理由，海洋本身和海上航行权以及与他国进行贸易的权利均不得被任何一方所独占。本章还对公有、共有和私有制度的发展以及先占和时效的概念进行了论述。

第五部分为"具体问题分析"，即第十三至十五章。本部分分别对荷兰的战争和捕获及占有系争战利品的具体问题进行了论述。

第十三章从法律的角度论述了荷兰的战争和荷兰东印度公司取得系争战利品是否正义的问题。通过对这一问题的深入研究，格劳秀斯指出，无论是从作为主动发动战争的责任人荷兰联省共和国总督和议会的角度来看，还是从作为臣民的荷兰东印度公司以及荷兰盟友的公共事业的角度来看，荷兰进行战争和取得系争捕获物都是正义的。与此同时，为论述低地国家摆脱西班牙国王的统治，建立独立国家的正义性，格劳秀斯说明了以下观点：在一位君主统治下的有组织的政治共同体或者内部各省有权进行公战；维护对君主有拘束力的世代相传的法律是进行反对君主的战争的正当理由；正直的公民有义务服从现任行政长官；一个国家对自己从前的统治者进行的战争属于对外战争。

第十四章从道德的角度论述了荷兰东印度公司捕获和取得系争战利品是否光荣的问题。格劳秀斯分析了正义与光荣的关系。按照他的观点，凡属正义的皆是光荣的；出于正义目的捕获战利品是光荣的；为了盟友或国家的利益对敌人进行复仇也是光荣的。基于同样的理由，荷兰东印度公司与荷兰公民占有系争捕获物亦是光荣的。

第十五章从实用的角度论述了荷兰东印度公司捕获和取得系争战利品是否符合国家、东印度公司和荷兰公民利益的问题。基于与上一章相同的推理，格劳秀斯得出以下结论：凡属正义的皆是光荣的；凡属光荣的皆是有利的。格劳秀斯指出，任何有助于增进荷兰国家和盟友的利益以及可以给敌人造成损害的都是对荷兰有利的；同时，能够促使敌人在防御和军备方面增加支出，加重其财政负担也是对荷兰有利的。此外，保持对系争战利品的占有符合荷兰的利益。

格劳秀斯的《捕获法》诞生于真正的法律实践，他在书中阐述的论点得到了捕获法庭的认可。在一个著名案例的基础上完成的这部国际法著作具有重要的理论和现实意义。首先，该书尝试说明，在战争时期，存在一种规范敌对行为的法律；同时，在和平时期，存在一种通过友好方式处理国家间关系的法律。其次，该书的内容有助于负责国家事务的人了解国家间最经常发生的问题，并运用书中确立的原则加以解决。最后，该书所阐述的原理可以不同程度地适用于新出现的问题，而且无论在战争还是和平时期，国家和个人，甚至其他实体都可以真诚地信赖这些原理。[1]

三

对于本书的翻译，有必要做以下几点说明：

（一）文本及章节

《捕获法》中文译本依据的是格拉蒂丝·L.威廉姆斯博士翻译、卡内基基金1950年出版的英文译本。它是卡内基基金会资助翻译出版的"国际法经典著作"（Classics of International Law）中的最后一部，也是"国际法经典著作"系列收录的格劳秀斯三部著作之一。在1950年版的英文译本中，格劳秀斯所作的注释被置于页边作为旁注，为准确起见，译者参考了格氏注释被放在脚注位置的由Liberty Fund，Inc. 2006年出版的《捕获法》英文译本。

在《捕获法》的拉丁文本和英文译本中，多数章并没有标题（第三、四、五、十、十一、十二、十四和十五章）。为统一起见，译者根据各章的内容，补充了它们的标题。

在《捕获法》的英文译本中，除第一、二章以外，其余各章均在开头部分以类似目录的形式列举了该章讨论的问题或部分的标题，然后在正文中以旁注的形式标明各个问题及部分的划分。如果中译本不采用旁注的形式，则每一章从头至尾不会出现任何部分的划分。为便利读者阅读，译者根据英文译本中旁注的位置将各部分的划分放在正文中，并将其作为各章的目录。

（二）注释及符号

《捕获法》英文译本的注释有脚注和旁注两种形式，旁注是格劳秀斯拉丁文原著中的注释，脚注是英译者补充的注释。因为中文译本没有采用旁注形式，所以，英文译本中的脚注和旁注均被放在中文译本脚注的位置。为避免

---

〔1〕〔荷〕格劳秀斯著，〔美〕弗朗西斯·W.凯尔西等英译，马呈元译：《战争与和平法》第1卷（修订版），中国政法大学出版社2018年版，"序文"，第40页。

两种注释的混淆，英译者补充的注释后面统一标注（——英译者注），以示区别。

《捕获法》中文译本的正文和脚注中使用了三种括号：圆括号（）中是格劳秀斯原文的内容；方括号［］中是英译者对拉丁文本内容的解释或说明；加黑的方括号【】中的内容则是中译者所做的必要的补充。

对于注释中引用的作品"卷""章""节"等序号，原文中注明"Book ×"或"Chapter ×"的，直接译为"第×卷"或"第×章"；原文中在作品名称后只用罗马数字和/或阿拉伯数字标明序号的，则将序号直接置于中文作品名称之后。读者有时会看到这样标注的序号：《雅典之夜》Ⅱ［Ⅱ. viii］或Ⅱ. v［Ⅱ. vi. 12］。在这种情况下，方括号［］之前的罗马数字和/或阿拉伯数字是格劳秀斯拉丁文原著中标明的作品卷、章、节序号；方括号［］内的罗马数字和/或阿拉伯数字则是英译者在对引用作品核实校对后对原序号的补充或纠正。因条件所限，中译者未对所引作品卷、章、节的序号是否准确进行核实。

（三）中译者注

由于《捕获法》的写作距今已有400多年，书中不少人名、地名和事件，现代人知之甚少。为了有助于读者的阅读和理解，译者撰写了"中译者注"条目，对正文中出现的主要的人名、地名和事件等予以简单注释。"中译者注"中名词的解释选自权威文献资料或信息来源：首先是《简明不列颠百科全书》；其次是《中国大百科全书》；再次是"维基百科"（wikipedia）；最后是《捕获法》英文译本中的"引文作者索引"（Author Index）以及少数其他来源。每一条"中译者注"后面均在圆括号中说明该条目的出处，以便读者自行查阅其详细内容。"中译者注"置于每一章后面；全书最后有"中译者注索引"。此外，"中译者注"中也包括个别中译者对作品内容所做的说明。

（四）译名及参考文献

为了保持中文译本中名词的统一，人物、地区、作品、事件等的译名依次以《简明不列颠百科全书》和《中国大百科全书》中所用名词为准。上述两部百科全书没有收录的，以《世界人名翻译大词典》和《世界地名翻译大词典》中的译名为准。

《捕获法》中较多地引用了《圣经》的内容，《圣经》的中文译文以《圣经》（新旧约全书和合本）为准。

译者在对本书进行翻译和撰写"中译者注"条目时使用的主要参考文献如下（除书名外，正文和"中译者注"条目中不再出现下列作品的其他出版信息）：

1. 《简明不列颠百科全书》，中国大百科全书出版社 1985 年版。

2. 《中国大百科全书》（第 2 版），中国大百科全书出版社 2009 年版。

3. *The New Encyclopedia Britannica*, Encyclopedia Britannica, Inc. , 2010.

4. *Black's Law Dictionary*, Ninth Edition, West Publishing Co. , 2009.

5. *Cassell's Latin Dictionary*, Wiley Publishing, Inc. , New York, 1977.

6. 《世界人名翻译大词典》，中国对外翻译出版公司 2007 年版。

7. 《世界地名翻译大词典》，中国对外翻译出版公司 2008 年版。

8. 卢龙光主编：《基督教圣经与神学词典》，宗教文化出版社 2007 年版。

9. 日本国际法学会编，外交学院国际法教研室总校订：《国际法辞典》，世界知识出版社 1985 年版。

10. 《圣经》（新旧约全书和合本），新加坡及文莱圣经公会 1992 年版。

11. 《圣经》（当代译本·修订版），国际圣经协会 2010 年版。

12. *New World Translation of the Holy Scriptures*, International Bible Students Association, New York, 1984.

译者还参考了商务印书馆出版的荷马、亚里士多德、柏拉图、西塞罗、奥古斯丁（圣）、塔西佗、维吉尔、凯撒、阿利安等人的汉译名著和译林出版社 2010 年出版的《希腊古典神话》（［德］古斯塔夫·施瓦布著，曹乃云译）。

四

中国政法大学廖敏文教授承担了本书的译审工作。廖教授在英语和法学两方面均有很深的造诣，她对待译审工作认真负责，在译稿的审读和修改方面付出大量心血和劳动，并提出许多中肯和正确的意见及建议，译者从中获益良多。此外，廖教授还为少数"中译者注"条目的撰写提供了重要资料。对于廖教授在提高本书的翻译质量方面做出的重要贡献，译者在此表示诚挚的谢意。

2015 年，上海人民出版社出版了张乃根教授等 5 人翻译的《捕获法》一书。该书翻译了英译者对拉丁文本内容的解释或说明（英文译本脚注），但对格劳秀斯本人在拉丁文原文中所作的所有注释（英文译本旁注）均未做翻译。至于内容，读者可在比较的基础上进行阅读。

《捕获法》是格劳秀斯创作的第一部国际法学著作，在国际法学术思想的发展历史上具有十分重要的地位。在 2018 年完成《海洋自由论》一书的翻译后，译者用两年时间完成了本书的翻译工作。因个人能力所限，虽竭尽所能，但译文中的不足之处仍在所难免，希望读者能够在阅读原文的基础上提出宝贵意见。

马呈元
2020 年 7 月于北京

英译本序言

　　本卷是国际法经典文库的最后一部著作。1906 年，美国国务院法律顾问詹姆斯·布朗·斯科特[1]博士写信给卡内基研究院主席罗伯特·S. 伍德沃德博士，建议重新出版国际法经典文库。卡内基研究院同意资助这一项目，并任命项目发起人詹姆斯·布朗·斯科特博士为文库总编。在接受这一职位时，詹姆斯·布朗·斯科特博士提出了这样一项条件："总编的服务应该是一种无偿的奉献。只有这样，我才能心安理得地以某种方式履行培根[2]法官为每一位专业人士规定的以下职责。培根法官明智和恰当地指出：'我认为，每个人都是其所从事的专业的债务人。由于人们理所当然地寻求从其专业中获得名誉和利益，因此，他们应当尽心竭力地履行自己的职责，助力本专业的发展并为其增光添彩。'"[1]

　　1917 年 1 月 1 日，成立于 1910 年的卡内基国际和平基金从卡内基研究院手中接管了出版国际法经典文库的工作。当时，斯科特博士是卡内基国际和平基金的秘书长与国际法分部主任。在他于 1940 年 6 月 30 日因健康原因从卡内基国际和平基金退休之前，斯科特博士一直担任该文库的总编。

※　※　※

　　雨果·格劳秀斯所代表的并非国际法的开端，而是国际法发展的中间阶段。在写给伍德沃德博士的信中，斯科特博士指出，从历史的角度来看，国际法"可以分为三个阶段：首先是格劳秀斯的先驱者；其次是格劳秀斯，包括其生平和著作；最后是格劳秀斯的后继者。"本文库的出版目录中包括下列格劳秀斯的

---

〔1〕　斯科特博士 1906 年 11 月 2 日信件的全文见英译本"附录三"【中译者未翻译该附录】。

先驱者：阿亚拉[3]、贝利[4]、真蒂利[5]、莱尼亚诺【约翰（莱尼亚诺的）[6]】、苏亚雷斯[7][1]和维多利亚[8]；格劳秀斯的后继者则包括宾凯尔斯胡克[9]【宾刻舒克】、普芬道夫[10]、拉歇尔[11]、泰克斯特、瓦泰勒[12]、惠顿[13]、沃尔弗[14]和朱什[15]。至于格劳秀斯本人的著作，斯科特博士建议将他的《战争与和平法》《海洋自由论》和《捕获法》纳入文库之中。斯科特博士在 1906 年 11 月 2 日最初提出的建议中说明了这三部著作之前的密切联系，他写道："直到最近，格劳秀斯的杰作"当然是指《战争与和平法》，"并没有被人们完全理解，因为它被视为一部孤立的著作，而不是作者毕生心血的结晶。然而，人们如今发现，1625 年的这部杰作只是 1604 年格劳秀斯准备的一份辩护词或法律意见书的扩展。当时，在一个非常重要的关于捕获问题的案件中，格劳秀斯受雇于荷兰东印度公司。两个多世纪以来，1609 年出版的《海洋自由论》一直被认为是一本单独和独立的著作。但是，1864 年发现并于 1868 年出版的名为《捕获法》的格劳秀斯的辩护词表明，《海洋自由论》这一部著名且篇幅不长的著作是格劳秀斯当初辩护词的第十二章。"

鉴于这个原因，斯科特博士建议："对格劳秀斯的著作进行的新的和权威性的编辑……应该包括这一份关于捕获法的辩护词，并附加脚注以提请人们注意，当《海洋自由论》作为一部单独的著作出版时，格劳秀斯只是对这份辩护词的第十二章作了少数无关宏旨的修改。同时，新的编辑应该包括格劳秀斯不朽的《战争与和平法》三卷本。"拟议出版的著作"应该根据现行的学术成果进行编辑，力戒印刷错误，并避免出现大量编辑说明和评论，以免干扰读者对文本的理解"。

按照当初通过的整个经典文库的出版计划，即每一部著作应该包括原始文本的复印本和现代英文译本，而且在英文译本前面应该有一个适当的简介，格劳秀斯系列著作的首卷于 1913 年出版。该卷包括 1646 年版《战争与和平法》的影印本。不过，将其翻译成一部令人满意的英文译本并交付出版耗时达 12 年之久。1925 年，由斯科特博士撰写序文的《战争与和平法》英文译本作为格劳秀斯系列著作的第二卷正式出版。

第一场世界大战的爆发使欧洲各交战国与作为中立国的美国之间对海洋

---

〔1〕 苏亚雷斯的《法律与神法》出版于 1612 年，该书的出版晚于格劳秀斯《捕获法》的完成和《海洋自由论》的出版，但早于格劳秀斯 1625 年首次出版的《战争与和平法》。

自由问题进行了悲剧性的引人关注的官方讨论。在 1914 年 8 月和 1917 年 4 月期间，作为美国国务卿的特别法律顾问和国务院与海军联合中立委员会主席，斯科特博士几乎每天都不得不进行思考并就涉及作为海上中立强国的美国政府官方立场的问题发表意见。他正确地认为，格劳秀斯关于海洋自由的观点将有助于澄清那些正在讨论的重要问题。根据他的推荐，《海洋自由论》的英文译本和经修订的拉丁文本于 1916 年同时出版。当时，出于应急的目的将《捕获法》作为国际法经典文库之一出版尚不具备可行性。因为《捕获法》的出版需要更长时间的准备，所以只能在以后出版。虽然《捕获法》被包括在了卡内基国际和平基金国际法分部的出版总目录之中，但是，斯科特博士并未放弃其将《海洋自由论》纳入国际法经典文库的最初的设想。1932 年 4 月 5 日，在他作为卡内基国际和平基金国际法分部主任发表的年度报告中，斯科特博士指出，1916 年出版的《海洋自由论》"应该通过修改加以完善，特别是考虑到这样一个事实：现在已有可能取得作为《海洋自由论》原型的《捕获法》第十二章的复印本并对其进行完整的翻译"。因此，斯科特博士认为，"因为《海洋自由论》原本是《捕获法》的一个部分，所以，对其进行修改并作为《捕获法》的姊妹卷在国际法经典文库中出版"是合适的。[1]在该报告中，斯科特博士进一步建议说："由于格劳秀斯关于海洋自由的这一本小册子的结果之一是他与英国作者在这个主题上产生了争议，因此，看起来适当的做法应该是在新的一版中包括威廉·威尔沃德在他的《简明海洋法全书》中对《海洋自由论》的抨击，以及格劳秀斯对此的回应。截至目前，它们仅以拉丁文原文出版。简单地讲，新的一版应该是单独一卷，包括《捕获法》第十二章的复印本、1609 年《海洋自由论》的原始文本，以及格劳秀斯—威尔沃德论战中文件的复印本和适当的翻译文本。"[2]

按照总编最初的计划，《捕获法》是格劳秀斯系列著作的第二部，排在《战争与和平法》之后和《海洋自由论》之前。然而，在斯科特博士的有生之年，各种事件的压力使得出版格劳秀斯著作的计划未能付诸实施。此后，在国际事务领域出现的许多新的亟待解决的问题致使卡内基基金的受托人必须将日

---

〔1〕《卡内基基金年度报告》，1932 年，第 126～127 页。

〔2〕《卡内基基金年度报告》，1932 年，第 127 页。

益减少的收入更多地用于现实的与建立和维持和平有关的国际合作问题。与此同时，用于对国际法早期发展领域的学术研究和出版资助的资金则比以前更少。卡内基基金资源利用和精力的转移使斯科特博士设想的对格劳秀斯系列著作中的后两部以精心制作的方式出版的计划无法实现。现在看来，卡内基基金 1916 年出版的《海洋自由论》可以满足现代学术界在这一领域的期望。但是，如果不考虑经济和时间的问题，未能在斯科特博士亲自指导下最充分地实现他投身于其中的学术成果的出版无论如何都是一个不可原谅的缺憾。

在斯科特博士的指导下，已经准备好了一个格劳秀斯手写体的《捕获法》原稿珂罗版[16]对开复印本。根据最初的计划，卡内基基金版本的第一卷应该出版该复印本，并包括扩充后的拉丁文本以及对该著作的详尽解释，第二卷依然用大开本出版《捕获法》的英文译本以及适当的序言部分和索引。不过，在考虑原计划出版的材料的可行性之后，最终决定卡内基基金版本的第一卷以国际法经典文库的标准开本出版《捕获法》的英文译本，第二卷则以手稿的原始开本出版珂罗版复印本。由于手稿中的字体和注释的原因，不可能将其页面的开本缩小到与经典文库其他卷同样大小的程度。

斯科特博士原计划在格劳秀斯的系列著作最终以三卷本的形式全部出版后，对其做一个在某种意义上详尽的介绍，然而，出版资助项目的简化要求对介绍性内容做出改变。在他的有生之年，斯科特博士对格劳秀斯的著作做过两次介绍：第一次是 1916 年出版的《海洋自由论》的序言；第二次是 1925 年出版的《战争与和平法》的序文。以下对格劳秀斯系列著作最后一卷的初步评论在某种程度上是建立在斯科特博士前两次序言（文）和前面提到的他计划对全部三卷所做的最终介绍的说明基础上的。

※ ※ ※

在我们将注意力转向《捕获法》的内容之前，这一部著作的手稿有一段有趣的历史，值得我们简单地进行回顾。[1]

---

〔1〕 对于这一主题的详细研究，读者可参阅罗伯特·弗鲁因一篇名为 "Een Onuitgegeven Werk van Hugo de Groot" 的优秀论文。（载于《拾遗集》第 3 卷，第 367～445 页；该论文的英文译名是 "格劳秀斯的一部未发表的著作"，载于《国际法名作选集》第 10 卷，莱顿，1925 年版，第 3～71 页。）

1604 年，当格劳秀斯年满 21 岁时，[1]他的祖国与西班牙之间旷日持久的武装冲突已经远远超越了最初在荷兰的战场，蔓延到了远东地区的水域。在这里，荷兰人针对西班牙人和葡萄牙人也是半官方的敌对状态。在基于商业竞争引起的这种敌对状态的早期阶段，荷兰联省共和国总督授予荷兰和泽兰在东方的贸易公司在遭到攻击时进行自卫的权力；后来，他又授权这些公司捕获葡萄牙人的船只和货物作为战利品。

事实上，在正式授权之前，已经发生过几次捕获行动。在这些捕获行动中，我们特别感兴趣的是雅各布·海姆斯凯尔克代表阿姆斯特丹船东公司对"凯瑟琳号"大帆船的捕获。这个发生在 1603 年初[2]的事件导致捕获法庭对该捕获行动的合法性进行了公开审理。1604 年 9 月 9 日，捕获法庭最终宣布，被捕获的财产是合法的捕获物，并且将捕获物收益的大部分判给东印度大联合公司（人们通常不太准确地称之为"荷兰东印度公司"），而海姆斯凯尔克原来代表的船东公司现在已经与东印度大联合公司合并。另外，为表彰东印度大联合公司为祖国服务的贡献，荷兰政府授予该公司在东印度地区进行贸易的垄断权。但是，东印度大联合公司的许多股东——尤其是那些属于门诺宗[17]的股东，他们在任何情况下都反对战争——对政府的恩惠感到疑虑。有些人拒绝接受捕获法庭判给他们的收益份额并退出公司。一位属于门诺宗的股东甚至起草了一份组建新公司的计划，这个拟议中的新公司将在法国国王路易四世[18]的庇护下致力于完全和平地进行商业活动。尽管这个计划最终未能付诸实施，但是，对方的这种威胁给联省共和国总督和东印度大联合公司敲响了警钟，因为联省共和国总督和东印度大联合公司已经因其对捕获物的政策而饱受指责，并陷入一种非常尴尬的境地。

上述情形使得为夺取捕获物的政策进行辩护成为一种刻不容缓的急迫需要。可能在 1604 年秋季至 1605 年春季之间[3]完成的格劳秀斯的《捕获法》正是这样一篇辩护词。尽管格劳秀斯还很年轻，但这位大器早成的荷兰人完

---

〔1〕 格劳秀斯出生于 1583 年 4 月 10 日。

〔2〕 这是弗鲁因论文的英译本"格劳秀斯的一部未发表的著作"第 16 页间接指出的日期。可能是由于对弗鲁因的详细记录匆忙一瞥的原因，有些学者给出的日期是 1602 年。

〔3〕 参见〔荷〕弗鲁因："格劳秀斯的一部未发表的著作"，载于《国际法名作选集》第 10 卷，莱顿，1925 年版，第 39～40 页。

全有能力胜任这一项任务。基于其性格和习惯，相对于日常的法庭事务，格劳秀斯总是对研究抽象的法理原则更感兴趣，而在东印度大联合公司夺取捕获物的事件中出现的正是需要根据法理原则解决的问题。经过他的认真研究，格劳秀斯对解决此类问题已驾轻就熟，而与他同时代的普通执业律师却茫然不知所措。此外，格劳秀斯在 1600 年至 1604 年期间以担任荷兰史官的官方身份及其可能作为东印度大联合公司的辩护人参加了捕获法庭对"凯瑟琳号"案件审理过程。这一经历，[1]使他对与该争端案件有关的文件有直接的了解。的确，他至少与东印度大联合公司具有某种密切的联系。[2]所有这些事实都趋向于确认这样一种假设，即《捕获法》是格劳秀斯应东印度大联合公司董事们的要求写作完成的。尽管该假设从未得到完全证实，但它却被大多数评论家所接受。无论如何，当荷兰人和佛兰芒人[19]的利益和商业抱负受到国内外反对者威胁的时候，《捕获法》的写作无疑符合东印度大联合公司的特殊利益和低地国家的一般利益。

　　但是，格劳秀斯并没有全文发表这篇雄辩和恰逢其时的辩护词。至于他为什么在这一场关于相互冲突的商业政策的论战中没有使用自己精心准备的弹药，格劳秀斯没有留下任何解释。[3]不过，人们普遍认为，组建一个在法国人庇护下的竞争性贸易公司计划的破产、东印度大联合公司在遭到敌意批评的情况下不断取得的成功以及它在公众心目中日益巩固的受到尊崇的地位，这些因素的共同作用使得格劳秀斯的辩护词几乎在他搁笔的时候就显得多余。

---

〔1〕　弗鲁因基于间接证据非常有说服力地捍卫了这种假设（参见［荷］弗鲁因："格劳秀斯的一部未发表的著作"，载于《国际法名作选集》第 10 卷，莱顿，1925 年版，第 24～25 页和其他各处）。不过，当《捕获法》的手稿被发现时，对这一理论的最权威的证据已经不可能再获得了，因为与该诉讼有关的文件已毁于一场大火。

〔2〕　在他写给其兄弟的一封信中，格劳秀斯自己提供了这样的证词，弗鲁因在"格劳秀斯的一部未发表的著作"第 36 页中引用了它。参见附录：第 450 和 507 号书信。【中译者未翻译该附录】

〔3〕　事实上，格劳秀斯留下了一点线索。它表明甚至在《捕获法》第十二章以《海洋自由论》单独面世以后，格劳秀斯头脑中仍在考虑出版《捕获法》整本书的可能性。在威廉·威尔沃德发表抨击《海洋自由论》的作品不久后，格劳秀斯于 1603 年和 1605 年撰写了对威廉·威尔沃德进行反击的作品：《为〈海洋自由论〉第五章辩护》。这部直到 1872 年才出版的著作包括了对《捕获法》的部分引用，简单概括了其内容并说明了导致格劳秀斯写作该书的背景，并且把它描述为"迄今为止我未能出版的非常完整的评论"（哈马克尔在他编辑的拉丁文本《捕获法》"序言"第 9 页中引用过这一句话）。哈马克尔引用的这一句话暗示，作者并未放弃出版《捕获法》的所有希望，它甚至使我们猜想格劳秀斯当时是否已经有了某种将《捕获法》作为一部更伟大的鸿篇巨制的基础框架的设想。

随着公司的盈利源源不断地流入国库和私人的钱袋，东印度大联合公司名声大噪，因而完全没有必要再向它的敌人开火了。正如《捕获法》的作者指出的那样："那些对如此丰厚的利益不屑一顾的人们是在极其不负责任地挥霍自己的机会和运气。"[1]

不过，在东印度大联合公司的安全得到保障之前，一发炮弹从几乎被遗忘的《捕获法》的军火库中发射了出来。1608 年秋，与西班牙缔结和平条约的谈判似乎搁浅了，其原因是西班牙拒绝承认低地国家在东方从事贸易和航行的权利。由于担心实现和平的迫切愿望可能诱使荷兰人在这个问题上做出让步，东印度大联合公司资助出版了一系列作品，强调在东印度群岛地区的贸易给国内带来的巨大利益。有些学者相信，格劳秀斯被要求在这一场宣传战中予以配合。无论如何，不管他的行为是否是为了响应东印度大联合公司的直接呼吁，格劳秀斯的确参加了这场论战，他修改了《捕获法》第十二章，并在 1609 年将修改后的这一章单独出版，它就是著名的《海洋自由论》。[2]

但正如我们指出的那样，出于更重要的原因，格劳秀斯最终将其起初为东印度大联合公司进行辩护而准备的其余大部分材料束之高阁。在《捕获法》完成二十年后，当战火威胁到整个基督教社会的体系时，格劳秀斯发表了他伟大的著作《战争与和平法》，希望它能够制止战争，至少可以缓和人类冲突中无法无天的状态。今天，我们知道，格劳秀斯这一部成熟的杰作在相当大的程度上是建立在他年轻时写作的《捕获法》中提出的原则和论点基础上的。

---

〔1〕 参见正文第 427 页。

〔2〕 对于《海洋自由论》的历史和内容的详细分析以及由此引发的著名的学术论战，参见吉尔伯特·基德尔：《海上国际公法》，第 1 册，第 142 页及其后若干页。与研究这一主题的大多数作者的观点不同，基德尔坚持认为（《海上国际公法》，第 1 册，第 151 页和第 154 页），尽管《捕获法》这一部分的写作是为了对抗葡萄牙人的主张，但它的出版是对英国政策的直接挑战，特别是为了回应詹姆斯一世 1609 年 3 月 1 日发表的旨在限制在英国沿岸水域的捕鱼权的宣言。不过，这种说法与事实相去甚远，因为（基德尔承认）《海洋自由论》是在詹姆斯一世发表限制捕鱼权的宣言前几周出版的，如果没有格劳秀斯本人证词的确认，这种观点是不能接受的。根据哈马克尔（《捕获法》（拉丁文本），"序言"，第 9~10 页）引用的《为〈海洋自由论〉第五章辩护》中的那一段话（参见上上一个脚注），格劳秀斯清楚地说明，他出版《海洋自由论》是出于两个目的：一是鼓励自己的同胞抵制西班牙人对东印度群岛地区贸易的立场；二是通过否定西班牙人立场的合法性，促使他们采取比较宽容的态度。另外，无论是在原文的这一部分，还是在他为了出版而对《捕获法》第十二章进行修改时在其前面补充的劝告中，格劳秀斯的专著经常暗示荷兰人与西班牙人和葡萄牙人之间的争端，但是，他从未在任何地方提及荷兰与英国政策的冲突。同时，实事求是地讲，这一部专著中的理论无疑对英国的立场是不利的，而且它的确引起了像威廉·威尔沃德和约翰·塞尔登等英国学者的激烈反驳。

因此，当初将东印度大联合公司从毁灭中拯救出来的这一被忽视的工具，最终被转用于更崇高的目的：阻止人类在战争的大屠杀中自我毁灭。

除了《捕获法》的一部分已经以《海洋自由论》的名称出版以及它对《战争与和平法》创作的作用长期没有得到承认之外，在格劳秀斯将其弃置一旁以后，《捕获法》的手稿被遗忘了大约 240 年。1864 年 11 月，居住在海牙的一位书商马丁努斯·尼杰霍夫宣布拍卖格劳秀斯书写的一件手稿，它属于这位杰出的法学家的直系后代科尔尼特·德·格劳秀斯家族。这件第 72 号收藏品被说成是格劳秀斯手写的一部尚未出版的关于捕获物和战利品法的书稿，共包括十六章。[1] 一个额外的评论引起了人们对这一事实的关注，即它的第十二章已经被以《海洋自由论》的名称出版了。

这部由一位举世闻名的法学家书写，却为人所不知的著作的发现引起了莱顿大学法学院的热情欢呼。莱顿大学法学院购买了这一部手稿，提出购买要求的法学院成员威瑟林教授立即开始对新到手的宝物进行研究。他对这一主题的研究报告出现在 1865 年［荷兰］皇家科学院研讨会的论文集之中。不过，威瑟林教授感到，在作出出版的决定之前，还需要对其进行更深入的研究工作。在这种情况下，莱顿大学的另一位教授罗伯特·弗鲁因开始了对这部手稿的第二次研究。《捕获法》的内容使弗鲁因大为振奋，他立即劝说自己的同胞 H. G. 哈马克尔博士着手准备出版该书的拉丁文本，他本人则发表了一篇关于《捕获法》的极具说服力的论文。[2] 此后，其他作者在对格劳秀斯的生平和著作进行一般性论述的过程中也或多或少地涉及了这一主题的细节。[3] 在本英文译本出版之前，一本用现代荷兰语翻译的《捕获法》已经出版，它

---

〔1〕 事实上，《捕获法》只有十五章。

〔2〕 参见本"英译本序言"第 21 页，脚注 1。

〔3〕 除了斯科特博士对《战争与和平法》英文版撰写的"序文"（卡内基国际和平基金，牛津，1925 年版，第 9~43 页）以外，在这个问题上，下列著作同样值得关注：J. 巴斯德温特："雨果·格劳秀斯"，载于《国际法基础》（巴黎，1904 年法文版），第二节："《捕获法》之分析"，第 155~179 页；汉密尔顿·弗里兰：《格劳秀斯——现代国际法学科之父》（纽约，牛津大学出版社美国分社，1917 年版），第三章，第 39~67 页；W. S. M. 奈特：《雨果·格劳秀斯的生平与著作》（格劳秀斯学会第四号出版物，伦敦，1925 年版），第五章，第 75~112 页；J. 科特斯尔："国际法基础……"，载于《维塞里亚纳图书馆……》，第 4 卷，IX（莱顿，1925 年法文版），第 38~43 页；詹姆斯·布朗·斯科特："论《战争与和平法》的起源"，载于《国际法与比较法评论》，系列三，第 6 册（1925 年法文版），第 4~5 期，第 481~509 页。

就是 1934 年在莱顿出版的奥诺·达姆斯特的荷兰文本。

尽管一些学者对《捕获法》的手稿给予了热情的欢迎，然而，这一部著作一直没有引起人们的广泛兴趣。《捕获法》的内容与格劳秀斯另外两部最著名的著作的相似性自然会引发这样的疑问："既然同一位作者已经在其他著作中对同样的理论做了更深入的阐述，而且长期以来已有不同语言的许多版本可以利用，在这种情况下，进一步研究连格劳秀斯本人都嫌麻烦而不愿意出版的他年轻时的作品能有什么收获呢？"

※　※　※

如果我们头脑中对《捕获法》的结构和内容有一个清醒的认识，则无论从它与后来作品的关系，还是在一般的基础上，对该书的重要意义更容易作出评价。

《捕获法》的十五章可以分为四个部分：一、问题（第一章）；二、基本原理，即格劳秀斯用以说明一般地调整战争和特别地调整取得战利品的基本原则或基本准则（第二章至第十章）；三、历史或事实，即对捕获"凯瑟琳号"大帆船之前的情势和事件的分析和陈述（第十一章）；四、抽象原则的适用，即将"基本原理"中阐述的抽象法律原则与某些不属于法律范畴的规范适用于在"历史和事实"中讲述的具体案件（第十二章至第十五章）。

更具体地讲，在这四个部分中，格劳秀斯首先说明了其写作目的，即反驳那些围绕荷兰贸易公司在东印度群岛地区捕获战利品的合法性、道德正当性和合理性进行的恶意批评并消除在这个问题上具有误导性的疑虑。在对引起此类批评和疑虑的事件进行简单回顾后（对这些事件的详细讨论留到了第十一章），格劳秀斯描述了为达到其表达的目的所遵循的计划。首先，他试图确立一些判断是非的普遍原则，按照古代伟大的法学家们的做法，这些原则主要是通过逻辑推理过程从自然秩序隐含的规律中推导出来的。其次，通过基于神的权威和人类实践或准则提出的论点，他对这些从自然理性中推导出的原则予以了确认。最后，经过思考，他把以这种方式得到确认的具有普遍适用性的原则适用于特定的案件。不过，有趣的是，我们看到在这个问题上，年轻的格劳秀斯已经预见到他在《捕获法》中论述的法律制度将具有更广阔的发展前景。因此，他通过以下论断对自己的基本观点作了总结："那些与战争法混合在一起因而极易混淆的问题，只有在上述前提的基础上并运用前面指出的方法才容易得到解释和解决（尽管在本书中它们不可能被明确地全部述及）。"[1]

在"基本原理"的第一章（即第二章）中，格劳秀斯通过提出由九条规则和十三项法律[2]构成的密切相关的体系，奠定了其论点的基础。这九条规则和十三项法律都直接或间接地与自然法的第一条规则"神意之体现即为法"有关。他把这一章全部用于阐述这些基本规范。不过，与此同时，他仍然寻找机会对在后面各章中支持其论点的许多法律概念进行了界定。格劳秀斯本人所下的定义是如此地明确和简洁，以致在此处对它们进行解释的任何尝试都属于画蛇添足。读者们应该把注意力集中到简明扼要的这一章对全书的重要意义上来，因为格劳秀斯在此处阐述了他准备构建的法律体系的基本要素。在"基本原理"的其他部分，格劳秀斯在回答九个问题时阐述了九个结论以及一些引申问题的结论。这九个问题涉及正义战争的原因、条件、形式和行为人，或通过战争正当地取得战利品。对于这些问题，基督教徒的信仰为他们施加的义务被给予了特别的考虑。

在《捕获法》的第三部分中，格劳秀斯生动地描述了与特殊的系争问题有关的历史和事实。篇幅很长的这一章被分为两个部分：第一部分是对西班牙人和葡萄牙人给荷兰人带来的各种痛苦的一般性叙述，包括1567年以来西班牙与低地国家之间激烈冲突的起源；第二部分是对在东印度群岛地区发生的与海姆斯凯尔克捕获"凯瑟琳号"大帆船有关的一系列事件的更详细的阐述。这一章的内容因其偏见和幼稚而饱受指责。但是，抛开它构成格劳秀斯辩护链条中必不可少的一环的作用不谈，本章也并非没有价值或亮点。作为一名爱国者和东印度大联合公司的辩护人，当他以最大的激情代表自己的祖国和特殊的客户陈述这个案件的时候，他寻求的可能正是这种忘我的状态。

《捕获法》的最后一部分由四章组成，其中的一部分（第十二章和第十三章）涉及将"基本原理"中所论述的原则适用于"历史或事实"中说明的特

---

[1] 参见正文第一章倒数第二段。
[2] 由于《捕获法》通篇在反复提及这些基本准则的同时并未重复其内容，因此，为方便读者，所有规则和法律被作为附件附在英文译本后面。

殊案件。尽管当海洋自由的一般论战发生时，第十二章很容易适应这种情况，但是，该章在最初写作时是为了证明这样的事实：根据所述的各项法律原则，东印度大联合公司可以正当地取得系争战利品，即使导致这种取得的战争只是一种私战，也就是说，即使它纯粹是基于私人权力发动的战争。基于同样的原则，第十三章说明，这些战利品实际上是在公战中正当地取得的。第十四章和第十五章分别从法律以外的角度论述了夺取和保持占有战利品的正当性，因为它们属于光荣的和有利的行为。最后，格劳秀斯通过援引世俗和宗教领域权威学说一贯的支持，结束了他在《捕获法》中为爱国企业进行的辩护。

※ ※ ※

毫无疑问，格劳秀斯在《捕获法》中遇到的广泛的法律问题也是他在《海洋自由论》和《战争与和平法》中再次着重研究的问题。另外，无论是从结构，还是从内容来看，《捕获法》第十二章与《海洋自由论》之间的关系不是类似，而是相同。但另一方面，《捕获法》与《战争与和平法》之间的相似性却被强调得过分了。

罗伯特·弗鲁因是一位最热衷于研究格劳秀斯早期著作的学者。他自然很高兴从《捕获法》中发现解决让如此多的研究者们深感困惑的以下问题的答案："根据推测，格劳秀斯用于写作《战争与和平法》的时间是 1623 年至 1625 年，他怎么能在如此短暂的时间里创作出这样一部里程碑式的鸿篇巨制呢？"《捕获法》的重新出现证明，格劳秀斯并没有创造这一奇迹，《战争与和平法》中的基本论点、所引用的学者言论和某些情况下实际使用的语句，都可以从他年轻时的著作中信手拈来。弗鲁因对他在这一方面的发现深信不疑。因此，他坚持认为："这两部著作主要部分的法律体系是相同的。"[1]

当然，对《捕获法》与《战争与和平法》进行充分的比较研究超出了本序言评论的范围。相对于已经做出的研究，《捕获法》英文版的发行也许将导致对这个问题进行更详细深入的分析。但目前，我们必须承认，有几种观点

---

〔1〕〔荷〕弗鲁因："格劳秀斯的一部未发表的著作"，载于《国际法名作选集》第 10 卷，莱顿，1925 年版，第 58 页。

认为，这两部著作在内容，尤其是在法律思想方面，确实存在重大区别。

的确，格劳秀斯在《捕获法》中阐述的基本论点也是更成熟的《战争与和平法》中的基本原则。这一项基本原则可以概括如下：正义战争的原因在数量和种类上与法律诉讼的原因相同；当无法诉诸法庭或法庭不愿就这些原因作出判决时，发动正义战争和正当地捕获战利品就是提出和实现主张的法律手段。不过，人们不应该由于《捕获法》与《战争与和平法》都承认这一项基本原则而得出以下结论：在这两部著作中，该项原则的内容并没有重大差异。

年轻的格劳秀斯将其基本论点建立在自己精心构建的由九条规则和十三项法律组成的体系基础之上，我们在对《捕获法》进行总结时已经注意到了这一点。[1]然而，尽管这些规则和法律的因素散见于《战争与和平法》的不同段落中，但它们作为一个完整的体系却完全消失了。当我们想到在其他许多方面，一个成熟的学者通常会忠实于他在年轻时形成的观点时，这一体系的消失显得尤为引人注目。从形式上看，断然放弃如此值得推崇的基本思路难免使读者怀疑格劳秀斯的法律哲学发生了实质性的转变，从而使他认为自己原来的思路已不具有可行性。

即使只是对格劳秀斯后一部著作进行粗略的审视也会强化这种怀疑，并且可以看出这种转变的确非常明显。在《战争与和平法》中，我们清楚地看到一种脱离神学和辩证的法学概念并转向世俗主义和现代实证主义的趋势的不断增长的力量。

《捕获法》年轻的作者坚持将其全部理论归诸自然和造物主植根于世间万物的法律。他的每一条基本规则和每一项法律都直接或间接地遵循着第一条规则所规定的原则："神意之体现即为法。"[2]他在《捕获法》中反复强调了这一事实：在这种明确表达出来的神意中隐含着的初级自然法是一种普遍性的法律，它不仅适用于人类或具有理性的生物，而且适用于宇宙万物。只有当格劳秀斯讨论他称之为"初级万国法"的"次级自然法"时，他才将其体系的可适用性局限于人类；甚至对于特殊和次级的自然法——即通

---

〔1〕 参见本"英译本序言"，第27页。
〔2〕 参见正文第二章一，第一段。

过人类的理性能力形成的"各国的共同同意"——他依然同意西塞罗的以下观点："阐明这种法律的原则只能是来自神的意志的正当理性。"[1]换句话说,在格劳秀斯这一部早期的著作中,他的概念依然是经院派学者和西班牙法学家们的概念,他对经院派理论的解释在很大程度上借鉴了他们的研究成果。

当我们转向《战争与和平法》的时候,我们发现,到1625年时,幻想破灭后的流亡使格劳秀斯不再将自然法的经院式概念作为其论点的基本要素。虽然他仍然——偶尔并使用模糊的术语——承认存在一种高于人定法的永恒的自然法,但是,自然法不再是那个他可以从中演绎出有关规则并形成自己体系的核心,他也不再根据原始的黄金时代人类的特征和需求来说明演绎出的有关规则;把自然法划分为初级和次级两个层次的传统做法也被放弃了。在格劳秀斯新的自然法概念中,原来他认为属于初级自然法层次的正当自卫的规则仍然得以保留,但在其他方面则完全是出于实用的目的,格劳秀斯1625年体系中的自然法简单地变成了《捕获法》中的次级自然法(或初级万国法),也就是说,自然法成为一种通过人类理性的运用而形成并代表人类对于在道德上允许和不允许做什么的共同同意的规则体系。

格劳秀斯自然法定义的变化不可避免地影响到了他对万国法的定义。当他将《捕获法》中被归类为初级万国法的一个中间分支划到专属于自然法的领域时,万国法实际上变成了与更早的著作中的次级万国法相同的法律了。它是一种来源于所有或许多国家缔结的协议的法律体系,此类协议是国家就那些具有国际重要性但并非必然会根据无可争议的道德规则预先决定的事项达成的。[2]

另外,这两部著作不仅在自然法和万国法的分类以及更小范围内的自然法和万国法概念的基本内容方面存在区别,而且对从这些概念出发进行论述的方法也存在差异。[3]很明显,1625年时的格劳秀斯已逐渐转向国际法的实

---

　　[1]　参见正文第二章三,第一段。

　　[2]　《战争与和平法》中对万国法(ius gentium)的论述非常凌乱和多变,以致很难给它下一个简单的定义。不过,这里对万国法的解释可以通过查阅1625年版《战争与和平法》的以下段落得到证实:绪论:第17段和第40段;第一卷第一章第十四节(1)。

　　[3]　在用语和分类方面还存在其他区别,它们也会对论述产生影响。不过,上面提到的区别是最根本的。

证体系，但他仍然不愿意脱离早期指导他进行研究的自然法学派学者为他指出的路径。这种试图两头兼顾的立场导致了他在目的方面的困惑。然而，他在《捕获法》中旗帜鲜明和心无旁骛的论点却从来没有受到过这种情况的影响。不过，除了大的轮廓的模糊以外，这种变化在很大程度上体现在研究重点而非最终结论上面，因为对于它们共同面对的问题，这两部著作所制定的行为规则通常是相同的。但是，研究格劳秀斯思想演变的人们不可能不对《捕获法》中论述那些问题时的直接和始终如一的立场方法感兴趣。在《捕获法》中，那些问题总是按照与永恒不变的自然法原则相一致的方法加以解决的；而在后一部著作中，尽管格劳秀斯仍然把自然法原则挂在嘴边，但却为其附加了许多委婉的说辞和条件，因而使读者对作者真正的信仰产生了某种怀疑。[1]

《捕获法》的其他思想特征，诸如论证战争甚至叛乱的正当性而不是对它们进行谴责的倾向，并不如它们乍看起来那么重要。这些特征反映了写作《捕获法》的爱国目的和这位年轻作者的自信，他采用的写作风格自然不同于《战争与和平法》的特征，因为后一部伟大的著作是由一位成熟老练并仰仗外国君主的善意的流亡者抱着拯救文明世界免遭战火毁灭的希望而创作的。这种不同之处对于我们尝试解释为什么格劳秀斯会最终放弃作为《捕获法》核心的由［九条］规则和［十三项］法律构成的体系几乎或完全没有任何关系。不过，我们在前面强调的这些差异确实可以排除任何合理怀疑地证明，随着年龄的增长，格劳秀斯的观点发生了真正的转变，这是一种从日薄西山的经院式自然法思想向日出东方的现代国际法思想的转变。

※ ※ ※

为了使《捕获法》的形式清晰和便于理解，英译者已对此作了一些注释。不过，因为本书写作风格方面的特点非常鲜明，所以值得为此进行评论。首先，年轻的格劳秀斯在《捕获法》中对其理论进行阐述的内容使该书成为理解《战争与和平法》中令人困惑的理论体系的有价值的指南。研究格劳秀斯

---

〔1〕 关于对这一点的一些有趣的论述，参见 J. 科斯特尔：“国际法基础……”，载于《维塞里亚纳图书馆……》，第4卷，Ⅸ（莱顿，1925年法文版），第50~52页。

思想的学者将会发现，这一部篇幅较短的著作甚至更有吸引力，这主要是在于它以简明扼要和始终如一的方式揭示了蕴藏在《捕获法》和《战争与和平法》中的基本信念，而不是因为我们提到的几处理论方面的差异。其次，《捕获法》本身的文学特色值得欣赏，有序和周密的计划只是作者构造的框架，他还为此充实了有血有肉的论述内容。当我们从他精心组织的论述的一个阶段到达另一个阶段时，我们看到的并不是枯燥的框架结构。最后，作者具有学者渊博的知识、哲学家的洞察能力、出庭律师的雄辩技巧、爱国者的满腔热情和明确的思想，这些因素的共同作用使这一部被长期遗忘的作品成为一篇文学杰作。

※　※　※

在《捕获法》主要因其对法律原则的论述而使人们感兴趣的同时，它对法律以外领域的专家亦很有价值。如果历史学家有机会研究本书，他们可能会惊奇地发现，在很容易被大多数评论家忽视的名为"历史分析"（第十一章）许多页的内容中，他们的关注得到了应有的回报。特别是荷兰人航行前往东印度群岛的有关资料很有价值。按照弗鲁因的说法，它们是十分独特的。[1]文献问题的研究者也将发现，《捕获法》不仅为了解格劳秀斯最著名的两部法学著作的来龙去脉提供了线索，而且有助于澄清其他悬而未决的文献方面的问题，譬如，作者在多大程度上借鉴了西班牙法学与神学学派学者的研究成果。

最后，在目前国际正义与和谐已经成为所有有思想的人们直接关心的问题时，相对于那些对战利品主张权利之人对格劳秀斯撰写的辩护词表示的欢迎，今天，《捕获法》应该受到更热情的欢迎。因为作者的这一篇辩护词包含了现在再次呈现在人们的面前的对格劳秀斯的基本理念最早和最清楚的阐述，这些理念是：强调正义和道德是实在法的基础；将国际上的权利和义务归结于被认为不同于其所属国家的个人；承认人类必须相互包容，因为在由国家

---

〔1〕 参见 〔荷〕弗鲁因："格劳秀斯的一部未发表的著作"，载于《国际法名作选集》第 10 卷，莱顿，1925 年版，第 50～51 页。

组成的大家庭中，"我们注定要生活在一种相互依存的伙伴关系中"。[1]

※　※　※

现在出版的《捕获法》英文译本是自1906年本项目启动以来对格劳秀斯的著作进行多年研究后的最终成果。并非有意但不可避免的出版的拖延为更充分地思考本书手稿的背景和更好地理解此前似乎不太清晰的文本内容提供了机会。此外，更多的研究时间使人们认识到，格劳秀斯本人为单独出版本书第十二章而对其进行修改时删除的许多段落和短语，应该在将《捕获法》作为一部完整的著作出版时恢复其原状。因此，有必要分辨这些被删除的材料，确认并排除那些并非适当地构成原著组成部分的具有选择性的内容。

本英文译本是全新的，它是由卡内基基金会工作人员格拉蒂丝·L.威廉姆斯博士为本文库专门翻译的。除了她的语言能力以外，多年来，威廉姆斯博士一直是国际法经典著作的主要研究助手之一，并成为一名资深的格劳秀斯派人士。她的译本表明了这样一种坚定的信念：使它达到优秀学术作品的每一项要求，并被证明是最具权威性的作品。按照威廉姆斯博士在"英译者说明"中表达的看法，在将格劳秀斯17世纪初通过拉丁文表达的思想翻译成20世纪准确易懂的英文版本的过程中，有些翻译方面的问题必须以这样或那样的方式加以解决。

除了翻译工作以外，威廉姆斯博士通过更新和补充斯科特博士在将近十年之前留下的叙述的空白，对历史部分的介绍性说明做出了许多有价值的贡献。她还承担了进行简要评论的主要责任，这些评论可能指出了对《捕获法》和《战争与和平法》做详尽比较的道路——这种比较正是斯科特博士作为国际法经典文库总编一直希望达到其事业辉煌的顶峰。

扩充和核实格劳秀斯在《捕获法》中的引文的艰巨任务是由卡内基基金会另一位作为国际法经典著作研究助手的工作人员、具有多年工作经验的瓦尔特·H.齐德尔先生承担的。他的耐心和从事这种严谨工作的长期训练使他有能力准确定位除极少数以外的所有引文段落，这些引文作者经常表述得不

---

[1]　参见正文第18页。

太明确，甚至有时是错误的。除了允许使用美国国会图书馆的读者研究室和善本室以外，国会图书馆外国法律部主任弗拉基米尔·格索夫斯基博士还为齐德尔先生在定位许多迄今为止难以找到的市民法与教会法著作方面提供了帮助。如果没有这些宝贵的帮助，大量的引注将无法识别。因此，我希望利用这个机会表达卡内基基金会对美国国会图书馆和格索夫斯基博士的感谢；同时，我也要感谢哥伦比亚特区华盛顿圣名学院的方济各会神父们在核实约翰·邓斯·司各脱[20]的引文方面提供的帮助。本书的"引文作者索引"和"主题索引"都是由齐德尔先生完成的。

卡内基基金会感谢荷兰国立莱顿大学同意复制格劳秀斯的手稿，并对莱顿大学图书馆馆员 F.C. 维德尔博士表示感谢，他在联系和准备制作珂罗版复印本以及为基金会取得格劳秀斯手稿后面所列德语与荷兰语文件副本[1]方面亲自提供了无私的服务。卡内基基金会还要感谢华盛顿哥伦比亚特区天主教大学文理研究生院马丁·R.P. 麦克奎尔教授对译者在翻译引文中某些困难的希腊语段落时给予的慷慨和专业的协助。

我们还应该对卡内基基金会工作人员中的另一位成员对本卷和国际法经典文库前面若干卷的成功出版所做的工作表示应有的感谢。十五年来，阿兰·T. 赫德先生一直是斯科特博士在学术和文学方面的一位工作效率很高的忠实助手。赫德先生将其大部分时间贡献给了国际法经典文库的研究和编辑工作，他的意见和建议尤其有助于在策划出版《捕获法》的过程中出现的许多复杂问题的解决。由于长期连续不断的紧张工作损害了他的健康，赫德先生被迫于 1944 年退休。我们应该把国际法经典文库的最后一卷献给他，以这个适当的礼物表彰他所提供的忠诚的服务。

1943 年，我作为卡内基基金会国际法分部副主任接任了主任职务。在任内，我全面负责国际法分部的工作，并监督包括国际法经典文库在内的出版项目。经过我的推荐，《捕获法》得以以目前的形式和内容出现在大家面前。

即使只是对之前出版的二十一部著作的名称进行浏览并对其内容做最粗略的审阅，它也足以令人信服地证明，正如前面引用的培根爵士的话一样，斯科特博士忠实地完全履行了他的专业职责。另外，重新出版国际法经典著

---

〔1〕 参见正文第十五章末尾。【中译者未翻译该附录】

作的计划的构思和成功实施成为斯科特博士选择贡献其毕生精力的职业生涯中最浓墨重彩的一章，并为他的声誉增添了新的光彩。[1]

乔治·A. 芬奇

卡内基国际和平基金会顾问

国际法分部主任

（1943～1948 年）

华盛顿哥伦比亚特区

1949 年 6 月 3 日

中译者注

1 詹姆斯·布朗·斯科特 James Brown Scott（1866.6.3～1943.6.25）美国法学家和法律教育家、和平运动领导人、国际仲裁早期主要倡导人之一。他在建立海牙国际法研究院（1914）和常设国际法院（1921）方面发挥了重要作用。他也是美国国务院法律顾问和卡内基国际和平基金会秘书长，美国国际法学会的创建者（1906）和主席（1929～1939）。（《简明不列颠百科全书》第 7 卷，第 430 页。）

2 培根 Bacon（1561.1.22～1626.4.9）：英国法官、朝臣、政治家、哲学家、英语语言大师。他于 1573 年进入三一学院，因对亚里士多德哲学感到厌恶，转而学习法律。他

---

〔1〕 在根据斯科特博士 1906 年 11 月 2 日信中的建议开始国际法经典文库的出版工作之前，卡内基研究院曾征求过公认的国际法权威学者的意见。研究院的一位董事威廉·W. 莫罗法官前往欧洲，与霍兰、奥本海、耶利内克、李斯特以及其他学者讨论了这个项目。回来之后，威廉·W. 莫罗法官报告说，这些学者认为，拟议的出版项目具有很大的意义和价值。他补充说："最重要的是出现了这样一个有趣的事实：在每个场合，他们都指出，如果由斯科特教授作为这个出版项目的发起人，它马上就会在欧洲受到热情的欢迎……斯科特教授被普遍认为是一位从事这一方面工作的最有能力且比较年轻的学者。"（引自"卡内基研究院理事会年会正式记录"，1907 年 12 月 10 日，载于《华盛顿卡内基研究院档案》。）

于 1582 年成为律师，1607 年任副检察长，1613 年任检察长，1617 年任掌玺大臣，1618 年被封为大法官（兼上议院议长）。别人所铭记的是他几十篇体现了明智处世本领的散文；而真正重要的是他大声疾呼提倡新方法，使人类借此建立起驾驭自然的合法权力。他的重要著作有《新大西岛》《伟大的复兴》《科学推进论》等。（《简明不列颠百科全书》第 6 卷，第 421～422 页。）

3 阿亚拉 Ayala（1548～1584）：西班牙著名法学家。他出生于安特卫普的西班牙贵族家庭，在荷兰反抗西班牙的独立战争之际参加西班牙军队，任高级法律顾问。他在军营中写了被誉为国际法经典著作的《战争的权利和职务与军纪》。该书共三卷，分别论述了战争法、司令官的任务和军队的纪律。他把战争的概念限于国家之间的武力斗争，强调荷兰反抗西班牙的战争是暴动，不是正当的战争，荷兰叛军的行为不受战争法保护。（《国际法辞典》，第 413 页。）

4 贝利 Belli, Pierino（1502.3.20～1575.12.31）：皮埃蒙特的军人、法学家和战争法权威。他被认为是近代国际法的创始人。他在担任驻皮埃蒙特的神圣罗马帝国军队总司令之后，被萨沃伊的公爵任命为顾问（1560）。他的《论军法和战争》（1563）是当时一部全面论述军法和作战规则的非凡著作。（《简明不列颠百科全书》第 1 卷，第 632 页。）

5 真蒂利 Gentili, Alberico（1552.1.14～1608.6.19）意大利法学家。他被许多人认为是国际法科学的创始人。1581 年以后，他一直在牛津大学任教。他最重要的著作是 1598 年出版的《战争法三集》。格劳秀斯在写作《战争与和平法》时曾广泛引用他的著作。（《简明不列颠百科全书》第 9 卷，第 396 页。）

6 约翰（莱尼亚诺的）John of Legnano（Giovanni da Legnano）（约 1320～1383.2）：意大利教会法和市民法学家。他出生于今意大利伦巴第区的莱尼亚诺。据信他曾在博洛尼亚大学读书和任教。他是先后两任教皇乌尔班五世和格列高利十一世忠实的朋友，并且是宗教论战中乌尔班五世最杰出的捍卫者。他著有《论战争、报复与决斗》一书。（《捕获法》英文版，"引文作者索引"，第 406 页；http://en.wikipedia.org/wiki/John_of_Legnano。）

7 苏亚雷斯 Suarez, Francisco（1548.1.5～1617.9.25）：西班牙出生的天主教耶稣会神学家和哲学家、国际法奠基人之一。他于 1561～1564 年在萨拉曼卡学习法律，1571 年起讲授哲学，1597～1616 年在科英布拉担任教授。他的主要著作有《形而上学论文集》《辩护书》《论法律》等。在《论战争和印度群岛》中，他批评了西班牙殖民当局的所作所为，认为印度群岛地区的国家也是主权国家，在法律上与西班牙平等。人们常认为他是托马斯·阿奎那之后最杰出的经院哲学家。（《简明不列颠百科全书》第 7 卷，第 540～541 页。）

8 维多利亚 Victoria, Francisco de（约 1486～1546.8.12）：西班牙天主教神学家。他青年时加入多明我会，后被派往巴黎大学学习。1526 年，他被推举为萨拉曼卡大学首席神学讲师。他曾直言批评西班牙殖民者在新大陆的暴行，认为西班牙征服新大陆未必是正义行为，仅仅因为某一民族不信仰基督教或不愿放弃固有宗教即对他们进行战争不能说是正确的。他曾就战争问题发表著作，意在限制战争的恐怖性。（《简明不列颠百科全书》第 8 卷，第 195 页。）

9 宾凯尔斯胡克 Bynkershoek, Cornelis van（1673.5.29~1743.4.16）：【亦译"宾刻舒克"】荷兰法学家，主要因其沿着实证主义路线发展国际法所做的贡献而被人铭记不忘。他 1703 年任荷兰和泽兰最高法院法官，1724 年任该院院长。他的主要国际法著作有：《论海上管辖权》（1703）、《论使者法庭》（1721）和《公法问题》（1737）。他对诸如海上主权、使者的地位、战时的私有财产、捕获、中立、禁运和封锁等问题的见解受到高度评价，并有很大影响。（《简明不列颠百科全书》第 1 卷，第 747 页。）

10 普芬道夫 Pufendorf, Samuel von（1632.1.8~1694.10）：德国国际法专家和法理学家。他于 1656 年去耶拿，在那里接触了笛卡尔的治学方法，同时研读了格劳秀斯和霍布斯的著作。1660 年他发表了《法学知识要义》2 卷，发展了格劳秀斯和霍布斯的思想。1668 年他受聘到瑞典隆德大学讲授自然法。此后 20 多年是他一生中最有成果的时期。1672 年他发表了关于自然法和国家法的巨著《自然和族类法》8 卷，1687 年发表了《论基督教在市民生活中的地位》。洛克和卢梭向青年们推荐他的作品，宣传他的思想。（《简明不列颠百科全书》第 6 卷，第 532 页。）

11 拉歇尔 Rachel, Samuel（1628.4.6~1691.12.13）：德国法学家和外交家。他曾在罗斯托克大学、莱比锡大学和耶拿大学学习法律。1665~1680 年，他在基尔大学担任自然法和国际法教授和图书馆员，之后从事政治和外交活动。他出版了一系列著作和教科书，如《论决斗》《论自然法与万民法》等。作为格劳秀斯法律思想的追随者，他是普芬道夫的反对者。他被认为是塑造自然法与国际法学说的先行者之一。［维基百科（德语），"Samuel Rachel"词条。］

12 瓦泰勒 Vattel, Emmerich de（1714.4.25~1767.12.28）：【亦译"瓦特尔"或"法泰尔"】瑞士法学家。他在其著作《万国法》（1758）中将自然法的理论应用于国际关系。他的著作在美国特别有影响力，因为他关于自由与平等的原理和《独立宣言》所表达的思想相一致。他对中立地位的捍卫以及关于中立国与交战国间的商业规则在美国被认为具有权威性。据他自己承认，他的著作是德国哲学家沃尔夫的《万国法》（1749）的普及本。（《简明不列颠百科全书》第 8 卷，第 96 页。）

13 惠顿 Wheaton, Herry（1785.11.27~1848.3.11）：美国海商法学家、外交家及国际法范本作者。他从罗得岛学院毕业后，1806~1802 年当律师，1814 年被任命为美国陆军的师法律顾问。1815 年他发表了《海上捕获法和捕获物问题汇集》。他担任过海商法院法官，还担任过美国最高法院判决报告员。他的《国际法原理》（1836）被译成很多语言，成为一个范本。他所著的《欧洲各国法律发展史》（1841）被扩充并译为《欧美国际法史》（1845）。（《简明不列颠百科全书》第 4 卷，第 80 页；《国际法辞典》，第 859 页。）

14 沃尔弗 Wolff, Christian（1679.1.24~1754.4.9）：（亦译"沃尔夫"）德国哲学家、数学家和科学家。1707 年他任哈雷大学数学教授，1723~1740 年任马尔堡大学数学和哲学教授，1741~1754 年任哈雷大学校长。他在多个领域留下了大量著作，因而被称为百科全书式的作者。在法学方面，他是继普芬道夫之后代表启蒙时期自然法学派的德国学者。他与国际法有关的著作有《用科学方法考察的国际法》（1749）和《自然法与国际法要论》（1750）。他以自然法为基础，将国际法分为"必然法"和"意志法"。（《简明不列颠百科全书》第 8 卷，第 286 页；《国际法辞典》，第 404 页。)

15 朱什 Zouche, Richard (1590 ~ 1661.3.1)：英国法学家、国际法创始人之一。他在牛津大学担任过民法钦定讲座教授，后在伦敦开业做律师。1641 年他被任命为海事法院法官。他因其论著《国际法及法院》(1650) 而被人们铭记不忘。这是第一部涉及整个这一领域的科学手册。因为惯例和当代的先例在他的著作中显得更为突出，所以他被某些学者认为是第一个法律实证主义者。(《简明不列颠百科全书》第 9 卷，第 521 页。)

16 珂罗版 collotype：照相制版印刷法。它因不用网屏将图像分解为网点，能使复制品毕肖原作。制版时，将阴图片覆盖在涂有明胶感光液的印版上面进行曝光。明胶受光部位硬化，再浸在甘油中。印刷时，经过湿润处理，未硬化的部分吸水不吸墨，已硬化的部分吸墨不吸水，因此可印出图像。(《简明不列颠百科全书》第 4 卷，第 657 页。)

17 门诺宗 Mennonites：基督教的一个宗派。它原为 16 世纪欧洲基督教激进派再洗礼派的一个分支，由荷兰教会司铎门诺·西门 (1496 ~ 1561) 所创立。根据门诺宗 1527 年通过的《施莱特海姆信纲》第六条，信徒如遭受暴力和邪恶，只能以爱相报，走十字架的道路。门诺宗信徒起初为各国当局所不容。在荷兰，杀戮之事一直延续到 1574 年，其后方获政治自由。(《简明不列颠百科全书》第 5 卷，第 813 ~ 814 页。)

18 亨利四世 Henry IV (1553.12.13 ~ 1610.5.14) 法国波旁王朝第一代国王 (1589 ~ 1610 在位)。他是旺多姆公爵安托万·德·波旁之子，13 岁接受军事训练，16 岁开始参加战斗。1589 年 8 月亨利三世逝世后，他登上王位。在他的统治下，法国逐渐复兴起来。1610 年 5 月 14 日，他被狂热分子用匕首刺死。(《简明不列颠百科全书》第 3 卷，第 785 ~ 786 页。)

19 佛兰芒人 Flemish：近代比利时两个主要语言集团之一 (另一个是瓦隆人)。20 世纪 80 年代初期，佛兰芒人约有 550 万人。他们讲荷兰语诸方言 (一般称佛兰芒语，官方名称佛拉姆语)，主要居住在比利时西部和北部。(《简明不列颠百科全书》第 3 卷，第 146 页。)

20 邓斯·司各脱 Duns Scotus, John (约 1265 ~ 1308.11.8)：经院哲学家和神学家。他出生于苏格兰，1288 ~ 1301 年在牛津大学学习神学，研究中世纪神学教科书彼得·隆巴德的《思维四书》。1305 年以后，他的著作活动达到高潮，继续写作在牛津即已开始的《体系》。1307 年他在科隆任教授。他为纯洁受胎说提出权威性答辩，认为意志优先于理智，爱优先于知识，宇宙的本质由爱而不是由上帝的先知构成。在 16 ~ 18 世纪的天主教神学家中，他的追随者与托马斯·阿奎那的追随者不相上下。(《简明不列颠百科全书》第 2 卷，第 537 页。)

英译者说明

　　格劳秀斯《捕获法》的英文本是根据其最初手稿的珂罗版复印本翻译而成的，该复印本作为本书的第二卷，公众已经可以看到。由于除有意替换了一种不同的拼写系统以外，哈马克尔的拉丁文本《捕获法》整体上忠实呈现了格劳秀斯的手稿文本。因此，印刷出版一个新的拉丁文本实属画蛇添足之举。不过，哈马克尔的文本中的确有少数几处存在曲解作者原意、表述不准确的问题，所以，英译本在这些地方附加了脚注，以提醒读者注意存在的差异。

　　还需要注意的是手稿中第 I 页和第 I' 页这种可能是表示著作标题的符号在制作珂罗版时不存在了，而且也没有找到当时有关它们的任何信息。本书英译本的标题译自拉丁文标题 *De Jure Praedae Commentarius*，这个标题是哈马克尔博士在 1864 年发现格劳秀斯的手稿不久以后使用的，也是罗伯特·弗鲁因教授在几乎同时完成的分析《捕获法》的论文【该论文英译本的名称是"格劳秀斯的一部未发表的著作"】中使用的。值得注意的另外一点是，格劳秀斯本人在他名为"对威尔沃德的回答"的文章中亦称他的著作是一个"评论"。此外，把单一的拉丁文单词 *praedae* 译为"捕获物和战利品"有悖于更早研究这一著作的讲英语的学者们的做法，他们中的大多数人称它为"捕获法评论"。对"捕获物"（prize）一词的普遍使用可能涉及两个因素：第一，许多译者在翻译一个单词时，倾向于选用一个和它的发音最相似的单词，而不会充分考虑其含义的细微差异；第二，由于过去研究《捕获法》的学者只能使用拉丁文本与荷兰文本（在荷兰文本 1934 年出版后），因此，有些评论家显然并不熟悉这一部著作的全部内容，并且因为下面两个众所周知的事实而错误地认为本书论述的是海事问题：1. 本书的写作起因于对一艘船的捕获，而且该船连同其货物被作为捕获物拍卖了；2. 本书的第十二章与著名的《海洋自由论》几乎相同。然而，在了解全书的内容后，人们会认识到，捕获那一艘船的事件只是一个引子，而不是《捕获法》论述的主题。事实上，本书论述的主题是调整所有在战争中被捕获的财产的法律，甚至其多数论点来源于陆战。另外，少数评论家已开始避免过于明显地渲染"捕获物"一词，这意味着出于某种正当理由，他们发现使用这个名词并不十分妥当。例如，汉密尔顿·弗里兰用的是"掳获物"（spoils）；杰西·里弗斯用的是"战利品"（booty）。可能更有意义的事实是，达姆斯特在他的荷兰文本中使用的是 buit（它主要指"战利品"，但有时指"捕获物和战利品"），而不是 prijs（捕获物），尽管从字面上看，prijs 和 praeda 更相似。最后，praeda 是一个一般性名词，在古典拉丁语中，它自然不限于只有"捕获物"一种含义。因此，为了准确和完整地体现其意义，本书英文本的书名中使用了"捕获物和战利品"（prize and booty）的短语，而且在本书的有关段落中，当格劳秀斯概括性地指缴获的所有财产时，译者也使用了这个短语。但在其他段落中，当作者显然意在表示一个更狭义的概念时，译者自然也乐得不再使用这种有着三个单词的繁琐的表述。

在其他方面，手稿的珂罗版复印本相当好，只有几个单词或字母由于磨损或卷边而缺失。在这种缺失可能导致对原文产生疑问的地方，英文翻译时在相应的地方添加了英译者注作为脚注。同时，英译者注也用于澄清作者在修订过程中因词语的删除和插入可能导致的问题。对于格劳秀斯出于强调的目的完全用大写字母书写的许多单词和短语，英译本使用了印刷版的斜体。另外，对于作者在页边的标题和小标题中以同样方式强调的单词和短语，英译本使用黑体字予以表达。在英译本中，页边括号内的黑体数字表示珂罗版中相应的页码。

总的来说，本英译本的出版是为了准确地再现格劳秀斯的思想，并使讲英语的国际法学习者易于理解。鉴于这一点，本英译本使用的句法方面的脚注和括号远少于主要为经典学者们准备的版本。众所周知，拉丁语是一种简洁的语言，因此，英译本对格劳秀斯的一些措辞作了必要的扩张解释。不过，在所有可能对格劳秀斯的思想或其语言进行扩张解释的地方，当然均会插入括号予以说明。

关于英译本中对引文的处理也需要作简单的解释。人们一般承认，格劳秀斯经常根据自己的记忆添加注释。这样一来，他为了强调有关问题而引用的许多段落实际上是他的释义【而非原文】。由于英译本的目的是展示格劳秀斯本人而不是引文作者的思想，因此，这些段落通常是根据《捕获法》文本的内容而不是被引用的文本进行翻译的。对于任何背离这一条规则之处以及按照格劳秀斯的用语翻译后与引文原文的差异太过明显因而必须作出解释的地方，译者均附加脚注予以说明。另外，格劳秀斯自己为希腊语引文和其他希腊语材料提供的拉丁文翻译有时可能不够准确。但因为即使在这些情况下，英文也只能根据拉丁文进行翻译，以使其更贴近《捕获法》中论证的思路，所以，其结果可能会出现英文译文并不必然符合希腊语原意的情形。基于同样的原因，在翻译引用的段落时，译者也没有采用经典作家的标准译文。以最符合上下文的语言表达引文内容的需要甚于纯粹出于文学目的的考虑。

　　"英译本序言"中已提请读者注意在核实格劳秀斯的大量引注中遇到的困难以及对这些困难的解决。瓦尔特·H. 齐德尔先生最出色地完成了这一项任务。所有格劳秀斯直接和间接引用的其他作者的论述，只要他们的著作能够被找到，都全部进行了核实。核实引语时使用的原著版本已逐项详细列入"引文作者索引"之中。如果有关版本没有被提及，则说明在美国找不到该著作。比较熟悉的著作的名称用英文表示，其他著作则继续保留了其拉丁文名称。对于《查士丁尼法典》和《天主教教会法典大全》或注释学家对它们所作的相应评论的引用，本英译本根据现代注释方法予以标注，而不是采取过去的引用法律或标题前几个单词的方法。除《捕获法》本身的交叉引用以外，对于引文中格劳秀斯显然没有提供页码的情形，英译本中对引文的补充或纠正以括号的形式表示。在这一方面，应该注意的是，许多交叉引用具有一般性，它们与作者引用的特定条款或结论的关系不像与具有相关性的论点那样密切，而这种论点经常出现在拉丁文旁注所指示的段落的前后几页中。

　　"英译本序言"中已经对《捕获法》英译本的翻译过程中得到的宝贵帮助表示了感谢之意，不过，"英译者说明"要再次感谢马丁·R. P. 麦克奎尔教授在本书的翻译工作中提供的直接帮助。译者还要感谢奥诺·达姆斯特博士的荷兰文本（莱顿，1934 年版）在许多人名的正确翻译方面给予的指导，尽管由于译者对荷兰语知之甚少因而不可能从奥诺·达姆斯特博士学术劳动的成果中获得更广泛的教益。

格拉蒂丝·L. 威廉姆斯

目　录

第一章 引言：［案件］概述与［论述的］ 划分、方法及顺序

一、简介

一种全新的情况已经发生，而且对外国观察家来说，这几乎令人难以置信：一些长期与西班牙人作战并且遭受了最严重损失的人们正在为以下问题进行着激烈的争论，即在一场正义和得到公共授权的战争中，他们是否可以正当地夺取那些违反国际商业规则且异常残暴的敌人的财产。我们发现，相当多的荷兰人（一个渴望追逐正当财富且无所畏惧的民族）耻于对战利品主张权利，反而可笑地怜悯那些在其与荷兰人的关系上完全不尊重对手法律权利的人们。

这种情况的出现部分地在于有些人并非全心全意地维护公共利益，而是居心叵测地故作清高；部分地在于另外一些人心存顾虑并且迷信一般执着地坚持自律。看起来，我们应当做的是在对前者的恶意进行抨击的同时，对后者的无知加以启迪，因为不具备分辨是非能力的人不可能认识到这场争论可能导致的后果，也不可能认识到其中所包含的邪恶阴谋。也就是说，如果荷兰人不与西班牙人［以及葡萄牙人］[1]封锁海洋的行为进行斗争（假如荷兰人对西班牙人的斗争不会给他们带来实质的危险，海洋被封锁就是必然的结

---

[1] "*Hispanos*"【拉丁语"西班牙"或"西班牙人"】：有时，格劳秀斯在严格意义上使用"西班牙人""西班牙的""西班牙"等词语（正如他在上一段中提到的与西班牙的战争正式地讲并不涉及葡萄牙人）。然而，在许多场合，历史事实与格劳秀斯本人论点的内容说明，将其所讲的"西班牙人"或"西班牙"解释为包括"葡萄牙人"或"葡萄牙"是必要和可取的，因为在他所描述的事件发生时，葡萄牙人在西班牙国王的统治之下。在此处的特定事件中，由于所提到的对海洋的封锁影响的是与亚洲的商业往来（亚洲是葡萄牙，而非西班牙的利益范围），同时，作者意在间接表示荷兰东印度公司的代表敢于蔑视葡萄牙人威胁的行为应当得到奖励，因此，有必要在方括号中加入"葡萄牙人"。

为避免在英文文本中插入过多的括号和脚注，除对作者的真实含义存在疑义以外，后面将不再对"*Hispanos*"【拉丁语"西班牙"或"西班牙人"】及相关词语的广义解释进行提示。（——英译者注）

果），伊比利亚半岛¹上的民族野蛮人一般的傲慢将会膨胀到无以复加的地步，全世界的海岸将很快被封锁，与亚洲的所有商业往来也将陷入崩溃，而这种商业往来即使不是我们国家财富的唯一来源，也是其主要来源（这是荷兰人知道，也是我们的敌人不可能忽视的事实）。另一方面，如果荷兰人（自己）选择利用这一天赐良机，那么，除了上帝已经为我们提供的对敌人权力的最核心之处进行打击的武器之外，再没有任何其他武器能使我们更确定地实现自由的希望了。

不过，虽然这些对取得战利品的顾虑是错误的，但我们仍然有某种理由为此对祖国表示庆贺，因为它突出地表明了荷兰人的纯洁：即使是对于国际道德法则和公法原理均许可的行为，荷兰人依然会三思而后行。对荷兰人来说，正义和诚信永远不会缺席。他们基于正义和诚信谨慎从事，并且（可以说）在行使捕获权时犹豫不决，尽管这种权利确定无疑地属于所有民族，而且除荷兰人以外，似乎没有任何人对此有任何疑问。

然而，不容置疑的事实是，美德的原则是适度，作为其两端的过度与不及均为恶。〔1〕在某些情况下，这一事实是显而易见的；但在其他情况下，由于相对于某种美德一端的恶非常严重，因而另一端更容易被忽视。例如，由于我们非常厌恶冲动和暴躁的性格，因而可能会忽视作为美德另一端的迟钝和麻木。希腊人称这种迟钝和麻木为"缺乏对敌人战斗的勇气"，而在拉丁语中，甚至找不到一个与之对应的名词。另外，在希腊语中，强烈的占有欲被描述为"利欲熏心的贪念"，它是一种以完全无视法律和道德为特征的精神上的恶；然而，与之相反的另一个极端也可能是一种恶，即对本质上并非不值得推崇的事情过于敏感并急于回避，以致忽视了增进自己利益的机会。因为苏格拉底²学派的学者指出，一个聪明和正直的人决不会无视自己的利益。〔2〕与此相同，哲学家们否认正义就是"仗义疏财"和"自甘贫穷"。〔3〕的确，正如卢齐利乌斯³所说的那样：

　　"在追求财富时注意保持克制和适度是一种美德。

---

〔1〕　亚里士多德：《尼可马亥伦理学》II. vii［II. vi. 13～17］。
〔2〕　格利乌斯：《雅典之夜》I. xxvi［10］；亚里士多德：《尼可马亥伦理学》IV. xi［IV. v. 5］。
〔3〕　普卢塔克：《加图（大）传》［《希腊罗马名人比较列传》"阿里斯提得斯与加图（大）之比较"iii. 3］。

而与此同时，

用自己的财产清偿所有债务也是一种美德。"〔1〕

即使是在［节制贪欲］的问题上，我们也应该防止过度。换言之，我们不能认为无法消除所有恶习就是犯罪，也不能在避免对他人实施非正义行为的同时却对自己实施这样的行为。标枪越过目标很远而没有命中目标和标枪没有到达目标就落下来的结果并无二致。两种极端都应该受到谴责，两种极端都是错误的。有些人对任何邪恶行为都无动于衷，他们的错误也许更令人震惊和厌恶（尽管也有一些人会考虑对完全无害的行为采取防备的态度，他们可以被认为是过于谨慎和敏感的人）。这些恶劣行为足以说明他们对正义和平等的极端不尊重，因为这种做法有违人类的本性。同时，我们更有必要防止其他形式的恶，即来源于某种高人一等的优越感的恶。因为它不带有特殊的标签，所以很容易以美德的面目出现。正是在这种美德的伪装下，它不知不觉地侵蚀了我们心灵。这就是一条古老的谚语所描述的恶："在一根芦苇上寻找疤结［即庸人自扰或无事生非］。"

正义存在于两个极端中间的适度。〔2〕实施伤害是错误的，容忍伤害也是错误的。当然，前者属于更严重的恶，但后者也应当予以避免。

不过，由于事实上我们更经常地倾向于第一个极端，因此，当我们通常过分热衷于秉持关爱他人的理念时，它意味着我们本质上也可能倾向于过度地关爱自己。然而，聪明人不会妄自菲薄，也不会忽视利用自身的优势，因为没有任何其他人能比他自己更好地利用这种优势。〔3〕基于同样的道理，他也能在法律和正义允许的范围内抵抗对自己的任何伤害。〔4〕因此，真正善良的人不应当忍受不公平的待遇，也就是说，不应当逆来顺受，忍受不符合其身份和地位的待遇。

可以肯定的是，只要由于这种不公平待遇而导致的损失仅仅影响那些错误地甘愿忍受这种待遇之人，而没有影响任何其他人，那么，它更多地引起的是嘲笑，而不是指责；同时，它更多地被称为愚蠢，而不是非正义。但是，

---

〔1〕　［拉克坦提乌斯：《神圣教规》Ⅵ. v］。

〔2〕　亚里士多德：《尼可马亥伦理学》Ⅴ. ix［Ⅴ. v. 17］和 xv［Ⅴ. xi. 7~8］。

〔3〕　亚里士多德：《尼可马亥伦理学》Ⅸ. iv［3］和 viii［8］；亚里士多德：《政治学》Ⅱ. v［Ⅱ. ii. 6］。

〔4〕　亚里士多德：《尼可马亥伦理学》Ⅴ. xii［Ⅴ. ix. 6］。

无论任何时候，如果私人的损失给公众带来危险，我们就必须竭尽全力与之进行斗争，以免个别公民的错误观念导致对公共利益的损害。此外，应当归入这一种类型的还包括那些出于内心的顾虑而不敢于进行战斗，从而将自己的财产拱手送给敌人的人。我们知道，犹太人有安息日[4]，〔1〕希腊人有休战月。〔2〕〔3〕如果其他人生来不完全了解以下著名的诗篇，那么，请他们牢记：

> "最高尚的事业，
>
> 莫过于在战场上浴血奋战，
>
> 保卫家园。"〔4〕

我可以举出许多例子来说明那些心存顾虑而不敢于进行战斗的人的错误，但是，举这些例子有什么必要呢？希伯来人[5]认为，因为他们没有对米甸[6]人和迦南[7]人进行野蛮的屠杀，所以他们是虔诚敬神和慈悲为怀的。〔5〕谁会怀疑这一点呢？谁不知道扫罗[8]对被征服的国王表示怜悯是错误的呢？〔6〕然而，扫罗和希伯来人都为此受到了严厉的谴责和惩罚。另外，我们正在处理的案件根本不涉及屠杀，仅仅是使可能被用来毁灭无辜者的财产不致落入敌人手中的问题。

的确，在虔诚信仰和道德教化方面具有最高权威的奥古斯丁（圣）[9]曾经说过，由于战争带来的灾难——如杀戮和抢劫——而对战争进行谴责是懦夫〔7〕而非信仰坚定之人的特征。〔8〕他的话与卢克莱修[10]下面的言论一脉相承：

> "因此，必须驱散恐惧的阴霾，
>
> 但靠的不是明媚的阳光，
>
> 也不是雪亮的长矛，

---

〔1〕 约瑟夫斯：[《上古犹太史》] XIV. viii [XIV. 63]。

〔2〕 希罗多德：【《希波战争史》】VIII [VI. 106]；卢奇安：《占星学》[25]。

〔3〕 也就是说，某些月份的某些日期专用于宗教节日，在此期间进行军事远征被认为是非法的。（——英译者注）

〔4〕 荷马：《伊利亚特》XII [243]。

〔5〕《圣经·旧约》"民数记" xxxi [1~19]；《圣经·旧约》"申命记" vii. 2。

〔6〕《圣经·旧约》"撒母耳记上" xv；安布罗斯（圣）：《论职责》[《〈诗篇〉评注》CXVIII. lviii. 25]，它被《天主教教会法典大全·格拉提安教令集》II. xxiii. 4. 33 所引用。

〔7〕 格劳秀斯手稿中完全用大写字母书写的单词在英译本中改为斜体。在所引用的段落中，这并不必然表示斜体词语是原稿中所强调的。（——英译者注）

〔8〕 奥古斯丁（圣）：《反福斯图斯》XXII. lxxiv，它被《天主教教会法典大全·格拉提安教令集》II. xxiii. 1. 4 所引用。

而是自然的本性与有序安排。"〔1〕

除非我理解有误，否则，我们在此引用诗人卢克莱修的上述诗句可能是恰当的，因为一个人只能根据"自然的本性"而不是任何其他渊源来确定他应该如何对待别人和如何对待自己。因此，在对战争法，特别是其中有关被捕获的财产的规则进行认真研究后，我们发现，对于任何智力正常的人来说，整个问题已经变得十分清楚了。

二、［案件］概述

现将与所讨论问题有关的案件概述如下：

属于荷兰和泽兰¹¹商人的船只前往并非处于葡萄牙统治下的印度洋诸岛进行商业航行最早可以追溯到 1595 年。从那时起，作为葡萄牙人造谣中伤、挑拨离间和葡萄牙人及其帮凶背信弃义以及最终公开实施暴力行为的结果，许多荷兰水手被杀害，他们及其盟友遭受了重大损失。最后，荷兰人准备进行复仇。在 1602 年双方发生了几次敌对冲突以后，雅各布·海姆斯凯尔克¹²（他是驻扎在新加坡海峡并拥有八艘军舰的阿姆斯特丹舰队的司令官，而新加坡海峡是分隔马来半岛和苏门答腊〔2〕¹³的两大海峡之一。）迫使一艘名为"凯瑟琳号"的满载货物的葡萄牙武装大帆船投降。他遣散了船上的人员，并将船只带回荷兰。当然，其他人此前也实施过类似行为，而且此后也一直有这样的事件发生。不过，由于诸多原因，此次事件最为引人关注。鉴于这一点，我选择它作为代表所有此类捕获案件的典型事例加以说明，以便在对其进行研究的基础上能够更容易地对其他案件作出判断。

---

〔1〕　卢克莱修：《物性论》Ⅱ［59~61］。

〔2〕　在拉丁语中，"*Taprobane*"通常被解释为是古代和中世纪锡兰的名称。不过，根据此处以及《捕获法》中其他各处的地理资料，并结合第十一章【1599 年事件二】中"*Taprobane*"是"一个现在被称为苏门答腊的岛屿……"的肯定说法，确定无疑地证明格劳秀斯指的是苏门答腊。因此，尽管关于"*Taprobane*"的问题格劳秀斯没有引用任何一位作者的说法，但在通篇英文译文中，"*Taprobane*"均被译为"苏门答腊"。另一方面，在那些引用或解释古典拉丁文的"*Taprobane*"这一表述的段落中，该拉丁文词语仍予保留；同时，脚注中提请读者注意这样一个事实：大多数权威作者在解释"*Taprobane*"时指的是锡兰。

参见下文第 240 页、第 277 页和第 417 页。（——英译者注）

三、[论述的] 划分

然而，在接手这一任务后，我发现自己卷入了一场非常复杂的争论。这不是因为需要研究的问题本身有多么困难，而是因为参与辩论的人有着不同的观点。有的批评者在谨慎从事的动机主导下，在是否同意处置捕获物的问题上犹豫不决。他们显然认为这些货物是以非正当方式捕获的，并且是非法的。其他一些人虽然不质疑捕获物的合法性，但他们似乎担心同意处置捕获物会玷污自己的名声。另外，还有的人虽然对捕获行为的正当性没有疑义，而且不相信自己良好的名声可能因为同意处置捕获物而受到玷污，但他们认为这种目前看来似乎有利可图的做法最终可能导致某种潜在的损失和损害。

因此，我们的任务是需要把演说家们习惯采用的各种演讲方法[1]结合起来。它不仅需要像在法庭上进行辩论那样说明前述捕获行为的正确与否，而且需要承担审查者的职能，对它作出或褒或贬的评价。此外，由于导致这种捕获行为发生的形势并没有发生变化，我们必须对已经采取的这种行动是否符合将来的利益提出建议。

在这种情况下，我们必须首先从法律的角度审视这一问题，从而为处理其他需要考虑的问题奠定一个基础。

四、论述方法

我前面提到的"自然的有序安排"与这一阶段的论述有着非常重要的联系。因为在我看来，完全依据成文法对属于国际范畴而非国内范畴的案件作出判决是徒劳的，况且它发生在战争而非和平的条件下。因雄辩而被称为"金舌"的狄翁14准确地说明了这一点。他指出："应当肯定的是，在敌人之间，一切成文的东西都是无效的。但是，所有人都遵守习惯，即使是在不共戴天的仇敌之间亦为如此。"[2]这一句话中的"习惯"相当于西塞罗15所谓"并非成文法，而是来源于自然的法律"[3]的概念。索福克勒斯16则将其表述

---

〔1〕 昆体良：《雄辩家的培训》Ⅲ. iv。
〔2〕 狄翁：《论习惯》[《讲演稿》lxxvi. pp. 269～270]。
〔3〕 西塞罗：《为米洛辩护》[iv. 10]。

为"的确不是成文法，而是神制定的永恒的法律"。[1]不过，拉克坦提乌斯[17]曾进一步对哲学家们提出指责，因为当讨论军事义务的时候，他们考虑的标准不是真正的正义，而是市民的生活和习惯。[2]如果那些人［以成文法作为判断依据的人］没有读过上面引用的这些学者的著述，他们至少应该关注他们自己的巴尔杜斯的观点。巴尔杜斯曾经明智地断定，拥有主权权力者之间发生的争端只能根据自然理性作出裁决，因为自然理性是善与恶的公断人。[3]其他知识非常渊博的权威学者同样支持这种观点。[4]同时，它也和下面一条众所周知的格言没有太大区别：当自然理性非常明确时，希望求助于成文法的人是缺乏智慧的。因此，按照西塞罗的说法，人们应该努力从罗马法典以外的某种渊源中抽象出正确的科学，而这种科学体现在各个民族、国王以及外国部落之间的条约、契约和协定之中，或者简单地说，体现在所有关于战争与和平的法律之中。[5]

更可取和更可靠的是愿意在《圣经》的基础上解决此类问题的人们选择的方法，但不包括那些只是简单地引用历史记载和以希伯来的市民法取代神法的人们经常采取的方法。因为不加区别地从所有民族的历史记载中收集而来的材料虽然在阐述有关问题时具有极其重要的意义，但在提供解决方法方面几乎没有或者完全没有任何价值。其原因在于作为一项基本规则，人们更经常遵循的是一种错误的处理问题的方法，这样的范例在历史记载中比比皆是。

正确的方法是那些我们所崇拜的经常讲述来源于自然的市民社会治理艺术的古代著名法学家们[6]为我们提供的方法。这也是西塞罗的著作中指出的方法。[7]因为他宣布说，法律科学既不是从裁判官[18]的命令中演绎出来的（这是西塞罗时代多数人采取的方法），也不是从《十二铜表法》[19]中推导出来的

---

[1] 索福克勒斯：《安提戈涅》［454～455］。

[2] 拉克坦提乌斯：《神圣教规》Ⅵ. vi。

[3] 巴尔杜斯：《〈敕令集〉评注》"序言"。

[4] 巴斯克斯：《雄辩指南》Ⅰi. 29。

[5] 西塞罗：《为巴尔布斯辩护》［vi. 15］。

[6] 《〈学说汇编〉评注》I. i，XII. ii以及其他各处；另见《〈学说汇编〉评注》V. i. 76 和 XII. iii. 30。

[7] 西塞罗：《论法律》I［v. 17］。

（这是西塞罗的先驱们采取的方法），它必然是来源于哲学家思想的核心之处。

据此，我们必须将自己的主要注意力放在证明法律科学的自然起源上面。不过，假如我们在自然理性的基础上已经形成的信念得到了神的权威的赞同，或者我们发现这种确信在更早的时候已经被先贤和具有最高声誉的国家所采纳，则它对我们法律信仰的确立同样具有重要的价值。

五、论述顺序

除论述方法以外，为了实现我们的目标，我们应该按照下列顺序进行论述：首先，我们要明确什么是具有普遍性的、真正和一般的原则；其次，我们应当逐步缩限这种具有普遍性的原则，使之能够适用于目前正在处理的案件的特殊性质。数学家通常的做法是在进行具体运算之前，首先说明某一条所有人都容易接受的含义广泛的基本定理，以便从中找出某些可以用来证明下一步运算的确定的要点。与此相同，我们首先需要指出某些最具普遍性的法律和规则，把它们作为假设只是需要重新回顾而不是第一次学习的基本规则推荐给大家，目的是为了奠定我们的其他结论赖以得到牢固支撑的基础。

为达此目的，我必须致力于创新。同时，由于我的工作可能是冗长乏味的，因此，我请求读者能够保持耐心并暂且不要怀疑将会被以后的事实证明的我的以下论断，即我们从具有普遍性的前提中演绎出来的可以准确适用的论点将会补偿读者在阅读对基本问题的介绍时感到的单调和乏味。因为许多批评家认为这些基本问题已经被每个人所熟知，所以完全不需要再重复了。另外，我可以非常肯定地说，那些与战争法混合在一起因而极易混淆的问题，只有在上述前提的基础上并运用前面指出的方法才容易得到解释和解决（尽管在本书中它们不可能被明确地全部述及）。

下面我们开始论述与捕获物和战利品[1]法有关的原理。

---

〔1〕　关于此处将拉丁单词"*praeda*"（战利品）扩展翻译为英文"prize and booty"（捕获物和战利品）的问题，参见前面"英译者说明"。（——英译者注）

中译者注

1 伊比利亚半岛 Iberian Peninsula：欧洲西南部半岛，西班牙和葡萄牙所在地。半岛东北的比利牛斯山脉形成与欧洲其他部分的天然分界；南部以直布罗陀海峡与北非隔开。半岛西岸和北岸接大西洋，东临地中海。（《简明不列颠百科全书》第 9 卷，第 13 页。）

2 苏格拉底 Socrates（约公元前 470 ~ 前 399）：古希腊三大哲人中的第一位。他与柏拉图、亚里士多德共同奠定了西方文化的哲学基础。他在逻辑上的两大贡献一是注重"普遍的定义"，二是注重"归纳的论证"。他的伦理思想主要是要求人们在关心身体和财产之前，先关心自己的灵魂，使灵魂尽量变好。他没有任何著作，关于他的人格和学术的资料，主要见于柏拉图的《对话录》和色诺芬的《回忆录》。公元前 399 年，他被控告为"不敬神"，法庭以微弱多数判处他死刑。他以合法法庭的判决必须服从为理由，拒绝了朋友劝他逃跑的建议，并服毒自尽。（《简明不列颠百科全书》第 7 卷，第 520 ~ 521 页。）

3 卢齐利乌斯 Lucilius（约公元前 180 ~ 约前 103/102）：讽刺诗文的首创者。他出身名门并受过良好教育，与西庇阿·埃米利安努斯将军过从甚密，并曾在西班牙服役。他在罗马度过了一生的绝大部分时光，中年后才依据其丰富的经历进行写作。他的著作在他去世后汇编出版，共 30 卷，但现留存仅 1300 行左右。（《简明不列颠百科全书》第 5 卷，第 386 页。）

4 安息日 Sabbath：犹太历法中最重要的日期之一。它是神定的安息日，因为神用六日造天地，第七日安息。它也是以色列人纪念神拯救以色列人出埃及的日子。安息日从星期五的日落开始，到星期六的日落结束。犹太教至今仍守安息日，而基督教教派除以星期六为安息日守礼拜以外，大多因耶稣在星期天复活而以星期天为主礼拜日。（《基督教圣经与神学词典》，第 465 页。）

5 希伯来人 Hebrews：《圣经》民族之一。在《圣经·旧约》中，希伯来人是以色列人的另一个名称。它指亚伯拉罕及经以撒与雅各而出的后裔。（《基督教圣经与神学词典》，第 257 页。）

6 米甸 Midian：《圣经》人物。他是亚伯拉罕和基土拉所生的儿子，是米甸人的先祖。（《基督教圣经与神学词典》，第 375 页。）

7 迦南 Canaan：历史上和《圣经》上的地名。它有时指包括整个巴勒斯坦和叙利亚的地区，有时指约旦河以西的全部土地，有时指阿卡以北的一条海岸地带。该地最初的居民称迦南人。《圣经》说迦南是"应许之地"，即上帝许给以色列人的土地。（《简明不列颠百科全书》第 4 卷，第 285 页。）

8 扫罗 Saul（活动时期公元前 11 世纪）：古代以色列第一代国王。他是便雅悯支派人基士之子。以色列十二支派联盟推举他为王，以期带领希伯来人更有力地抵抗非利士人日益严重的威胁。他对以色列的主要贡献是在军事方面。他与其勇敢的儿子约拿单率兵攻打非利士人，多次取得重大胜利。（《简明不列颠百科全书》第 7 卷，第 34 页。）

9 奥古斯丁（圣）Augustine Saint（354. 11. 13 ~ 430. 8. 28）：古代基督教会最伟大的思想家。他原信奉摩尼教，公元 387 年春在米兰受洗，成为基督教徒。公元 391 年，他前往罗马帝国在非洲的领地希波（今阿尔及利亚境内），5 年后任希波主教，在任终身。他孜孜不倦地和摩尼派、多纳图派、贝拉基派等异端分子辩论。他的著作很多，但奥古斯丁主义主要见于他对《圣经·旧约》中的"诗篇"和《圣经·新约》中的"福音书"及"约翰一书"的注释。(《简明不列颠百科全书》第 1 卷，第 345 页。)

10 卢克莱修 Lucretius（约公元前 93 ~ 约前 50）：拉丁诗人和哲学家。他的唯一一长诗是《物性论》。《物性论》分为六卷，用六音步格写成。该书说明，宇宙是一个无限大的空间，其中有无数不可分的物质粒子（原子）；人通过感觉认识事物，通过理性按照某些规律进行推论；人本能地追求快乐和避免痛苦，而人生的目的在于得到最大的快乐和遭受最小的痛苦。(《简明不列颠百科全书》第 5 卷，第 384 页。)

11 泽兰 Zeeland：荷兰西南部沿海一省。它位于斯海尔德河和马斯河三角洲，包括泽兰 - 佛兰德和六个过去的岛屿，面积 1785 平方千米。它是荷兰人口最少的省份，农业发达，工业很少，无大城市。(《简明不列颠百科全书》第 9 卷，第 343 页。)

12 海姆斯凯尔克 Heemskerck, Jacob van（1567. 3. 13 ~ 1607. 4. 25）：荷兰探险家、海军上将。他曾经指挥船只在巴伦支海域航行，寻找从北极到印度的航线，但船只在绕过新地岛后陷入冰层，船上的人不得不在岛上度过 1596 ~ 1597 年的冬季。1598 年他任海军中将，前往东印度群岛进行贸易。他于 1600 年任海军上将，1607 年任舰队总司令，在直布罗陀以外的海面上指挥对西班牙舰队的海战中阵亡。(《简明不列颠百科全书》第 3 卷，第 647 页。)

13 苏门答腊 Sumatra：印度尼西亚第二大岛。它东北隔马六甲海峡与马来半岛相望，南隔巽他海峡与爪哇相望，包括邻近岛屿在内的面积约 474 000 平方千米。16 世纪以来，葡萄牙、荷兰、英国等欧洲国家先后在苏门答腊沿海地区和公国领地进行贸易、交战并建立若干要塞。1824 年和 1871 年的英荷条约取消了英国对苏门答腊的领土要求。在整个 19 世纪，荷兰逐步把苏门答腊内地纳入自己的势力范围，并经过 30 年战争，在 20 世纪初控制了亚齐。(《简明不列颠百科全书》第 7 卷，第 534 页。)

14 狄翁 Dion Chrysostom（约 40 ~ 约 112）：古希腊修辞学家和哲学家。因其作品和演说，他在罗马和整个帝国享有盛名。公元 82 年，由于政治原因，他被流放并在黑海附近各地流浪 14 年，过着贫困的生活，直到图密善皇帝死后才结束流放。他现存的作品是一部"讲演稿"80 篇及其他残片的文集，有些是对话和讽喻道德的文章。(《简明不列颠百科全书》第 2 卷，第 555 页。)

15 西塞罗 Cicero（公元前 106 ~ 前 43. 12. 7）：罗马政治家、律师、古典学者、作家。在导致罗马共和国灭亡的内部斗争中，他徒劳地维护共和制度，但其作为罗马最大的演说家名垂青史。他留下了大量的著作与演说辞。在政治上，他先支持安东尼，反对凯撒；后又对安东尼进行抨击。公元前 43 年"后三头"同盟形成之后不久，他被杀害。(《简明不列颠百科全书》第 8 卷，第 431 ~ 432 页。)

16 索福克勒斯 Sophocles（公元前 496 ~ 前 406）：古希腊三大悲剧作家之一。他出身富裕家庭，受过良好教育。公元前 440 年，他当选为负责行政和军事的十将领之一；公元前 442 年任财务官。他一生的主要成就在悲剧创作方面，一共为酒神节写了 123 个剧本。

但他的悲剧只有 7 部完整保存下来，另外还有半部轻松讽刺剧，若干片段和 90 个剧目。他的剧本给他带来极高的荣誉。(《简明不列颠百科全书》第 7 卷，第 571～572 页。)

17 拉克坦提乌斯 Lactantius（约 240～约 320）：基督教护教士、拉丁教父中著作流传最广的一位。他生于北非，罗马皇帝戴克里先任命他在尼科美底亚教授修辞学。后因戴克里先迫害基督教徒，他于公元 305 年前后辞职。他的著作中仅有论基督教义的部分尚存。他的主要著作《神圣教规》一书驳斥异教迷信之虚妄，主张代之以凭理性信奉创造万物的独一真神的基督教。(《简明不列颠百科全书》第 5 卷，第 27～28 页。)

18 裁判官 praetor：古罗马的司法官。按照李维《罗马史》中的说法，裁判官制度始于公元前 366 年，旨在分担执政官的司法职能。裁判官和执政官都由军伍大会选举，并在同一天按照相同的誓词就职。公元前 337 年之前，裁判官只能由贵族担任。最初裁判官相当于首席大法官，后来还可以担任将军或总督。(http://en. wikipedia. org/wiki/praetor.)

19 十二铜表法 Law of the Twelve Tables：古罗马法最早编纂的法典。它一般被认为是在公元前 451～前 450 年制定的。据说它是应平民的要求写成的，但它在任何意义上都谈不上是旧风俗的改革或者开明化。《十二铜表法》的内容包括承认贵族和家长制家庭的特权，把还不起债的人当作奴隶是合法的，宗教习惯可以干预民事案件等。它在遗嘱权利和契约方面表现得特别开明。(《简明不列颠百科全书》第 7 卷，第 262 页。)

第二章　导论：九条规则与十三项法律[1]

一、第一条规则

如果不从最初的起点开始，我们应该从哪里开始呢？我们应该把下面这一条规则置于首要地位并赋予它最高的权威：**神意之体现即为法【第一条规则】**！这一原理直接指明了法律的起因。因此，将其确定为首要原则是恰如其分的。[2]

的确，*ius*［法律］这一术语似乎是从 *Iovis*［朱庇特］一词演绎而来的，同样的演绎过程也适用于 *iurare*［起誓］和 *iusiurandum*［誓言］或 *Iovisiurandum*［以朱庇特的名义起誓］。作为另一种选择，我们还可以把这些术语的发展溯源于这样的事实：古代人所称的 *iusa*[3]，即 *iussa*［奉命行事］就是我们今天 *iura*［法律］所指的概念。在任何情况下，对所造之物的权力属于造物主，对下级的权力属于上级。在这个意义上，发布命令属于行使权力职能的行为，而凌驾于一切事物之上的首要权力属于神。

奥索尼乌斯[1]曾经声称："法律是神正确的意志。"[4]与此同时，权利与正义是朱庇特[2]的审判助手的思想启迪了奥尔甫斯[3]以及其后的所有古代诗人。[5]基于这种思想，阿那库斯正确地指出：现存事物的正义性来自神的意志，而不是神的意志确认了现存事物的正义性（尽管他并没有能够恰当地运用自己

---

〔1〕 格劳秀斯在本书通篇反复提及各条规则和各项法律的序号，但没有再重复其内容。为了便于读者阅读时随时了解这些要点，这九条规则和十三项法律将完整地列在英译本后面的附录中。（——英译者注）【在中文译本中，正文中的这些规则和法律用黑体字表示】

〔2〕 托马斯·阿奎那：【《神学大全》】I～II, qu. 93, art. 1。

〔3〕 费斯图斯：［《论词语的含义》］92。

〔4〕 奥索尼乌斯："单音词诗"［载于《田园诗》iii. 13］。

〔5〕 赫西奥德：《神谱》［901 ff］；柏拉图：《法律篇》IV［p. 716 A］；狄摩西尼：《反阿里斯托吉顿》［演讲集］XXV. 11 = p 772］；地米斯提乌斯：《演讲集》VI［p. 79 C］；阿米阿努斯·马尔切利努斯：【《罗马史》】XXI［i. 8］；平德尔：《奥林匹亚颂词》VIII［21～22］；普卢塔克：《希腊罗马名人比较列传》"亚历山大传"［lii = p. 695 A］。

的论断）。不过，按照普卢塔克[4]在某种程度上更准确的论断，权利和正义女神并非朱庇特的助手，因为朱庇特本身就是权利和正义，是所有法律最古老和最完美的化身。[1]克里西波斯[5]也赞成后面这种观点，他肯定地指出，朱庇特是"指引我们的生活，即教导我们谨遵自己义务的持久和永恒的法律内在力量的名称"。[2]

神的意志不但可以通过神谕和超自然的预兆揭示出来，而且更重要的是可以通过造物主所造之物显示出来，因为正是从最后这种渊源中，自然法得以产生。[3]因此，西塞罗明智地坚持认为，就像其他方法一样，研究天象对于理解正义大有裨益，因为学生们"将会认识到最高统治者与主的意志、计划和目的，而真正的理性原则和主权者的法律应当符合自然本性"。[4]卢卡[6]的下列论断同样与此有关，他指出："当我们出生的时候，造物主就一次性地向我们揭示了我们应该了解的一切。"[5]另外，根据克里西波斯的说法："除了神和自然的普遍联系以外，正义不可能有任何其他渊源或者出处。"[6]

因此，既然神创造了天地万物并允许它们存在，那么，天地万物的每个部分都从神那里获得了某种赖以生存的自然禀赋，而且可以说，天地万物的每个部分都在其内在的、与生俱来的基本法则指导下追求自己的利益。[7]古代的诗人和哲学家们从这个事实中正确地得出了以下结论：其主要力量和行动均指向自我利益的爱是整个自然秩序的首要原则。[8]由此看来，贺拉斯[7]不应该因为模仿学园派学者声称对利益的考量也许可以被称为正义和平等之母[9]而受到指责。因为正如西塞罗反复坚持的那样，世界万物本质上都在无微不至地关爱自己，并追求自己的安全和幸福。这种现象不仅在人类中可以看到，而且在动物中，甚至在无生命体的有关活动中也可以看到。这是一种真实和被神圣情感激

---

〔1〕 普卢塔克：《致一位无知的统治者》［p. 781 A，B］。

〔2〕 参见西塞罗：《论神性》I［xv. 40］。

〔3〕 《查士丁尼法典·法学总论》I. ii. 11。

〔4〕 西塞罗：《论道德目的》IV［v. 11］。

〔5〕 卢卡：［《内战记》］IX［575～576］。

〔6〕 ［普卢塔克：《论斯多葛派的矛盾》ix. p. 1035 C.］。

〔7〕 西塞罗：《论学术问题》I［vi. 22～23］；西塞罗：《论道德目的》IV［x. 25］。

〔8〕 柏拉图：《论文集》，引自赫西奥德和巴门尼德的作品［p. 178 B］。

〔9〕 贺拉斯：《讽刺诗集》I. iii［98］。

发出来的自爱的表现,[1]它在每一种生物的每一个阶段都值得赞赏。但是，极端的自利则被归类为一种恶，它是超出这种爱之外的一种现象。苏格拉底（正如色诺芬[8][2]和柏拉图[9][3]引用的那样）和第欧根尼[10][4]正确地指出，正义是一种美德，它既可以被我们用以自利，也可以被我们用以利他。因此，一个正义之人任何时候都不会伤害自己或其同伴，也不会给自己带来痛苦和忧伤。普卢塔克很好地阐述了这一原理，他用一种诙谐的比喻说明，正义并不像医生所说的那样是一种外用有益而内服有害的防护油，因为正义之人最关爱的应该是他自己。[5]其他权威学者对有关术语作了更细致的区别，他们认为，与其说这种关爱是正义的功能，不如说它是自然加诸我们的关爱自我的功能。[6]但与此同时，他们承认，在人类事务中，个人义务的首要原则是与其自身相联系的。

　　事实上，（按照哲学家们的观点，）所有义务都包含在那些在某种程度上与我们自己有关的事物中。肯定地说，这些事物分为两种类型：有的从利益的角度来看与我们有关；其他的则从损害的角度来看与我们有关。的确，就像厌恶和喜欢这两种心理活动所显示的那样，自然不但把各种心理活动植根于人类，也植根于所有生灵。

　　不过，我们将要讨论的特定方面的义务不可能涉及所有的利益和损害，只与那些给予或者剥夺他人财产或权利的利益和损害有关；它不仅包括具体的利益和损害，而且包括它们产生的外在效果。因为只有通过对那些［可转让的］物进行比较，才能确定一个人自己应该得到多少，以及自己的伙伴应该得到多少。

　　一般来说，这些与利益和损害有关的事物同样可以分为两种类型。第一类也是更重要的一类是指那些与身体本身有直接关系的事物：有害的事物包括死亡、身体伤残［它类似于死亡］和疾病；有利的事物则包括身体完好无损和健康的生活。第二类是指外在于我们自身但会给我们带来利益或损害，

---

　　〔1〕　亚里士多德：《尼可马亥伦理学》IX. Iv〔3〕和 IX. Viii〔8〕；亚里士多德：《政治学》II. v〔II. ii. 6〕；卡斯特伦西斯：《〈学说汇编〉评注》I. i. 1, §4。

　　〔2〕　色诺芬：《回忆苏格拉底》IV〔iv〕。

　　〔3〕　柏拉图：《国家篇》I. iv〔I. xxiv = p. 353 E〕。

　　〔4〕　斯托博乌斯：《谈话录》［载于《文选》］，IX.〔n. 49〕。

　　〔5〕　普卢塔克：《希腊罗马名人比较列传》"阿里斯提得斯与加图（大）之比较"〔iii. 5〕。

　　〔6〕　托马斯·阿奎那：【《神学大全》】I~II, qu. 77, art. 4；塞内加（小）：《论利益》V. ix。

或者带来欢乐或痛苦的事物。例如，前一方面是荣誉、财富和享受；后一方面是恶名、贫穷和痛苦。正因为如此，当柏拉图谈到正义与爱护身体和拥有财产有关的时候，他把因拥有财产而产生的各种后果也列入了"财产"项下。[1]

二、第一项法律与第二项法律

因此，在综合这些概念的基础上，产生了两项自然法准则：[2]第一，**应当允许保护［自己的］生命并避免任何证明有害之威胁**[3]**【第一项法律】。**第二，**应当允许为自己取得并保有对生活有用之物【第二项法律】。**对于后一项准则，我们确实应该像西塞罗那样作出解释，即在不违反自然法原则的前提下，允许每个人更倾向于为自己而不是为别人获取对生活至关重要的物品。[4]另外，任何哲学流派的学者在开始讨论［善与恶的］目的[5]时，都首先把这两项准则作为无可置疑的格言肯定下来。[6]因为在这一点上，斯多葛派11、伊壁鸠鲁派12和亚里士多德13学派是完全一致的，甚至柏拉图学派也没有对此提出任何质疑。

由于我们本身是有血有肉的个体，因此，其他生物体自然可能有利或有害于我们。在这种情况下，第一项法律准则可以通过一个个体对抗其他个体的方式得以实现；第二项法律准则可以通过一个个体取得其他个体的方式得以实现。为达此目的，低等动物被赋予有形的躯体，而我们的手脚则成为实现对抗和取得职能的工具。这种取得的职能是上帝赐予的礼物。因为上帝在赐予所有生物生命的同时，也赐予了他们维持生存的必需之物。的确，这些必需之物有的是生存所必需的，其他则只是身心愉悦所需要的；或者人们也可以说，它们分别与安全和舒适有关。另外，在普遍的意义上，上帝将低级生物赐予高级生物供其利用。例如，植物和草木被赐予动物，而动物——一

---

〔1〕　柏拉图：《国家篇》Ⅲ［Ⅰ. a＝p. 331 A，B］。

〔2〕　珂罗版第6页的前4个单词"similiter iuris naturalis duae"（［有］两项自然法准则）在英译本中被删除了。因为它们显然是珂罗版第5'页底部被剔除的段落的延续，而且在插入第5'a页和第5'a'页时，它们也应该被删除了。（——英译者注）

〔3〕　西塞罗：《论责任》Ⅰ［iv. 11］；西塞罗：《论学术问题》Ⅳ［Ⅱ. xlii. 131］；西塞罗：《论道德目的》Ⅳ［vii. 16］和Ⅴ［ix. 24］；西塞罗：《为米洛辩护》［iv. 10］。

〔4〕　西塞罗：《论责任》Ⅲ［v. 22］。

〔5〕　"Finibus"【目的】一词是用大写拉丁文字母书写的。格劳秀斯显然想到了西塞罗的那一本著作《论道德目的》【亦译为《论至善与至恶》】；他在下面紧接着就提到了这本书。（——英译者注）

〔6〕　西塞罗：《论道德目的》Ⅱ和Ⅲ［vi. 20］以及其他个部分。

般来说，所有动植物——被赐予人类，[1]因为人类的价值高于其他所有上帝所造之物。不过，由于上帝把这些礼物赐予了整个人类而非单独的个人，[2]而且这些礼物只能通过个人的占有取得才能供自己利用，因此，其结果必然是"个人取得之物归个人所有"，也就是说，每个人所取得的物应当成为他自己的财产。这种取得被称为 possessio［占有］。它首先是 usus［使用］的前提，其次也是 dominium［所有权］的前提。[3]

不过，根据上帝的判断，假如他最初创造每个人的时候只关心该人自身的安全，而不是希望每个人都应该以相互和谐地联系在一起的方式关心其同类的福祉，[4]就像他们之间存在一项永恒的契约一样，那么，就不可能有充足的资源使他创造的世界维持下去。塞内加（小）¹⁴指出："如果你想为自己而生存，就必须为他人而生存。"[5]

由此可见，爱具有两面性：一方面爱自己；另一方面爱他人。前一方面被理解为"欲望"；后一方面被理解为"友爱"。[6]尽管在无生命物中也可以看到某种形式的友爱，而且它在低等生物身上表现得更为明显，但是，这种友爱只有在人类中才能散发出最明亮的光芒，因为人类不仅被特别赋予与其他生物同样的情感，而且被赋予了理性的最高属性。也就是说，作为上帝按照自身形象创造出来的人类，上帝为他们刻下了自己思维的印记。埃庇卡摩斯¹⁵在下面一句诗中提醒人们注意这一点：

"人类的理性来源于上帝的理性。"[7]

三、第二条规则

肯定地讲，虽然这种理性思维能力已经被人类的邪恶所遮蔽，但还没有达到非常严重的程度，依然有几缕神圣的光芒清晰可见，它们特别闪现在国

---

〔1〕《圣经·旧约》"创世记"i，末尾部分；西塞罗：《论责任》I［iv. 11］；《查士丁尼法典·学说汇编》XXII. i. 28；亚里士多德：《政治学》I. viii［I. iii 7～8］。

〔2〕西塞罗：《论法律》I［viii. 25］。

〔3〕《查士丁尼法典·学说汇编》XII. ii. 1 §1。参见第十二章主题三。

〔4〕柏拉图：《论友谊》［p. 207 C］。

〔5〕塞内加（小）：［《书信集》xlviii. 2～3］。

〔6〕托马斯·阿奎那：【《神学大全》】I～II, qu. 26, art. 4。

〔7〕参见［克雷芒（亚历山大的）：《杂记》V. xiv］。

家之间的相互协议之中。在某种意义上就其性质而言，邪恶与欺诈是不受约束的，[1]同时，它们有着内在的不可调和之处，因此，普遍性的协议只能建立在与善良和真诚有关的基础上。确实，许多人把国家之间的这种协议称为次级自然法，或初级万国法。[2]西塞罗指出，阐明这种法律的原则只能是来自神的意志的正当理性。[3]在另一段论述中，西塞罗宣布说："对于任何问题，所有国家的共同同意都应当被认为是自然法的原则。"[4]赫拉克利特[16]也认识到了这一真理。因为虽然他假设存在两种理性：一种是普遍形式的理性或觉悟；另一种是个别形式的理性，但他坚持认为，只有普遍形式的理性才是所谓真理的［判断标准和］裁判者，"因为只有那些得到共同同意的事物才值得信守"。[5]对于这一论断，他又补充了如下评论："人类的所有法律都建立在神法之上。"[6]因此，我们可以从第一条规则中引申出第二条规则，那就是：**体现所有人意志之人类共同同意即为法【第二条规则】。**

现在，人们已经在我们理应关心他人利益的问题上形成了最广泛的共识，因为承担这一方面的义务几乎可以被称为是人类的显著特征。正是由于这个原因，塞内加（小）在他充满智慧的哲学[7]中把既关心自己也关心他人的品质归结为善良。[8]也正是在这里，我们找到了正义名副其实的起点，即亚里士多德[9]和许多学者所描述的对他人利益的关心；同时，它也是西塞罗[10]和阿普列乌斯[17][11]所说的"目光向外"。对于这个主题，赫西奥德作了如下精

---

〔1〕　亚里士多德：《尼可马亥伦理学》Ⅱ. v［Ⅱ. vi. 14〕。

〔2〕　初级万国法是自然理性加诸所有民族的一系列道德准则；与之相对的次级万国法则是指实在的和合意的万国法，它由国际社会的成员为了所有国家的利益而共同接受的规则所组成。（——英译者注）

〔3〕　西塞罗：《反腓力辞》Ⅺ［xii. 28〕。

〔4〕　西塞罗：《图斯库卢姆谈话录》Ⅰ［xiii. 30〕。

〔5〕　参见塞克斯都·恩披里柯：〔《反逻辑学家》Ⅰ. 131 ~ 134〕。

〔6〕　西塞罗：《论法律》Ⅰ［vii. 22 ~ 23〕。

〔7〕　珂罗版中清楚地有 *sapientia*【智慧】一词，但值得注意的是，假如要对塞内加（小）的论述进行更准确的解释，应该将 *sapienti* 稍作改动，变为 *sapientis*【睿智】一词。因此，此处可以翻译为"……塞内加（小）所谓睿智者的善良既属于他自己，也属于其他人"。（——英译者注）

〔8〕　塞内加（小）：《书信集》lxxxvi［lxxxv. 36〕。

〔9〕　亚里士多德：《尼可马亥伦理学》V. iii［V. i. 13〕。

〔10〕　西塞罗：《论共和国》Ⅱ［Ⅲ. vii. 11〕。

〔11〕　阿普列乌斯：《论柏拉图》［p. 1099〕。

彩的评论：

"至高无上的朱庇特将法律赐予人类。

鱼类、走兽和飞禽彼此相食，

它们从不知道权利为何物。

而最好的礼物——正义——被赐予了我们。

……"[1]

塞内加（小）指出："因为保全身体的每个部分有利于整个身体，所以，身体各个部分的功能应当相互协调。人类社会尤为如此。因为我们注定要生活在一种相互依存的伙伴关系中，所以，人类应当对个体表现出容忍的态度。同样，只有通过对其组成部分的关心和细心照料，社会才能免受伤害并安全地存在。"[2]在另一部作品中，塞内加（小）又说道："安全必须通过相互提供安全保证方可获得。"[3]古代的哲学家，特别是其观点为西塞罗[4]所接受的斯多葛派学者，不厌其烦和满腔热情地向我们推广"普天之下皆兄弟"和世界国家的理念。这种理念也构成了弗洛伦蒂努斯18以下论述的基础：因为基于自然我们之间建立了某种亲属关系，所以，一个人陷害他人是一种罪过。[5]西塞罗曾经非常恰当地把它总结为一项万国法原则。[6]

以上观点表明，有些学者——那些无知的大师们——反驳正义时的观点是多么的荒谬。他们认为，来源于自然的正义只关注个人利益，而世俗正义并非建立在自然之上，而是完全建立在公意基础之上的。他们的错误在于他们忽视了作为人类社会特征的正义在公意中的居间作用。[7]

四、第三项法律与第四项法律

据此，从第一条和第二条规则中衍生出两项与利他有关的法律。这两项

---

[1] 赫西奥德：《工作与时日》[276~279]。

[2] 塞内加（小）：《论忿怒》Ⅱ. xxxi [7~8]。

[3] 塞内加（小）：《论宽恕》Ⅰ. xix [5~6]。

[4] 西塞罗：《论法律》Ⅰ [vii. 23]。

[5] 《查士丁尼法典·学说汇编》Ⅰ. i. 3。

[6] 西塞罗：《论共和国》Ⅲ [xix 和 xx]；拉克坦提乌斯：《神圣教规》V. xv, xvii, xviii。

[7] 拉克坦提乌斯：《神圣教规》V. xviii。

法律补充了前面那些与利己有关的法律，并对它们作了正当的限制。[1]这两项法律之一是：**任何人均不得伤害他人【第三项法律】**；之二是：**任何人均不得强占已被他人占有之物【第四项法律】**。前者是禁止加害的法律；后者是自我克制的法律。作为第三项法律的结果，生命安全得以保障；作为第四项法律的结果，所有权的划分得以产生，并随之出现了"我的【财产】"和"你的【财产】"的概念。[2]

当古代人把刻瑞斯[19]称为"造法者"并把纪念她的神圣仪式称为"造法者的节日"的时候，他们心中所想的正是上述划分财产的概念，暗示法律的确立来源于土地的划分。[3]昆体良[20]在下面一段话中解释了支持第四项法律的原则："如果我们接受这种主张，即任何已经落入个人手中并由其使用之物即为占有人的财产，那么，任何夺取已被正当占有之物的行为肯定是一种犯罪。"[4]可以说，人类社会的起源建立在诚实守信原则的基础上。按照造物主的安排，与其他生物相比，人类被更强有力地推动趋向诚实守信的生活方式。[5]这种社会推动力是相互行为和情感的根源，也是一个人的快乐和悲伤与其他人的快乐和悲伤互为因果的根源。从这种根源中产生了一句谚语：对他人而言，一个人既可能是神，也可能是狼。

因此，我们感到，被称为"社会美德"[6]的正义形式是必要的。[7]现在，这种社会正义所指的善被称为"平衡"；与之对立的恶则被称为"失衡"。因为像自然界一样，在每一个社会中，善就是尽可能地求得统一；统一主要意味着一致，但其次也意味着平衡。当前一种特征不存在时，后一种特征即取而代之。

不过，分别有两种基于数值和比例的平衡。例如，20 大于 15，10 大于 5，它们的数差相同，都是 5；同时，20 大于 10，10 大于 5，按照平等的比例衡量，后一个数字是前一个数字的二分之一。数值只表明各个部分相互之间

---

〔1〕　西塞罗：《论责任》I［ⅶ.20 ff］；《查士丁尼法典·法学总论》I.i.3。

〔2〕　《查士丁尼法典·学说汇编》I.i.5。

〔3〕　马克罗比乌斯：《农神节》Ⅲ.ⅻ［10］。

〔4〕　昆体良：《雄辩术》ⅹⅲ［8］。

〔5〕　亚里士多德：《政治学》I.ⅱ［I.i.12］。

〔6〕　亚里士多德：《政治学》Ⅲ.ⅹⅲ［Ⅲ.ⅶ.8］。

〔7〕　珂罗版第 7'页中只有被删除的内容，因此，英译本中省略了这一部分。（——英译者注）

的顺序关系；比例则表明部分与整体之间的关系。

由此可见，那些负责管理某种整体事务的人行使的是"比例正义"，[1]它也可以被称为"分配者的正义"［即分配正义］。与这一层次的正义相一致，一家之主根据众多家庭成员的不同年龄及状况按比例分配给他们不同的份额。宇宙是由神自己按照同样的正义进行安排的。柏拉图之所以称神为"几何学家"，准确地讲，这是因为神是根据某种比例原则掌管法律和公平的。柏拉图在《高尔吉亚篇》中说明了这一点，因为几何学家追求的目的就是使所有事物达致平衡。[2]

五、第五项法律与第六项法律

对于另一种正义，我们目前选择将其称为补偿者的正义［即补偿正义］，它与社会事务无关，而与那些涉及特定个人的事务有关。因此，补偿正义不涉及部分和整体的关系，也就是说，它只针对事件和行为，而不针对人。这种正义的功能具有两面性，即赏善和罚恶。由此产生了两项法律：一、**有恶必纠**【第五项法律】；二、**有善必报**【第六项法律】。

这种把各个组成部分相互联系起来的过程可以被表述为部分地由第一顺位的法律［第一项法律和第二项法律］的反向行为，以及部分地由第二顺位的法律［第三项法律和第四项法律］的外溢行为所组成。[3]这种过程是相互和交替发生的。我们在这里看到了"报复"——或者按照注释学家们的用语，"恢复原状"——的起源，而"报复"或"恢复原状"正是补偿正义的任务。根据这种形式的正义，因他人的善行而受惠者应当向财产受损的施惠者支付相当于其损失额的补偿；因他人的恶行而受害者则应当从财产增加的加害者那里取得相当于其损失额的补偿。这样就产生了两种义务：按照哲学家的用语，是"自愿和非自愿的"义务；[4]按照法学家的用语，则是"因契约产生

---

〔1〕 参见普卢塔克：《辩论集》Ⅷ. li［载于《论道德》p. 719 B, C］。

〔2〕 柏拉图：【《高尔吉亚篇》】［p. 508 A, B］。

〔3〕 也就是说，根据与保护个人生命和财产有关的法律实施的行为，其效果作用于行为人自身，而反对伤害他人以及损害他人财产的法律则涉及行为人行为的外在效果。（——英译者注）

〔4〕 亚里士多德：《尼可马亥伦理学》V. v［V. ⅱ. 13］。

的义务"和"因不法行为产生的义务"。[1]在这两种情况下，所有获益者均被视为债务人，所有受损者均被视为债权人；前者财产的增加是通过后者等值财产的减少而实现的。把债权人损失的财产从债务人那里拿回来并将其还给债权人，[2]这就是真正的正义。根据这种正义的要求，像欠债还钱一样，盗窃的财产必须归还；甚至像购物时要照价付款和取得契约收益时要支付对价一样，对造成的损害和人身伤害也要提供赔偿和满足。

但是，有时，属于部分的事物可能会影响整体，尽管它们并非直接作用于整体。在这种情况下，我们必须考虑的不是有关个人的品德，而是事物的价值和有关行为的效果。这是奖惩和惩罚的依据。全世界都应该感谢任何为普遍利益做出贡献的人，比如，创新事物的发明者应该得到全人类的赞誉。相反，像对单独的个人造成损害者一样，那些造成普遍损害者也必须做出相应的赔偿。不过，在某种意义上，即使是对一个人造成的损害也会引起所有人的关注，这其实主要是为了防止它成为一个先例，就像整个身体会关注各个组成部分的健康，特别是为了防止发生感染一样。

现在，令人奇怪的是，旨在关爱所有人的正义本应保护每个人免受伤害，但惩罚却对受惩罚者造成了伤害。为了有助于说明这一点，我们应当看到，任何行业的建立都没有把作恶作为其终极目标，然而，有时某一行业会利用恶——尽管只是在必要情况下——作为一种为实现善的目的而不得不采取的中介措施。医生从来不愿意对患者施加痛苦，除非对患者健康的考虑要求他们这样做；他们也从来不愿意切除患者身体的任何部分，除非这样做有益于患者整个身体的健康。因此，尽管对患者施加痛苦和切除其身体的任何部分原本是恶，但它可能具有善的属性，因为与这种恶直接损害的利益相比，它会带来更大的利益。

为了阐明上述比喻（这是哲学家们在类似情况下经常采取的方法），我们必须区分不同类型的惩罚。根据格利乌斯[21]的记载，托鲁斯[22]认为有三种类型的惩罚，[3]而柏拉图认为只有两种。[4]不过，由于托鲁斯把那种适当地

---

〔1〕《查士丁尼法典·学说汇编》XLIV. vii. 1。

〔2〕亚里士多德：《尼可马亥伦理学》V. vi 和 vii［V. ii. 1～5］。

〔3〕格利乌斯：《雅典之夜》VI. xiv［VII. xiv. 5～6］。

〔4〕柏拉图：《高尔吉亚篇》［p. 525 A，B］。

讲属于个人之间关系的"报复"[1]也包括在了惩罚之内，因此，我们现在需要考虑的只是与整体有关的两种惩罚。在这两种惩罚中，第一种是惩戒，托鲁斯称其为"警示、矫正、惩罚或劝诫"；柏拉图则称其为"改邪归正，矫正"。[2]惩戒包括试图矫正受惩罚的特定个人的行为，并使他成为对社会更有用的人。这也是某种形式的"治疗程序"。按照亚里士多德的解释，它通过施加具有相反效果的行为而产生作用。[3][例如，通过对人施加痛苦矫正其过度享乐的生活；通过使人遭受损失抵销其获得过多财产的效果]。第二种惩罚是杀鸡儆猴的示范式惩罚。它通过引起对类似惩罚的恐惧而震慑他人，使人不敢实施犯罪。这可以说是一种"预防程序"。第一种惩罚的目的是矫正行为人的个人行为；第二种惩罚的目的除矫正行为人的个人行为以外，还旨在矫正其他所有人的行为。这两个目的的实现将导致第三个目的：普遍安全。因为假如所有人都行为端正，则必然没有人会遭到不法行为的侵害。

　　以上就是惩罚不法行为的法律追求的三个目标（按照塞内加（小）的说法[4]）。在大多数情况下，这些目标是一致的。的确，按照柏拉图学派学者的观点，当没有任何其他办法挽救罪犯无可救药的罪恶灵魂时，对他们来说，甚至死刑在某种程度上也是一种有益的解脱。[5]由此可见，柏拉图所作的下列论断显然是完全正确的："就其目的而言，法律之惩罚不为恶。"[6]正如注释学家坚持认为的那样，把自己的快感建立在他人不幸之上的复仇者的思想不具有正当性。[7]根据塞内加（小）的教导，以正确方式复仇之人不是匆忙地为复仇而复仇，而是因为他理应实施惩罚；他进行复仇不是因为复仇的感

---

　　〔1〕　对这个名词的翻译依据的是希腊文，而不是拉丁文。在拉丁文中，*satisfactionem* 一词具有"满足""矫正""赔偿"的含义。但此处的上下文清楚地表明，格劳秀斯特指通过实施惩罚，即复仇，而获得满足。（——英译者注）

　　〔2〕　柏拉图：《普罗泰哥拉斯篇》[p. 326 E]。

　　〔3〕　亚里士多德：《尼可马亥伦理学》Ⅱ. ii [Ⅱ. iii.]。

　　〔4〕　塞内加（小）：《论宽恕》Ⅰ. xxii。

　　〔5〕　柏拉图：《国家篇》Ⅲ [p. 410 A]；阿普列乌斯：《论柏拉图》[Ⅱ, p. 1122]；塞内加（小）：《论忿怒》Ⅰ. v. [Ⅰ. vi]。

　　〔6〕　柏拉图：《法律篇》Ⅸ [p. 854 D]。

　　〔7〕　托马斯·阿奎那：【《神学大全》】Ⅱ~Ⅱ, qu. 108；西尔维斯特：《西尔维斯特全集》"论'惩罚'的词义"。

觉是美好的，而是因为它有助于实现有益的目的；他不是在盛怒之下进行的复仇，而是在深思熟虑之后的谨慎从事。[1]他们在实施惩罚时关注的重点是避免将来可能发生的犯罪，而不是过去已经不可改变的事实。正如柏拉图指出的那样，他实施惩罚不是因为已经发生的犯罪，而是为了防止犯罪的再度发生。[2]这些关于惩罚的思想有一部分的确非常必要，以致有人把正义表述为"对以前实施不法行为之人实施惩罚"。[3]这也是"有罪必罚""不得姑息养奸"等法律格言和许多类似说法所表达的主题思想。

不过，另一项对善举做出回报的法律［即第六项法律］，也同样以明显的平衡为特征。我们在色诺芬的著作中看到这样一句话："另外，我们应该施惠于那些完全值得我们回报的人难道不是一条普遍的法律吗？"他接着回答道："当然是的。"[4]法学家们同样认为，"回报的义务"是一种自然法义务；在自然的眼中，任何人以牺牲他人利益为代价而致富或者因行善的结果而使自己的利益受损都是非正义的。[5]塞内加（小）宣称："'偿还你所亏欠的'这一条格言是最高的正义，它构成一种万国法的宣言。"[6]

然而，（正如我们已经指出的那样，）由于对善举的回报是自愿的，因此，其信用程度取决于当事人的意志。因为存在一种所谓绝对意义上的善举，也存在一种从特定个人立场出发的善举。的确，我们在这里可以借用亚里士多德所作的绝妙解释："一个人根据其对特定事项的理解做出的任何决定，对他来说都是符合自己利益的。"[7]鉴于上帝所创造的人是"自由和独立的"，因而每个人的行动以及对其财产的利用只受自己的意志，而不受他人意志的支配。同时，这种观点也得到了所有国家的共同同意和支持。除了个人有根据其意志行动的权力以外，著名的"自然自由"的概念还有什么意义呢？[8]行

---

［1］　塞内加（小）：《论忿怒》I. ix［4］，II. xxxii［II. xxxiii. 1］，II. xxxi［8］和I. xvi［I. xix. 7］。

［2］　柏拉图：《普罗泰哥拉斯篇》［p. 324 B；柏拉图：《法律篇》XI. P. 934 A］。

［3］　参见希尔拉克斯的言论，载于斯托博乌斯［《文选》IX. n. 58］。

［4］　色诺芬：《回忆苏格拉底》IV［iv. 24］。

［5］　《查士丁尼法典·学说汇编》V. iii. 25，§11。

［6］　塞内加（小）：《论利益》III. xiv。

［7］　亚里士多德：《修辞的艺术》I. vi［2］；亚里士多德：《尼可马亥伦理学》III. vi［III. iii. 17］。另见阿普列乌斯：《论柏拉图》［II. p. 1099］。

［8］　《查士丁尼法典·法学总论》I. i. 3；亚里士多德：《政治学》VI. ii［VI. i. 7］。

动自由和财产所有权具有同样的意义。[1]因此，就产生了这样一种说法："每个人都是其财产问题的决策者和公断人。"[2]可以肯定的是，人的意志会发生改变，但不能改变到欺骗他人的地步，[3]也就是说，不能改变到蛊惑他人使其轻信这样做对他有利或者能使他快乐，[4]但实际上却往往对他有害的地步。因为即使不涉及其他伤害，骗取他人的信任无论如何也是一种恶。柏拉图以提问的方式提出了这种思想："或者说，在事关真相的问题上使别人上当受骗难道不是一种恶吗？"[5]确实，任何正直之人都不能成为对他人作这种恶的始作俑者。

六、第三条规则

从以上论述中演绎出这样一条关于诚信的规则：**个人所示之意志即为自身应守之法【第三条规则】**。[6]它不仅与"如果愿打愿挨，则不存在伤害"[7]的古老谚语相一致，而且符合这样一条传统的格言：遵守各方接受的协议最符合自然公平和人类的诚信原则。[8]西塞罗亦指出："诚信乃正义之本。"[9]

不过，个人意志的默示与明示表达之间存在区别。默示表达通过各种动作和表现发生效力；明示表达则通过上帝为此目的单独赐予人类的方式，即语言的媒介而实现。[10]这种上帝所赐的礼物作为人们互致祝福和人类意志互相交流的工具被视为如此神圣和不可亵渎，以致在所有人看来，撒谎都是最可耻之事。[11]契约的起源正在于此，而且它与上述第六项法律存在必然的联

---

〔1〕 巴斯克斯：《雄辩指南》I. xvii［5］；亚里士多德：《修辞的艺术》I. v［7］。

〔2〕 《查士丁尼法典·敕令集》IV. xxxv. 21。

〔3〕 参见《查士丁尼法典·学说汇编》XLVII. ii. 55［54］。

〔4〕 柏拉图：《国家篇》II［p. 382 B］。

〔5〕 柏拉图：《国家篇》III［p. 413 A］。

〔6〕 柏拉图：《法律篇》XI［IX, pp. 863 E, 864 A］；《圣经·旧约》"诗篇"xii。

〔7〕 亚里士多德：《尼可马亥伦理学》V. xi［10］；《查士丁尼法典·学说汇编》XXXIX. iii. 9。

〔8〕 《查士丁尼法典·学说汇编》II. xiv. 1；《查士丁尼法典·法学总论》II. i. 40；《查士丁尼法典·学说汇编》XIII. v. 1。

〔9〕 西塞罗：《论责任》I［vii. 23］。

〔10〕 亚里士多德：《政治学》I. ii［10］；《查士丁尼法典·学说汇编》XXXIII. x. 7, §2；《查士丁尼法典·学说汇编》XLIV. vii. 38；托马斯·阿奎那：【《神学大全》】II～II, qu. 109, art. 3。

〔11〕 《圣经·新约》"罗马人书"i. 31。

系。当西摩尼得斯[23]建议应当把正义定义为"讲真话并对你所得到的做出回报"的时候，他头脑中所想的正是这一项法律。另外，柏拉图派学者经常把正义称作"诚信"，[1]而阿普列乌斯则将其译为"信任"。[2]

但是，在这些原则确立之后，接下来发生的问题是许多人或者不履行自己的义务，或者甚至侵害他人的财产和生命，（这种恶来源于某些人腐败的本性！）而且在大多数情况下，他们并没有受到惩罚——因为毫无防备者受到精心策划者的袭击，或者单独的个人受到暴力团伙的袭击——这就需要一种新的救济方法，以免人类社会的法律被弃如敝屣。[3]鉴于人口数量不断增加，日益扩大的人群散布在距离遥远、彼此分隔的地区，且被剥夺了互惠互利的机会，这种救济的需要就显得尤为迫切。因此，较小的社会组织开始把个人聚集在一起，形成一个地区性团体。这种团体并非有意放弃把所有人联合成一个整体的设想，而是希望以一种更可靠的保护方式巩固这个普遍的社会；同时，旨在通过一种更方便的安排，将人类生活所必需的、作为许多人劳动成果的各种产品集中起来。因为（正如普林尼（小）[24]形象地指出的那样，）事实是当全世界的产品分散在不同地区时，每个人的匮乏只是该个人关切的问题，而当这些产品被集中起来并混合在一起时，每个人的匮乏即不再是任何个人关切的问题，所有人的产品都和所有人有关。[4]在这个问题上，如同在所有其他问题上一样，人类努力仿效自然进行探索，而自然通过一系列对其各个部分有拘束力的契约保证了世界的存续。因此，那种为了共同利益根据一项一般协议组成的比较小的社会组织[5]——即通过互助足以实现自保和足以实现平等地获得生活必需品的具有相当规模的群体——被称为共同体［即国家］；组成共同体的个人则被称为公民［即市民］。

这种组织体系在统治整个宇宙的上帝那里找到了其来源。的确（正如哲学家们所言[6]），能够被上帝悦纳的地球上最重要的成果就是人类组成了被

---

〔1〕　参见柏拉图：《国家篇》Ⅰ［p. 331 D，E］。

〔2〕　阿普列乌斯：《论柏拉图》［Ⅱ，p. 1099］。

〔3〕　参见柏拉图：《政治篇》［各个部分］和《国家篇》Ⅱ［p. 369 B，C］。

〔4〕　普林尼（小）：《颂辞》［ⅹⅹⅹⅱ. P. 57］。

〔5〕　参见阿普列乌斯：《论柏拉图》［Ⅱ. P. 1147］；西塞罗：《论国家》Ⅲ［Ⅰ. ⅹⅹⅴ. 39～40］。

〔6〕　西塞罗：《西庇阿之梦》［《论共和国》Ⅵ. ⅹⅲ. 13］。

称为国家［市民国家］的联合体和共同体。按照西塞罗的说法，朱庇特赞成这样一种理念或者法律：有利于共同体的一切均应被视为合法的和正义的。[1]

此外，几乎所有民族都在这个问题上达成了共识。因为我们发现，在世界的每一个部分，人们都分别组成了这样的共同体，结果是那些使自己游离于这种已经确立的惯例之外的人们似乎再难以被称为是人类了。在这种情况下，一个人最坏的名声莫过于被说成是"不属于任何部落和族群的无法无天的人"。[2]

除人类的共识以外，另外一个因素对国家的形成也发挥了一定作用，那就是最初表现为对社会契约的正式接受或后来对该契约表示默示同意的个人意志。当一个人使自己依附于一个已经建立的国家时，他就表示了对这个国家的默示接受。[3]尽管国家是由不同部分组成的，但根据其基本目的，它构成了一个统一和永久的实体；作为一个整体，国家被认为应当服从一种单一的法律。[4]

在某种意义上，国家是那个更大的实体［根据自然建立的普遍的社会］的浓缩版，在这个由个体组成的整体内部，上述两种正义形式［分配正义与补偿正义］表现得更为明显。分配正义根据个人能力的不同将公有物分配给不同所有人，并根据个人力量的不同将义务和负担分配给不同公民。另一方面，补偿正义不仅要关注维护个人之间的平等，而且要关注对名副其实的爱国者给予适当的荣誉和奖励，同时，对危害共同利益的人实施惩罚。此外，补偿正义还向我们说明，针对个人的行为如何关系到整体利益。因为补偿正义一方面授予市民桂冠和胜利的荣誉，另一方面，它作出的判决不仅仅局限于犯有叛国罪的案件，相反，还要对杀人犯、伪造者以及类似的罪犯进行惩罚。当然，这些功能要严格符合依照自然建立的社会的法律。

七、第七项法律与第八项法律

然而，在前面已经阐述过的六项法律以外，从上述三条规则中还演绎出

---

〔1〕　西塞罗：《反腓力辞》XI［xii. 28〕。

〔2〕　荷马：［《伊利亚特》IX. 63〕。

〔3〕　托马斯·阿奎那：【《神学大全》】II~II, qu. 98, art. 4；巴斯克斯：《雄辩指南》xxviii. 18。

〔4〕　《查士丁尼法典·学说汇编》V. i. 76；《查士丁尼法典·学说汇编》XII. Iii. 30。

了似乎特别适用于市民社会契约的下列两项法律：第一，**公民不仅应当自我克制不伤害其他公民，而且应当保护作为整体与个人之其他公民**[1]【第七项法律】；第二，**公民不仅应当自我克制不夺取他人之私有财产或共有财产，而且应当对他人与整体所需之财产做出贡献**【第八项法律】。对于前一项法律中的公民，柏拉图称之为"互助者"；对于后一项法律中的公民，柏拉图称之为"合作者"。[2]也就是说，公民是提供保护的"互助者"和创造财富的"合作者"。

尽管与第三顺位的法律［第五项法律和第六项法律］有关概念的范围不同，但第七项法律和第八项法律在某种意义上指向了一种共同利益，即由不同个人组成的社会的利益。这两项法律与共同利益有关，而这种共同利益被解释为既是集体利益，［在个人从属于整体的意义上］也是个人利益。因此，虽然第一顺位的法律以及紧随其后的其他法律的论述顺序表明，一个人的自身利益优先于其他人的利益[3]——或者说它表明，根据自然的命令，每个人应当追求为自己而不是为他人获得财富，而且这也是下面这些格言的中心思想："我是自己最近的邻居"［我的膝盖比胫骨更近］、"我的内衣比外衣更贴身"——但是，在涉及把单个人的利益与所有人的利益（"单个人的"和"所有人的"都可以被正确地表述为"自己的"，[4]因为"所有人"事实上指的是一种集合体）进行比较的时候，"所有人的利益"这个更普遍的概念应居优先地位，因为它也包括个人利益在内。[5]换句话说，除非能够保住船不会沉没，否则，船上货物的安全就无从谈起。希罗克洛斯[25]曾经指出："公有物和私有物不应该截然分开，［……][6]因为任何对一个人的国家［作为整体］

---

[1]　亚里士多德：《政治学》Ⅲ. ix［Ⅲ. V. 13］。

[2]　柏拉图：《国家篇》Ⅱ［p. 369 C］。

[3]　亚里士多德：《尼可马亥伦理学》Ⅸ. ⅷ［2］。

[4]　《查士丁尼法典·学说汇编》L. xvi. 239，§9。

[5]　托马斯·阿奎那：【《神学大全》】Ⅱ ~ Ⅱ, qu. 26，art. 4，ad. 3；《查士丁尼法典·敕令集》Ⅵ. xliii. 3［=《查士丁尼法典·新律》XXXIX. i.］。

[6]　在这里，格劳秀斯从自己的拉丁文稿中删除了他所援引的希腊原文中的一句话。它强调了希罗克洛斯所做的论述。用英文翻译过来，这一句话是这样的："但是，［这两个概念］应该被认为是同一个。"（——英译者注）

有利的，同样是符合其各个部分共同［利益］的。"[1]根据修昔底德[26]的记载，伯里克利[27]在一次演讲中清楚地阐明了为什么以及在什么程度上个人利益应当服从公共利益的问题。他这样讲道：

"我相信，相对于一个个人利益发达而作为一个实体却陷入毁灭境地的国家，作为私人的公民在一个整体上成功的国家获得的利益要大得多。因为即使一个人的财富能够快速增长，但如果他的国家灭亡了，他的一切也必然会灰飞烟灭。另一方面，即使生活在一个繁荣昌盛的国家中的某个人并不特别富有，但他依然更有可能在国家的保护下安然无恙地生存下去。这样看来，由于国家无疑有能力承受公民个人的种种不幸，而公民却不能以同样的方式承受具有公共性质的国家的不幸。因此，我们现在最应该做的是所有人一起共商国是，保卫国家，而不是因为震惊于私人蒙受的巨大损失，接受你们所走的叛国之路。除此之外，难道还有更合适的办法吗？"[2]

李维[28]简明扼要地总结了这种观点："当国家本身没有遭到伤害时，它更容易保护私人财产的安全。你绝不能通过背弃国家利益来保护自己的利益。"[3]

另外，正如我们已经指出的那样，既然所涉及的意志构成衡量利益的标准，那么，在事关共同利益的时候，整体意志应居优先地位。甚至在事关个人利益的时候，由于个人从属于整体，整体意志仍应居优先地位。因为一个群体中的个人已经对这种安排表示赞成，而且自由意志的特征之一就是个人有权使自己的意志适应其他人的意志。[4]当所有人的意志适用于所有人时，它就被称为法律［即成文法］。这种法律发源于上帝（此法源于上帝），因而被称为"上帝的创造与恩赐"。[5]这种观点得到了所有人类的共同同意，而且被克里索斯托（圣）[29]的这一句话所证实："法律是那些天生就适应世俗生活的人类的保护神。"[6]简而言之，法律建立在人们相互同意和众多个人意志的基础上。正是考虑到这个事实，狄摩西尼[30]和柏拉图有时称法律为"国家的共

---

〔1〕　［载于斯托博乌斯：《文选》XXXIX，n. 35］。

〔2〕　修昔底德：【《伯罗奔尼撒战争史》】Ⅱ［lx. 2～4］。

〔3〕　【李维：《罗马史》】［XXVI. xxxvi］。

〔4〕　《查士丁尼法典·学说汇编》Ⅲ. iv. 6；托马斯·阿奎那：【《神学大全》】Ⅰ～Ⅱ，qu. 95，art. 1。

〔5〕　《查士丁尼法典·学说汇编》Ⅰ. iii. 2。

〔6〕　《查士丁尼法典·学说汇编》Ⅰ. iii. 2。

同契约"。[1]

八、第四条规则

因此，在前面三条规则的基础上，引申出了下面一条补充性规则：**国家所示之意志即为全体公民应守之法【第四条规则】。**这一条规则就是被哲学家们称为实在法、约定法、特别法或私[2]法的法律类别的渊源，也是法学家们所称的国内法的渊源。它不是一种绝对意义，而是相对意义上的法律，[3]其区别可以通过以下类比的方法加以说明：假如用一头牛交换一只羊，从交换物本身来看，它肯定是不平等的，但仅从缔约双方愿意这样交换来看，它又是平等的。由此可见，绝对意义上的不正当性在相对意义上并非不具有正当性就不难理解了；[4]与此同时，这种类型的法律随着其产生原因的变化，即人类意志的变化，而发生变化也就不奇怪了。[5]但是，基于恒定不变的原因产生的自然法准则却能够保持其自身的持久性。或者说，前一种法律可能由于地域的不同而不同，因为不同社会对于什么符合其利益的认识自然有所区别。

当整体意志为了公共（国家）利益适用于特定个人时，它就成了一项"判决"。由于人们（往往并非被真正的自爱，而是被作为万恶之源的虚伪和贪得无厌的自私自利冲昏了头脑）错误地认为事实上不成比例的所有权即为平等，并引发争端和动乱，而为了社会和谐与公众安宁，避免这种邪恶现象的发生就显得非常重要，因此，国家必须以公断人的身份对争端各方进行干预，公平地划分各种财产。这就是德谟克利特[31]在下面一句话中表达的中心思想："肯定地讲，假如任何人都无意伤害其他人，那么，法律并不禁止每个人

---

〔1〕《查士丁尼法典·学说汇编》I. iii. 2 和 1；亚里士多德：《政治学》I. vi〔I. ii. 16〕和《修辞的艺术》I. xv〔21〕。另见巴斯克斯：《雄辩指南》xliv. 5 和 xxviii. 12。

〔2〕此处希腊语"私的"一词普遍被认为在英语中会使人产生误解。显然，格劳秀斯在这里指的不是相对于"公法"的调整个人之间关系的"私法"。另外，在他引自亚里士多德的《修辞的艺术》的那一段话中，这个形容词被特别适用于每个国家"根据自身情况"制定的"特别法"，而不是由自然建立的"一般法"。（——英译者注）

〔3〕亚里士多德：《尼可马亥伦理学》V. x〔V. vii. 1〕；亚里士多德：《修辞的艺术》I. xiii〔2〕；托马斯·阿奎那：【《神学大全》】II～II, qu. 57, art. 2 的答复部分。

〔4〕《查士丁尼法典·学说汇编》XXXIX. i. 20；《查士丁尼法典·学说汇编》XXVII. vi. 1, §5。

〔5〕《查士丁尼法典·法学总论》I. ii. 11；狄奥菲里斯：《法学总论》I. ii. 11；亚里士多德：《政治学》III. ix〔III. v. 11〕。

按照其自由意志生活。邪恶的意志是通向社会动乱之路。"〔1〕由此可见，判决与法律有着同样的起源。荷马指出，那些被称为"君主"的人是：

"将朱庇特神圣的法律

带给世界各国之人"。〔2〕

基于同样的观点，这位诗人还写道：

"请让萨图恩³²授予其金色权杖和法袍

的那位国王进行统治吧！"〔3〕

另一位学者也指出：

"朱庇特的神性

遍布人类的所有城镇和法庭。"〔4〕

九、第五条规则与第九项法律

因此，尽管自然法准则允许每个人为了自己的利益对与自己有关的事项作出决定，但显然所有国家都认为有必要建立某种规范的司法制度，而且公民个人普遍同意实施这一方案。他们认识到，这种司法制度将帮助他们获得原本因自身能力不足而无法获得的利益，因而同意服从国家的判决。的确，作为一种共识，如果没有普遍同意，任何管辖权都绝对不可能建立起来，这是由管辖权的性质决定的。〔5〕下面一条规则说明了这个事实：**国家所示之意志即为公民个人相互关系中应守之法【第五条规则】**。

第五条规则与第四条规则的不同之处在于一项司法判决不同于一条国内法准则，因为司法判决是针对特定案件作出的仅可适用于该案件的法律。因此，就国内法而言，人类社会得以维持的首要准则就是法律程序不可或缺。它可以表述为：**非经司法程序，任何公民不得对其他公民行使其权利**〔6〕**【第九项法律】**。

---

〔1〕　［载于斯托博乌斯：《文选》XXXVIII. n. 57。］

〔2〕　［荷马：《伊利亚特》I. 238 f.]。

〔3〕　［荷马：《伊利亚特》II. 205 f.]。

〔4〕　［阿拉托斯：《物象》2 f.]。

〔5〕　参见《查士丁尼法典·学说汇编》IV. viii. 27，§2 中的观点。

〔6〕　《查士丁尼法典·学说汇编》IV. ii. 13；《查士丁尼法典·敕令集》I. ix. 14。

第九项法律甚至可以适用于国家本身。因为当国家卷入与个人的争端时，国家同样有义务依照司法惯例行事。不过，由于国家之上不存在更高的权威，因此，国家甚至不可避免地成为涉及自身案件的法官。[1]由此可见，塔西佗[33]的以下论断是正确的：根据一项来自神意的规则，除自身以外，人民不允许任何其他法官发号施令。[2]

根据上述观点，显然，体现在法律和判决中的市民的权力[3]主要和必然地存在于国家本身。正如虽然对个人及其财产的权力理所当然地属于个人，但个人不可能有一种对所有人及其私有财产的权力，除非存在一种属于所有人的权力。另一方面，就像在私人事务中我们不仅通过自己的行为，而且通过那些被授权管理我们事务的代理人约定义务和取得利益一样，（因为对于允许实施的行为，我们自己直接实施或者通过代理人[4]实施并无区别）按照类似的程序，对个人行使合法权力的社会也将其全部或部分职能授予社会成员中某些特定个人。现在，即使是在更大的社会组织中，这种现象也已经司空见惯了。因为在各个国家，并非每个人都能把自己的时间贡献于管理公共事务；另外，有些公共事务通常更适合由少数几个代表进行处理。那些受托履行这种职责的人在希腊语中被称为"ἄρχοντε"【执政官】，在拉丁语中被称为"magistratus"【行政长官】，在英语中则分别表述为"archon"和"magistrate"。

对于这个问题，需要在这里指出的是：有些契约的缔结旨在使双方平等地获得利益；有些契约的缔结虽然只有一方获得利益，但它暗示没有从中获得特定利益的一方的缺憾将通过使其甘愿如此的补充因素得到补偿，因为这种补充因素可以理解为没有获益的一方愿意付出约定的代价或劳动以换取对方的尊重。因此，租借不同于无偿出借，以货易货不同于赠与，合伙不同于无偿劳动。后两组概念也是管理公共事务职能的应有之意，只是各自的立场不同而已。行政长官本身也是公民，他们应该因其为公共管理付出劳动，即

---

〔1〕　参见帕诺米特努斯：《〈格列高利教令集〉评注》II. ii. 4，n. 21；英诺森【四世】：《〈格列高利教令集〉评注》V. xl. 23。

〔2〕　塔西佗：《编年史》XIII. [lvi]。

〔3〕　维多利亚：《论市民的权力》7；科瓦鲁维亚斯：《实践问题》I [2]。

〔4〕　《查士丁尼法典·学说汇编》XXXI. 77，§20。

提供公共产品，而获得报酬。[1]但另一方面，他们也是国家的管理者，非常类似于船上的舵手，他们被任命担任这种职务不是为了个人利益，而是为了公共利益。[2]

十、第十项法律与第十一项法律

因此，在这一方面也存在两项法律，它们本质上是行政长官执行管理职能的契约中所固有的：第一，**行政长官在所有问题上均应为国家利益而行为【第十项法律】**；第二，**国家应确认行政长官的一切行为均为有效【第十一项法律】**。塞内加（小）正确地坚持主张，对于君主与国家，我们不能偏废其中任何之一，否则，两者均将毁灭："因为正如前者需要力量支持一样，后者需要一位首脑。"[3]如果我们在这里回溯前面关于君主和国家赖以存在的基本原则的论述，我们即可清楚地理解，国家的普遍同意和全体人民授予行政长官职位的神圣性质说明，此种安排［比如，君主与国家关系的安排］的肇始者正是上帝自己而不是其他人。这也是下面一句话的中心思想："国王的权力来自朱庇特。"[4]

十一、第六条规则、第七条规则与第八条规则

另外，行政长官职责所固有的权力构成了与第四条规则和第五条规则有关的另外两条规则的基础。这两条规则首先是确认立法者的权威；其次是确认法官的权威。我所说的是下面两条规则：第一，**行政长官所示之意志即为公民整体应守之法【第六条规则】**。第二，**行政长官所示之意志即为公民个人应守之法**[5]**【第七条规则】**。

关于这一点，应该介绍一种补充性的观点。这种观点认为存在一种由［初级］万国法与国内法组成的混合型的法律，并且正确和准确地将其命名为

---

〔1〕 柏拉图：《国家篇》Ⅲ［p. 412 D, E］；亚里士多德：《政治学》Ⅱ v［Ⅱ. i. 6］。

〔2〕 亚里士多德：《尼可马亥伦理学》V. x［V. vi. 5］；柏拉图：《国家篇》I［p. 341 C, D］。

〔3〕 塞内加（小）：《论宽恕》I. iv［3］。

〔4〕 赫西奥德：《神谱》［96］。

〔5〕 《查士丁尼法典·法学总论》I. ii. 6。

"次级万国法"。[1] 正如私人的共同利益产生了前面的规则一样，由于存在一种国际性的共同利益，因此，已经为自己建立了国家的各个不同民族缔结了许多有关这种共同利益的协议，并由此产生了另外一条规则。这一条规则以第四条规则为样板；反过来，第四条规则的基本原理则来自第二条规则和第三条规则，乃至第一条规则。这一条规则就是：**所有国家所示之意志即为所有国家应守之法【第八条规则】。**

在阐述这一条规则时，人们可能会提到使节的不可侵犯权[2]（所有组织成国家形式的民族都赋予了使节平等的神圣不可侵犯性）以及与埋葬死者[3]及诸如此类由来已久的习俗制度有关的各种事项。

的确，这些制度可以分为两类：有些具有国际协议的效力，如刚才提到的那些情形；另外一些则缺乏这种效力。对于后者，我倾向于将其归入已被接受的习惯，而非法律项下。

然而，甚至这些成为习惯的由来已久的习俗制度也经常被说成是［次级］万国法的组成部分。例如，这种情形发生在与地役、特定类型的契约以及继承顺序有关的条款中。这些条款以相同的形式——或者模仿、或者照抄——被所有国家，至少是大多数国家根据各自利益的需要所采纳。不过，个别国家不接受此类习惯制度是允许的，因为它们不是由共同的［国际］协定，而是通过国家各自的单独行动得到确立的。正如在特定的政治共同体中一样，并非大多数人中的所有习惯做法都能构成法律，只有那些涉及公民相互关系者方可如此。因为有许多习惯做法具有私人而非公共的特征（如古文物研究者编纂的书籍中记载的与服饰、宴饮或葬礼有关的大量习惯），即使它们得到普遍接受，仍然可以被任何一位一家之主随意放弃。

十二、第十二项法律与第九条规则

在似乎根据契约的效力约束不同民族的其他万国法准则中，最重要的是类似于国内法中首要原则的［第九项法律］那一条准则，它可以被表述为：

---

〔1〕 彼得·费伯【福列】：《六月集》Ⅱ. i 接近中间部分；巴斯克斯：《雄辩指南》lxxxix. 25。

〔2〕 《查士丁尼法典·学说汇编》L. vii. 17。

〔3〕 索福克勒斯：《埃阿斯》［1336］；索福克勒斯：《安提戈涅》［各个部分］；狄翁：《论习惯》［《讲演稿》lxxvi；伊索克拉底：《赞美海伦》［p. 214］；伊索克拉底：《颂辞》［55~56］。

非经司法程序，任何国家或其公民均不得试图对其他国家或其公民行使权利【第十二项法律】。的确，这一项法律的必要性是不证自明的，而且它可以从已经阐述过的观点中演绎出来。

不过，此处出现了一个在国内法中不存在的难题。在国内法中，由于公民隶属于各自国家，因此，无论是公民相互之间还是公民与本国国家之间发生争端，他们都可以正当地把争端提交给国家进行裁决。然而，一个国家并不隶属于另一个国家，它们处于平等地位。与此同时，一国公民与他国公民也处于平等地位。虽然人们可能欣然同意由一个国家行使司法职能，但他们在两个国家中的哪一个应当放弃行使司法职能的问题上存在无法达成共识的可能性。因为每个国家都可以援引以下著名的诗句：

> "我们居住在这些城市中的所有人，
>
> 都有权只执行自己法院作出的判决。"[1]

的确，国家是一个自给自足的集合体，国家之上没有更高的权威，国家权力之上没有更高的主权权力，也不可能由所有没有卷入争端的国家达成一项协议，规定由它们对争端当事方的案件进行调查。

因此，有必要采取某种区别对待的方法解决任何此类争端。这种方法体现在下面一条规则中：**对于司法程序，被告国或其公民为被告之国家有优先权；倘若经证明上述国家疏于履行司法职责，则原告国或其公民为原告之国家应成为法官【第九条规则】。**事实上，此类争端不可能以任何其他方法解决。任何诉讼都会涉及原告和被告双方，而对于我们现在讨论的情形，完全有必要把法官的职责授予代表其中一方的国家。最合适的程序是首先把案件提交给那个判决最容易得到执行的国家审理，也就是提交给那个据信占有超额财产，且取得该财产有助于实现对全部财产公平分配的结果的国家审理。友好国家之间通常也会根据这一项原则缔结条约。例如，高卢人和汉尼拔[34]缔结的条约规定，如果高卢人指控迦太基[35]人，案件应当由迦太基人审理；如果迦太基人指控高卢人，则争端应当由高卢妇女裁决[2]（因为在高卢，妇女享有很大的权力，甚至在公共事务中亦是如此）。基于同样的道理，当他们被命

---

〔1〕 欧里庇得斯：《赫拉克勒斯的儿女》［142 f］。

〔2〕 普卢塔克：《论妇女的勇敢》［载于《道德论集》vi. p. 246 C］。

令交出自己的某些同胞使其接受惩罚时，得摩丰[36]对欧律斯透斯[37]，国王塔提乌斯对劳伦丁人，雅典人民对亚历山大大帝，以及在大多数场合一些人对另外一些人回答说：如果对他们的同胞提出起诉，他们自己将基于正义并依照法律对其实施惩罚。

另一方面，（像更经常地发生的那样）如果一个国家顽固地坚持为其公民或国家本身实施的伤害行为辩护，[1]而且既不承认已经造成的伤害，也不采取任何救济措施，那么，可以肯定，根据前述自然法规则，对这种伤害行为的审判权就应当转移给另一方，即因其本身或其公民遭受伤害而提出指控的国家。在此类案件中，法官像在本国国内规定法律那样，只是作出无论任何形式的判决显然是不够的。因为这不是存在允许一国对另一国行使权力的协议的结果，而是根据自然法的效力允许每个人寻求实现自己的权利的结果。由此可见，存在这种权利是一项基本条件。这也是下面一项得到普遍承认的原则的应有之意：一国因其违法行为而不得不受制于他国。[2]应该说，任何从事正义战争的人在判断什么是正义的问题上必然是其敌人的法官，或者（像柏拉图所说的那样）是敌人的"审查官和惩罚者"。[3]因为在这种情况下，必然要诉诸自然法上有效的制度，该制度允许个人作为自己是当事人的诉讼案件的法官。

十三、第十三项法律

到目前为止，我们一直讨论的是与已经确立的惯例相一致的法律。

除了自然地和不言而喻地受制于下面一项例外之外，所有这些准则都具有普遍和必要的特征，这一项例外是：当出现似乎存在法律冲突的情形时——修辞学家将其描述为"因情势产生的冲突"——应当坚持适用上位法中包含的原则，同时搁置下位法的效力。[4]因此，所谓的"万法之法"可以

---

〔1〕　西尔维斯特：《西尔维斯特全集》"论'压迫'的词义" iii. 2, 3, 4。

〔2〕　英诺森【四世】：《〈格列高利教令集〉评注》II. Ii. 14；卡耶坦：《神学概要》II～II, qu. 40, art. 1；托马斯·阿奎那【神学大全】II～II, qu. 67, art. 1, ad 3；巴尔杜斯：《论封建》［p. 18 verso］；维多利亚：《战争法》17, 19, 46 和 56。

〔3〕　柏拉图：《国家篇》V［p. 471 A］。

〔4〕　西尔维斯特：《西尔维斯特全集》"论'法律'的词义" viii；*Hoc tamen*。

表述如下：倘若［法律］能被同时遵守，则［所有］法律均应被遵守；倘若法律不能被同时遵守，则上位法优先于下位法[1]【第十三项法律】。

　　至于何为上位法，这个问题可以从有关准则的起源和目的两个角度加以判断。从起源的角度看，神法优先于人法，人法优先于市民法。[2]从目的的角度看，事关个人利益的法律优先于事关他人利益的法律；事关更大利益的法律优先于事关较小利益的法律；有助于消除大的损害的法律优先于有助于增进小的利益的法律。例如，由于某人在荒郊野外实施的攻击使你的生命安全受到威胁，而且在这种情况发生的时间和地点你无法求助于法官，那么，你就可以正当地进行自卫，而不必考虑有关司法程序的第九项法律。[3]在这种情况下，甚至禁止伤害他人的第三项法律也不能构成你进行正当自卫的障碍。因为如果不这样做，你就不能行使根据第一项法律享有的权利，该项法律要求你保护自身的生命安全。[4]与此相同，如果有人占有了我的财产而没有对我作出任何补偿，并且他正准备逃跑因而以后没有希望传唤他出庭受审，那么，我就必须求助于要求有善必报的第六项法律，或者说，［施惠者遭受的］损失应当通过收益得到补偿的法律。[5]在这种情况下，前面提到的关于司法程序的准则将停止适用。与此同时，禁止夺取他人财产的第四项法律亦不能妨碍我根据第二项法律取得有利于我生活的赔偿，因为任何人都不应当被迫放弃自己的财产。不过，一旦死亡的急迫威胁或财产损失的危险不复存在，当事人就有义务同时遵守不再相互冲突的不同的法律。

　　我们已经理解了什么是"权利"，并且在任何侵犯权利的行为即构成"不法行为"或"损害"的基本认识指导下，得出了"不法行为"或"损害"的

---

　　[1]　司各脱【邓斯·司各脱】：21，dist. 41［载于《牛津著作集》Ⅳ，dist. 21，qu. 4，n. 24］；西塞罗：《论发明》Ⅱ［xlix］。

　　[2]　参见《天主教会法典大全·格拉提安教令集》Ⅱ. xi. 3. 97。

　　[3]　《查士丁尼法典·学说汇编》Ⅸ. ii. 4 和 5；《查士丁尼法典·学说汇编》Ⅸ. ii. 45；西塞罗：《为米洛辩护》［iv. 10 f］。

　　[4]　西尔维斯特：《西尔维斯特全集》"论'盗窃'的词义" x. 4；西尔维斯特：《西尔维斯特全集》"论'谋杀'的词义"［Pt. I］，ix。

　　[5]　《查士丁尼法典·学说汇编》ⅩⅬⅢ. xvi. 3，§9；《查士丁尼法典·学说汇编》ⅩⅬⅡ. viii. 10，§16；西尔维斯特："论'战争'的词义"，载《西尔维斯特全集》"论'战争'的词义"［Pt.］Ⅱ，开头部分。

定义。〔1〕因此，根据各项规则和法律被授予权利的一方的行为是正义的，而具有相反性质的行为则是非正义的。

即使行为的动机产生于我们的脑海中，但它们最终要通过我们身体的动作表现出来，这就是一种可以被称为"实施"的过程。不过，因为人类被给予了一个虚弱和不结实的躯体，所以，上帝为他们提供了可资利用的外在的工具。我们将这些工具称为"武器"。它们既可以被正义之人用来保护自己和取得［合法］财产，也可能被非正义之人用来实施攻击和抢劫财产。针对武装的敌人进行的武装对抗被称为"战争"。如果一场战争具有行使权利的特征，它就是所谓的"正义战争"；如果一场具有伤害的特征，它就是所谓的"非正义战争"，如果一场战争是根据国家意志，包括根据行政长官（如亲王）的意志进行的，它就是所谓的"公战"。此外，公战既可以是针对同一国家的一部分人进行的"内战"，也可以是针对其他国家进行的"外战"。所谓的"同盟战争"就是一种"外战"。［并非根据公共意志进行的］其他战争属于"私战"，尽管有些权威学者宁愿将此类冲突描述为"争端"，而非"战争"。〔2〕此类冲突同样既可能发生于本国人之间，也可能发生于本国人和外国人之间。在本书的用语中，"捕获捕获物"和"捕获战利品"〔3〕被用来指在战争中夺取敌人的财产。

中译者注

1 奥索尼乌斯 Ausonius（约310~约395）：拉丁语诗人兼修辞学家。他生于高卢，曾执教于波尔多的几所著名学府。罗马皇帝瓦伦提尼安一世曾招他做格拉提安的教师。格拉提安即位后，他曾任非洲、意大利和高卢的行政长官，并于379年任执政职。他的作品因写高卢的地方风光而引人注意，但有影响的作品不多。（《简明不列颠百科全书》第1卷，

〔1〕《查士丁尼法典·学说汇编》XLIII. xvi. 3, §9；《查士丁尼法典·学说汇编》XLII. viii. 10, §16；西尔维斯特：《西尔维斯特全集》"论'战争'的词义"［Pt.］II，开头部分。

〔2〕托马斯·阿奎那：【《神学大全》】II~II, qu. 40, art. 1；塞内加（小）：《论忿怒》III. v［6］。

〔3〕此处使用的"捕获捕获物"和"捕获战利品"的英文表述翻译自同一个拉丁文单词"praeda"。（——英译者注）

第 378 页。）

2 朱庇特 Jupiter：古罗马和意大利的主神。他相当于希腊神话中的宙斯，是天空的主宰。传说中，他保佑人类并象征着明确的道德观念，人们奉他的名起誓、缔约和结盟。在整个罗马共和时期，朱庇特庙都是罗马的崇拜中心。（《简明不列颠百科全书》第 9 卷，第 516 页。）

3 奥尔甫斯 Orpheus：亦译为俄尔甫斯，古希腊传说中的英雄。据传说，他是缪斯和色雷斯王（一说阿波罗）的儿子。他有超人的音乐天赋，阿波罗把自己的第一把七弦琴送给了他。他的琴韵和歌声优美动听，各种鸟兽木石会围绕他翩翩起舞。他参加了阿尔戈船英雄的远征，并用自己的音乐拯救了大家。（《简明不列颠百科全书》第 1 卷，第 336 页。）

4 普卢塔克 Plutarch（约 46～119 后）：对 16～19 世纪初的欧洲影响最大的古典作家之一。他在罗马帝国时期生于希腊维奥蒂亚的凯罗涅亚，曾被皇帝图拉真授予等同于执政官的高位。他有罗马和雅典的公民权，一生写了大量作品，据称多达 227 种。其中最著名的是他为希腊罗马军人、立法者、演说家和政治家撰写的《希腊罗马名人比较列传》。（《简明不列颠百科全书》第 6 卷，第 550 页。）

5 克里西波斯 Chrysippus（约公元前 280～约前 206）：索利的希腊哲学家。他是把斯多葛派哲学系统化的主要人物。人们认为他曾和芝诺一道在雅典的斯多阿创办学园。（《简明不列颠百科全书》第 4 卷，第 772 页。）

6 卢卡 Lucan（39～65）：西班牙诗人。他是老塞内加之孙，小塞内加之侄。他所著的《内战记》作为唯一没有提及众神的主要拉丁史诗而引人关注。他曾深得尼禄皇帝器重，但后来因看透了尼禄皇帝的暴政，且因尼禄不再允许公开朗诵他的诗歌，他成为密谋暗杀尼禄的领袖人物之一。事情败露后，他被迫自杀。他是中世纪最受欢迎的诗人，其作品对 17 世纪法国古典剧作家有很大影响。（《简明不列颠百科全书》第 5 卷，第 383 页。）

7 贺拉斯 Horace（公元前 65.12～前 8.11.27）：罗马杰出诗人。他较早的作品有《讽刺诗集》和《长短句集》。他对西方文学发挥了重大影响的作品主要是《诗集》和《书札》。（《简明不列颠百科全书》第 3 卷，第 729 页。）

8 色诺芬 Xenophon（公元前 431～前 350 以前）：希腊历史学家。他的著作 16 世纪就被译成多种欧洲文字，直到近代，他依然享有很高的声望。他曾经在雅典的骑兵部队当兵，但后来又在波斯王子居鲁士的希腊雇佣兵团中服役。他一生著作颇丰，影响较大的有《远征记》《希腊历史》《回忆苏格拉底》《居鲁士的教育》等。（《简明不列颠百科全书》第 7 卷，第 36 页。）

9 柏拉图 Plato（约公元前 428～前 348/347）：古希腊三大哲学家之一。他与苏格拉底、亚里士多德共同奠定了西方文化的哲学基础。他最初对诗艺感兴趣，后来从事哲学研究。他 20 岁时从学于苏格拉底，并成为苏格拉底的忠实信徒。以他的名义流传下来的有 30 多篇对话和 13 封信。他是古希腊哲学家中第一个留有大量著作的人。他建立起了一个博大精深的哲学体系，对后来的各种哲学和宗教产生了重大影响。（《中国大百科全书》第 2 卷，第 535～539 页。）

10 第欧根尼 Diogenes（？～约公元前 320）：犬儒学派的原型人物。有人认为他创造了犬儒学派的生活方式,但他本人将此归功于安提西尼。他宣传犬儒派哲学。归到他名下但已失传的著作有对话、戏剧和一部《共和国》。(《简明不列颠百科全书》第 2 卷,第 605 页。)

11 斯多葛派 Stoics:亦译作"斯多阿派"或"斯多亚派",古希腊和罗马时期的一个哲学学派。该派把哲学分为三个部分:逻辑学、自然哲学(物理学)和伦理学。它的基本思想是理性统治世界,把"神火"看作是一切存在物的基本实体。人是自然的一部分,因此人应当克己制欲,顺从命运,与自然一致地生活。这是美德,也是唯一的善和幸福。该派早期的代表人物有芝诺等人;晚期的代表人物有塞内加(小)、爱比克泰德和奥勒留。(《中国大百科全书》第 21 卷,第 68 页。)

12 伊壁鸠鲁派 Epicureans:古希腊哲学家伊壁鸠鲁(公元前 340 ~ 前 270)创立的注重快乐、友谊和隐居的哲学学派。伊壁鸠鲁派从公元前 4 世纪一直存在到公元 4 世纪。该学派认为快乐是与生俱来的,因而也是善良和合理的。快乐是选择一种行为或决定一种选择的唯一标准。快乐分为感官上"活跃的"快乐和无痛苦的"平静的"快乐。人有两种最大的恐惧:一是对死亡的恐惧;二是对神的恐惧。(《简明不列颠百科全书》第 9 卷,第 68 页。)

13 亚里士多德 Aristotle(公元前 384 ~ 前 322):希腊哲学家和渊博的学者。他总结了泰勒斯以来希腊哲学发展的成果,首次把哲学和其他科学区别开来,开创了逻辑学、伦理学、政治学、物理学和生物学等学科的独立研究。他的学术思想对西方文化的发展产生了巨大的影响。他的主要贡献在于奠定了逻辑思维的基础,使推理彻底一贯地达到最大效果。作为百科全书式的思想家,他对许多学科都有贡献,为经验科学的进展奠定了基础。(《简明不列颠百科全书》第 8 卷,第 782 ~ 783 页。)

14 塞内加(小)Seneca(约公元前 4 ~ 公元 65):古罗马雄辩家、悲剧作家、哲学家和政治家。他是罗马著名修辞学导师卢西乌斯·安牛斯·塞内加的次子,曾于公元 50 年担任罗马执政官,后担任皇储尼禄的教师。公元 54 年皇帝克劳狄被谋杀后,他和布鲁斯升到了权力的顶点;但因与皇太后意见不合,于公元 62 年挂冠而去。他一生创作了许多作品,包括一些最出色的哲学著作以及讽刺文章和悲剧。(《简明不列颠百科全书》第 6 卷,第 890 页。)

15 埃庇卡摩斯 Epicharmus(约公元前 530 ~ 约前 440):西西里岛喜剧诗人。他的作品对雅典的喜剧发展颇有影响,现存有他用西西里方言写成的戏剧的剧名和片段。他的喜剧中有许多格言,也许因此他死后被誉为哲学家。他的作品为柏拉图所赞赏。(《简明不列颠百科全书》第 1 卷,第 171 页。)

16 赫拉克利特 Heraclitus(约公元前 540 ~ 约前 480):希腊哲学家。他因其宇宙论而闻名,认为火是一个有秩序的宇宙的基本物质要素。他最关心对周围世界的解释,强调人们必须和谐地生活在一个集体中。他认为万物通过理性相互关联,自然界的一切也通过理性而发生。按照他的观点,世界是一个相互连贯的体系,一个方向的变化最后会因为另一个方向的相应变化而得到平衡。他的观点保存在后来的作者引用的和被认为是他所写的简短片段中。(《简明不列颠百科全书》第 3 卷,第 743 页。)

17 阿普列乌斯 Apuleius（约 124～170 后）：柏拉图派哲学家、修辞学家和作家。他因著《金驴》一书而知名，而这一部叙事散文作品在他去世很久以后仍有影响。除其他作品以外，他还写过有关柏拉图的三卷书：《论柏拉图及其学说》《论苏格拉底的神》和《论世界》。（《简明不列颠百科全书》第 1 卷，第 138 页。）

18 弗洛伦提努斯 Florentines 亦译作"弗洛伦丁"（活动时期公元 3 世纪）：罗马法学家。他的部分言论被收入《查士丁尼法典·学说汇编》之中。（《捕获法》英文版，"引文作者索引"，第 404 页。）

19 刻瑞斯 Ceres：古罗马宗教所信奉的女神。她司掌粮食作物的生长。她有时单独受崇拜，有时和土地女神忒路斯一起受崇拜。阿文廷山上的刻瑞斯庙建于公元前 493 年，是平民的宗教和政治活动中心。（《简明不列颠百科全书》第 4 卷，第 779 页。）

20 昆体良 Quintilian（约 35～96）：古罗马修辞学家和教师。他出生于西班牙，受教于罗马，并得到了第一流雄辩家的培训。在罗马皇帝维提图斯和图密善统治期间，他成为罗马的首席教师。他的巨著《雄辩家的培训》反映了古代后期的教育思想，其教育理论具有永久的价值。（《简明不列颠百科全书》第 4 卷，第 867 页。）

21 格利乌斯 Gellius（创作时期公元 2 世纪）：拉丁文作者。他以杂文集《雅典之夜》使人铭记，许多失散书籍的片段留存于该文集之中。他既在罗马学过文学和修辞，又在雅典学过哲学。他的许多师友均为著名人士，他把关于他们的生活轶事收集在自己的著作里。（《简明不列颠百科全书》第 3 卷，第 376 页。）

22 托鲁斯 Taurus（活动时期公元 2 世纪）：罗马哲学家。他著有《柏拉图〈高尔吉亚篇〉评论》一书。（《捕获法》英文版，"引文作者索引"，第 411 页。）

23 西摩尼得斯 Simonides（约公元前 556～约前 468）：生于爱琴海凯奥斯岛的抒情诗人、警句作者。他似乎曾首创胜利者颂歌，以祝贺奥林匹亚竞技会的优胜者。他为纪念公元前 480 年斯巴达军队坚守温泉关抵抗波斯人的壮举而写的诗句是永远难忘的墓志铭。他声誉极高，以至于后人把许多短诗误归于是他的作品。（《简明不列颠百科全书》第 8 卷，第 423 页。）

24 普林尼（小）Pliny the Younger（61/62～约 113）：罗马作家、行政官。他是作家普林尼（老）的养子，18 岁开始当律师，在民事法庭中卓有声誉。他在公元 93 年任执政官，公元 100 年任罗马执政官。公元 100～109 年间，他发表了九卷《信札选集》。这些信札从私人角度描述了罗马帝国全盛时期的社会生活和私人生活，富有文学魅力。（《简明不列颠百科全书》第 6 卷，第 549 页。）

25 希罗克洛斯 Hierocles（活动时期为 430 年左右）：新柏拉图主义哲学家。他曾跟随雅典的希腊哲学家普卢塔克学习，后定居亚历山大城，成为该城著名的哲学教师。他为《金言》所做的注释朴实而简明。至于他的另一部著作《天意论》，人们只能从 9 世纪拜占庭学者福提奥斯的《文库》中看到它的提要和片段。（《简明不列颠百科全书》第 8 卷，第 465～466 页。）

26 修昔底德 Thucydides（约公元前 460 以前～前 404 以后）希腊最伟大的历史学家。他出生于雅典，公元前 424 年当选为十位将军之一，受命指挥色雷斯海域的舰队。后因兵败被逐出雅典，直到公元前404年才得以返回。他的著作《伯罗奔尼撒战争史》从军事、政治和心理上论述了公元前431～前404年雅典和斯巴达之间发生的战争，对后来的历史学家产生了不可估量的影响。(《简明不列颠百科全书》第8卷，第700页。)

27 伯里克利 Pericles (约公元前495～前429)：古代雅典最伟大的政治家。他曾多次指挥雅典军队打败外敌入侵和镇压内部叛乱，并努力确保雅典在希腊文化和希腊政治中的领导地位。他修建了雅典的第三道"长墙"，以加强对雅典和比雷埃夫斯港的防御。在修昔底德被放逐后，他多次当选雅典的最高统帅，德高望重。雅典名义上实行民主政治，但他作为雅典的"第一公民"行使统治权。晚年他曾被免职并罚款。(《简明不列颠百科全书》第2卷，第18页。)

28 李维 Livy (公元前64/前59～公元17)：与萨卢斯特和塔西佗齐名的罗马三大历史学家之一。他钻研过修辞学和哲学，一生的大部分时间在罗马度过。他最大的成就是完成了142卷的《罗马史》，记载了从罗马城奠基到公元前9年的历史进程，但其中11～20卷和46～142卷已佚。他没有参加过政务，因此，他不是从政治上解释历史，而是从个人和道德的观点来看待历史的进程。(《简明不列颠百科全书》第5卷，第211页。)

29 克里索斯托 (圣) Chrysostom, Saint (347～407)：古代希腊基督教教父。他生于叙利亚境内的安提阿，先学习法律，后修习神学。公元398年，他担任君士坦丁堡大主教，锐意进行改革，受到东罗马帝国皇后和亚历山大大主教狄奥菲鲁斯的反对。他在公元403年召开的宗教会议上受到谴责，并被解除主教职务。他善于传教和解经，长于词令，有许多著述。(《简明不列颠百科全书》第4卷，第770页。)

30 狄摩西尼 Demosthenes (公元前384～前322.10.12)：古希腊政治家和伟大的雄辩家。他曾领导雅典人民进行了近30年反对马其顿侵略的战争。他实际上是当时雅典民主派的领袖，主张坚决抵抗马其顿国王腓力和亚历山大对雅典的侵略。他的几篇《反腓力辞》《金冠辞》和其他多篇演说辞被公认为历史上非常成功的雄辩艺术的杰作。(《简明不列颠百科全书》第2卷，第554页。)

31 德谟克利特 Democritus (约公元前460～约370)：在宇宙原子论的发展方面占重要地位的希腊哲学家。据第欧根尼·拉尔修说，他的著作达78种，几乎包括人类知识的一切部门，但只有几百个片段留存，大多属伦理学论文。他用多元和运动解释宇宙，认为无数的原子在无限的空间运行，物质的现象由原子的组合而产生；原子是永恒的，运动也是如此。(《简明不列颠百科全书》第2卷，第510页。)

32 萨图恩 Saturn：古罗马宗教所信奉的司掌播种或种籽的神灵。罗马人认为他就是希腊的农事之神克洛诺斯。萨图恩节是古罗马最著名、最欢乐的节期，原为12月17日，后延长至一周。届时停止一切工作，奴隶享受短暂的自由，一些伦理戒条放松，人们互赠礼物。它对后来的圣诞节与新年的习俗有直接的影响。(《简明不列颠百科全书》第6卷，第861页。)

33 塔西佗 Tacitus (约56～约120)：以其历史著作名垂千古的罗马帝国高级官员。他出生于高卢南部，受过良好教育，曾先后担任财务官、行政长官等职务，97年任执政官。他的主要历史著作有《历史》《编年史》《日耳曼尼亚志》等。他的《编年史》以纪年体形式记述了 16～68 年的整个朱利亚－克劳狄王朝时代的历史事件；《历史》则记述了 69 年加尔巴当政至 96 年图密善逝世期间的历史事件。(《简明不列颠百科全书》第 7 卷，第 613 页。)

34 汉尼拔 Hannibal（公元前 242～前 183/182）：迦太基人，古代最伟大的军事统帅之一。他一生与罗马共和国为敌，曾多次打败罗马军队。公元前 195 年，他离开迦太基，投奔叙利亚王安条克三世。后来，他在与罗马军队的战争中兵败自尽。(《简明不列颠百科全书》第 3 卷，第 679 页。)

35 迦太基 Carthage：古代最著名的城市之一。相传它是推罗的腓尼基人于公元前 814 年所建，位于今突尼斯市郊区。迦太基的居民为布匿人，经营商业。公元前 29 年，凯撒把迦太基作为罗马阿非利加行省的省会，不久即繁荣起来。但 439 年它遭到汪达尔人的蹂躏，705 年又被阿拉伯人占领，此后一蹶不振。(《简明不列颠百科全书》第 4 卷，第 285 页。)

36 得摩丰 Demophon：希腊神话人物。传说他是雅典国王忒修斯和淮德拉的儿子。他拒绝了阿尔戈斯国王欧律斯透斯的使者库波洛宇斯交出赫拉克勒斯的后代的要求，庇护他们免遭追杀，并且杀死了前来挑战的欧律斯透斯。他后来参加了特洛伊战争，是藏在木马腹中攻占特洛伊城的勇士之一。(http：//en. wikipedia. org/wiki/Demophon_ of_ Athens；《希腊古典神话》，第 199～207 页。)

37 欧律斯透斯 Eurystheus：希腊神话人物。他是珀耳修斯的长孙、阿尔戈斯国王。传说他本应是赫拉克勒斯的弟弟，但因为赫拉嫉恨赫拉克勒斯的母亲阿尔克墨涅，所以让他先出生并当了国王。他曾经命令赫拉克勒斯完成十项非常困难的任务。赫拉克勒斯死后，他继续追杀他的后代，最后被雅典国王得摩丰杀死。(http：//en. wikipedia. org/wiki/Eurystheus；《希腊古典神话》，第 166～207 页。)

第三章　第一组问题：关于战争的正义性

本章将对第一组问题所包含的以下问题进行论述：

一、战争是正义的吗？

二、基督教徒的战争是正义的吗？

三、基督教徒对基督教徒的战争是正义的吗？

四、从所有法律的角度看，基督教徒对基督教徒的战争是正义的吗？

一、概述

在进行关于捕获物和战利品的讨论之前，我们必须探讨关于战争的一个特定的问题：战争可能是正义的吗？

可以肯定的是，没有人曾在不否认《圣经》的大部分内容以及神圣永恒的上帝的最高恩赐，即世俗社会的秩序和行政长官合法权威的同时，成功地把它作为一个有疑义的问题提出来。在更早的时候，摩尼教[1]教徒被包括在这种具有破坏性的团体之中。甚至直到今天，仍然有人以一种新的名义重复摩尼教教徒的许多错误做法。不过，摩尼教派对于前面提到的问题和其他问题的无知说教很早就受到奥古斯丁（圣）的驳斥。[1]在我们所处的时代，亦不乏权威学者以无可辩驳的论点对狂热分子再度掀起的迷信逆流给予了坚决的回击。

我们认为，与驳斥狂热分子的理论相比，更需要做的是强化其他人的立场。虽然这些人没有公开承认以上无知的说教，但却对接受另外一种不同信仰的理由缺乏足够的认识。因此，我们下面将对这一点进行论述。

二、战争是正义的吗？

希望实现既定目标之人亦希望获得实现目标所需的一切。[2]上帝希望

---

〔1〕　特别是在他的著作《反福斯图斯》[XXII. lxxiv] 中。

〔2〕　司各脱【邓斯·司各脱】：41, dist. 1, 唯一部分 [载于《牛津著作集》I, dist. 41, n. 11]。

我们能够保护自己，保持对生活必需品的占有，获得我们应得之物并惩罚罪犯；同时，他还希望我们保卫国家，执行国家的命令和行政长官的指示。所有这一切都明确体现在上一章阐述的各项法律之中。[1]然而，这些神圣的目标有时也成为发动和进行战争的理由。事实上，这些目标的性质决定了我们几乎不可能在不诉诸战争的情况下实现它们，这一点在战争的定义中已经讲得十分清楚了。[2]就像干燥与湿润、冷与热等自然的对立和冲突一样，在正义与非正义之间也存在同样的冲突。的确，事实的证据清楚地表明，有许多人嗜血成性，贪得无厌，毫无正义感且穷凶极恶，他们背叛自己的祖国并对主权权力嗤之以鼻——这些人身强力壮，并且携带武器——（正如塔西佗所说的那样）我们必须在战斗中征服他们，从而将他们作为罪犯载入史册。由此可见，进行某些战争符合上帝的意志，用神学家的话语来表达，那就是：进行某些战争是上帝所悦纳的。[3]由于没有人否认上帝的所有意志都是正义的，[4]因此，某些战争也是正义的，或者说，上帝允许进行这些战争。

我们甚至没有任何借口反对这些正义战争。那些厌恶战争的人们厌恶战争的根本原因在于战争的起因或后果。神学家和哲学家们对战争的起因提出诸多严厉的批评，认为它起因于野心、贪婪和争权夺利，等等。但是，尽管这些权威人士对非正义战争持严厉批判的态度，但他们从未以任何方式否认某些战争是正义的。至于那些基于战争的后果而谴责战争的批评者，他们经常犯的一个错误是没有能够区分"必然性和偶然性"。我们承认，即使是正义战争，在战争进行的过程中也常常会造成毁灭和损害，但是，当那些为正当理由而战的人们旨在保护其生命和财产安全的时候，我们不能以战争会造成毁灭和损害为理由反对他们的行为。对于一个行为，应当根据其本质，而非外在或无关的因素加以判断。"美德不会因其后果而增加"[5]，相应地，它也不会因其后果而减少。换句话说，正如斯多葛派学者非常正确地教导的那样，

---

〔1〕 参见前面第二章。
〔2〕 参见前面第二章末尾部分。
〔3〕 雷纳里乌斯（比萨的）：《泛神论》"论'战争'的词义"ii。
〔4〕 参见第一条规则【第二章】。
〔5〕 卢卡：[《内战记》IX。571]。

来源于美德的行为应当被认为因其起因而非因其完美的后果而具有正当性。[1]
不过，从大多数情况的实际后果来看，我们可以肯定地说，上帝惯于根据自
己的判断干预战争的命运，通常会使具有正当权利的一方获得胜利。

三、基督教徒的战争是正义的吗？

至于有些人想当然的看法——即战争原来是允许的，但由于耶稣基督提
出的教义，现在已成为非法，或至少基督教徒之间的战争是非法的——假如
这种看法被解释为意指在任何战争中总有一方或另一方犯有有辱基督教徒声
誉的某种罪行，则对这种假设可以予以宽容的理解。但在本案中，当抱有这
种认识的人们坚持认为战争双方必然都犯有罪行时，这种观点就十分荒谬了。

如同神意是永恒不变的一样，自然法——即上帝在创造世间万物之初为
使他们能够生生不息地存在下去而植入其心中的法律——是适用于所有时间
和地点的法律。[2]这是柏拉图在《弥诺斯篇》中引用的苏格拉底得出的结
论。[3]索福克勒斯宣称，自然法的效力适用于所有时间：

“既非今日，亦非昨天，

[上天之法] 适用于任何时间。”[4]

在下面的诗句中，恩培多克勒[2]承认上天之法的效力遍及所有地方：

“无论是遥远的天国还是无垠的大地，

这种法律具有普遍效力并维系万物。”[5]

战争法是自然法的一部分。这一点得到了前面论述的支持，约瑟夫斯[3]在
下面的论述中也对此作出了正确的解释，他指出：“因为自然法是对全体人类
有效的法律，它赋予全体人类生存的意志。这正是我们为什么把那些明显地
意图剥夺我们生命的人视为敌人的原因。”[6]另外，我们看到，在某种自然本

---

[1]　西塞罗：《论道德目的》Ⅳ [Ⅲ. ix 32]。

[2]　参见亚里士多德：《修辞的艺术》I. xiii [13] 和I. xv [6～7]；亚里士多德：《尼可马亥伦理
学》V. x [V. vii. 1～2]；西塞罗：《论发明》Ⅱ [liii]；《查士丁尼法典·法学总论》I. ii. 11；托马斯·阿
奎那：【《神学大全》】I～Ⅱ, qu. 94, art. 5。

[3]　柏拉图：《弥诺斯篇》[p. 316 B]。

[4]　索福克勒斯：《安提戈涅》[456～457]。

[5]　恩培多克勒：[《论自然与万物的原则》，载于《片段集》426～427 行]。

[6]　约瑟夫斯：《犹太战争史》Ⅲ. xxv [Ⅲ. 370]。

能的驱动下，其他动物同样在进行争斗，不仅是为了保护自己的生命，也为了保护它们（所谓的）配偶、后代、领地和食物。因此，如果自然法在所有时间都有效，那么，即使在耶稣降临之后，它同样有效；如果自然法在所有地点都有效，那么，即使在基督教徒之间，它同样有效。[1]

让我们用另一种方式来说明这一点。得到所有民族普遍赞同的法律是约束所有人并与所有人有关的法律，战争即属于这种类型的法律。任何自然法的原则必然是万国法的原则，因为它们显然得到了理性的支持。因此，赫莫吉尼亚[4]把战争的授权归于万国法；[2]弗洛伦提努斯也从万国法中演绎出了保护个人人身安全和抵抗一切侵害的授权。[3]作为法学家中最优秀的哲学家，巴尔杜斯[5]持有同样的观点，他指出，当只有使用武力才能维护正义的时候，理性就会诉诸武力。[4]另外，纵观整个世界，考察迄今为止世界上几乎所有的国家，没有一个国家不认为追求自己的权利，甚至使用武力追求自己的权利是合法的。的确，对敌对的一方来说，那些被城墙环绕的城市的堡垒（即便在和平时期也建得如此雄伟高大）、边界的要塞和防守城门的卫兵预示着什么性质的威胁呢？如果它不是战争威胁，又是什么呢？如果存在约束所有人并与所有人有关的法律，那么，它也必然存在于甚至是基督教徒对基督教徒的战争中，因为我们当然不能否认基督教徒是人类的一部分。另外，基于相同的逻辑原则，基督教徒既可能遭受伤害，也可能实施伤害，甚至有时可能遭受和实施武力伤害。不过，这里的"基督教徒"一词指的是以耶稣基督的名字为信仰的人，而不是指为了证明我们是真正的基督教徒而效仿基督生活的人。[5]虽然我们可以假设我们是兄弟，但除非我判断错误，否则，我必然会正当地使用武器对一个急欲取我性命并挥舞着武器向我扑来的兄弟进行还击。

因此，根据任何一种法律，发动战争都是允许的。我们已经非常清楚地指出，战争符合神法，也就是说，符合自然法和万国法，而且自然法和万国

---

〔1〕 托马斯·阿奎那：【《神学大全》】Ⅰ~Ⅱ, qu. 93, art. 6 和 qu. 94, art. 3。

〔2〕 《查士丁尼法典·学说汇编》Ⅰ. i. 5。

〔3〕 《查士丁尼法典·法学总论》Ⅰ. i. 3。

〔4〕 巴尔杜斯《〈敕令集〉评注》Ⅲ. xxxiv. 2, n. 69。

〔5〕 托马斯·阿奎那：【《神学大全》】Ⅱ~Ⅱ, qu. 108, art. 1, ad 3。

法的原则不会由于市民法而无效。[1]正如西塞罗指出的那样，市民法的原则并不必然构成万国法的一部分，然而，后者的原则应当被承认为市民法的一部分。[2]因为即使是市民，他们也是人类的一部分，所以，他们应当以全人类的期望作为自己期望的目标。同时，由于人类代表着上帝的杰作，因此，他们有义务遵守上帝通过自然发布的命令。另外，战争不仅与个人的安全有关，而且与保卫国家和行政长官有关。正是出于这个原因，没有任何国家对关于战争法的问题完全不作规定。事实上，最著名的立法者们无不将其主要精力放在制定奖励勇士和惩罚懦夫的法律上面。的确，就其影响之重大和占据支配地位时间之久远来看，罗马法当之无愧地被认为达到了最高的完善程度。当我们检索战争法领域法学家们的权威意见和罗马帝国皇帝们制定的规则时，我们会发现"关于俘虏与复境权""关于军事问题""关于退役军人"，以及其他关于授予军人特权等的诸多章节。[3]另外，如果转向教皇的教令，[4]我们同样可以发现许多有关此类规定的记录。这些教令无论是教皇自己颁布的，还是见于古代学者们的作品汇编中，它们都明确宣布战争是正义的。

现在，让我们考察《圣经》中的证据。尽管这种证明方法"并非来自〔逻辑的〕艺术"，但它无疑是最值得肯定的方法。正如上帝的意志通过自然揭示给我们一样，它也通过《圣经》展示给我们。

上帝命令以符合其意志的方式进行战争，[5]而且他进一步宣称自己是战争的发动者和帮手，[6]他甚至接受"战士"是符合自己最高权威的称号。[7]这一点也为大祭司在上帝的启示下发表的言论所证实。大祭司向亚伯拉罕6保

---

〔1〕《查士丁尼法典·学说汇编》I. i. 9；托马斯·阿奎那：【《神学大全》】I ~ II, qu. 95, art. 2；柏拉图：《弥诺斯篇》［p. 316 A ~ C］。

〔2〕西塞罗：《论责任》III［xvii. 69］。

〔3〕《查士丁尼法典·法学总论》II. xi；《查士丁尼法典·学说汇编》XLIX. xvii。另外，《查士丁尼法典·敕令集》最后一卷中多处有此规定。

〔4〕《天主教教会法典大全·格拉提安教令集》II. xxiii；《天主教教会法典大全·格拉提安教令集》I. i. 7。

〔5〕《圣经·旧约》"士师记"xx. 18；《圣经·旧约》"撒母耳记上"xxiii. 2 和38［xxiii. 8］；《圣经·旧约》"撒母耳记下"v. 19。另见约翰（莱尼亚诺的）：《论战争、报复与决斗》xi。

〔6〕《圣经·旧约》"诗篇"xviii. 35［34］；《圣经·旧约》"诗篇"cxliv，开头部分。

〔7〕《圣经·旧约》"出埃及记"xv. 3。

证，上帝会把他的敌人交到他的手上。[1]与此相同，聪明的妇女亚比该[7]对大卫王说："……我主为耶和华争战。"[2]实际上，作为一种保护形式，上帝同意他建立的国家实行战争体制。[3]仅此一点即足以证明战争体制具有正当性，而且只要存在同样的理由，其他国家也应当建立这种体制。另外，我相信所有理智的人们都同意这一点：为规范特定行为而制定法律者不会反对实施该行为，而且当它适用于上帝时尤为正确，因为上帝不会没有目的或者不正当地行事。上帝通过摩西，[4]以及像《圣经·新约》中记载的那样，通过耶稣基督的先行者【施洗者约翰】[5]制定了关于战争的规则。在谈到记录后者【约翰】言论的那一段话【《圣经·新约》"路加福音"iii. 14】时，奥古斯丁（圣）讲道："……如果基督的教义谴责一切战争，根据福音书［《圣经·新约》"路加福音"］中的记载，那些征求［约翰建议的］人们［士兵们］所听到的就不是［《圣经·新约》"路加福音"iii. 14中的］忠告，而是下面关于救赎的劝诫：他们应该放下武器并完全退出军队。然而，【约翰】给他们的忠告却是：'不要以强暴待人……自己有钱粮就当知足。'由此可见，［约翰］并不禁止他们服兵役，而是告诫他们应当满足于［作为士兵］取得的报酬。"[6]

　　前面讲过的这一项原则——希望实现既定目标者亦希望获得实现目标所需要的一切[7]——既可以通过逻辑推理的过程得出，也可以从权威文献的论述中得出，因为所有我们已经阐明的法律同样规定在了《圣经》之中。命令我们爱人如己[8]的上帝把真正的自爱置于首要地位，认为爱自己是原型，爱他人是摹本。[9]如果我们把这一条格言与造物主为人类制定的准则[10]结合起

---

　　〔1〕《圣经·旧约》"创世纪"xiv. 20。

　　〔2〕《圣经·旧约》"撒母耳记上"xxv. 28。

　　〔3〕参见《圣经》历史记载的各处。

　　〔4〕《圣经·旧约》"申命记"xx. 10。

　　〔5〕《圣经·新约》"路加福音"iii. 14。

　　〔6〕奥古斯丁（圣）：《书信集》"致马塞卢斯"iv［v. 15］，它被《天主教教会法典大全·格拉提安教令集》Ⅱ, xxiii. 1. 2. 所引用。

　　〔7〕参见本章一，第四段。（——英译者注）

　　〔8〕《圣经·旧约》"利未记"xix. 18；《圣经·新约》"马太福音"xix. 19。

　　〔9〕参见司各脱［邓斯·司各脱］：29, dist. 1中的唯一引述，［载于《牛津著作集》Ⅲ, dist. 28, n. 2］；托马斯·阿奎那：【《神学大全》】Ⅱ~Ⅱ, qu. 26, art. 4。

　　〔10〕《圣经·旧约》"创世记"I. 28和29。

来，我们就不仅可以得出体现在第一项法律和第三项法律中的结论，而且可以得出第二项法律和第四项法律所表达的结论。[1]的确，因为上帝告诫我们要解救那些陷入绝境之人，[2]所以，我们负有特别庄严的义务首先解救我们自己。另外，上帝命令我们"可【将】有余分给那缺少的人"。[3]因此，按照他的命令，首先我们自己不应该是"那缺少的人"。第五项法律和第六项法律的意义也隐含在《圣经》的下面这些段落名句中："两样的砝码，两样的升斗，都为耶和华所憎恶。"[4]"……你们用什么量器量给人，也必用什么量器量给你们。"[5]"你们愿意人怎样待你们，你们也要怎样待人。"[6]（"无论何事，你们愿意人怎样待你们，你们也要怎样待人。"[7]【"己所不欲，勿施于人"】[8]）耶稣基督确实向我们表明，万国法要求对行善者予以善报，同时他也指出："凡动刀的，必死在刀下。"[9]《圣经·旧约》中也表述了同样的原则，它严禁我们对作恶之人表示怜悯。[10]但是，经常会出现这种情形：由于我们的对手实力强大，如果不使用武力，我们将无法保护我们自己和应当属于我们的财产，也无法实施惩罚，因此，进行战争是允许的。

我们在《圣经》中也可以找到其他各项法律的坚实基础。例如，当[《圣经·旧约》"传道书"]为我们指出社会组织的好处时，[11]我们便获得了对

---

〔1〕　至于格劳秀斯在此处以及本书许多其他章节提到的各项法律和各条规则的内容，参见本书的附录。（——英译者注）

〔2〕　《圣经·旧约》"箴言"xxiv. 11。

〔3〕　《圣经·新约》"哥林多后书"viii，整章；《圣经·新约》"以弗所书"iv. 28。

〔4〕　《圣经·旧约》"箴言"xx. 10。

〔5〕　《圣经·新约》"马太福音"vii. 2。

〔6〕　《圣经·新约》"路加福音"vi. 31。

〔7〕　《圣经·新约》"马太福音"vi. 46［vii. 12］。

〔8〕　"Quae nolis, ne feceris"【己所不欲，勿施于人】：在拉丁文手稿中，这四个词加了下划线，表示格劳秀斯认为它是所引问题的一部分。不过，这个短语显然是他自己用来强调黄金律【指《圣经·新约》"马太福音"vii. 12 中提出的箴言】与这些法律的关系的。与对黄金律的否定性解释位置一致的拉丁文手稿的旁注是《圣经·新约》"马太福音"第六章第 46 节。但是，因为在詹姆斯国王版《圣经·新约》中，"马太福音"第六章只有 34 节，所以，此处的注释被改为"马太福音"第七章第十二节。这样一来，黄金律实质上就以和前一个脚注《圣经·新约》"路加福音"第六章第 31 节相同的形式出现了。（——英译者注）

〔9〕　《圣经·新约》"马太福音"xxvi. 52。

〔10〕　《圣经·旧约》"申命记"xiii［xii］，末尾部分。另见安布罗斯（圣）：《论职责》I［xxx］。

〔11〕　《圣经·旧约》"传道书"iv. 9。

国家起源的认识；当保罗以无可置疑的语气宣称有权柄之人"是神所命的"〔1〕时，我们便理解了行政长官神圣的性质。市民法的效力也来自同样的渊源，正如耶稣自己所说的那样，作出判决的权力是"从上头赐给的"，〔2〕也就是说，是拜造物主所赐的。因此，对于神的智慧——所有人类的智慧只是其中的"一个碎片"或支流——《圣经》中是这样描述的："我有谋略和真知识：我乃聪明，我有能力。帝王藉我坐国位，君王藉我定公平。王子和首领，世上一切的审判官，都是藉我掌权。"〔3〕进一步讲，还有什么比保罗下面的训诫更明确的吗？保罗指出："在上有权柄的，人人当顺服他，因为没有权柄不是出于神的。凡掌权的都是神所命的。所以抗拒掌权的就是抗拒神的命；抗拒的必自取刑罚。作官的原不是叫行善的惧怕，乃是叫作恶的惧怕。你愿意不惧怕掌权的吗？你只要行善，就可得他的称赞：因为他是神的用人，是与你有益的。你若作恶，却当惧怕，因为他不是空空的佩剑，他是神的用人，是申冤的，刑罚那作恶的。所以你们必须顺服，不但是因为刑罚，也是因为良心。"〔4〕在哲学家们的所有著作中——无论有多少，也无论在哪里发现的——都找不到比这更精辟的关于行政长官的正义的论述了。你想知道谁是以上训诫〔真正的〕作者吗？是上帝。你想知道以上训诫的目的是什么吗？是为了你自己的利益。与此同时，既然上帝希望行政长官的权威神圣不可侵犯，那么，在必须维护这种权威的时候，难道他会不同意使用武力吗？当上帝将复仇之剑赐给行政长官用来对付非武装的罪犯时，难道他会拒绝赐给他们对抗武装的罪犯所需要的武器，从而使这些罪犯在"法不责众"〔5〕的思想刺激下实施所有邪恶的犯罪吗？绝不可能！相对于独自犯罪的个人，那些除自己直接犯罪以外还参与共同犯罪的人，即那些使大批民众处于四处蔓延的犯罪之中并对法律与公众安宁进行公开的暴力攻击的人，应该被置于更加不利的境地；他们不应该比其他罪犯享有更多的权利，相反，应该毫不犹豫地使他们处于恐惧和耻辱之中。

---

〔1〕《圣经·新约》"罗马人书" xiii. 1。

〔2〕《圣经·新约》"约翰福音" xix. 11。

〔3〕《圣经·旧约》"箴言" viii. 14 ff [11～16]。

〔4〕《圣经·新约》"罗马人书" xiii. 1 ff。

〔5〕卢卡：[《内战记》V. 260]。

从以上论述可见，某些公战是正义的。同样的结论也可以通过另一种方法加以确认。

任何为实现某个目标而赞成建立各种制度的人几乎不可能不更加赞成该目标本身。任何人都不应该忽视这样一个事实，即税收主要是为战争目的而建立的制度。塔西佗正确地指出："没有军队就没有国家间的和平，没有军饷就没有军队，没有税收就不能提供军饷。"[1]由于上帝自己通过耶稣基督和使徒保罗命令民众缴纳捐税，[2]因此，我们也可以从中得出这样的结论，即上帝认可某些战争具有正义性的结论。

对于上述结论，我想补充一句话："进行某些战争甚至是基督教徒的责任。"因为对基督教徒来说，在基督的法律建立之前所允许且未被基督明确禁止的一切仍然是允许的。[3]我们已经说明并且得到公认的是：在基督时代之前即已存在正义战争，而且基督并不禁止根据自然法具有正义性质的任何事物，其中（正如我们论述的那样）包括战争。另外，基督也没有改变《圣经·旧约》中与正义和人类活动的道德习惯有关的任何部分，[4]包括有关战争的部分。与此同时，前面所引用的施洗者约翰和保罗的言论[5]对上帝明确赞成战争的论点提供了有说服力的支持。

四、基督教徒对基督教徒的战争是正义的吗？

因此，对基督教徒来说，有些战争是正义的。这个结论甚至适用于某些针对基督教徒的战争，即针对公开宣布皈依基督教之人的战争。根据战争的定义及其针对的对象的性质，[6]当战争针对的是实施非正义行为的人时，它就是正义的。因为有些基督教徒实施了犯罪和非正义行为，而且这一事实被基督所证实，[7]所以，对他们使用武力是合法的。

---

〔1〕 塔西佗：《历史》Ⅳ［lxxiv］。

〔2〕 《圣经·新约》"马太福音"xxii. 21；《圣经·新约》"罗马人书"xiii. 7。

〔3〕 《圣经·新约》"雅各书"i. 21 和25；托马斯·阿奎那：【《神学大全》】Ⅰ~Ⅱ, qu. 107，最后一条。

〔4〕 《圣经·新约》"马太福音"v. 17；《天主教教会法典大全·格拉提安教令集》I. vi. 3。

〔5〕 参见第48~50 页。

〔6〕 参见第二章末尾部分。

〔7〕 《圣经·新约》"马太福音"vii. 22。

　　另外，有些基督教徒也应该受到惩罚，前面引用的保罗的训诫[1]就是针对基督教徒的。的确，对于那些即使是对最神圣者的崇拜都不能使其克制自己的伤害行为的人，也许应当给予他们不低于给予其他人的严厉惩罚。不过，某些惩罚只能以战争的方式实施。毫无疑问，即使在希伯来人之间也发生过正义战争，[2]尽管宗教、相同的政府和血缘关系的纽带把他们联系在了一起。因此，我们有正当理由相信，类似的冲突也可能发生在基督教徒之间。

　　与此同时，我们必须承认，凡因其伤害行为而为战争提供了理由的人肯定没有遵守基督教徒应该承担的义务，因为（耶稣）基督的追随者要遵守一项特别庄严的仁爱与和谐的义务，而这种义务高于把所有人类联合在一起的共同纽带。另一方面，上述论点也不违反基督自己以及哲学家们（特别是柏拉图派哲学家）制定的反对"以牙还牙，以眼还眼"的禁令。因为根据我们对惩罚的主题已做了相当广泛的论述，[3]我们能够正确理解这些权威所谴责的究竟是什么。

　　首先，有关禁止"以牙还牙，以眼还眼"的准则很明显针对的是私人或者经基督选择在这个问题上被认为属于私人的教会信徒。同样很明显的是，禁止那些〔个人的报复〕行为是正当的。因为如果允许这种行为发生，将会扰乱整个国家的秩序，并破坏公共和平。我们在对第九项法律的讨论中已经提到过这一点。因此，古代的法律中有一条规则宣布：为避免引起更严重的混乱局面，禁止私人实施可以由行政长官依据公共职权实施的行为。[4]在另一种情况下，我们可以看到这一条规则的适用范围有多大；但现在，我们只要说明所讨论的禁止"以牙还牙，以眼还眼"的准则显然不是指公共当局使用武力的情形就足够了。假如我们接受相反的观点，我们就认可了塞尔苏斯[8]和尤里安[9]提出的指控，而他们是我们的信仰的敌人。他们错误地声称，基督教徒在废除报复的同时也摒弃了所有法律、行政长官以及对罪犯的惩罚。这

---

〔1〕《圣经·新约》"罗马人书"xiii. 4；另见托马斯·阿奎那：【《神学大全》】Ⅱ～Ⅱ, qu. 104. art. 6。

〔2〕《圣经·旧约》"士师记"xx。

〔3〕参见第二章五。

〔4〕《查士丁尼法典·学说汇编》L. xvii. 176。

种关于报复的错误认识完全不符合事实！相反，我们的神学家们把惩罚列入美德的范畴，认为它是实现正义的助手。[1]与报复有关的第二种应予谴责的错误十分明显，所以不必在此赘述，因为它涉及报复者的理由不符合正义的情形。第三种错误是相对于其所针对的犯罪，报复超过了适当的限度。塞内加（小）指出，第二种错误不符合正义；第三种错误不符合宽恕的要求。[2]第四种错误是在并非正义的精神支配下实施报复，或者说实施报复既不考虑受惩罚者的利益，也不考虑共同利益。塞内加（小）曾经在一段话中谈到了最后的两种错误，[这一段描写的是有一次柏拉图克制自己不实施报复并用下面一句话解释了他的自我克制：]"我非常生气；我本来希望实施比应该实施的行为更过分的行为，并为此感到痛快。"[3]

从我们前面对有关用语的分析可知，惩罚的应有之意是作为不法行为的后果，部分对整体的适当补偿，因此，惩罚的目的是维护公共利益。与这种观点相一致，人们应该考虑这样一个事实：对罪犯本人来说，认罪伏法通常是一种更好的结局。奥古斯丁（圣）所谓罪犯的幸运是社会最大的不幸[4]就是这个意思。

可以肯定的是，如果我们并非总是有义务放弃惩罚，我们也就更没有义务放弃根据对等正义属于我们的一切，因为即使是那些明显地鼓励力行宽恕的准则也没有不加区别地要求我们放弃属于我们的东西。[5]事实上，那些品德高尚之人从来都会毫不犹豫地通过法律程序，或者在无法诉诸其他办法的时候，通过使用武力取得本该属于他们的一切。尽管主张力行宽恕的准则的确要求我们放弃某些东西，以免使我们卷入犯罪或者成为公共利益的障碍，

〔1〕　托马斯·阿奎那：【《神学大全》】Ⅱ～Ⅱ, qu. 72. art. 3；托马斯·阿奎那：【《神学大全》】Ⅱ～Ⅱ, qq. 108 和 158［art. 1, ad 3］；西尔维斯特：《西尔维斯特全集》"论'愤怒'的词义"ⅱ和ⅲ；西尔维斯特：《西尔维斯特全集》"论'惩罚'的词义"。

〔2〕　塞内加（小）：《论宽恕》Ⅰ. xx 和 Ⅱ. iv。

〔3〕　塞内加（小）：《论忿怒》Ⅲ. xii。

〔4〕　奥古斯丁（圣）：《论主在山上的布道》［Ⅱ. xxiv. 79］。

〔5〕　奥古斯丁（圣）：《书信集》iv，"致马塞卢斯"，它被《天主教教会法典大全·格拉提安教令集》Ⅱ. xxiii. 1. 2 所引用；另见奥古斯丁（圣）：《书信集》Ⅰ，"致卜尼法斯"，它被《天主教教会法典大全·格拉提安教令集》Ⅱ. xxiii. 4. 42, 51 和 52 所引用。

然而，在许多情况下，正当地占有属于我们的一切不仅有利于自己，而且有利于为公众树立一种榜样。

五、从所有法律的角度看，基督教徒对基督教徒的战争是正义的吗?

因此，根据我们所引用的观点，神法并不反对所有战争。进一步讲，因为作为一个整体的法律可以被正确地分为神法和人法，而且我们已经说明，有些战争是以神法为基础的，所以，根据与神法相抵触的人法无效[1]的准则，无论从哪种法律的角度来看，这些战争都是正义的。

到目前为止，我们所引用的都是来自神示的证据，[2]如果把这些证据与前面所做的论述基于自然的逻辑思考结合起来，我们还可以从这个相同的渊源中演绎出许多补充性的论点来。

下面，让我们回过头来寻找更具争议同时当然也更重要的世俗权威的证据。目前，这种权威证据分为两种类型：来源于事实的证据与来源于权威学者论述的证据。

假设正义之人的行为被恰当地认为是正义的——换言之，假设他们的有关事例对于决定所有问题都具有至关重要的意义——那么，我将引用下列来源的事例：人类在自然指引下生活的时代提供的亚伯拉罕进行战争的事例；[3]《圣经·旧约》本身为我们提供的摩西和大卫的事例；[4]《圣经·新约》历史中的事例，包括不止一次提到的那位百夫长以及保罗要求军队的卫兵保护他免遭敌人暗算的事例，[5]还有在其后多个世纪所记录的许多信仰非常虔诚的皇帝和大多数信仰基督教的国王甚至对具有基督教徒名义的人们发动战争的事例。[6]另外，就像耶稣基督鼓舞了我们一样，历史典籍中记录的诸如基

---

〔1〕《圣经·新约》"使徒行传" v. 29。

〔2〕参见本章二~四的论述。

〔3〕《圣经·旧约》"创世纪" xiv. 15。

〔4〕《圣经·旧约》"出埃及记" xvii. 9；《圣经·旧约》"民数记" xxxi. 7；《圣经·旧约》"撒母耳记上" xvii. 48。

〔5〕《圣经·新约》"马太福音" viii. 8；《圣经·新约》"马太福音" xxvii. 54；《圣经·新约》"马可福音" xv. 39；《圣经·新约》"路加福音" vii. 6〔viii. 8〕；《圣经·新约》"使徒行传" x. I〔x. 5〕；《圣经·新约》"使徒行传" xxix. 17, 23〔xxiii. 17, 23〕。

〔6〕参见法兰西人、日耳曼人和其他民族的历史记载。

甸[10]、巴拉[11]、参孙[12]、耶弗他[13]、撒母耳[14]等古代杰出人物以及众先知在真正的信仰鼓舞下进行战争的事例意味着什么呢?[1]从这些事例中，我们可以得出一个结论：某些由信仰虔诚的人们进行的战争是正义的。

另外，由于可以正确地说由正义和虔诚之人判定之事是正义和符合虔诚信仰的（更不用说那些从未对这一点提出过任何疑问的哲学家或法学家的看法了），因此，我在这里只引用少数因虔诚信仰和博学多才而享有最高声誉的学者发表的观点就可以了。奥古斯丁（圣）断言："如同复仇的职能可以由法官或法律执行一样，这种职能也可以由品德高尚之人基于高尚的意图予以执行。"[2]奥古斯丁（圣）还指出："王权、法官的司法权威、行刑者铁爪一般的刑具、战士们的武器、主人不可违抗的命令，甚至称职的父亲严厉的教导，这些制度的建立都不是没有意义的。它们都有其方法、原因、理由和作用。当它们令人恐惧时，恶人便受到遏制，善良的人们则能在恶人中间安居乐业。"[3]下面一段言论也来自奥古斯丁（圣）："实施伤害的贪婪欲望、进行残酷报复的心理、躁动不安和无法得到安抚的情绪、野蛮的叛逆感、强烈的控制欲以及可能出现的任何类似心理特征，这些都是法律认为在战争中应当谴责的。通常情况下，为了依法惩罚这些恶性，战争本身——无论是根据神的命令，还是依照合法建立的主权权力，旨在对抗敌人的暴力而必须发动的战争——应当由正直之人发动，而且作为一个正义问题，他们发现，自己在卷入人类事务时，只能发布或遵守符合正义的命令。正因为如此，施洗者约翰没有要求士兵们扔掉他们的武器。耶稣基督指示应该向凯撒缴纳捐税，因为要进行战争，就必须为士兵们提供军饷。"[4]奥古斯丁（圣）还留给我们这样一段非常正确和精辟的论述："在真正崇拜上帝的人们中间，甚至战争本身也具有一种和平的性质。他们进行战争不是因为贪婪或冷酷无情，而是出于

---

〔1〕《圣经·新约》"希伯来书" xi. 32。另见《圣经·旧约》"撒母耳记上" v. 20。

〔2〕　奥古斯丁（圣）：《福音派问题》I. x，它被《天主教教会法典大全·格拉提安教令集》II. xxiii. 5. 15〔16〕所引用。

〔3〕　奥古斯丁（圣）：《书信集》liv〔vi〕，"致马其顿尼"，它被《天主教教会法典大全·格拉提安教令集》II. xxiii. 5. 17〔18〕所引用。

〔4〕　奥古斯丁（圣）：《反福斯图斯》XXII. lxxiv，它被《天主教教会法典大全·格拉提安教令集》II. xxiii. 1. 4 所引用。

对和平真挚的愿望，其目的只是为了惩恶扬善。"〔1〕奥古斯丁（圣）不但从神法，而且从人法的角度思考了这个问题，他指出："如果一名士兵服从合法地征召其服役的权力机构的命令杀死一个人，那么，根据本国的任何法律，他都不会被指控犯有谋杀罪。"〔2〕哲罗姆（圣）15的诸多观点之一是："因邪恶之人所犯罪行而对其实施惩罚者与为处决罪大恶极之人而对其实施毁灭者，均为上帝的使者。"〔3〕哲罗姆（圣）还指出："处决冷酷无情之人者，非冷酷无情之人也。"〔4〕我们在这里还可以引用安布罗斯（圣）16的以下言论："以战争的方式保卫祖国免受外敌入侵，或者在国内保护弱者或保护同伴免遭强盗袭击，这种勇气最充分地诠释了'正义'一词的含义。"〔5〕

因此，无论我们是否遵从自然的指引（我们必须遵从它，即使并非情愿），无论我们是否听从《圣经》的教导（对这种教导持不同观点是邪恶的），也无论我们是否在某种程度上受到有关事例或著名人士言论的影响——简而言之，无论我们采取哪种推理方法，或者支持哪种权威观点——对于第一组问题，我们必然会得出以下结论：**从所有法律的角度看，基督教徒对基督教徒的有些战争具有正义性。**〔6〕［结论一］

---

〔1〕 奥古斯丁（圣）：《论不同教派的观点》，它被《天主教教会法典大全·格拉提安教令集》Ⅱ. xxiii. 1. 6 所引用。

〔2〕 奥古斯丁（圣）：《论上帝之城》Ⅰ. xxvi，它被《天主教教会法典大全·格拉提安教令集》Ⅱ. xxiii. 5. 12［13］所引用。

〔3〕 哲罗姆（圣）：《〈以西结书〉评论》Ⅳ［Ⅲ. ix］，它被《天主教教会法典大全·格拉提安教令集》Ⅱ. xxiii. 5. 28［29］所引用。

〔4〕 哲罗姆（圣）：《〈以赛亚书〉评论》［Ⅴ］xiii，它被《天主教教会法典大全·格拉提安教令集》Ⅱ. xxiii. 5. 27［28］所引用。

〔5〕 安布罗斯（圣）：《论职责》Ⅰ. xxvii［129］，它被《天主教教会法典大全·格拉提安教令集》Ⅱ. xxiii. 3. 5 所引用。

〔6〕 这一结论与托马斯·阿奎那《神学大全》Ⅱ～Ⅱ, qu. 40. art. 1 中的观点一致。另见马丁努斯·劳登西斯：《论战争》Qq. 9，32 和 45。

中译者注

1 摩尼教 Manichaeism：3 世纪兴起于波斯的二元宗教。它由公元 216 年出生于巴比伦南部的摩尼所创始。公元 4 世纪初，摩尼教传到罗马、高卢南部和西班牙。由于基督教会和政府的双重迫害，在 5 世纪末西欧基本上已没有摩尼教的踪迹。摩尼教认为人的魂在性质上和上帝相同，魂是上帝在世上的一部分；亚当初生之时与禽兽无异，救世主、光明使者耶稣使他有了意识，双目明亮，了解自己之魂原有神性。（《简明不列颠百科全书》第 6 卷，第 32 页。）

2 恩培多克勒 Empedocles（约公元前 490 ~ 前 430）：希腊哲学家、政治家、诗人、宗教教师和生物学家。据说他自封为神，投入埃特那山顶的火山口自杀。在其同时期的人看来，他似乎的确超过凡人。据说亚里士多德曾称颂他是修辞学的发明者。他的作品留存下来的仅有《论自然》中的 400 行诗和叙事诗《净化》中的布道 100 首诗。他认为一切物质由四种成分构成，一切事物不生不灭，其变化只有赖于基本物质相互间的比例。（《简明不列颠百科全书》第 2 卷，第 788 页。）

3 约瑟夫斯 Josephus（37/38 ~ 约 100）：犹太历史学家。他是法利赛人，属利未支派。他是公元 66 ~ 70 年第一次犹太人反对罗马人起义的军事指挥官，后来被掳至罗马，转而为罗马人效劳。他的主要著作是 7 卷本的《犹太战争史》和 20 卷本的《上古犹太史》。（《简明不列颠百科全书》第 9 卷，第 300 页；《基督教圣经与神学词典》，第 314 页。）

4 赫莫吉尼亚 Hermogenianus（活动时期公元 3 世纪后期 ~ 4 世纪初期）：古罗马著名法学家。他的主要著作有《赫莫吉尼亚法典》《法律摘要汇编》等，它们成为公元 6 世纪编纂《查士丁尼法典》的主要资料来源之一。据统计，他的《法律摘要汇编》在《查士丁尼法典·学说汇编》中被摘录了 106 处；《赫莫吉尼亚法典》构成《敕令集》的主要部分。他是罗马骑士团的成员，曾经担任禁卫军长官。（http://en.wikipedia.org/wiki/Hermogenianus.）

5 巴尔杜斯 Baldus（1327 ~ 1400.4.28）：意大利法学家。他出生于佩鲁贾，并在当地学习市民法，17 岁时被录取为攻读市民法博士学位的学生。据说锡耶纳的皮特鲁西乌斯是他学习教会法的导师。他曾先后在博洛尼亚、比萨、佛罗伦萨、帕多瓦和帕维亚讲授法律。他是教皇格列高利十一世的导师。1380 年，教皇乌尔班六世聘他为顾问，帮助乌尔班六世和克雷芒七世进行斗争。他著有《〈学说汇编〉评注》《〈查士丁尼法典〉评注》等书，并撰写了 3000 条法律评论。（http://en.wikipedia.org/wiki/Baldus_de_Ubaldis.）

6 亚伯拉罕 Abraham：希伯来人的祖先；犹太教、基督教、伊斯兰教这三种一神教推崇的古代圣人。据《圣经·旧约》记载，他是他拉的儿子，以撒和以实马利的父亲。他原名亚伯兰，在他 99 岁时，上帝把他的名字改为"亚伯拉罕"，意思是"多国的父亲"。他 75 岁时遵照上帝的命令率领妻子撒拉、侄子罗得和其他人到达迦南地。他在 175 岁时去世。（《简明不列颠百科全书》第 9 卷，第 771 页；《基督教圣经与神学词典》，第 8 页。）【本中文译本统一使用"亚伯拉罕"的名字】

7 亚比该 Abigail：《圣经》人物。她是迦密族富人拿八的妻子。因拿八侮辱大卫，大卫欲杀他，亚比该为拿八请罪。拿八死后，大卫娶亚比该为妻。(《基督教圣经与神学词典》，第6页。)

8 塞尔苏斯 Celsus（活动时期公元2世纪）：罗马法学家。他的部分言论被收入《查士丁尼法典·学说汇编》之中。(《捕获法》英文版，"引文作者索引"，第401页。)

9 尤里安 Julian（约331/332～363.6）：罗马皇帝。公元361年即位以后，他宣布所有的宗教信仰自由。他为了在东方重建罗马帝国的霸权，出兵对波斯作战，但不幸战败身亡。(《简明不列颠百科全书》第9卷，第189页。)

10 基甸 Gideon：《圣经》人物。他是约阿施的儿子、以色列的士师。他领导以色列人与米甸人作战，以300人的兵力打败了米甸人。(《基督教圣经与神学词典》，第231页。)

11 巴拉 Barak：《圣经》人物。他是亚比挪庵的儿子，士师时代以色列人的领袖。他和女先知底波拉一起打败了迦南王耶宾的统帅西西拉。(《基督教圣经与神学词典》，第86页。)

12 参孙 Samson：《圣经》人物。他是以色列人的士师，属于但支派。他是神兴起拯救以色列人摆脱非利士人压迫的士师。由于被大利拉出卖，他被非利士人捉拿并剜去双目，因而自杀。(《基督教圣经与神学词典》，第469页。)

13 耶弗他 Jephthah：《圣经》人物。他是以色列人的士师。据《圣经·旧约》"士师记"中的记载，他信仰唯一真神雅赫维，是以色列人的典范。他是基列人，曾被驱逐出故乡并成为匪首。后来，他帮助基列人摆脱了亚兰、亚扪等地异族的压迫。(《简明不列颠百科全书》第8卷，第859页。)

14 撒母耳：Samuel（活动时期约公元前11世纪）：古代以色列历史上在摩西与大卫之间承前启后的宗教英雄。据《圣经·旧约》记载，他既是能见异象的神人，又是祭司、士师、先知和军事首脑，但他最突出的成就是促进王国政体的建立。他的事迹见于《圣经·旧约》"撒母耳记上"。(《简明不列颠百科全书》第6卷，第819页。)

15 哲罗姆（圣）Jerome, Saint（347～419/420）：早期西方教会中学识最渊博的教父。他生于斯特利登城，约12岁赴罗马学习文法、修辞学和哲学。他于366年受洗礼后游历各地；382～385年间返回罗马，任教皇达马苏斯的秘书。他鼓吹禁欲，谴责罗马的神职人员，因此树敌甚多。他把希伯来文《圣经·旧约》和希腊文《圣经·新约》译成拉丁文，对中世纪初期学界产生了很大影响。(《简明不列颠百科全书》第9卷，第388页。)

16 安布罗斯（圣）Ambrose, Saint（约339～397）：古代基督教拉丁教父。他在罗马出生和成长，约370年任伊米利亚－利古里亚省省长，住在米兰。公元374年，他被市民拥戴为主教，始受洗礼，任米兰主教。他熟读当代希腊著作，运用新柏拉图派哲学解释《圣经》的寓意。后来成为希波主教的奥古斯丁（圣）就是因为聆听他的传教而皈依了基督教。他谴责社会弊端，厉行禁欲，主张独身。(《简明不列颠百科全书》第1卷，第267～268页。)

第四章 第二组问题：关于捕获战利品 或捕获物的正义性

本章将对第二组问题所包含的以下问题进行论述：

一、捕获战利品或捕获物是正义的吗？

二、基督教徒捕获战利品或捕获物是正义的吗？

三、基督教徒从基督教徒手中捕获战利品或捕获物是正义的吗？

四、从所有法律的角度看，基督教徒从基督教徒手中捕获战利品或捕获物是正义的吗？

一、捕获战利品或捕获物是正义的吗？

在我们完成了关于战争〔正义性〕问题的讨论之后，让我们转向另外一个主题，即关于捕获战利品或捕获物[1]的正义性的问题。这个主题中的问题与前面关于战争正义性的主题所包含的问题并无二致，因而可以在已经阐明的论点的基础上进行论述。

如果某个有助于实现既定目标的特定事物是正义的，则该目标在更高的程度上也是正义的。战争有助于实现权利，正因为如此，战争是正义的，而捕获战利品或捕获物则是我们通过战争正当地取得属于我们的东西。因此，我相信下面这些权威学者的观点是完全正确的，他们认为，正义战争的本质特征首先是在此类战争中捕获的一切将成为捕获者财产的事实：[2]这个结论得到了日耳曼语中"战争"一词〔*krieg*[3]【战争】来自中部高地日耳曼语

---

〔1〕 "捕获战利品或捕获物"这几个英文单词译自一个单独的拉丁文单词"*praedam*"。参见前面"英译者说明"。（——英译者注）

〔2〕 帕诺米特努斯：《〈格列高利教令集〉评注》II. xxiv. 29，n. 2。

〔3〕 *Krijgh*。

kriec（*g*），意指"奋斗"，"努力取得某物"[1]和希腊语中"马尔斯"一词的支持，因为"马尔斯"【战神】显然来自意为"拿走""夺取"的希腊语单词。因此，捕获战利品在某些场合必然是正义的。[2]另外，根据我们在论证战争的正义性时提到的相同学者的论述以及所有法律的同样标准，捕获战利品必然是正义的。

不过，由于使我们这一部分的论述得到理解尤为重要，而且其他写作战争法的作者并没有对这个问题进行过彻底的研究，因此，我们似乎有必要在这里对回答前面的问题时业已考虑过的主题事项的各个部分做进一步的研究。

为了理解捕获战利品是如何符合通过法律表现出来的神意，人们必须了解这种捕获是由两个因素构成的，即剥夺原先的占有和取得新的所有权。如同某个特定物品不可能在同一时间呈现出两种不同形态一样，对于同一物品，不可能同时存在两个完全的占有人或所有人。[3]因此，正如旧形式的去除必然先于新形式的建立一样，剥夺必然先于［新的］占有和所有权的建立。

剥夺的概念同样具有双重性质。首先，剥夺可能是绝对的［即完全否认所有权的概念］，就像自然主义者认为的那样，初始阶段的事物处于由自然配置的状态；我们法学家们则认为，它是一种一切物品尚未被任何人占有的状态，即我们所谓"所有权缺位"的状态。因此，当我们说"自然甚至把自由给予了不会讲话的动物"的时候，我们的意思是指只要这些动物没有被捕获，它们就不处于任何人的所有权之下。[4]其次，剥夺也可能是特别的，自然主义者用它表示初始阶段之后第二阶段事物的状态；我们则用这个词表示所有权事实上被剥夺的状态。

后一种剥夺过程呈现出各种表象。但确切地讲，最简单的表象是像随着取得占有而取得所有权一样，随着失去占有【被剥夺】而失去所有权。[5]这

---

〔1〕　格劳秀斯可能希望给予"日耳曼语"这一术语最广泛的含义，从而将其论述建立在一般的日耳曼语系以及尤其是他的母语——荷兰语的基础上。在语源学上，荷兰语中的"战争"（"*krijg*"）一词近似于日耳曼语中的"*krieg*"。（——英译者注）

〔2〕　参见后面的论述。

〔3〕　《查士丁尼法典·学说汇编》XIII. vi. 5，§ 15。

〔4〕　塔西佗：《历史》IV［xvii］；《查士丁尼法典·学说汇编》XII. i. 5；《天主教教会法典大全·格拉提安教令集》I. i. 7。

〔5〕　《查士丁尼法典·学说汇编》XII. i. 3，最后一节。

是一系列自然发生的事件；如果不违反第四项法律，人们通常认为这是可以接受的。根据第四项法律，无视［现存的］占有会引起法律权利的主张，[1]也就是说，违反法律的捕获被认为是无效的。

　　然而，第四项法律不能无视第一顺位的法律［即第一项法律和第二项法律］而发生作用。[2]因为后者允许我们采取任何必要行动保护自己的生命和财产，所以，它无疑允许我们剥夺用以攻击我们的手段。今天，无论在私人生活还是在国家事务中，财富都被正确地定义为一种可被用来攻击的主要手段。[3]因此，敌人的所有占有物都可以成为用来毁灭我们的物资，也就是说，它们可以被敌人用来提供武器，维持军队并对无辜者进行攻击。如果我们希望保护自己的财产，甚至人身安全，我们就必须与敌人进行战斗，夺取他们的占有物，而这样做的必要性不亚于夺走疯子手中的刀剑。奥纳桑德支持这种观点，他指出："使敌人遭受财产损失和财政短缺将削弱他们进行战争的能力，因为这种能力取决于财富的支持。"[4]的确，在这种情况下，我们不必受制于命令我们不得夺取他人占有物的准则，甚至"不得对他人实施伤害"的禁令也不再有效，因为对不同法律必须根据其重要性的顺序予以遵守。另外，严格地讲，"既然允许给予他更多，也应当允许给予他更少"[5]的规则与数学家们所谓"较大数值总是包含较小数值"的规则是建立在相同的确定性基础上的，法学家们也非常正确地接受了这一项原则，[6]因为在法律领域对比例的考量和对数量及大小的衡量具有同样重要的意义。由此可见，杀人罪比抢劫罪更为严重，因为我们在计算自己的福报时，生命具有优先于财产的地位。[7]由于在正义战争中一个人不会因杀死敌人而被控谋杀，因此，他更不会因夺取敌人的占有物而被控抢劫。西塞罗曾经指出："（只要有可能），一个人夺取任

---

〔1〕　《查士丁尼法典·学说汇编》Ⅵ. i. 23。

〔2〕　参见对第十三项法律的论述【第二章】。

〔3〕　亚里士多德：《政治学》Ⅰ. viii［Ⅰ. iii. 9］。

〔4〕　奥纳桑德：[《论军事将领》vi. 11]。

〔5〕　《查士丁尼法典·学说汇编》Ⅰ. xvii. 21。

〔6〕　《查士丁尼法典·学说汇编》Ⅰ. xvii. 110；《天主教教会法典大全·第六卷》Ⅴ. xii, ult. ，规则53。

〔7〕　《查士丁尼法典·敕令集》Ⅰ. ii. 21。

何可以被正当地杀死之人的财产并不违反自然。"[1]他的这一句话被法学家们在许多文章中反复引用。[2]

肯定地讲，为什么应该剥夺敌人财产的原因现在已经完全清楚了，但是，对于根据前面引用过的法律进行的公正审查是否可以导致将不可撤销的所有权授予捕获财产之人的问题，仍然存在异议。

有些人认为，捕获物是无主物，[3]因为它原来的所有人的权利已经被合法剥夺，所以，（像其他被归类为无主物的物品一样）它将成为最先占有一方的财产。这似乎是内尔瓦（小）以及后来保罗[4]【法学家保罗¹】的观点，这些权威学者把战争中捕获的财产归入被第一个占有人自然取得的财产之中（鉴于它们此前都是无主物的事实）。另外，这种观点得到了我们在前面所引用的论据的支持，即当与我们自身利益有关的上位法与下位法发生冲突时，与我们自身利益有关的上位法不会让位于别人的利益。如果认真阅读西塞罗下面的一段话，我们可以发现，当时西塞罗头脑中所想的正是这一项原则。西塞罗指出，卡修斯出发前往的"地方，如果人们按照成文法判断，那是属于别人的土地；但如果抛弃成文法原则，根据自然法，那就是他的土地"。[5]即根据我们列为第二项法律的准则，那就是属于他的土地。[6]

然而，如果一个人经过更仔细的思考后认识到，只要可能同时遵守，所有法律都应该得到遵守，那么，他也很容易知道，如果不可能同时遵守，则需要做出正当的区别。因为他很清楚地知道，在整个战争期间，鉴于持续存在的危险，不允许失去被捕获财产的人主张重新收回这些财产。[7]但在恢复和平以后，该人即认为，你没有任何理由不把当时只是为了保障你的安全而从我这里夺取的财产还给我。[8]由于在这种情况下，第四项法律与任

---

〔1〕　西塞罗：《论责任》Ⅲ.［vi. 32］。

〔2〕　注释法学派学者：《论封建》Ⅱ. xxii；巴尔杜斯：《〈敕令集〉评注》Ⅷ. iv. 1, n. 58［n. 35］；耶逊：《〈学说汇编〉评注》Ⅰ. i. 3, n. 17以及与财产有关的论点的各个引注。

〔3〕　参见第二章第二项法律。

〔4〕　《查士丁尼法典·学说汇编》Ⅻ. ii. 1，§1以及巴尔托鲁对这一部分的评注内容。

〔5〕　西塞罗：《反腓力辞》Ⅱ［xii. 28～29］。

〔6〕　正如第二章第十三项法律中论述的那样。

〔7〕　维多利亚：《战争法》18, 44, 55。

〔8〕　参见西尔维斯特：《西尔维斯特全集》"论'战争'的词义"［Pt. I］xi. 3。

何其他法律都没有冲突，因此，它将再次发生效力。由此看来，取得真正的无主物和取得原来属于他人的财产之间存在很大的区别。单纯的占有足以取得原来没有主人的物品；但一个人取得他人财产不仅需要有占有行为，而且要有理由，即根据什么原因使原来的财产所有人自愿或非自愿地被剥夺了财产权。由此可见，被我们用以取得无主财产的一般权利依据并不足以建立对敌人财产的充分法律权利；相反，还需要存在其他权利依据。不过，在战争期间，从来不缺乏这种权利依据。[1]这个事实可以通过下列方式推导出来。

第一，在我们为重新取得自己的财产而拿起武器的情况下，我们无疑可以正当地使用武力从武装占有人那里夺回被其不当占有的财产。[2]谁不知道当我们被授权为自己取得那些有用的物品[3]时，同时也隐含着承认我们有进一步的权利在取得这些物品后保护它们，在它们被夺取以后重新获得它们呢？但是，如果我不能重新取得同一件财产，那么，在该财产的价值范围内，不当占有人即成为我的债务人，[4]我应当被允许在他的财产中取得与他欠我的债务等值的财产。另外，同样的论点也适用于我一开始就没有主张返还财产，而只是要求清偿债务的情形。[5]因为他人占有的额外的财产恰好等于我自己财产的损失，所以，该额外部分应该从他那里拿过来还给我。同理，在涉及执行一项司法判决的情况下，债务人的财产应该被置于债权人的占有之下，以便使后者的债权能够得到满足。[6]可以肯定的是，债务人的财产应当被公开拍卖，且拍卖所得只能用于实现债权人利益的规则并非来自万国法，而是来自市民法，[7]它甚至被接受为处理有关报复的案件的一种做法。[8]自然【法】授权并允许我采取任何方式从使我遭受财产损失的人那里取得恰好相当于损失额的财产或者任何形式的赔偿，而且我据此取得的一切将归我所有。

---

〔1〕　参见后面第七章以及第二项法律【第二章】。

〔2〕　《查士丁尼法典·学说汇编》Ⅵ. i. 68；《查士丁尼法典·学说汇编》ⅩⅬⅢ. iv. 3。

〔3〕　参见第二项法律【第二章】。

〔4〕　《查士丁尼法典·学说汇编》Ⅵ. i. 68 ff。

〔5〕　参见第六项法律【第二章】。

〔6〕　《查士丁尼法典·学说汇编》ⅩⅬⅡ. v. 整节。

〔7〕　《查士丁尼法典·敕令集》Ⅷ. xxxiii. 整节。

〔8〕　巴尔托鲁：《论报复》Qu. 9，ad 3。

这一项原则也为神学家们所接受。[1]实际上，在自然秩序中，其本人并非财产所有人者不可能将一项合法的权利依据转化为所有权，[2]而且这项规则已经被纳入人定法之中。

第二，如果我们的战争目的同样是为了惩罚犯罪，[3]那么，这种惩罚肯定不仅针对罪犯，而且针对其财产，在通常情况下，这些财产会由法院判给受害的一方。[4]特里丰尼努斯²解释了这种处罚方式背后的原因，他指出："那些应受国家惩罚之人也应受极度贫困之苦，以使其成为震慑他人犯罪的样板。"[5]西塞罗的下面一（有）段话也与此有关："［此外，甚至规定了没收财产。］因此，所有精神和身体上的痛苦，包括匮乏和贫困，最终都可能接踵而至。"[6]此外，西塞罗关于李必达³的这一段话写得恰到好处："如果在放下武器以后，他应当因其暴力行为被判处刑罚（对于此项判决，他无疑不得抗辩），则通过没收（其）财产，他的子女同样受到了惩罚。"[7]我们还看到西塞罗发出了这种仍然与李必达有关的质问："如果法庭对受指控的公民都要判处这样的刑罚，我们怎么能宽恕国家的敌人呢？"[8]

第三，取得敌人财产的权利——无论是为了［重新获得］财产本身，还是单纯为了收回债务，或者收回债务与刑罚的目的联系在一起——并非必然先于战争而存在，有时，它是伴随着战争的进程而发生的。[9]

首先，这是因为在我们的敌人中，谁是只要命不要钱的呢？或者相反，哪个敌人不是因为要我们的钱才要我们的命的呢？因此，如果我们通过战争重新获得被敌人日复一日地从我们手中夺取的财产，或者获得其等价物，我

---

〔1〕　参见西尔维斯特：《西尔维斯特全集》"论'盗窃'的词义"xix［从头开始］。

〔2〕　原稿这里的页边被磨损了，但留下的注释片段和相应的正文显示，本注释意指《查士丁尼法典·学说汇编》XLII. i. 20。（——英译者注）

〔3〕　参见第五项法律【第二章】。另参见维多利亚：《战争法》19 和 56。

〔4〕　参见西尔维斯特：《西尔维斯特全集》"论'罚金'的词义"i：第三种类型。《查士丁尼法典·法学总论》IV. vi. 23；《查士丁尼法典·法学总论》IV. xviii. 8；《查士丁尼法典·学说汇编》XLVII. xx. 1。

〔5〕　参见《查士丁尼法典·学说汇编》XVI. iii. 31。

〔6〕　西塞罗：《反喀提林》IV［v. 10］。

〔7〕　西塞罗：《致布鲁图书》xi［I. xii. 2］。

〔8〕　西塞罗：《致布鲁图书》xiv［I. xv. 11］。

〔9〕　参见后面第七章。

们的行为就是正义的。[1]在此基础上，有一种普遍的观点认为，伴随战争的是一项关于交换的默示协议，[2]也就是说，根据该项协议，在像掷骰子一般胜负难料的战争进程中，每个交战方都默示承认，他既可能夺取对方的财产，也可能失去自己的财产。梅南窦护国公[4]的下面一段话证实了这一点：

> "他们渴望夺取邻人的财富，
>
> 却经常失望地遭到惨败，
>
> 并使自己的财产充实了邻人的仓库。"[3]

亚里士多德也发表了同样的观点，他指出："因为这种法律是一项共同的协议，根据该项协议，战争中的捕获物被视为捕获者的财产。"[4]

其次，我所考虑的论点具有持续的效力，它在任何战争中都不会缺席。发动什么战争不需要付出代价和损失呢？即使一切都如人所愿（尽管从来不可能这样），被迫参战者也得将其精力从管理私人事务转移到战争上来。因此，任何正当地拿起武器参战的人都有权将所有损失和费用视为对方所欠的债务，并要求对方赔偿，[5]这就像在法庭诉讼中不但可以正当地要求蓄意违反法律者赔偿与诉讼本身有关的费用和支出，而且可以要求他对涉及执行判决的费用和开支作出赔偿一样。[6]这正是"根据适用于被征服者的法律，他有义务赔偿战争费用"[7]的格言背后的原则。

最后，不可争辩的事实是，蓄意对抗正义战争之人即为犯有严重罪行。[8]即使他在某种程度上取得胜利，但他仍然是一名窃贼，一个武装的强盗和凶手。根据其犯罪的性质，被告人应当被处以剥夺其所有财产或至少是大部分财产的罚金；[9]被剥夺的财产应当分配给受害者，无论其是个人还是国家。

---

〔1〕《查士丁尼法典·学说汇编》Ⅱ. ii，整节；西塞罗：《论发明》Ⅱ〔xlii〕；西尔维斯特：《西尔维斯特全集》"论'战争'的词义"〔Pt.〕I. i. 1。

〔2〕巴斯克斯：《雄辩指南》ix. 17。

〔3〕〔载于斯托博乌斯：《文选》X. n. 3。〕

〔4〕亚里士多德：《政治学》I. vi〔I. ii. 16〕。

〔5〕维多利亚：《战争法》17，50，54；巴尔托鲁：《论报复》Qu. 9，ad 3；马丁努斯·劳登西斯：《论战争》Qu. 1。

〔6〕《查士丁尼法典·法学总论》IV. xvi. 1；《查士丁尼法典·敕令集》VII. li，整节。

〔7〕查士丁：《菲利皮古城及宇宙起源与地球结构》XXXIII〔1〕。

〔8〕马丁努斯·劳登西斯：《论战争》Qq. 14，16。

〔9〕参见以上论述。

此外，神学家们[1]阐明了以下规则：如果在战争之初，敌人不但对已造成的伤害和财产损失，而且对产生的成本和费用提供了充分赔偿，则应当给予其申诉的机会。但是，如果战争已经在激烈地进行，情况就不同了。负有罪责的交战一方不再享有可以赔罪的地位；相反，他将受到［比他原来造成的伤害更严重的］惩罚，而且这是［完全正义的］，因为交战另一方自然地成为法官，并且被授予［根据自己的决定作出判决并对敌人施加此类惩罚的][2]权力。

根据以上论述，显然，如果不夺取敌人的战利品，国家的和平和行政长官的权力将难以维持。[3]这一点至关重要，因为维持国家的和平和行政长官的权力以及惩罚那些冲动的反抗者必然要付出大量费用。我们已经清楚地表明，[4]以下行为既是正义的，也是上帝所悦纳的：保护我们自己的幸福安宁，保护或重新取得我们的财产并收回他人所欠的债务（包括对债务人予以惩罚）。所有这些行为都建立在那种上帝并未强迫我们为了他人利益而放弃的权利[5]的基础上，其主要原因在于犯罪行为应当得到惩罚以及国家及其行政长官应当得到保护符合共同利益。由于不剥夺敌人的资源就无法实现这些目标，也由于不通过战争夺取原来属于敌人的财产我们就不能获得这如此之多的资源，还由于这种过程构成所谓的捕获战利品或捕获物，[6]因此，作为一个完全肯定的结论：捕获战利品有时是正义的。

---

〔1〕　卡耶坦：《犯罪要览》"重新开战"。

〔2〕　手稿第 22 页此处的一部分不见了，而且在哈马克尔 1868 年出版拉丁文版《捕获法》时，它已经完全损坏了。这里的英文解读主要依据的是哈马克尔对残留文本所作的以下推断和重构，即 "*sed*［*illatis graviora haud injustum*］*est pati*, *altero videlicet judice jam constituto*, *qui*［*de poena pro libitu statuere*］*posit*"。此处建议的短语 "*pro libitu*"（随心所欲）也许不能令人很满意，因为它暗示受害的敌对一方在作出判决时完全不受任何道德方面的约束。因此，本英译者假设格劳秀斯用的是某种更温和的词语，比如 "*ex sua sententia*"（根据自己的决定）。

还应该注意的是，在珂罗版中，"*illatis*" 之前的 "*sed*" 一词只有部分可见，而且哈马克尔采用的拼写系统不同于格劳秀斯手稿中的系统（例如，哈马克尔用 "*injustum*" 表示 "*iniustum*"，用 "*poena*" 表示 "*paean*"，等等）。（——英译者注）

〔3〕　参见第七项法律及其后各项法律【第二章】；维多利亚：《战争法》15；西尔维斯特：《西尔维斯特全集》"论'镇压'的词义"，开头部分："*Qui autem*"［*Igitur repraesalia……Qui autem*? ］。

〔4〕　参见前面第二章的全部内容。

〔5〕　威廉·马泰：《论正义与合法战争》Req. 3。

〔6〕　参见前面第二章末尾"捕获物和战利品"的定义。

二、基督教徒捕获战利品或捕获物是正义的吗？

我们已经指出，有关战利品和捕获物的制度来源于自然法。[1]这个渊源[不仅对人类，而且]对其他生物，包括成群觅食的动物和在天空翱翔的飞禽也十分明显。尽管这些动物有时可能会把原来的占有物放弃给后来的占有者，但当它们在争斗中被激怒时，同样会拼死抗争。在这里，我们可以援引普卢塔克的一段话："你不是在实施任何鲁莽或非正义的行为，相反，你是在遵循法律中最古老的一项原则，即把低级动物的利益奉献给高级动物。这是一项起源于上帝并最终作用于动物的法律。"[2]在柏拉图的《高尔吉亚篇》和许多学者的其他作品中都可以看到类似的论述。约瑟夫斯[3]和阿里斯提得斯[4]5也多次将这一项原则归于自然法，其理由是它甚至在野生动物中同样有效。亚里士多德声称："在自然秩序中，战争的艺术在某种意义上是一种获取的艺术。"[5]狄奥菲鲁斯6将这种取得称为"自然占有"。[6]由此可见，即使是在基督教徒中间，捕获物和战利品法同样有一席之地。

有关捕获物和战利品的法也可以被正确地追溯至万国法，[7]或者（用狄奥菲鲁斯的话说）追溯至"城邦共同的法律"。因此，狄摩西尼说道："啊，天哪！我的财产被别人使用暴力通过敌对方式抢走，我却被禁止以牙还牙进行报复。难道这不是非常可悲的吗？难道这不是明显非正义的吗？难道这不是既违反成文法，也违反对人类普遍适用的法律的吗？"[8]居鲁士【居鲁士大帝二世7】也指出："这是一条适用于全人类的永恒的法律：在夺取一座属于敌人的城市以后，敌人的货物和财富应该转归胜利者所有。"[9]（我所说的居

<hr>

[1]　参见前面第三章三、四中的论述与结论一。

[2]　普卢塔克：《希腊罗马名人比较列传》"卡米卢斯传"［xvii. 3~4］。

[3]　约瑟夫斯：《犹太战争史》V. xxvi［V. 367~368］。

[4]　引自彼得·费伯【福列】：《六月集》II. ii［24］。

[5]　亚里士多德：《政治学》I. viii［I. iii. 8］。

[6]　《查士丁尼法典·法学总论》II.［17］。

[7]　参见三和四中的论述与结论一【第三章】。

[8]　狄摩西尼：《反阿里斯托克拉底》［p. 639］。

[9]　色诺芬：《居鲁士的教育》VII［v. 73］。

鲁士与上帝授权他以武力夺取东方各个王国的是同一个人。[1]）

战争法是万国法的一部分。因此，埃斯基涅斯[8]讲道："但是，在一场针对我们的战争中，如果你占领了一座使用武力夺取的城市，根据战争法，你就可以正当地保持对它的占有。"[2]其他人把同样的法律称为"胜利之法"。[3]另外，所有哲学家都认为，存在一种特殊类型的从敌人手中的取得。[4]他们赋予这种类型的取得以各种不同的名称，譬如，"通过战争的取得""通过在海上抢劫的取得""战斗中的取得""通过征服的取得"，等等。色诺芬给我们讲述了苏格拉底是如何按照他从植根于人类头脑中的智慧种子中逐步推导出真理的习惯做法，通过一系列诘问过程，引导欧西德莫斯【对话者】认识到这一事实的：尽管后者进行的抢劫应当归类为非正义行为，但如果是针对敌人实施抢劫，它就是符合正义的。[5]柏拉图同样指出："战败者的所有财产都将成为胜利者的财产。"[6]

因此，我们清楚地认识到，把捕获战利品的做法从基督教徒之间的战争中排除出去的观点是十分荒谬的，[7]除非这种战争都被认为是非正义的。不过，其他权威学者[8]已经指出主张这种观点之人的无知，尽管他们在其他方面学识渊博。根据业已论述过的各项原则，我们相信这个问题已经非常明确，不需要再进行阐述了。另外，我们知道，那些持不同意见者甚至可能对什么构成捕获物和战利品都缺乏足够的认识。

至于我们的反对者从内战中推导出的论点，那就更荒诞不经了。首先，谁会默认他们提出的基督教徒之间的战争都是内战的假设呢？这不等于说整个基督教世界构成一个单一国家了吗？[9]其次，他们错误地认为捕获战利品

---

〔1〕《圣经》"以赛亚书"xlv，整章。

〔2〕埃斯基涅斯：《论使节的不当行为》33；彼得·费伯【福列】：《六月集》Ⅱ. iii。

〔3〕塔西佗：《历史》Ⅳ [lxxiv]。

〔4〕柏拉图：《智者篇》[p. 219 D, E]；亚里士多德：《政治学》Ⅰ. v, vi, viii [Ⅰ. ii. 14, 16；Ⅰ. iii. 8]；西塞罗：《论责任》Ⅰ [vii. 21]。

〔5〕色诺芬：《回忆苏格拉底》Ⅳ [ii. 15]。

〔6〕柏拉图：[有一部分模糊不清]《法律篇》[p. 626 B]。

〔7〕阿尔西阿提：《〈学说汇编〉评注》L. xvi. 118。

〔8〕阿亚拉：《战争法》[《战争的权利和职务与军纪》] Ⅰ. v. 2；贝利：《论军法和战争》Ⅱ. xviii. 1。

〔9〕参见巴斯克斯：《雄辩指南》xxii ff。

在内战中甚至没有适当的地位。姑且不论历史证据告诉我们，在内战中夺取的战利品是如此的丰富，以致许多时候人们在抢劫的贪婪欲望驱使下纷纷揭竿而起。[1]有什么符合逻辑的论点可以用来说明行政长官不应该使用武力收回欠国家的债务，甚至纯粹是作为对反叛者实施惩罚的债务呢?[2]事实上，尽管柏拉图坚持认为内战应该尽可能有节制地进行，但他依然承认："胜利者可以从失败者那里按年度收取贡赋。"[3]另外，还有什么会比一方面允许杀戮，另一方面却禁止夺取战利品更矛盾呢?[4]

三、基督教徒从基督教徒手中捕获战利品或捕获物是正义的吗?

既然剥夺敌人的财产已经被万国法所肯定，那么，它在国内法上必然也是被允许的。这个结论已经被各个国家有关分配战利品的法律和惯例所明确证实，而且在世界各地，这样的法律和惯例不胜枚举。与此同时，罗马人的市民法反复说明，战争中捕获的物品可以成为捕获者的财产，[5]同时，教会法中也有这样的规定。[6]对上述事实的整体考察使我们确信，捕获敌人的战利品是每一种类型的法律都允许的

这种观点显然也得到了《圣经》的明确支持。有什么能比通过明确的法律原则发出的命令更真实地表达一个人的意志呢? 我们在关于军事法的准则中发现了对被攻占的城市的庄严宣告："惟有妇女、孩子、牲畜，和城内一切的财物，你都可以取为自己的掠物。耶和华你神把你仇敌的财物赐给你，你可以吃用。"[7]因此，正如胜利来源于上帝一样，有关捕获物和战利品的制度同样来源于上帝。另外，根据《圣经》中的记载，一部分战利品被作为贡品

---

〔1〕　参见塔西佗：《历史》Ⅲ［xxxiii］中关于克雷莫纳的叙述。

〔2〕　另见西尔维斯特：《西尔维斯特全集》"论'战争'的词义"［Pt. I.］xi. 8 中对此所做的限制。

〔3〕　柏拉图：《国家篇》Ⅴ［xvi］。

〔4〕　参见本章第 61~62 页。

〔5〕　《查士丁尼法典·学说汇编》ⅩⅡ. i. 5，§7；《查士丁尼法典·学说汇编》ⅩⅡ. i. 5，§6；《查士丁尼法典·学说汇编》ⅩLⅨ. xv. 28；《查士丁尼法典·法学总论》Ⅱ. i. 17。

〔6〕　《天主教教会法典大全·格拉提安教令集》I. i. 10；《天主教教会法典大全·格拉提安教令集》Ⅱ. xxiii. 5. 25。另见注释法学派学者：《〈格拉提安教令集〉评注》I. i. 10 和 2。

〔7〕　《圣经·旧约》"申命记"xx. 14。

奉献给上帝，而且这也是上帝的要求，[1]甚至非犹太人的异教民族对这种做法也完全不陌生。[2]因为他们同样要把在战争中夺取的财物作为贡品敬献给掠夺之神朱庇特，战利品分配之神密涅瓦⁹以及马尔斯¹⁰、赫拉克勒斯或伏尔甘¹¹。与此同时，战利品的神圣性来自同样的渊源。另外一个例子是当约书亚出发攻打艾城的时候，我们在神与他订立的准则中看到了这样一条命令：“［……］只是城内所夺的财物和牲畜，你们可以取为自己的掠物[3]［……］”[4]另外，尽管下面一段话也是同一位约书亚所讲的：但谁能否认它是［神意启示的］命令并反映了上帝的意志呢？“你们带许多财物，许多牲畜和金、银、铜、铁，并许多衣服，回你们的帐棚去，要将你们从仇敌夺来的物，与你们众弟兄同分。”[5]在这里，我们也可以引用大卫讲过的一句话：“这是从耶和华仇敌那里夺来的，送你们为礼物。”[6]到目前为止，我们提供的证据已经充分证明了以下单一的事实：正是上帝的意志让以色列这个上帝自己造就的民族以这种方式来捍卫他们权利。[7]另外，上帝规定了对捕获战利品的限制，并指明了分配战利品的方式。[8]

另外，我们在论述基督教徒从基督教徒手中捕获战利品或捕获物的正义性时引用那些证明战争正义性的权威论述并无不妥之处，无论这种正义性是绝对意义上的，还是说战争的起因是正义的。因为这些权威论述在阐述允许基督教徒针对基督教徒进行战争的同时，也说明了战利品的问题。的确，任

---

〔1〕《圣经·旧约》“民数记”xxxi 以及本书其他部分。

〔2〕狄奥多罗斯在许多地方讲过这一点，还有维吉尔和李维。彼得·费伯【福列】：《六月集》II. iii 末尾部分。

〔3〕《圣经·旧约》“约书亚记”viii. 2。

〔4〕这一句话作为插入语出现在拉丁文手稿第 24 页的顶部。虽然在珂罗版中没有看到相应的插入标志，但上下文说明了这一句话在英译本中应该占据的位置。需要指出的是，在英译本中，插入的这一句话和后面另一句话的位置完全可以颠倒过来（就像哈马克尔的拉丁文本中那样），假如不担心第二句话（根据英译本中的顺序）中修饰约书亚的形容词“*ipsius*”（同样的，同一位）可能失去其强调的意义的话。我们的解读也得到了这个事实的支持，即“*ipsius*”本身显然是后来插入的，因为出现在手稿第 4 行末尾的这个单词写得特别小，而且非常紧凑。（——英译者注）

〔5〕《圣经·旧约》“约书亚记”xxii. 11 [8]。

〔6〕《圣经·旧约》“撒母耳记上”xxx. 26。

〔7〕参见第三章二中的论述与结论一。

〔8〕《圣经·旧约》“民数记”xxxi. 26；《圣经·旧约》“申命记”xx. 19；《圣经·旧约》“撒母耳记上”xxx. 22。

何本质上永恒不变者不可能发生改变，与之前相比，《福音书》规定的原则指导下的道德行为规范并没有发生任何改变。

我们不能认为施洗者约翰[12]所定的原则〔"不要以强暴待人，也不要讹诈人，自己有钱粮就当知足"[1]〕与上帝明确的神谕存在冲突。对于这一点，我们应该注意的是，向施洗者约翰请教的不是准备战斗并即将向敌人冲锋的战士，而是驻守于犹太地要塞的士兵。那个时代的学者们证实，罗马的士兵们给那些行省不幸的老百姓造成了许多伤害，并给罗马人冬季营地周边地区带来了严重的萧条。因此，施洗者约翰禁止此类扰民行为——他将此类行为描述为"强暴"，这个词甚至一直沿用至今——以及所有讹诈行为，并告诫士兵们有钱粮（〔在《福音书》中〕"wage"一词的通常含义是"钱粮"）[2]就当知足。因为农夫以及士兵驻地的房东经常是士兵们犯罪的对象，所以，除农夫和房东以外，施洗者约翰的告诫没有特别要求对其他人保持克制。这是对《圣经·新约》"路加福音"中这一段话公认的解释。[3]为了保护自己和供养军队，农夫们承受着以国家名义施加的沉重负担，因此，对无辜农夫的抢劫属于最严重的非正义行为。但是，无论从任何意义上看，该段所指的并不是敌人的财产，其主要意思与约翰在回答公众问题时已经说明的下面一种观点并没有冲突，即除了法律规定的数目，不要多取【《圣经·新约》"路加福音"iii. 12】。因此，如果指挥官下达了分配战利品的命令，从敌人手中夺取的战利品就会正当地转移给士兵，它们甚至可以被视为士兵报酬的一部分，也就是说，按照保罗的证言，[4]被视为正当地分配给他们的战争所得的部分。由此可见，施洗者约翰为在犹太地服役的士兵们所定的规则与奥勒利安[13]对他的军队颁布的以下命令具有同样效果："每个人都应当满足于自己的配额；每个人都应当

---

〔1〕《圣经·新约》"路加福音"iii. 14。

〔2〕希腊文《圣经·新约》中用的是（金钱补给）。拉丁文《圣经》中的"*stipendiis*"在詹姆斯国王版《圣经》中被译为"wages"【酬薪】，在杜埃版《圣经》中则被译为"pay"【报酬】，尽管对这个拉丁文单词还有其他几种解释（税收、贡赋、收入、服役期、义务等）。格劳秀斯使用的是更特定的词汇"*salariis*"（士兵们的"伙食费"、"薪水"或"津贴"）。（——英译者注）

〔3〕参见卡耶坦：《神学概要》"战争损失"；富尔金提乌斯·弗朗杜斯（迪亚科努斯）：《信札》vii，"*Ad Reginum Comitem*"，规则二。

〔4〕《圣经·新约》"哥林多前书"ix. 7。

靠从敌人手中夺取的战利品，而不是靠各行省老百姓的眼泪生活。"[1]

四、从所有法律的角度看，基督教徒从基督教徒手中捕获战利品或捕获物是正义的吗？

总的来说，已经引用过的证明从所有法律的角度看战争可能具有正义性的权威论述同样足以证明，从所有法律的角度看捕获战利品或捕获物也可能具有正义性的观点。

此外，我们还应该考查古代的圣贤们为我们树立的榜样。在这一方面，亚伯拉罕作为他们所有人的代表轻而易举地为我们提供了丰富的论据。[2]首先，当亚伯拉罕使用武力夺取原来由敌人占有的财物时，他非常明确地告诉我们，一个人不应该因为财产是别人的而放弃夺取敌人企图占有的财产。[3]在这个问题上，我们应该正确地效仿他的行为。其次，当亚伯拉罕将夺取的财物的十分之一送给大祭司的时候，他实际上承认了战利品制度，[4]而且这个事实在《圣经·新约》"希伯来书"[5]中得到了明确证实。另外，在其他民族中也存在把战利品的十分之一敬献给神的相同做法。[6]最后，亚伯拉罕把一部分战利品留给他的仆人以维持他们的生活，并心甘情愿地把其余部分分给自己的盟友。[7]他的这种做法最清楚不过地确认了捕获战利品的权利，因为亚伯拉罕不是一个把别人不能光明正大地接受的礼物给予别人的人。

另一方面，亚伯拉罕拒绝接受战利品的剩余部分，这不是因为对它的取得是非法的（因为他已经公开宣布这些战利品的取得是合法的，而且也没有任何《圣经》的解释者对他拒绝接受剩余战利品作出了因为它们是非法的的解释），[8]而是因为一种完全不同的理由。的确，有人在解释有关段落时断

---

〔1〕　沃比斯库斯：《奥勒利安传》［载于《奥古斯丁（圣）时代的历史学家》（第三卷）Ⅶ. 5 ~ 6］。

〔2〕　参见《圣经·旧约》"创世纪"xiv 中的记载。

〔3〕　《圣经·旧约》"创世纪"xiv. 15, 16。

〔4〕　《圣经·旧约》"创世纪"xiv. 20。

〔5〕　《圣经·新约》"希伯来书"vii. 4。

〔6〕　李维：【《罗马史》】Ⅴ［xxv］。

〔7〕　《圣经·旧约》"创世纪"xiv. 24。

〔8〕　参见安布罗斯（圣）：《论父权》Ⅲ. ii［《论亚伯拉罕》I. iii］；尼古拉斯（利拉的）：《〈创世纪〉评注》xiv. 24；威廉·马泰：《论正义与合法战争》Req. 2, p. 5。

言，亚伯拉罕在出发远征之前已经发誓，大意是保证不把战利品的任何部分据为己有。现在，不可否认的是，我们要为作出的承诺而不是［其本身］原本不可逃避的义务起誓。无论亚伯拉罕是否在任何情况下都要受他就此事所发的誓言约束，事实上，促使他拒绝接受任何战利品份额的原因是他讲过的这样一句话：“【凡是你的东西，就是一根线，一根鞋带，我都不拿，】免得你说：‘我使亚伯兰富足’。”〔1〕因此，出于自愿和某种高尚的贵族精神，他放弃了自己的权利。这位纯洁的先贤有非常正当的理由担心那些对真正的信仰心怀敌意的邪恶之人可能会毫无根据地对他进行诽谤，从而使别人产生他只是出于抢劫财物的贪婪欲望才插手原本与他无关的战争的印象。

由此可见，亚伯拉罕的行为是基于一种特殊的动机，他的所作所为与为了避免引起不正当的怀疑而宁愿承受私人损失的伯里克利和费边没有本质的区别。（根据狄奥尼西奥斯的记载）对于自己不接受任何战利品的事实，法布里齐乌斯【法布里齐乌斯·卢西努斯14】也作出了类似的解释：尽管可以分得战利品，但“与荣誉相比，应当放弃即使可以正当地获得的财富”。〔2〕法布里齐乌斯·卢西努斯进一步强调说，他这样做是在学习瓦勒里乌斯·普布利科拉【普布利乌斯·瓦勒里乌斯·普布利科拉15】以及其他人树立的榜样。在西班牙取得胜利后，加图（大）16采取了大致相同的做法，他（用与亚伯拉罕几乎完全一致的措辞）说道，除了饮食已经消耗掉的以外，他不会为自己取得战利品的任何部分。他补充说，他采取这种立场并非有意指责其他接受了分配给他们的战利品的指挥官，而只是表示自己希望在美德方面努力向那些品德最高尚的人看齐，而不是在财富方面与那些最富有的人一争高下。〔3〕

亚伯拉罕这样做还可能受到了下面这个事实的影响：那些战败的国王占有的许多物品从前并不属于他们所有，而是最近从所多玛17的市民那里抢来的，而后者当时正是亚伯拉罕的盟友。〔4〕因此，可以说，根据罗马法复境权的原则，他有理由把这些物品归还其原来的主人或统治者。同时，罗马司法

---

〔1〕　［《圣经·旧约》“创世纪”xiv.］23。

〔2〕　狄奥尼西奥斯：《片段集》［43, p. 747］。

〔3〕　普卢塔克：《希腊罗马名人比较列传》“加图（大）传”［x. 4］。

〔4〕　［《圣经·旧约》“创世纪”xiv.］11和16。

中的衡平原则也一直存在有关特定事项的类似程序。[1]除此之外，我们看到，尽管法律中不存在具有这种效果的规定，但人们有时出于慈悲为怀的原因会采纳归还财产的程序。由此可见，亚伯拉罕在我们所考查的事件中的行为与罗马人在另外一种情况下的行为是一致的：在夺取沃尔西人[18]的营地后，罗马人发布命令，召集其盟友拉丁人和赫尔尼基人[19]前来辨认他们的财产，并将辨认出的财产还给他们。[2]在打败萨谟奈人[20]以后，沃伦尼乌斯和后来的阿提利乌斯采取了同样的做法。格拉古【提比略·格拉古[21]】和卢西乌斯·埃米利乌斯【卢西乌斯·埃米利乌斯·帕布斯[22]】也经常这样做。在征服卢西塔尼亚人[23]后，西庇阿[24]发布了同样的命令；此外，在攻克迦太基城后，他命令参考之前的标准返还原来属于西库尔人[25]的战利品和供奉品。

至于其他问题，假如有人对以上提及的事例不以为然，他应该冷静思考自己究竟准备谴责哪个人以及哪种人。因为我们看到，摩西[3]（一位远比利库尔戈斯[26]或阿里斯提得斯【阿里斯提得斯（正义之士）[27]】更真实可信的正义典范）、信仰无比虔诚的领袖约书亚、[28][4]上帝最欣赏的国王大卫[5]以及在迦得[29]人和玛拿西[30]半支派人协助下的流便[31]的儿子们，[6]都曾经夺取过战利品。据记载，由于信仰上帝，他们凭借夺取敌人的战利品而变得富有起来。另外，因其信仰虔诚而备受推崇的国王亚撒[32]同样如此。[7]与此同时，假如我们把注意力转向基督教君主，我们将会发现，他们无不遵循着同样的先例。因为尽管在基督教的习惯中已不再使用奴隶[8]（他们后来的确不再使用奴隶，而且其原因［与谴责捕获战利品的原因］不同；我们本来很容易说明这种原因，但这样做将偏离我们讨论的计划），但是，根据所有法律权威学者得出的

---

　　〔1〕《查士丁尼法典·敕令集》Ⅷ. li. 12，末尾部分。另见安基勒斯［德·乌巴尔蒂斯］：《〈敕令集〉评注》Ⅷ. li. 12；耶逊：《〈学说汇编〉评注》XLI. ii. 1，nn. 11 和 12。

　　〔2〕李维：【《罗马史》】［Ⅳ. xxix, X. xx. 15 和 XXIV. xvi］；波利比奥斯：【《通史》】［Ⅱ. xxxi］。

　　〔3〕《圣经·旧约》"民数记"xxxi. 9。

　　〔4〕《圣经·旧约》"约书亚记"viii. 27；《圣经·旧约》"约书亚"xxii. 8。

　　〔5〕《圣经·旧约》"撒母耳记上"xxx. 20；《圣经·旧约》"撒母耳记下"viii；《圣经·旧约》"历代志上"xviii。

　　〔6〕《圣经·旧约》"历代志上"v. 18 ff。

　　〔7〕《圣经·旧约》"历代志下"xiv。

　　〔8〕参见《查士丁尼法典·学说汇编》XXII. i. 28。

结论，下面一项原则依然成立：“战争中的捕获物应当由捕获者取得。”[1]

我们没有必要再为这个问题堆砌大量额外证据了。难道我们还要寻找神学家们的证据吗？如果的确有这个必要，那就让奥古斯丁（圣）单独代表他们所有人发言吧！奥古斯丁（圣）指出：“即使你被剥夺了原来属于你占有的任何财产，但原因是上帝把从你那里剥夺的财产赐给了我们，我们就不能因此［被视为］贪婪地侵占了属于别人的财产。因为根据拥有一切的上帝的命令，它们已经成为我们的财产，并且由我们正当地占有了。”[2]我们还希望听听教会法权威的意见吗？教皇英诺森【英诺森四世[33]】本人宣布：“在合法战争中取得之物可以合法地据为己有。”[3]这一论断得到了霍斯廷西斯、[34][4]帕诺米特努斯[35][5]和阿齐迪亚科努斯【贝西奥[36]】[6]的反复确认。另外，我们在罗马法注释者的作品中看到了什么呢？巴尔托鲁指出：“那些在合法战争中夺得战利品的人不受市民法关于恢复原状的规定约束。”[7]在这个问题上，巴尔杜斯走得更远，他坚持认为：“即使在面对内在的良心法庭审判时，将在正义战争中的捕获之物据为己有也是合法的。”[8]巴尔杜斯的观点曾经被耶逊[37]所引用，[9]并且得到了特别关注这一问题的法学家和《圣经》评论家们的普遍赞同，如西尔维斯特[38]、[10]阿德里安【阿德里安六世[39]】、[11]安基勒斯[40]［德·乌布尔蒂斯］、[12]卢普斯【约翰·卢普斯[41]】[13]以及（西班牙人）

---

〔1〕　英诺森【四世】：《〈格列高利教令集〉评注》Ⅱ. xiii. 12；帕诺米特努斯：《〈格列高利教令集〉评注》Ⅱ. xxiv. 29，n. 8；巴尔托鲁：《〈学说汇编〉评注》XLIX. xv. 24 末尾部分；巴尔杜斯：《〈敕令集〉评注》Ⅶ. xiv. 4；劳登西斯：《论战争》Qu. 19。

〔2〕　奥古斯丁（圣）：《反佩蒂提亚努斯》Ⅱ. xliii.，它也被《天主教教会法典大全·格拉提安教令集》Ⅱ. xxiii. 7. 2 中所引用。

〔3〕　英诺森【四世】：《〈格列高利教令集〉评注》Ⅲ. xlix. 8。

〔4〕　霍斯廷西斯：《〈格列高利教令集〉评注》Ⅴ. xxxviii。

〔5〕　帕诺米特努斯：《〈格列高利教令集〉评注》Ⅱ. xxiv. 29 和《〈格列高利教令集〉评注》Ⅱ. xiii. 12。

〔6〕　阿齐迪亚科努斯【贝西奥】：《〈格拉提安教令集〉评注》Ⅱ. xxiii. 2. 2。

〔7〕　巴尔托鲁：《〈学说汇编〉评注》XII. i. 5，§7。

〔8〕　巴尔杜斯：《论封建》［p. 52］。

〔9〕　耶逊：《〈学说汇编〉评注》XII. ii. 1，n. 8。

〔10〕　西尔维斯特：《西尔维斯特全集》“论‘战争’的词义”［Pt. I.］i 和 ix［x］。

〔11〕　参见阿德里安六世：《论赔偿》（部分）和《论战争》。

〔12〕　安基勒斯［德·乌巴尔蒂斯］：《论争端》“重新开战”。

〔13〕　卢普斯：《论战争与军事》，最后一节。

维多利亚[1]和科瓦鲁维亚斯⁴²。[2]的确，如果我们考查所有这些权威学者的言论，我们将会发现，他们中没有人谴责对战利品的捕获，尽管确实有许多人谴责人们在捕获战利品时表现出来的贪婪，即"夺取超出其应得部分的财物"。这与我们认为应当被谴责的不是战争本身，而是战争中惨无人道的行为是一个道理。

因此，对于第二组问题，我们得出如下结论：**从所有法律的角度看，基督教徒从基督教徒手中夺取捕获物或战利品有时具有正义性。**[3][结论二]

中译者注

1 法学家保罗 Paul the Jurist（？~235）：罗马法学家。他的一生著作丰富，许多言论被收入《查士丁尼法典·学说汇编》中。（《捕获法》英文版，"引文作者索引"，第 408 页。）

2 特里丰尼努斯 Tryphoninus（活动时期 3 世纪）：罗马法学家。他的部分言论被收入《查士丁尼法典·学说汇编》中。（《捕获法》英文版，"引文作者索引"，第 412 页。）

3 李必达 Lepidus（？~公元前 13/12）：罗马政治家。公元前 43 年后统治罗马的三巨头之一。他在内战期间投入凯撒的阵营，公元前 46 年任执政官。凯撒遇刺后，公元前 43 年 10 月，他与安东尼、屋大维在博洛尼亚结成三头同盟，但另两个巨头不久就夺去了他的大部分权力。他后来退出政界隐居。（《简明不列颠百科全书》第 5 卷，第 202 页。）

4 梅南窦护国公 Menander Protecter（活动时期 6 世纪下半叶）：拜占庭历史学家。他所编的史书（现存本包括 558~582 年的历史）是研究 6 世纪的地理和人文的权威著作。（《简明不列颠百科全书》第 5 卷，第 763 页。）

5 阿里斯提得斯 Aristides（117~181）：希腊演说家和修辞学家。他生活在罗马帝国时期，是第二次智者派运动的主要代表人物之一。他的作品包括 55 篇讲演和演说辞以及两部关于修辞学的著作。（http://en. wikipedia. org/wiki/Aelius_ Aristides.）

6 狄奥菲鲁斯 Theophilus（活动时期 6 世纪）：罗马法学家。他是查士丁尼制定的《查士丁尼法典·学说汇编》和《查士丁尼法典·法学总论》的编纂者之一。（《捕获法》英文版，"引文作者索引"，第 411 页。）

7 居鲁士大帝二世 Cyrus II the Great（公元前 590/580~约前 529）：波斯政治家和阿契

---

[1]　维多利亚：《战争法》51 ff.

[2]　科瓦鲁维亚斯：《〈天主教教会法典大全·第六卷〉评注》"刑事法规" Pt. II，§ 11。

[3]　劳登西斯：《论战争》Qu. 11。

美尼德王朝的开国君主。他可能生于今天伊朗的法尔斯省。据希腊历史学家希罗多德记载，波斯人称居鲁士为"波斯之父"。公元前547或前546年，他攻克吕底亚首都萨狄斯；公元前539年占领巴比伦，使美索不达米亚、叙利亚和巴勒斯坦都成为他的领土。(《简明不列颠百科全书》第4卷，第457页。)

8 埃斯基涅斯 Aeschines（公元前390～约前314）：雅典演说家。公元前346年，他出使马其顿并签订菲洛克拉特和约。由于他在谈判中曾提出对马其顿有利的条款，因此，狄摩西尼和提马科斯指控他犯有叛国罪。他和狄摩西尼、提马科斯以及泰西封进行过长期的斗争。(《简明不列颠百科全书》第1卷，第215页。)

9 密涅瓦 Minerva：古罗马宗教所信奉的女神。她司掌各行业技艺，后来又司理战争，常被人们认为与希腊女神雅典娜为一体。她的庙在阿文延山，该地也是工匠行会的聚集场所。人们既然认为她掌管战争，于是崇拜马尔斯的习俗也受到她的影响。(《简明不列颠百科全书》第5卷，第884－885页。)

10 马尔斯 Mars：古罗马宗教所信奉的神祇。他的重要性仅次于丘比特。在有史料可据的时期他已演变为战神，罗马典籍以他为以武事自豪的罗马国的守护神。罗马国春秋两季即农事与征战季节都有马尔斯的节期。在文艺作品中，马尔斯与希腊的神灵阿瑞斯几无二致。(《简明不列颠百科全书》第5卷，第573页。)

11 伏尔甘 Vulcan：古罗马宗教所信奉的火神。他象征着破坏性的火，如火山爆发和火灾。在诗歌中描写他在各方面与希腊火神赫淮斯托斯相同。他的主要节日是8月23日，人们向他祈求免除火灾。(《简明不列颠百科全书》第3卷，第192页。)

12 施洗者约翰 John the Baptist：《圣经》人物。他是撒迦利亚的儿子。撒迦利亚在年迈时，蒙天使应许约翰出生。他成年后，住在约旦河的旷野，传扬天国临近和悔改赎罪的信息，并为人施洗。他被认为是弥赛亚的先锋，为基督铺路。(《基督教圣经与神学词典》，第310页。)

13 奥勒利安 Aurelian（约215～275）：罗马皇帝（270～275在位）。他约在260年成为军官，统帅加列努斯皇帝的骑兵。270年5月成为皇帝后，他迅速着手恢复罗马在欧洲的霸权。他把入侵者逐出潘诺尼亚，赶走了意大利南部的朱吞格人，修建了一道长12英里、高约20英尺的新城墙。他在271年大举东征，在多瑙河畔击败了哥特人。为收复东方诸行省，他围攻巴尔米拉，并俘获女王芝诺比阿。(《简明不列颠百科全书》第1卷，第356页。)

14 法布里齐乌斯·卢西努斯 Fabricius Luscinus（活动时期为公元前3世纪）：罗马统帅和政治家。他在公元前282年和前278年任执政官，公元前275年任监察官。公元前280年，希腊的伊庇鲁斯国王皮洛斯入侵意大利并打败罗马人。他奉命就赎回和交换俘虏的问题与皮洛斯进行谈判，他拒绝了对方的贿赂，并使对方不要任何赎金释放了全部罗马战俘。(《简明不列颠百科全书》第2卷，第816页。)

15 普布利乌斯·瓦勒里乌斯·普布利科拉 Publius Valerius Pubulicola（？～公元前503）：古罗马政治家。公元前509年，他和布鲁图等三位贵族领导民众把暴君卢奇乌斯·塔奎尼乌斯逐出罗马，结束了罗马的国王统治，建立了罗马共和国。他先后在公元前509

年、前 508 年、前 507 年和前 504 年四次被选为罗马执政官。（http://en. wikipedia. org/wi-ki/Publius_ Valerius_Pubulicola. ）

16 加图（大）Cato, Marcus Porcius（公元前 234 ~ 前 149）：罗马政治家、演说家、第一位重要的拉丁散文作家。他参加过第二次布匿战争，并擅长演说并精通法律事务。进入政界后，他先后担任过财务官、营造官和撒丁行政长官。公元前 195 年，在和弗拉库斯同时担任行政长官时，他镇压了在西班牙发生的暴动，并建立"近西班牙"行省。公元前 191 年，他在抗击塞琉西国王安条克三世的温泉关战役中取得卓越战功。他著述颇丰，但留下来的很少。（《简明不列颠百科全书》第 4 卷，第 278 页。）

17 所多玛 Sodom：《圣经》地名。它是亚伯拉罕时代位于死海东南端的一座城。因当地居民罪孽深重，神降火灾将其烧毁。（《基督教圣经与神学词典》，第 500 页。）

18 沃尔西人 Volsci：意大利古代民族。他们居住在拉丁姆南部，从罗马王政时期的最后一位国王开始，他们联合埃魁人对罗马和拉丁同盟断断续续进行了 200 多年的战争。直到约公元前 300 年，他们的领土被罗马人占领，并成为日益扩大的罗马共和国的一部分。（http://en. wikipedia. org/wiki/Volsci. ）

19 赫尔尼基人 Hernici：意大利古代民族。他们的领土在拉丁姆境内富奇内湖和特雷鲁斯河之间。公元前 306 年，赫尔尼基人被罗马人征服，丧失了独立性。（《简明不列颠百科全书》第 3 卷，第 738 页。）

20 萨谟奈人 Samnites：意大利古代民族。他们由居住在意大利南部山区中心的多个好战的部落组成。公元前 354 年，萨谟奈人与罗马结盟，共同抵御高卢人。但不久连续三次卷入反抗罗马人的战争，最后被罗马人击败。（《简明不列颠百科全书》第 6 卷，第 852 页。）

21 提比略·格拉古 Tiberius Gracchus（公元前 163 ~ 前 132）：罗马政治家。他早年从军，曾参加过对迦太基人的战争。后来，他作为财政官随执政官曼奇努斯在西班牙参加了旷日持久的殖民战争。公元前 133 年，他当选保民官，推动把公地分给无地农民的改革。他的改革侵犯了贵族的利益。公元前 132 年他第二次竞选保民官时，被纳赛克为首的反对派在公民大会上用棍棒打死。（《简明不列颠百科全书》第 3 卷，第 350 ~ 351 页。）

22 卢西乌斯·埃米利乌斯·帕布斯 Lucius Aemilius Papus（活动时期公元前 3 世纪后半期）：罗马政治家和将军。他曾出任两次执政官，一次监察官。公元前 225 年任执政官期间，高卢部落联盟在盖萨塔雇佣军的援助下向罗马发动进攻，他率领罗马军队在特拉蒙战役中击败高卢人，保障了罗马的安全。公元前 216 年，他是罗马三人执政团成员之一，负责处理第二次布匿战争中的财政问题。（http://en. wikipedia. org/wiki/Lucius_ Aemilius_ Papus. ）

23 卢西塔尼亚人 Lusitani：凯尔特民族联盟。他们可能是公元前 6 世纪西迁并定居高地的凯尔特卢森斯人的一支，在今葡萄牙境内。公元前 2 世纪，他们曾在维里阿瑟斯的领导下抵御罗马人的入侵，但后来被罗马人征服。罗马人在当地建立了卢西塔尼亚行省。（《简明不列颠百科全书》第 5 卷，第 396 页。）

24 西庇阿 Scipio（公元前 185/前 184 ~ 前 129）：罗马名将。公元前 168 年，他参加了第三次马其顿战争。公元前 151 年，他自愿前往西班牙作战，并于同年作为军事保民官随

罗马大军到非洲进攻迦太基城。公元前 148 年，他当选为执政官，接管了非洲战场的指挥
权，并终于在公元前 146 年攻克迦太基城。公元前 134 年，他再次当选执政官后，率军前
往西班牙。他包围了克尔特伊比利亚人的首府曼努提亚，并在次年迫使敌人投降。（《简明
不列颠百科全书》第 8 卷，第 394 ~ 395 页。）

25 西库尔人 Siculi：古代西里人部落。他们占据西西里东部地区。古代传说谓西库尔
人一度居住在意大利中部地区，被逐出境后，跨海至西西里，但在意大利仍留有部分族
人。他们最尊崇的神是农业和水手守护神帕利奇等。（《简明不列颠百科全书》第 8 卷，第
414 页。）

26 利库尔戈斯 Lycurgus（约公元前 390 ~ 约前 324）：雅典政治家和演说家。他支持狄
摩西尼反对马其顿的扩张。他以理财有方和严惩贪污闻名，据说在他管理国家财政期间，
政府年收入增加了一倍。他刚毅正直，忠心报国，以提高公共道德和个人道德为己任。他
共有 15 篇演说词传世，但仅有《斥莱奥克拉特斯》一篇完整无缺。（《简明不列颠百科全
书》第 5 卷，第 261 页。）

27 阿里斯提得斯（正义之士）Aristides the Just（活动时期公元前 5 世纪）：罗马政治
家和将军、提洛同盟的开创人。他早年事迹不详，后来是主张抵抗波斯一派的著名人物，
在公元前 480 年对波斯人的战争中表现突出。在公元前 479 年的普拉蒂亚战役中，他指挥
军队把波斯人赶出了希腊。建立提洛同盟是他一生最大的成就。（《简明不列颠百科全书》
第 1 卷，第 106 页。）

28 约书亚 Joshua：《圣经》人物。他是以法莲人，摩西曾派他去窥探迦南地。摩西死
后，他带领以色列人渡过约旦河，最后征服了迦南地。（《基督教圣经与神学词典》，第
314 页。）

29 迦得 Gad：《圣经》人物。他是雅各的第七子，是雅各和利亚的女仆悉帕所生的儿
子。他是迦得支派的先祖，其后裔居住在约旦河东的地方。（《基督教圣经与神学词典》，
第 221 页。）

30 玛拿西 Manasseh：《圣经》人物。他是约瑟在埃及所生的长子，玛拿西支派的先
祖。玛拿西支派分为东半支派和西半支派。（《基督教圣经与神学词典》，第 356 页。）

31 流便 Reuben：《圣经》人物。他是雅各和利亚所生的第一个儿子，也是流便支派的
先祖。由于他和父亲的妾辟拉同寝，因而失去了长子的名分。（《基督教圣经与神学词典》，
第 457 页；《圣经·旧约》"创纪记"［xxxv. 22］和［xxxxix. 3, 4］。）

32 亚撒 Asa：《圣经》人物。他是亚比央的儿子，以色列王国分裂后南国犹大的君王，
在耶路撒冷为王 41 年（公元前 913 ~ 前 873）。他正直诚实，推行宗教改革。亚撒 36 年，
由于要联合亚兰对抗以色列，他从圣殿和王宫府库中取出金银，因而受到先知哈拿尼的指
责。（《基督教圣经与神学词典》，第 67 页。）

33 英诺森四世 Innocent IV（12 世纪末 ~ 1254. 12. 7）：意大利籍教皇（1243 ~ 1254 在
位）。他在位期间，教廷和神圣罗马帝国之间的长期斗争达到顶峰。他与神圣罗马帝国皇
帝腓特烈二世及其子康德拉四世进行对抗，并曾敦促法兰西国王路易九世发动十字军东
征。（《简明不列颠百科全书》第 9 卷，第 160 页。）

34 霍斯廷西斯 Hostiensis（？ ~ 1271）：奥斯蒂亚枢机主教和意大利宗教法学家。他著有《〈格列高利教令集〉评论》等书。（《捕获法》英文版，"引文作者索引"，第 405 页。）

35 帕诺米特努斯 Panormitanus（1386 ~ 1445）：意大利帕尔马大主教、教会法学家。他著有《〈格列高利教令集〉评注》等书。（《捕获法》英文版，"引文作者索引"，第 408 页。）

36 贝西奥 Baysuo（活动时期公元 1290 年前后）：意大利教会法学家。他著有《〈格拉提安教令集〉评注》等书。（《捕获法》英文版，"引文作者索引"，第 399 页。）

37 耶逊 Jason（1435 ~ 1519）：意大利法学家。他著有《〈学说汇编〉评注》《〈查士丁尼法典〉评注》等书。（《捕获法》英文版，"引文作者索引"，第 406 页。）

38 西尔维斯特 Sylvester（1456/1457 ~ 1527）：意大利多明我会成员和神学家。他一生的著述范围广泛，涉及天文、宗教、历史等方面。（《捕获法》英文版，"引文作者索引"，第 411 页；http://en. wikipedia. org/wiki/Sylvester_ Mazzolini。）

39 阿德里安六世 Adrian VI（1459. 3. 2 ~ 1523. 9. 14）：历史上唯一的荷兰籍教皇（1522 ~ 1523 在位）。他曾就读于卢万大学。1507 年，神圣罗马帝国皇帝马克西米安一世聘他为查理一世（后为神圣罗马国帝国皇帝查理五世）的教师，日后为查理五世所重用。他当选教皇后立即从整顿教廷入手整顿教会，但因在位时间短促，未见有所建树。（《简明不列颠百科全书》第 1 卷，第 22 页。）

40 安基勒斯 Angelus, de Ubaldis（1328 ~ 1407）：意大利法学家。他著有《法律评论》《〈学说汇编〉评注》《〈法学总论〉评注》《〈敕令集〉评注》《〈格列高利教令集〉评注》等书。（《捕获法》英文版，"引文作者索引"，第 398 页。）

41 约翰·卢普斯 John Lupus（？ ~ 1496）：西班牙教会法学家。他著有《论战争与军事》一书。（《捕获法》英文版，"引文作者索引"，第 407 页。）

42 科瓦鲁维亚斯 Covarruvias（1512 ~ 1577）：西班牙教会法学家。他曾对《天主教教会法典大全》中的《第六卷》《格列高利教令集》以及其他教会法进行评注，并著有《论契约》《论婚姻》等书。（《捕获法》英文版，"引文作者索引"，第 402 页。）

第五章　第三个和第四个问题：关于捕获战利品或捕获物与发动战争具有正义性的情形

一、第三个问题：在什么情况下捕获战利品或捕获物具有正义性？

即使承认在某些情况下夺取捕获物或战利品应该被认为是正义的，我们仍然有必要确定，在什么情况下夺取捕获物或战利品具有正义性。不过，对于这个问题，我们不需要进行过多思考，因为前面的论述已经清楚地证明了这样一个公认的结论［根据对第二组问题的论述【第四章】］：**在正义战争中的所有捕获战利品或捕获物的行为均具有正义性。**[1]［结论三］

二、第四个问题：在什么情况下发动战争具有正义性？

因此，整个论述现在转向了这样一个问题：在什么情况下发动战争具有正义性？[2]

首先，我们必须澄清附加在"正义的（*iustus*）"这个术语上的模糊意义［正当的、适当的、完美的，等等］。因为当我使用这个术语的时候，我头脑中所想的并不是它有时被用来表示某种确定的可能性得以充分实现的含义（如一个美好的时代、一艘完美无缺的船只、一项尽善尽美的工作等），也不是指某个人或事物应当具备并表现出来的典型的外在特征（如一位完美的女主人）。可以肯定的是，这些意义的确和现在考虑的问题有关，因为论述战争问题的学者们正是在上述两个意义上使用"正义的战争"或"正当的战争"的表述的。然而，我使用"正义的"一词只是表示根据任何法律的要求，无论是人定法还是神法，都具有正义性的战争。

今天，不同的权威学者在以各种各样的、混乱的方式讨论战争正义性的

---

〔1〕　这一结论与托马斯·阿奎那【《神学大全》】Ⅱ～Ⅱ，qu. 66，art. 8，ad 1 中的论述相一致。

〔2〕　参见布德乌斯：《〈学说汇编〉评注》ⅩⅦ. ii. 3；阿亚拉：《战争法》［《战争的权利和职务与军纪》］I. xxxiv［I. ii. 34］。

问题。有的学者列举了七种战争的名称，而不是七类战争；同时，他们的列举并不完整，且各自所包含的事项不足以使它们相互区别。[1]其他学者坚持认为，正义战争必须在一位［称职的］法官指导下依法进行。还有的学者在讨论正义战争时研究的是战争背后的权力、战争的原因（他们所谓战争的起源）以及从事战争的意图（或者确切地说是各参战方的目的）。[2]同时，还有些学者的研究涉及战争的"原因""方式"和"必要性"。另一些参加讨论的学者则争辩说，只有当无法避免国家安全的危险发生时，才有必要进行战争；战争应该有正当理由，并且应该在正式宣战或通知敌人以后，在最高统治者的指挥下进行。[3]也有一些权威学者在"争端的主要事由""起因""意图""权力"和"参战人员"等标题下讨论战争问题。[4]

但是，假如我们在【亚里士多德所讲的】四种原因[5]的基础上分析战争问题，上述每种分类的缺陷和画蛇添足之处就显而易见了。因为正如解释其他问题那样，对行为的解释通常也是从这四个方面进行的。实际上，引发任何行为的原因的瑕疵都足以使该行为本身存在瑕疵。[6]因此，为了使某一行为具有正义性，有必要使引发该行为的所有原因同时以正当形式存在，因为正义性当然必须符合一项单一标准。下面这条希腊谚语指出了这种区别：

"善只有一种形式，恶的形式却多种多样。"[7]

因此，对于这个问题，我们的结论是：**完全出于正当原因发动的所有战争均具有正义性**。［结论四］

根据这个结论，我们有必要研究战争原因的问题。我们必须确定：第一，什么人有权正当地发动战争；第二，他们基于什么原因和针对什么人发动战

---

〔1〕 格米尼亚努斯：《〈第六卷〉评注》V. iv. 1 以及其他人有关战争的论述。

〔2〕 托马斯·阿奎那：【《神学大全》】Ⅱ~Ⅱ, qu. 40；巴尔托鲁：《论报复》［qu. 1, ad 1］；卡斯特伦西斯：《〈学说汇编〉评注》I. i. 5；雷纳利乌斯（比萨的）：《泛神论》i。

〔3〕 威廉·马泰：《论正义与合法战争》，开头部分。

〔4〕 卢普斯：《论战争与军事》［各个部分］，引自霍斯廷西斯：《〈格列高利教令集〉评注》［p. 323］。

〔5〕 亚里士多德：《形而上学》Ⅳ. ii［V. ii］。另见西尔维斯特：《西尔维斯特全集》"论'法律'的词义"v。

〔6〕 狄奥尼西奥斯［冒名阿雷奥帕吉特］：《论神谕》［iv］；托马斯·阿奎那【《神学大全》】Ⅱ~Ⅱ, qu. 110, art. 3。

〔7〕 亚里士多德：《尼可马亥伦理学》Ⅱ. v［Ⅱ. vi. 14］。

争；第三，他们以什么形式——在什么范围内——发动战争；第四，他们为了什么目的和出于什么意图发动战争。

　　此外，应当指出的是，我们并非因为不赞成其他研究者在战争法方面所作的研究才从事此项工作的。事实上，他们的权威论述为我们提供了很大的帮助。可以说，我们是在这样的信念激励下进行这一项工作的：借助于迄今为止搜集到的更多资料，我们应该能够对早期研究者们流传下来的理论学说进行准确界定，或至少可以在对这些学说进行清晰和有条理的梳理方面做出进一步贡献。

第六章　第五组问题：关于发动战争
的有效的原因

本章将对第五组问题所包含的以下问题进行论述：

一、什么是发动私战的正当有效的原因？

二、什么是发动公战的正当有效的原因？

一、什么是发动私战的正当有效的原因？

我们被告知，在引发特定后果的原因中，有一些是主要原因，有一些是具有推动作用的次要原因，还有一些被归类为作为工具的辅助原因。的确，像在大多数其他事物中一样，这三类原因在人类的主动行为中（包括战争在内）都可以看到。

正如我们已经指出的那样，根据自然的命令，每个人都有责任行使自己的权利。准确地讲，我们的大脑和身体就是为此目的组合而成的，也就是说，我们的身体可以被大脑所役使。[1] 这一点可以通过我们对肢体的使用，特别是对手的使用得到证明。[2] 因为当我们自卫的时候，会用手向前击打，而当我们主张某物为我们所有的时候，会把手放在它上面。

我们善待彼此和互相帮助是一种自然的命令。[3] 当我们陷入困境时希望别人怎样对待我们，我们就应该怎样对待别人，这显然是正确的。[4] 那些讨论责任问题的学者精辟地指出，根据上帝的意志，除上帝自身以外，对人类最有帮助的是他们的同胞。[5] 此外，人类使用某些术语来说明他们之间的相互联系。按照这些术语隐含的意义：亲戚是为了相互帮助团结在一起的人；

---

〔1〕　参见第五条规则和第二章末尾部分。

〔2〕　参见关于第二项法律的论述【第二章】。

〔3〕　参见第五和第六项法律之前的部分，并比较第二条规则【第二章】。

〔4〕　参见对第一个问题的论述与结论一【第三章】；《查士丁尼法典·学说汇编》XVIII. vii. 7。

〔5〕　西塞罗（依据帕奈提奥斯的说法）：《论责任》II〔iii. 11〕；西塞罗：《论责任》III〔vi. 26 ~ 27〕。

邻居是在需要时可以求助的人；[1]特定社会的全体公民也是作为一个整体可以请求援助的人。[2]说到这里，我头脑中出现了这样一句著名的台词："罗马公民们！冲啊！"[3]（有人告诉我们说）正是基于这一点，梭伦1提出了这样一项原则：如果一个国家中的每个人都把对他人的伤害视为对自己的伤害，这个国家就是一个幸福的国度。德谟克利特曾经指出："我们理应竭尽全力保护那些遭受非正义压迫的受害者，而不是对他们漠然视之，因为前一种做法是正义和善良的，后一种做法则是非正义和邪恶的。"[4]我们在亚里士多德的著作中也发现了这样一段精辟的论述："假如任何人受到伤害，我们应该正当地拿起武器进行战斗，无论是为了自卫，还是为了保护亲属或恩人；如果我们的盟友受到伤害，我们也应该正当地为他们提供援助。"[5]在这个问题上，即使不存在其他联系，基于自然所建立的人类之间普遍的伙伴关系和相互往来仍然会使我们对别人遭受的痛苦感同身受。因为人类不应该在任何事关人道的重大问题上置身事外。的确，根据这一项原则，在许多案件中，那些伟大的国家以及具有重要权威的神学家和法学家们认为，如果有些人本来能够制止对他人的伤害却放任伤害行为发生，那么，他们就应当因过失而受到惩罚。[6]

不过，一方面，行为的发动者及其盟友能够依靠自身的力量实施行为（可以肯定的是，前者是为自身利益而行为，后者则是为他人利益而行为）；另一方面，工具则要依靠其使用者，而非自身的力量实施行为。因为在特定

---

〔1〕　市民法与教会法评论家：《〈学说汇编〉评注》XLVII. ii. 7；《查士丁尼法典·敕令集》X i. 5。

〔2〕　参见前面第二章，第七项法律。

〔3〕　[参见马克罗比乌斯：《农神节》II. vii. 4 中拉博利乌斯的言论。]

〔4〕　[载于斯托博乌斯：《文选》XLVI. no. 43]。

〔5〕　亚里士多德：《亚历山大修辞学》iii [ii, p. 1425 A]。

〔6〕　参见对第二条规则的论述【第二章】；巴尔托鲁：《〈学说汇编〉评注》I. i. 3，nn. 7 和 8；耶逊：《〈学说汇编〉评注》I. i. 3，n. 29；卡斯特伦西斯：《〈学说汇编〉评注》I. i. 1，§4，nn. 10，11，12；巴尔托鲁：《〈学说汇编〉评注》XLIX. xv. 24，n. 9；英诺森【四世】：《〈格列高利教令集〉评注》II. xxiv. 29 和 II. xiii. 12；帕诺米特努斯：《〈格列高利教令集〉评注》II. xiii. 12，n. 18；西尔维斯特：《西尔维斯特全集》"论'战争'的词义"[Pt.] II. viii；托马斯·阿奎那：【《神学大全》】I～II，qu. 47，art. 1。另见《圣经·旧约》"创世纪"xiv，整章；《圣经·旧约》"箴言"xxiv. 11；《圣经·旧约》"诗篇"lxxxii. 4；戴努斯：《〈第六卷〉评注》V. xii，第 19 条规则；西尔维斯特：《西尔维斯特全集》"论'谋杀'的词义"[Pt.] I. x；塞内加（小）：《书信集》xcv [49]。

意义上，工具属于部分的范畴，而部分自然要服务于整体。[1]由此可见，手可谓"一切工具之工具"。正是在这个意义上，卢克莱修指出：

"最原始的武器是手、牙齿和指甲。"[2]

反过来说，武器是战士之手。不过，当我们谈到战争工具时，我们不希望把它简单理解为是指抛石机、刀剑和长矛，因为它们几乎与正义问题无关；我们更愿意把战争工具理解为是根据他人命令实施行为的人。让我们以儿子为例：从自然的角度来看，儿子是父亲的一部分，因为前者的存在来源于后者。[3]奴隶同样为我们提供了一个说明这个问题的事例：因为在某种意义上，像其他财产一样，奴隶也是主人的一部分。[4]整体由各个部分组成，鉴于这种关系，各个组成部分不但属于整体，而且其存在亦有赖于整体。基于同样的道理，我们甚至可以说，占有必然意味着某一物品属于占有人本身。德谟克利特给我们提出这样一条建议："应当像使用你的肢体一样使用你的仆人：不同人用于不同目的。"[5]亚里士多德曾经指出，有些人天生为奴。[6]他的说法并没有错。这不是因为上帝造人时没有把人作为一种自由的动物，而是因为有些人的本性适于使自己受他人主权意志的统治，而不是自己主宰自己的命运。[7]一个大家庭宛若在一个大脑指挥下的不同人的组合。因为每一个服务于另一个人的人都完全是一种工具，所以，我们把那些其劳动力为我们所利用的人当作我们的"手"。鉴于这一点，让我们把所有这样的人都称为"臣民"吧！

根据以上论述，我们对这个问题得出如下结论：**私战**（因为应该首先讨论这种战争）**可以由任何人正当地发动，包括与盟友共同发动或者通过作为代理人的臣民发动**。［结论五第一点］关于这一点，我们可以引用巴尔杜斯讲过的话："有些人不通过其他人作为代理人直接发动战争；有些人则联合其他

---

〔1〕 亚里士多德：《政治学》I. iv [I. ii. 4 ~5]。

〔2〕 卢克莱修：【《物性论》】V〔1283〕。

〔3〕 《查士丁尼法典·敕令集》XI. xlviii（xlvii）. 22，§1；亚里士多德：《尼可马亥伦理学》V. x〔V. vi. 8 ~9〕。另见《查士丁尼法典·敕令集》IX. ix. 4；塞内加（老）：《雄辩术》I. iv。

〔4〕 另见《查士丁尼法典·学说汇编》XXIX. v. 19。

〔5〕 ［载于斯托博乌斯：《文选》LXII. no. 45〕。

〔6〕 亚里士多德：《政治学》I. v [I. ii. 13]。

〔7〕 柏拉图：《国家篇》IX [xiii, p. 590 D]。

人直接发动战争；还有些人通过其他人作为代理人而非亲自直接发动战争；另外有些人直接并同时通过其他人作为代理人发动战争。"[1]这三种战争［亲自直接发动战争、在盟友协助下发动战争和通过臣民作为代理人发动战争］都可以在与亚伯拉罕有关的事例中得到证实。[2]根据《圣经》中的记载，亚伯拉罕不但亲自发动战争，还和他的盟友（亚乃²、以实各和幔利）共同发动战争，甚至通过他的仆从发动战争。在关于亚伯拉罕通过其仆从发动战争的故事中，这些仆从被称为"年轻人"。

此外，我没有把任何人排除出上一段得出的结论之外。因为即使禁止某个人发动战争，这种禁止也不是基于个人资格的缺失，而是基于程序的瑕疵，[3]或者换句话说，是根据第九项法律。至于该项法律的效力，我们将在其他地方进行论述。对于这种区别，我们应该按照奥古斯丁（圣）的教导予以解释："在这种情况下，正义之人主要考虑的只是战争应当由可以合法地发动战争的人进行，因为并非所有人都可以合法地发动战争。"[4]

但是，可以肯定的是，在大多数情况下，当学者们使用"战争"这一术语时，他们指的不是私战，而是公战。由于相对于私战，公战更经常成为讨论的主题，[5]因此，现在让我们把注意力转向公战方面！

二、什么是发动公战的正当有效的原因？

如同私自发动战争的权力掌握在个人手中一样，无论导致争端发生的主要问题是否具有公共性质，也无论是否通过司法程序使私人争端转变为公共性质的争端，[6]进行公战的权力主要掌握在国家手中。[7]国家必须被视为一个可以"自给自足"的实体，它本身构成一个整体。同时，像修昔底德表述

---

〔1〕　巴尔杜斯：《〈敕令集〉评注》Ⅲ. xxxiv. 2［n. 77］。

〔2〕　《圣经·旧约》"创世纪"xiv. 13, 14, 24。

〔3〕　参见论述第十三项法律时的事例【第二章】。

〔4〕　奥古斯丁（圣）：《〈圣经·旧约〉前七章评注》Ⅵ, qu. x,《〈约书亚记〉评注》，它被《天主教教会法典大全·格拉提安教令集》Ⅱ. xxiii. 2. 2所引用。

〔5〕　参见第七项法律和第八项法律【第二章】。

〔6〕　巴尔杜斯：《法律评论》Ⅳ. cvi；巴尔托鲁：《论报复》，开头部分，n. 6［qu. 1, ad 2, n. 6］。

〔7〕　这一观点与维多利亚：《战争法》5中的论述相一致。另见卡耶坦：《神学概要》qu. 40, art. 1和《犯罪要览》"战争罪"一词。

的那样，国家拥有自己的法律、法庭、税收和行政长官。另外，卡耶坦[3]解释说，国家还有自己的议会和权力机构。[1]维多利亚提出了这样一项原则：没有任何东西可以阻止若干拥有主权的完整的国家臣服于一位君主；[2]或者通过条约使它们更紧密地联合在一起。[3]但是，如果一个国家缺乏发动战争的权力，则从自卫的目的来看，它就做不到"自给自足"。[4]因此，罗马人可以发动战争，拉丁人、埃特鲁斯坎人[4]、萨谟奈人、塔伦丁人和意大利的许多民族也可以对罗马人发动战争，[5]更不要说非洲的迦太基人，斯巴达人和希腊的雅典人以及许多其他民族了。可以说，古代的希伯来人和依据自己的权利生活的所有民族都有权进行战争。因此，巴尔托鲁[5]（在库尼奥之后）宣布说，两个自由国家之间发动的战争是正义战争；在此类战争中捕获的财物将成为捕获者的财产。[6]

发动公战的权力同样掌握在行政长官手中。[7]因为一旦国家将其意志转移给行政长官并由他根据自己的意志掌控，国家自身可以行使的任何权力即可由行政长官代表国家行使。[8]当然，"行政长官"的用语在此处应当被理解为是指被授予发动战争的权力的人。不过，除了特别例外的情形之外，所有行政长官都在某种意义上被授予了发动战争的权力，因为作出判决、保护辖区安全、颁布和执行法令均属同一位行政长官的职权，[9]而且有时不诉诸武力就无法履行这些职权。此外，惩罚国内和国外的敌人自然属于同一个人的职权范围。[10]但是，我们必须考虑行政长官的等级问题。由于对国家利益最严重的危害莫过于战争，因此，国家无疑希望把发动战争的权力交到最信任的人手中。同时，国家建立了不同级别的行政长官等级制度，这清楚不过地

---

〔1〕　卡耶坦：《神学概要》qu. 40，art. 1 和《犯罪要览》"战争罪"一词。

〔2〕　维多利亚：《战争法》5 和 7；亨利（哥库姆的）：《战争法》"序言"。

〔3〕　亚里士多德：《政治学》Ⅱ. ii［Ⅱ. i. 4～5］和 Ⅲ. ix［Ⅲ. v. 10］。

〔4〕　参见前面第二章第三条规则之后的定义。另见亚里士多德：《政治学》Ⅶ. iv［3］。

〔5〕　参见《查士丁尼法典·学说汇编》XLIX. xv. 24。

〔6〕　巴尔托鲁：《〈学说汇编〉评注》I. i. 5；巴尔托鲁：《〈学说汇编〉评注》XLIX. xv. 24。

〔7〕　参见前面第二章关于第十项法律和第十一项法律的论述。

〔8〕　参见前面第二章第 31 页。

〔9〕　参见《查士丁尼法典·学说汇编》Ⅵ. i. 68；巴尔托鲁：《〈学说汇编〉评注》XLIX. xv. 24, n. 11。

〔10〕　卡耶坦：《犯罪要览》，"战争"一词；富尔戈西乌斯：《〈学说汇编〉评注》I. i. 5；奥尔德拉杜斯：《法律评论》lxx。

表明国家希望把如此重大的责任首先托付给最高行政长官；如果最高行政长官缺位或无法履行职责，则托付给排名第二位的行政长官，以此类推。因为无论任何时候，国家都希望安全能够得到保障，正义能够得到伸张，而维护共同利益是所有行政长官的职责。[1]

因此，在由全体人民举行集会尚未形成惯例，而且人民尚不确定这种集会是否符合其利益，发动战争的权力主要被授予行使全部或者大部世俗权力的一些人或一个人。在有些国家，这种权力被授予一些人，譬如，特定的一部分人或者贵族；在其他一些国家，它被授予某位被称为君主的单独的个人。正因为如此，奥古斯丁（圣）[2]指出："自然秩序，即适应维护人类和平相处的秩序，要求君主应当拥有权威和决定是否发动战争的自由裁量权。"[3]不过，根据我的看法，在君主缺位或者疏于履行职责，同时法律没有明确禁止做出其他选择的情况下，地位仅次于君主的行政长官无疑不仅有权保卫国家，而且有权发动战争、惩罚敌人，甚至处决罪犯。[4]但另一方面，如果出现上述情况，这种战争是否仍然可以被称为"公战"即存在争议。我本人认为可以继续使用"公战"一词，因为此类战争得到了国家意志的支持，而且无论是明示还是默示的国家意志，都应该肯定地被认为具有发动战争的权力。西塞罗[5]和作为神学家的卡耶坦[6]都论证过这一点。卡耶坦将其观点建立在这样一条毫无争议的古老格言之上："人民的利益是至高无上的法律。"的确，无论是在罗马还是在其他地方，人们在许多场合都思考过这个问题。根据古罗马的市民法，除非人民或元老院通过法令（一般来说，至少需要这样），否则，不得发动战争。不过，在格纳乌斯·曼利乌斯【格纳乌斯·曼利乌斯·乌尔索】由于某种原因未经事先宣战即对加拉提亚⁶人发动战争之后，他不仅被宣告无罪，甚至被授予举行凯旋的荣誉。另外，虽然加图【加图（小）⁷】

---

[1] 参见前面第二章第十项法律。

[2] 奥古斯丁（圣）：《反福斯图斯》XXII. lxxiv［lxxv］，它被《天主教会法典大全·格拉提安教令集》II. xxiii. 1. 4 所引用。

[3] 另见《圣经·旧约》"撒母耳记上"viii. 20。

[4] 维多利亚：[《战争法》] 9，末尾部分；巴尔托鲁：《〈学说汇编〉评注》I. i. 5［n. 3］；巴尔托鲁：《论报复》Qu. 3，开头部分，ad 2，n. 6；劳登西斯：《论战争》Qu. 2。

[5] 西塞罗：《致友人书》"致布鲁图书"vii［XI. vii. 2］。

[6] 卡耶坦：《神学概要》qu. 64，art. 3，末尾部分。

把尤利乌斯·凯撒[8]（他被派往高卢并拥有至高无上的权力）对阿里奥维斯图斯[9]、日耳曼人和不列颠人的战争定性为"私战"，但他的观点并没有被接受。对我来说，我不怀疑曼利乌斯和凯撒都曾以下列理由为自己进行了辩护：无论在任何时候，只要已经对一个国家公开宣战，则所有可能对该国提供援助的人都心照不宣地被包括在宣战对象的范围之内。事实上，我相信，甚至高卢总督德西穆斯·布鲁图【即布鲁图·阿尔比努斯[10]】对安东尼[11]发动的战争也是公战。因此，根据上述论点和事例，我拒绝接受英诺森【四世】[1]与后来附和他的巴尔托鲁[2]的权威见解。他们的观点对于有关公战或万国法的问题实际上没有什么价值，尤其是考虑到与此对立的观点甚至在西班牙人[3]中都不乏支持者，而西班牙人在法学理论领域的地位无论如何都是不容忽视的。特别需要指出的是，所有人都承认有关报复的观点的正确性，[4]而报复可以被视为属于一种战争的形式。

正如个人可能因其他人被正当地卷入战争一样，一个国家或其行政长官也可能因这样的个人，甚至另一个国家或其行政长官而被卷入战争。[5]在这里，我们看到了同盟军的起源。对于同盟制度，希腊人用两个术语做了明确的区分：一种是为无论任何理由的战争建立的同盟；另一种是根据第一项法律仅为防御目的建立的同盟。[6]

臣民（即那些受一国法律约束的人）同样是公战的工具。这部分地是第七项法律和第八项法律的含义，部分地是第四条规则的含义。因此，任何臣民都不得被排除在战争工具的范围之外，除非根据有关国家的特别法或特殊习惯：譬如，尽管原因不同，但根据罗马法，奴隶不得参加战斗；根据教会

---

〔1〕　英诺森【四世】：《〈格拉提安教令集〉评注》Ⅱ. xiii. 12，n. 8；英诺森【四世】：《〈格拉提安教令集〉评注》Ⅱ. xxiv. 24，29，n.，5 和帕诺米特努斯著作的相同章节。

〔2〕　巴尔托鲁：《〈学说汇编〉评注》XLIX. xv. 24，nn. 11，12。

〔3〕　维多利亚：《战争法》9；阿亚拉：《战争的权利和职务与军纪》Ⅰ. ii. 9。另见西尔维斯特：《西尔维斯特全集》"论'战争'的词义"［Pt. Ⅰ.］ii；"Sufficit etiam"。

〔4〕　参见西尔维斯特：《西尔维斯特全集》"论'报复'的词义"ii。

〔5〕　西塞罗：《论责任》Ⅰ［xli. 149］；安布罗斯（圣）：《论职责》Ⅰ. xxxvi，它被《天主教教会法典大全·格拉提安教令集》Ⅱ. xxiii. 3.7 所引用；巴尔杜斯：《〈敕令集〉评注》Ⅷ. iv. 1，nn. 46，47［nn. 35，36］；卡耶坦：《神学概要》qu. 40，art. 1，ad 2；劳登西斯：【《论战争》】Qu. 15；巴斯克斯：《雄辩指南》xxii. 6。

〔6〕　参见修昔底德：［《伯罗奔尼撒战争史》］Ⅰ［xliv. 2］和注释学家对这一部分的评论。

法，神职人员被免于参加战争。不过，对于臣民参加公战的程度，我们将在其他章节进行讨论。[1]

目前，我们的研究只涉及（属于不同阶层且被视为潜在的公战参加者的）人的权利。对于他们的权利，我们可以做出如下结论：**公战可以由一个国家或该国不同级别的行政长官正当地发动，包括与盟国或盟国行政长官共同发动或者通过臣民作为代理人发动。**［结论五第二点］

中译者注

1 梭伦 Solon（约公元前 630~约前 560）：雅典政治家和诗人，约公元前 594 年任雅典执政官。约 20 年后，他获得推行改革和制定法律的充分权力。他对雅典的三大贡献包括解除穷人的债务负担，释放所有被奴役的公民；废除世袭贵族对政治的垄断，由富裕的公民组成政府；制定新的法典，减轻法律的严酷性。（《简明不列颠百科全书》第 7 卷，第561 页。）

2 亚乃 Arnet：《圣经》人物。他是亚摩利人，幔利和以实各的兄弟。他们三人曾与亚伯拉罕结盟，协助亚伯拉罕救回罗得。（《基督教圣经与神学词典》，第 45 页。）

3 卡耶坦 Cajetan（1468/1469~1534.8.10）：意大利天主教托马斯派神学家。他于1517 年被教皇利奥十世任命为枢机主教，并多次担任宗座代表。他著有《神学概要》一书，详细介绍了自然神学和基督教神学的基本原理。（《简明不列颠百科全书》第 4 卷，第587 页。）

4 埃特鲁斯坎人 Etruscan：意大利埃特鲁里亚地区古代民族。他们居住在亚平宁山以西及以南台伯河和阿尔诺河之间的地区。公元前 6 世纪时，他们的都市文明达到顶点。公元前 500 年左右，埃特鲁斯坎诸城被纳入罗马的势力范围。（《简明不列颠百科全书》第 1卷，第 219~220 页。）

5 巴尔托鲁（萨索费拉托的）Bartolus of Saxoferrato（1313/1314~1357）：佩鲁贾地方的律师和法学教师。他是 14 世纪中叶意大利北部一批著述民法（罗马法）的法学家组成的注释派或评论派中最杰出的人物。他和同事们全面地研究广泛的法律思想，而不像以前的注释派那样只是阐释片段甚至个别单词。除评论《查士丁尼法典》以外，他还写了若干关于证据和诉讼程序的专题论文。（《简明不列颠百科全书》第 1 卷，第 420 页。）

6 加拉提亚 Galatians：大安纳托利亚中部的一个地区。这一地区的人由于追随塞琉西

---

［1］　关于【战争的】主题与形式。

人反对罗马，公元前 189 年受到罗马人的讨伐。公元前 85 年，加拉提亚成为被罗马保护的国家。(《简明不列颠百科全书》第 4 卷，第 253 页。)

7 加图（小）Cato（公元前 95～前 46）：监察官加图（大）之孙、罗马元老院保守的贵族党领袖。他反对由凯撒、庞培和克拉苏组成的"前三头同盟"，并竭力反对凯撒提出的土地法案。内战爆发后，他支持庞培与凯撒进行作战。公元前 46 年，他兵败死亡。(《简明不列颠百科全书》第 4 卷，第 278～279 页。)

8 尤利乌斯·凯撒 Julius Caesar（公元前 102/100？.7.12～前 44.3.15）：罗马将军、政治家。他改变了希腊-罗马世界的历史进程，并使它成为不可逆转的趋势。他一生征服高卢、不列颠、日耳曼、埃及等许多地区。在公元前 49 年开始的内战中，他打败庞培，取得最后胜利。此后，他大力整顿希腊-罗马世界的秩序，镇压了多地发生的叛乱。公元前 44 年，他在罗马元老院大厅被刺死。(《简明不列颠百科全书》第 4 卷，第 608 页。)

9 阿里奥维斯图斯 Ariovistus（活动时期公元前 75～前 50）：苏维汇人和其他日耳曼民族首领。他带领自己的部属援助阿维尔尼人和塞夸尼人打败埃杜维人后，占领了阿尔萨斯地区大面积的高卢领土。公元前 58 年，他在孚日战役中被凯撒打败。他逃过莱茵河，但其妻女均被罗马人俘虏。(http://en. wikipedia. org/wiki/Ariovistus.)

10 布鲁图·阿尔比努斯 Brutus Albinus（？～公元前 43）：罗马将军。他最初随凯撒在高卢任军职，后奉命统率凯撒的舰队。公元前 48 年，凯撒任命他为山外高卢总督。凯撒遇刺后，公元前 43 年，元老院任命他指挥与安东尼作战的全部军队。由于士兵倒戈，他全军溃败。他在逃跑途中被擒，后被安东尼下令处死。(《简明不列颠百科全书》第 2 卷，第 159～160 页。)

11 安东尼 Antonius（约公元前 82/81～前 30.8）：古罗马杰出的军事和政治领袖，尤利乌斯·凯撒的亲密同僚。凯撒遇刺后，公元前 43 年，他和屋大维、李必达结成独裁同盟，即"后三头"执政。后来，他和屋大维决裂并爆发战争。公元前 30 年，他兵败逃往埃及后自杀。(《简明不列颠百科全书》第 1 卷，第 280 页。)

第七章　第六组问题：关于战争的主题——发动正义战争的原因与对象

本章将对第六组问题所包含的以下问题进行论述：

一、对主动发动战争的责任人而言，什么构成发动正义战争的原因？

二、对主动发动战争的责任人而言，谁是发动正义战争的对象？

三、对臣民而言，什么构成发动正义战争的原因？

四、对臣民而言，谁是发动正义战争的对象？

五、本组问题之引申问题：可能存在对双方均为正义的战争吗？

（一）对主动发动战争的责任人而言，可能存在对双方均为正义的战争吗？

（二）对臣民而言，可能存在对双方均为正义的战争吗？

一、对主动发动战争的责任人而言，什么构成发动正义战争的原因？

现在，让我们考虑下面的问题：应该为什么原因和针对谁发动战争呢？让我们首先把研究集中在被适当地称为"战争的原因"的问题上，尽管亚里士多德把同样的概念表述为"战争的起源"，[1]而其他人则更具体地称之为"战争的借口或理由"。[2]

鉴于正义战争事实上是为了行使一项权利，[3]因此，与发动正义战争有关的问题必须涉及一项权利。[4]

然而，对于这个问题，应该注意的是，虽然我们在前面提到两类交战者——一类是主动发动战争的人，另一类是作为战争工具的人（我们称之为"臣民"）——但对这两类人来说，"权利"的概念不能以同样的方式作出解

---

〔1〕　亚里士多德：《政治学》I. vi〔I. ii. 18〕。

〔2〕　波利比奥斯：《通史》Ⅲ〔vi〕。

〔3〕　参见前面第二章，末尾部分。

〔4〕　参见前面第六章，开头部分。

释。正如经院派学者们坚持认为的那样，作为战争工具的臣民享有的权利不是绝对的，而是相对的。实际上，"权利"这一术语的严格意义表明，它只属于战争的主动发动者。[1]此外，为使一项权利存在，必须有来源于认识的智力活动产生的意志，而这种认识反过来必然产生于真理本身。因为古人把法律定义为"正当理性"不是没有道理的。那些命令发动战争的人被正确地告诫说，除非基于正义的原因，否则，不要采取战争这种最后的必要救济手段。[2]西塞罗曾经指出："没有任何原因而发动的战争是非正义战争。"[3]

从目前来看，我们所拥有的每一项权利都可能是来自以下四项法律之一：第一项法律、第二项法律、第五项法律和第六项法律。因为如果从个人利益的角度进行解释，除用语相反的事实以外，第三项法律和第四项法律与第一项法律和第二项法律没有任何区别；而第七项法律以及其后的各项法律均可溯源于第六项法律（也可以说得到了第三条规则的支持）。因此，所有［正义］战争都必然起源于下列四种原因之一。

第一种原因是自卫，它的根据是第一项法律。西塞罗指出："……当杀死他人的行为是以暴制暴的反应时，它不但是正义的，而且是必要的。"[4]在各类学者的著作中，我们可以发现许多与此意思相同的论述。

第二种原因是保护自己的财产，它的根据是第二项法律。[5]这一项法律不但允许反抗他人对自己财产的侵犯，而且允许剥夺他人的财产。另外，对"财产"一词不应只做物质意义上的理解，它还应当被理解为指每一项权利，包括道德高尚之人正当地享有的良好声誉的权利以及那些无论如何不应当被剥夺的权利。

第三种原因——它被许多权威学者忽视而没有被提及——是来自契约或某些类似渊源的债。的确，我认为这一类原因之所以被有些人不声不响地忽视是因为欠我们的债也被说成是我们的财产。[6]不过，作为对"债就是本应

---

〔1〕 亚里士多德：《尼可马亥伦理学》V. x［V. viii. 1］；《查士丁尼法典·法学总论》I. i，开头部分。

〔2〕 帕诺米特努斯：《〈格列高利教令集〉评注》II. xxiv. 29，n. 12；维多利亚：《战争法》21。

〔3〕 西塞罗：《论共和国》III［xxiii. 35］。另见伊西多尔：［《语源学》XVIII. i. 2~3］。

〔4〕 西塞罗：［《为米洛辩护》iv. 9。］

〔5〕 《查士丁尼法典·学说汇编》XLIII. xvi. 3，§9；《天主教教会法典大全·格拉提安教令集》II. xxiii. 2. 1。

〔6〕 《查士丁尼法典·学说汇编》L. xvi. 91。

给付、履行、偿还但仍未给付、履行、偿还的一切"这一著名的罗马祭司法格言[1]的唯一解释方法，把这一类原因特别提出来似乎更为合适。柏拉图在《亚西比德》中讲道，人们不但可以在遭到暴力压迫和掠夺时诉诸战争，而且可以在遭到欺诈时诉诸战争。[2]我们还可以援引塞内加（小）的观点，他指出："甚至城邦之间也可以基于提供的服务向对方提起诉讼。"[3]另外，巴尔杜斯亦就金钱债务问题发表了类似的观点。[4]

第四种原因是来自出于不正当目的实施的不法行为和各种伤害——无论是通过语言还是行为。奥古斯丁（圣）写道："的确，正义战争通常被定义为为报复伤害而进行的战争。因此，应当对那些疏于对本国公民的犯罪行为进行惩罚或者拒绝交还被以不正当方式夺取的财产的民族或国家实施打击。"[5]

现在，我希望说明的是，作为适当的战争主题，以上四种原因是公战和私战都具有的相同特征。不过，在公战的情况下，有关权利和事例更加明确，而私战的主动行为人及其形式与公战有所不同。但是，两者的主题没有区别。所有生物提供的事例表明，每一种生物都可以正当地使用武力进行防御并保护自己的身体免受伤害；[6]与此同时，他们也可以正当地使用武力保护或重新取得自己的财产。[7]另外，使用武力索取债务同样具有正当性，[8]有时甚至允许以私力救济的方式惩罚犯罪，如（在某些情况下）对通奸者、强盗、

---

〔1〕　李维：【《罗马史》】Ⅰ〔xxxii. 5〕。另见《查士丁尼法典·法学总论》Ⅳ. vi. 1。

〔2〕　柏拉图：《亚西比德》〔p. 109 A，B〕。

〔3〕　塞内加（小）：《论利益》Ⅲ. vi.。

〔4〕　巴尔杜斯：《〈学说汇编〉评注》Ⅰ. i. 1。

〔5〕　奥古斯丁（圣）：《〈圣经·旧约〉前七章评注》:《〈约书亚记〉评注》Ⅵ. qu. 10，它被《天主教教会法典大全·格拉提安教令集》Ⅱ. xxiii. 2. 2 所引用。

〔6〕　《查士丁尼法典·学说汇编》Ⅰ. i. 3；《查士丁尼法典·敕令集》Ⅸ. xvi. 2；《查士丁尼法典·学说汇编》ⅨⅤⅢ. vi. 11；《天主教教会法典大全·格列高利教令集》Ⅴ. xii. 18；《克雷芒教令集》Ⅴ. iv.。

〔7〕　西尔维斯特：《西尔维斯特全集》"论'决斗'的词义" iii 和 "论'战争'的词义" Pt. Ⅱ. x，xi.，xii.；《查士丁尼法典·学说汇编》ⅩⅬⅢ. xvi. 1，§27；《天主教教会法典大全·格列高利教令集》Ⅱ. xiii. 12；《查士丁尼法典·敕令集》ⅤⅢ. iv. 1；《查士丁尼法典·学说汇编》ⅩⅬⅢ. xxiv. 7，§3；《查士丁尼法典·学说汇编》ⅩⅬⅢ. xxiv. 22，§2；《圣经·旧约》"出埃及记" xxii. 2；《天主教教会法典大全·格列高利教令集》Ⅴ. xii. 3。

〔8〕　《查士丁尼法典·学说汇编》ⅩⅬⅡ. viii. 10，§16；英诺森【四世】：《〈格列高利教令集〉评注》Ⅱ. xiii. 12，n. 8。

叛乱者或逃兵进行惩罚。[1]正是出于这个原因，德尔图良讲道："每个人都是对叛国者和公敌进行斗争的战士。"[2]同时，这并不是罗马法[3]明确将 *ultio*[其主要含义为"报复"]一词适用于滥用权力之人的唯一情形。

另一方面，如同某些私战甚至可能由于其原因而成为正义战争一样，某些公战也可能由于缺乏正当原因而成为非正义战争。[4]因此，塞内加（小）抱怨说："我们努力遏制杀人犯罪并杜绝谋杀案件，但是，对于针对整个国家的战争和使民众遭受肆意屠杀的犯罪，我们又做了什么呢？贪婪和残暴是无止境的。[……]根据元老院和公民大会通过的法令，野蛮的犯罪不断发生，禁止私人实施的行为却在公权力的指挥下大行其道。"[5]根据塞内加（小）的观点，西普里安（圣）指出："单独的个人沉溺于谋杀是一种犯罪，但公权力杀人却被冠以正义行为的美名。"[6]这就是"制定法律是为了[服务于]犯罪"这种说法的来源。由此可见，如果亚历山大大帝没有正当理由对亚洲发动战争，那么，其做法被海盗认为与他们的犯罪行为如出一辙并无不妥之处。正是在这个意义上，卢卡称亚历山大大帝是世界的"抢劫者"；[7]塞内加（小）则将他描述为"强盗"。[8]类似的观点也可以适用于克拉苏[1]对安息[2]人的战争。

因此，对于这两种战争[公战和私战]，人们必须考虑其原因。正如我们指出的那样，战争的原因有四种；但有些权威学者认为，战争的正当原因有三种[9]（按照他们的分类，这三种原因是自卫、取得属于自己的财产和惩罚犯罪）。他们没有提及那种并非不常见的原因，即来自未及时履行义务的原因。的确，就我们论述的战争原因的主题来说，它们在战争中和在法律诉讼

---

〔1〕《查士丁尼法典·敕令集》Ⅸ. ix. 4；特别参见巴斯克斯：《雄辩指南》Ⅳ. viii［Pt. Ⅱ，第一卷，第八章］；《查士丁尼法典·敕令集》Ⅰ. iii. 54；《查士丁尼法典·敕令集》Ⅲ. xxvii，整个部分。

〔2〕德尔图良：《护教篇》［ii. 8］。

〔3〕《查士丁尼法典·敕令集》Ⅲ. xxvii. 1，§1；《查士丁尼法典·敕令集》Ⅻ. xl. 5［§1a］。

〔4〕西尔维斯特：《西尔维斯特全集》"论'战争'的词义"［Pt.］Ⅰ. iv。

〔5〕塞内加（小）：《书信集》xcvi［xcv. 30］。

〔6〕西普里安（圣）：《书札》Ⅱ. ii［Ⅰ. vi］。

〔7〕卢卡：［《内战记》Ⅹ. 21］。

〔8〕参见塞内加（小）：《论利益》Ⅰ. xiii。

〔9〕巴尔杜斯：《〈敕令集〉评注》Ⅲ. xxxiv. 2，n. 71［n. 77］以及神学家们的论述。另见威廉·马泰：《论正义与合法战争》。

中是一样的，[1]我们可以说，有多少种法律诉讼，相应地就有多少种战争。肯定地讲，法庭作出的判决很少涉及第一种原因【自卫】的结果，因为自卫的必要性不可能允许如此拖延，但是，不允许实施攻击的禁令却完全适用于此类原因。我们称之为民事权利主张的与财产有关的诉讼来自第二种原因，为保护财产占有的禁制令同样如此。第三种和第四种原因导致个人诉讼，即基于契约或伤害提出赔偿要求。

但是，正如在战争中那样，在法律诉讼中，即使那些证明原告提起诉讼具有正当性的理由真实可信，但如果这些理由不具有作为权利主张依据的正当特征，它们反而有助于使被指控者或被告处于有利地位。举例来说，假如一项诉讼主张针对的是属于我们自己的财产，或者强迫我们去做我们没有义务去做的事情，或者要求本来无辜的我们接受惩罚，那么，根据第一项法律，我们所进行的防卫就必然是正义的。

此外，与战争有关的争端犹如法庭上的争端一样，并非每一项正当的主张都先于行使权利的过程而存在，因为一个人实施正义行为本身即构成一项权利。我们在前面关于战利品和捕获物的讨论中已经阐述了这一点。[2]

因此，根据以上论述，为了不正当的统治地位或自由而使用武力显然是非正义的，[3]而为了维护已经取得的正当的统治地位和自由，即使进行战争亦在所不惜。然而，我们务必不要轻易被相对并不严重的伤害所激怒，因为在通常情况下，容忍这种伤害要比忍受因此而发动战争必然会带来的痛苦容易得多（尽管与其说它是一个权利的问题，不如说是一个自由裁量的问题）。我们必须小心掌舵，以保证在避开卡律布狄斯的同时，不会落入斯库拉³手中。适用于司法救济的原则也有这样一个类似的特征：不要因为任何争端而轻易提起诉讼，即使这样做符合正义。

我们关于正义问题所作的论述既适用于战争的主要发动者，也适用于其盟友，[4]因为战争发动者的盟友也应当谨慎从事，以免使自己卷入一场非正

---

〔1〕　参见关于战争形式的论述［第八章］。

〔2〕　参见前面第四章一中的论述与结论二。

〔3〕　维多利亚：《战争法》11 和 12；亚里士多德：《政治学》Ⅶ. ⅲ［Ⅶ. ⅱ. 10］。

〔4〕　［特罗瓦马拉］：《罗塞拉全集》"论战争的词义"n. 10；西尔维斯特：《西尔维斯特全集》["论'战争'的词义"Pt. I.] ⅸ [ⅹ] 4。

义战争。盟友不得被迫参加战争，因为即使从法律的角度来看，无条件的战争同盟条约也是无效的。[1]正因为如此，亚伯拉罕把战争原因的正义性告知了自己的盟友。[2]当阿喀琉斯⁴准备援助希腊人的时候，他首先询问了战争的起因。拉丁诗人斯塔提乌斯⁵这样写道：

"对于希腊人，

这场残酷战争的起因究竟是什么？

告诉我！

希望这个消息能直接点燃我正义的怒火。"[3]

因此，【对于第六组问题，我们得出了第一个结论：】**对主动发动战争的责任人而言，保护自己的生命和财产、重新取得属于自己的财产、索取应得的报酬或惩罚犯罪，均构成发动正义战争的原因。**[结论六第一点]

二、对主动发动战争的责任人而言，谁是发动正义战争的对象？

解决了第一个问题【为什么原因】之后，第二个问题【针对谁】就不难解决了。因为无论是从属于特定行为的行为，还是受特定行为影响的后果，通常亦被视为该行为主题的范围。我们可以从战争所针对的一方，或换言之，从敌人那里找到与讨论战争问题有关的此类主题的事例，尽管敌人一词兼具主动和被动的含义。在自然秩序中，当某一物体发出热量时，其被动的受体的温度必然〔相对〕较低。[4]与此相同，当发动正义战争的一方显然是正当地使用武力的时候，其所针对的敌人必然被置于对立的非正义地位。我们已经证明，与正义相对的是不法行为。[5]因此，简单地说，实施不法行为的犯罪者即为正义战争的被动主体。[6]奥古斯丁（圣）坚持认为："对方实施的非正义行为使他的战争成为正义战争。"[7]根据奥古斯丁（圣）的观点，利奥皇

---

〔1〕　英诺森【四世】：《〈格列高利教令集〉评注》Ⅱ. xxiv. 29；威廉·马泰：《论正义与合法战争》，in Req. 1。

〔2〕　《圣经·旧约》"创世纪" xiv. 14。

〔3〕　斯塔提乌斯：《阿喀琉斯纪》Ⅱ [47~48]。

〔4〕　亚里士多德：《论生灭》Ⅱ [47~48]。

〔5〕　参见前面第二章末尾部分。

〔6〕　维多利亚：《战争法》13。

〔7〕　奥古斯丁（圣）：《论上帝之城》Ⅳ [xv]。

帝【利奥一世[6]】指出："对实施伤害者进行复仇是正义之举。"[1][2]神学家们也以自己的方式表达了这种观点："不愿意满足对方合理要求的一方应该被正当地置于战争中被动主体的地位。"[3]

为了更准确地阐明我们的论点，我们必须对"不法行为"的概念作出解释。

我们从哲学家们[4]以及乌尔比安[7][5]和狄奥菲鲁斯[6]那里获得的知识告诉我们，与"正义"相反的"不法行为"一词有三种含义，希腊人用三个单独的术语表达了它们之间的区别。此外，在地米斯提乌斯[8]对瓦林斯[9]的讲话与狄奥多罗斯[10]引用的吉利普斯[11]的言论中也清楚地揭示了它们的区别。[7]这些希腊术语中的第一个是"一般意义上的不法行为，及不正当或非正义的行为"；第二个是"故意犯罪"，它表现为"故意使用暴力或故意造成损害"；第三个是"习惯性和典型性犯罪及非正义行为"。哲学家希拉克斯[12]在其论述正义的著作中对这三个术语作了明确的区分。他指出，第一个表示"完成或结果"；第二个表示"行为"；第三个表示"一种习惯或心理状态"；[8]或换言之，它们是指已经完成的行为或结果、[9]行为的实施和实施行为的心理活动。这些概念的区别就像一幅已完成的绘画作品、绘画的行为和绘画艺术之间的区别一样。基于第一个概念，它适用于"不法行为人"；基于第二个概念，它适用于"故意犯罪人"；基于第三个概念，它适用于"邪恶之人"。每一个"习惯性和典型性犯罪"都包含有"故意犯罪"的因素，而后者又总是与"一般不法行为"有关；不过，相反的必然性并不成立。虽然对受害人来

---

〔1〕　[《利奥法典》lxi]。

〔2〕　也许格劳秀斯对利奥一世这一句话的拉丁文翻译比原来的希腊文稍嫌强硬了一些。希腊文本中指的是自卫，而不是复仇。从字面上看，这一句话翻译成英文应该是这样的："因为保护自己对抗伤害者的那些人是正义的。"不过，就像在其他情况下并不特别注意希腊文本和拉丁文本之间的区别一样，《捕获法》此处的翻译也是以拉丁文本为依据的。（——英译者注）

〔3〕　卡耶坦：《神学概要》qu. 40, art. 1。

〔4〕　亚里士多德：《尼可马亥伦理学》V. x, xi [V. vii. 7]；亚里士多德：《论辩篇》I. xiii。

〔5〕　《查士丁尼法典·学说汇编》XLVII. x. 1。

〔6〕　《查士丁尼法典·法学总论》IV. iv, 开头部分。

〔7〕　狄奥多罗斯：《历史丛书》XIII [xxix]。

〔8〕　[参见斯托布乌斯：《文选》IX. 58]。

〔9〕　根据上下文，这里的英文表述是对单一的拉丁文单词"*opus*"[完成的工作]的扩张解释。（——英译者注）

说，这些概念没有任何区别，但对加害人来说，它们的确存在区别。除非经过事先预谋，"习惯性和典型性犯罪"不可能发生；但"故意犯罪"有时却可能未经预谋而发生，尽管犯罪人也总是具有事先的明知和主观意志或者"故意"，也就是说，当时的情况表明，行为人知道针对谁、以什么方式和为什么要实施某一行为，因此，该行为确实与他的个人意志有关。另一方面，"一般不法行为"——相对于"形式上的不法行为"，它被经院派学者称为"实质上的不法行为"；[1]巴尔杜斯则称其为"实际伤害"，[2]以区别于"故意伤害"——甚至可能发生在非主动实施行为的情况下。"意外和错误"都属于这种类型。虽然因"错误"而实施的行为确实也来源于行为人头脑中的意识活动，但他是由于某种原因被误导，从而产生了不正确的认识。"意外"可能存在其他某种缘由，比如在人群拥挤的场合，一个人的武器从手中掉落伤到了别人。

古代研究罗马法的权威学者把各种"一般不法行为"分为"损害，伤害，犯罪"等三种类型；对于那些缺乏"犯罪故意"的情形，他们用"无意造成的损害或伤害"来表示。[3]缺乏理性思维能力的动物不具有犯罪故意。[4]换言之，无论是"故意犯罪"还是"习惯性和典型性犯罪"均不能适用于动物，因为它们没有被赋予意志，更没有预先做出选择的能力。然而，它们可能造成损害，因为正如《阿奎利安法》指出的那样，损害是一个一般性用语，它甚至可以适用于行为主体缺乏故意造成损失的情形。[5]

如果我们说这些希腊文用语分别是指"实施不法行为者""出于犯罪意图实施行为者"和"本性邪恶的实施行为者"，我们的理解也许并非不正确。与这些用语直接对应的表述是"实施正义行为者""出于正当意图实施行为者"和"本性正直的实施行为者"。上述概念可能与马西亚努斯[13]在论述公诉问题

---

〔1〕　托马斯·阿奎那：【《神学大全》】qu. 59，art. 2。

〔2〕　巴尔杜斯：《敕令集评注》Ⅷ. iv. i。

〔3〕　《查士丁尼法典·学说汇编》Ⅸ. i. 1。

〔4〕　"Facere iniuria"（以不正当方式实施行为）。格劳秀斯下面一段以及本章后面其余部分的论点显然需要对"Facere iniuria"和"Facere iure"（以正当方式实施行为，即根据正当意图实施行为）这样的用语作出解释。（——英译者注）

〔5〕　《查士丁尼法典·学说汇编》Ⅸ. ii. 5，§1。

时的表述[1]是一致的。他用希腊文术语表示"偶然实施不法行为者""因一时冲动实施不法行为者"和"惯于实施犯罪行为的罪犯"。

因此，我坚持认为，在讨论由敌人实施的不法行为或伤害[2]时，我们应该将并非有意实施的伤害也包括在内。我将在下面说明这一点。

正如我们指出的那样，权利不仅符合第一项法律和第二项法律，而且符合第五项法律和第六项法律的内容；而不法行为或伤害则可能违反第二项［第三项］法律[3]或第四项法律以及第五项法律或第六项法律。因为第一顺位和第二顺位的法律（分别是第一项法律和第二项法律，第三项法律和第四项法律）具有不可相互混合的特征，而第三顺位的法律（第五项法律和第六项法律）则具有相互混合的特征，所以，可以从两个角度（如正义行为和伤害两个角度）加以考虑。由此可见，如果一个梦游的人对我的安全造成危险的威胁（按照某些权威学者的观点，这是一种基于事实的推断[4]），或者他处于发疯的状态（对我的安全造成危险的威胁随时可能发生），那么，我无疑可以正当地以暴制暴；如果没有其他办法保护我的安全，我甚至可以把他杀死。[5]然而，这样的行凶者并非"出于犯罪意图实施行为者"，因为他当时不具有实施犯罪的主观故意，但他的行为足以构成对第三项法律的违反。根据要求我应当先于爱护他人而爱护自己的第一项法律，我有权采取一切措施保护自己免受他人行为的伤害。正如塞内加（老）指出的那样："必要性体现了对人类脆弱之处的重要保护，它可以突破一切法律的限制。"[6]就像我们一开始[7]指出的那样，必要性的确是首要的自然法则。同样，我们也可以对被善意占有的财产提出权利主张，也就是说，尽管财产的善意占有人并没有主动违反第四项法律，但是，第

---

〔1〕《查士丁尼法典·学说汇编》XLVIII. xix. 11，§2。

〔2〕这里的三个英文单词【wrongs or injuries】译自单一的拉丁文单词"iniuriam"。有时，最好将其译为"a wrong"【不法行为】（例如，在前面的论述中，与正义行为相对的即为不法行为）。不过，它通常是指"injury"【伤害】（对于格劳秀斯更一般的论述，译者通常采取这种译法）。（——英译者注）。

〔3〕这里的"Secunda"【第二】显然是作者书写"tertia"【第三】时的笔误。（——英译者注）

〔4〕巴尔托鲁：《〈学说汇编〉评注》I. i. 3，n. 1［n. 5］；巴尔杜斯：《〈敕令集〉评注》VIII. iv. 1，n. 50［n. 38］。

〔5〕《克雷芒教令集》V. iv.。

〔6〕塞内加（老）：《雄辩术》IX［IX. iv. 5］。

〔7〕参见第一项和第二项法律【第二章】。

二项法律仍然可以被正当地用来对抗他。另外，由于若干原因中的任何一种，特定财产的占有人可能欠我一笔债务，而他对此并不知情。例如，倘若他是一位继承人，这种情况就可能发生。在这种情况下，如果他没有偿还债务，他就违反了第六项法律。尽管这种违反并非有意而为，但我基于第六项法律应得的利益不应当被否定。有什么能比一个人因他人的错误而失去自己的权利更不正义的呢？此外，以上论述像适用于法律争端一样适用于战争。

只有在与第五项法律有关的情况下才会考虑意志的因素，因此，违反该项法律的行为不会受到惩罚，除非它是故意实施的。这一例外的原因在于对罪犯的惩罚应当与他以非法方式，即通过给他人造成损害而获得的利益成比例；[1]但是，我们不能认为任何人已有的财富都是以给他人造成损害的方式取得的，除非他确实是故意造成该损害的责任人。因此，并非任何"一般意义上的不法行为"的情形都适合被认为是故意的，只有"习惯性和典型性犯罪"方为如此。我们将在后面说明这些不同形式的伤害如何导致实施正义行为的不同形式。[2]

从目前来看，既然那些无论以任何方式造成伤害的人都应当在法律上受到追诉，他们显然也应当在战争中受到正义的惩罚。按照狄摩西尼的观点，法律既惩罚故意犯罪，也惩罚非故意犯罪。[3]由此可见，不但依其自由意志行事的人，即主要行为人及其盟友，而且听命于他们的人，即臣民，都应该被包括在"敌人"的范围之内。因为臣民在执行命令的过程中即使没有"出于犯罪意图实施行为"，但至少"实施了犯罪行为"。[4]罗马人在祭祀仪式上的以下说辞就是针对敌方臣民的：（在宣战时）"我对拉丁民族宣战，同时也对拉丁民族的所有人宣战并进行战争；"[5]（在询问人民的意见时）"你们是否希望并命令向腓力国王【腓力五世14】和他统治下的马其顿人宣战呢？"[6]（辛西乌斯【卢西乌斯·辛西乌斯·阿利曼图斯15】在讨论军事问题时提到的那一项法令中这样写道：）"罗马人民命令对赫曼杜里16国家及其人民宣战。"[7]

---

〔1〕　参见前面第二章，第五项法律。
〔2〕　参见后面关于战争形式的论述［第八章］。
〔3〕　引自《查士丁尼法典·学说汇编》I. iii. 2。
〔4〕　亚里士多德：《尼可马亥伦理学》V. xii [V. ix. 11]。
〔5〕　李维：【《罗马史》】I [xxxii. 13]。
〔6〕　李维：【《罗马史》】XXXI [vi. 1]。
〔7〕　格利乌斯：《雅典之夜》XVI. iv [1]。

在宣战的仪式性用语中，敌人的同盟者通常也被包括在内："敌人包括宣战的对象以及与其属于同一阵营的所有人。"[1]

需要说明的另一点是：我们有关正义行为的同样的原则通过相反的推理过程也适用于伤害行为，即在实施正义行为的过程中也可能遭受某种形式的伤害。因为无论是出于明知还是过失，对抗正义行为实施之人都可能导致伤害，他们可能是将属于他人之物据为己有，也可能是不履行应该履行的义务，还可能是侵犯了不应该侵犯的人。因此，在下列情况下，通过战争对一个国家实施惩罚具有正当性：该国本身实施了最初的伤害行为，或者该国政府官员依其职权代表国家实施了伤害行为[2]（因为我们通过他人实施的行为相当于我们自己实施的行为），或者该国对实施伤害行为的本国公民提供保护。反过来说，如果一国公民使用武力保护实施伤害行为的国家或其行政长官，则对该国公民发动战争亦具有正当性。[3]换言之，当第七项法律和第十一项法律这样的下位法（它们派生于第三条规则和第四条规则）被优先于作为自然法和万国法准则（基于第一条规则和第二条规则）的前六项法律中的任何一项予以适用时，其结果与其说是实施正义行为，不如说是实施伤害。[4]

根据上述确定的事实，**【对于第六组问题，我们得出了第二个结论：】对主动发动战争的责任人而言，他针对实施伤害行为的个人、国家或其行政长官发动的战争均为正义的；**[5]**同时，针对为实施伤害行为的本国公民提供保护的国家或针对实施伤害行为的敌人的盟友和臣民发动的战争亦为正义的。**［结论六第二点］

三、对臣民而言，什么构成发动正义战争的原因？

正如我们前面指出的那样，严格地讲，在涉及臣民行为的时候，不会产生是否正义的问题；至少在臣民的行为并非来源于其自身决定的情况下，这些行为不会产生是否正义的问题。因为我们已经暗示，与正义问题有关的基

---

[1]　李维：【《罗马史》】XXXVIII［xlviii. 10］及其他各部分。

[2]　参见后面关于战争形式的论述［第八章］。

[3]　托马斯·阿奎那：【《神学大全》】Ⅱ～Ⅱ. qu. 104. art. 5；巴斯克斯：《雄辩指南》ii 和 xxvi. 29。

[4]　参见第十三项法律【第二章】。

[5]　参见柏拉图：《亚西比德》Ⅰ［p. 109］。

本因素是意志，而意志要受理性认识的指导。这一点得到了神学家们的确认。然而，虽然被当作工具的臣民是根据他人意志而行为的，但另一方面，我们也必须考虑这样一个事实：尽管臣民被当作工具，但他们也是人，而人类——当然，除了自然要求实施的某些行为以外——只能依其自身的意志而行为。现在，我们该如何协调这些说法呢？

我们可以通过下面的论述来做到这一点：臣民的意志受其统治者意志的控制，这对于被当作工具的臣民来说，似乎并没有什么不妥；但其条件必须是统治者的意志不违反理性，而这个条件本身构成了正义的一个方面。我们可以通过考查奴隶的性质来说明这个论点，而且亚里士多德曾经对这个主题进行过详细的论述。[1]虽然有些人坚持认为奴隶完全不具备任何拥有美德甚至正义的能力，但另一些人却肯定奴隶和自由民一样具备拥有美德的能力。哲学家亚里士多德对此做了有意义的区别，他解释说，奴隶不像主人那样拥有充分的美德，他们只具有与其奴隶身份相称的必要的美德，而且这种美德的范围非常有限。因为奴隶也拥有理性能力，所以，他们可能没有被剥夺对美德的一切追求。但是，他们不能被置于与自由民相同的地位，因为他们不具备"审慎思考的能力"。因此，我希望指出的是：奴隶在某些方面具有理性思维能力，在另外一些方面则不具有这种能力。荷马在下面著名的诗句中非常贴切地说明了这一点：

"朱庇特剥夺了这一类人的一半智慧，

并希望他们过奴隶的生活。"[2]

同样，奴隶在部分意义上具备美德能力，在部分意义上不具备美德能力。

"他仅有一半美德，只得被迫为奴。"[3]

进而言之，可以适用于奴隶的原则同样可以适用于其他处于从属地位的

---

〔1〕 亚里士多德：《政治学》I，最后一章［I. ii. 13～23］；亚里士多德：《尼可马亥伦理学》VI-II. Xii［VIII. X. 4］。

〔2〕 荷马：［《奥德赛》XVII. 322 f.］。

〔3〕 在这里，荷马《奥德赛》（XVII. 322～323）中的一段话似乎被不适当地扩大为两段。显然，格劳秀斯不仅根据自己的记忆做了引用，而且混淆了不同读本中的这两行诗句。在勒布版《奥德赛》中，引文第一行中用的是"worth"【价值】，而不是"mind"【智慧】。整段的翻译应该是："远处传来了宙斯的声音，当一个人沦为奴隶时，宙斯就会从他身上拿走一半价值。"另一方面，柏拉图在《法律篇》（VI，p. 777 A）中引用同一段话的时候，他用的是"mind"，而不是"worth"。格劳秀斯对荷马原文中的希腊语单词"worth"加以扩展，使它具有了奴隶的"价值"（或美德）和"智慧"两种含义。（——英译者注）

人。因为正如亚里士多德所说的那样，一个孩子的美德"并非只是其个人以及只是与其个人有关的问题；相反，它与对他进行监护，使他得到更充分发展的人有很大的关系"。[1]这种区别具有普遍适用性，即它普遍适用于"发布命令者"和"服从命令者"[2]之间，而且在后一类人中，甚至包括被认为是个人的公民。因为按照西塞罗的说法，公民是法律的仆人。[3]另外，正如亚里士多德[4]所作的解释那样，发布命令者的所作所为是服从命令者美德形成的重要原因。[5]塔西佗内心也想到了这种区别，他指出："众神将作出判决的最高权力赐予君主，同时将服从判决的荣幸留给臣民。"[6]因此，对臣民来说，下列观点是正确的，尽管卡尔涅阿德斯[17]和经院哲学家们错误地将其适用于所有人，那就是：正义只是一个观念问题，它"并非建立在自然，而是建立在法律的基础上"，因为它与各国由来已久的习俗制度相一致。根据逍遥派哲学家的观点，这种［具有臣民特征的］正义有时被表述为"法律的"正义，有时被表述为"一般的"正义，如同所有美德都符合某项准则一样，正义可以被归结于相同的基本原则。经院派学者补充说，与交换有关的正义发生在整体的不同部分之间的交换过程中，分配正义是一个从整体到部分的过程，而我们现在所指的正义则是一个从部分到整体的过程。

因此，我最初的论断——即假如一场战争有悖于臣民的理性，则对他们而言，它就是非正义的[7]——与神学家们表达的以下观点具有同样的意义："任何并非出于本意之行为皆为恶。"[8]因为正如经院派学者指出的那样，即使理性认识是错误的，违背理性的意志行为仍然是一种恶。[9]无论任何时候，如果宣布国家或行政长官的某项命令以及根据该命令颁布的下位法因违反上

---

[1]　亚里士多德：《政治学》I. v. 9。

[2]　亚里士多德：《政治学》I. v. 6。

[3]　西塞罗：《为克伦提乌斯辩护》［liii. 146］。

[4]　亚里士多德：《政治学》I. v. 5～6。

[5]　《圣经·新约》"歌罗西书"iii. 20, 22；《圣经·新约》"提多书"vi. 1［iii. 1］；《圣经·新约》"以弗所书"vi. 1；《圣经·新约》"罗马人书"xiii. 1。

[6]　塔西佗：《编年史》IV［VI. viii］。

[7]　安基卢斯［德·克拉瓦西奥］：《安基卢斯全集》"论'战争'的词义"n. 8。

[8]　《圣经·新约》"罗马人书"xiv. 23；维多利亚：［《战争法》］23。

[9]　托马斯·阿奎那：【《神学大全》】I～II, qu. 19, art. 4；另见亚里士多德：《尼可马亥伦理学》VI. ii. 2。

位法并根据第十三项法律认定其不具有正当性，那么，它实际上就是违反理性的。这一点已经令人信服地得到了分别派生出各项法律的各条规则的肯定【第二章的各项法律和各条规则】。我们都非常熟悉这样一句名言："顺从神，不顺从人，是应当的。"〔1〕安布罗斯（圣）所讲的以下事例同样与我们的论点相一致："虽然皇帝尤里安是一名背教者，但是，他的麾下有信仰基督教的战士。当他命令战士们'为保卫国家，列队前进'的时候，他们都会服从他的命令；但当他命令战士们'拿起武器，向基督教徒冲锋'的时候，他们［只］承认来自神的命令。"〔2〕关于这个问题，所有法学家都宣布说，对于君主公开发布的非正义的命令，不应当予以遵守。〔3〕另外，对于犯罪行为，任何人不得以执行命令作为辩护理由。〔4〕因为即使是一名奴隶，如果他遵照主人的命令实施海盗行为或者任何具有犯罪性质的行为，也不能被免于惩罚。〔5〕塞内加（小）指出："我们不能命令［奴隶］做所有事情，奴隶也不能被强迫在所有问题上都服从命令。他们不应该服从损害国家利益的命令，也不应该为犯罪行为提供帮助。"〔6〕在此前的一段话中，塞内加（小）还指出，士兵和将军的关系以及臣民和国王的关系与奴隶和主人的关系是一样的。〔7〕在谈到奴隶和子女的时候，哲罗姆（圣）表达了同样的观点："在不违反上帝命令的前提下，他们应该服从自己的主人和父母。"〔8〕根据同样的道理，那些实施了明知或涉嫌非正义行为的共犯不能以害怕死亡或财产损失作为无罪的借口。因为正如亚里士多德在类似情况下指出的那样，与正义相伴而生的勇气命令我们

---

〔1〕《圣经·新约》"使徒行传" v. 29；《天主教教会法典大全·格拉提安教令集》Ⅱ. xi. 3. 93；《圣经·旧约》"传道书" viii. 1。

〔2〕载于《天主教教会法典大全·格拉提安教令集》Ⅱ. xi. 3. 94。

〔3〕巴斯克斯：《雄辩指南》ii. 12。

〔4〕《查士丁尼法典·学说汇编》XLVⅡ. x. 11，§3 和 §5。

〔5〕《查士丁尼法典·学说汇编》XLIV. vii. 20；《查士丁尼法典·学说汇编》L. xvii. 157；彼得·费边【福列】：《六月集》。

〔6〕塞内加（小）：《论利益》Ⅲ. xx。

〔7〕塞内加（小）：《论利益》Ⅲ. viii〔xviii〕。

〔8〕哲罗姆（圣）：《〈以弗所书〉评论》[《〈提多书〉评论》]，它被《天主教教会法典大全·格拉提安教令集》Ⅱ. xi. 3. 93 所引用。

忍受邪恶带来的痛苦，而不是与邪恶同流合污。[1]

另一方面，从臣民的立场来看，如果不违反理性，即使一场战争会带来伤害，它也并不是非正义的。[2]这一项原则甚至适用于对［战争的］正义性心存疑义的臣民（正如维多利亚[3]在反驳阿德里安【四世】的观点时坚持认为的那样）。因为我们已经确定了一条具有这种效果的规则："权力必须被服从"，[4]所以，除非由于适用第十三项法律的原因，任何人不得违反这一条规则，[5]而第十三项法律并不适用于对战争性质心存疑义之人。与此同时，"不得实施心存疑义的行为"的准则也不能构成遵守"权力必须被服从"的规则的障碍，因为对上级命令宣告的战争是否正义心存疑义之人不能马上对自己是否有义务服从命令的问题产生新的疑义。此外，假如以上论点甚至在理性尚未作出明确判断的情况下依然有效，那么，同样的论点在臣民的理性倾向于认为战争具有正义性时会有更大的效力，大量的事例已经证明了这一点。

正义行为建立在事实的基础上，而事实——即特定事实——并非全部要刻意通过具有普遍性的技术或科学加以认定。同时，几乎很少有事实可以通过感官加以辨识，因为我们不可能在特定的时间身处不同的地点，而且我们通过感官只能辨识周围的事物。然而，由于没有其他方法可以用来获得事实真相，因此，认识事实真相的必要性迫使人类形成了某些关于概率的规则，或者说对事实作出判断的规则。这些规则包括各种初步的假设，它们不像科学定理那样确定无疑和不可改变，而是具有在最大可能的程度上与事物本质相一致的特征，即基于共同的规律，得出基本一致的判断。[6]在这个意义上，有关事实可以被称为推定的事实。因为在我们用来形成判断的各种证据中，没有一个必然是结论性的；相反，所有证据都来自之前的初步假设，而这些

---

[1]　奥古斯丁（圣）：《论上帝之城》Ⅱ［I. xviii］，它被《天主教教会法典大全·格拉提安教令集》Ⅱ. xxxii. 5. 3 所引用。

[2]　阿亚拉：《战争的权利和职务与军纪》I. ii. 33。

[3]　维多利亚：［《战争法》］31。

[4]　参见前面第二章，第四条和第六条规则；另见前面第三章二中的论述和结论一。

[5]　托马斯·阿奎那：【《神学大全》】Ⅱ～Ⅱ. qu. 64，art. 3［art. 6］，ad 3。

[6]　参见托马斯·阿奎那：【《神学大全》】I～Ⅱ. qu. 105，art. 2，ad 8；托马斯·阿奎那：【《神学大全》】Ⅱ～Ⅱ. qu. 70，art. 2；巴斯克斯：《雄辩指南》xiv. 2；市民法与教会法评论家：《〈格列高利教令集〉评注》Ⅱ. xxiii. 2。

假设"建立在它们通常可能发生的基础上"。[1]

　　现在，在这些事实的推定中，主要的原则似乎是我们应当假设所有事物都在某种程度上固有地存在着最接近事实真相的发展规律（比如接近真和善的发展规律），以及由此派生出来的其他规律。在这里，我们可以发现各项准则的渊源，比如，对后代抱有的坚定信念，财产所有权的受益性，证据或文件的可信度以及誓言的严肃性。另外，不但有慈悲为怀的规则教导我们应该充分相信每个人都心存善念，[2]而且有理性和《圣经》[3]禁止我们藐视行政长官（这一点尤为重要），因为他们已经得到了最重要的初步假设的支持。所谓他们得到了最重要的初步假设的支持，一部分原因在于他们已经遵照习惯进行了宣誓；另一部分原因在于他们担任行政长官是国家普遍同意和公民表示信任并授予其委任状的结果。正因为如此，对行政长官持异议的人本质上不仅是指控他们违背了自己的誓言，而且是谴责大多数人在这个问题上犯下了愚蠢的错误。所有这些指控都违反了我称之为"发展规律"的自然趋势。另外，如果擅长某种行业或具有某种技能的人可以被恰如其分地视为专家，而且他们在各自领域兢兢业业地进行工作，[4]那么，我们为什么不能认为行政长官可以对战争原因的问题作出明智的判断呢（就像祭司对正义问题作出的裁决一样）？因为一名称职的行政长官的职责就是对此类问题作出判断。当行政长官认为证明战争具有正当性的情势已经降临到公民们的头上时，我们为什么不能像信任那些说出真相的人那样，信任他们判断的权威性呢?[5]在不存在认识上的障碍的情况下，我们为什么不能相信一项下位法符合上位法，行政长官的命令符合上帝的命令[6]的说法是正确的呢？简而言之，从属于特定国家和行政长官的臣民的地位类似于从属于主人的奴隶和从属于父权的子女的地位。

---

　　[1]　亚里士多德：《尼可马亥伦理学》I. I [I. iii. 4]；《查士丁尼法典·学说汇编》I. iii. 3。

　　[2]　《查士丁尼法典·学说汇编》XVII. ii. 51。

　　[3]　《圣经·旧约》"传道书"x. 17；《圣经·旧约》"出埃及记"xxii. 28；《圣经·新约》"彼得前书"ii. 17。

　　[4]　巴尔托鲁：《论证人》86 [85]。

　　[5]　《查士丁尼法典·学说汇编》I. iii. 20 和巴尔杜斯以及市民法与教会法评论家对此所作的评论。

　　[6]　《查士丁尼法典·敕令集》I. xiv. 12；帕诺米特努斯：《〈格列高利教令集〉评注》I. iii. 5；菲利努斯【桑迪欧】：《〈格列高利教令集〉评注》I. iii. 8。

不过，当我们对战争附加不得有悖于理性的条件时，它应该被理解为我们指的是建立在权衡各种可能性的基础上的理性。因为无论是粗心大意的过失（譬如，违反自然法的过失），还是对每个人本应了解的事实的无知，都不能构成犯错的借口。[1]的确，对于某些特定事实，任何人都不能因对其无知而免于承担责任。根据法学家和哲学家们的教导，应该承担责任的过失亦应受到惩罚。[2]

我们已经论证了那种旨在尽可能地使许多人的良心得到安慰的观点的合理性。奥古斯丁（圣）也阐述了这种观点，他指出："如果一名正义之士恰好在一位不信仰上帝的国王军中服役，他可以遵照国王的命令进行正义战争，只要他服从基于军人职责的安排是为了维护国家的和平。[3]不过，应当肯定的是，对他下达的命令不违反上帝的法律，或至少不确定它是否违反上帝的法律。因此，国王被认为或许要为他发布的非正义的命令承担责任，而士兵却可以因其履行军人的职责而被免除责任。"[4]

因此，【对于第六组问题，我们得出了第三个结论：】对臣民而言，上级命令构成发动正义战争的原因，只要他们在权衡各种可能性之后，认为战争并不违反理性。[5][结论六第三点]

四、对臣民而言，谁是发动正义战争的对象？

根据同样的推理过程，我们将回答下面一个问题：在战争中，谁可以成

---

〔1〕　托马斯·阿奎那：【《神学大全》】Ⅱ~Ⅱ［Ⅰ~Ⅱ］qu. 76，arts. 1，2，3，4。

〔2〕　亚里士多德：《尼可马亥伦理学》Ⅱ. vii［Ⅲ. v. 2~3］；《查士丁尼法典·学说汇编》XXII. vi. 6。

〔3〕　引自奥古斯丁（圣）的这一段话正确的文字是"*si civicae pacis ordinem servans*"，而不是"*si vice pacis ordinem servans*"（……只要他遵守的是上级的命令，而不是和平的要求……），但实际上格劳秀斯在这里使用的是后一段文字。由于格劳秀斯在他的《战争与和平法》第二卷第二十六章第四节 3 中正确地引用了同一段话，而且这两段文字的发音相似，因此，它表明格劳秀斯在《捕获法》中使用后一段文字并非有意为之，而是受发音误导的结果（比如，它可能发生在口述奥古斯丁（圣）的引语由别人记录的情况下）。英文本译文的依据是奥古斯丁（圣）《反福斯图斯》中的原文。

格劳秀斯的引文和原文之间其他细微的差异并不影响其本意，因而不需要在这里指出。（——英译者注）

〔4〕　奥古斯丁（圣）：《反福斯图斯》XXII. Lxxiv［lxxv］，它被《天主教教会法典大全·格拉提安教令集》Ⅱ. xxiii. 1. 4 所引用。奥古斯丁（圣）的观点与英诺森【四世】在《格列高利教令集评注》Ⅱ. xxiv. 29，n. 1 中表达的观点相同。

〔5〕　西尔维斯特：《西尔维斯特全集》"论'战争'的词义"［Pt. Ⅰ］ix［x］. 3。

为臣民们正当地攻击的对象？在市民法中，罗马人的敌人被定义为那些罗马人民已经命令对其开战的人。[1]确实，在世界的所有地方，臣民们都在对他们的国家或行政长官宣战的对象作战，除非出现违反上述限制条件的情形[2]（比如，臣民在权衡各种可能性之后，认为战争违反理性）。

不过，我们在这里遇到了一个困难的问题。因为我们已经讲过，在一场本质上非正义的战争中，尽管臣民们的行为出于对战争性质的无知，但他们仍然是"在实施不法行为"，[3]因而在战争中对他们进行攻击是正义的。然而，现在我们又认为，臣民们在不了解战争性质的情况下，可以在战争中"作为正直之人而行为"。对于这一点，值得注意的是，作为"正直之人而行为"的人同时应该"以正当意图实施行为"，并"实施正当行为"。鉴于正当和不正当这两个概念的相互对立，同一个行为不可能既是正当的，又是不正当的。与此相同，我们可以肯定地说，一个人不可能既"作为正直之人"，又"作为邪恶之人"而行为，因为这两种行为与行为主体的本性有关。基于一个人的本性，他不可能对特定事物同时抱有截然相反的情感。但是，假如感受行为的对象不同，则一个人有可能同时实施一个既具有好的效果，又具有坏的效果的行为，因为由同一个原因引起的行为对不同对象可能产生相反的效果。例如，用火烘烤的行为既可以使黏土变硬，也可以使腊变软。同样，假如臣民根据合法的权力机关的命令从事一场非正义战争，从战争所针对的另一方的立场来看，这些臣民行为的后果构成犯罪；但从发布命令一方的立场来看，他们的行为不仅代表着一种权利，而且代表着正义。因为（正如我们在前面指出的那样）臣民的美德必然与发布命令的权威有关。下面的论点将澄清这一点：对于一件应该做的事，邪恶之人的特征是不作为，而正直之人的特征则是作为；当行政长官命令臣民参加一场他不知道是否正义的战争时，如果臣民拒绝参战，他就是"作为邪恶之人而不作为"；这不仅是对其公民身份的亵渎，而且有违其良心。[4]正如奥古斯丁（圣）指出的那样："如果一名

---

〔1〕《查士丁尼法典·学说汇编》XLIX. xv. 24。

〔2〕参见上一页结论六第三点。

〔3〕对于格劳秀斯此处的观点，必须根据他对与"正义行为"和"不法行为"有关的特定概念的表述加以理解，可参考珂罗版第30～31页。（——英译者注）

〔4〕托马斯·阿奎那：【《神学大全》】I～II. qu. 96，art. 4；索托：《正义与法律十书》I. qu. 6，art. 4。

战士执行对自己有合法权力之人的命令杀死一个人，根据本国的任何法律，他都不会被判犯有谋杀罪；相反，如果他拒绝执行命令，他将被判犯有叛国罪和蔑视主权者权威的罪行；如果他自作主张或者依据个人职权杀死一个人，他将被控谋杀并要为此承担责任。因此，一个人既要为没有实施自己有义务实施的行为接受处罚，也要为实施自己没有义务实施的行为接受处罚。"[1]由此可见，如果臣民参加一场他并不认为非正义的战争，即使对别人造成伤害，他仍然是"作为正直之人而行为"。[2]

我们没有任何理由对这个结论感到惊讶。当法官在法律证据确凿的情况下判处一名无辜者入狱时，他仍然是"作为正直之人而行为"，因为他这样做是履行职责，而不这样做则构成犯罪。然而，正是在他履行职责的情况下，无辜者蒙受的冤屈一点也没有减少。同样的道理也适用于执行死刑判决的刽子手，除非他确信执行死刑的命令是非正义的，否则，他有义务执行死刑判决。不过，尽管在此类案件中可能存在判断错误，但这种发生错误的可能性无损于有关行为的正当性，因为（正如经院派学者[3]所说的那样）基于错误的理性认识的意志行为只有在具备必要和充分的知识和信息的前提下才是邪恶的。进而言之，许多正义战争的原因很可能公开披露得不够充分，[4]而且不宜让个人好奇地追根究底。因为如果允许每个人对战争的原因进行审查，将会造成不必要的延误，并为敌人提供加强防御的机会。

在以上论述中，我们解释了这样两项法则：第一，"命令实施伤害者即为实施伤害者，但必须服从命令者无罪"。[5]第二，"倘若一个自由民根据他人命令亲手实施了不法行为，可以对发布命令者提起诉讼，只要该人有权发布命令；倘若该人无权发布命令，则必须对实施不法行为者提起诉讼"。[6]同样的原则也可以被用来解释奥古斯丁（圣）的以下言论："除了发动战争之人应

〔1〕　奥古斯丁（圣）：《论上帝之城》I. xxvi，它被《天主教教会法典大全·格拉提安教令集》II. xxxiii. 5. 13 所引用。

〔2〕　西尔维斯特：《西尔维斯特全集》"论'战争'的词义"［Pt.］I. ix［x］. 4。

〔3〕　托马斯·阿奎那：【《神学大全》】I～II. qu. 19, art. 6。

〔4〕　维多利亚：《战争法》31；卡耶坦：《犯罪要览》"战争之疑问"。

〔5〕　《查士丁尼法典·学说汇编》L. xvii. 169。

〔6〕　《查士丁尼法典·学说汇编》IX. ii. 37。另见注释法学派学者：《〈学说汇编〉评注》L. xvii. 167，§1。

该有发动战争的合法权利以外，正直之人不应该特别考虑任何其他问题。"〔1〕因此，帕诺米特努斯〔2〕对霍斯廷西斯〔3〕的反战宣言附加了一个英明的限制条件：如果战争的开始是由上级当权者宣布的，则可以推定战争是正义的。不但帕诺米特努斯持有这种观点，而且所有神学家、教会法和市民法学者都一致同意下面一点：在这种情况下，臣民是在为正义而战并应当被豁免任何谋杀指控。〔4〕

简而言之，这些权威学者的观点与我们的看法一致。因此，【对于第六组问题，我们得出了第四个结论：】对臣民而言，在根据上级命令对敌人进行攻击的战争中，他们针对敌人发动的战争均为正义的，只要他们在权衡各种可能性之后，认为战争并不违反理性。[结论六第四点]

五、本组问题之引申问题：可能存在对双方均为正义的战争吗？

（一）对主动发动战争的责任人而言，可能存在对双方均为正义的战争吗？

战争是否可能对双方均具有正义性是一个困难和争议颇多的问题，〔5〕但我们仍然可以在已有论述的基础上对此予以澄清。毫无疑问，正义战争要求具备的其他条件——如发动战争的权力，战争形式或意图等——战争的敌对双方都可能会呈现出来，因此，全部的困难就在于我们刚才探讨过的问题。的确，一个人似乎不可能以对抗罪犯的同样方式正当地对抗一个试图实现自己权利的人。鉴于这一点，我们有必要对臣民和发布命令之人加以区分。

如果我们讨论的对象是命令发动战争的国家或其行政长官，我们可能会发现，与其说交战双方都是正义的，不如说双方都是非正义的。举例来说，假如一个人欠另一个人 5 元钱，该另一个人要他还 10 元钱，但他 1 分钱也不还。在这个案件中，我们面对的是情况相同的两个相互矛盾的主张：它们在

〔1〕 奥古斯丁（圣）：[《〈圣经·旧约〉前七章评注》] Ⅵ. x，《〈约书亚记〉评注》，它被《天主教教会法典大全·格拉提安教令集》Ⅱ. xxiii. 2. 2 所引用。

〔2〕 帕诺米特努斯：《〈格列高利教令集〉评注》Ⅱ. xxiv. 29, n. 13。

〔3〕 霍斯廷西斯：《〈格列高利教令集〉评注》Ⅴ. xxxiv. 1；另见西尔维斯特：《西尔维斯特全集》"论'战争'的词义"[Pt.] Ⅰ. iv 和 v。

〔4〕 维多利亚：《战争法》25, 31；英诺森【四世】：《〈格列高利教令集〉评注》Ⅲ. xxxiv. 8；卡斯特伦西斯：《〈学说汇编〉评注》Ⅰ. i. 5, n. 9；阿亚拉：《战争的权利和职务与军纪》Ⅰ. ii. 31。

〔5〕 皮科洛米尼：《世俗哲学》[《自然哲学》] Ⅵ. xxi。

同一时间里可能都是虚假的，但不可能都是真实的。当然，君主们可能会陷入法律错误或事实错误中，[1]而且这种错误可以被谅解。但是，如果这种疏忽大意的错误发生在司法审判中，我们就不能认为这样的诉讼是公平合理的。因为对主动行为人来说，如果他的行为要被认为是正义的，该行为本身必须符合法律。因此，【对于这个问题，我们得出以下结论：】对主动发动战争的责任人而言，不可能存在对双方均为正义的战争。[引申问题结论一]

（二）对臣民而言，可能存在对双方均为正义的战争吗？

另一方面，如果我们讨论的对象是在战争中服役的人，则不排除一场战争对双方都具有正义性的可能。因为正义战争的问题整体上并不取决于单一的事实，而是取决于负责指挥战争的不同的人们相互冲突的命令和意见，而且不同指挥官相互冲突的行为并不必然会使对方的行为无效，就像对同一个问题，不同的人可能认为截然相反的两种意见都具有可信性一样。

"我们不可能知道战争中哪一方更加正义，

因为每一方的理由都得到了权威极高之人的支持……"[2]

下面引自西塞罗的一段言论涉及同样的主题："的确存在这样一种主要的困惑：声望最卓著的将军们互相攻讦。许多人对什么是最佳行动方案举棋不定，许多人对行动方案是否符合自己的利益犹豫不决，还有许多人不知道这种方案是否合适，甚至有些人怀疑这样做是否合法。"[3]另外，许多作品中用"正当的敌人"来表示那些根据掌握上级权力之人的命令行事的人。不过，在国内，僭主和叛乱者不能被归类为"正当的敌人"；在国外，强盗和海盗也被排除在"正当的敌人"之外，尽管我们还没有对把这些人排除在"正当的敌人"之外的问题进行充分的考查。

所有神学家和法学家们都同意接受这样一项原则[4]【这也是我们对这个问题的结论】：对臣民而言，可能存在对双方均为正义的战争，只要战争基本

---

〔1〕　维多利亚：《战争法》59。

〔2〕　卢卡：[《内战记》I. 126 f.]

〔3〕　西塞罗：《为马塞卢斯保护》[x. 30]。

〔4〕　维多利亚：《战争法》32；科瓦鲁维亚斯：《〈天主教教会法典大全·第六卷〉评注》"刑事法规"Pt. II. §9和§10；索托：《正义与法律十书》V. qu. 1, art. 7；巴斯克斯：【《雄辩指南》】ix. 16〔15〕。

上按照上级的命令进行，而且他们在权衡各种可能性之后，认为该命令并不违反其理性。[引申问题结论二]

中译者注

1 克拉苏 Crassus（公元前 115～前 53）：古罗马政治家兼商人。他在苏拉和马略派的内战中支持苏拉，公元前 83 年协助苏拉夺取政权。他于公元前 73 年左右担任执政官，并在公元前 72～前 71 年平定了斯巴达克思领导的奴隶起义。公元前 70 年，他和庞培被元老院选为执政官。公元前 60 年，他和庞培、凯撒组成所谓“前三头同盟”。他曾率军进攻安息，但遭到失败。他拥有巨额财富，经常借钱给元老院议员。（《简明不列颠百科全书》第 4 卷，第 739～740 页。）

2 安息 Parthia：古代地区，大致即今伊朗呼罗珊地区。这一名词有时也指安息帝国（公元前 247～公元 224）。阿萨息斯一世建立了安息帝国。此后，通过米特拉达梯一世和阿尔达班二世的东征西讨，整个伊朗高原和底格里斯河－幼发拉底河流域都被纳入了安息的版图。（《简明不列颠百科全书》第 1 卷，第 309 页。）

3 斯库拉 Sculla：希腊神话中的女妖。她和卡律布狄斯是两个长生不死、凶猛强悍的妖怪。斯库拉有 12 只脚，蛇样的长脖颈上长着 6 个头，腰部系着狂叫的狗头。她吞食任何敢于接近她的东西，包括奥德修斯的 6 个同伴。卡律布狄斯则伺伏在离对岸一箭之地的一颗无花果树下。她每天吞吐海水三次，形成巨大的漩涡，对来往船只危害极大。（《简明不列颠百科全书》第 7 卷，第 432 页。）

4 阿喀琉斯 Achilles：希腊神话人物。在希腊神话中，他是密尔弥冬人的国王佩琉斯和海洋女神忒提斯的儿子。在特洛伊战争中，他是阿伽门农军队中最勇敢、最英俊和最伟大的战士。后来，他被福玻斯·阿波罗（亦说特洛伊王子帕里斯）用箭射中脚踵而死。（《简明不列颠百科全书》第 1 卷，第 77－78 页。）

5 斯塔提乌斯 Statius（约 45～96）：拉丁文学的白银时代主要罗马史诗和抒情诗诗人之一。他居于罗马，在图密善治下做过宫廷诗人。他的 5 卷本《诗草集》是其最佳之作。他的 12 卷本《底比斯战纪》描述了波吕尼刻斯和厄忒俄克勒斯争夺古希腊底比斯城王位的故事。他还有另一部史诗《阿喀琉斯纪》，但只完成了两卷。（《简明不列颠百科全书》第 7 卷，第 456 页。）

6 利奥一世 Leo I（？～474. 2. 3）：东罗马皇帝（457～474 在位）。他早年投身阿斯帕尔将军从军。公元 457 年 2 月 7 日，他被拥立为东罗马皇帝。他曾与西罗马一起出兵攻打北非的汪达尔人，但被击败。为摆脱阿斯帕尔的影响，他与阿斯帕尔进行对抗，并于公元 471 年击败对方。（《简明不列颠百科全书》第 5 卷，第 249 页。）

7 乌尔比安 Ulpian（？～228）：罗马法学家和帝国官员。他的著作为查士丁尼一世的

《国法大全·学说汇编》的全部内容提供了三分之一的材料。他曾经为帕皮尼安的著作进行注释，并担任过卡拉卡拉皇帝的祈祷司仪官和塞维鲁·亚历山大的执政长官。(《简明不列颠百科全书》第 8 卷，第 311－312 页。)

8 地米斯提乌斯 Themistius（315～390）：希腊雄辩家。他著有《演讲集》《论灵魂》等书。(《捕获法》英文版，"引文作者索引"，第 411 页。)

9 瓦林斯 Valens（约 328～378.8.9）：东罗马皇帝（364～378 在位）。他是瓦伦提尼安皇帝之弟，公元 364 年 3 月 28 日被瓦伦提尼安任命为同朝皇帝，统治帝国东部。公元 378 年 8 月 9 日，他在和西哥特人进行的阿德里安堡战役中阵亡。(《简明不列颠百科全书》第 8 卷，第 92 页。)

10 狄奥多罗斯 Diodorus（活动时期公元前 1 世纪）：希腊历史学家。他著有《历史丛书》40 卷。全书分三个部分：第一部分记述了各部落的神话历史，到特洛伊陷落为止；第二部分到亚历山大逝世为止；第三部分从凯撒开始到高卢战争为止。(《简明不列颠百科全书》第 2 卷，第 546 页。)

11 吉利普斯 Gylippus（活动时期公元前 5 世纪）：斯巴达将军。在伯罗奔尼撒战争期间，雅典人于公元前 414 年围攻叙拉古，他被斯巴达派往叙拉古协助指挥城防。他的到达使该城免于投降，并最后在港口一役中击败敌人，迫使雅典人投降。后来，他因盗用军饷被发现而亡命他乡。(《简明不列颠百科全书》第 4 卷，第 193 页。)

12 希拉克斯 Hierax（活动时期公元 3 世纪末）：学识渊博的禁欲主义者。他主要生活在埃及的莱昂托波利斯。他从事书法及科学和文学研究，特别是在《圣经》的研究方面有很深的造诣。他是希腊语和古埃及语《圣经》评注的作者。[http://en. wikipedia. org/wiki/Hierax（ascetic）；《捕获法》英文版，"引文作者索引"，第 405 页。]

13 马西亚努斯 Marcianus（活动时期 3 世纪）：罗马法学家。他著有《论政府机构》《法规选》等书。他的部分言论被收入《查士丁尼法典·学说汇编》之中。(《捕获法》英文版，"引文作者索引"，第 407 页。)

14 腓力五世 Philip V（公元前 238～前 179）：马其顿国王（公元前 221～前 179 在位）。他曾企图把马其顿的势力扩展到整个希腊，但为罗马所败。公元前 215 年，他与迦太基将军汉尼拔结盟，进攻伊利里亚受罗马保护的城邦，展开了长达 10 年的第一次马其顿战争，并取得有利的结果。但在第二次马其顿战争中，他被罗马军队打败。(《简明不列颠百科全书》第 3 卷，第 75 页。)

15 卢西乌斯·辛西乌斯·阿利曼图斯 Lucius Cincius Alimentus（活动时期公元前 200 年前后）：罗马编年史作家和法学家。公元前 209 年，他当选为西西里的裁判官。在第二次布匿战争初期，他被迦太基人俘虏；几年后被汉尼拔释放。他和费边·皮克托并称为早期罗马的两大历史学家。他的著作用希腊文写成。狄奥尼西奥斯（哈利卡尔那索斯的）和波利比奥斯称赞他写的历史非常客观。(http://en. wikipedia. org/wiki/Lucius_ Cincius_ Alimentus.)

16 赫曼杜里 Hermunduli：古日耳曼部落。从公元 1 世纪到 3 世纪，赫曼杜里人占据着临近易北河的地区，大约是今天图林根、波西米亚、萨克森和巴伐利亚北部。他们有时向多瑙河罗马边境扩张。有人认为图林根人是他们的后裔。(http://en. wikipedia. org/wiki/Her-munduri.)

17 卡涅阿德斯 Carneade（公元前 214？ ~ 129？）：哲学家。曾经在反教条的怀疑主义势力最盛行的时候主持过雅典的新学园。他反对斯多葛派和伊壁鸠鲁派，并为阿凯西劳斯辩护。他没有留下任何著作，其学说保存在克莱托马科斯的著作中。(《简明不列颠百科全书》第 4 卷，第 556 页。)

第八章　第七组问题：关于发动 与进行战争应遵循的形式

本章将对第七组问题所包含的以下问题进行论述：

一、什么构成发动私战的正当形式？

二、什么构成发动公战的正当形式？

三、对主动发动战争的责任人而言，什么构成进行战争的正当形式？

四、对臣民而言，什么构成进行战争的正当形式？

本组问题之引申问题：

一、在什么范围内允许对敌国臣民采取攻击行动？

二、对双方臣民而言，捕获战利品和捕获物可能都是正当的吗？如果是，在什么范围内可能如此？

三、对双方臣民而言，［永久］取得战利品和捕获物可能都是正当的吗？如果是，在什么范围内可能如此？

一、什么构成发动私战的正当形式？

战争的形式和模式也必须从主动发动战争的责任人和臣民两个不同方面进行思考。另外，如同大多数事物在初始阶段采取一种形式，在进入常态后则采取另一种形式一样，主动发动战争是一种形式，而进行战争则是另一种形式。

（根据古代哲学家们的观点）形式可以被表述为某种有序的安排。[1]因此，正当形式是一种符合法律的有序安排，或者换句话说，是一种在各种法律之间具有内在协调性的有序安排。这种协调性（可以这样说）受第十三项法律的调整［根据该项法律的要求，对于不同法律，应依其重要程度的顺序予以遵守］。然而，正如我们已经讲过的那样，因为战争是一种行使权利的过

---

〔1〕　参见亚里士多德：《形而上学》Ⅷ.ⅲ［8］。

程，所以，只有［要求国家和个人在行使权利时应当尊重司法程序的］第九项法律和第十二项法律与这种过程的正常开始有关。

　　首先，让我们来研究由私人发动的战争。在这里，我们马上面临着一个很大的困难。私战不可能根据司法程序进行，因为作出判决的权力掌握在国家手中，一旦国家权力介入私人争端，私战必须停止。[1]在这种情况下，当第九项法律和第十二项法律要求把诉诸司法程序作为一个前提条件时，以对外形式开始的私战怎么可能是正义的呢？。

　　即使是对于私人，首先诉诸司法程序的条件同样得到了先贤们的权威学说和市民法的确认。因为在没有征得统治者同意的情况下，任何人都无权使用武力。[2]的确，未经统治者同意的使用武力是私人的抢劫行为，而不是正义的战争。[3]因此，根据《尤里安法》，任何人在未经人民或君主命令的情况下发动战争、征收捐税或招募军队构成应当予以惩罚的叛国罪。[4]另外，如果不是为了排除私人进行防卫的理由，为什么要让卫兵驻守在公共场所呢？[5]为什么要在法律中对犯罪行为加以禁止和警告呢？至于［在未经授权的情况下］保卫个人财产，我们知道，已经确立了这样一项准则：如果某一财产的所有人在作出司法判决之前强行夺回该财产，那么，对该财产的占有应当返还［被夺取财产的一方］，而且该所有人将失去对该财产的［原始］所有权。[6]与此相同，在债务问题上，如果任何人在未经法官判决的情况下使用暴力索取其认为别人应当偿还的债务，那么，当债务人根据法律寻求保护时，债权人将失去其法律权利。[7]至于犯罪的情形，问题就更清楚了。使徒保罗[1]说道："不要自己申冤……"[8]塞内加（小）指出："'复仇'是一个不人道的

---

　　[1]　参见结论五第一点【第六章】；西尔维斯特：《西尔维斯特全集》"论'战争'的词义"[Pt. I.]　iii；*primo*。

　　[2]　《天主教教会法典大全·格拉提安教令集》II. xxiii. 1，4；《查士丁尼法典·敕令集》XI. xlvii（xlvi）。

　　[3]　李维：【《罗马史》】XXXVIII［xlv］。

　　[4]　《查士丁尼法典·学说汇编》XLVIII. iv. 3。

　　[5]　参见巴尔托鲁：《〈学说汇编〉评注》XXXIX. ii. 13，§11。

　　[6]　《查士丁尼法典·敕令集》VIII. iv. 7。

　　[7]　《查士丁尼法典·学说汇编》XLVII. viii. 2，§18；《查士丁尼法典·学说汇编》IV. ii. 13；《查士丁尼法典·学说汇编》XLVIII. vii. 7~8。

　　[8]　《圣经·新约》"罗马人书"xii. 19。

词语，但它却被接受为一个具有正当性的概念；除了程度不同以外，'复仇'和'暴力'[1]并没有太大区别。以牙还牙只是一种更情有可原的犯罪而已。"[2]我们在哲学家[3]和基督教学者[4]反对暴力的言论中也可以看到同样的观点。昆体良讲道："对伤害的复仇不但违反法律，而且不利于和平。因为除了偶然有人耻于通过法律途径为自己辩护以外，人们可以诉诸法律、法庭和法官。"[5]昆体良的论断显然与罗马皇帝［狄奥多西］【狄奥多西大帝2】法令中的这一条规定是一致的："虽然他们［犹太人］中有人参与了犯罪，但是，在我们头脑中确立的司法判决的权威和公法的保护性效力正是为了实现这样一个目的，即排除任何人直接实施人身复仇的可能性。"[6]狄奥多里克【狄奥多里克大王3】也支持这种观点，他告诫我们说："对法律虔诚的崇拜恰恰是因为它来源于这样一项原则：不得实施暴力行为，不得由于冲动而实施行为。"[7]

另一方面，我们曾经在前面的段落[8]中指出，正义的私战的确出于已经提到过的四种原因。基于这一点，第九项法律和第十二项法律有时必然会失效，或者说不再发生效力。现在，按照第十三项法律所确立的原则，它们已不再有效，也就是说，这是基于上级法律的必然结果。在保障我们权利的司法救济手段缺失的情况下，这种必然结果的发生可以理解。只要缺乏可资利用的司法救济手段，诉诸强制力——或者说，私人根据自然法行使其权利——就是正义的。[9]不过，一旦出现了可资利用的司法救济手段，那么，就像我们在讨论十三项法律时指出的那样，所有法律必须同时得到遵守。另外，应该

---

〔1〕 格劳秀斯在这里使用了 *contumelia*（暴力、虐待、伤害）一词，但塞内加（小）实际上用的是 *talio*（报复）。（——英译者注）

〔2〕 塞内加（小）：《论忿怒》II. xxxii。

〔3〕 柏拉图：《克里托篇》［p. 49 B］；阿利安：《爱比克泰德手册》II. x。

〔4〕 拉克坦提乌斯：《神圣教规》VI. xviii。

〔5〕 昆体良：《雄辩术》xiii［11］。

〔6〕 《查士丁尼法典·敕令集》I. ix. 14。另见《查士丁尼法典·学说汇编》IX. ii. 5；《查士丁尼法典·敕令集》IX. xviii. 9。

〔7〕 卡西奥多鲁斯：《杂录》IV. x。

〔8〕 参见结论五第一点【第六章】。

〔9〕 巴尔托鲁：《论报复》Ad. 2, n. 6［Qu. 9, ad 5］；卡耶坦：《神学概要》qu. 66, art. 8：*Ex dictis autem patet*。另外，在《查士丁尼法典·学说汇编》IX. ii. 29, §1 的论述中，这一点也很清楚。

强调的是，司法救济的缺失有时是暂时的，有时则或多或少地具有一种持续的性质。[1]

在司法救济手段暂时缺失时，虽然我们的权利尚未受到侵犯，但事态的必要性已不允许等待司法程序的救济。[2]在这种情况下，首先，像巴尔杜斯所说的那样，无论采取哪一种应急措施进行自卫都是允许的，因为威胁我们生命的危机容不得半点迟延。[3]的确，法学家们也同意，当我们不可能有任何其他适当或有效的方法保护自己时，我们可以采取一切措施抵御危险、消除死亡的恐惧、保护我们的人身安全或反抗暴力。[4]这种观点与被不断重申且毫无争议的自卫规则相一致。[5]与此相同，我们保护或者追索自己的财产也是允许的，甚至可以为此目的而召集一群人寻求帮助。不过，这种行动应当立即采取，因为假如在其后的一段时期已有时间将案件提交法官审理，个人使用强制力即不再被允许。至于追偿债务的问题，根据我的看法，当我们面临债务人逃逸从而使自己丧失权利的危险时，只能采取诸如取得抵押物或者"人身质押"（像法律用语所说的那样）的办法，[6]以便在一旦案件可以被提交给法庭时，由法官，而不是为自身利益行事的债权人，将债务人的抵押物判给债权人以清偿债务。因此，我们看到雅典人中有一个短语，表示允

---

〔1〕 巴尔杜斯：《〈敕令集〉评注》Ⅷ. iv. 1，nn. 38，40 [nn. 22，23]。

〔2〕 西尔维斯特：《西尔维斯特全集》"论'战争'的词义"[Pt. I.] iii：告知。

〔3〕 巴尔杜斯：《〈敕令集〉评注》Ⅷ. iv. 1。

〔4〕 《查士丁尼法典·学说汇编》Ⅸ. ii. 4，5；《查士丁尼法典·学说汇编》I. i. 3；《查士丁尼法典·学说汇编》Ⅳ. ii. 12；《查士丁尼法典·学说汇编》Ⅸ. ii. 45。

〔5〕 西尔维斯特：《西尔维斯特全集》"论'战争'的词义"[Pt.] Ⅱ，开头部分；托马斯·阿奎那：【《最高神学》】Ⅱ–Ⅱ，qu. 64，art. 7；注释法学派学者和巴尔杜斯：《〈敕令集〉评注》Ⅷ. iv. 1；帕诺米特努斯：《〈格列高利教令集〉评注》Ⅱ. xxiv. 29，n. 15；巴尔托鲁：《〈学说汇编〉评注》I. i. 3，nn. 9，10；耶逊：《〈学说汇编〉评注》I. i. 3，n. 7；安基卢斯：《安基卢斯全集》"论'战争'的词义"，§6；西尔维斯特：《西尔维斯特全集》"论'战争'的词义"[Pt.] Ⅱ. xiii；《查士丁尼法典·学说汇编》XLVII. ii. 7；巴尔托鲁：《〈学说汇编〉评注》I. i. 3，n. 7 和《〈学说汇编〉评注》XLIX. xv. 24，n. 9；《查士丁尼法典·敕令集》Ⅷ. iv. 1 和巴尔杜斯对该部分的评论；《天主教教会法典大全·格列高利教令集》Ⅱ. xiii. 12；《查士丁尼法典·学说汇编》XLIII. xvi. 3，§9 和《查士丁尼法典·学说汇编》XLIII. xvii；加布里埃利：《〈思维四书〉评论》Ⅳ. dist. 15，qu. 4。

〔6〕 费斯图斯：《论语词的含义》"论'struit'的词义"[p. 38]；《查士丁尼法典·敕令集》X. xxxi. 54；《查士丁尼法典·敕令集》I. iii. 12；市民法与教会法评论家：《〈学说汇编〉评注》Ⅸ. ii. 39 和《〈学说汇编〉评注》Ⅸ. ii. 39，§1；巴尔托鲁：《论报复》Qu. 9，[ad 4]。

许私人之间捕获他人并以人为质。[1]不过，这种抓捕人质的行为是否正当是一个需要公开判决的问题。在犯罪案件中，当犯罪人看起来将要逃脱惩罚时，也可能出现类似的做法。因为根据普遍接受的法律[2]（特别法有时可能更加宽容），允许抓捕和扣留犯罪人，尽管前提条件是必须将其送交法官处理，原因是法律禁止私人监禁。[3]

至于司法解决手段持续缺失的问题，权威学者们[4]坚持认为，这种缺失的发生可能有两种情形：一种是法律上的缺失，这种情形存在于荒漠、岛屿、海洋或者人民尚未建立政府，因而无人拥有管辖权的特定地方；另一种是事实上的缺失，它是指正当地拥有管辖权的人被受其管辖的人们所忽视，或者该人无暇进行司法调查。[5]在这些情况下，如同卡斯特伦西斯[6]正确地指出的那样，在很大程度上，情势变成了国家和法庭建立之前的状态。[7]在国家和法庭建立之前，人类相互之间的关系只受我们规定的前六项法律的调整。这六项法律准则既是所有法律的渊源，也是下面这一项原则的渊源：每个人都是其权利的行使者。正如我们指出的那样，这一项原则符合自然的命令，而且其他动物的行为也说明了这一点。[8]正因为如此，不仅允许一个人保护自己和自己的财产，而且允许他在经过无论多长时间以后追索自己的财产以

---

〔1〕 尤利乌斯·坡吕克斯：《词类汇编》[Ⅷ. l 和 li]。

〔2〕 《查士丁尼法典·学说汇编》ⅩLⅧ. v. 25；耶逊：《〈学说汇编〉评注》I. i. 3，n. 25；巴尔杜斯：《〈敕令集〉评注》Ⅷ. iv. 1，n. 33 [n. 12]。

〔3〕 《查士丁尼法典·敕令集》Ⅸ. v，整个部分以及巴尔托鲁对该部分的评论。

〔4〕 巴尔托鲁：《论报复》Qu. 2，ad 5，接近开头部分；西尔维斯特：《西尔维斯特全集》"论'报复'的词义"iii。

〔5〕 巴尔杜斯：《〈敕令集〉评注》Ⅷ. iv. 1，n. 45 [n. 22]。

〔6〕 卡斯特伦西斯：《〈学说汇编〉评注》I. i. 5 和《法律评论》399，"原来的债权"。

〔7〕 参见关于第二项法律的论述【第二章】。《查士丁尼法典·学说汇编》I. ii. 2，§13。

〔8〕 《查士丁尼法典·学说汇编》Ⅸ. i. 1，§11；劳登西斯：《论战争》Qu. 5，末尾部分；巴尔托鲁：《〈学说汇编〉评注》I. i. 5 和耶逊对该部分的评论，n. 38；注释法学派学者：《〈学说汇编〉评注》ⅩLⅢ. xxiv. 7，§3；巴尔托鲁：《〈学说汇编〉评注》ⅩLⅨ. xv. 24；英诺森【四世】：《格拉高利教令集〉评注》Ⅱ. ii. 14 和《〈格列高利教令集〉评注》[Ⅱ. xiii. 12]，n. 9；卡耶坦：《神学概要》qu. 66，art. 5，ad 3；帕诺米特努斯：《〈格列高利教令集〉评注》Ⅱ. xiii. 12，n. 23；西尔维斯特：《西尔维斯特全集》"论'盗窃'的词义"，xvii 和 "论'战争'的词义"[Pt.] Ⅱ. xiii。另见曼努乔：《论法官裁判的问题》[Ⅱ. ii]，案件516，其中提到许多神学家和法学家。

及从债务人的财产中受偿。[1]

因此，我发现，这个事实已经成为一种普遍的共识，即正义的私战可能由于前面列举的四种原因中的三种而发生。[2]

剩下需要考虑的是第四种原因，即不法行为和伤害是否也是导致正义的私战的原因。除非我的认识有误，否则，没有人会怀疑这个原因不仅可能导致受害人要求赔偿，而且可能导致正义的私战。正如设法追索我自己的财产或者因其他原因应当属于我的财产是我的权利一样，我因自己受到的伤害提出任何数额的赔偿请求也是我的正当权利。

私人是否在任何情况下都可以寻求对罪犯实施惩罚是一个很难确定的问题。的确，因为许多人坚持认为，实施惩罚的权力已经被赋予国家，并完全由国家单独行使（正因为如此，法官的判决［习惯上］也被称为"公共判决"），所以，私人强制力的运用看起来已经被完全排除。不过，我们可以在对国家成立之前允许个人做什么的问题所进行的思考中找出讨论这个问题的最佳方法。

当狄奥多西大帝（在前面援引的法律中[3]）断定建立司法制度的目的就是为了防止个人沉溺于私人复仇的时候，他当然是在暗示，他认为在司法制度建立之前，私人复仇是允许的。然而，鉴于对自己的爱和对他人的恨很容易使复仇逾越适度的界限，允许复仇的特权发生了变化。不过，在复仇问题上发生的变化与保护财产和追索债务方面的发展并没有太大区别。虽然从前每个人都可以自行实施这些行为，但法庭的建立就是为了避免这种早期做法带来的危险。在下面的诗句中，卢克莱修清楚地表达了这种思想：

"每个人都习惯于在愤怒的驱使下，

策划比正义的法律所允许的更残酷的复仇，

因此，人类已厌倦了充满暴力的生活……"[4]

---

〔1〕 从此处开始，有很长一段内容被删除，几乎包括珂罗版第 38 页下半部分和第 38' 页全部。因此，正确的文本从第 39 页继续，我们现在的英文翻译也是跳到这里开始的。此处被删除的材料继续出现在第 43、第 43' 和第 44 页中，但它们在修订过程中再次被剔除，只留下了第 44 页下面的部分。参见后面第 128 页英译者注。不过，这些在格劳秀斯更正文本中被剔除的段落的内容大部分在珂罗版的其他页中得到恢复。（——英译者注）

〔2〕 参见前面第七章中的内容。（——英译者注）

〔3〕 《查士丁尼法典·敕令集》L ix. 14。

〔4〕 卢克莱修：《物性论》V［1148 ff］。

西塞罗首先指出，自然法是通过内在的力量而非外来的观念植根于我们心中的原则；然后，他把与感恩相对的复仇视为自然法的表现之一。[1]我注意到，最杰出的神学家们并没有因为这一观点而对他进行指责。[2]此外，为使"复仇"一词的概念所包含的确切范围不致有任何争议，西塞罗将"复仇"定义为"我们为反抗针对自己和我们所珍爱之人的暴力和欺凌而实施的防御性或惩罚性行为；"它也是"我们对犯罪实施惩罚的行为。"塔西佗援引基维利斯⁴的话说道："根据万国法，我要求实施惩罚。"[3]在《圣经》所讲述的历史中，参孙声称，因为非利士人⁵在掳走他的妻子的同时伤害了他，所以，他反过来伤害非利士人是无罪的。[4]在完成复仇行为后，他又以同样的理由为自己辩护，称他所做的一切不过是非利士人首先对他做的。可以肯定的是，参孙遵照上帝意志行事的事实［寻找机会与非利士人发生冲突］[5]使他免于承担罪责，因为在这种情况下，他不需要拥有公共权力。根据万国法，他为保护自己而对抗异教民族的行动无论如何都是正义的。由此可见，要求对作恶之人实施惩罚的法律原则比市民社会和市民法更为古老，因为它源于自然法或万国法。这个观点似乎也得到了《圣经》的支持。在大洪水以后的一个时期，幸存下来的人类生活在一个大家庭中。我没有发现《圣经》中提及任何市民国家的存在，但我的确发现《圣经》中提到当时的一条法律，要求对邪恶行为实施惩罚："凡流人血的，他的血也必被人所流"。[6]

也许我们还应该提到这样一个事实：《圣经》中的上面一条法律要服从［在同样情况下制定的］[7]另外一条法律，即其他动物应当服务于人类的需要。当神学家们研究惩罚的起源时，他们使用了一个建立在比较基础上的论

〔1〕　西塞罗：《论发明》Ⅱ［xxii］。

〔2〕　托马斯·阿奎那：【《最高神学》】Ⅱ-Ⅱ，qu.108，art.2；托马斯·阿奎那：【《最高神学》】Ⅱ-Ⅱ，qu.158，art.1，ad 3。

〔3〕　塔西佗：《历史》Ⅳ［xxxii］。

〔4〕　《圣经·旧约》"士师记"xv.3 和 11。

〔5〕　格劳秀斯引用的《圣经·旧约》"士师记"第十五章并没有包括理解这一段所必要的关于参孙的故事的全部内容。因此，读者有必要参考《圣经·旧约》"士师记"第十三章和第十四章，尤其是第十四章第4节的内容。（——英译者注）

〔6〕　《圣经·旧约》"创世纪"ix.6。

〔7〕　参见《圣经·旧约》"创世纪"ix.2 和 3。（——英译者注）

点：所有价值更低的生物注定要为价值更高的生物所利用。[1]因此，尽管其他动物也是上帝创造的，然而，为了使其作为个人财产以便利用或者将其作为有害动物加以消灭，人类有权杀掉它们。我所引用的《圣经》的段落中提到了这两个目的。基于同样的道理，神学家们辩称，那些臭名昭著的人因其邪恶的本质——就像剥夺了上帝赋予他们的人类的所有特征一样——应该被归入更低的等级，并使他们服务于品德高尚之人；在某种意义上，他们由人变成了物，而这也正是自然秩序中奴隶制度的起源。为了防止他们伤害别人或者将其作为杀一儆百的样板警示别人，可以允许消灭他们。塞内加（小）曾经讲过这一点，他写道："杀死这些人可以作为对所有人的警告，而且由于这些人在活着的时候不愿意为国家所役使，因此，他们的死亡至少有益于国家。"[2]需要指出的是，塞内加（小）关于杀死这些人有益于国家的论述也适用于整个人类。德谟克利特在探讨自然法时也以野兽为例论证了惩罚犯罪的正当性。他指出："对于是否可以杀死动物的问题，应该按照以下方法处理：任何人杀死正在伤害或者准备伤害人类的动物均不构成犯罪。事实上，在这种情况下，杀死动物的行为比不实施这种行为更具有正当性。"[3]他进一步指出："由于有些动物带来的伤害超越了法律的界限，因此，允许任何人使用任何方式杀死它们。"[4]德谟克利特还发表了以下看法："另外，我们提到的对狐狸和毒蛇实施的行为看起来也可以适用于人类。"[5]对于这一点，他又补充说："不论采取任何方式，一个人杀死窃贼和强盗都是无罪的，不论是他亲自动手，还是命令别人这样做，或者是投票赞成判处他们死刑。"[6]人们猜想塞内加（小）可能曾读过德谟克利特的上述评论，因为他这样写道："当我命令处决一名罪犯的时候［……］，我仿佛感觉和我杀死一条毒蛇或其他有毒的动物时完全相同。"[7]不过，在该书的另外一个地方，他指出："如果我们可以（像对待其他动物那样）驯化它们，或者以使其不能对我们和我们的同伴造成

〔1〕　托马斯·阿奎那：【《最高神学》】Ⅱ–Ⅱ, qu. 64, art. 1 和卡耶坦对该部分的评论。

〔2〕　塞内加（小）：《论忿怒》I. vi。

〔3〕　斯托博乌斯：[《文选》XLIV. 16]。

〔4〕　斯托博乌斯：[《文选》XLIV. 17]。

〔5〕　斯托博乌斯：[《文选》XLIV. 18]。

〔6〕　斯托博乌斯：[《文选》XLIV. 19]。

〔7〕　塞内加（小）：《论忿怒》I. xvi。

危险的方法处置它们，我们甚至不应该消灭蝰蛇、水蛇或其他通过撕咬对人造成伤害的动物。基于同样的道理，我们也不应该因为一个人犯罪而对他实施伤害，而应该采取措施防止他犯罪……"〔1〕

根据上述讨论，实施惩罚的原因显然符合自然的命令，并且来源于我们称之为第一项法律的准则。在这种情况下，实施惩罚的权力本质上是属于国家的吗？完全不是这样！相反，如同行政长官的每一项权力都来自国家一样，国家的每一项权力都来自私人。同理，正如我们在关于第三条规则的讨论中说明的那样，〔2〕国家权力是合意的结果。由于任何人都不得转让他从未占有之物，因此，在国家拥有惩罚的权力之前，这种权力显然属于个人。在这个问题上，下面的论点具有很重要的意义：国家有权对本国臣民和外国人针对国家本身的犯罪实施惩罚，但国家对外国人实施惩罚的权力并非来自由于市民们的同意而对他们有拘束力的市民法，自然法或者说万国法才是国家对外国人实施惩罚的权力的来源。

有一种观点认为，国家命令实施惩罚只是为了国家的利益。但是，我们不能接受这种观点。因为惩罚的原因是一种自然原因，但国家并非自然安排的结果，而是合意的产物。人类社会的确来源于自然，市民社会却来源于有意识的设计。尽管那些持相反观点的人们主要依靠的是亚里士多德的学说，然而，亚里士多德本人却这样写道："人是一种政治动物，但本质上更是一种社会动物。事实上，与国家相比，家庭是一种更早和更必不可少的组织形式。[相对于群居的本能] 养育后代是动物王国中更一般的特征。"〔3〕亚里士多德的结论也被上帝造物的历史所证明，因为按照自己的完美形象缔造万物的上帝首先创造的不是国家，而是一个男人和一个女人。由此可见，人类社会在当时已经存在，但国家并不存在。随着人类数量的稳步增长，自然的权力（像荷马告诉我们的那样）被授予了每个家庭的家长：

"每个男子都有权为自己的妻子和孩子制定法律。"〔4〕

因此，我们有理由假设，为了保护自己和家人，这些家长享有对内和对外

〔1〕　塞内加（小）：《论忿怒》Ⅱ. xxxi。

〔2〕　参见前面第二章中关于第三条规则的论述。

〔3〕　亚里士多德：《尼可马亥伦理学》Ⅷ. xiv [Ⅷ. xii. 7]。

〔4〕　荷马：《奥德赛》Ⅸ [114~115]。

的管辖权。鉴于这一特征，塞内加（小）称家长为"家庭的行政长官"。[1] 从今天来看，无论在国家建立以前的创世之初存在什么法律，对于那些尚未建立自己的法庭并认为（按照塞内加（小）的说法）"实力是决定权利的标准"[2] 的人们来说，这种法律必然继续存在。昆体良也提到过这一点。[3] 与此相同，尼古拉斯（大马士革的）[6]告诉我们，在翁布里亚人[7]中，每个人都习惯亲手为自己复仇。[4]另外，这种习惯现在仍然在一定范围内存在于萨尔马特人[8]中间。事实上，我们可以把今天许多地方依然存在的决斗视为上述习惯的痕迹，而且（在某种程度上）它是第九项法律的例外。古罗马人也曾经把生杀予夺的权力赋予主人、父亲、丈夫以及其他血亲。

当然，根据特别法把执行的权力赋予私人有着不同的原因。在这些情况下拿起武器来进行的战争也许应该被称为公战，而不是私战，因为在某种意义上，这些战争是国家发动并命令个人参加的。不过，在大多数情况下，这种冲突的起源在理论上的确与私战相同。例如，因为事实上很难通过法庭的居间作用对抗军人和公共财政的收税人，所以，某些法律授予个人直接自卫和复仇[5]的权力。[6]由此可见，这些特殊的准则代表了我们对自然法的保留——或者可以说是自然法的遗迹——也就是说，对关于惩罚的自然法的保留。

不过，有一点仍然需要澄清：如果不涉及国家，私人复仇者追求的正义目的是什么呢？对于这个问题，我们很容易在塞内加（小）的教导中找到答案。这位哲学家坚持认为，存在两种类型的共同体，即世界国家和城邦国家。[7]换句话说，就像杀死一条毒蛇一样，私人复仇者的所作所为是为了整个人类的利益。他的目的与人类的共同利益完全一致，因为正如我们讲过的那样，所有根

---

〔1〕　塞内加（小）：《论利益》［Ⅲ.］11。

〔2〕　塞内加（小）：《论忿怒》Ⅲ. ii。

〔3〕　昆体良：《雄辩术》xiii。

〔4〕　斯托博乌斯：［《文选》X. 70］。

〔5〕　"Se vindicandi potesta"：这个拉丁语中的动词可以用来表示惩罚或复仇，而且下一个脚注中引用的《查士丁尼法典·敕令集》的各个段落都涉及这两种概念，因此，在此处的英文译文中对其作了具有双重含义的解释。（——英译者注）

〔6〕　《查士丁尼法典·敕令集》Ⅲ. xxvii；《查士丁尼法典·敕令集》X. i. 5；《查士丁尼法典·敕令集》Ⅻ. lxi. 5；《查士丁尼法典·敕令集》Ⅻ. xli. 5；耶逊：《〈学说汇编〉评注》I. i. 3，n. 15。

〔7〕　塞内加（小）：《论幸福生活》xxxi［《论休闲》iv］。

据自然安排实施的惩罚都是为了这种共同利益。普卢塔克对这一点作了精辟的论述，他指出："正义与上帝同在，并对违反神法之人进行复仇。相对于所有具有市民特征的人，在自然秩序中，作为人类，我们所有人都应该运用正义维护人类的共同利益。"[1]普卢塔克的解释与经院派学者的论点没有太大区别。这些学者认为，我们甚至应该为自己受到的伤害进行复仇，假如这种伤害具有损害教会利益的性质，也就是说，假如它损害了所有善良人的利益。[2]

的确，对共同利益的维护似乎是每个人的本分，无论有关伤害是他本人还是别人遭受的。唯一的区别是当一个人为自己遭受的伤害进行复仇时可能更为有害，因为在这种情况下，他很难遵守适度克制和正当目的的要求。作为一项一般规律，（借用塞内加（小）讲过的话[3]）他是在愤怒的思想和行动驱使下自行复仇的，而不是出于理性的目的将案件委托给别人处理。正是由于这个原因，君主们——在已经建立的司法制度中，他们是唯一不能成为复仇对象的人，除非本人自愿——被告诫说，他们在复仇时不应该考虑对罪犯施加什么痛苦，而应该采取杀一儆百的方式，以儆效尤。[4]

不过，自然理性告诉我们，现在被赋予君主的职权必然是其他人停止行使市民权力的结果，因此，君主的权力从前是属于私人的权力。另外，在任何时间、地点或在任何情况下，当法庭被弃置一旁时，法庭建立之前存在的一切依然会发生作用。在我看来，这个论点构成以下信念的基础，即私人杀死暴君或者破坏法律和法庭的人具有正当性。斯多葛派学者的说法可以被用来解释这一点。他们坚持认为，智者从来不（仅仅）是一个普通的市民。西塞罗以西庇阿为例支持了这种观点。[5]当贺拉斯写下"【他】不仅仅是一个做过一年执政官的人"[6]（引自《卢利乌斯颂词》）的时候，他头脑里也有着同样的想法。尽管普卢塔克代表的是不同学派的思想，但他并不反对这种观点；相反，他声称，（在永恒的意义上）自然本身使政治家成为行政长官。他还补充说，法律

---

　〔1〕　普卢塔克：《论流放》[v＝p. 601 B]。

　〔2〕　托马斯·阿奎那：【《神学大全》】Ⅱ～Ⅱ, qu. 108；西尔维斯特：《西尔维斯特全集》"论'复仇'[immo melius]的词义"。

　〔3〕　塞内加（小）：《论忿怒》Ⅲ. ⅲ。

　〔4〕　塞内加（小）：《论宽恕》Ⅰ. xx。

　〔5〕　西塞罗：《图斯库鲁姆谈话录》Ⅳ [xxiii. 51]。

　〔6〕　贺拉斯：《歌集》Ⅳ. ix [39]。

通常把君权授予行正义之事并知道利益所在的人，尽管只有当被选举担任公职的人们背信弃义或玩忽职守致使事态发展到危险的地步时，君主才会行使授予他的这种权力。[1]在凯撒（他后来成为一名独裁者）还是一介平民的时候，他就曾率领一支匆忙召集起来的船队追击早先抓捕过他的海盗。有些海盗船被击沉，还有一些则逃跑了。当地方总督疏于惩罚被抓获的罪犯时，凯撒再次扬帆出海，并将罪犯钉死在十字架上。[2]毫无疑问，凯撒这样做的原因在于他认识到自己所诉诸的法官未能履行司法职能，而且在海上处死海盗显然不构成犯罪。因为在海上个人的行为不是受成文法，而是受万国法调整的。

　　根据以上思路进行思考，我们会产生以下认识：可能存在这样一种情形（尽管由于人性的弱点，这种情形也许很少），即某个私人根据自然法对另一个人实施惩罚可能并不构成犯罪，而且某个私人在某种意义上可能成为另一个人的行政长官，但条件是即使在实施惩罚时，前者通常也要遵守作为法官的审慎义务。我看到，卡斯特伦西斯经过充分论证为这种理论提供了支持。[3][按照卡斯特伦西斯的观点］法律的制定是为了促进一个人的利益，而不是对他造成伤害；普通的救济不能适用于特殊的场合；就像在海难中被水手抛弃和在生病时被医生放弃的人可能会做的那样，法律并不禁止一个人在身处险境时为自己或他人着想并采取行动。在必要的情况下，为了避免我们权利的损失，我们被允许做许多在其他情况下不允许做的事情；当一种救济方法不可行的时候，我们可以转向另外一种。这似乎是全世界学识最渊博的人们的观点，如康南[9]、巴斯克斯[10]和彼得·费伯【福列】等。曾经引用索西努斯·内波斯[11]关于这个问题的论述的阿亚拉[4]也可以被包括在这个名单中。[5]

---

〔1〕　普卢塔克：《国家治理的理念》［pp. 813 C 和 817 D E］。

〔2〕　韦利奥斯·帕特库洛斯：《罗马史》Ⅱ［xlii. 2 ff］；普卢塔克：《希腊罗马名人比较列传》"凯撒传"［ii, p. 708 A ~ C］。

〔3〕　卡斯特伦西斯：《法律评论》399。

〔4〕　康南：《市民法评论》I. vi；巴斯克斯：《雄辩指南》Ⅳ. viii［第二部分，第一卷，第八章］；福列：《六月集》Ⅱ. ii，末尾部分；阿亚拉：《战争的权利和职务与军纪》I. ii. 9 和 I. v. 1；索西努斯·内波斯：《法律评论》Ⅲ. 68。

〔5〕　手稿第 42 页显然是在第 121 页英译者注中提到的修订过程中加进去的其中一页。手稿第 42'页（即第 42 页的反面）完全是空白的，而且现在标示的第 43 和第 43' 页以及第 44 页上部只有删除的内容。因此，我们的英文译文从拉丁文本第 42 页这里跳到了第 44 页修订后的内容继续的地方。（——英译者注）

综上所述，对于第一个问题，我们得出如下结论：**如果司法救济缺失，发动私战即具有正当性。**［结论七第一点］

二、什么构成发动公战的正当形式？

另一方面，公战有时是由于司法救济的缺失，有时则与司法程序无关。［1］

与私战的起源一样，有时，公战也是由于司法救济的缺失引起的。正如西塞罗解释的那样，如果一个人在选择等待［法律授权］实施正义的惩罚之前遭到非正义的惩罚，就可能有［在法律之外发动战争的正当性］；［2］在通常的意义上，只要事态不允许拖延，这种正当性就会存在。因此，如果敌人已经开始了一场非正义战争，我们显然就可以在不诉诸司法程序的情况下反过来对他发动正义战争，［3］而且不需要履行正义战争所要求的任何宣战程序。罗马祭司团关于埃托利亚[12]人［他们已经对罗马人民采取了战争行动］的决定确认了这一论点。［4］因为——正如艾利安[13]援引柏拉图作为权威所说的那样——任何出于抵抗伤害的必要而发动的战争都是通过自然的声音，而不是通过喊话人或信使宣布的。［5］同样的观点也可以适用于侵犯使节的不可侵犯权或者任何其他破坏国际交往的行为。因为对于那些不允许从他们国家的领土上安全地往来通行的民族，不可能指望通过司法程序解决问题。

不过，我们必须记住前面已经讲过的一点，即一旦危险解除，遵守法律的义务即行恢复。例如，假如任何外国公民设法夺取了某个人的财产，那么，他不但被允许追索自己的财产，而且被允许夺取该外国公民的其他财产作为在司法判决之前的保障，但条件是应当在判决被执行之后返还该财产。［6］不过，在任何情况下，只要时间允许，所有发动战争和被动进行战争的人都应该将争端提交司法解决。

---

［1］　参见真蒂利：《战争法三集》Ⅱ. i 和 ii。

［2］　西塞罗：《为米洛辩护》［iv. 11］。

［3］　参见巴尔杜斯：《法律评论》Ⅲ. lviii；加布里埃利：《〈思维四书〉评论》Ⅳ, dist. 15, qu. 4, 案例2。

［4］　李维：【《罗马史》】XXXVI［iii］。

［5］　艾利安：《论策略》i。

［6］　《查士丁尼法典·学说汇编》XLIII. xvi. 17；阿里亚斯：《论战争与正义》n. 25［n. 24］，特别是关于战争期间的论述。

因此，发动正义的内战符合第五条规则和第七条规则以及第九项法律；发动正义的外战符合第十二项法律和第九条规则。[1]在内战的情况下，国家或其行政长官做出的反对某个公民并支持另一个公民或者保护国家利益的宣告只是出于实际需要，并没有任何进一步的要求；[2]但如果是外战，情况就不同了。西塞罗正确地对这两种情况做了区别，他指出，不应该向安东尼派遣使节，而应该迫使他放弃对穆提纳的围攻。[3]西塞罗做出这一论断的理由是：与安东尼的争端不是［罗马］国家与诸如汉尼拔那样的敌人之间的争端，而是罗马公民之间的争端。塞内加（小）也巧妙地说明了两者之间的区别，他讲道："究竟是对邻国宣战的战争，还是公民之间进行的战争呢？"[4]因为根据习惯，在内战的情况下不必要宣战，而且它也适用于对僭主、强盗、海盗和所有并不构成外国国家一部分的人发动的战争。至于外战，[5]前面第十二项法律和第九条规则的确规定，宣战是战争法的重要组成部分。不过，与此同时，古代人对宣战有着不同的看法。

我自己的观点是：整个问题应当在我们已经提供的初步材料的基础上加以解决。

泰伦提乌斯[14]是一位［品德高尚的］剧作家，他的作品大量采用了简练的表述形式。【在他的剧作《阉奴》中】战士特拉索很好地控制了事态的发展（而没有让他的同伴使用武力）。下面引用的是他发出的警告：

"聪明人在拿起武器之前首先会尽量口头[6]说服对方，

你怎么知道不使用武力她就不会屈服呢？"[7]

欧里庇得斯[15]也写道：

"我会争取通过语言达到目的；

如果无法说服对方，我将为此使用武力……"[8]

---

〔1〕　参见前面第二章。

〔2〕　巴尔杜斯：《〈敕令集〉评注》Ⅵ. vi. 4。

〔3〕　西塞罗：《反腓力辞》Ⅴ［x. 26 ff］。

〔4〕　塞内加（小）：《论忿怒》Ⅲ. ii［3］。

〔5〕　劳登西斯：《论战争》Qq. 9, 37, 38。

〔6〕　在泰伦提乌斯的原文中并没有出现"口头"一词。（——英译者注）

〔7〕　泰伦提乌斯：《阉奴》［789 f.］。

〔8〕　欧里庇得斯：［《请愿的妇女》347］。

西塞罗更清楚地表达了这种思想，他指出："由于存在两种解决争端的方法——一是进行对话，二是使用武力——［前者是人类的特征，后者是野兽的本能］〔1〕因此，我们［只有］在无法通过对话解决争端时，才应该诉诸武力。"〔2〕我们还可以引用修昔底德在其著作中的论述："对不法之徒使用武力是合法的，而对准备接受司法解决方法的人使用武力则是不合法的。"〔3〕狄奥多里克大王下面的话表达了同样的意思："当对方拒绝接受正义的时候，拿起武器的时刻就来到了。"〔4〕这一项原则部分地构成了前面提到的经院派学者学说的基础，即对于不愿意满足正当要求的人，可以正当地发动战争进行攻击。〔5〕我们看到，这也是以色列人采取的解决争端方法的顺序：〔6〕他们首先要求便雅悯支派16对基比亚17人实施惩罚；在要求被拒绝后，他们才宣布对便雅悯支派开战。〔7〕根据同样的方法，狄奥多罗斯把弥诺斯18对雅典人的战争描述为"正义战争"，因为雅典人拒绝了弥诺斯关于将杀害他儿子的凶手绳之以法的要求。〔8〕

的确，诉诸公断是一种值得推崇的方法，但公断是一种自愿而非必须采取的措施。因为公断人的权力来自当事方的共同同意，而且任何人都不得被迫将自己的权利委托给某个人。不过，我们现在讨论的是必须采取的措施。显然，根据第九条规则，准备发动战争的人必须采取两个步骤履行义务。

第一个必要的步骤是在特定案件中，必须给予被告国或其公民为被告的国家诉诸司法程序的机会；如果该国未能履行义务，受害国或其公民为受害人的国家必须作出判决。从前，根据罗马祭师团的法律（在一丝不苟地遵守

---

〔1〕　括号中的句子并不是格劳秀斯引用的，但它的确是所引用的西塞罗《论责任》中那一段话的一部分，而且把它补充进来对论点的完整性很有必要。（——英译者注）

〔2〕　西塞罗：《论责任》Ⅰ［xi. 34］。另见《圣经·旧约》"撒母耳记下"xx. 19。

〔3〕　修昔底德：《伯罗奔尼撒战争史》Ⅰ［lxxxv］。

〔4〕　卡西奥多鲁斯：《杂录》Ⅲ. i，xvii［Ⅲ. i］。

〔5〕　参见前面第七章，开头部分。

〔6〕　《圣经·旧约》"士师记"xx。

〔7〕　鉴于珂罗版中这里缺少一个插入符号的事实（可能是格劳秀斯写作时的疏忽，也可能是手稿页边磨损的缘故），可能会出现这样一个问题：在拉丁文本中，前面这一句话的合适位置在哪里呢？不过，通过对珂罗版的仔细研究（研究表明，这里插入的部分中还有一个插入语），最重要的是通过对上下文的考察，我们可以满意地告诉读者，本英译本的翻译顺序是正确的。（——英译者注）

〔8〕　狄奥多罗斯：《历史丛书》［Ⅳ. 61］。

这一阶段的法律方面，的确没有任何其他民族做得比罗马人民更好），首要的程序被称为"*clarigatio*"［要求提供救济，同时宣布倘若三十三天内得不到救济将开战］或者"*rerum repetitio*"［要求归还财产或权利］。[1]后一种表述（正如塞尔维乌斯[2]精辟地指出的那样）包括各种可能的伤害案件，因为"财产"和"归还"都属于一般用语。主张的救济有三种形式：恢复原状，满足和投降。第三种形式具有混合的特征，因为它可能仅指投降，也可能包括惩罚。换言之，这三种主张分别建立在相对于第四项法律的第二项法律和第五项法律与第六项法律的基础上。至于涉及第一项法律与第三项法律相互冲突的案件，我们已经说明，在那些情况下，没有必要诉诸司法措施。

　　第二个必要的步骤是受害国或其公民为受害人的国家或该国行政长官发布战争的命令，或者颁布谴责对方的法令。[3]在这种实践中，产生了某些仪式性的用语。第一段仪式性用语是："我证明该国的行为是非正义的，而且没有提供符合正义的赔偿。"第二段仪式性用语是："'关于这些事件、诉讼和理由，古罗马人民的大祭司[4]已经向古拉丁国家和人民的大祭司提出了正式主张，古拉丁国家和人民本应进行赔偿、交还原物和采取行动，但他们并没有这样做。［你们看应该怎么办呢？[5]］''我认为，这些问题应该通过无可指责的和合法的战争加以解决，因此，我投票同意宣战。'"第三段仪式性用语是："因为古拉丁人部落对罗马人民实施了犯罪行为，又因为古罗马人民命令对古拉丁人进行战争，而且古罗马人民的元老院已经投票同意并颁布法令对古拉丁人开战，所以，我和罗马人民一起对古拉丁人宣战。"[6]

---

　　〔1〕　普林尼（老）：《博物志》XII.I［XXII.ii］。

　　〔2〕　塞尔维乌斯：《〈埃涅阿斯纪〉评注》IX［53］；塞尔维乌斯：《〈埃涅阿斯纪〉评注》X［14］。参见布里森：《论仪式》IV；《查士丁尼法典·学说汇编》XII.i.1；费斯图斯：《论语词的含义》"论'接收'的词义"［p. 228］；《查士丁尼法典·学说汇编》L.xvi.35。

　　〔3〕　西尔维斯特：《西尔维斯特全集》"论'控制'的词义"iii.4。

　　〔4〕　即缔约神官，他通过举行宗教仪式批准条约。（——英译者注）

　　〔5〕　李维这一段话采用的是对话形式，但格劳秀斯是以一个人叙述的方式把它呈现出来的。为了更真实地保留仪式性用语的精神，而且由于格劳秀斯这种简略的解释使拉丁文的结构显得不够规范，因此，在英文翻译中加了括号里的短语，以表示该段原文中的某些部分并没有出现在格劳秀斯的《捕获法》之中。不过，根据翻译的一般规则，对于其他微小或无关大局的不准确表述，本英译者并未予以修正。（——英译者注）

　　〔6〕　引自李维：《罗马史》I［xxxii］。

可以肯定的是，这两个步骤（要求归还财产或权利与宣战）既可以分别采取，也可以合并采取。如果它们（按照上述方式）分别提出并且两者之间有一段时间间隔，那就是分别采取；如果受害国在为对方提供诉诸司法程序的机会的同时，附加了一份在对方不能作出正义的判决时受害国自己将要宣布的判决，那就是合并采取。在后一种情况下，仪式性用语大致是这样的：
"除非加害人自行消除伤害后果，否则，他们将使用自己的力量和方法对伤害进行反击。"[1]或者也可能是这种形式："除非他们以处死罪犯的方式预先阻止他的行动，否则，他将不分青红皂白地进行屠杀。"[2]（根据欧里庇得斯的说法）依照这样的程序，忒修斯[19]指示使者向克瑞翁[20]转达他的要求：

"忒修斯，一位邻国的统治者，

要求领回死者，以便能够安葬他们。

同意这个要求将赢得雅典人的友谊。

如果我的要求被准许，你就转身回来；

如果我的要求被拒绝，你就告诉他：

'你将很快看到我的大军兵临城下'。"[3]

另外，克瑞翁也让使者给忒修斯带回了类似的信息。因此，我们看到，希腊人的习惯清楚地展示在希腊悲剧之中。罗马历史的许多段落中也描述了类似的习惯。

当上述两个步骤以这样的方式合并采取时，所涉及的程序可以被恰当地称为"警示通知"或"公告"，而且［从万国法的角度看］已经采取了"要求归还财产或权利"步骤的人没有义务再次发出警告。相反，如同作出判决以后发布的公告不是依据万国法，而是依据各个国家已有的做法一样，作为对以上提到的做法的补充[4]（确实如此，如重申警示通知），发动战争时举行的习惯性仪式只能是来源于各个国家的习惯。因此，迪奥【迪奥·卡修斯[21]】告诉我们，梅塞纳斯[22]显然支持这种观点。罗马人也采纳了许多来自埃魁人[23]

---

〔1〕　李维：《罗马史》Ⅷ［xxiii］。

〔2〕　塔西佗：《编年史》Ⅰ［xlviii］。

〔3〕　欧里庇得斯：《请愿的妇女》［385 ff］。

〔4〕　博丹：《论共和国》Ⅰ. vii；福列：《六月集》Ⅱ. ii，结尾部分。

的此类习惯，比如，使用带血的长矛作为标志以及类似的做法。另外，就像在审判中被定罪的人在判决宣布后要过整整三十天才会被执行刑罚一样，宣战后同样会给予对方三十天的宽限期。我们没有必要对这种做法感到特别奇怪，因为其他国家甚至经常会在战争开始之前宣布进行战斗的时间和地点。这种做法有时显得非常高尚且很有雅量，但通常并没有必要。因此，我们发现，在历史上罗马人对宣战最为审慎的时期，对属于"归还财产或权利"的主张，罗马人甚至从来没有向实际加害人或其行政长官以外的其他任何人提出过要求。可以肯定的是，在宣战以后，罗马人通常不仅会把宣战的事实通知刚才提到的当事方，而且会——作为一种形式——通知给邻国；不过，在特定情况下，当合法地提出主张而［被告］拒绝遵守法律时，他们甚至会省略这个步骤。瓦罗24[1]和阿诺比乌斯25[2]证实，就像市民法中的其他做法一样，正式宣战的习惯最终在罗马人中间被废除了。

以上论述告诉我们，对权威学者们[3]做出的这个论断，即所有未经合法宣战的战争都是非正义的，应该作出适当的解释。西塞罗的下面一段话对此作了最好的解释，他指出："所有在提出'要求归还财产或权利'的主张或者发出通知和警告并且正式宣战之前发动的战争都是非正义的。"[4]西塞罗的要求是满足这两个条件之一，而不是全部。

不过，即使是对于西塞罗的论述，我们也只能在有限的意义上加以接受：如果对方在我们对其采取以上步骤之前已率先开战，我们就不需要（像刚才指出的那样）对他发出警告。伊西多尔（圣）26的著作中有与此相关的一段著名的论述：[5]"在通过'要求归还财产或权利'的程序提请对方注意后，根据与争端事项有关的命令发动的战争就是正义的。此外，旨在反抗公敌的战

---

〔1〕　瓦罗：《论拉丁语》Ⅳ［V. 86］。

〔2〕　阿诺比乌斯：《反对异教徒》Ⅱ［lxvii］。

〔3〕　吉奥瓦尼·安德利亚：《〈第六卷〉评注》V. iv. 1；巴尔杜斯：《〈敕令集〉评注》Ⅲ. xxxiv. 2, n. 71［n. 76］；巴尔杜斯：《〈敕令集〉评注》Ⅵ. vi. 4 和 Ⅶ. liii. 8。

〔4〕　西塞罗：《论责任》Ⅰ［xi. 36］和《论共和国》Ⅱ［xvii. 31］。

〔5〕　伊西多尔（圣）：［《语源学》］ⅩⅧ. i，它被《天主教教会法典大全·格拉提安教令集》Ⅱ. xxiii. 2. 1 所引用。

争也是正义的。"〔1〕"公敌"一词的法律含义不仅包括我们对其公开宣战的人，也包括对我们公开宣战的人。〔2〕因此，在对那些其行动已经表明他们是我们国家的敌人的人开战时，没有必要发出警示通知。这一项原则得到了法学家们的公认。〔3〕他们坚持主张，对于那些公然危害社会和给我们制造麻烦的人，应当因其恶意而依法宣告没收他们的财产，〔4〕因为根据上述原则，没收财产的宣告相当于正式的宣战。我们在以色列人的历史上发现了这样一个著名的事例：〔5〕上帝命令以色列人在以正式通知的方式邀请其他任何民族与他们建立和睦关系之前，不得对这些民族发动武装攻击；不过，以色列人认为这一条禁令不适用于许多迦南人部落，因为他们在之前的战争中受到过迦南人的攻击。鉴于这种情况，我们可以得出以下结论：一旦履行了"要求归还财产或权利"的程序并就有关案件发出命令，即不再要求发布进一步的公告或判决，以确认在实际执行过程中产生的权利。原因是在这种情况下，一个人只是在进行已经开始的战争，而不是发动一场新的战争。因此，提出正义主张但没有得到满足的事实足以使我们转而诉诸自然法具有了正当性，也就是说，我们可以转而诉诸允许我们使用武力取得应当属于我们的一切的法律原则。不过，即使没有必要发出正式通知，也应该发布一个一般性声明。例如，发

---

　　〔1〕 尽管格劳秀斯在使用"edicto"（"敕令或命令"）表示"praedicto"（"命令"，伊西多尔（圣）的用语）和使用"hominum"（"人"）表示hostium（"公敌"，伊西多尔（圣）的用语）时，显然受到了后者的影响，但是，《捕获法》此处的内容既没有准确地引述伊西多尔（圣）的原文（《语源学》XVIII. i，牛津版），也与《天主教教会法典大全·格拉提安教令集》II. xxiii. 2. 1中的引文不一致。因为"hostium"一词明显地符合格劳秀斯本人的论点，而且其他变动并无伤大雅，所以，此处这一段直接引语的英文译文依据的是牛津版《语源学》中伊西多尔（圣）的论述。（——英译者注）

　　〔2〕 《查士丁尼法典·学说汇编》XLIX. xv. 24；《查士丁尼法典·学说汇编》L. xvi. 118。

　　〔3〕 贝拉米尼：［《论争端》］V，cont. iii，第十五章。另见《查士丁尼法典·学说汇编》XIX. i，末尾部分；巴斯克斯：《雄辩指南》xxiv. 5。

　　〔4〕 "……因其恶意而依法宣告没收其财产"译自一个单一的拉丁文单词"diffidatos"。首先，这个词表示缺乏善意，而善意是这里所引用的《查士丁尼法典·学说汇编》XIX. i中提到的一种品质特征，尽管这一段话中并没有指出任何形式的"恶意"。其次，格劳秀斯了解西尔维斯特对"diffidare"的定义相当于"bannire"的定义，即"没收"，而且在本段中，它是证明捕获（即"没收"）敌人财产具有正当性的必要前提。最后，中世纪的某些文件使用了"diffido"和"diffidatus"的多种形式分别表示"挑战的""挑衅的""好斗的""好战的"等含义，下面格劳秀斯引自巴尔杜斯的几句话清楚地表明，格劳秀斯头脑中所想的也是这些含义。为了在英文中充分表达这三个概念（恶意、没收和宣示敌意），有必要对这个拉丁文单词【diffidatos】作冗长的解释。（——英译者注）

　　〔5〕 《圣经·旧约》"申命记"xx. 10。

布一个追索债务，尤其是追索惩罚性债务的声明，以便像得到法律授权那样捕获敌人的财产。

至于其他人，如果战争的主要发动者已经向对方发出正式通知，他的盟友就不需要再发出此类通知了，因为他们只是帮助别人实现权利，并没有提出自己单独的主张。与此相同，如果针对某个特定国家或行政长官的战争依照适当形式已经开始，则不需要再对该国家或行政长官的盟友和臣民正式宣战了。我们的评论家[1]以自己的方式表达了如下结论：如果一位君主受到挑战[2]，他的所有臣民、盟友和仆从就都受到了挑战[3]。当格纳乌斯·曼利乌斯【·乌尔索】因为加拉提亚战争受到他的副将指责时，这个结论成为他为自己进行辩护的基本论点之一。

不过，回到上面引用的伊西多尔（圣）的论述上来，我们发现，它与我们对第二个问题得出的以下结论是一致的：**如果司法救济缺失或者已履行"要求归还财产或权利"的程序，并且国家已通过开战的法令，发动公战即具有正当性。**［结论七第二点］

三、对主动发动战争的责任人而言，什么构成进行战争的正当形式（一）？

现在，让我们来看另一个问题，即在战争中对主动发动战争的责任人有什么要求，以及允许他们实施什么行为。当然，这是一个非常宽泛的问题，我们将集中讨论这个问题的几个主要方面。

正如我们已经指出的那样，[4]正义战争的形式应该符合法律。现在，就像和司法程序有关的法律似乎与战争中的行为存在矛盾一样（尽管我们已经说明，上位法会使与之冲突的下位法部分无效，但我们也可以把看起来不相容的法律部分地加以协调），第三项法律和第四项法律似乎也与战争中的行为存在冲突。维吉尔写道：

"当那一刻［合法交战的时刻］来临时，

满怀仇恨地互相厮杀将成为合法，

---

〔1〕　巴尔杜斯：《〈敕令集〉评注》Ⅲ. xxxiv. 2，n. 70［n. 76］。

〔2〕　"*Diffidato*"，参见上一页英译者注。（——英译者注）

〔3〕　"*Diffidatos*"，参见上一页英译者注。（——英译者注）

〔4〕　参见本章开头部分。

而且可以像强盗一样进行抢劫……"〔1〕

假如维吉尔所言不虚，或者假如我说杀戮和抢劫是伴随着战争的现象，那么，我们该如何看待那些禁止我们伤害他人或者夺取他人财产的法律呢？在许多情况下，第三条规则似乎也构成了一个障碍，因为一旦战争开始，一切建立在人定法基础上的交往显然将荡然无存。

"对于敌人，谁还会问

'这究竟是诈术还是勇敢吗？'……"〔2〕

因为我们要做的就是千方百计地杀伤敌人，

"无论是利用诈术，还是公开使用武力，

无论是偷袭，还是面对面进行战斗……"〔3〕

首先，让我们考虑基于第二顺位的法律，即第三项法律和第四项法律提出的问题。（正如我们在其他地方指出的那样）根据第十三项法律的效力，不仅与第一项法律和第二项法律相冲突，甚至与其本身包含了第一项法律和第二项法律的第五项法律和第六项法律相冲突的第三项法律和第四项法律均属无效；同时，如果第三项法律和第四项法律本身互相冲突，亦属无效。基于同样的道理，如果任何行为违反了第一顺位和第三顺位法律〔第一项法律、第二项法律和第五项法律、第六项法律〕的命令，或者侵犯了上述法律不允许侵犯的人，则该行为即逾越了战争中正当行为方式的界限。

敌人攻击我们的人身和财产，我们也以同样的方式反击敌人：既包括其人身，也包括其财产。因此，需要考虑四种"相互联系的"情形：〔4〕1. 攻击攻击我们人身者的人身；2. 抢劫抢劫我们财产者的财产；3. 破坏威胁我们生命者的财产；4. 使用武力保护自己的财产。我们在前面已经证明，这些做法本质上都是正义的。现在，让我们看它们在什么范围内可以被允许。

假如为了保护我们的生命或财产允许我们伤害他人或抢劫其财产（我使用这样的用语表达这种假设是为了使它可以符合第一项法律和第二项法律，并且不构成犯罪），那么，一旦危险解除，比如，已经取得胜利，我们就应该

---

〔1〕　维吉尔：《埃涅阿斯纪》X. 14。

〔2〕　维吉尔：《埃涅阿斯纪》II. 390。

〔3〕　[参见荷马：《奥德赛》I. 296；斯托博乌斯：《文选》LIV. 46。]

〔4〕　市民法与教会法评论家：《〈学说汇编〉评注》I. i. 3 和《〈敕令集〉评注》VIII. iv. 1。

停止对他人的暴力行为。假如我们对自己的财产或某种应该属于我们的东西提出主张，那么，在取得我们所主张的标的物以后，就不允许我们强行将额外的财产据为己有。假如我们要对他人的犯罪进行复仇，那么，这种复仇应该与犯罪的程度相当，即遵守"惩罚与犯罪相称原则"。[1]

当然，现在我们论述的问题与前一章论述的问题不同。在前一章中，我们关注的是战争原因的必要性，而在本章中，我们需要额外考虑战争中适度克制的问题。塞内加（小）认为，那些有理由实施惩罚但在惩罚时不遵守适度克制原则的人可以被恰如其分地称为冷血动物。[2]

此外，在这个问题上，必须注意的是，为避免一个人在战争中代人受过，有时战争中的责任是因一个人单独实施行为或与他人共同实施行为的结果而承担的，有时是因他人实施行为的结果而承担的，但该行为与一个人之前或之后单独的行为有关。从第一顺位的法律来看，这种区别没有意义，因为这些法律只关注行为本身，并不考虑主观意图。不过，经常发生的情况是，这种区别的确与涉及契约的案件有关；有时，它也可能与侵权案件有关，假如对侵权行为的惩罚只涉及金钱或财产。[3]保释金制度就是建立在这个原则基础上的。但是，法律拒绝承认各种形式的体罚，[4]因为任何人都不能承担并非他自己可以承担的责任。[5]上帝赋予我们对财产的所有权，但却把对我们的所有权保留给了自己。我们可以随心所欲地转让自己的财产，但我们不能处置自己的生命。[6]如同私人财产一样，奴隶并没有被赋予主宰自己命运的权力。

因此，首先，一个盟友因另一个盟友实施行为的结果而承担的责任来自前者的行为，也就是说，来自他实际的行为，而不仅是一个盟约的结果。对

---

〔1〕　贺拉斯：《讽刺诗集》I. iii［118］。

〔2〕　塞内加（小）：《论宽恕》II. iv。

〔3〕　《查士丁尼法典·学说汇编》XLVIII. iii. 4；西尔维斯特：《西尔维斯特全集》"论'保证'的词义" vii 和 viii。

〔4〕　巴尔托鲁：《〈学说汇编〉评注》XLVIII. xix. 6；市民法与教会法评论家：《〈学说汇编〉评注》XLVIII. xix［XLVI. i. 70〕。

〔5〕　《查士丁尼法典·学说汇编》IX. ii. 13；《天主教教会法典大全·格拉提安教令集》II. xxiii. 5.9。

〔6〕　这种观点在特罗瓦马拉的《罗塞拉全集》Qu. "论法官"中得到了支持。《西尔维斯特全集》"论'法官'的词义" Pt. II, v: "Ex his duabus"。

于承担的债务，神学家们基于自然公平以最值得推崇的方式宣布，所有无论以任何方式造成不公平的人都有义务为实现公平承担责任。此外，他们坚持认为，为这种不公平承担责任的人不仅包括那些亲自实施暴力抢劫或拘禁行为的人，还包括那些发号施令、出谋划策、怂恿、赞同和帮助实施抢劫行为以及后来阻挠恢复原状的人。[1]因为所有盟友都至少实施了上述一项行为，所以，必须认为因此而产生了一种共同责任，[2]以此约束每一个因其帮助而使非正义的一方更胆大妄为，同时却使对方感到更加恐惧的人。这是一条适用于所有战争的不变的原则。另一方面，关于惩罚，同样毫无疑问的是，那些虽然没有提供实质性帮助但通过出谋划策鼓励实施暴力行为的人也应该受到惩罚，甚至应该受到与主要行为人同样的惩罚，因为他们自己也是罪犯。[3]

至于国家，就像受契约效力的约束，一个人应该为他就某一事项任命的经理人或代理人的行为承担责任一样，[4]国家应该为其行政长官的行为承担责任。[5]有时，这种具有拘束力的责任甚至包括惩罚在内。因为那些把自己的权力转让给其代理人的人可以被证明是他人所受损害的根源，所以应该承担责任。由于他所托非人，因此，他似乎也卷入了［后者的］欺诈之中。[6]贺拉斯写道：

---

〔1〕　科瓦鲁维亚斯：《〈天主教教会法典大全·第六卷〉评注》"刑事法规"，Pt. Ⅱ，§12，n. 2；参见《西尔维斯特全集》，"论'恢复原状'的词义"Pt. Ⅲ，vi. 4 和"论'战争'的词义"，Pt. Ⅰ，xi. 1 和 7。

〔2〕　《查士丁尼法典·学说汇编》Ⅱ. x. 1，§4；邓斯·司各脱：《〈思维四书〉评论》［载于《牛津著作集》］Ⅳ，dist. 15，qu. 2，n. 4 和加布里埃利对此的注释。理查德·米德尔顿：《〈思维四书〉评论》Ⅳ，dist. 15，art. 5，qu. ［n.］4 和托马斯·阿奎那：［《〈思维四书〉评论》Ⅳ，dist. 15］，art. 5，qu. 3；威廉·马泰：《论正义与合法战争》，in Req. 1。

〔3〕　《天主教教会法典大全·格拉提安教令集》Ⅱ. xi. 3. 100；《查士丁尼法典·法学总论》Ⅳ. i，§11；《查士丁尼法典·学说汇编》XLⅦ. viii. 2，§12；《西尔维斯特全集》，"论'谋杀'的词义"Pt. Ⅰ，xiii［xii］，xv～xvii。另见巴尔杜斯：《〈敕令集〉评注》Ⅸ. ii. 5；巴尔杜斯：《〈敕令集〉评注》Ⅲ. xxxiv. 2，n. 70［n. 76］；巴尔杜斯：《〈敕令集〉评注》Ⅷ. iv. 1，n. 24。

〔4〕　西尔维斯特：《西尔维斯特全集》，"论'恢复原状'的词义"［Pt. ］Ⅲ，v. 5 和 xi. 10；《西尔维斯特全集》，"论'责任'的词义"vi［Idem dic.］；《查士丁尼法典·学说汇编》XⅣ. iii；《查士丁尼法典·学说汇编》Ⅳ. ix。

〔5〕　维多利亚：《论市民的权利》12；《查士丁尼法典·学说汇编》XⅣ. i。

〔6〕　《查士丁尼法典·学说汇编》XI. vi. 2；《查士丁尼法典·学说汇编》XⅦ. ii. 23；《查士丁尼法典·学说汇编》Ⅳ. ix 7，§4；《查士丁尼法典·学说汇编》X. ii. 45，§1。

"希腊人要为其国王的每一个愚蠢行为

接受惩罚……"[1]

这一句话无论如何都是有道理的。

与此同时，导致赫西奥德发出哀叹的下列情形也并非不合理：

"对于国王亵渎神灵的罪孽，

所有人民不得不为他赎罪。"[2]

上帝自己也将同样的原则付诸实施，他经常因君主的罪过而惩罚其臣民，有许多著名的事例可以证明这一点。[3]受人尊敬的查斯丁（圣）27曾经讲道："对犯下罪过的君主最严厉的惩罚就是惩罚其人民。"[4]安布罗斯（圣）也指出："国王的罪孽导致对人民的惩罚。因为正如他们的美德会使我们得到保护一样，他们的罪孽将把我们置于危险的境地。"[5]

不过，与此同时，国家也要为其公民的行为承担责任。[6]尽管这不是绝对的，但是，在国家未能主持正义的情况下，罪犯的行为就变成了国家自己的行为，因为赞成实施某一行为的责任相当于命令实施该行为的责任。[7]正因为如此（像我们看到的那样），古代的近邻同盟会议28谴责了叙利亚人，因为他们没有对实施海盗行为的人予以惩罚。[8]在这个意义上，国家并非完全是为别人的行为承担责任，因为这也涉及国家自身的行为：一方面，国家未能主持正义阻碍了他人实现自己的权利；另一方面，国家违反了第九条规则的义务存在过错，因为该条规则要求国家为外国人和本国公民提供公正的司法救济。此外，毫无疑问，假如一个人没有制止他应该而且能够制止的行为发生，他就要为该行为的后果承担责任。这一项原则适用于关于惩罚的债务

---

〔1〕 贺拉斯：[《书札》I. ii. 14]。

〔2〕 赫西奥德：[《工作与时日》260 f]。

〔3〕 《圣经·旧约》"创世纪" xx. 4 和 9；参见福列：《六月集》III. xix。

〔4〕 [查斯丁（圣）（冒名）：《论正教问题》cxxxviii。]

〔5〕 安布罗斯（圣）：《为大卫辩护》[xi. 56]。

〔6〕 参见巴尔托鲁：《论报复》Qu. 4 [ad 6]，n. 13。

〔7〕 《天主教教会法典大全·格拉提安教令集》II. xxiii. 2. 2；科瓦鲁维亚斯：《〈天主教教会法典大全·第六卷〉评注》"刑事法规"，Pt. II，§10；托马斯·阿奎那：【《神学大全》】II ~ II，qu. 62，art. 7，答复问题部分；西尔维斯特：《西尔维斯特全集》，"论'赔偿'的词义"[Pt.] III，vi. 2 和 8；劳登西斯：《论战争》Qu. 18。

〔8〕 普卢塔克：《希腊罗马名人比较列传》"西门传"[p. 483 B, C]。

和其他债务。在赫西奥德讲下面一句话时，他头脑中也想到了这一项原则：

"由于一个人的邪恶，

国家经常遭受惩罚……"[1]

普罗克洛斯[29]对赫西奥德的诗句作了以下精彩的评论："因为尽管国家有能力制止这种邪恶，但它没有这样做。"[2]普罗克洛斯还举了两个例子：一个取自《伊利亚特》开篇部分关于阿伽门农的一段话（贺拉斯也注意到了这个事例）；另一个则与希腊人的舰队被焚毁有关：

"只是因为一个人疯狂的罪行，

即俄琉斯的儿子埃阿斯【埃阿斯（小）[30]】的罪行。"[3]

也就是说，由于希腊人的国家没有对埃阿斯（小）可耻的罪行表示愤慨，因此，赎罪机制开始发挥作用。关于这个问题，我们在《圣经》中发现了许多著名的证据，[4]证明整个民族要为未能惩罚个人的犯罪而赎罪是一种上帝悦纳的做法。阿加佩图斯[31]在他致查士丁尼的《诫勉集》中对这一点作了如下解释："未能制止犯罪应当被认为相当于犯罪。即使一个管理国家的人在其他方面处事公正，但如果他对不法行为人表示宽容，根据上帝的判决，他就是一名教唆犯。"[5]

另一方面，作为公民的个人也要为国家的行为承担责任。事实上，这种做法符合自然正义，因为我们从公民社会中获得利益，所以，我们也应该承受它的不利后果。[6]对于这一点，市民法的解释者们发表了各种观点，[7]不过，他们的观点基本上是建立在市民法基础上的。尽管联合为一个整体的人和作为私人的人在自然秩序中没有区别，但人为的设想和公民的同意之间仍

---

〔1〕　赫西奥德：[《工作与时日》240]。

〔2〕　普罗克洛斯：[《赫西奥德〈工作与时日〉评论》]。

〔3〕　维吉尔：《埃涅阿斯纪》Ⅰ[41]。

〔4〕　《圣经·旧约》"民数记"xxxv. 33 ~ 34。

〔5〕　阿加佩图斯：《诫勉集》[N. 28，p. 367 C.]。

〔6〕　乔安尼斯·科法鲁斯：《法律评论》58。

〔7〕　[注释法学派学者]：《〈学说汇编〉评注》Ⅲ. iv. 2 和 7；[注释法学派学者]：《〈学说汇编〉评注》Ⅻ. i. 27；[注释法学派学者]：《〈学说汇编〉评注》ⅩⅬⅡ. i. 4；巴尔杜斯：《〈敕令集〉评注》Ⅳ. viii. 1；巴尔杜斯：《〈敕令集〉评注》Ⅶ. liii. 8；《查士丁尼法典·敕令集》Ⅺ. lvii；《查士丁尼法典·新律》xii；塞内加（小）：《论利益》Ⅵ. xix。

然存在区别。[1]然而，万国法并不承认这种区别，它将公共团体和私人公司归为同一种类型。现在，人们普遍承认，私人公司都要服从这样一项规则：公司所欠的一切债务都可以要求作为公司合伙人的个人偿还。另外，就像行政长官是国家任命的一样，[2]国家显然是由个人组成的，[3]因此，对于损害赔偿，甚至是基于犯罪行为提出的损害赔偿，个人应当以与国家同样的方式承担责任。但是，我们千万不能说由于国家犯有罪行，因而可以剥夺无辜市民的生命，或者对他们进行体罚，[4]特别是在可以对国家本身实施惩罚的情况下。因为国家的生命可以被削弱（就像在有些情况下，根据神法实施的制裁可以使一个国家成为附庸国），[5]而且在某种意义上，国家可以被毁灭。"当一座城市被完全摧毁后，它就彻底消亡了。"[6]这就是迦太基和其他一些城市的命运，它们由于敌人的抢劫被夷为平地[7]以及政治机构的解体而不复存在。不过，对国家的经济惩罚显然可以由其臣民承担，因为如果没有臣民就没有国家。托马斯·阿奎那宣布说，那些属于一个团体必不可少的内容和组成部分的个人——这种表述应该包括臣民及其子女和奴隶——可能因该团体对其他团体造成的损失而代位遭受惩罚。[8][9]然而，正如我们讲过的那样，通常的情况是臣民们并没有犯罪。虽然情况的确如此，但是，前面引用过其言论的经院派学者［托马斯·阿奎那和西尔维斯特］教导我们说，尽管没有犯罪就没有惩罚，但惩罚经常会以这样或那样的理由强加到并没有犯罪的无辜者头上。[10]在我们目前讨论的案件中，这种情况就非常明显。在本案中，

---

〔1〕《查士丁尼法典·学说汇编》Ⅲ. iv. 1，§1。

〔2〕西尔维斯特：《西尔维斯特全集》"论'报复'的词义"，开头部分；托马斯·阿奎那：【《神学大全》】Ⅱ~Ⅱ，qu. 40。

〔3〕参见前面第二章。

〔4〕《查士丁尼法典·学说汇编》Ⅳ. ii. 9，§1。

〔5〕《圣经·旧约》"申命记"xx. 11。

〔6〕利库尔戈斯：《斥莱奥克拉特斯》[lxi，p. 156]。

〔7〕《查士丁尼法典·学说汇编》Ⅶ. iv. 21。另见福列：《六月集》I. i。

〔8〕托马斯·阿奎那：【《神学大全》】Ⅱ~Ⅱ，qu. 108，art. 4。另见西尔维斯特：《西尔维斯特全集》，"论'战争'的词义"[Pt. I] xi. 6~7。

〔9〕在珂罗版中，格劳秀斯旁注标记的位置有误。在他引用的那一段话中，托马斯·阿奎那以子女和奴隶为例指出，有些人是其他人的"现世资产"。（——英译者注）

〔10〕《天主教会法典大全·第六卷》V. ult.，规则23和迪努斯对此的评论。另见西尔维斯特：《西尔维斯特全集》，"论'罚金'的词义"，开头部分。

我们有一个支持众所周知的"夺取抵押物"或"为替代惩罚而抓捕人质"的报复惯例的论点，而这种报复的做法不仅存在于当今世界，也存在于古代的国家。当一个国家不能主持正义时，其公民欠我的债务即成为该国家欠我的债务；与此相同，国家所欠的债务也可以成为其公民个人所欠的债务。这个问题同样引起了巴尔托鲁的关注。[1]采取这种报复方式的另外一点考虑是便利，因为债权人很难通过其他方式实现自己的权利；而在国内，公民个人比较容易通过诉诸法律诉讼从有过失的人那里获得损害赔偿[2]。

简而言之，我们可以将对战争形式的限制概括如下【这也是我们对第三个问题（一）的结论】：**如果战争限于争议权利的范围，且其对象是因该权利而负有义务之人，则主动发动战争的责任人进行战争即具有正当性。**〔结论七第三点（一）〕

四、引申问题一：在什么范围内允许对敌国臣民采取攻击行动？

通过对某些特殊情况的论述，尤其是对公开宣战的敌国臣民的论述，会使我们能够澄清上述结论，而作为一项规则，敌国臣民的问题成为研究战争法的学者们争论的主要原因。[3]因此，我们应该确定欧里庇得斯下面一句名言在什么范围内是正确的：

"杀死公敌者，

乃纯洁与忠于职守之人也……"[4]

我们也必须确定塔西佗的下面一句话是否正确："在和平时期，需要考虑原因和是非；一旦战争爆发，无辜和犯罪就难以区分了。"[5]如果我们把这种一般性的观点特别适用于关于捕获物和战利品的法律，这些法律将会变得更容易理解。

就人身攻击而言，根据不考虑敌人主观意图的第一顺位的法律〔第一项

〔1〕　巴尔托鲁：《论报复》，开头部分。另见《查士丁尼法典·学说汇编》XIV. i. 1；劳登西斯：《论战争》Qu. 38。

〔2〕　《查士丁尼法典·敕令集》XI. xxxvii. 1。

〔3〕　维多利亚：《战争法》37 和 45。

〔4〕　欧里庇得斯：〔《伊翁》1334〕。

〔5〕　塔西佗：〔《编年史》I. xlviii〕。

法律和第二项法律]，允许对所有无论是否故意抵抗我们行使权利的敌人进行攻击。[1]因为这些敌对的臣民无例外地都对我们"造成"了伤害，即使这种伤害并非他们"自愿"造成的。[2]这个论断得到了神法的明确肯定，因为神法命令在夺取某些城市后，把城里的成年人全部杀光，[3]尽管其中许多人肯定是无辜的。同样的规则也适用于正当地防守一座城市。因此，奥古斯丁（圣）指出："如果一个人用城墙把自己的财产围起来并因此导致他人受伤或死亡，该人不会因他人受伤或死亡而承担罪责。"[4]

　　不过，如果有些人可以被从敌人的整体中分离出来，而且他们不会对我们行使权力构成妨碍，[5]他们的人身就完全应该免受攻击。西塞罗告诫我们："另外，即使攻城锤已经击垮了敌人的城墙，我们仍然应该善待那些放下武器并诚心接受我们的将军们保护的人。"[6]此外，权威学者发表的意见可以视为是对塞尔苏斯以下观点的准确解释：根据战争法，我们应该"收容"[7]逃兵，即那些背弃敌人阵营的人。[8]然而，正如公平原则与那些在绝对正确的公平原则指导下的神法准则[9]指示我们应该饶恕已经投降的城市中的所有人一样，这些准则也指示我们在发动进攻夺取一座城市的时候，尽可能地饶恕所有并不妨碍我们行使权利的人的性命。正因为如此，塞内加（小）在他的悲剧《屋大维娅》中建议，不能把"敌人"的名称适用于妇女。[10]与此相同，

---

〔1〕　参见结论六第二点【第七章】。

〔2〕　对这一句拉丁文中的短语"造成伤害"和"并非自愿造成伤害"的解释依据的是第七章中对这些术语的讨论。（——英译者注）

〔3〕　《圣经·旧约》"申命记"xx. 13；《圣经·旧约》"约书亚记"vi〔21〕；《圣经·旧约》"撒母耳记上"xv。

〔4〕　奥古斯丁（圣）：《书信集》，"致普布利科拉书"，它被《天主教教会法典大全·格拉提安教令集》Ⅱ. xxiii. 5. 8所引用；《查士丁尼法典·学说汇编》Ⅸ. ii. 9。

〔5〕　维多利亚：[《战争法》]，49；真蒂利：《战争法三集》Ⅱ. xvi, xvii, xviii, xx, xxi；威廉·马泰：《论正义与合法战争》in Req. 2，p. 3。

〔6〕　西塞罗：《论责任》Ⅰ [xi. 35]。

〔7〕　"Recipimus"一词也用在刚才引用的西塞罗的那一段话中，意思是"善待"或"保护"。不过，我们应当注意，这个动词也可以被译为"我们夺取"。斯科特在他对《查士丁尼法典·学说汇编》有关段落进行翻译时就采用了这样的解释。（参见 S. P. 斯科特：《市民法》，第九卷，第173页。）（——英译者注）

〔8〕　《查士丁尼法典·学说汇编》XLI. i. 51，居雅斯：《法律意见》Ⅳ. ix。

〔9〕　《圣经·旧约》"申命记"xx. 13；柏拉图：《国家篇》Ⅴ [p. 471 A, B]。

〔10〕　塞内加（小）：《屋大维娅》[第864行]。

卡米卢斯[32]坚称，他不能使用武器对付那些即使在城市被攻克以后也会被饶恕的儿童。[1]亚历山大大帝也宣布说："我一贯不对俘虏和妇女使用武力；我憎恨的人必然是拿着武器打战的人。"[2]把俘虏包括在不使用武力的对象范围内是值得赞赏的。由此可见，具有埃阿科斯[33]的后裔极度残暴特征的那个人［好战的统治者皮洛士[34]］所说的下面一句话是错误的：

> "没有任何法律规定要赦免战俘
>
> 或者禁止对他实施惩罚……"[3]

虽然"法律未予禁止者，乃其耻于禁止也"这一句话并不是对皮洛士言论的答复，但它具有足够的说服力。皮洛士的行为是被法律所禁止的，也就是被最神圣的自然法准则——人类绝对不能随心所欲地虐待同类——所禁止的。塞内加（小）坚持认为："公平和美德的基本原则要求即使对俘虏也应该慈悲为怀。"[4]神学家奥古斯丁（圣）告诫我们："在战斗中打败敌人是一种必然的要求，而不是选择。就像对挑衅者应当给予暴力还击一样，对在胜利的战斗中被俘虏的人应当表示怜悯，尤其是对那些不可能再扰乱和平的人。"[5]根据欧里庇得斯的悲剧，欧律斯透斯同样指出，不放过在战争中逃过一劫者的那些人的手永远也洗不干净。[6]除此之外，农夫——即居住在田野上，手无寸铁并愿意对军队表示服从的人——在某种程度上应该被适当地与俘虏归为一类。为什么要对他们发泄怒火呢？他们并不构成战争行动的障碍，相反，正如波利奥[35]通常说的那样，他们是胜利者的战利品。不过，相对于这个论点，另一种不同的观点更有说服力：如果不阻止农业生产活动，敌人将会变得更加强大。[7]

此外，同样的看法也可以适用于那些行为正直的臣民，或换言之，适用于那些没有犯罪的臣民。正如塞内加（小）所言：明智的人"会让敌人安全

---

〔1〕　李维：【《罗马史》】Ⅴ［xxvii］。

〔2〕　库尔提乌斯：［《亚历山大史略》Ⅳ. xi. 17～18］。

〔3〕　塞内加（小）：《特洛伊妇女》［333 f］。

〔4〕　塞内加（小）：《论宽恕》Ⅰ. xviii。

〔5〕　奥古斯丁（圣）：《书信集》Ⅰ［clxxxix. 6］，"致普布利科拉书"，它被《天主教教会法典大全·格拉提安教令集》Ⅱ. xxiii. 1. 3 所引用。

〔6〕　欧里庇得斯：《疯狂的赫拉克勒斯》［1009 ff］。

〔7〕　威廉·马泰：《论正义与合法战争》in Req. 2，p. 2。

地离开，有时甚至会对他们表示赞扬，假如他们投入战争是出于高尚的动机，比如，为了遵守诚信、履行条约或者保卫自由。"[1]

然而，根据第五项法律，犯罪必须受到惩罚。[2]建立在第五项法律之上的权利不会因取得胜利而停止存在，其他权利［为此而诉诸战争的权利］同样如此。任何人如果认真思考这个问题，都可以清楚地看出这两种权利的区别。因此，有罪之人甚至应该受到体罚，假如其所犯罪行应该被给予这种惩罚。当出现这种情况时，就像在司法审判中一样，在战争中也应该作出同样的判决。[3]柏拉图对战争中这种有争议的做法表示了值得敬佩的支持，他指出："对于那些犯有罪行的人，原来的受害者应该在其所受伤害的范围内，强制他们接受惩罚。"[4]根据狄奥多罗斯的记载，吉利普斯在他对雅典俘虏的演说中坚持认为，他们的灾难是因为自己的邪恶和贪婪，将其归咎于运气不佳并祈求得到乞怜人的待遇是徒劳的，因为这种辩护理由只适用于因形势所迫而误入歧途但心地纯洁的人。根据制定有关乞怜人法律的立法者的意图，对不幸者应予宽恕，但对怀有不良企图的犯罪者则应予惩罚。然后，吉利普斯做出以下结论："因此，既然他们根据自己的自由意志发动了这一场非正义战争，那就让他们勇敢地承担由此产生的不幸后果吧。"[5]按照同样的思路，地米斯提乌斯指出：对不幸之人应予宽恕，对犯错之人应予矫正，对邪恶之人则应予惩罚。他认为，煽动叛乱者属于第三种类型，被战争裹挟而误入歧途者属于第二种类型，迫不得已而屈服于当时更强大一方者则属于第一种类型。[6]与此相同，韦利奥斯【韦利奥斯·帕特库洛斯36】指出，在米特拉达梯【米特拉达梯六世37】时代，雅典人一方面受到来自敌人的压制，另一方面受到来自朋友的攻击，因此，尽管迫于服从的需要，他们的身体在城墙里面，但他们的心在城墙外面【他们身在曹营心在汉】。[7]这个事例可以

---

〔1〕 塞内加（小）：《论宽恕》II. vii。

〔2〕 维多利亚：［《战争法》］，46。

〔3〕 维多利亚：［《战争法》］，47。

〔4〕 柏拉图：《国家篇》VII［V, p. 471 B］。

〔5〕 狄奥多罗斯：［《历史丛书》］，XIII［xxix］。

〔6〕 地米斯提乌斯：《演讲集》"论瓦林斯"［15, p. 111］；地米斯提乌斯：《演讲集》"论瓦伦提尼安"［3, p. 148］。

〔7〕 韦利奥斯·帕特库洛斯：［《罗马史》］II. xxiii. 5］。

被用来确认隐含在下面一句话中的区别："有些人是敌人，有些人是和敌人在一起的人。"由此可见，胜利者在掌握司法权以后，可以按照上述区别酌情实施惩罚。

对人身惩罚问题的论述到此为止。

现在让我们转向对财产惩罚的问题。关于臣民的财产，我们不难得出结论。因为我们在其他地方讲过，为了抵御对自己人身或财产的威胁，可以夺取他人的财产；同时，为了追索债务，也可以夺取他人的财产。[1]前一种权利来自第一顺位的法律［第一项法律和第二项法律］；后一种权利来自第三顺位的法律［第五项法律和第六项法律］。不过，我们也讲过，如果臣民构成我们实现自己权利的障碍，即使他们是无辜的，也会在战争中受到攻击。[2]现在，所有臣民，甚至包括那些本人并非士兵的臣民，[3]都在通过他们掌握的资源妨碍我们实现权利的努力。由于他们缴纳的赋税不仅被用来购买威胁我们生命的战争物资，而且会阻碍我们重新取得自己的财产，并使我们遭受新的损失，[4]因此，必须剥夺敌国臣民的资源，除非我们在追求自己的权利时愿意付出敌国臣民的资源被用于对我们造成损害的代价。在这里，不需要对不同情况下的不同臣民加以区别，因为正如我们反复指出的那样，有关法律只考虑敌人的行为，而不考虑其主观意图。

因此，我们推定，不但可以夺取敌国臣民的财产，而且可以把它们据为己有。一方面，如果敌国臣民夺取了我们的财产，而且我们认为由于其伤害行为或任何其他原因，他们对我们负有责任，我们使用武力夺回不可能通过任何其他方式重新取得的财产就是最符合正义的；另一方面，如果一个国家伤害了我们[5]或者对我们负有债务，那么，没有任何东西可以阻止我们夺取其臣民的财产作为补偿，因为我们在前面已经说明，[6]臣民的财产可以因国家的债务而被捕获。不过，对这种捕获行为有一个限制，即捕获的财产不得超过该国

---

〔1〕　参见前面第三章二中的论述；维多利亚：［《战争法》］39，55。
〔2〕　参见结论六第二点【第七章】。
〔3〕　参见前面第四章一中的论述。
〔4〕　西尔维斯特：《西尔维斯特全集》，"论'恢复原状'的词义"［Pt.］Ⅲ，末尾部分［xii］。
〔5〕　参见维多利亚：［《战争法》］，56。
〔6〕　参见本章第141～143页。

欠我们的债务，而债务的计算应该包括赔偿遭受的损失和付出的成本。另外，甚至在取得胜利[1]和战争的首要原因，即抵御危险的必要性不复存在以后，赔偿的主张应该继续有效。因为我们发动战争的目的正是要通过取得胜利实现自己的权利。用李维的话来说："当所有财产都被交给武力更强大的那个人时，他就享有权利和特权决定选择把哪些财产留给作为征服者的自己，[2]以及作为对被征服者[3]的惩罚，剥夺他们的哪些财产。"[4]

因此，我们的结论是：所有敌国臣民的财产在任何时候都可以被剥夺，但不一定要剥夺他们的生命。因为就我们自己面临的危险而言，许多人并没有亲手对我们使用过暴力，所以，对他们进行人身伤害没有任何好处。但是，敌人中的每个人都通过其财产对我们造成了伤害，即使他可能最不情愿这么做。或者说，假如我们站在债权人权利的立场上来看待这个问题，我们会发现，为了追索国家所欠的债务，该国臣民的财产应当被捕获，但不包括臣民的人身，[5]而且在报复的情况下，同样允许捕获财产，但禁止进行人身攻击。[6]由此可见，把剥夺财产的理由适用于对人身的攻击是站不住脚的，因为在不太重要的问题上允许对一个人做的并非在更重要的问题上也允许对他这样做。

另外，尽管其他学者对于支持这种观点的理由并非完全赞同，但是，所

---

〔1〕 维多利亚：[《战争法》]，50 和 57。

〔2〕 格劳秀斯通过使用"*victor*"（征服者）代替"*victos*"（被征服者）一词，弱化了李维这一句话的强度。李维的原文可以翻译如下："当所有物品都被交给武力更强大的那个人时，他就享有权利和特权决定并选择，这些物品中哪些可以由被征服者保留，哪些作为对他们的惩罚予以剥夺。"这种词语的替换也有损于这一句话的句法结构。参见下一个脚注。（——英译者注）

〔3〕 这里只简单地使用了"*eos*"（他们）一词。在李维的原文中，它指的是前面的被征服者。上面提到格劳秀斯用"*victor*"（征服者）代替了"*victos*"（被征服者），从而使"*eos*"一词失去了语法上的先行词，尽管根据上下文可知，某个意指"被征服者"的名词必须被理解为是它的先行词。（——英译者注）

〔4〕 李维：【《罗马史》】[XXXIV. Lvii. 7]。

〔5〕 参见阿亚拉：《战争的权利和职务与军纪》I. iv. 6。

〔6〕 巴尔托鲁：《论报复》Qu. 8，n. 1，开头部分；西尔维斯特：《西尔维斯特全集》，"论'报复'的词义"[i] 6，开头部分；科瓦鲁维亚斯：《〈天主教教会法典大全·第六卷〉评注》"刑事法规"Pt. II，§ 9，n. 4，末尾部分。

有神学家和法学家都支持这种观点本身。[1]他们坚决主张，被称为"战利品"
或"捕获品"的物品在正义战争中可以成为捕获者的财产；这些战利品或捕
获物应该被理解为不仅来自进行非正义战争之人的财产，而且来自其所有臣
民（妇女、儿童也不例外）的财产，直到进行正义战争一方的所有正当要求
都得到满足为止，无论其正当要求是因为敌人实施的伤害或不法行为，还是
因为对他或他的财产造成的损害以及与这种损害有关的其他因素；或者直到
敌人准备满足这些正当要求，或表现出遵守法律的意愿为止。至于其他问题，
卡耶坦[2]和（西班牙人）科瓦鲁维亚斯[3]指出，在这种情况下，不需要考
虑某个人是否无辜的问题。不过，另一位西班牙人维多利亚认为，如果敌人
拒绝归还被不正当地抢走的财物，而且受害人无法确保能够从其他来源获得
赔偿，他就可以从任何来源满足自己的主张，不管对方有罪还是无辜，甚至
商人和农夫也不例外。[4]这就是维多利亚的观点。不过，其他一些权威学者
认为，在这个问题上，应该对水手和商人表示宽容。[5]但根据他们的解释，
他们指的是被风暴吹到陌生海岸的水手和外国商人或者去往公共集市途中的
商人。然而，即使在报复的情况下，商人也属于不能被宽恕的臣民。

　　现在，除了在有些情况下根据条约或者双方通行的默示习惯，即基于诚
信，承诺给予某些人安全保证以外[6]（我们将要讨论这个问题），上述观点
是有效的。因此，我们读到，印度人会宽恕农民阶层。拉特兰会议通过的
法令规定，下列人员应该享有适当的安全保障：往来旅行的牧师、僧侣、
改宗者、朝觐者、商人和乡下人或者从事农业劳动的人；此类安全保障也

---

　　〔1〕　托马斯·阿奎那：【《神学大全》】Ⅱ～Ⅱ, qu. 66, art. 8, ad 1；安东尼·德·布特里奥：《〈格
列高利教令集〉评注》Ⅱ. xiii. 12；霍特廷西斯：《〈格列高利教令集〉评论》V. xxxviii 和约翰·卢普斯：
《论战争与军事》§ *Si bene advertas* 中对此的评论；英诺森【四世】：《〈格列高利教令集〉评论》Ⅱ. xiii. 12；
约翰·费伯：《〈法学总论〉评注》Ⅱ. i。

　　〔2〕　卡耶坦：《犯罪要览》"战争损失"一词。

　　〔3〕　科瓦鲁维亚斯：《〈天主教教会法典大全·第六卷〉评注》"刑事法规"Pt. Ⅱ, § 11。

　　〔4〕　维多利亚：[《战争法》] 39, 41。

　　〔5〕　巴尔托鲁：《论报复》Qu. 7, n. 15 [n. 16]，开头部分；贝拉米尼：《论争议》V, cont. iii,
第十五章；西尔维斯特：《西尔维斯特全集》，"论'报复'的词义"，viii。

　　〔6〕　威廉·马泰：《论正义与合法战争》in Reg. 2, p. 4；卡耶坦：《犯罪要览》"战争损失"
一词。

扩大适用于农民用于耕地或播种的牲畜。[1]不过，对于这种法令中的"商人"，正确的解释是只包括外国人。卡耶坦指出："按照我的解释，这里的商人并不是指定居在一个地区从事贸易的人，而是指作为外来人居住或停留在该地区做生意的人。在我看来，本地商人并不比外地商人地位更高。"[2]事实上，教会法学者们拒绝在今天的实践中完全接受我们刚才援引的教皇法律中的这一条敕令（即他们所谓的"教会停战令"），[3]而且该条敕令也确实并非基于一种永久性的理由。但是，如同债权人不能取得债务人财产中借来或偷来的财产一样，对于并非属于敌人的他人财产（即既不属于敌人的盟友，也不属于敌人的臣民的财产），即使它位于敌人的领土上，捕获者显然也不得将其据为己有。

在这一点上，我们可以顺便思考一个其他学者[4]经常提出并进行过广泛讨论的问题，即对于敌人中间的外国人和以提供商品的形式给予敌人帮助的那些人［外国人］，允许采取什么行动呢？首先，在这种情况下，该外国人是在什么地方被发现的显然是一个无足轻重的考虑因素，因为发现地本身的因素并不能构成一种责任的渊源；相反，可以剥夺其财产的人肯定是应该承担责任的人［在当地负有义务的人］。[5]因此，只有当寄居者像其他臣民一样构成敌国的组成部分时，才可以将其作为正当的战争目标。在这里，"组成部分"一词应该被解释为（就目前的问题而言）是指根据其法律地位，负有保护国家的义务和对国家负有纳税义务的人。正如阿加提阿斯[38]正确地指出的那样，一个人之所以被视为敌人，不是因为他来自敌人领土的偶然情形，而是基于他是否效忠于敌人以及是否做了敌人所希望的或有益于敌人的事情。[6]对于商品的运送者，神学家和法学家们已经确定，一个人不应当为其行为结束之后的损害承担责任，除非他自己导致了损害的发生；一个人也不应当为其行为实施之前的损害承担责任，除非他的行为妨碍了取得损害赔偿。无论

---

〔1〕《天主教教会法典大全·格列高利教令集》I. xxxiv. 2。

〔2〕卡耶坦：《犯罪要览》"战争损失"一词。

〔3〕帕诺米特努斯：《〈格列高利教令集〉评注》I. xxxiv. 2；威廉·马泰：《论正义与合法战争》in Reg. 2, p. 2。

〔4〕真蒂利：《战争法三集》II. xxii。

〔5〕西尔维斯特：《西尔维斯特全集》，"论'报复'的词义"，v。

〔6〕阿加提阿斯：［《历史》IV. xix］。

这种人提供了什么理由，都不必然足以采信。相反，要将一个人视为敌人，他必须存在犯罪意图，或者至少实施了犯罪行为。因此，如果一个人把武器或任何其他可以适当地用于战争的物资运送给敌人，他就要对进行正义战争的一方承担责任，[1] 只要能够证明运送者的行为构成了后来发生的损害的原因，或者他妨碍了对以前造成的损害要求赔偿的程序。因为运送者的行为符合战争的目的，所以，他对非正义的交战一方提供帮助的行为不可能是无罪的，尽管他这样做可能是考虑不周。换句话说，他的行为类似于一个人出于同情[2] 把债务人从牢里放走或为罪犯指点脱逃方法，或者作为法律诉讼的辩护人[3] [导致相对方遭受不当损失]，[4] 因为根据权威学者一致的见解，在所有案件中，那些债务人和罪犯都必须为其行为承担损害赔偿责任。这就是阿马拉珊萨[39] 对查士丁尼的答复的中心思想，[5] 大意是，通过提供战争必需品帮助敌人的人应当被视为敌人。[6] 另外，如果提供的商品本质上并非用于战争的目的，但有助于非正义一方延长战争，我们也可以得出同样的结论，假如运送者应当知道这个事实。不过，假如他并非应当知道该事实，我们就不能认为他应该承担罪责，除非发动正义战争的一方已正式把这种情况通知了他，并附上了 [其战争原因] 具有正义性的证据。[7] 我们可以从塞内加（小）的言论中发现支持这种区别的著名的论点。塞内加（小）认为，在对从暴君那里获得

----

〔1〕《天主教教会法典大全·格列高利教令集》V. vi. 6；《天主教教会法典大全·格列高利教令集》V. vi. 17；《查士丁尼法典·敕令集》IV. xli. 2。

〔2〕西尔维斯特：《西尔维斯特全集》，"论'赔偿'的词义"，Pt. III，xii. 6 和 7。

〔3〕西尔维斯特：《西尔维斯特全集》，"论'辩护人'的词义"，xvi。

〔4〕手稿第 59'a 页此处磨损非常严重。英文译文括号中短语的唯一依据是第 59'a 页顶部紧接着残缺部分的这两个单词 "litis patrono"（法律诉讼的辩护人），而且显然它们与这里引用的西尔维斯特的那一段话（《西尔维斯特全集》，"论'辩护人'的词义"，§16）存在联系。在该段话中，作者坚持认为，对于对方因辩护人辩护的结果而遭受的一切不当损失，辩护人有义务进行赔偿。（——英译者注）

〔5〕普罗科匹厄斯：《哥特战争》I ［载于《战争史》V. iii. 23］。

〔6〕严格地讲，普罗科匹厄斯归结于阿马拉珊萨的说法与格劳秀斯的论述恰好相反。阿马拉珊萨显然是这样讲的："如果一个人在另一个人所需要的各个方面都为他提供了实际的帮助"，那么，这个人就应该被正当地称为接受帮助者的盟友和朋友。（——英译者注）

〔7〕参见《天主教教会法典大全·格列高利教令集》V. vi. 11, 12；《天主教教会法典大全·教令集》VIII. i；《查士丁尼法典·敕令集》IV. xl, xli, xliii；威廉·马泰：《论正义与合法战争》in Reg. 2, p. 2。

的利益做出回报时，应该注意适度并遵守以下规则："［作为从暴君那里获得的利益的回报］假如我给予他的利益既不可能增加他造成一般性损害的能力，也不会强化他已经拥有的权力，而且假如从他那里获得的利益既可以使我做出回报，又不会给公众带来灾难，那么，我就应该做出回报。"然后，他又补充说："我不会为他提供金钱，让他用来支付保镖的工资，我也不会向他提供士兵和武器。"塞内加（小）声称，他愿意把游艇送给暴君，但拒绝为他提供三层的桨帆船［即战船］。[1]简而言之，为敌人提供的服务导致的估计损失越大，或者它对迫使敌人遵守法律构成的障碍越大，一个人就越需要通过捕获战利品来获得赔偿，而不是诉诸额外的法律手段。因为在某种意义上，寻求以捕获战利品的方式获得赔偿是战争的后果之一。

让我们从这个偏离主题的问题回到关于战争中对敌国臣民采取攻击行动的正当方式的讨论中来吧。我们发现，以上关于这个问题的各种意见整体上形成了下面一个在我们的记忆中留下深刻印象的观点【这也是我们对引申问题一的结论】：**如果敌国臣民因其不法行为而罪有应得**[2]**或者阻挠我们伸张正义（即使是出于过失），我们对其人身进行攻击即具有正当性；在敌人所欠债务全部清偿之前，无论任何时候我们从任何敌国臣民手中夺取捕获物或战利品均具有正当性。**［引申问题一结论］

五、对主动发动战争的责任人而言，什么构成进行战争的正当形式（二）？

我们已经看到，第二顺位的法律［第三项法律和第四项法律］与战争的进行可以互相协调，现在，让我们将注意力转向第三条规则。

根据第三条规则，无论可能发生什么损害后果，我们都有义务信守承诺。当然，这指的是我们对自己有能力控制的事项做出的承诺。这一条规则并不违反第二项法律，[3]因为我们的占有物受我们意志的控制，对它们的处分符合我们称之为第三条规则的准则。如果根据我们开始时的论述进行考查，这个

---

〔1〕 塞内加（小）：《论利益》Ⅶ. xx［1～3］。

〔2〕 参见托马斯·阿奎那：【《神学大全》】Ⅱ～Ⅱ, qu. 40, art. 1；巴尔杜斯：《法律评论》Ⅳ. 329；维多利亚：［《战争法》］, 50, 52, 54；西尔维斯特：《西尔维斯特全集》，"论'战争'的词义"，Pt. Ⅰ, x［xi］7。

〔3〕 参见前面第二章关于第二项法律和第三条规则的论述。

论断更容易被理解。

　　如果以万国法而不是市民法的某个准则为标准，则（像西塞罗[1]坚持认为的那样）我们必须在各个方面对敌人信守承诺。甚至（像安布罗斯（圣）[2]特别指出的那样）在与诡计多端的敌人打交道时同样如此。不过，应当理解的是，这项原则的前提是敌人没有首先违反特定的契约，[3]因为对方没有违约是诚信要求的基础。[4]如果敌人首先违反了这种特殊契约，鉴于义务的相互性，承诺的条款显然即不再有效。除了这种例外情形，下面的说法是有道理的：

　　“他是一名最好的战士，

　　在战争中始终坚守诚信。”[5]

　　既然如此，恐惧就不能成为不信守承诺的借口。因为即使是为了逃避不幸而做出承诺的人也不能否认，他之所以做出这种选择是因为它对自己有利。简单地说，尽管个人意志受到了强迫，但它仍然保留着自愿的特征；一旦表达了这种意志（尽管是对敌人表达的），它就会产生拘束力。对于这一点，我们应当接受神学家，[6]而不是法学家们的观点。因为前者遵循的是自然理性的指导，后者遵循的是市民法的准则，这些准则经常为了某种利益而允许实施原本不允许实施的行为。

　　此外，个人的意志不仅要受条约和契约的拘束，而且要受默示协议的拘束。例如，倘若一个人以受保护者控制的方式将自己置于保护者的保护之下，并服从后者的权力，那么，他就暂时使自己成了保护者的一部分，而且他的默示承诺清楚不过地表明，他将不会策划实施任何有损于其保护人的利益和主权地位的行为。因此，我们非常憎恨叛徒和被收买的杀手，尤其是投毒者。[7][8]与

　　[1]　西塞罗：《论责任》Ⅰ［xiii. 39］；西塞罗：《论责任》Ⅲ［xxix. 10］。

　　[2]　安布罗斯（圣）：《论职责》Ⅱ［I. xxix］。

　　[3]　威廉·马泰：《论正义与合法战争》in Reg. 2，p. 1。

　　[4]　参见第三条规则【第二章】。

　　[5]　西利乌斯【·伊塔利库斯】：《布匿战纪》XIV［169 f］。

　　[6]　［富尔金提乌斯·］弗朗杜斯［·迪亚科努斯］：Ad Ducem Regini，规则五；西尔维斯特：《西尔维斯特全集》，“论‘战争’的词义”，Pt. I，ix［1］；雷纳利乌斯（比萨的）：《泛神论》“战争”一词，v；劳登西斯：《论战争》Qu. 24。

　　[7]　参见真蒂利：《战争法三集》Ⅱ. iii～v。

　　[8]　也就是说，投毒是一种特别邪恶和阴险的做法。参见上一脚注所指真蒂利《战争法三集》中的那几段论述。（——英译者注）

这种憎恨相伴的是这样一种观点：命令实施犯罪之人的罪责相当于具体实施犯罪之人。准确地讲，买凶杀人者和凶手所犯的罪行相同。我们看到，早期的罗马人从来没有采取过这种做法［收买他人实施投毒或其他暗杀行为］。

至于其他方面，所有能够使谨慎的敌人有理由感到恐惧且不带有任何友谊的伪装的计谋都是正当的。当一个人"从事正义战争的时候，从正义的立场看，无论他是公开还是使用诈术进行战争，完全无关宏旨。"[1]在这个意义上，我们同意乌尔比安[2]和苏格拉底派学者[3]的这种观点：使用诈术对付敌人是正当的。

简而言之，对于第三个问题（一）的结论——**如果战争限于争议权利的范围，且其对象是因该权利而负有义务之人，则主动发动战争的责任人进行战争即具有正当性**——应该补充这样一个条件：**如果符合诚信原则**。因此，**【第三个问题（二）的结论是】如果符合诚信原则，则主动发动战争的责任人进行战争即具有正当性**。［结论七第三点（二）］

六、对臣民而言，什么构成进行战争的正当形式？

我们必须考虑的下一个问题是：对臣民而言，什么构成进行战争的正当形式？因为我们还没有清楚地证明这样一个问题：战争实际上是由臣民进行的。[4]

对主动发动战争的责任人来说，战争背后的本质因素是它所涉及的权利；但对臣民来说，战争只与上级的命令有关。因此，正如前者不可能逾越有关权利隐含的界限而不承担风险一样，[5]后者同样不可能逾越命令隐含的界限而不承担风险。就像我们在其他地方指出的那样，[6]法律与臣民理性的一致性在于臣民相信上级的命令符合正义；当臣民未能遵守命令所附的界限时，

---

〔1〕 奥古斯丁（圣）：《〈圣经·旧约〉前七章评注》Ⅵ. qu. 10，《〈约书亚记〉评注》，它被《天主教教会法典大全·格拉提安教令集》Ⅱ. xxiii. 2. 2 所引用。

〔2〕《查士丁尼法典·学说汇编》Ⅳ. iii. 1. 3。

〔3〕 柏拉图：《国家篇》Ⅱ［xxi］；柏拉图：《国家篇》Ⅲ［iv］；色诺芬：《回忆苏格拉底》Ⅳ［ii. 15］；劳登西斯：《论战争》Qu. 44。

〔4〕 参见本章开头部分。

〔5〕 参见结论六［第七章］。

〔6〕 参见结论六第三点【第七章】。

上级命令原则不能成为他们的抗辩理由。由此可见，臣民只能在他们分别收到的命令的范围内正当地进行战争，因为并非所有臣民都被命令实施同样的行为。的确，臣民都需要贡献其财产共同用于战争的目的，但并不是每个人都被命令亲身投入战争（这种行为被称为"服兵役"）。[1]那种一概要求所有人参战的命令肯定不符合实际，相反，必须按照一种有序的方法和选拔原则挑选参战的军人。这就像执行司法判决一样，执行判决的职能不是属于每一个人，它只属于那些被特别地赋予执行判决职能的人。[2]挑选军人的方法或者是明确指定，或者是基于（所谓的）集体号召，也就是说，像呼吁大家起来造反一样，采取召集的方式。召集军人的事例之一是行政长官发出这样著名的呼吁："所有愿意保家卫国的人们，跟我来！"[3]在正当地剥夺生命权［即授权合法地杀死犯罪人］的情况下，我们可以看到另外一个这样的事例。[4]此外，挑选军人可以采取直接的方式，也可以采取通过另一方居间的方式。因为我们发现，国家或者君主通常会选择一名领导战争的统帅，这名统帅——在被授予统帅的职权后——先任命保民官和百夫长，再由这些军官挑选士兵。[5]的确，加图（大）十分清醒地认识到，只有遵照命令，才能正当地服兵役。在他的儿子被除役后，他告诫他不要在没有再次宣读军人誓词的情况下投入战斗，因为不是士兵的人对敌人作战是非法的。[6]

命令的效力对个人行为有约束力，因此，士兵们未经指挥官授权而实施抢劫和纵火构成犯罪。[7]事实上，我们了解到，在更早的时候，那些未经指挥官命令对敌人采取行动的人，即使取得胜利也会受到惩罚。[8]相反，居鲁士【居鲁士大帝二世】的一名士兵却受到了赞扬，因为他在战斗中听到撤退

---

〔1〕《天主教教会法典大全·格拉提安教令集》II. xxiii. 5. 8。

〔2〕《查士丁尼法典·敕令集》III. i. 18；《查士丁尼法典·学说汇编》XII. i. 6，§2。

〔3〕塞尔维乌斯：《〈埃涅阿斯纪〉评注》［VIII. i］。

〔4〕西尔维斯特：《西尔维斯特全集》，"论'行刺'的词义"，iii。

〔5〕《查士丁尼法典·学说汇编》XIV. i. 1，§1。

〔6〕西塞罗：《论责任》I［xi. 37］。

〔7〕维多利亚：［《战争法》］，53；西尔维斯特：《西尔维斯特全集》，"论'战争'的词义"，［Pt.］I. xi. 4。

〔8〕西尔维斯特：《西尔维斯特全集》，"论'战争'的词义"，［Pt.］I. vii. 8；；劳登西斯：《论战争》Qu. 22，它引自《查士丁尼法典·学说汇编》XLIX. xvi. 3，§15；劳登西斯：《论战争》Qu. 47。

的号角后立即收刀入鞘。

根据以上论述，我们【对第四个问题】得出如下结论：**如果上级命令进行战争，臣民进行战争即具有正当性。**［结论七第四点］

七、引申问题二：对双方臣民而言，捕获战利品和捕获物可能都是正当的吗？如果是，在什么范围内可能如此？

如果以上第四个问题的结论可以合法地适用于臣民个人的行为，那么，它必然也可以适用于他们捕获战利品和捕获物的行为。[1]因为实际上产生于战争法制度的捕获战利品和捕获物的行为应该受战争法调整。我们在前面已经指出，对根据上级命令进行战争的双方臣民而言，战争可能都是正义的，[2]因此，我们必须接受引申出来的以下结论：第一，在此类战争的过程中，双方都可以正当地捕获战利品；第二，双方都可以合法地保留这些战利品。[3]当一个人收到国家或行政长官授予他的敌人的财产，并且相信国家或行政长官有权授予他该财产时，为什么他因此而产生的抢劫的负罪感会比他在根据国家或行政长官的命令杀死他人时的负罪感更强烈呢？另外，当我从政府财政部门买到某件根据司法判决没收的财产时，我没有必要探究原来的判决是否符合正义。难道同样的原则不能适用于在战争背景下发生的案件吗？神学家们正确地主张，在战斗中坚守诚信的人可以问心无愧地将在战争中夺取的财物据为己有；他们同样正确地补充说，这样的人即使后来被告知战争是非正义的，他也没有义务对已经消费的财物作出赔偿，只要他没有因此而变得更加富有。[4]

事实上，这种［将财产据为己有且不需要提供救济的］特权通常建立在善意占有的基础上。因为我们把任何从并非真正的所有人，但其真心相信是所有人的人那里取得财产之人都归类为善意占有人，[5]所以，我们不会禁止捕

---

〔1〕 参见结论三，第81页。

〔2〕 参见前面第七章，引申问题［（二）］。

〔3〕 西尔维斯特：《西尔维斯特全集》，"论'恢复原状'的词义"，Pt. Ⅲ, ⅶ. 3。

〔4〕 西尔维斯特：《西尔维斯特全集》，"论'战争'的词义"，［Pt. Ⅰ］x. 3；维多利亚：[《战争法》]，33；卡耶坦：《犯罪要览》"战争罪"一词。

〔5〕 《查士丁尼法典·法学总论》Ⅱ. i. 35。

获战利品的臣民取得事实上已由其真正的所有人转移给他们的所有权。[1]战利品是国家作为礼物授予臣民的（我们将在另一章中说明这一点[2]），这种程序能够创设一种真正的权利。另外，任何相信国家或行政长官发动的战争是正义战争的人同样相信国家或行政长官有权处分在战争中夺取的财物。[3]这种情形构成了一种取得所有权的方式，它与通过司法判决取得所有权的程序没有任何区别；[4]也就是说，从事正义战争的国家相当于一个对外部的敌人设置的法官。[5]因此，我们发现，下面一句众所周知的话可以恰到好处地适用于这里：根据裁判官［即负责处理司法事务的行政长官］的判决取得或占有财产之人即为财产的正当占有人。[6]

因此，【对引申问题二】我们得出如下结论：**只要战争在同样情况下是正义的，对交战双方的臣民而言，如果在权衡各种可能性之后认为上级下达的命令不违反理性，他们捕获和保留战利品通常即被认为具有正当性。**［引申问题二结论］

八、引申问题三：对双方臣民而言，［永久］取得战利品和捕获物可能都是正当的吗？如果是，在什么范围内可能如此？

但是，对于双方臣民是否可以在不可撤销的权利的意义上取得战利品和捕获物的所有权，仍然需要做进一步考查。

如果从来源于自然法的初级万国法的角度来看，我肯定会毫不犹豫地指出，取得这种权利是不可能的。因为任何人的说法都不足以从一个不愿意放弃其权利的所有人那里取得一种［不可撤销的］所有权；[7]同时，根据自然法的各项准则，我们不仅有义务偿还不正当地取得的他人财产，而且有义务对无论以任何形式不正当地占有他人财产的事实作出补偿。这构成了

----

〔1〕《查士丁尼法典·学说汇编》L. xvi. 109。

〔2〕参见后面第十章，第203页。

〔3〕在第81页结论三的基础上。

〔4〕《查士丁尼法典·学说汇编》XLI. i. 5，§7。

〔5〕参见关于第九条规则的论述【第二章】。

〔6〕《查士丁尼法典·学说汇编》XLI. ii. 11；《查士丁尼法典·学说汇编》L. xvii. 137。

〔7〕《查士丁尼法典·学说汇编》I. vi. 2；《查士丁尼法典·学说汇编》III. v. 39；《查士丁尼法典·敕令集》VIII. xiv. 14～15；《查士丁尼法典·敕令集》III. xxxii. 3。

以下无可置疑的正确观点的基础：根据初级万国法，甚至时效取得的权利也是不允许的。[1]

　　但是，在回答上述论点时，有人可能会说，这种［不可撤销的取得财产的］权利来自根据其起源我们称之为市民法的次级万国法。[2]事实上，看起来每个国家都同意，在战争中捕获的财物应该成为交战各方捕获者的财产，[3]而且不乏支持这种观点的理由。

　　当公民的财产一旦失去即没有希望重新取得时，在个人利益的刺激下，他们将更积极地保卫国家，并且更愿意承担战争的重任。[4]同时，作为同意使战利品成为捕获者财产的后果，国家并不会遭受任何损失。因为战败国只剩下了没有任何效力的权利，而战胜国将从敌人拥有所有权的财产中取得那些在战争中夺取的财产。另外一个支持这种理论的重要论点建立在这样的事实基础上：在实现和平以后，那些没有明示同意返还的财产将仍然由占有人作为战利品占有。[5]因此，即使条约中作出应该返还的规定，但效力更高的普通法似乎与此相反，而且除了公民们的默示同意以外，这种法律不可能来自其他渊源。不过，这个理论的另一个证据可能来自下面的事实：战争中捕获的所有财产或者属于，或者不属于复境权的范围。对于不属于复境权范围内的财产，（因为即使在它们被重新夺取后也不会归还其原来的所有人），其所有权肯定已经失去，而且敌人千真万确地成了财产的所有人。另一方面，对于属于复境权范围内的财产，应当被认为原所有人恢复了他的所有权，而不是使他的所有权得以延续，因为"复境权"被定义为是一种重新取得对已经失去或让与的某一财产的权利，[6]其方式是该财产被以原来的地位收回，就像它从来没有被置于敌人的权力下一样。另外，我们被清楚地告知，在所

---

〔1〕　巴斯克斯：《雄辩指南》li. 23。

〔2〕　参见第八条规则【第二章】。

〔3〕　参见维多利亚：［《战争法》］，49［50］。

〔4〕　《查士丁尼法典·学说汇编》XLIX. xv. 12，开头部分。

〔5〕　《查士丁尼法典·学说汇编》XLIX. xv. 28；居雅斯：《〈学说汇编〉评注》II. xiv. 5；居雅斯：《法律意见》XIX. 7。

〔6〕　《查士丁尼法典·学说汇编》XLIX. xv. 19；西塞罗：《题旨》［viii. 36］；《查士丁尼法典·学说汇编》XLIX. xv. 12，§6；《查士丁尼法典·学说汇编》XLIX. xv. 7 和 24；《查士丁尼法典·学说汇编》XLIX. xv. 12 和 7。

有权依然保留的情况下，不需要主张复境权。我们可以从以下事实中推导出同样的结论：从敌人那里赎回的财产被认为立即成为赎回者的财产，而复境权则将战利品返还给那个财产被夺取之人。

今天，法律非常明确地规定，所有这些法律原则对交战双方同样有效，[1]而且我的确不知道哪个国家对此持反对意见。即使在《圣经》中，"大卫的掠物"也被用来表示大卫从亚玛力人那里夺取的财产，[2]而这些财物又是后者从他们的敌人那里夺取的。显然，这些战利品的所有权转手了两次。著名法学家富尔戈西乌斯[40]的观点具有同样的性质，[3]耶逊亦对此表示同意。罗马人——这个以最崇尚公平原则为特征的民族——对这个问题的看法非常明确且不容置疑，[4]甚至罗马教皇法律的解释者们[5]对此也没有异议。

由此看来，一个善意参战的臣民完全没有义务返还他从战利品中取得的财物，哪怕他后来知道这场战争是非正义的。因为除非通过我自己的行为，否则，我原来正当地取得的财产不可能不再属于我。[6]同理，善意占有人有权取得有关占有物的孳息，[7]而这种孳息自然地属于真正的所有人。此外，如果一个人根据时效善意地取得他人财产，他就成了该财产的合法所有人。的确，这不是因为时间的推移本身具有任何授予所有权的效力，而是因为市民法创设了这样一种权利，[8]所以，利用这种权利的人不能被认为是不正当或不道德的。根据我的看法，事实上，许多权威学者[9]已经正确地指出，这种权利内在的效力非常广泛，即使一个善意地满足了时效所需期间的人以后实施了恶意行为，他甚至在道德上也没有恢复原状的义务，因为他现在拥有

---

〔1〕　费斯图斯：[《论语词的含义》]"论'复境权'的词义"["论'返回'的词义"]；《查士丁尼法典·学说汇编》XLIX. xv. 12，§9。

〔2〕　《圣经·旧约》"撒母耳记上"xxx. 20。

〔3〕　富尔戈西乌斯：《〈学说汇编〉评论》I. i. 5。

〔4〕　《查士丁尼法典·法学总论》I. xii. 5；《查士丁尼法典·学说汇编》XLIX. xv。

〔5〕　注释法学派学者：《〈格拉提安教令集〉评注》I. i. 4. 9；帕诺米特努斯：《〈格列高利教令集〉评注》II. xxiv. 29。

〔6〕　《查士丁尼法典·法学总论》I. xvii. 11。

〔7〕　《查士丁尼法典·法学总论》VI. i. 44。

〔8〕　《天主教会法典大全·格拉提安教令集》II. xxiii. 4. 40。

〔9〕　参见巴斯克斯：《雄辩指南》xxviii；邓斯·司各脱：[《牛津著作集》]IV, dist. 15, qu. 4, n. 14]；西尔维斯特：《西尔维斯特全集》，"论'时效'的词义"，Pt. I, xiii。

法律上的所有权。[1]

另一方面，我完全不同意西班牙学者阿亚拉的观点。他认为，哪怕战争显然是非正义的，在战争中夺取的财物仍然可以被［永久地］取得。[2]我不相信从现存的任何法律中可以引申出这样一项原则。[3]另外，根据其他支持抢劫者的法律所确立的先例来判断，我不认为容忍这样一条规则存在是适当的，即使它确实存在。因为这不仅缺乏理性的基础，而且是在教唆犯罪。

简单地讲，正如塞维鲁[41]皇帝在《帝国法令集》[4]中宣布的那样，我们所说的权利相对于合法的敌人是有效的。[5]我们已经讲过，所谓合法或正当的敌人是指那些按照行政长官的命令行事的人，而且他们在对各种可能性进行权衡以后，认为这种命令并不违反理性。[6]除此之外，其他敌人则和强盗没有任何区别，[7]因此，他们抢走的财产不会发生所有权的变更，主张归还这些财产时也不需要适用复境权的规则。[8]

但是，以上论述只适用于外战，不适用于内战。其原因有两点：第一，内战中的交战双方几乎不可能被赋予同等的权力；第二，尽管各国同意（在国际之间）以这种方式转移财产权，但公民个人并没有同意（在各自国家内部）可以这样做，而且在公民中间也不存在达成这种协议的同样的动机，因为在和平确立之后，他们很容易通过法院解决彼此之间的争端。[9]

由此可见，在外战的情况下，对战利品的捕获的确能够导致对它的（永久）取得——也就是说，基于前面提到的国家之间的普遍同意——只要占有的主张合理，并且在特定程度上是有效的，不存在公开的质疑。似乎直到对我们的财产追根溯源的尝试变得十分困难，以致几乎没有希望重新收回它们

---

〔1〕 参见巴斯克斯：《雄辩指南》xxviii. 21。

〔2〕 阿亚拉：【《战争的权利和职务与军纪》】I. ii. 34。

〔3〕 《天主教教会法典大全·格列高利教令集》II. xxvi. 20。

〔4〕 《查士丁尼法典·敕令集》［《查士丁尼法典·学说汇编》XLIX. xv. 24］。

〔5〕 在塞维鲁的《帝国法令集》中没有发现这一条规定。事实上，它出现在乌尔比安的《法学阶梯》I中，并被收入《查士丁尼法典·学说汇编》，而非格劳秀斯引用的《查士丁尼法典·敕令集》之中。（——英译者注）

〔6〕 参见前面第七章，引申问题二。

〔7〕 参见前面第七章，开头部分。

〔8〕《查士丁尼法典·学说汇编》XLIX. xv. 24。

〔9〕《查士丁尼法典·学说汇编》XLIX. xv. 21，§1［《查士丁尼法典·学说汇编》XLIX. xv. 24］。

的时候，我们［作为原所有人］仍然不会失去自己的所有权。[1]今天，根据军事法，一旦有关财产被运到敌人的防御工事和边界线以内，对它的取得就完成了。其他权威学者[2]认为，取得占有的节点不应该根据地点，而应该根据时间来决定。例如，经过二十四小时，即日历日的一天，所有权就失效了。肯定地讲，我倾向于认为后一个标准不十分正确，尽管我承认在海上捕获船只的情况下，显然有理由接受这个标准。

因此，根据实在万国法，[3]而非自然万国法，可以说，至少是作为许多国家同意的协议的结果，我们对引申问题三得出如下结论：**对交战双方的臣民而言，如果在权衡各种可能性之后认为上级下达的命令不违反理性，他们［永久］取得在对外公战中捕获的战利品通常即被认为具有正当性。**[4]［引申问题三结论］

中译者注

1 使徒保罗 Paul the Apostle（活动时期 1 世纪）：基督教传教士，可能是基督教最伟大的神学家。他是犹太人，出生于小亚细亚半岛西利西亚地区的塔尔苏斯。他曾参与迫害基督教，后确信耶稣复活而改信基督教。他去往各地宣传基督教义，《圣经·新约》"使徒行传"一半以上的篇幅记述了他的事迹。这些记载连同他所写或托称他所写的书信共占《圣经·新约》的三分之一。（《简明不列颠百科全书》第 1 卷，第 556－557 页。）

2 狄奥多西大帝 Theodosius the Great（347.1.11～395.1.17）：罗马帝国皇帝。公元 379 年 1 月 19 日皇帝格拉提安任命他为共治皇帝，统治罗马帝国东部地区。他打败了罗马帝国西部皇帝尤吉尼厄斯，统一了整个帝国。（《简明不列颠百科全书》第 2 卷，第 546－547 页。）

3 狄奥多里克大王 Theodoric the Great（约 454/455～526.8.30）：意大利的东哥特王国

---

〔1〕《查士丁尼法典·学说汇编》Ⅹ.ⅱ.8；《查士丁尼法典·学说汇编》ⅩⅬ.ⅰ.44。《查士丁尼法典·学说汇编》ⅩⅬⅠ.ⅰ.5，§4；《查士丁尼法典·学说汇编》ⅩⅬⅠ.ⅹⅴ.5，§1。

〔2〕参见《查士丁尼法典·学说汇编》ⅩⅬⅢ.ⅹⅵ.3，§9 中的论点。另见杜阿隆：《〈学说汇编〉评注》ⅩⅬ.ⅱ.1。

〔3〕《法兰西法典》［载于《亨利三世法典》］，ⅩⅩ.ⅹⅲ.24。

〔4〕巴斯克斯：《雄辩指南》ⅸ.17；科瓦鲁比亚斯：《〈天主教教会法典大全·第六卷〉评注》"刑事法规" Pt.Ⅱ，"*Hinc mirum est*"。

国王（493～526 在位）。他是中世纪早期欧洲最杰出的统治者之一。他征服了意大利，并进行了 33 年的和平统治。6 世纪初，他颁布了一部《法典》，共 154 条。他极力使哥特人和罗马人和睦相处，从不实行宗教迫害，并约束哥特人不得迫害罗马人。（《简明不列颠百科全书》第 2 卷，第 545－546 页。）

4 基维利斯 Civilis（活动时期 1 世纪）：巴塔维人的首领。他曾经担任罗马军队的军官，公元 69～70 年在莱茵河边境领导了一次反对罗马的暴动。他的事迹见于塔西佗的生动记述。（《简明不列颠百科全书》第 4 卷，第 173 页。）

5 非利士人 Philistines：《圣经》中的民族。他们是来自迦斐托岛一带的海上民族，在以色列人进入迦南之前移居巴勒斯坦海岸地区。直到扫罗、大卫时代，他们仍然是以色列人的主要敌人。（《基督教圣经与神学词典》，第 428 页。）

6 尼古拉斯（大马士革的）Nicholas of Damascus（公元前 74～?）：希腊历史学家。他出生于大马士革，生活在罗马帝国的奥古斯都时代。他是希律大帝的朋友。根据索福罗尼乌斯的说法，他也是安东尼和克娄巴特拉的孩子的家庭教师。他一生著述丰富，主要著作是一部 144 卷内容广泛的历史著作，但大部分已经散佚。他还写过一部自传以及奥古斯都和希律大帝的传记。（http://en. wikipedia. org/wiki/Nicholas_of_Damascus。）

7 翁布里亚 Umbria：意大利中部大区，范围包括佩鲁贾和特尔尼两省。它原为古罗马一地区，后大部分并入斯波莱托公国，一部分属于拜占庭。1808 年曾并入法兰西帝国，1861 年归属意大利王国。（《简明不列颠百科全书》第 8 卷，第 274 页。）

8 萨尔马特人 Sarmatians：古代民族之一。主要指公元前 4 世纪至 4 世纪生活在俄国（欧洲部分）南部地区至巴尔干东部地区一带的民族。萨尔马特人是游牧民族，他们善于组织骑兵，发明了铁镫和马刺，其作战方法有些甚至被罗马人所采用。（《简明不列颠百科全书》第 6 卷，第 827 页。）

9 康南 Connan（1508～1551）：法兰西法学家。他著有《市民法评论》（或译作《〈查士丁尼法典〉评论》）一书。（《捕获法》英文版，"引文作者索引"，第 401 页。）

10 巴斯克斯 Vázquez，亦译瓦斯奎兹（?～约 1559）：西班牙法学家。他的著作主要有《雄辩指南》和《论继承的演变》等书。他的主要学术成就是阐述了有效取得问题。他认为在任何支配权、用役权或司法权出现之前，万物均处于自然自由状态，任何对自由的限制，必须能产生某种效益。根据自然法，所有人对所有物享有所有权，但根据效益原则，建立私有制有利于促进整体利益。私有制是通过有效取得形成的法律状态，但有效取得不能延伸至海洋，海洋中没有也不可能产生私人所有权，人们只能像利用共有物一样利用海洋。巴斯克斯观点被认为是格劳秀斯写作《海洋自由论》的灵感来源。[维基百科（西班牙语），"Fernanduo Vázquez de Menchaca"词条；《捕获法》英文版，"引文作者索引"，第 412 页。]

11 索西努斯·内波斯 Socinus Nepos（1437～1507）：锡耶纳法学家：他曾在锡耶纳、比萨、佛罗伦萨和博洛尼亚讲授市民法，并著有《法律评论》一书。（《捕获法》英文版，"引文作者索引"，第 410 页。）

12 埃托利亚 Aetolia：古希腊地区。它在科林斯湾正北，现并入埃托利亚和阿卡纳尼亚州。埃托利亚人在公元前4世纪中期组成埃托利亚同盟。公元前2世纪初，埃托利亚人曾和罗马人联合进攻腓力五世，并取得胜利。公元前192年，他们与罗马人作战，但遭到失败。（《简明不列颠百科全书》第1卷，第221页。）

13 艾利安 Aelian（约170～约235）：罗马作家兼修辞学教师。因精通希腊文，他被人们称为"蜜糖舌"。他刻苦研读柏拉图、亚里士多德、伊索克拉底、普卢塔克、荷马等人的著作。他的作品中记载了先前许多作家作品的片段，因而十分珍贵。他的主要著作有《论动物的本性》和《杂史》。（《简明不列颠百科全书》第1卷，第240页。）

14 泰伦提乌斯 Terence（公元前186/185～前161）：古罗马著名喜剧作家。他生于北非迦太基，是一名奴隶，曾被主人带到罗马。主人赏识他的才能，使他接受文科教育并给予他自由。在短促的一生中，他共写了6部诗剧，并全部被保存了下来。（《简明不列颠百科全书》第7卷，第645页。）

15 欧里庇得斯 Euripides（公元前484～前406）：古希腊三大悲剧作家之一。他出生于一个富裕家庭，一生共写过92个剧本，20世纪知其名称的有67个，现尚存19个。公元前408年，他应马其顿国王之邀前往马其顿，后在该地去世。他死后不久，其声望即开始使埃斯库罗斯和索福克勒斯黯然失色。（《简明不列颠百科全书》第6卷，第346页。）

16 便雅悯支派 Tribe of Benjamin：《圣经》时代以色列人十二支派之一。他们是雅各和拉结所生幼子的后裔。在约书亚时代，他们的地界包括以法莲支派山地与犹大支派山地之间的土地。以色列的第一位君王扫罗和使徒保罗都属于该支派。（《基督教圣经与神学词典》，第97页。）

17 基比亚 Gibeah：《圣经》地名。它是便雅悯支派的城邑之一，位于耶路撒冷以北。它是扫罗的故乡，也是他的国的首都。（《基督教圣经与神学词典》，第231页。）

18 弥诺斯 Minos：传说中的克里特统治者、主神宙斯和欧罗巴的儿子。他借助波塞冬之力取得克里特王位，取帕西淮为妻。因为他的儿子安德洛革俄斯被雅典人杀死，他率军讨伐雅典和梅加拉取得成功。在雅典的戏剧和传说中，他是个暴君。（《简明不列颠百科全书》第5卷，第848页。）

19 忒修斯 Theseus：希腊阿提卡传说中一位伟大的英雄。他是雅典国王埃勾斯和埃特拉的儿子。他在外公那里长大后回雅典寻找父亲，一路上斩妖除怪，后来当上了雅典的国王。他统一了全国，打败了亚马逊女王希波吕忒，并把阿提卡领土扩大到科林斯地峡。（《简明不列颠百科全书》第7卷，第692页；《希腊古典神话》，[德] 古斯塔夫·施瓦布著，曹乃云译，译林出版社2010年出版，第213～230页。）

20 克瑞翁 Creon：希腊神话人物。他是底比斯国王俄狄浦斯的妻弟，俄狄浦斯出走后成为底比斯的僭主。在俄狄浦斯的两个儿子厄忒俄克勒斯和波吕尼刻斯争夺底比斯王位的斗争中，他支持厄忒俄克勒斯。兄弟二人在决斗中死亡后，他禁止埋葬波吕尼刻斯。安提戈涅不顾禁令埋葬了兄长，被他关了起来。因未婚妻安提戈涅在石牢中自尽，他的儿子拔剑自刎；因儿子死亡，他的妻子亦随之自杀。（《希腊古典神话》，第237～262页。）

21 迪奥·卡修斯 Dio Cassius（约150～235）：古罗马行政官和历史学家。他曾任罗马元老院议员和非洲地方总督和执政官。他用希腊文写的《罗马纪》共80卷，用语十分精确，文字朴实无华。(《简明不列颠百科全书》第 4 卷，第 586 页。)

22 梅塞纳斯 Maecenas（约公元前 70 ~ 前 8）：罗马皇帝奥古斯都杰出的外交官和顾问。他的祖先是埃特鲁斯坎王族，十分富有。在屋大维和安东尼的内战中，他给了屋大维极大的帮助和支持。屋大维不在罗马时，他和阿格里帕实际处于摄政的地位。他也是著名的文学赞助人，与诗人维吉尔和贺拉斯结下牢固的友谊。(《简明不列颠百科全书》第 5卷，第 767 页。)

23 埃魁人 Aequi：古意大利民族。他们原来居住在阿文斯河（今韦利诺河）支流灌溉地区，曾长期与罗马为敌。公元前 304 年，他们被罗马人征服。(《简明不列颠百科全书》第 1 卷，第 196 页。)

24 瓦罗 Varro（公元前 116 ~ 前 27）：罗马伟大的学者和卓有成就的讽刺家。他多才多艺，但主要兴趣在于拉丁文学和罗马古文物。他学识渊博，是一位多产的作家。他的著作约 74 部，600 多卷，涉及法学、天文、地理、教育、文学，以及讽刺作品、诗歌、演说词及信札，后来得以留存的唯一完整的作品是《论农业》。他也参加当时的政治活动，公元前 47 年，凯撒任命他为图书馆馆长。(《简明不列颠百科全书》第 8 卷，第 94 页。)

25 阿诺比乌斯 Arnobius（活动时期 4 世纪）：基督教著述家。罗马皇帝戴克里先在位时期（284 ~ 305），他在北非锡卡维内利亚讲授修辞学。他在 303 年前后撰写了七卷本的《反对异教徒》。(《简明不列颠百科全书》第 1 卷，第 134 页。)

26 伊西多尔（圣）Isidore, Saint（约 560 ~ 636.4.4）：西班牙基督教神学家、最后一位西方拉丁文教父、大主教和百科全书编纂者。他在公元 600 年继其兄任塞维尔大主教，在劝化西哥特人放弃阿里乌主义并接受正统教义方面成绩卓著。他的著作中以《语源学》最为突出。他还著有许多神学著作。(《简明不列颠百科全书》第 9 卷，第 59 页。)

27 查斯丁（圣）Justin Saint（约 100 ~ 约 165）：基督教早期教父，生于巴勒斯坦。他第一次把基督教义和希腊哲学结合起来，并奠定了历史神学的基础。他原是在犹太社会成长的异教徒，后改奉基督教。他目前被确认的作品主要有《护教文》和《与犹太人特里风谈话录》。(《简明不列颠百科全书》第 2 卷，第 223 页。)

28 近邻同盟会议 Amphictyony：古代希腊邻近国家围绕一个宗教中心形成的联合组织。最重要的一个是由居住在温泉关附近的 12 个部落组成的先以得墨忒耳神庙后以德尔斐阿波罗神庙为中心的近邻同盟。盟国各派理事和执事出席理事会会议。公元前 4 世纪，同盟重建了德尔斐神庙。同盟本来是宗教性的，但它通过入盟宣誓施加政治影响。(《简明不列颠百科全书》第 4 卷，第 414 页。)

29 普罗克洛斯 Proclus（约 410 ~ 485）：希腊哲学家。他曾在亚历山大的老奥林匹奥多罗斯指导下学习哲学，后又在雅典师从希腊哲学家普卢塔克和叙利亚诺斯。他继叙利亚诺斯之后担任柏拉图在约公元前 387 年创办的学园的主持人，并终生在学园工作。他努力促使新柏拉图主义思想在拜占庭、伊斯兰和罗马世界广泛传播。(《简明不列颠百科全书》第 6 卷，第 555 页。)

30 埃阿斯（小）Ajax the Lesser：希腊神话中洛克里斯王俄琉斯之子。他参加了特洛伊战争。据说由于他把特洛伊国王普里阿摩斯的女儿卡桑德拉从雅典娜神庙中拖走并强奸了她，因此，希腊船队返航时遭遇船难，他也被海神波塞冬投入海中淹死。(《简明不列颠百科全书》第 1 卷，第 170 页。)

31 阿加佩图斯 Agapetus（活动时期公元 6 世纪）：拜占庭圣索菲亚大教堂执事。据说他是查士丁尼的教师。他的《诫勉集》一书中包含有 72 篇致查士丁尼的简短的说教，这些说教用平实的语言指出了统治者在道德、宗教和政治方面的责任。[http://en. wikipedia. org/wiki/Agapetus（deacon）.]

32 卡米卢斯 Camillus（？ ~公元前 365）：罗马军人和政治家。在高卢人于约公元前 390 年前后劫掠罗马之后，他大力加强城防，因而被尊崇为罗马城的"第二个奠基人"。他担任过 5 次独裁官，并以显赫的战功知名于世。(《简明不列颠百科全书》第 4 卷，第 549 页。)

33 埃阿克斯 Aeacus：希腊神话人物。据说他是宙斯和河神阿索甫斯的女儿埃癸娜所生之子。在雅典的传说中，他和弥诺斯及阿达曼提斯同为死者的判官。(《简明不列颠百科全书》第 7 卷，第 170 页。)

34 皮洛士 Pyrrhus（公元前 319 ~ 前 272）：伊庇鲁斯国王。他 12 岁即王位，曾与马其顿的德米特里结成同盟。后来在与马其顿和罗马的战争中，他以不惜惨重牺牲为代价取得军事胜利而闻名，"皮洛士胜利"由此得名。他的回忆录和兵法曾受到许多古代作家（包括西塞罗）的引用和赞扬。(《简明不列颠百科全书》第 6 卷，第 474 页。)

35 波利奥 Pollio（公元前 76 ~ 公元 4）：罗马演说家、诗人、史学家。他于公元前 56 年参与社会生活，内战时投靠凯撒，曾替凯撒在西班牙执掌军权，进攻庞培。凯撒去世后，他追随安东尼，为他执掌山南高卢。公元前 40 年，他出任执政官。他是一名杰出的演说家，写过诗和悲剧，受到维吉尔和贺拉斯的称赞。他的《内战史》虽已散佚，但为阿庇安和普卢塔克提供了许多资料。(《简明不列颠百科全书》第 1 卷，第 777 页。)

36 韦利奥斯·帕特库洛斯 Velleius Paterculus（约公元前 19 ~ 公元 39 后）：罗马军人、政客和历史学家。他曾在色雷斯、马其顿、希腊和东方任军事长官，公元 15 年任罗马军政长官。他曾撰写了迄公元 29 年为止的罗马史。(《简明不列颠百科全书》第 8 卷，第 178 页。)

37 米特拉达梯六世 Mithridates VI（？ ~公元前 63）：本都王国国王（公元前 120 ~ 前 63 在位）。本都王国是新兴的希腊化小国之一，但在他坚强有力的领导之下，吞并了一些相邻的小邦，在小亚细亚地区与罗马的霸权相抗衡。他原来对希腊人比较宽厚，但后来却用流放、杀头、释放奴隶等恐怖手段维系希腊各城邦的忠诚。公元前 66 年，他和提格兰被庞培率领的罗马军队彻底打败。(《简明不列颠百科全书》第 5 卷，第 878 页。)

38 阿加提阿斯 Agathias（约 536 ~ 约 582）：拜占庭诗人。他写过一部历史著作，是 552 ~ 558 年间历史的主要权威作品。他曾学习法律，作过律师，写过许多短篇情诗，称为《咏桂篇》。他还编过一本由早期和同时代诗人写的讽刺诗集，《希腊诗选》中收有他的讽寓诗约 100 首。(《简明不列颠百科全书》第 1 卷，第 75 页。)

39 阿马拉珊萨 Amalasuntha（498 ~ 535）：意大利东哥特国王西奥多里克大帝的女儿。丈夫去世之后，她成为幼子阿萨拉里克的摄政。公元 534 年阿萨拉里克死后，她和表兄西奥达哈德共同执政。后来，因为权力斗争，她被后者放逐到博尔塞纳湖中的一个小岛上。（《简明不列颠百科全书》第1卷，第117页。）

40 富尔戈西乌斯 Fulgosius（1367～1427）：意大利法学家：他著有《学说汇编评论》《敕令集评论》等书。（《捕获法》英文版，"引文作者索引"，第404页。）

41 塞维鲁 Severus（146～211.2）：罗马皇帝。他于约公元173年进入元老院，190年成为执政官，192年任潘诺尼亚总督和驻多瑙河地区罗马军队的司令官。在康茂德和佩提诺克斯相继被杀后，他的军队拥立他为皇帝。他曾率军队击退安息人对美索不达米亚的入侵，并把美索不达米亚纳入帝国的版图。（《简明不列颠百科全书》第6卷，第903页。）

第九章　第八组问题：关于战争的目的

本章将对第八组问题所包含的以下问题进行论述：

一、对主动发动战争的责任人而言，什么构成战争的正当目的？

二、对臣民而言，什么构成战争的正当目的？

一、对主动发动战争的责任人而言，什么构成战争的正当目的？

正直之人进行战争是为了能够享受正义。正如波卢斯·卢卡努斯[1]令人钦佩地解释的那样，在一个社会中，正义与所谓的"和平"具有同样的性质；[1]而在臣民与统治者的关系上，正义可以被称为"心甘情愿的服从"。

让我们首先研究第八组问题中与主动发动战争的责任人有关的第一个问题。

和平乃正义之果！柏拉图亦表达了同样的观点，他指出，制定法律是为了实现真正的正义，同时也是为了实现和平。[2]西塞罗坚持认为，战争应当以这种方式进行，"以便清楚地表明，和平是它追求的唯一目的"。[3]在另一部著作中，西塞罗还指出，"和平"一词应该是指一种和谐和自由的状态，而不是"奴役性条约"。[4]另外，在下面一句话中，西塞罗把战争与和平这两个概念联系在了一起："进行战争只应当是为了这样一个目的：使我们能够生活在和平之中并免受伤害。"[5]按照克里斯普斯【盖尤斯·萨卢斯提乌斯·克里斯普斯，即萨卢斯特[2]】的观点，智者"进行战争是为了实现和平，忍受劳作之苦是希望过安逸的生活"[6]根据另一本书中的记载，萨卢斯特对自己的观

---

〔1〕　载于斯托博乌斯：[《文选》IX. 54]。

〔2〕　柏拉图：《法律篇》[p. 628 C]。另见亚里士多德：《政治学》VII. xv [VII. xiii. 15]。

〔3〕　西塞罗：《论责任》I [xxiii. 80]。

〔4〕　西塞罗：《反腓力辞》XII [vi. 14]。

〔5〕　西塞罗：《论责任》I [xi. 35]。

〔6〕　[萨卢斯特（冒名）]：《致凯撒》[vi. 2]。

点作了解释，他肯定地指出：“我们的前辈是最谨慎从事的人，他们在战争中唯一剥夺的是被征服者肆意实施伤害的权利。”[1]在神学家中，我们可以引用奥古斯丁（圣）的论述，他讲道：“追求和平不是为了进行战争；相反，进行战争是为了实现和平。”[2]他把和平定义为“秩序良好的和谐状态”。[3]古代神学家在讲述麦基洗德³的故事时解释说，和平与正义只是名称不同，事实上没有区别。[4]

因此，作为交战者目的的和平不是任何其他形式的和平，而是那种纯粹和唯一的正义和光荣的和平。因为如果实现和平的结果是（借用弗洛鲁斯的话[5]）法律比武力更加野蛮，那么，我们几乎是在迫不得已的情况下进行的战争就没有任何意义了。正因为如此，西塞罗告诫我们要警惕隐藏着陷阱的和平。[6]与此同时，按照塔西佗[7]的警示，战争并不比肮脏和相互猜忌的和平更加危险。[8]此外，狄摩西尼写下了这样一句著名的格言：“宁要光荣的战争，不要屈辱的和平！”[9]修昔底德同样指出：“和平因战争而得到巩固！此外，因热爱和平而逃避战争的人不可能使自己脱离险境。”他在下面一段话中进一步阐述了这种思想：“的确，当人们没有被伤害激怒时，人类中庸的本性使他们能够维持和平。但是，当他们受到伤害时，人类勇敢的本性就使他们从和平转向战争。当时机成熟，争端得到妥善解决后，他们就又放下武器，并恢复友好关系。”他还补充说：“因为战争的胜利而赞美任何人都是不合适的，与此同时，一个人沉溺于舒适安乐之中苟且偷生也是不合适的。因为为

---

〔1〕　[萨卢斯特：《朱古达战争》xii. 3~5]。

〔2〕　奥古斯丁（圣）：《书信集》i [clxxxix. 6]“致卜尼法斯书”，它被《天主教教会法典大全·格拉提安教令集》II. xxiii. 1. 3 所引用。

〔3〕　奥古斯丁（圣）：《论上帝之城》XV. [v]。

〔4〕　《圣经·新约》“希伯来书”vii. 2；克雷芒（亚历山大的）：《杂记》IV [p. 231]。

〔5〕　弗洛鲁斯：[《罗马简史》II. xxx. 32]。

〔6〕　西塞罗：[《论责任》I. xi. 35]。

〔7〕　塔西佗：《编年史》III [xliv] 与《历史》IV [xlix]。

〔8〕　格劳秀斯使用的短语“pace……suspecta”可以更准确地译为“值得怀疑的”。但是，引自塔西佗著作中的这一段话不是指和平值得怀疑，而是指一个人在和平时期被猜忌，因而他发现在战争中反而更安全。在这里，如同在《捕获法》的许多其他事例中一样，格劳秀斯通过对他人言论的引用（譬如，手稿中下划线的那些词）来表达他的实际想法。（——英译者注）

〔9〕　狄摩西尼：[《金冠辞》201]。

享受和平的快乐而消极避战者平静安逸的生活将很快被打破，但他却由于沉溺于这种舒适惬意的生活而变得懒惰，以致不能拿起武器来进行战斗。"[1]这一段话表明了修昔底德的思想。托马斯·阿奎那同样说道："进行战争的确是为了实现和平，不过，是为了实现正义的和平，而不是邪恶的和平。因为确实还有这样一种和平，耶稣基督宣布说他永远不会将其带给人类。"[2]除托马斯·阿奎那以外，其他神学家也认为，战争的目的是为了消除对和平的威胁。按照他们的观点，当任何人受到非法攻击、其财产被剥夺或者人身遭到伤害，但正义或合法的惩罚无法彰显时，和平就受到了威胁。[3]确实，以上每一种观点都与我们关于导致战争的原因的论述[4]完全一致。

因此，被认为属于交战各方正当目的的和平是报复伤害或者（这最终会达到同样的效果）实现权利，不仅包括实现自己的权利，而且有时包括实现别人的权利。[5]

这种为实现别人权利的目的明显地存在于同盟的情况下。为了盟友的利益完全可以成为鼓吹战争的人追求的目的，比如，在受害的一方被彻底打垮，以致完全失去抵抗能力的时候。此类战争的事例包括亚伯拉罕为了罗得⁴和所多玛人民的利益进行的战争，君士坦丁大帝⁵为了罗马人的利益对马克森提⁶进行的战争，狄奥多西大帝为了基督教徒的利益对波斯的霍斯罗夫进行的战争。安布罗斯（圣）把"保护弱者的勇气"称为"正义"。[6]按照塞内加（小）的说法："虽然他没有进攻我的国家，也没有干涉我的人民，但他压迫并迫害本国人民。他堕落的灵魂破坏了我与他之间建立在人权基础上的友好关系。相对于对他个人的义务，对整个人类的义务是我考虑的更基本和更重要的问题。"[7]西塞罗问道："除了为自己之外，从来不为别人做任何事的人是正直的人吗？"[8]的确，我们在为自己的利益而奋斗的同时，也要努力为他人的利

---

〔1〕　修昔底德：《伯罗奔尼撒战争史》I. [xxxvi]。

〔2〕　托马斯·阿奎那：【《神学大全》】II～II. qu. 40，art. 1，ad 3。

〔3〕　威廉·马泰：【《论正义与合法战争》】in Req. 2，p. 7。

〔4〕　参见结论六第一点【第七章】。

〔5〕　参见前面第六章，开头部分。

〔6〕　参见前面第三章末尾部分和［安布罗斯（圣）：《论职责》I. xxvii. 129］。

〔7〕　塞内加（小）：《论利益》VII. xix。

〔8〕　西塞罗：《致友人书》VII. xii。

益尽绵薄之力。抵抗［对任何人的］伤害对保障所有人的安全具有重要意义，因为如果不这样做，罪犯的力量就会不断壮大，并在将来的某个时候对我们自己造成伤害。同时，这样做也是为了避免众多有罪不罚的事例可能鼓励其他人实施犯罪。另外，值得注意的事实是，就像国家经常为了公民的个人利益而进行公战一样（我们已经讲过这一点[1]），公民们也应该拿起武器为国家的利益而战。这种现象有时出现在国家发生分裂，因而不能作为一个整体采取行动保护自己的情况下。纳赛克对提比略·格拉古采取的武力行动实际上得到了所有正直之人的称赞。屋大维【奥古斯都·凯撒[7]】对安东尼进行的战争和所有弑杀暴君的行为同样如此。不过，这些人的行为显然部分地是为了自己的利益，因为正如公民的安全和生活富裕符合国家利益一样，在更大的意义上，使国家得到保全符合所有公民的利益。

此外，任何人在为了实现别人的权利进行战争时，有必要考虑与获得损害赔偿和战争费用有关的自己的权利。[2]我们认为，所有进行战争的人，即使有正当原因，假如他们是出于贪婪的目的以及抱有非正义的想法，就应当受到谴责。鉴于这种情况，进行战争的国家、行政长官、公民个人以及所有参战的盟友应当完全抛弃"对帝国和财富根深蒂固的贪欲"。[3]正是基于这种思想，塞内加（小）写道：

"邪恶的贪婪欲望和冲动的愤怒，

　破坏了这种盟约……"[4]

这个观点正是我们引用过的奥古斯丁（圣）的那一段话[5]中提到的观点，奥古斯丁（圣）指出："贪婪的欲望促使人们进行伤害和实施残酷的报复。"[6]这位主教还指出："在真正信仰上帝的人们中间，甚至战争本身也具有和平的性质。他们进行战争不是因为贪婪或冷酷无情，而是出于对和平真

---

〔1〕　参见前面第六章，开头部分。

〔2〕　参见前面第四章第 65 页及其后若干页。

〔3〕　萨卢斯特：《片段集》[《米特拉达梯信札》5]。

〔4〕　塞内加（小）：《希波里图斯》[540～541]。

〔5〕　参见前面第三章，末尾部分。

〔6〕　奥古斯丁（圣）：[《反福斯图斯》XXII. Lxxiv]，它被《天主教教会法典大全·格拉提安教令集》II. xxiii. 1. 4 所引用。

挚的愿望，其目的只是为了惩恶扬善。"[1]

简而言之，【对于第一个问题，我的结论如下：】**对主动发动战争的责任人而言，他们为实现权利进行的任何战争均属具有正当目的的战争。**[结论八第一点]

二、对臣民而言，什么构成战争的正当目的？

对臣民而言（就像我们在本章开始时指出的那样[2]），需要强调的是服从。教皇格列高利【格列高利一世[8]】在教会法中指出："在军人的良好和优秀品质中，最值得称赞的是服从国家的需要。"[3]同时，臣民们也必须摒弃我们在谈到主动发动战争的责任人时禁止的那些恶习。

不过，正如柏拉图援引提尔泰奥斯[9]的诗句指出的那样，以雇佣军为例来说明这些恶习是非常恰当的，[4]因为雇佣军出生入死显然只是为了获得报酬。[5]安提法奈斯[10]用简洁的语言描述了这些士兵：

"为了生存，

他们冒死冲锋……"[6]

使徒保罗曾证明了允许士兵们取得报酬的事实，[7]同时，（像我们前面已经讲过，后面仍然要讲的那样[8]），报酬还包括国家和行政长官授予士兵们的通过抢劫得到的财物。但另一方面，把通过抢劫获得财产作为个人的主要目的是一种非常邪恶的做法。让我们以一个类似的情形为例：我们知道，一个担任公职的人有权收取费用，包括偶尔收取市民缴纳的罚款，因为让他以牺牲个人利益为代价为公众利益服务是不公平的；但对行政长官来说，他应

---

〔1〕 奥古斯丁（圣）：《论教会的不同观点》，它被《天主教教会法典大全·格拉提安教令集》Ⅱ. xxiii. 1. 4 所引用。

〔2〕 本章开头部分。

〔3〕 格列高利一世（圣）：[《信札》Ⅻ. Xxiv]，它被《天主教教会法典大全·格拉提安教令集》Ⅱ. xxiii. 1. 7 所引用。

〔4〕 柏拉图：《法律篇》Ⅰ[p. 630 B]。

〔5〕 西尔维斯特：《西尔维斯特全集》"论'战争'的词义"[Pt. I] x. 4；卡耶坦：《犯罪要览》"战争之疑"。

〔6〕 [载于斯托博乌斯：《文选》lⅢ. 9]。

〔7〕 《圣经·新约》"哥林多前书"ix. 7。

〔8〕 参见前面第四章第70～71页与后面第十章第195页及其后若干页。

该有不同的目标，即他应该服务于公共利益。奥古斯丁（圣）曾经尝试说明这一点，他指出："当兵不是一种犯罪，但为了抢劫而当兵就是一种犯罪；统治国家不是一种应该被谴责的行为，但为了增加个人财富而统治国家显然就是一种应该被谴责的行为。"[1]不过，那些遭受损失的人甚至有正当理由为夺取战利品而进行战斗——换句话说，为了实现他们的权利而进行战斗，而这一过程是与夺取战利品相伴而行的——直到他们的损失得到补偿为止。

现在，我们对一个人目的是否正当的讨论完全进入了对其内心思想进行审查的范畴，[2]也就是说，进入了上帝对个人作出判决或者个人对自己进行审判的范畴。然而，无论在任何时候，如果将此类案件提交给法庭——比如，在和平环境下由一位法官对有关战利品的案件作出判决——除了可采信的证据以外，其他一概不会予以考虑。此外，即使在良心法庭上，为非正当目的发动战争的人的确会被裁定有罪，但他依然可以正当地保留其战利品。因此，经院派学者明智地指出："具有正当的主观意图并不是合法占有在战争中落入个人手中的战利品的前提条件，对法官命令的执行过程也不能由执行者根据其主观意图进行裁量。"[3]夺取某一财产之人的非法意图本身从来不产生赔偿的义务。[4]

从那些在个人良心范畴以外建立的法庭的角度来看，同样的原则也适用于我们［在进行战争时］对臣民所要求的诚信或对战争原因正当性的坚定信念：也就是说，主观意图的因素甚至可以不予考虑，除非战争原因的不正当性过于明显。因此，只有那些具有可采信的确定证据的问题才会被提交给上述法庭作出判决，如关于上级权力的问题。这是所有法学家们确定的原则。[5]

另一方面，我们的确希望考虑良心的标准，可以说，【对于第二个问题，

---

〔1〕 奥古斯丁（圣）：*De Verbis Domini*，它被《天主教教会法典大全·格拉提安教令集》Ⅱ. xxiii. 1. 5 所引用。

〔2〕 邓斯·司各脱：15，dist. 41，qu. 4［载于《巴黎论著》Ⅱ，dist. 39，qu. 2，n. 6］。

〔3〕 卡耶坦：《神学概要》qu. 40，art. 1，ad 2 以及同一条其他部分；阿里亚斯：《论战争与正义》n. 58；科瓦鲁维亚斯：《〈天主教教会法典大全·第六卷〉评注》"刑事法规"§ 9，n. 2；安基卢斯：《安基卢斯全集》n. 5；［特罗瓦马拉］：《罗塞拉全集》［论'战争'的词义］n. 3 和 n. 8；西尔维斯特：【《西尔维斯特全集》】n. 2：［论'战争'的词义 Pt. Ⅰ. ⅱ］。

〔4〕 托马斯·阿奎那：【《神学大全》】Ⅱ. ~Ⅱ，qu. 66，art. 8；卡耶坦：《犯罪要览》"战争之冤"。

〔5〕 阿德里安四世：《十二辩题》"论攻击"一章；卡耶坦：《神学概要》qu. 40，art. 1，末尾部分；科瓦鲁维亚斯：《〈天主教教会法典大全·第六卷〉评注》"刑事法规"Pt. Ⅱ，§ § 10，11。

我的结论如下：】**对臣民而言，他们为执行上级命令进行的任何战争均属具有正当目的的战争。**［结论八第二点］

中译者注

1 波鲁斯·卢卡努斯 Polus Lucanus（活动时期公元前 400 年左右）：古罗马阿格里真托的修辞学家。他的著作不详，部分言论载于斯托博乌斯的《文选》中。（《捕获法》英文版，"引文作者索引"，第 409 页。）

2 萨卢斯特 Sallust（公元前 86.10.1 ~ 前 35/34.5.13）：罗马政治家和历史学家。他在公元前 42 年第一次从政，任保佑民官。在凯撒和庞培的内战初期，他指挥凯撒的一个军团。公元前 46 年，他参加凯撒的非洲战役，后出任新阿非利加行省总督。公元前 45 或前 44 年返回罗马后不久，他退出政界。他的历史著作有《喀提林战争》《朱古达战争》和《历史》。（《简明不列颠百科全书》第 6 卷，第 849 页。）

3 麦基洗德 Melchizedek：《旧约全书》中的重要人物。他既是国王又是祭司，犹太人祖先亚伯拉罕崇拜他。他在亚伯拉罕战罢归来的途中遇到他，赠给亚伯拉罕酒和饼，并为他祝福；亚伯拉罕则把战利品的十分之一送给他。据说他是撒冷的王。（《简明不列颠百科全书》第 5 卷，第 684 页。）

4 罗得 Lot：《圣经》人物。他是哈兰的儿子，亚伯拉罕的侄子。他和亚伯拉罕到了迦南地后，因牲畜越来越多而分开居住。后来他逐渐移到所多玛城。在四王和五王的交战中，罗得一家被掳，后由亚伯拉罕救回。（《基督教圣经与神学词典》第 344 页。）

5 君士坦丁大帝 Constantine the Great（约 3 世纪 80 年代晚期某年 2.27 ~ 337.5.22）：第一位信奉基督教的罗马帝国皇帝。他接任父亲君士坦提乌斯的皇帝职位后，打败了东罗马帝国的皇帝李锡尼，成为罗马帝国唯一的皇帝。他把拜占庭城改名为君士坦丁堡，晚年一直住在那里。临终前，他举行了受洗仪式。（《简明不列颠百科全书》第 4 卷，第 486 页。）

6 马克森提 Maxentius（？ ~312）：罗马皇帝（306 ~ 312 在位）。他是马克西米安皇帝之子，最初控制意大利、西班牙和阿非利加加。公元 308 年，阿非利加叛离；两年后西班牙被君士坦丁吞并。公元 312 年，他在米尔维恩桥战役中被君士坦丁大帝杀死。（《简明不列颠百科全书》第 5 卷，第 592 页。）

7 奥古斯都·凯撒 Augustus Caesar（公元前 63.9.24 ~ 公元 14.8.19）：原名屋大维努斯（Octavius），另译屋大维，古罗马帝国第一代皇帝。在他长久的统治时期，罗马世界进入和平繁荣的黄金时期。他早年追随凯撒，凯撒遇刺后，他和安东尼、李必达结成"后三头"同盟。后来，他打败安东尼并征服埃及。公元前 27 年，罗马元老院授予屋大维"奥古斯都"的称号；不久，他又被称为"祖国之父"。在"奥古斯都"时代，涌现了许多伟大的作家，如维吉尔、贺拉斯、李维、奥维德等。（《简明不列颠百科全书》第 1 卷，第

346 页。)

8 格列高利一世 Gregory I（约 540 ~ 604）：意大利籍教皇（590 ~ 604 在位）。他出身罗马贵族，32 岁任罗马行政长官，两年后辞职。他在 579 年任教皇驻君士坦丁堡代表，590 年被选为教皇。他在教廷集中权力，惩治贪污和渎职分子，为中世纪罗马教皇制奠定了基础。(《简明不列颠百科全书》第 3 卷，第 378 页。)

9 提尔泰奥斯 Tyrtaeus（创作时期约公元前 650）：希腊哀歌体诗人。他是以军事为题材的动人诗篇的作者。他的诗篇估计是为帮助斯巴达赢得第二次美塞尼亚战争而作，但现在仅存残篇。(《简明不列颠百科全书》第 7 卷，第 732 页。)

10 安提法奈斯 Antiphanes（活动时期公元前 4 世纪初）：雅典喜剧作家。他和阿莱克西斯同为雅典中期喜剧作家的代表人物。中期喜剧继承了阿里斯托芬时期的旧喜剧，以讽刺作品和文哲批评取代谩骂。他的作品仅有部分片段留存。(《简明不列颠百科全书》第 1 卷，第 303 页。)

第十章　第九组问题：关于取得捕获物或战利品的主体

本章将对第九组问题所包含的以下问题进行论述：

一、在私战中谁可以取得捕获物或战利品？

二、在公战中谁可以取得捕获物或战利品？

三、本组问题之引申问题：对于自付成本、自担损失和［个人利益受损的］风险，[1]且在没有任何补偿协议的情况下通过其代理人参加公战之人，允许其在什么范围内取得捕获物或战利品？

一、概述

我们已经令人信服地证明，敌人的财产可以被正当地捕获和取得的观点是完全正确的，[2]而且我也相信这一点。

在我们进行的研究中，还有一个有争议的问题没有得到解决，那就是：谁应该成为战争中捕获的财产的所有人呢？在考查这个问题时，我们也应该按照论述的自然顺序，先考查私战，再考查公战。[3]这种研究方法对于澄清有关问题大有裨益。

另外，就整个问题来说，显然从已有的论述[4]中应该可以看出，在战争中捕获的财产和根据司法判决取得的财产属于同一种类型。如果战争得到了公共权力的支持，那么，它与执行司法判决的唯一区别就是战争必须由军队

---

〔1〕　对于这个拉丁文单词"*periculo*"，似乎需要作更一般的解释，如"由他们自己承担风险"。不过，在本章临近末尾的地方，格劳秀斯通过使用"*suarum rerum periculo*"（其字面含义是"冒着个人利益损失的风险"）这个短语，以更充分的形式提出了这个引申问题。据此，英文的解释有所扩张。参见本章最后两个英译者注。（——英译者注）

〔2〕　参见【第四章】结论二和【第四章】三、四与【第八章】引申问题二、三中的论述。

〔3〕　参见前面第六章。

〔4〕　参见【第四章】结论二和【第四章】三与【第八章】结论七中的论述。

进行，[1]因为敌对一方也拥有实力。如果冲突是因私人需要引起的，情况显然就回到了每个人有权自行裁断其个人事务的早期法律的状态。因此，任何人都不能正当地成为战利品的主人，除非他有合法的权利主张，也就是有主张某物应当归自己所有的理由。基于这一点，应当从人们头脑中完全摒弃这种错误观念：根据已经确立的处理无主财产的做法，敌人的财产将注定成为公共财产，并分配给捕获该财产的人，似乎在敌人之间，人类友谊的所有联系均已不复存在。不过，尽管古代权威学者[2]的许多言论通过对捕获战利品和追逐并捕获猎物相比较似乎赞成这种观点，尽管从前面我们为了确立取得捕获物的权利而引用的雄辩家和哲学家们的论述[3]中可以看出他们对这种观点持明确的肯定态度，尽管我们甚至在法律权威学者中发现法学家保罗显然把在战争中夺取的财产归类为无主物，并认为它可以被第一个占有人所取得[4]——我重复一遍，无论这些论述表达了什么相反的意见——然而，不可否认的是，那些从未处于任何人所有权下的物品与那些被认为属于敌人财产的物品之间存在显著的区别，甚至我们的法学家们也看到了这种区别。[5]因为如果我们承认仇恨所产生的力量远大于自然的力量，它将导致我们在与敌人的关系上废止命令我们在夺取他人财产的问题上保持克制[6]的法律，而且将没有任何东西可以阻止我们废止在遵守条约方面的诚实信用原则和被称为战争法的整个规范体系。在这个问题上，我们愿意接受苏格拉底的观点。苏格拉底指出（载柏拉图：《国家篇》第 1 卷[7]），[敌对各方之间拒绝正义的] 任何行为都是非正义的。同时，平德尔¹的以下论断也受到了哲学家们的批评：

---

〔1〕　参见结论七第一点和第二点【第八章】。

〔2〕　色诺芬：《居鲁士的教育》Ⅱ［iii. 2］；柏拉图：《智者篇》［p. 219 D, E］；柏拉图：《法律篇》I［p. 626 B］；亚里士多德：《政治学》I. viii［I. iii. 8］。

〔3〕　参见前面第四章。

〔4〕　《查士丁尼法典·学说汇编》ⅩⅡ. ii. 1，§ 1；《查士丁尼法典·学说汇编》ⅩⅡ. i. 5，末尾部分；《查士丁尼法典·学说汇编》ⅩⅡ. i. 7，开头部分。

〔5〕　耶逊：《〈学说汇编〉评注》ⅩⅡ. ii. 1，n. 8；杜阿隆：《〈学说汇编〉评注》ⅩⅡ. ii. 1，n. 8；多尼奥：《市民法评论》Ⅳ. xxi。

〔6〕　应该用"abstinere iubet"（命令我们克制），或者也可以用"capere vetat"（禁止我们夺取）取代格劳秀斯实际使用的短语 abstibere vetat（禁止我们克制）。此处的上下文清楚地表明，格劳秀斯指的是第四项法律规定的原则，但由于笔误，他没有能够正确地表达自己的思想。（——英译者注）

〔7〕　柏拉图：《国家篇》［p. 335 D, E］。

"你有权为所欲为，

包括给敌人带来毁灭。"[1]

在这里，我想再次回顾西塞罗讲过的话："另外，即使是对那些曾经伤害过自己的人，你同样要承担某些义务，因为复仇和惩罚也有一定的限度。"[2]啊！罗慕路斯二世[3]【即卡米卢斯】！我也想起了你说过的话。当你把那位导师送回法勒里伊的时候，你说道："虽然在我们和法利希人²之间不存在建立在人定契约基础上的任何交往，但肯定[4]存在自然植根于我们心中的友谊，而且这种友谊将继续存在下去。像和平法一样，战争法同样是存在的。"[5]塞内加（小）对于法布里齐乌斯【法布里齐乌斯·卢西努斯】对敌人表现出的公平正义给予了最高的赞誉［他在描写法布里奇乌斯·卢西努斯的一段话中写道］："他坚定地追求崇高的理想，而且——作为一项最难以做到的壮举——即使在战争中也从不犯罪。因为他相信，即使是对待敌人，有些行为同样构成犯罪。"[6]战争割断了政治上的关系，但割不断人类之间的关系。因此，除非认为第二项法律比第四项法律更重要，否则，第四项法律依然有效。同时，像我们指出的那样，第二项法律的效力也包含在第五项法律和第六项法律之中。基于这一点，一个人不能取得敌人的财产，除非他对自己负有债务，也就是说，除了有实际占有财产的事实以外，还要求有占有财产的原因。我们已经在前面第四章[7]中阐述了这一项原则，但在这里有必要再重复一遍。

二、在私战中谁可以取得捕获物或战利品？

现在，让我们把注意力转向下一个问题："在私战中，谁可以取得捕获物

---

〔1〕　平德尔：[《伊斯特摩斯赞美诗》Ⅳ.48]。

〔2〕　西塞罗：《论责任》Ⅰ［xi. 33]。

〔3〕　即卡米卢斯。根据引自李维【《罗马史》Ⅴ［xxvii]中】关于卡米卢斯的轶事，卡米卢斯拒绝利用一位法利希人导师把他掌握的一切出卖给罗马人的承诺。（——英译者注）

〔4〕　格劳秀斯文本中用的是"utique"，而李维的文本中用的是"utrisque"（双方，双方人民）。在《捕获法》中，这种与引文作者所用语言的细微差异不是一种例外，而是一种规则。对于这个特殊的不准确的表达，需要在这里作出解释：它部分地是因为这种差异非常微小，可能是格劳秀斯在书写他实际要用的文字时不小心发生了拼写错误；部分地是因为出于强调双边义务因素的目的，从而使引语有更强的效力。（——英译者注）

〔5〕　李维：【《罗马史》】Ⅴ［xxvii]。

〔6〕　塞内加（小）：《书信集》cxx [6]。

〔7〕　参见前面第四章开头部分。

或战利品?"

　　可以肯定的是，任何提出这个问题的人显然假设存在一种调整捕获物和战利品的法律体系，而且这种法律体系来源于私战；然而，似乎许多解释教会法或市民法的学者以及研究战争法的学者拒绝承认这种假设。[1]不过，我们已经在多处指出，我们没有理由完全接受他们的观点，因为他们满足于已有的关于市民法的知识，从而忽视了对建立在万国法基本原理之上的法律准则的学习。[2]

　　在这个问题上，值得注意的是【彼得·】费伯【福列[3]】提出的具有决定性的原则。福列拒绝接受关于捕获物和战利品制度在私战中有一席之地的观点，理由是法律中没有明文规定这样的规则。[3]这种观点相当于否定了主要是关于市民法的罗马法典的内容，因而留下了许多可能更适宜根据理性的共同标准，而不是由［公共］权力加以裁决的问题。但不管怎么说，对于为什么［在罗马法中］没有发现如何处理我们所关注的问题的规定，我们很容易作出解释：鉴于罗马帝国君权和权力的性质，即使司法救济缺失（即不论缺失多长时间），罗马也不会陷入麻烦。正如我们指出的那样，[4]在私战的发展过程中，司法救济是一个特别重要的因素。

　　但是，如果我们要寻找合理的论点作为解决问题的基础，有什么会比这一点更确定无疑呢？那就是：在战争中——无论是私战还是公战——为了实现权利，允许采取一切必要行动。[5]如果我们希望获得应当属于我们的一切，我们的确有必要取得敌人的财产，而取得此类财产正是我们所说的"取得捕获物或战利品"。[6]不过，作为一种例外，有人可能会反对把私下攻击我们的人定义为敌人，[7]并反对把在这种情况下取得的财产定义为"捕获物或战利

---

　　〔1〕　英诺森【四世】和帕诺米特努斯：《〈格列高利教令集〉评注》Ⅱ. xiii. 12 和 Ⅱ. xxiv. 29；巴尔托鲁：《〈学说汇编〉评注》ⅩⅬⅨ. xv. 24 [nn. 9～11]；耶逊：《〈学说汇编〉评注》Ⅰ. i. 5, n. 30；阿里亚斯：《论战争与正义》24 ff。

　　〔2〕　《查士丁尼法典·法学总论》Ⅱ. i. 17。

　　〔3〕　彼得·费伯【福列】：[《〈法学总论〉评注》Ⅱ. i. 17]。

　　〔4〕　参见对结论七第一点的论述【第八章】。

　　〔5〕　参见前面第四章开头部分和结论七第一点【第八章】。

　　〔6〕　参见前面第二章末尾部分。

　　〔7〕　"Hostis"通常用来指公敌，而一个以私人身份给我们造成损害的人在拉丁语中被称为"inimicus"。（——英译者注）

品"。虽然说只要我们辩论的实质内容能够被接受，我并不愿意卷入关于定义问题的难以统一的争论中，但是，在对一种单一权利进行讨论时，我认为不应当使用不同的术语。这一点对于澄清整个问题是极其重要的。

现在，如果我们仔细考查前面提到的法学家们的观点，[1]我们会发现，尽管使用的术语不同，但实质上，他们的论述与我们的看起来几乎相同。因为他们的理论是这样的：在私战中，如果无法诉诸法官，而且如果我们的目的是重新取得自己的财产和追索欠我们的债务，那么，即使在过了一段时间以后，我们仍然可以夺取敌人的财产，其价值应该相当于他欠我们的债务。不过，如果允许我们追索欠我们的所有债务，也一定允许我们要求赔偿我们在实现权利的过程中遭受的损失和付出的代价；同样的推理甚至适用于有关收益的风险和中断，或换句话说，适用于外在的损失和所有与此有关的损害。这是神学家们提出的观点，[2]而他们的这种观点建立在以下论据的基础上：如果可以诉诸法官，法官将会把上述损害赔偿判给无辜者，因为由加害人赔偿全部损失是完全正确的。[3]的确，有人还可能认为，这种对财产的捕获甚至被允许用来收取因犯罪应当支付的罚金。因为在司法判决中，窃贼可能被判决支付失主被盗财物价值二倍至四倍的赔偿，强盗必须给予受害人相当于抢劫物品价值三倍的赔偿。另外，人身伤害也要进行评估和测算，如同在诉讼中法官命令被告人支付对原告有利的罚款一样，法律同样会命令加害人支付有利于受害人的罚金。因此，当有人问波伊提乌[4]，假如他是一名法官，根据他的判断应该对谁进行惩罚时——是实施伤害行为的一方，还是受到伤害的一方——他回答说，毫无疑问，他将命令以牺牲加害人的利益为代价，使受害人得到满足。[4]也就是说（正如某位学者[5]在他关于战争的著作中指出的那样，同时，也像亚里士多德坚持认为的那样），所有具有受害特征的事物，包括受到伤害，都被纳入"失"的范畴；相反，所有具有受益特征（如正义的复仇）的事物，则属于"得"的范畴，"得"是指受害一方自然应当

---

〔1〕　阿里亚斯：《论战争与正义》24 ff.。

〔2〕　威廉·马泰：【《论正义与合法战争》】in Req. 1;《查士丁尼法典·学说汇编》Ⅸ. ii. 25～26。

〔3〕　《天主教会法典大全·格列高利教令集》Ⅱ. xxiv. 29;《查士丁尼法典·敕令集》Ⅸ. xii. 6。

〔4〕　波伊提乌：《论哲学的安慰》Ⅳ［120～121］。

〔5〕　亨利（哥库姆的）：《战争法》Prop. 10。

获得的补偿。[1]我们已经在别处讨论过这个问题。[2]

由此看来，我们对公战和私战得出了一个相同的结论。但是，假如这是一个得到普遍接受的结论，那么，这两种战争的区别在哪里呢？

也许这种区别部分地在于许多权威学者明显支持的这种论点，[3]即在私战中取得的财物应当进行严格的计算，而在公战中捕获的财物不需要考虑与主债务平衡的问题，即使战利品的价值超出遭受的损失额，捕获者依然可以占有它们。然而，持这种论点的人没有认识到，[在公战结束后]所有超出损失额和诉讼费用价值的战利品只能在其象征受害国对加害国实施惩罚的范围内被继续扣留，但绝不能超过惩罚的限度。另外，这些学者也没有考虑到这样一个事实，即任何超过正当惩罚限度的部分都应当归还。西尔维斯特非常正确地指出了这一点，[4]我亦对此表示同意。现在，根据刚才的论述和本书前面所做的更详细的讨论，我认为，没有任何理由说明同样的做法[以惩罚的方式扣留战利品]为什么在私战中不应该得到承认。当然，与在公战中夺取的战利品相比，在私战中（即使战争是正义的）夺取的物品价值更有可能超出债务、损失和惩罚的总额。因为在公战的情况下（由于战争持续时间更长，范围更广），从敌人那里夺取的战利品的价值甚至很少能够抵销战争的支出。因此，那些或多或少地把"对极少发生的现象视而不见"作为一种习惯的法学家们主张，公战中取得的财物不应该受任何限制；而私战中取得的财物不得超出补偿有关个人损失的总额。[5]

根据到目前为止的论述，调整捕获物和战利品问题的公法和私法是相互一致的，然而，我们不能忽视它们之间存在的微小区别。在我看来，我们在讨论公战问题时得出的这样一个论断——即对基于诚信参战的臣民而言，交战任何一方夺取的财物都属于正当取得物[6]——很难适用于私战，因为与国

---

〔1〕　亚里士多德：《尼可马亥伦理学》Ⅴ. ⅶ[Ⅴ. ⅳ]。

〔2〕　参见前面第四章第 62 页及其后若干页；参见前面第二章第五项法律和第八章[结论七第一点]。

〔3〕　贝西奥：《〈格拉提安教令集〉评注》Ⅱ. ⅹⅹⅲ. 2. 2；西尔维斯特：《西尔维斯特全集》"论'战争'的词义"[Pt. Ⅰ] ⅹ；维多利亚：《战争法》51。

〔4〕　西尔维斯特：《西尔维斯特全集》"论'战争'的词义"[Pt. Ⅰ] ⅹ；西尔维斯特：《西尔维斯特全集》"论'报复'的词义"，开头部分[ⅰ.] 4；劳登西斯：《论战争》Qu. 5。

〔5〕　《查士丁尼法典·学说汇编》Ⅰ. ⅲ. 4 ~ 6；《查士丁尼法典·学说汇编》Ⅴ. ⅳ. 3，末尾部分。

〔6〕　参见前面第八章，引申问题三。

家不同，私人之间并没有达成这种共识。至于缺乏这种共识的原因，前面的某些学者已经做出了非常令人满意的解释，这种解释肯定地认为，在私战中捕获的财物不能成为捕获者的财产。换言之，如果没有真正的正当原因作为补充因素，战争本身尚不足以产生使被捕获的财物成为捕获者财产的效果。

调整捕获物和战利品问题的公法和私法还有一个区别。如果我们首先考查"私人与国家有什么区别"的问题，这个区别就非常清楚了。我不相信对这个问题的回答可以局限于对人数的考虑，因为虽然足够多的个人的集合可以建立一个国家，但是，在一次偶然的集会上聚集在一起的人们的法律地位与一两个人的地位并无二致。另外，究竟多少人才可以被定义为足够大的团体，从而使其足以排除少数人提出反对意见的可能性呢？进一步讲，这种区别背后的基本因素是什么呢？毫无疑问，这种因素就是通过共同同意所建立的市民社会的权力，而且这里的共同同意（像我们已经指出的那样〔1〕）也是司法判决的渊源。

这种司法特征的不同形成了战利品取得方面的区别。国家天然地被授予了司法权，〔2〕而除了在公权力缺失的情况以外，私人并没有被授予这种权力。为方便起见，我们把公权力缺失的情况划分为两种类型：暂时的缺失和持续的缺失。

当公权力暂时缺失时，必须尽可能地恢复法律的效力。在这种情况下，前面引述的权威学者〔3〕关于私战中不允许复仇，不可以〔正当地〕夺取财产等言论都应该被解释为指的是因暂时无法诉诸司法救济而引起的私战。通过对有关段落的认真核实以及我们自己的考查，这种解释得到了逻辑本身的支持。另外，从这些权威作者〔4〕所作的另一种论述中也可以发现对这种解释的确认，即任何其财产被盗窃或抢劫之人都可以根据上级权威作出的裁决，获得相当于其损失额的赔偿。因为尽管有关复仇的法律可以正当地适用于最初

---

〔1〕　参见前面第二章。

〔2〕　参见第九项和第十三项［第十二项？］法律【第二章】；另见关于结论七第一点【第八章】的论述。

〔3〕　参见前面引用的阿里亚斯和其他人的言论。

〔4〕　英诺森【四世】：《〈格列高利教令集〉评注》Ⅱ. xiii. 12, n. 8；英诺森【四世】：《〈格列高利教令集〉评注》Ⅱ. xxiv. 29, n. 6；帕诺米特努斯：《〈格列高利教令集〉评注》Ⅱ. xxiv. 29, n. 6；西尔维斯特：《西尔维斯特全集》"论'战争'的词义"［Pt. I］iii。

的抢劫财产者,[1]但必须对第二位抢劫财产者［即复仇者］加以限制,他取得的赔偿应该被限制在对方实施抢劫或伤害给自己造成的损失的范围之内。因此,复仇者最初对被夺取的财产拥有的权利似乎是一种能够使自己的损失得到补偿的保障权,以后才可以根据司法判决取得对它的所有权。在这里,我们看到了"*pigneratio*"［取得抵押物］[2]一词的起源,[3]而且在复仇的情况下,依据的也是与"取得抵押物"相同的程序。但是,我认为,在为解决债务纠纷将私人夺取的财物公开判给夺取者[4]的情况下,应该尽量拒绝使用"捕获物"或"战利品"的词语。因为如果使用这样的词语,我们通过法庭判决获得的财产(研究法律的学者这样告诉我们说)似乎不是从法官手中,而是从敌人手中取得的一样。

但是,如果司法救济的缺失具有持续的性质(比如某个地方不处于任何人的管辖之下),私战中的捕获问题显然要受在法庭建立之前已经存在于所有地方的自然法的调整。在这种情况下,以法官身份自行采取行动的敌对一方将取得另一方的物品作为抵押物,而且取得抵押物的一方也不会因此而承担恢复原状的义务,因为即使在将来的某个日期,也不存在诉诸法官寻求救济的可能性。这种豁免司法的理由与经院派学者[5]在一个类似的主题中反复引证的观点是一致的。这些学者指出,对于一个已经结案且与任何其他行为无关的案件,不得重开诉讼,即使该案依据的理由后来可能已不复存在。另外,如果需要对此类案件根据市民法而不是万国法作出后续判决,这种判决也不应该被解释为是授予所有权,而只是对已取得有关权利的宣告。[6]很明显,采取这种程序的原因部分在于发现了不诚实的人设置的骗局,部分在于通过宣告的方式使所有的人们噤声［他们可能希望质疑夺取财产者的权利］,从而

---

　〔1〕　西尔维斯特:《西尔维斯特全集》"论'战争'的词义"［Pt. I］x:第一节。

　〔2〕　"*Pignerationes*"(取得抵押物)显然在市民法和教会法中都相当于"*represaliae*"(报复)。参见巴尔托鲁:《论报复》Qu. 1, ad 2 和西尔维斯特:《西尔维斯特全集》"论'战争'的词义" Pt. I, x:第一节。(——英译者注)

　〔3〕　参见巴尔托鲁:《论报复》IX, qu. 1, ad 2 和 3。

　〔4〕　参见西尔维斯特:《西尔维斯特全集》"论'报复'的词义",末尾部分［ix］。

　〔5〕　西尔维斯特:《西尔维斯特全集》"论'盗窃'的词义" x ［3］,以及对《天主教教会法典大全·第六卷》V, ult. Reg. 73 部分的论述。

　〔6〕　参见《查士丁尼法典·学说汇编》VIII. v. 8, §3。

为正当的夺取财产者提供更大程度的保障。不过，还有其他许多原因可能导致采取同样的程序。我们经常听说，真正的财产所有人可以对所有可能就其财产与自己发生争议的人发出告知书，[1] 而告知书的目的是强化将来对所有人财产的保障。

现在的事实是，在私战中并非不允许夺取战利品，因为实际上很难证明亚伯拉罕对基大老玛⁵国王及其同盟者发动的战争不是私战，但是，亚伯拉罕的确在战斗中毫不犹豫地夺取了战利品。[2] 尤利乌斯·凯撒同样如此，他年轻时曾率领一支私人船队追逐此前抓过他的海盗，并且把海盗的货物当作战利品分给大家。[3] 同样没有争议的是屋大维在对安东尼的战争中实施的类似行为。索西努斯·内波斯⁶[4] 的观点显然证实了我们的论述，而且它似乎也被西班牙人阿亚拉[5] 所接受。这种观点主要认为，如果此类战争是正义的，那么，与战争有关的权利和后果［通常］在特定案件中应该得到承认。

由此可见，取得战利品的事实已经得到确立。不过，我们仍然需要考虑这样一个问题："在私战中，谁可以取得战利品呢？"

由于任何主要行为人都必须被认为主要是为自己的利益而实施行为，因此，我认为，私战的主要发动者应该成为战争中取得的财物的所有人，只要他一直在追求实现自己的权利。同时，我觉得对这种说法还可以作进一步解释：即使敌人对其他各方也负有债务，但私战的主要发动者在取得战利品的问题上仍然处于特权地位。[6] 这首先是因为与战争有关的所有损失和代价是战争中的当事方关心的问题，根据万国法，对于战争费用和代价，主要发动者当然对［本方］臣民和盟友负有义务；在扣除其他项目之前，他必须首先从所取得的债务人财产中扣除被算作战争成本和费用的一切支出。[7] 这是一项基于必要性的效力确立的原则，因为如果不允许这样做（即如果这种成本得不到补偿），一个人甚至无法追究另一个人的责任。此外，假如私战的发动者在

---

〔1〕《查士丁尼法典·敕令集》Ⅶ. xiv. 5。

〔2〕《圣经·旧约》"创世记"xiv。

〔3〕普卢塔克：《希腊罗马名人比较列传》"凯撒传"［p. 708 A～C］。

〔4〕索西努斯·内波斯：《法律评论》Ⅲ. cons. 68。

〔5〕阿亚拉：《战争的权利和职务与军纪》Ⅰ. ii。

〔6〕参见本章后面对引申问题的讨论。

〔7〕参见巴尔托鲁：《论报复》Ⅸ, qu. 1, ad 3。

发动战争之前已经作为债权人拥有对被夺取财产一方提出主张的权利，那么，根据已经确立的关于对债务人财产更为关注的特定债权人优于其他债权人[1]的惯例，我毫不怀疑在这个问题上应当给予他优先权。因为即使是根据良心法庭的裁判，一个从对许多人负有偿还义务的债务人那里善意取得自己应得份额的债权人也不负有恢复原状的义务。

　　不过，如果在此之后敌人［即债务人］仍然占有任何财物，则其负有偿还义务的其他债权人有权获得剩余部分。最后，在满足所有债权人主张后剩余的财产应当保留给其财产被夺取的参战者，并在战争结束和危险解除后返还给他。[2]研究法律的权威学者们同意，即使是在复仇的情况下，这也是一种通行的惯例。同时，在根据司法判决剥夺债务人财产时，一般也会采取相同的做法。

　　然而，如果战利品是由参加私战的一方夺取的，战利品就不能由夺取它的个人取得，也就是说，在最初和直接的意义上，夺取战利品的个人不能取得该财产，或者不能根据夺取战利品的自然过程并独立于任何其他行为而取得该财产。但与此同时，也不能以战争的发动者本人并没有亲自夺取战利品为理由对该发动者取得战利品表示异议，因为他确实通过其他人，即臣民或帮手，占有了战利品。至于臣民，我们已对这一点作了解释。［举一个类似的例子］正如法学家们乐意承认的那样，通过如同父母和主人身体一部分一般的子女和奴隶取得财产在任何意义上都具有"取得"一词的效力。[3]但如何通过帮手——即具有独立地位之人——有效取得的问题似乎比较难以解决。不过，如果把我们定义的"帮手"或"战争的同盟者"理解那些依附于战争的主要发动者，并且不认为自己与主要发动者具有平等地位的人，这个问题就容易解决了。因为假如他们真的认为他们与战争的主要发动者具有平等地位，他们就要与他享有同样的权利，但我们现在所说的是接受战争主要发动

　　　〔1〕《查士丁尼法典·学说汇编》XLII. viii. 6，§6；《查士丁尼法典·学说汇编》XLII. viii. 6，§24。

　　　〔2〕参见前面第四章第72页和结论七第三点【第八章】；《西尔维斯特全集》"论'战争'的词义"［Pt. I］I. vii. 5［xi. 3］。

　　　〔3〕参见前面第六章第94页；《查士丁尼法典·法学总论》II. ix，开头部分；《查士丁尼法典·学说汇编》I. vi. 1，§1；《查士丁尼法典·学说汇编》XLI. i. 10，§1；《查士丁尼法典·学说汇编》XLI. ii. 1，§5。

者命令的人。可以说，正如我们甚至可以通过接受我们命令的自由代理人的行为取得对财产的占有一样，我们也可以通过同样的占有行为取得对财产的所有权。[1]

以上论点值得特别关注。因为如果拒绝承认这一点，我们就不能取得系争财产的所有权，而只能取得一种提起损害赔偿之诉的权利，而这种权利是一个非常不同的问题。可以肯定的是，在法学家们的著作[2]中，以下这种观点已经司空见惯了：我有权通过我的代理人让另一个人取得对财产的占有，因为以其名义占有财产者本人即为占有人，而且代理人提供服务的唯一目的就是为了使他人可以取得占有。

不过，一个可能出现的问题是：这样的准则是来源于自然理性，还是来源于古罗马的市民法和塞维鲁颁布的帝国法令呢？[3]特别是因为这些准则的接受显然被认为属于一种权宜之计。[4]不过，在我看来，它们无疑是来自万国法。我的结论得到了这样一个论点的有力支持：这种取得不同于根据口头契约发生效力的民事取得，因为口头契约不能以他人的名义订立。[5]另外，莫德斯提努斯[7]曾经细心地提醒人们注意这样一个区别，他指出："假如我们希望这样做，那么，通过自然过程取得的东西——比如占有——也可以通过任何人的代理而取得。"[6]

但是，还存在其他一些作为古代法律学者们争论主题的问题。[7]例如，"在我们对交易不知情的情况下，在什么范围内可以取得占有？""当明知作为补充因素时，在什么范围内产生时效取得？"塞维鲁颁布了一项涉及这些问题的法令，而且他的裁决不但是基于对［公共］利益的考虑（如同他自己解释

---

[1]《查士丁尼法典·学说汇编》XII. i. 20，§2；《查士丁尼法典·法学总论》II. ix. 5。

[2]《查士丁尼法典·学说汇编》XII. i. 54；《查士丁尼法典·学说汇编》XII. ii. 1，§22；《查士丁尼法典·敕令集》IV. xxvii. 2；《查士丁尼法典·敕令集》II. xix. 23；《查士丁尼法典·学说汇编》XLI. ii. 18。

[3]《查士丁尼法典·敕令集》VII. xxxii. 1。

[4]《查士丁尼法典·敕令集》VII. xxxii. 8；《查士丁尼法典·学说汇编》XIII. vii. 11，§1；法学家保罗：《公认的判决词》V. ii，开头部分。

[5]《查士丁尼法典·学说汇编》XLIV. vii. 11；《查士丁尼法典·学说汇编》XLV. i. 38，§17；《查士丁尼法典·敕令集》IV. xxvii. 1。

[6]《查士丁尼法典·学说汇编》XII. i. 53。

[7]《查士丁尼法典·学说汇编》XLI. ii. 1；《查士丁尼法典·学说汇编》XII. ii. 34，§1。

的那样），而且也建立在法学理论的基础上。[1]正如我们一开始[2]宣布的那样，占有来自大脑和身体的双重渊源。它首先应该发源于行为人的大脑，因此，根据自然法则，幼儿、精神病患者以及任何无意取得之人不可能取得。[3]与此同时，身体必须服务于大脑，尽管在根据自然过程取得占有时，这种身体的服务并非必然是由一个人自己的身体实施的。法学家保罗在他对普遍接受的观点的汇编中指出："我们通过大脑和身体取得占有。在任何情况下，我们都必须通过我们的大脑取得占有；但与此同时，我们既可以通过自己的身体，也可以通过他人的身体实现占有。"[4]不过，只有得到另一个人大脑的同意，也就是说，他的大脑必须同意接受我们的命令，他的身体才可能服务于我们的大脑。[5]这恰好解释了下面这个论点：一个人可以通过另一个人实施他有权直接实施的行为；在一个人通过另一个人实施行为的情况下，该人仍然被认为具有如同他亲自实施该行为一样的完全相同的地位。[6]因为把人类紧密联系在一起的自然法无疑允许人们采取一种因某个人身体虚弱或无法到场但有时又有必要的程序，即一个人通过另一个人实施行为的程序，尽管后者可能是一个自由民。因此，为使另一个人可以为我们取得占有，必须满足这样一个条件：他应当尽自己的努力只为我们提供服务。事实上，这正是法学家保罗讲过的原话。[7]

另外，当我们具备构成所有权的其他必要特征而只是缺乏占有的条件时，我们在【通过代理人】间接取得占有的同时即可取得所有人的地位。这一事实规定在法律中，[8]而且得到了基于财产买卖和赠与的事例的确认［通过新的所有人的代理人］。[9]因此，无论在任何时候，如果只需要满足占有的条件

---

〔1〕《查士丁尼法典·敕令集》IV. xxvii. 1 ［VII. xxxii. 1］。

〔2〕参见前面第二章中对第二项法律的论述；另见《查士丁尼法典·学说汇编》XLI. ii. 8。

〔3〕《查士丁尼法典·学说汇编》XLI. ii. 1，§3 和 §20。

〔4〕法学家保罗：《公认的判决》V. ii。

〔5〕参见前面第五章和第七章三中的论述。

〔6〕《天主教教会法典大全·第六卷》V, ult., reg. 68，72；另见第二章中对第十项法律的论述。

〔7〕《查士丁尼法典·学说汇编》XLI. ii. 1，§20。

〔8〕《查士丁尼法典·敕令集》VII. xxxii. 8。

〔9〕《查士丁尼法典·学说汇编》XLI. ii. 42，§1；《查士丁尼法典·学说汇编》XLI. i. 20，§2；《查士丁尼法典·学说汇编》XXXIX. v. 13。

即可产生所有权，那么，一个人就可以通过其他人的代理而成为所有人。这是一种比任何其他可能性都要容易得多的方法。正因为如此，在奥林匹克运动会上，那些把获胜选手送上赛场的人发现他们自己的名字被镌刻在石碑上，并成为奖品的所有者。基于同样的道理，捕鸟人、渔夫、猎人和捕捞珍珠的人获得的一切都可能直接归我们所有，只要他们被我们雇用，或者以任何其他方式使他们们只为我们的利益进行工作。[1]这是一个与建立在将来的不确定性上的买卖不同的问题，因为契约本身并不足以转移所有权。

在涉及战争行为的情况下，同样的推理甚至更为确定，因为通过战争行为捕获的物品或者是为了捕获者自己，或者是为了战争的主要发动者。如果进行捕获是为了战争的发动者，那么，捕获者就缺乏占有的意图；如果缺乏占有的意图，他就不能取得占有。[2]另一方面，如果进行捕获是为了捕获者自己，但由于他们没有个人原因对敌人采取捕获行动，结果就是他们不是在取得占有，而是在进行抢劫或者盗窃。因为我们已经得出了这样的结论：如果没有基于债务的原因，不允许捕获战利品。另外，从纯粹的自然法盛行的时代流传下来的亚伯拉罕的故事对于支持我们的论断提供了明显的论据，也就是说，这位圣贤承认，他给予他的仆从和分给他的盟友的两部分战利品都属于他的战利品。因为他宣布说，除了这两部分以外，他不会再为自己取得任何战利品。[3]

因此，【这一个问题的第一个结论是：】作为一种基本的权利，在私战中，**战利品只能由战争的主要发动者本人在满足其合理主张的范围内取得，而不能由其臣民或盟友取得**。[结论九第一点（一）]

另一方面，由于每个人都被授予了对自己的财产的权力，[4]因此，任何人都可以正当地转让属于他的所有权，或者甚至是将来注定属于他的所有权。因为基于它将来成为我的财产的可能性，我可以合法地转让目前尚不属于我的物品。此外，受让财产的一方可以作为代理人以我的名义占有该财产，而且这种得到我的同意背书的占有行为将取得交付财产的效力，就像一个人把

---

〔1〕《查士丁尼法典·学说汇编》XIX. i. 11~12。

〔2〕《查士丁尼法典·学说汇编》XLI. ii. 1, §20。

〔3〕《圣经·旧约》"创世记"xiv，末尾部分。

〔4〕参见前面第二章中对第三条规则的论述；《查士丁尼法典·法学总论》II. i. 40。

某一物品作为礼物或购买物[1]交给另一个人由他不受限制地使用一样。因此，代理人起初以我的名义占有该财产；[2]但后来他就通过我为自己占有了它。正是以这种方式，我们可以通过自己的债务人向自己的债权人偿付债务，而且当这样的交易发生时，事实上涉及两个取得过程，尽管其中的一个取得过程（像乌尔比安[3]解释的那样）由于两个行为很快相互融合而被隐藏了起来。这就是我们所指的与罗马法有关的即时给付或虚拟给付。[4]因此，正如当战利品成为我的财产后，允许我将其作为礼物送给他人，或偿还债务，或以任何其他方式转让一样，我也被允许把将会以我的名义取得的战利品送给他人。当这种情况发生时，事情的顺序是这样的：通过另一个人的努力，战利品首先被交到我手上，但它注定一刻也不能由我占有，因为它马上就被交给了此人，他现在占有该战利品，并且有更早的理由对其主张所有权。

由于这些原因，我们认为，战争的主要发动者是战利品最初的和直接的所有人，除非他之前已经订立了一项相反的协议。因此，【这一个问题的第二个结论是：】**或者是战争的主要发动者自己成为战利品的所有人，或者是他在取得战利品之前指定的人成为战利品的所有人。**［结论九第一点（二）］

三、在公战中谁可以取得捕获物或战利品？

我们讨论的下一个部分是关于公战中战利品的取得。在目前的情况下，我们的确理应对此进行更仔细的研究，因为相对晚近的法学家们按照教会法学者的解释，把来源于习惯（以及来源于并不具有普遍性的习惯）的事项归类到初级万国法之下。另外，这些法学家们以非常扭曲的方式发展了他们的观点，甚至在反复阅读了（罗马市民法《查士丁尼法典》中）被捕获的物品应当成为捕获者的财产和（教会法中）战利品应当根据国家意志进行分配的规定

---

[1] "Mutuo"恰当地是指为消费目的的借贷，它根据一个规定相等补偿的协议作出。不过，此处引自《查士丁尼法典·法学总论》中的这一段话显然指的是这样一种情形："任何人卖给你或送给你的物品属于你可以自由支配的物品"。甚至在格劳秀斯的论述中，把"mutuo"译作"借贷"也是令人比较困惑的。因此，本英译者设想格劳秀斯意在强调这个术语所隐含的支付的意义。（——英译者注）

[2] 《查士丁尼法典·法学总论》II. i. 44。

[3] 《查士丁尼法典·学说汇编》XXIV. i. 3，§12。

[4] 《查士丁尼法典·学说汇编》XXIII. iii. 43。

后，他们仍然一个接一个地得出了相同的结论：被捕获的物品首先成为捕获者个人的财产，但随后必须将其交给指挥官，由指挥官在士兵中间进行分配。[1]

这种观点实际上没有合理依据。根据我们已经作出的解释，因为这些捕获者不存在反对［敌人］的［个人］原因，所以，如同他们在私战中不能这样做一样，他们在公战中也不能取得对战利品的占有。同样的道理适用与私战和公战两种情况。首先，由于臣民和盟友遭受的损失和付出的代价是发动战争的国家需要重视的（我们已在其他地方讨论过这个问题，下面还要进行更充分的阐述），因此，作为一个具有根本重要性的要求，必须从战利品中扣除与这些损失和代价价值相等的财产。其次，相对于其他提出权利主张的人，国家针对敌人的每一项权利主张都应当被置于优先地位，其原因有两点：一是因为国家一直警惕地守护着自己的权利，二是因为"国库有优先受偿权"是一项完全有道理并得到普遍接受的规则，特别是在与叛国罪有关的情况下尤为如此，而一个国家破坏另一个无辜国家的和平及公共秩序的邪恶行为可以与叛国罪相提并论。

根据以上论述，我得出一个新的观点：在公战中捕获的物品应当在满足发动战争的国家各项主张的范围内成为该国的财产。但是，我为什么要说这是一种"新的"观点呢？伊西多尔（圣）在他的著作[2]中给我们留下了一些从学术更为繁荣的时代流传下来的作品片段，其中，我发现了对两个与军事法事项有关的论述：[3]一是关于根据有关人员的资历和贡献分配战利品；二是关于君主的份额。如果认真研究这一段论述，我们就会清楚地看到，这里所述的权利不是按照数量平等[4]进行调整并构成交易基础的权利，而

---

〔1〕　巴尔托鲁：《〈学说汇编〉评注》XLIX. xv. 28；亚历山大（伊莫拉的）和耶逊：《〈学说汇编〉评注》XLI. ii. 1；安基勒斯：《〈法学总论〉评注》II. i. 17；帕诺米特努斯：《〈格列高利教令集〉评注》II. xxiv. 29，n. 7；托马斯·格拉马提库斯：《那不勒斯法院判决集》lxxi. 17；劳登西斯：《论战争》Qu. 4。

〔2〕　伊西多尔：《语源学》V. vii，它被《天主教会法典大全·格拉提安教令集》I. i. 10 所引用；另见注释法学派学者对这一部分的注释。

〔3〕　在伊西多尔关于"*ius militare*"【军事法】的定义中，包含了许多格劳秀斯在这里没有提及的事项。与现代"军事法"的定义相比，伊西多尔的定义要广泛得多。不过，另一方面，伊西多尔对"军事法"这个术语的解释并没有囊括格劳秀斯"*ius belli*"（战争法）所包含的全部领域。因此，看起来最好是根据其字面含义来翻译"*ius militare*"一词，而不是把它等同于"*ius belli*"。（——英译者注）

〔4〕　在希腊语中，这里指"矫正的［即补偿的］交易"。（——英译者注）

是一种［分配的概念[1]］，它根据比例，或换句话说，根据几何平等[2]而非数量原则进行调整，并构成分配的基础。我们已经讲过，[3]在这两个概念中，后者是分配正义实际运行的原理，前者则是补偿正义实际运行的原理。这种所谓分配的权利既不存在于各个部分相互关系的基础上，也不发生于部分对整体的关系中；相反，它发生于部分对整体的关系中，而这些部分的价值与它们对整体的关系是不同的。[4]因此，分配的权利只与一般或公共的事务有关。从这种解释出发，我们可以推定，根据自然的安排，公战中捕获的战利品在分配之前属于公共财产。安布罗斯（圣）也持有同样的观点，他指出，"一切都应当留给国王"是一项军事科学的规则；[5]而他在这里使用"国王"这个名词的时候，指的是代表国家的那个人。不过，安布罗斯（圣）补充说，一部分取得物可以正当地分给对社会付出劳动的人，作为对他们工作的报酬。的确，这一部分报酬目前还没有付给我们，但它应该付给我们，而且可以从任何来源中付给我们。当西庇阿【大西庇阿8】对罗马人的盟友马西尼萨9讲下面一段话的时候，他头脑中也是这样想的："在罗马人民的全力支持下，我们打败并俘虏了西法克斯10。这样一来，他本人和他的妻子、孩子、土地、城镇以及其中的居民，简单地说，原来属于他的一切都成了罗马人民的战利品。"[6]根据李维的引述，卢西乌斯·埃米利乌斯【卢西乌斯·埃米利乌斯·帕布斯】也曾明确宣布，在攻占城市以后，处置战利品的决定权应该由司令官，而不是士兵们掌握，也就是说，处置战利品的权利应该由经国家授权的人行使。

上述理论与"战争中捕获的物品应当立即成为捕获者财产"这一条著名格言[7]并不矛盾。事实上，这一条格言非常契合我们的观点，即战争中捕获

---

〔1〕　参见亚里士多德：《尼可马亥伦理学》V. v ~ vii［V. ii. 12 ~ 13，V. iv. 2］。

〔2〕　托马斯·阿奎那：【《神学大全》】II ~ II，qu. 61，arts. 1 ff。

〔3〕　参见前面第二章第五项法律之前的部分。

〔4〕　参见注释法学派学者：《〈格拉提安教令集〉评注》II. xii. 2. 25 ff。

〔5〕　安布罗斯（圣）：《论亚伯拉罕》I. iii［17］，它被《天主教教会法典大全·格拉提安教令集》II. xxiii. 5. 25 所引用；巴尔杜斯：《〈敕令集〉评注》VIII. liv. 36。

〔6〕　李维：【《罗马史》】XXX［xiv. 8 ~ 10］。

〔7〕　《查士丁尼法典·学说汇编》XLI. i. 5，§7；《查士丁尼法典·学说汇编》XLI. i. 7；《查士丁尼法典·法学总论》II. i. 17；《查士丁尼法典·学说汇编》XLI. ii. 1，§1。

的物品不再是敌人的财产，尽管"捕获者"一词应该被解释为通过其他代理人从而使捕获得以实现的国家。的确，如果不接受最后这种假设，国家就不能通过捕获财产的过程取得任何东西，[1]因为整体的取得必须依靠每个部分提供的服务。

因此，在对公战的讨论中，我们将适用在讨论私战时适用于子女和奴隶的同样的论述标准，[2]因为公民的确是被统治者，而且他们以被统治者的身份成为国家本身的一部分。虽然他们也可以被认为是有能力为自己取得战利品的个人，但这和现在讨论的公战没有关系，因为公战中的有关行为是由公民作为被统治者实施的。另外，正如以下两种情况之间的区别一样：一是经父亲同意以自己的名义占有[3]通过服兵役取得的财产的儿子，[4]二是两个或两个以上的人共有的奴隶，或者是主人以外的人拥有使役权的奴隶，或者是出于善意为他人服务的人，[5][6]在目前的情况下，我们有正当理由说明，根据国家命令并为国家利益而战的公民所取得的一切都是为国家取得的。

对于在［主要交战国］指挥下的盟友取得战利品的问题，我们在分析私战时所作的适用于私战中盟友的论述，同样适用于公战中的盟友。

至于其他观点，有人在解释关于战争中被夺取的财物的格言时认为，根据初级万国法，此类财物应当成为捕获者的个人财产。不过，有一个论点足以驳倒他们的观点。我要指出的事实是：初始的法律，当然也可以称其为自然法，在涉及取得的问题时，并不需要对动产和不动产加以区别。因此，海上隆起的小岛可以按照从海里捕捞的珍珠成为捕捞者财产的同样方式成为占

---

〔1〕《查士丁尼法典·学说汇编》XLI. ii. 2。

〔2〕参见前面第四章开头部分；亚里士多德：《政治学》I. ii。

〔3〕《查士丁尼法典·法学总论》II. ix. 1。

〔4〕此处引用的《查士丁尼法典·法学总论》中的这一段话只是为了说明一个事实：根据古老的罗马法，通常情况下，仍然受家庭中居支配地位者控制的子女们所取得的财产是为前者取得的。但是，"castrense peculium"这个短语的主要含义是指根据特定条件归子女们所有的财产，正如上面对这个短语的英文扩张解释所表述的那样。（——英译者注）

〔5〕《查士丁尼法典·敕令集》IV. xxvii. 3；《查士丁尼法典·学说汇编》XLI. i. 23，§3；《查士丁尼法典·学说汇编》XLI. i. 5，§10。

〔6〕也就是说，由这种奴隶或出于善意为他人服务的人取得的财产是为那个或那些对他们有支配权的人取得的。（——英译者注）

有人的财产。[1]但是，从敌人那里夺取的土地和城市是公共财产，而不是夺取它们的人的个人财产，这个事实如此明确地得到了所有历史纪录和蓬波尼乌斯权威论断[2]的确认，以致没有人敢于否认这一点。因此，除了我们即将说明的后来的法律[3]所做的区别以外，同样的结论完全可以适用于其他被夺取的财物。

所有民族的赞同和各个时代的传统补充确认了我们业已通过逻辑证明了的以下原则的正确性：对战利品的权利属于国家，或者属于被国家授予此种权利的统治国家的君主或指挥战争的司令官，而不属于捕获战利品的个人。我们知道，在希伯来人中，战利品被交给司令官，而不是给予亲手捕获战利品的个人，甚至完全不给予那些实际参加战斗的人们。相反，一部分战利品被分配给作为整体的军队，一部分被分配给人民，还有一部分根据神的命令和既定习惯祭献给神。[4]另外，难道没有发现希腊人也遵循着同样的做法吗？荷马[11]这样写道：

"我们在抢劫城镇时夺取的所有战利品，

已经分配完毕……"[5]

根据《伊利亚特》中的记载，阿喀琉斯在谈到他曾经攻占的城市时说道：

"从所有这些城市中，

我们亲手夺得无数珍贵的战利品；

作为胜利者，我把它们全部拿来，

献给阿特柔斯的儿子【即阿伽门农[12]】。

尽管他乘着快船，但总是姗姗来迟。

他将一小部分分给别人，把大部分据为己有。"[6]

---

〔1〕《查士丁尼法典·法学总论》Ⅱ. i. 18, 22。

〔2〕《查士丁尼法典·学说汇编》XLIX. xv. 20, §1。

〔3〕参见注释法学派学者：《〈学说汇编〉评注》XLIX. xiv. 31；巴尔托鲁：《〈学说汇编〉评注》XLIX. xv. 28；亚历山大（伊莫拉的）和耶逊：《〈学说汇编〉评注》XLI. ii. 1；科瓦鲁维亚斯：《〈天主教教会法典大全·第六卷〉评注》"刑事法规" Pt. Ⅱ, §11。

〔4〕《圣经·旧约》"民数记" xxxi. 27, 31, 47；《圣经·旧约》"约书亚记" vi. 27 [24]；《圣经·旧约》"约书亚记" xxii. 7~8；《圣经·旧约》"撒母耳记上" xxx. 22 f。

〔5〕荷马：[《伊利亚特》Ⅰ. 125]。

〔6〕荷马：[《伊利亚特》IX. 330 ff]。

阿喀琉斯还对阿伽门农说道：

"即使在希腊人勇敢地攻克特洛伊人的城镇后，

我也不会分到和你同样多的战利品。"〔1〕

另外，作为国家的代表，

"菲尼克斯[13]和铁面无私的尤利西斯【奥德修斯[14]】

被挑选来监督抢劫者，并看守战利品。

从特洛伊城四面八方和金碧辉煌的神庙中

抢来的宝物被送到这里，

其中有祭神的桌子、纯金的调酒碗和各式服饰。

从被打败的敌人手中夺取的财物堆积如山。"〔2〕

这个习惯后来也没有被废止：我只要举几个著名的事例就可以证明这一点。阿里斯提得斯【阿里斯提得斯（正义之士）】曾经看守过在马拉松战役中缴获的战利品。〔3〕在普拉蒂亚[15]战役结束后，希腊人发布了一项通告，禁止任何个人拿走任何缴获的物品，它们将在论功行赏的基础上分配给各个参战的民族团体。〔4〕在占领雅典之后，来山得[16]把缴获的一切都上交作为公共财产。〔5〕如果要从亚洲人的实践中找出一个事例，你会发现特洛伊人习惯于（根据维吉尔[17]的观察）"用抓阄的方法分配战利品"。〔6〕军队指挥官有时会被授予分配战利品的决定权，否则，多隆[18]就不会要求赫克托耳[19]把阿喀琉斯的战马分给他，赫克托耳也不会承诺满足他的要求。荷马〔7〕和欧里庇得斯〔8〕都记录过这一件事。另外，在亚洲被征服时，有多少战利品落入了居鲁士【居鲁士大帝二世】之手，又有多少落入了亚历山大大帝之手呢？〔9〕我们是否

---

〔1〕　荷马：[《伊利亚特》Ｉ. 163 f]。

〔2〕　维吉尔：《埃涅阿斯纪》Ⅱ. 762 ff。

〔3〕　普卢塔克：《希腊罗马名人比较列传》"阿里斯提得斯（正义之士）传"[ｖ. 5]。

〔4〕　希罗多德：《希波战争史》Ⅸ[80 ff]。

〔5〕　普卢塔克：《希腊罗马名人比较列传》"来山得传"[ⅹⅵ. 1]。

〔6〕　维吉尔：[《埃涅阿斯纪》Ⅸ. 268.]。

〔7〕　荷马：[《伊利亚特》Ⅹ 319 ff]。

〔8〕　欧里庇得斯：《瑞索斯》[181 ff]。

〔9〕　普林尼（老）：《博物志》ⅩⅩⅩⅢ. ⅲ；普卢塔克：《希腊罗马名人比较列传》"亚历山大传"[ⅹⅹⅹⅵ. 1]；库尔提乌斯：[《亚历山大史略》Ⅴ. ⅵ. 20]；狄奥多罗斯：【《历史丛书》】ⅩⅦ[66 和71]；斯特拉博：【《地理概论》】ⅩⅤ[ⅲ. 6~9]。

需要把我们的研究扩大到非洲和迦太基人那里呢？我们知道在阿格里真托[20]和其他城市被攻占以后，迦太基人从坎尼战役[21]中夺取了什么。[1]

不过，在关注各个民族对各种法律分支的观点，尤其是对有关战争法的观点时，罗马人的观点显然是最值得我们关注的。我绝对不是第一个宣布以下事实的人：在罗马人中，任何种类的战利品，甚至包括动产，都不能由夺取它的士兵取得，甚至不能由指挥官依其职权取得，而只能由罗马人民取得。[2]

这个论断显然遭到了塞尔苏斯的观点的反对，塞尔苏斯指出："在我们中间发现的敌人的财产不是公共财产，而是取得它们的人的财产。"[3]不过，除了这种观点构成其一部分的整个法律在上下文中被严重曲解，以致人们几乎不能确定它意欲适用的领域之外，这句话的词语本身表明，塞尔苏斯所讲的并不是我们此处正在论述的以武力夺取的敌人的财产，而是在战争爆发时在我们的占有物中发现的敌人的财产（我相信是动产）。对于此类财产，因为它们不是付出公共代价取得的，所以，按照对待无主财产的方式，它们显然应当归取得之人所有，尽管这种做法更符合罗马的市民法，而不是万国法。也就是说，虽然我们引用的包括塞尔苏斯这一句话在内的那一部分确切的标题"关于财产所有权的取得"[4]适当地讲与万国法有关，但是，在这个标题下囊括了太多的事项，它们显示出对普遍的法律【即万国法】的背离，而且其根据是成文法、习惯或者公认的看法。因为这个标题下的内容既包括了法学家的各种论述，也包括了帝国的法令。

至于误导了法律注释学者们的其他格言——即被捕获的财物应当成为捕获者的财产[5]——我们已经非常清楚地说明，这一条格言中的捕获者应该被理解为指的是国家。[6]另外，（至少在我看来）在罗马法的解释者中，没有人能够超越狄奥尼西奥斯（哈利卡尔那索斯的）[22]对调整捕获物和战利品的法律

---

〔1〕 狄奥多罗斯：【《历史丛书》】XIII［90］；李维：【《罗马史》】XXIII. xii。

〔2〕 参见彼得·费伯【福列】：《六月集》II. iii～iv。

〔3〕 《查士丁尼法典·学说汇编》XII. i. 51。

〔4〕 《查士丁尼法典·学说汇编》XII. i. 50；《查士丁尼法典·学说汇编》XII. i. 7，§7；《查士丁尼法典·学说汇编》XII. i. 19；《查士丁尼法典·学说汇编》XII. i. 27，§1；《查士丁尼法典·学说汇编》XII. i. 16；《查士丁尼法典·法学总论》II. i. 39。

〔5〕 《查士丁尼法典·学说汇编》XII. ii. 18。

〔6〕 《查士丁尼法典·学说汇编》XII. i. 7。

的理解。这位最勤奋的罗马史作者这样写道："按照法律的规定，作为勇敢战斗的结果，以各种方式从敌人手中夺取的所有战利品都属于公共财产。不仅个人不能将其据为己有，甚至军队统帅也没有这种权利。财政官将接管这些战利品，并把拍卖后的收益[1]存入国库。"[2]根据狄奥尼西奥斯（哈利卡尔那索斯的）的记载，这是指控科里奥拉努斯23的人所说的话。他们的说法一部分是正确的，另一部分则是出于嫉妒的夸张过火的错误表述。虽然认为战利品的主人不是士兵和军队统帅而是罗马人民的说法是正确的，但另一方面，根据罗马法，军队统帅是战利品的管理者并有对其处置做出决定的最高权力，这同样是正确的。李维援引卢西乌斯·埃米利乌斯【卢西乌斯·埃米利乌斯·帕布斯】的话说道："被攻克而非自愿投降的城市被抢劫一空，但处置战利品的权利属于军队的统帅，而不是士兵。"[3]为了避免引起猜忌，军队统帅有时会把这种权力移交给别人（例如，卡米卢斯曾经把处置战利品的权力移交给元老院），[4]但有时会把它保留在自己手中。

另外，我们发现，采取后一种做法的人会根据形势的变化或本人对公平、虔诚信仰或野心的追求，采取不同方式行使自己的权力。

那些希望被别人认为最廉洁自律的军队统帅拒绝接触战利品，而是命令把包括金钱在内的一部分战利品交给罗马人民的财政官占有，其他部分由财政官进行拍卖。拍卖得到的金钱构成一些作者所说的"来自战利品的收入"。[5]随后，这些钱由财政官上缴国库；如遇有凯旋仪式，上缴的金钱要在仪式上公开展示。正如韦利奥斯·帕特库洛斯在他的著作中描写的那样，庞培就是这样做的："按照庞培的一贯做法，提格兰【提格兰二世24】交出的财产被转交给财政官，并进入政府公共账户。"[6]西塞罗在与安息人作战时采取

---

〔1〕　珂罗版第63'页只有被删除的材料，它显然是从63页底部直到63'页和67页被删除的很长一段的一部分。为证实这种推测，读者可以注意第63和第63'页构成原始手稿中标记的"56"页，而第67页则被标记为"57"页。

格劳秀斯在此处删除的材料实际上重新出现在了珂罗版的其他页中。（——英译者注）

〔2〕　狄奥尼西奥斯（哈利卡尔那索斯的）：《罗马史》Ⅳ［Ⅶ. lxiii. 2］。

〔3〕　李维：【《罗马史》】ⅩⅩⅩⅦ［xxxii. 12］。

〔4〕　李维：【《罗马史》】Ⅴ［xx］。

〔5〕　格利乌斯：【《雅典之夜》】ⅩⅢ. xxiii［xxv］。

〔6〕　韦利奥斯·帕特库洛斯：【《罗马史》】Ⅱ［xxxvii. 5］。

了同样的做法，他在写给萨卢斯特的信中讲道："对于我缴获的战利品，除了城市的财政官，也就是罗马人民以外，谁也不能动一分钱。"[1]这是在古代罗马共和国时期最一般的做法。普劳图斯[25]心里也明白这一点，因此，他写道：

"我毫不迟疑地

把所有战利品交给财政官……"[2]

普劳图斯还提到了俘虏的问题：

"我从财政官那里买来一名作为战利品的俘虏。"[3]

另外，"带着枷锁的奴隶"指的就是作为战俘的奴隶。

不过，正如狄奥尼西奥斯（哈利卡尔那索斯的）在刚才引用的指控科里奥拉努斯[4]的那一段话后面紧接着指出的那样，其他一些指挥官通常不把战利品交给财政官，他们习惯自行出售战利品，然后把变现所得上缴国库。我们在书中还［看到］，[5]甚至在罗马历史的早期，在打败萨宾人[26]之后，国王塔奎尼乌斯【塔奎尼乌斯（高傲者）[27]】把俘虏和战利品送到了罗马。[6]同时，［为了］改善日益恶化的财政状况，执政官罗穆里乌斯和维特利乌斯卖掉了从埃魁人那里夺取的战利品。这一举动令军队感到十分不满。[7]

但是，在我们确定首先是在意大利，然后是在非洲、亚洲、高卢和西班牙取得胜利以后，每一位将军把多少钱直接上缴国库，多少钱通过财政官上缴国库之前，我们有必要对这个主题进行专门的研究。对于这一点，罗马史中并没有太多的记载。另外，根据同样的历史记载，正如指控他们的人所暗示的那样，有些将军显然没有按照以上两种方法中的任何一种去做。战利品有时被供奉给

---

〔1〕 西塞罗：《致友人书》II. xvii［4〕。

〔2〕 普劳图斯：《两个酒鬼》［1075〕。

〔3〕 普劳图斯：《俘虏》［34 和 111〕。

〔4〕 科里奥拉努斯被指控既没有把从安提亚特人那里捕获的俘虏和战利品"向财政官报告"，"也没有把他们卖掉后将所得收益上缴国库"，而是把这一切分给了他自己的朋友。（《罗马史》VII. lxiii. 3）（——英译者注）

〔5〕 手稿第 64'a 页有一个角被损毁了。此处英文句子中方括号里面的词语是对消失的拉丁文词语的推测复原。它的主要依据是第 64' 页顶部格劳秀斯删除的几乎相同的一段话中的用语，而且它得到了引自李维【《罗马史》】中的两段话的确认。因此，"*misisse legi*"［*mus*］被用在第一行末尾，"*propter*"被用在第二行末尾。（——英译者注）

〔6〕 李维：【《罗马史》】I［xxxvii. 5〕。

〔7〕 李维：【《罗马史》】III［xxxi. 4〕。

神，有时被分给在战争中浴血奋战的士兵，还有时被送给其他人。

供奉给神的战利品或者是原物，像罗慕路斯[28]供奉在朱庇特神庙[1]中的战利品；[2]或者是变卖战利品获得的金钱，像塔奎尼乌斯（高傲者）用出售从波梅蒂亚[29]取得的战利品的钱在卡皮托利尼山上为朱庇特建造了一座神庙。[3]

在古罗马人看来，把战利品赠给士兵们是一种出于野心的伎俩。例如，据说塔奎尼乌斯（高傲者）的儿子塔奎尼乌斯·塞克斯都[30]慷慨地把战利品赠给了士兵们（确切地讲，不是在罗马，而是在他作为逃犯加贝伊的时候），以便使自己能够获得权力。[4]根据李维《罗马史》V [xx. 5] 中的记载，阿庇乌斯·克劳狄乌斯[31]在元老院演讲时，抨击这种慷慨的赠与是别出心裁、挥霍浪费、不公平和欠缺考虑的做法。[5]

给予士兵们的战利品或者是通过分配程序，或者是由夺取者获得。分配可以采取报酬的形式，或者论功行赏。阿庇乌斯·克劳狄乌斯竭力主张把战利品作为报酬分给士兵们，假如不允许来自战利品的金钱躺在国库里睡大觉的话。[6]波利比奥斯[32]详细解释了战利品分配的整个程序：在没有进行战斗的日子或警戒期间，通常军队中二分之一或者更少一部分人被派出去抢劫战利品；各色人等必须把他们抢到的财产集中起来送回军营，然后，由军事保民官进行公平分配；那些负责守卫军营、因病缺勤或 [65a][7] 被安排执行特别任务的人们也被召集前来领取他们的份额。[8]有时，分给士兵们的不是战利品，而是出售战利品后获得的金钱。后一种情况通常发生在庆祝胜利的时候。我发现战利品分配的比例是这样的：[9]一名步兵分得一份，一名百夫长两份，

---

〔1〕　在战斗中从被击败的敌军将领手中夺取的兵器经常被供奉给"敌人的征服者朱庇特"。（——英译者注）

〔2〕　狄奥尼西奥斯（哈利卡尔那索斯的）：《罗马史》Ⅱ [xxxiv]。

〔3〕　李维：【《罗马史》】Ⅰ [liii. 3]。

〔4〕　李维：【《罗马史》】Ⅰ [liv. 4]。

〔5〕　李维：【《罗马史》】V [xx. 5]。

〔6〕　李维：【《罗马史》】V [xx. 5]。

〔7〕　手稿中插入的符号表明这里插入的序号"65a"是在手稿第64页上，而不是人们可能从序号上认为的那样在第65页上。（——英译者注）

〔8〕　波利比奥斯：【《通史》】X [xvi]。

〔9〕　李维：【《罗马史》】XLV [xl]。

一名骑兵三份；或在某些情况下，一名步兵分得一份，一名骑兵分得两份。[1]
在其他情况下，一名步兵分得一份，一名百夫长两份，一名军事保民官和骑
兵四份。[2]有时，也会这样进行分配：海上盟友中的一名水手分得一份，舵
手两份，船长四份。[3]不过，分配战利品时通常会考虑个人的特殊功劳。例
如，由于马尔奇乌斯【科里奥拉努斯】作战勇敢，波斯图米乌斯把在科里奥
利缴获的一份战利品奖励给他。

　　无论采取哪种分配方法，军队最高统帅都可以为自己挑选一份无论任何
价值的代表特殊荣誉的战利品。因此，国王塞尔维乌斯·图利乌斯[33]［塔奎尼
乌斯【塔奎尼乌斯·普里斯库斯[34]】?][4]为自己挑选了科尼库鲁姆的女子奥
克莉西亚[35]。[5]根据狄奥尼西奥斯（哈利卡尔那索斯的）的记载，法布里齐
乌斯·卢西努斯在和皮洛士谈话时说道："对于在战争中缴获的战利品，无论
我拿多少都是允许的。"[6]伊西多尔（圣）在定义"军事法"[7]时也间接提到
了这种特权，他指出："［这个法律用语］同样［包括］战利品的分配，公平
的方法是根据身份、个人的功劳和君主的份额按比例进行分配。"[8]塔奎尼乌
斯（高傲者）（像李维所讲的那样）希望通过战利品的分配既能使自己获得
财富，又能安抚普通民众的情绪。[9]塞尔维利乌斯【昆图斯·塞尔维利乌
斯·卡皮奥[36]】在他发表的讲话中赞扬了保罗斯[37]，说他本来可以通过分配战

---

〔1〕　李维：【《罗马史》】XLV［xxxiv］。

〔2〕　苏埃托尼乌斯：《诸凯撒生平》"尤里乌斯·凯撒传"xxxviii；阿庇安：《内战史》II［xv. 102］。

〔3〕　李维：【《罗马史》】XLV［xlii］。

〔4〕　根据引自狄奥尼西奥斯（哈利卡尔那索斯的）【《罗马史》中】的那一段话，科尼库鲁姆的
奥克莉西亚是图利乌斯的遗孀和他后来的遗腹子塞尔维乌斯·图利乌斯的母亲。在科尼库鲁姆被罗马
人攻占并且她的丈夫战死后，她被塔奎尼乌斯从战利品中挑选了出来。狄奥尼西奥斯（哈利卡尔那索
斯的）的记录中没有任何地方说明奥克莉西亚曾经在任何场合作为战利品的一部分被图利乌斯或塞尔
维乌斯·图利乌斯选走。然而，格劳秀斯却在他的《战争与和平法》（第三卷第六章第十七节 3）中
引用相同来源，再次重复了这令人难解的陈述。他可能对这个事件的记忆有误，或者是在写作《捕
获法》时因笔误把"塔奎尼乌斯"写成了"图利乌斯"，而在后面的著作中又因一时疏忽把这种错误
的表述照抄了过来。（——英译者注）

〔5〕　狄奥尼西奥斯（哈利卡尔那索斯的）：《罗马史》IV［i］。

〔6〕　载于《片段集》［《名家选集》p. 18］

〔7〕　参见第 188 页中的第一个英译者注。（——英译者注）

〔8〕　伊西多尔（圣）：《语源学》V. vii，它被《天主教教会法典大全·格拉提安教令集》I. i. 10
所引用。

〔9〕　李维：【《罗马史》】I［lvii］。

利品使自己变得富有起来。[1]的确，有些人更愿意用"分赃"一词来表示最高统帅取得的那一部分战利品，[2]而不是像前面所定义的"代表特殊荣誉的战利品"。[3]

不过，那些在取得战利品的问题上保持克制的军队统帅得到了最高的赞赏。他们或者放弃自己的权利，完全拒绝领取任何战利品（像前面提到的法布里齐乌斯·卢西努斯和征服迦太基后的大西庇阿[4]），或者像庞培那样只领取其中的一小部分。加图（小）称赞庞培说（引自卢卡的著作【《内战记》】），他贡献给［国家］的远远超过留给自己的。

在分配战利品的过程中，根据希伯来人的习惯，有时要考虑那些并未出现在战场上的人，费边·安布斯图斯[38]在攻克奥克苏后曾经做出过这样的决定。但有时，也可以不考虑某些实际出现在战场上的人，[5]就像独裁官辛辛纳图斯[39]对米努齐乌斯【卢西乌斯·米努齐乌斯·埃斯奎利努斯·奥古里努斯[40]】的军队所做的那样。[6]

还需要注意的是，过去罗马共和国时期授予总司令的分配战利品的权利后来被转移给了其他军官。《查士丁尼法典》的一个部分[7]明确提到了这个事实。按照法典中的规定，对于军官在战场上或者军队的驻地分给士兵们的从敌人手中夺取的战利品，包括可搬动或可自行移动的物品，免于进行必要的公共登记。

不过，［一般来说］，这种［在士兵中分配战利品的］[8]做法经常被人诟病：不是因为有人说这种行为超越了总司令的职权，而是因为它代表着一种

---

〔1〕　李维：【《罗马史》】XLV［xxxvii］。

〔2〕　阿斯科尼乌斯［冒名］：《西塞罗〈反威勒斯〉评论》III［II.i.59，§154 = p.44，左页］。

〔3〕　参见第194页。（——英译者注）

〔4〕　普卢塔克：《论机遇》［p.97 C］。

〔5〕　李维：【《罗马史》】IV［lix］。

〔6〕　李维：【《罗马史》】III［xxix］。

〔7〕　《查士丁尼法典·敕令集》VIII.liv.36，§1。

〔8〕　初看起来，"Divisio……haec"（这种分配方法）似乎是指刚才提到的那种特殊的分配方法，即由下级军官而不是由总司令分配战利品的方法。不过，下面几行文字清楚地表明，必须对这个短语作更广义的解释。

纵观目前对战利品分配问题的讨论，可见格劳秀斯论点的划分不像通常界定的那样清晰。这可能是因为手稿中此处大量的删除和插入所致。（——英译者注）

企图通过分配公共财产施加个人影响的现象。因此，昆图斯·塞尔维利乌斯·卡皮奥、科里奥拉努斯［马尔奇乌斯］、卡米卢斯以及其他一些人受到指控，理由是他们把公共财产赠与自己的朋友和部下。[1]但在有些情况下，这种赠与是出于最平等的动机，"其目的是使那些投身于这一伟大事业的人们在获得自己的劳动成果后，更心甘情愿地进行新的远征。"[2][3]有时，在结束一场战斗或攻占一座城市以后，士兵们被允许在听到特定解散信号后进行无限制的抢劫，以便夺取战利品。虽然这种做法在古代很少见，但也不乏其例。例如，卢西乌斯·瓦勒里乌斯【卢西乌斯·瓦勒里乌斯·波提图斯⁴¹】允许士兵们在埃魁人的土地上进行抢劫；[4]昆图斯·费边【昆图斯·费边·维布拉努斯⁴²】在打败沃尔西人和征服伊斯特拉以后，允许士兵们大肆抢劫。[5]在以后的时代，其他人更经常允许进行这样的抢劫。有人对这种习惯表示谴责，也有人为此进行辩护。谴责这种习惯的人认为，抢劫战利品的贪婪之手剥夺了勇士们取得的胜利成果，"因为通常发生的情况是"（这是李维援引阿庇乌斯·克劳狄乌斯所说的话[6]）"在战场上更贪生怕死的人通常在抢劫财产时更争先恐后，而勇士们则惯于承担主要的战斗任务并甘愿冒更大的危险"。[7]作为对这种观点的回应，阿庇乌斯·克劳狄乌斯的反对者告诉我们："在任何情况下，一个人亲手从敌人那里夺取并带回家的任何财产都会给他带来比根据别人的决定分给他的价值高许多倍的财产更大的满足感和快乐。"[8]还要考虑的一点是，事实上，这种做法很难控制，或者说很难在不引起士兵

---

〔1〕　狄奥尼西奥斯（哈利卡尔那索斯的）：【《罗马史》】Ⅵ［xxx］和Ⅶ［lxiii］；李维：【《罗马史》】Ⅴ［xxxii］。

〔2〕　狄奥尼西奥斯（哈利卡尔那索斯的）：【《罗马史》】Ⅶ［lxiv. 4］。

〔3〕　由于疏忽大意，在这一句引语的拉丁文翻译后面又重复出现了狄奥尼西奥斯（哈利卡尔那索斯的）的那一句话。（——英译者注）

〔4〕　狄奥尼西奥斯（哈利卡尔那索斯的）：【《罗马史》】Ⅸ［lv］。

〔5〕　狄奥尼西奥斯（哈利卡尔那索斯的）：【《罗马史》】Ⅹ［xxi］。

〔6〕　狄奥尼西奥斯（哈利卡尔那索斯的）：【《罗马史》】Ⅴ［xx］。

〔7〕　与通常情况相比，格劳秀斯在此处更大程度上偏离了引文作者确切的语言。因此，与其说我们看到的是来自李维的引语，不如说是格劳秀斯对他的思想的阐释。从字面上看，李维的引语可以翻译如下："因为在通常情况下，如果一个人惯于追求承担主要的战斗任务和危险，相应地他在捕获战利品方面就会行动迟缓。"（——英译者注）

〔8〕　狄奥尼西奥斯（哈利卡尔那索斯的）：【《罗马史》】Ⅴ［xx］。

们极大的反感情绪和愤怒的情况下加以控制。我们在早期洗劫科图奥萨的事例[1]中就看到了这种困难：[2]保民官决定将在科图奥萨城取得的战利品作为国家财产，但他的命令下达得太晚了。[因为担心重新收回已经被士兵们据为己有的战利品可能激怒他们，所以，战利品无法被收回。]我们在后来还看到另外一个事例：盖尤斯·赫尔维乌斯[43]的军队违反他的命令，洗劫了加拉提亚人的营地。[3]

　　根据我的看法，战利品或变卖战利品取得的金钱过去有时会被授予战士们以外的其他人，这种授予一般是对为战争做出贡献的人给予实际补偿的形式。但是，我们也注意到用拍卖战利品所得资助公众运动会的情形，甚至在[罗马]王政时代早期就有这种做法。[4]

　　并非只有在涉及不同的战争时，处置捕获物和战利品的不同方式才会受到青睐。相反，经常发生的情况是，在一场战争中缴获的战利品也会按照不同比例和战利品本身的不同种类用作不同用途。我们可以从卡米卢斯的所作所为中看到按照不同比例处置战利品的情形：遵照希腊人的习惯，卡米卢斯把战利品的十分之一献给阿波罗以践行他的誓言。[5][至于依不同种类处置战利品的问题]作为一项规则，各种战利品应该按照以下方式进行分类：被捕获的人口；牲畜，它们在希腊语中被恰当地定义为[不同于俘虏的"可以抢劫的财产"]；金钱；最后是不论贵贱的其他动产。在每个历史时期的记录中都很容易发现[基于这种分类制度的各种程序的]事例。在打败沃尔西人后，昆图斯·费边·维布拉努斯命令财政官把"可以抢劫的财产"以及[其他可变卖的]战利品卖掉，他则把自己取得的金钱上交国库。[6]不过，同样是昆图斯·费边·维布拉努斯，在沃尔西人和埃魁人被完全征服以后，他把（除图斯库鲁姆[44]人以外的）俘虏分给士兵们，并且允许他们把伊斯特拉[45]土地上

---

〔1〕　狄奥尼西奥斯（哈利卡尔那索斯的）：【《罗马史》】Ⅵ［iv. 9～11］。

〔2〕　珂罗版第65页倒数第8行那个不完整的词是"e"［ius］（of this）。在这一页上，就像在其他许多页上一样，由于珂罗版页边的磨损，有少部分各种词已经不见了，尽管在大多数情况下，缺少的一个或多个字母无疑可以被补上。

〔3〕　李维：【《罗马史》】ⅩⅩⅩⅧ［xxiii］。

〔4〕　李维：【《罗马史》】Ⅰ［xxxv］。

〔5〕　李维：【《罗马史》】Ⅴ［xxiii］。

〔6〕　狄奥尼西奥斯（哈利卡尔那索斯的）：【《罗马史》】Ⅷ［lxxxii］。

的人口和牲畜作为战利品进行捕获。[1]在攻克安提乌姆46之后，卢西乌斯·科纳里乌斯把金、银和铜上缴国库，通过财政官把俘虏和战利品卖掉，并把粮食和衣物分给士兵们。[2]辛辛纳图斯也采取了同样的做法，在夺取埃魁人的城镇科比奥后，他把更有价值的一部分战利品送往罗马，然后，把其他战利品分给各个百人队。[3]在打败法利希人和卡佩纳47人以后，卡米卢斯把大部分战利品带回来交给财政官，只把很小的一部分分给士兵们。[4]同样是这位独裁官，在征服维爱48之后，除了变卖俘虏的金钱以外，他没有把任何其他战利品上交国家。在征服埃特鲁斯坎人并卖掉俘虏以后，卡米卢斯用这一笔钱归还了罗马妇女们原来为支援战争而捐献的黄金，并为卡皮托利尼神庙建造了三个盛酒用的金托盘，以供祭祀之用。法布里齐乌斯在征服卢卡尼亚49人、布鲁蒂亚人和萨谟奈人后，不但使士兵们变得富有起来，补偿了市民们所作的贡献，而且向国库上交了 40 塔伦特。[5]昆图斯·富尔维乌斯[6]和阿庇乌斯·克劳狄乌斯在占领汉诺【汉诺（大）50】的营地以后，卖掉缴获的战利品并进行了分配，而且对那些立下特殊战功的人给予奖励。在攻占拉米亚后，阿希利乌斯51把一部分战利品分给士兵们，另一部分则被卖掉。[7]在打败加拉提亚人并按照罗马人的迷信习惯把敌人的武器装备烧毁之后，格纳乌斯·曼利乌斯命令把所有剩余战利品集中在一起：他卖掉（按照规定应当上交国库的）一部分战利品，并把其余部分分给士兵们；他在分配战利品时十分谨慎，并尽可能做到公平。[8]在打败佩尔修斯52以后，保罗斯把被征服的敌军的战利品分给步兵，并把从周围城镇捕获的战利品分给骑兵。然后，在整个战争结束并举行凯旋式后，他立即将从被推翻的国王【佩尔修斯】那里缴获的金钱上缴国库。[9]

---

[1] 狄奥尼西奥斯（哈利卡尔那索斯的）：《罗马史》X [xxi]。

[2] 狄奥尼西奥斯（哈利卡尔那索斯的）：《罗马史》X [xxi]。

[3] 狄奥尼西奥斯（哈利卡尔那索斯的）：《罗马史》X [xxv]。

[4] 李维：《罗马史》V [xix, xxii]。

[5] 狄奥尼西奥斯（哈利卡尔那索斯的）：《罗马史》[《名家选集》，第 18 页]。

[6] 李维：《罗马史》XXV [xiv]。

[7] 李维：《罗马史》XXXVII [v]。

[8] 李维：《罗马史》XXXVIII [xxiii]。

[9] 李维：《罗马史》XLIV [xlv]。

从上述事实可见，很明显，根据罗马法，战争中的战利品属于公共财产，而且军队高级指挥官被允许分配这些战利品，条件是如果他们利用授予自己的权力谋取私利，必须根据法律承担责任。这种解释显然被卢西乌斯·西庇阿[53]的案件所确认。（瓦勒里乌斯·马克西穆斯告诉我们[1]）卢西乌斯·西庇阿被控"侵吞公款"，并最终被判定私吞了 480 磅白银，这笔钱比他交给国库的还要多。类似的确认也来自上面提到过的事例，其中，有些人被指控为实现其野心，把战利品慷慨地赠与他人。根据格利乌斯的记载，加图（大）在一篇题为"论士兵战利品的分配"的演讲中用充满激情同时又不失严谨的语言谴责了不受处罚的"侵吞公物"和无法无天的行为。[2]格利乌斯引用该篇演讲中的话写道："盗窃私人财产的有罪者披枷带锁，牢中服刑；盗窃国家财产者却荣华富贵，荣耀一生。"[3]【窃钩者诛，窃国者诸侯】在另外一个场合，这位演说家声称，他感到非常震惊，因为"竟然有人胆敢把在战争中缴获的雕塑作为装饰品摆在自己家里。"西塞罗为威勒斯[54]因侵占公物引起的愤怒情绪火上浇油，他说威勒斯还拿走了一座雕塑，而那是从敌人手中夺取的战利品。[4]

没有上交战利品的士兵也会像他们的指挥官一样被判犯有侵占公物罪。这是因为（像波利比奥斯[5]证明的那样）军队中所有人都要受下列誓词的拘束："任何人都不得窃取任何战利品；每个人都应该诚实严格地恪守誓词。"我们在这里看到的可能是格利乌斯[6]记载的以下正式誓词的来源：在军队占据的地方或者距离军队驻地十英里的范围内，任何士兵不得拿走任何价值超过一塞斯特斯银币的物品；如果有人拿走超过这一价值的物品，则应该把它交给执政官或者在三天内就这一行为公开忏悔。[7]

上述格式化的誓词有助于我们理解莫德斯提努斯所说的下面一句话："窃

---

〔1〕　瓦勒里乌斯·马克西穆斯：《善言懿行录九卷》V. iii〔2〕；李维：【《罗马史》】XLV〔XXXVIII. lv. 5〕。

〔2〕　格利乌斯：【《雅典之夜》】XI. xviii。

〔3〕　普里西安：《论语法制度》VII〔xix. 95〕，引自格利乌斯：【《雅典之夜》】。

〔4〕　西塞罗：《反威勒斯》VI〔IV. xli. 88〕。

〔5〕　波利比奥斯：《通史》X〔xvi. 6〕。

〔6〕　格利乌斯：【《雅典之夜》】XVI. iv。

〔7〕　这一誓词还提供了第三种选择，即把拿走的物品返还给其真正的主人。但格劳秀斯没有提及这一点。（——英译者注）

取从敌人手中缴获的战利品之人，应该承担侵占公物的责任。"[1]即使只是从这一句话所包含的证据中，我们的法学教师也应该能够推导出这样一项原则：战利品本质上是公共财产。因为侵占公物只能是与公共财产、用于祭祀的圣物和宗教财产有关的行为。[2]因此，在这个问题上，罗马人与希腊人以及其他民族的观点完全一致。因为所有民族都赞成把捕获战利品归入公权，[3]而非私权的范畴，所以，捕获战利品的概念应当被承认为一项公认的法律原则，尽管其有效性尚未在自然理性的基础上得到充分的阐释。根据法学家们的一致意见，已经确立了下面一项规则：对于那些尚未被任何人以主人的名义取得但可以被任何人取得之物，国家拥有不受限制的权力，国家可以将其授予它认为最合适的任何人，或者甚至可以把它保留给自己。[4]因为在这些情况下取得的权利是一种共有意义上的权利，而共有的权利与国家有关。鉴于这一点，我们发现，在许多地方，有关捕鸟、捕鱼、狩猎、无主宝藏、被遗弃的财产以及类似事项的权利被授予国家，并由国家转移给其统治者。综上所述，【这一个问题的第一个结论是：】**在绝对意义上，发动公战的国家有权在国家本身的权利得到满足的范围内取得在战争中捕获的战利品。**[结论九第二点（一）]

另外，国家还允许像私人一样转让在战争中捕获的财产，无论在它被实际取得之前还是之后。战利品实际取得之后的转让可能发生在下列情况下：或者是财政官把战利品交付买主，或者战利品被作为礼物赠与他人。例如，大卫曾经把战利品赠送给大祭司；凯撒在他掌握独裁权力的时候曾经把战利品赠给士兵们；或者［作为一种经常发生的现象］国家把战利品赠给某位将军，以表彰其勇敢。因此，根据罗慕路斯的命令，从敌人那里取得的土地被分给退役的士兵。[5]这种做法在以后相当长的时期被延续下来。战利品实际

---

〔1〕《查士丁尼法典·学说汇编》XLVIII. xiii. 13。

〔2〕《查士丁尼法典·学说汇编》XLVIII. xiii. 1。

〔3〕珂罗版第66'页完全是空白的，而且第67页只有删除的内容。参见第194页的英译者注。（——英译者注）

〔4〕科瓦鲁维亚斯：《〈天主教教会法典大全·第六卷〉评注》"刑事法规" Pt. III, §2, 将近末尾之处。

〔5〕《查士丁尼法典·学说汇编》VI. i. 15, §2；《查士丁尼法典·学说汇编》XXI. ii. 11；《查士丁尼法典·学说汇编》XLI. i. 16；拉姆普利迪乌斯：《塞维鲁·亚历山大传》[p. 1006 A]。

取得之前的转让可能针对特定人，也可能针对不特定人。举例来说，如果有人［基于汉尼拔将会取得这些财产的预期］从汉尼拔手中购买了罗马人的店铺，这就是针对特定人的转让，就像［基于特洛伊人将会取得战争胜利的预期］赫克托耳承诺将把阿喀琉斯的战马分配给多隆一样。另一方面，战利品也可以合法地赠给注定会成为确定人的不确定人，这个事实得到了执政官习惯做法的证实，[1]这种习惯做法就是把礼物用力扔出去，谁抢到就归谁所有，尽管执政官自己也不知道哪些人会得到它，如同举行宴会的主人为客人们准备了丰富的食物［但他并不知道哪位客人会吃哪一种］一样。因此，【这一个问题的第二个】结论是：**或者国家本身成为战利品的所有人，或者取得国家转让的战利品之人成为战利品的所有人。**［结论九第二点（二）］

四、本组问题之引申问题

通过国家转让而取得战利品所有权的效果可能因以下两种方式而产生：一是根据特许；二是根据永久性的法律规定，因为法律毫无疑问可以创设所有权。例如，人们在得到特定信号后分头进行抢劫就属于根据特许产生取得战利品效果的方式。不过，同样的效果也可能来自法律规定。这两种方式的区别仅仅在于这样一个事实：法律规定要受一个有拘束力的特定法律原则，即衡平原则的调整。[2]

在收益和损失之间达致平衡是衡平原则的特征。不过，损失有多种情形。有些人遭受损失是心甘情愿的，其他人则并非如此；我们自愿付出劳动或者把财产赠给别人是心甘情愿的，但财产被敌人抢走则并非如此。

现在，已经确认的事实是：雇用他人履行一项委托契约者要对受托人此后不是因为意外，而是因为该委托契约所致的任何损失承担责任。[3]对于由

---

〔1〕《查士丁尼法典·法学总论》II. i. 46。

〔2〕 威廉·马泰：【《论正义与合法战争》】Req. 2，p. 5。

〔3〕《查士丁尼法典·学说汇编》XVII. ii. 52，§3；《查士丁尼法典·学说汇编》XVII. i. 15；英诺森【四世】：《〈格列高利教令集〉评注》II. xxiv. 29，末尾部分；西尔维斯特：《西尔维斯特全集》"论'战争'的词义"［Pt.］I. vii. 10，xi. 2 和 xiii；西尔维斯特：《西尔维斯特全集》"论'命令'的词义" vi；《查士丁尼法典·学说汇编》XVII. i. 12，§9；《查士丁尼法典·学说汇编》XVII. i. 56，§4；《查士丁尼法典·学说汇编》XVII. i. 27，§4；劳登斯：《论战争》Qq. 6 和 42；西尔维斯特：《西尔维斯特全集》"论'战争'的词义"［Pt.］I. vii 和 xiv［以及 xiii；"*Non de expensis*"］。

此产生的费用，无疑可以根据存在委托契约这一事实，判决给予补偿。至于付出的劳动，根据罗马法的确不能索取报酬，[1]除非事先达成了应当给付报酬的协议。但尽管如此，根据那一项为我们设定了有善必报义务的来源于自然法的法律，我们应该对我们的施惠者予以补偿。[2]这个结论得到了以下事实的确认：在许多情况下，即使没有提起民事诉讼，委托人仍然不得不对受托人付出的劳动给予补偿，似乎在正常的约束之外，自然法的衡平原则发挥了作用。这就是被称为"手续费"［翻译费］［信息费］［小费］以及各种名目的报酬的根据。[3]因此，我们推断，在其他情况下，虽然可以为此诉诸国内法的权威，但缺乏补偿机制不应该是万国法中一项合适的原则。我们的推论可以适用于诸如根据古罗马市民法[4]签订的不包含［提供报酬］规定的契约，适用于根据柏拉图的观点属于根据善意原则进行交易的买卖，[5]也适用于按照斯巴达人的习惯属于未经证实的偷窃以及更早的时候东印度地区人们之间的放贷和存款。[6]塞内加（小）指出："有许多事项不属于法律调整的范围，也不能向法庭提起诉讼。对于这些事项，比法律效力更强的人类的习惯为我们指明了方向。"[7]的确，我们不能假设一个人会在很大程度上荒废自己的工作，完全无私地把时间用于服务他人的事业，其原因在于大多数人都要依靠日常的劳动维持生活。[8]因此，塞内加（小）宣布说，我们欠哲学家和教师劳动报酬。[9]也就是说，我们应当为他们复杂烦恼的工作提供补偿，因为为了把时间用来努力地为我们工作，他们把自己的利益弃置一旁。按照昆体良的说法，根据古罗马市民法，为演说家支付报酬同样是正当和必要的。

---

〔1〕《查士丁尼法典·学说汇编》XVII. i. 1，§4。

〔2〕《圣经·新约》"马太福音" x. 10；参见前面第二章，第六项法律；塞内加（小）：《论利益》VI. xv。

〔3〕《查士丁尼法典·学说汇编》L. xiv；《查士丁尼法典·学说汇编》XIX. v. 15；《查士丁尼法典·学说汇编》L. xiii。

〔4〕即"*ius Quiritium*"，或罗马市民法，与之相对的是"*ius praetorium*"，或衡平法。（——英译者注）

〔5〕柏拉图：《法律篇》XI［p. 915 E］；亚里士多德：《尼可马亥伦理学》IX. i。

〔6〕斯托博乌斯：《文选》［XLIV. 42］。

〔7〕塞内加（小）：《论利益》V. xxi。

〔8〕《查士丁尼法典·学说汇编》XIX. v. 5，§2和§3。

〔9〕塞内加（小）：《论利益》VI. xv。

这是因为演说家的职业要求他们付出实际劳动，而且他们把时间全部用在了他人的事务上，从而使自己失去了其他赚钱的机会。[1]另外，做了什么和付出什么的对比，以及这一个和那一个的对比并不是与法律无关的概念。

由于友谊建立在互惠的基础上，因此，根据自然法，一个关心他人利益的人通过将并非属于纯粹补偿的所得返还给他人的义务，使自己与该他人联系在一起。[2]这就是促使罗马人把从敌人手中夺取的物品返还给其盟友的原因，只要他们从前是这些物品的主人，现在又辨认出了它们。[3]与此同时，这也是罗马人允许其盟友与自己享有同等份额的战利品（例如，在罗马人和拉丁姆人的条约中就有这样的规定）的原因。[4]另外，我们也必须对前面引用过[5]其中一句话的安布罗斯（圣）的下面一段话作出同样的解释，他讲道："的确，亚伯拉罕宣布说，一部分战利品作为对付出的劳动的奖励，给予那些可能具有盟友身份的陪伴和帮助过他的人。"[6]这样一项相同的原则——即盟友和臣民应该得到一份战利品——对于所有时代，即从亚伯拉罕到《马加比传》55所讲述的时代的上帝选民均为有效。[7]

对于这里出现的问题，尤其是与臣民有关的问题，需要我们进行更深入的研究。在这种背景下，我坚持认为必须承认以下事实：发动战争的国家对盟友和臣民负有义务，[8]这不但是因为盟友和臣民承受的损失和代价，而且是因为他们付出的努力。即使作为臣民的个人有义务服务于公共利益，但根据比例正义的原则，[9]如果任何人对共同体的付出超出其个人义务的范

─────────────

〔1〕　昆体良：《雄辩家的培训》XII. vii［10］。

〔2〕　参见《查士丁尼法典·学说汇编》V. iii. 25，§11 中的论点。

〔3〕　李维：【罗马史】IV［xxix］；李维：【罗马史】XXIV［xvi］。另见第四章，将近末尾之处。

〔4〕　狄奥尼西奥斯（哈利卡尔那索斯的）：《罗马史》VI［xcv］。

〔5〕　参见本章第189页。

〔6〕　安布罗斯（圣）：《论亚伯拉罕》I. iii［17］，它被《天主教会法典大全·格拉提安教令集》II. xxiii. 5. 25 所引用。

〔7〕　《圣经·旧约》"创世纪"xiv，末尾部分；《马加比传》（第2卷）viii. 28，30。另见本章第142～156页中的证据。

〔8〕　英诺森【四世】：《〈格列高利教令集〉评注》II. xxiv. 29，n. 4；帕诺米特努斯：《〈格列高利教令集〉评注》II. xxiv. 29，n. 17；劳登西斯：《论战争》Qq. 6，42；阿亚拉：《战争的权利和职务与军纪》I. ii. 38，40 及证据。［格劳秀斯不小心重复了劳登西斯的引语（——英译者注）］

〔9〕　巴斯克斯：《雄辩指南》vi；巴斯克斯：《雄辩指南》IV. viii［第二部分，第一卷，第八章］。

围——无论是通过捐赠还是通过主动努力工作——他就可以向其他共同体成员提出主张。（我们发现）这是一条适用于所有共同体事务的准则。[1]不过，臣民与盟友[2]有一个方面存在区别：盟友不能克减自己的权利，除非他们自己签订的协议中另有规定，但臣民的权利却经常随着国家的法律而发生变化，[3]因为私人利益应当服从公共利益已经得到普遍承认并且被实践所确认。鉴于这个原因，臣民在战争中遭受的损失通常得不到国家的补偿。让我们从罗马法中找几个事例来说明这一点。

起初，根据得到确立的交战各方在战争中捕获的物品归捕获者所有[4]的原则，人们一般承认，罗马公民的财产被敌人捕获后即成为敌人的财产；即使从敌人那里重新取得该财产，根据法律也要把它交给国家，而不能还给公民个人，因为它无疑属于对国家负有债务的敌人财产的一部分。这样一来，罗马人民就有义务对其财产被捕获的公民遭受的损失给予补偿。不过，在某些情况下，这种补偿义务并不适用，其原因在于为了避免支出过多导致国库空虚（特别是在战时），以及防止这种可以轻而易举地获得补偿的做法导致人们不再勇敢地保护自己的财产，从而使敌人的资源得到增加。

不久前的一些特殊的事例展示了一种似乎更公平和更符合实际的做法，那就是国家在既能使公民的损害能够得到补偿，又不会给国家造成损害的限度内，或者换句话说，在允许把从敌人手中重新取得的财产返还给其原主人的限度内，放弃自己【作为战利品所有人】的权利。我们在这里看到了罗马法中一种著名的制度——复境权[56]【即战后公民身份与财产恢复权】制度的起源，尽管最早的法律解释者们并没有能够清楚地理解这种制度。不过，为了对战利品问题进行充分的讨论，我们不能对复境权的概念予以过多关注。因为对遥远的国家之间复境权问题的研究以及对战争中返回或者被再次俘虏的人员问题的研究不仅冗长乏味，而且与我们的目的没有太大关系。

---

〔1〕 《查士丁尼法典·学说汇编》XVII. ii. 38，§ 1。

〔2〕 西尔维斯特：《西尔维斯特全集》"论'战争'的词义"〔Pt.〕I. vii. 6，在 xiii 中有更充分的论述。

〔3〕 参见前面第二章关于第五条规则的论述。

〔4〕 参见前面第八章关于引申问题三的论述。

罗马人坚持认为，根据复境权，土地应该归还其原来的主人。[1]的确，为鼓励人们保留土地并进行耕作，某种补偿协议是必要的。假如没有自然的产出，军事行动将难以为继。同时，特别是如果人们在并非由于自己的过失而是被敌人优势的兵力赶出家园后将来不再有重新取得土地的任何希望，许多人就会在面临危险的威胁时放弃农业生产。这是在涉及土地时通常的情况。但是，在涉及动产时，我们会看到一种不同的情形。[2]这不仅是因为调查此类财产的下落非常困难，而且是因为在迁徙时，动产是一种累赘而非有用的东西，而且有时它会使人们患得患失，产生怯懦避战的思想，所以，罗马人并非不恰当地将动产称为"累赘"或"行李"。不过，有必要把对战争有用的动产作为例外，[3]譬如，战舰和运输船（不包括渔船和游艇）、种马和母马（只是其中一小部分，并非所有种马和母马）、驮骡等。[4]在战争中，最大的优势莫过于在突然发生紧急状况时能随时得到所需物资的充分补给，因此，鼓励公民准备好此类物资是十分明智的。与此同时，正如马塞卢斯[57]在关于马匹的问题上注意到的那样，更重要的是此类物资经常会在任何人都没有过失的情况下发生损失。[5]另一方面，同样容易理解的是为什么有些物品的损失是一种耻辱，比如战士们的武器。正因为如此，它们被正当地排除出适用复境权的动产的范围。[6]另外，由于在商业交易过程中被归类为适用复境权的物品往往会落入与本方属于同一阵营的其他人，而不是物品的原主人手中，[7]因而就产生了我们所谓"有偿优先取得"的问题———即一项在物品的原主人和购买人之间公平解决问题的规则——按照"有偿优先取得"的要求，原主人得在对购买人提供补偿的条件下重新取得自己的财产。

当然，今天，并非所有这些原则都按照罗马法确立的形式得到了严格的普遍遵守。举例来说，在大多数地区，船只不属于复境权的范围，因为只有

---

〔1〕《查士丁尼法典·学说汇编》XLIX. xv. 20，§1。

〔2〕《查士丁尼法典·学说汇编》XLIX. xv. 3。

〔3〕《查士丁尼法典·学说汇编》XLIX. xv. 2；西塞罗：《题旨》[viii. 36]；费斯图斯：《论语词的含义》"复境权"，引自埃利乌斯·加卢斯：[《论法律用语的含义》I]。

〔4〕参见《查士丁尼法典·学说汇编》XLIX. xv. 19，末尾部分。

〔5〕参见《查士丁尼法典·学说汇编》XLIX. xv. 2。

〔6〕参见《查士丁尼法典·学说汇编》XLIX. xv. 2。

〔7〕参见《查士丁尼法典·学说汇编》XLIX. xv. 12，§7。

在船只被捕获后马上被重新夺回，或者在它们驶入敌人占领区之前被重新夺回，而且通常在付给夺取船只之人一笔费用后，它才会被归还给原来的所有人。因此，现在有关船只和有关商品的法律［在大多数地方］并没有区别，而且这个论断得到了法兰西和意大利海事法规的确认。[1]

可以肯定的是，上述得到确立的救济只适用于物［即从前失去并被重新夺回的特定物］。罗马法并没有规定人们应该从其他来源为没有归还本方阵营的失去的财产提供赔偿。同样的观点在现代依然有效，除非在极特殊的情况下可以捕获特定部分的战利品并把它给予遭受损失的人。不过，这种做法在一定意义上属于战争中的报复行为。

另一方面，相对于任何其他来源，给予士兵奖赏最方便的来源就是战利品。作为这种方式的结果，国家节约了所有支出，同时使敌人的资源变得更加匮乏，因为如果士兵们知道他们是在为自己作战，他们就会更积极地夺取每一件战利品。然而，也不能以这种方式分配所有战利品，否则，可能导致局面完全失控。相反，只有特定种类或部分的战利品可以这样分配，同时要遵守每个人从敌人手中夺取的战利品归自己所有的规则。这样一来，战争中不确定的危险就可以从同样不确定的奖赏中得到补偿。[2]

因这种合法分配的结果落入个人手中的所有财物在严格意义上被称为"私人战利品"。这是一个在其他场合有着一般含义的术语所具有的特殊意义。瓦罗相信，这个术语可以追溯到拉丁语中的"通过武力取得"。[3]但在我看来，它更可能来自［某种形式的］*praehendendus*［"被夺取的"[4]【财物】］。这个词在省略元音后读音比较刺耳。总的来看，［成为公共财产］和［成为私人战利品的一部分］是两个相对的表述。[5]

----

〔1〕《法兰西法典》［载于《亨利三世法典》］XX. xiii. 24；《康索拉多海法》，第287章。

〔2〕《查士丁尼法典·学说汇编》L. vi. 5，§3。

〔3〕瓦罗：《论拉丁语》IV［V. 178］。

〔4〕可能从动词性形容词的中性复数形式来看，"Praehendenda"（被夺去的［物品］）与它的词根"praeda"完全一致。格劳秀斯在这里用的是"Praehendendo"（它可以被解释为是一个动名词，也可以被解释为是一个动词性形容词），他使用"–o"结尾可能只是把它作为介词"a"后面的夺格。（——英译者注）

〔5〕《查士丁尼法典·学说汇编》XLIX. xv. 20，§1；《查士丁尼法典·学说汇编》XLIX. xv. 20，§28。

目前，在这一个问题上，不同国家形成了不同的做法。

一般认为，从敌人中夺取的土地不是私人战利品的一部分；相反，它属于公共财产。[1]对于动产和可以自行移动之物，与土地相反的观点似乎占主导地位。因为存在太多的困难，以致不可能再从占有它们的个人手中重新取得此类财物。

因此，市民法和教会法的解释者以及一些神学家规定的原则——即从敌人手中夺取的动产将成为夺取者个人的财产[2]——与目前的情形而不是与前面的讨论更密切相关，因为这一项原则不是来自我们所谓的初级万国法，而是来自主要由习惯构成的实在法。另外，它不是基于能够对各国产生拘束力的一致同意的协议，而是建立在具有偶然性的意思表示一致的基础上，也就是说，各个民族可以自由地放弃它，[3]只要他们认为这样做似乎更加可取。甚至在这一项原则得到遵守的情况下，对动产也不是直接取得，而是通过一种虚拟交付程序完成的。

此外，这一项标准也不应该不加区别地适用。战利品可能是在突然袭击中夺取的，也可能是在激烈的战斗后夺取的，对于这两种情形，意大利权威法学家分别称其为"抢夺"和"洗劫"。[4]

我认为，在突然袭击中夺取的动产——即并非通过整支军队共同的勇敢行动，而是依靠一支突击队夺取的动产——应该授予夺取财产的个人，除非在这种场合显然还有别人采取了其他行动。实际上，给敌人造成损失是此类袭击的唯一目的，而且在这种情况下很难进行任何调查。我们看到，即使是根据罗马法，在个人之间的角斗中从对方手中夺取的战利品也是属于获胜一

〔1〕　参见本章关于第二个问题第一点的论述；参见引自普罗科匹厄斯的有关言论；杜阿隆：《学说汇编评注》XLI. i. 3；居雅斯：《法律意见》XIV. vii［XIX. vii］。

〔2〕　注释法学派学者：《〈格列高利教令集〉评注》II. xxiv. 29；托马斯·阿奎那：《论政府的原理》III. ii；阿德里安四世：《论第四辩题》Tr. De Rest. Aggredior Casus；弗洛鲁斯：《罗马简史》III. iv. 1；约翰·梅杰：《论第四辩题》Dist. 15, qu. 20；阿方索·德·卡斯特罗：《论刑法的效力》II. i. 14；提拉昆：《论同居与婚姻法》I. 46；科瓦鲁维亚斯：《〈天主教教会法典大全·第六卷〉评注》"刑事法规" Pt. II，§11；维多利亚：《战争法》51。

〔3〕　参见前面第二章关于第八条规则的论述。

〔4〕　萨利切托：《敕令集评论》VIII. l（li）12 和托马斯·格拉马提库斯在《那不勒斯法院判决集》lxxi. 18 中引用的其他人的论述。

方的财产。

但是，对于正式的战斗和通过进攻夺取城市的情形，我们应该得出什么结论呢？在这种情况下，取得胜利后从被征服者那里夺取的财物似乎不属于"军事战利品"[1]［即分配给士兵个人的战利品］的范围。希望对此进行区别的希腊人称这些财物是"从敌人那里剥夺的战利品"。另一方面，我发现许多民族习惯把在激烈的战斗和猛烈的进攻中夺取的物品分配给个人。在希腊语中，此类战利品被称为"使用暴力夺取的战利品"；换句话说，［虽然财物已经被夺取，］但

"利剑出鞘，怒火

仍未得到平息或遏制……"

然而，对于敌产中原来属于公产而非私产的部分，显然必须将其作为例外。我们的确了解到，在皮拉姆斯河【现称杰伊汉河】畔的战斗胜利结束后，马其顿人冲进了大流士【大流士三世[58]】的大营。他们抢走了大量的金银，唯有大流士三世的大帐没有受到任何侵犯，"以便按照传统习惯，胜利者"（这是库尔提乌斯【库尔提乌斯·鲁福斯[59]】所说的话）"在战败国国王的营帐中接受招待。"[2]在阿尔贝拉，甚至有人指控某些士兵藐视存在的习惯，共谋在他们中间瓜分所有战利品，而没有把任何财物送往将军的营帐。我们注意到，在希伯来人中也有一种类似于刚才提到的习惯：将战败国国王的王冠戴在战胜国国王的头上。另外，在查理曼[60]征服匈牙利人以后，私人财富落到士兵们的腰包里，匈牙利王室的财富则被上交国库。但是，根据罗马旧的制度，并没有把战利品留给士兵们的习惯，甚至在经过猛烈进攻夺取城市后同样如此。李维所记录的卢西乌斯·埃米利乌斯·帕布斯的言论清楚地说明了这一点，我们在本章前面引用过他说的话。[3]不过，我并不质疑这个事实，即将军们把战利品作为一种利益给予他人的做法早已开始，并在内战中以

---

〔1〕 阿里亚斯：《论战争与正义》n. 162；贝利：《论军法和战争》Ⅱ. xviii. 3 ~ 4；韦森贝克：《〈法学总论〉评注》Ⅱ. i. 17；多尼奥：《市民法评论》Ⅳ. xxi；西尔维斯特：《西尔维斯特全集》"论'战争'的词义"，开头部分，引自《罗塞拉全集》[Pt. Ⅰ. i: "Limita etiam"]。

〔2〕 库尔提乌斯：【《亚历山大史略》】Ⅲ [xi. 23]。

〔3〕 参见第 194 页；[李维：【《罗马史》】XXXVII. xxxii. 12]。

特许的形式成为一种习惯，[1]而这种特许对士兵比对指挥官更加放纵。例如，在法萨卢斯战役[61]结束后，凯撒所做的第一件事就是纵容士兵们抢劫庞培的营地，他补充说：

"我们的伤员必须得到奖赏，

而我的责任是指出什么是奖赏。

我不会说把奖赏'给你'，

因为每个人应当'为自己夺取'……"[2]

在另外一场内战中，尽管夜幕正在降临，但弗拉维王朝[62]的军队仍然在向克雷莫纳疾进，他们希望以突然袭击的方式夺取这座富庶的城镇，因为黑夜将使他们更放心地进行抢劫。他们担心如果不这样做，当地居民的财富将落入司令官和司令部人员的手中。与这一事件相联系，塔西佗写下了他著名的心得："经过猛攻夺取的城市的战利品落入士兵之手，而投降的城市的战利品则归指挥官所有。"[3]塔西佗评论中阐明的习惯逐渐变成了法律。毫无疑问，这种转变的动机来自一种正当的担心，即如果拒绝承认士兵们在战斗结束后取得战利品的权利，他们就不会专注于和敌人作战，而是在战斗进行的过程中夺取战利品，在许多情况下，这种形式的贪婪本身足以阻碍战争的胜利。因此，在与不列颠人的战争中，苏埃托尼乌斯[63]竭力鼓励他的士兵们心无旁骛地投入残酷的战斗，不要考虑战利品的问题。但在鼓励之外，他承诺一旦取得胜利，一切都属于他们。[4]其他具有类似意义的论述散见于各种作品之中。根据普罗科匹厄斯[64]的记载，当某些士兵基于从汪达尔人[65]手中夺取的土地为自己提出主张的时候，帝国卫队的司令官所罗门通过对不动产和动产进行区分答复了他们的要求。所罗门解释说，动产可以分配给士兵，而不动产应该

---

〔1〕　虽然手稿中清楚地写着"*in consuetudinem*"（习惯于），但哈马克尔将其扩展为"*in contrariam consuetudinem*"（以相反的习惯），并且没有解释为什么要这样做。可能他把前面的"利益"解释为是指将军们享有的利益，而不是他们给予他人的利益。在这种情况下，可能需要用诸如"相反的"这样的词语来使下面句子的意思完整起来："……将军们早已开始享有的特殊利益通过特许转变为一种（相反的）习惯……它给予士兵们比他们的指挥官更多的利益。"但是，如果我们认为"利益"指的是将军们把一部分战利品给予士兵的做法，那就完全没有必要对格劳秀斯此处的用语进行修改。（——英译者注）

〔2〕　卢卡：[《内战记》] Ⅶ［738 ff］。

〔3〕　塔西佗：《历史》Ⅲ［xix］。

〔4〕　塔西佗：《编年史》ⅩⅣ［xxxvi］。

由国家保留；国家要为士兵们提供给养，并授予他们头衔和荣耀的地位；国家的目的不是为了让士兵们可以拥有他们从反对罗马帝国的蛮族反叛者那里夺取的不动产，而是要将这些财产统一收归国库，以便在必要时能从这些财产中为士兵们和其他人提供生活必需品。[1]在所罗门的陈述中，我们可以引用下面一句话："事实上，把俘虏和其他［可搬动的］物品作为战利品给予士兵，但土地本身属于罗马帝国和帝国的统治者，这种做法看起来完全合理。"[2]认为这一句话所表达的思想与某一条已经存在且普遍适用的法律完全相同的观点被以下事实（对于这个事实，我们已有所提及）所证实：虽然把土地分给士兵绝对不是一个闻所未闻的事件，但它只是一种例外措施。

此外，即使在对士兵们的付出已经作出明确补偿规定的情况下，仍然有必要给予他们在战利品问题上的特许权。根据这种特许权，战利品似乎属于士兵们正常报酬以外的收入，或者说，正因为有了来自战利品的收入，所以可以少付给他们报酬。因为在世界上的所有地方，士兵们的薪酬都非常微薄，以致假如没有获得额外收入的希望作为一种诱惑，很难吸引任何人投身军旅生涯。在战况胶着的时候，有一种坚定的信念会支持士兵们勇敢战斗，也就是说，要使他们确信：

"……在短暂的时刻，

或者迎来突然死亡，或者享受胜利成果。"[3]

时至今日，实际上在任何地方，一部分战利品都会被给予夺取它们的士兵，另一部分则交给国家，或者由国家授予特定级别的战场指挥官，以表彰他们的功劳。这一事实在所有国家关于海战和陆战的法律中都有规定。[4]例如，根据《西班牙法典》［或《国王敕令集》］的规定，分配给士兵们的战利品有时是1/5，有时是1/3；或有时国王可以得到1/2；军队指挥官可以得到1/7或者1/10。[5]在特定情况下，不光是一部分战利品，而是所有一类战利品都被给予

---

〔1〕　普罗科匹厄斯：《汪达尔战争》Ⅱ［载于《战争史》Ⅳ. xiv. 10］，它被居雅斯在《法律意见》XIX. vii 中所引用。

〔2〕　普罗科匹厄斯：《汪达尔战争》Ⅱ［载于《战争史》Ⅳ. xiv. 10］，它被居雅斯在《法律意见》XIX. vii 中所引用。

〔3〕　贺拉斯：《讽刺诗集》Ⅰ［i. 7~8］。

〔4〕　参见《低地联省共和国海事指南》第22条［载于《法律大典》Ⅴ. viii. 1］。

〔5〕　《西班牙法典》Ⅳ. xxvi. 2。

某些人：根据上述西班牙法律的规定，被捕获的军舰属于主权者的财产。[1]

　　分配战利品时评估士兵们付出的努力和经历的危险相当于同样甚至更具有正当性的对参加公战的个人付出的代价予以考虑的做法；国家对于这种代价所负的债务，除了从战利品中支付以外，没有更合适的方法偿还了。按照意大利的习惯，当一艘敌船被捕获以后，捕获物的1/3给予获胜一方的船主；1/3给予获胜一方船上所载货物的货主；另外1/3分给参战人员。[2]也就是说，补偿的顺序首先是付出的成本；其次是承担的风险；最后才是付出的劳动。在意大利以外的地区，任何把马匹借给一名参加远征的士兵之人应该与该士兵分享其战利品。[3]在西班牙人中，海战中捕获的一切都属于国王的财产，只要国王充分武装了船只，并为水手和士兵们提供了给养。[4]在这种情况下，任何战利品都不能分给舰队司令。另一方面，如果国王没有出资武装船只，那么，除送给国王和舰队司令部分战利品以示敬意以外，胜利者可以在他们之间分配剩余的全部战利品。此外，如果一个人曾经为公战贡献力量（无论是间接的还是通过其他人代为做出贡献），如果他从自己的财产中付出成本，个人承担了所有的损失和风险，并且他所做的一切都没有从国库中得到任何补偿，那么，（根据所有法律学者一致同意的观点）他就有权获得从敌人手中夺取的所有财物，而不需要与任何人分享。[5]简而言之，（正如使徒保罗在《哥林多前书》中指出的那样，[6]【有谁当兵，自备粮饷呢？有谁栽葡萄园，不吃园里的果子呢？有谁牧养牛羊，不吃牛羊的奶呢？】）让人"自备粮饷"打仗是不公平的；（或者根据叙利亚的［厄弗冷（圣）66][7]的解释，"自

---

〔1〕《西班牙法典》XIX. xxvi. 12；《西班牙法典》XX。

〔2〕《康索拉多海法》，第285章。

〔3〕贝利：【《论军法和战争》】II. v［IV. viii. 8～12］。

〔4〕［《西班牙法典》］XIX. xxvi. 2；［《西班牙法典》］XIV。

〔5〕卡尔德里努斯：《法律评论》85；卢普斯：《论战争与军事》§"Si bene advertas"；耶逊：《〈学说汇编〉评注》XXX. i. 9；弗朗西斯科·埃里帕：《〈学说汇编〉评论》XII. ii. 1, n. 5；科瓦鲁维亚斯：《〈天主教教会法典大全·第六卷〉评注》"刑事法规"Pt. II，§11。另见博菲尼：《匈牙利历史》IV. v。

〔6〕《圣经·新约》"哥林多前书"ix. 7；《圣经·新约》"马太福音"x. 10。

〔7〕"Syrus"【叙利亚】是一个拉丁文单词。几乎可以肯定格劳秀斯在这里指的是4世纪的圣厄弗冷（叙利亚人）。圣厄弗冷（叙利亚人）出生在尼西比斯，他有时被称为"叙利亚的太阳"。他的著作包括对《圣经·旧约》和《圣经·新约》的评注。（——英译者注）

备粮饷"是指没有希望得到补偿。使徒保罗以栽种葡萄的人和牧养牛羊的人为例，清楚地说明了这个含义）相反，就像设置抵押的情况一样，由于根据承担任何行为有害后果的人有权享受该行为产生的利益的默示协议，"自备粮饷"打仗的人有权取得所有战利品符合自然衡平原则，因此，国家显然应该满足于在自己没有付出代价的条件下使敌人遭受损失的状况，将其对敌人财产的权利让渡给以一己之力承担了全部重担的人，并使他们获得利益。因为国家原本应该为他们提供所需的一切。

现在，对于下面一点不再有任何疑问了：如同我们的法律解释者们[1]坚持认为的那样，大多数国家接受的共同的战争法应该得到遵守，除非成文法或者协议已经对不同的行为方式作出特别规定。因为有什么障碍可以排除关于战利品以及其他事项的正当合法的协议存在呢？[2]国家有权为自己取得或者以补偿的方式分配给他人特定部分的战利品，即使这些战利品是私人付出代价夺取的，而且国家没有为夺取战利品的士兵们支付任何报酬。这就像在有关战利品的问题上[3]建立起了一种合伙关系[4]一样，国家提供发动战争的理由，而［承担战争成本的］臣民负责做所有事情。根据法兰西法律的规定，在海战中，战利品的 1/10 被给予舰队司令，其余部分则留给承担战争成本的人。制定这样一条特殊规定有一个额外的理由，[5]那就是：对国家来说，最重要的是吸引尽可能多的人来保卫公共利益，并利用他们自己的资源武装船只用于对敌作战。在荷兰人中，战利品的 1/5 交给国家，1/10 交给舰队司令；[6]但今天，这种分配规则只在夏至圈的区域内有效，在该区域以外，上交的比例是 1/30。

在本章前面的论述中，[7]我们已经证明，战利品既可以直接取得，也可

---

〔1〕 巴尔杜斯：《〈敕令集〉评注》Ⅷ. xlviii. 4；另见索齐尼：《〈敕令集〉评注》ⅫⅠ. ii. 1；卡尔德里努斯：《〈格列高利教令集〉评注》Ⅰ. xxxiv；托马斯·格拉马提库斯：《那不勒斯法院判决集》lxxi. 11；西尔维斯特：《西尔维斯特全集》"论'战争'的词义"，开头部分［Pt. Ⅰ. i；*et secundo bona*］。

〔2〕 巴尔杜斯：《法律评论》Ⅱ. 358；《查士丁尼法典·敕令集》Ⅱ. iii. 19 中的论点。

〔3〕 《法兰西法典》［载于《亨利三世法典》］XX. xiv. 1。

〔4〕 科瓦鲁维亚斯：《〈天主教会法典大全·第六卷〉评注》"刑事法规" Pt. Ⅱ，§11。

〔5〕 《法兰西法典》［载于《亨利三世法典》］，第 30 条。

〔6〕 《低地联省共和国海事指南》第 22 条［载于《法律大典》Ⅴ. viii. 1］。

〔7〕 参见本章关于第一个问题第一点和第二个问题第一点的论述。

以通过代理人取得，而且这一项原则既适用于私战，也适用于公战。此外，为了支持我们的理论，我们提出了无可辩驳的论点，并进而得出以下结论：如果任何私人自付成本、自担损失和［个人利益受损的］风险进行公战，[1]并且以固定的报酬或者就将来自己取得的战利品签订分配协议的方式雇用他人为战争事业付出劳动，那么，他可以立即取得自己雇用的人员通过努力奋战从敌人手中夺取的财物。因为他通过能够代替自己实际从事战争的代理人取得了对战利品的占有，而国家则为他提供了战争的理由。当然，在大多数情况下，通常也会把价值相对较小的战利品分配给代理人，如海战中的水手。《法兰西法典》［或《帝国敕令集》］将这种程序称为"劫掠品"或"掠夺物"的分配，它适用于衣物和价值10克朗以下的金银。在有些情况下，作为一种习惯的结果或者根据与实际参战人员的协议，可以给予他们价值更大的战利品。

因此，根据一项绝对和无可争议的权利，【本引申问题的结论是：】对于在没有任何补偿协议的条件下自付成本，自担损失和［个人利益受损的］风险[2]进行公战的人，其代理人通过努力奋战正当地取得的所有战利品均归该人所有，除非根据特别法或协议应当扣除某些特定部分。［第九组问题之引申问题结论］

中译者注

1　平德尔 Pindar（约公元前 522 ~ 约前 443）：古希腊抒情诗人。他来自底比斯，是古希腊九位著名抒情诗人之一。昆体良认为他无疑是九位诗人中最杰出的一位。他的诗思想丰富，人物形象生动，语言雄辩流畅，叙事宏大，极具启发性和表现力。他的诗作有许多保存了下来。（http://en. wikipedia. org/wiki/Pindar. ）

2　法利希人 Falisci：意大利南部伊特鲁里亚一古代民族。他们属拉丁族，讲拉丁语。他

---

〔1〕"*suarum rerum periculo*（冒着个人利益受损的风险）"。可参考本章第一个英译者注和下一个英译者注。（——英译者注）

〔2〕　这里仅有"*periculo*（风险）"一词。可参考本章第一个英译者注和上一个英译者注。（——英译者注）

们居住在台伯河和奇米努斯山之间的地区，定都法勒里伊。公元前 437 年，他们开始反抗罗马。公元前 241 年，法勒里伊被夷为平地。(《简明不列颠百科全书》第 2 卷，第 837 页。)

3 福列 Faur，亦名彼得·费伯（约 1530～1615）：法兰西古典学者。他著有《六月集》《〈学说汇编〉评注》等书。(《捕获法》英文版，"引文作者索引"，第 404 页。)

4 波伊提乌 Boethius（？～524）：罗马哲学家、神学家和政治家。在公元 5 世纪末和 6 世纪初蛮族人入侵西罗马帝国时，他是上层社会中努力将古代文献传诸后世的少数人之一。他把亚里士多德的著作译成拉丁文并加以注释，并译出了柏拉图的全部著作。他运用亚里士多德的哲学阐释基督教的三位一体教义和基督的本性。(《简明不列颠百科全书》第 1 卷，第 797 页。)

5 基大老玛 Chedorlaomer：《圣经》人物。他是古代的以栏王。他曾掳走罗得和他的财物，后被亚伯拉罕追上并击败。(《基督教圣经与神学词典》，第 134 页。)

6 内波斯 Nepos（约公元前 100～约前 25）罗马历史学家，西塞罗的朋友。他的主要著作有《名人传》、《年代学》、《轶事集》等。(《简明不列颠百科全书》第 6 卷，第 200 页。)

7 莫德斯提努斯 Modestinus（活动时期公元 240 年代）：罗马著名法学家。他似乎出生于一个讲希腊语的行省，曾经师从乌尔比安学习法律。他被认为是五位其观点具有决定作用的法学家之一，其他四位是帕皮尼安、保罗、盖尤斯和乌尔比安。《查士丁尼法典·学说汇编》中至少引用了他著作中的 345 段言论。(http://en. wikipedia. org/wiki/Modestinus;《捕获法》英文版，"引文作者索引"，第 407 页。)

8 大西庇阿 Scipio Africanus（公元前 236～183）：古罗马共和国的伟大人物。他出身罗马贵族家庭，父祖代代为执政官。公元前 210 年，他率军支援西班牙并攻打新迦太基城，打败迦太基统帅哈斯德鲁巴。公元前 205 年，他当选执政官后作出进攻非洲的大胆决定。公元前 204 年，他打败哈斯德鲁巴和西法克斯。公元前 202 年，他打败汉尼拔，取得战争的胜利。为表彰他的功绩，罗马授予他"阿非利加征服者"的称号。(《简明不列颠百科全书》第 2 卷，第 404 页。)

9 马西尼萨 Masinissa（约公元前 240～前 148）：北非努米迪亚国王。他的父亲是马西利族酋长，曾与迦太基结盟。他后来背叛了迦太基人，协助罗马人侵占了迦太基在阿非利加的领土。(《简明不列颠百科全书》第 5 卷，第 652 页。)

10 西法克斯 Syphax（活动时期公元前 3 世纪末）：努米底亚国王。在第二次布匿战争中，他先保持中立，后与汉尼拔率领的迦太基军队结盟。在乌提卡附近进行的大平原战役中被罗马统帅盖尤斯·莱利乌斯打败并俘虏。(《简明不列颠百科全书》第 8 卷，第 403 页。)

11 荷马 Hemer：创作古希腊两大史诗《伊利亚特》和《奥德赛》的一个或几个诗人。对于荷马是谁目前尚无定论，但由于两大史诗是整个古典时期希腊教育和文化的基础，迄至罗马帝国时代和基督教传播时期，它又成为仁爱教育的支柱，因此荷马又是最有影响的人物之一。荷马的诗歌是口头传述的，并未借助于文字。两大史诗写成的时间可能是公元前 8 和前 9 世纪。(《简明不列颠百科全书》第 3 卷，第 727 页。)

12 阿伽门农 Agamemnon：希腊传说中的迈锡尼王或阿尔戈斯王。他是阿特柔斯和妻子埃洛珀的儿子，墨涅拉俄斯的兄弟。特洛伊王普里阿摩斯的儿子帕里斯拐走墨涅拉俄斯的妻子海伦后，他领导希腊诸侯对特洛伊人发动了一场复仇的战争，即著名的特洛伊战争。战争结束回到家乡后，他被妻子克吕泰涅斯特拉与情人埃癸斯托斯谋杀。他的儿子俄瑞斯忒斯为他复仇，杀死了埃癸斯托斯和克吕泰涅斯特拉。(《简明不列颠百科全书》第 1 卷，第 76 页。)

13 菲尼克斯 Phoenix：希腊神话人物。他是阿基里斯的教师和朋友，参加特洛伊战争的希腊英雄之一。在特洛伊城被攻破后，他和奥德修斯在朱诺的保护下负责监督特洛伊的抢劫者并看守战利品。(《埃涅阿斯纪》，曹鸿昭译，吉林出版集团有限责任公司 2010 年版，第 57 页。)

14 奥德修斯 Odysseus，拉丁文名字为尤利西斯：希腊神话人物。他是荷马神话《奥德赛》中的主人公。根据荷马的说法，他是伊萨卡国王，妻子珀涅罗珀，儿子忒勒马科斯。他是特洛伊战争中的英雄，献木马计攻克特洛伊城。战后，他历经磨难回到家乡，杀死那些以为他已死亡而向珀涅罗珀求婚的人，全家团聚。(《简明不列颠百科全书》第 1 卷，第 325 页。)

15 普拉蒂亚 Plataea：希腊比奥提亚古代城市。它地势险要，是公元前 479 年希波战争中希腊取得胜利的战场。比奥提亚人在青铜早期时代移居此处，公元前 519 年申请雅典给予保护。后来，它先后遭到底比斯和斯巴达的攻击，并被斯巴达人夷为平地。公元前 338 年后，马其顿国王腓力二世和亚历山大大帝重建该城。(《简明不列颠百科全书》第 6 卷，第 533 页。)

16 来山得 Lysander（? ~公元前 395 年）：在伯罗奔尼撒战争中为斯巴达夺得最后胜利的军事和政治领袖。他于公元前 406 年任海军司令，在公元前 405 ~ 前 404 年的伊哥斯波塔米战役中击溃雅典舰队，迫使雅典投降。他在雅典建立了三十僭主的统治，派亲信统治了雅典以前的许多盟邦。(《简明不列颠百科全书》第 5 卷，第 67 页。)

17 维吉尔 Virgil（公元前 70. 10. 15 ~ 前 19）：罗马最伟大的诗人。他出生在意大利曼图亚附近安第斯的一个农民家庭，先后在克雷莫纳、米兰和罗马接受教育。他的声誉主要建立在他的民族史诗《埃涅阿斯纪》上。根据《埃涅阿斯纪》的叙述，在特洛伊城被希腊人攻破后，埃涅阿斯出逃并最后在意大利建立了罗马城。该书表现了罗马的民族成就和奥古斯都时代的理想。他还有一部《农事诗》流传了下来。(《简明不列颠百科全书》第 8 卷，第 202 ~ 203 页。)

18 多隆 Dolon：希腊神话人物。他是欧墨得斯的儿子，作为特洛伊阵营的一员参加了特洛伊战争。特洛伊军队统帅赫克托耳悬赏征集前往希腊人营地侦察敌情的人，多隆自告奋勇前去侦察，但要求在胜利后把阿喀琉斯的战马和青铜战车奖励给他。赫克托耳答应了他的要求，但他被奥德修斯和狄俄墨得斯抓获并杀死。(http://en. wikipedia. org/wiki/Dolon.)

19 赫克托耳 Hector：希腊神话人物。他是特洛伊国王普里阿摩斯和王后赫卡柏的儿子，也是阿波罗神的宠儿。在特洛伊战争中，他是特洛伊军队的主要将领和勇士，后来被阿喀琉斯杀死。(《简明不列颠百科全书》第 3 卷，第 742 页。)

20 阿格里真托 Agrigento：意大利阿格里真托省省会。它靠近西西里岛南岸，约公元前 581 年由希腊殖民者建立；公元前 480 年达到鼎盛。它在公元前 496 年被迦太基人破坏，在古罗马统治时期再度繁荣。(《简明不列颠百科全书》第 1 卷，第 65 页。)

21 坎尼战役 Battle of Cannae：第二次布匿战争期间重要战役之一。它是公元前 216 年 8 月 2 日由汉尼拔率领的迦太基军队和由罗马执政官保卢斯和瓦罗率领的罗马军队在意大利半岛东南的坎尼村附近进行的一场战役。罗马军队人数占据优势，但被迦太基人打得一败涂地。(http://en. wikipedia. org/wiki/Battle_of_Cannae；《简明不列颠百科全书》第 4 卷，第 622 页。)

22 狄奥尼西奥斯（哈利卡尔那索斯的）Dionysius of Halicarnassus（创作时期约公元前 20 年左右）：古希腊历史学家、修辞学教师。他的罗马史从罗马之初写到第一次布匿战争，是站在亲罗马的立场上经过仔细研究写成的。他和李维所写的《罗马史》同为早期罗马史最有价值的原始资料。(《简明不列颠百科全书》第 2 卷，第 548 页。)

23 科里奥拉努斯 Coriolanus（活动时期公元前 5 世纪上半期）：带有神话色彩的罗马英雄人物。据称他出身贵族，原名马尔奇乌斯。公元前 493 年，他跟随罗马执政官波斯图米乌斯参加进攻科里奥利的战斗。他作战勇敢，为攻克科里奥利立下大功。为表彰他的功劳，他被授予科里奥拉努斯的姓氏。他也是莎士比亚《科里奥拉努斯》一剧的主人公。(《简明不列颠百科全书》第 4 卷，第 691 页。)

24 提格兰二世（大帝）Tigranes II the Great（约公元前 140 ~ 约前 55）：亚美尼亚国王。他在位时，亚美尼亚国势极为昌盛。他大肆向外扩张，阿塞拜疆、戈尔迪恩、阿迪亚宾等国国王都向他称臣纳贡。公元前 78 ~ 前 77 年，他重新占领卡帕多基亚，并自称"万王之王"。公元前 69 年，他被罗马军队打败；公元前 66 年向庞培投降。(《简明不列颠百科全书》第 7 卷，第 733 页。)

25 普劳图斯 Plautus（约公元前 254 ~ 前 187）：古罗马著名喜剧作家。他是与泰伦提乌斯齐名的喜剧作家。他的剧本大多取材于公元前 4 世纪末和公元前 3 世纪初的希腊"新喜剧"。西塞罗十分欣赏他运用拉丁语的才能。他是一位真正大众化的戏剧家，喜剧效果来自夸张、诙谐的描写。不过，他的剧本原作没有保存下来。(《简明不列颠百科全书》第 6 卷，第 540 页。)

26 萨宾人 Sabini：古意大利部落。他们定居在台伯河东岸山岳地区，以其特殊的宗教信仰和习俗著称。他们于公元前 449 年被罗马人击败；公元前 290 年被罗马人所灭；公元前 268 年获得完全的公民权。传说他们是萨谟奈人的祖先。(《简明不列颠百科全书》第 6 卷，第 821 页。)

27 塔奎尼乌斯（高傲者）Tarquinius Superbus（活动时期公元前 6 世纪下半叶）：传说中罗马的第七代国王。一些学者认为确有其人，公元前 534 ~ 前 510 年在位。据说他是塞尔维乌斯·图利乌斯的女婿，在害死图利乌斯后建立了独裁政权。后来一些元老院议员发动叛乱，将他全家撵走。(《简明不列颠百科全书》第 7 卷，第 599 页。)

28 罗慕路斯 Romulus：传说中的罗马城建造者和统治者。据说他和弟弟雷穆斯是阿尔巴隆加国王努米托之女雷娅·西尔维亚与战神马尔斯所生的孪生子。篡夺了王位的努米托之弟阿穆利乌斯命令将他们装在木盆中丢到台伯河里。他们一直漂流到后来的罗马城所在地，由一只母狼和啄木鸟喂养，后来又被一个牧人收养。长大后，他们杀死了阿穆利乌斯，并在得救的地方建起一座城。这座城就是以他的名字命名的。（《简明不列颠百科全书》第 5 卷，第 497 页。）

29 波梅蒂亚 Pometia：拉丁姆古城。虽然人们认为意大利现代城市波梅齐亚得名于它，但它的确切位置已无从知晓。维吉尔说它最初是阿尔巴人建立的殖民地。可以肯定的是它很早就成为沃尔西人的城市。罗马国王塔奎尼乌斯（高傲者）在与沃尔西人的战争中夺取了它。（http://en. wikipedia. org/wiki/Pometia. ）

30 塔奎尼乌斯·塞克斯都 Tarquinius Sextus（活动时期公元前 6 世纪末）：古罗马王子。他是古罗马最后一位国王塔奎尼乌斯（高傲者）的第三子。由于他强奸了贵族科拉提努斯的妻子卢克雷蒂娅，布鲁图领导愤怒的人们起义，把塔奎尼乌斯家族赶出罗马。他逃到加贝伊，后被复仇者杀死。（《简明不列颠百科全书》第 5 卷，第 384 页；http://en. wikipedia. org/wiki/Tarquinius_Sextus）

31 阿庇乌斯·克劳狄乌斯 Appius Claudius（活动时期公元前 5 世纪中期）：古罗马政治家。他是公元前 451 年罗马第一届十人执政团成员。在公元前 450 年的第二届十人执政团中，他是唯一留任的上一届成员。第二届执政团完成了十二铜表法的制定。公元前 449 年，罗马人民决定恢复执政官制度。他后来在狱中自尽。（http://en. wikipedia. org/wiki/Appius_Claudius. ）

32 波利比奥斯 Polybius（约公元前 220 ~ 约前 118）：古代世界最伟大的历史学家之一。他是亚该亚杰出政治家吕科尔塔之子。公元前 180 ~ 前 170/169 年，他担任亚该亚联盟骑兵司令，并曾跟随西庇阿远征迦太基。他以《通史》40 卷确立了自己的不朽名声。他的这部巨著叙述了从汉尼拔的西班牙战役到彼得那战役 53 年间罗马主宰世界的历史。（《简明不列颠百科全书》第 1 卷，第 777 ~ 778 页。）

33 塞尔维乌斯·图利乌斯 Servius Tullius（活动时期公元前 578 ~ 前 534）：传说中罗马的第六代国王。他曾在亚芬丁山上建造拉丁守护神狄安娜的神庙。公元前 534 年，他被女儿和女婿杀害。（《简明不列颠百科全书》第 6 卷，第 874 页。）

34 塔奎尼乌斯·普里斯库斯 Tarquinius Priscus（活动时期公元前 7 世纪末至 6 世纪初）：传说中的罗马第五代国王，公元前 616 ~ 前 578 年在位，其父为希腊人。他迁居罗马后，给王子们当监护人。国王死后，他篡夺了王位。（《简明不列颠百科全书》第 6 卷，第 474 页。）

35 奥克莉西亚 Ocrisia（生活时期公元前 6 世纪）：古罗马人物。她是科尼库鲁姆有名的贵族女子。罗马人攻克科尼库鲁姆后她被掳往罗马，送给罗马第五代国王塔奎尼乌斯·普里斯库斯的妻子塔娜奎尔。她后来与一位罗马贵族结婚。多数资料显示，她是塞尔维乌斯·图利乌斯的母亲。（http://en. wikipedia. org/wiki/Ocrisia. ）

36 昆图斯·塞尔维利乌斯·卡皮奥 Quintus Servilius Caepio（活动时期公元前 2 世纪中后期）：罗马政治家。他于公元前 140 年任罗马执政官。他率领罗马军队镇压了维利亚图斯领导的卢西塔尼亚人的反抗，并利用卢西塔尼亚叛徒杀死了维利亚图斯。（http://en. wikipedia. org/wiki/Quintus_Servilius_Caepio. ）

37 保罗斯 Paulus（约公元前 229 ~ 前 160）：罗马将军和政治家。他出生于一个贵族家庭，曾长期在军队服役。他两次担任罗马执政官。公元前 168 年第二次担任执政官后，他率领罗马军队在关键的彼得那战役中击败了马其顿军队，俘虏了马其顿国王佩尔修斯，结束了第三次马其顿战争。（http://en. wikipedia. org/wiki/Lucius_ Aemilius_ Paulus_ Macedonicus. ）

38 费边·安布斯图斯 Fabius Ambustus （活动时间公元前 4 世纪初）：罗马政治家、军事统帅。据说在高卢军队围攻克鲁新时，他和另外两人作为使臣去见高卢人。因为与高卢人发生冲突，高卢人要求罗马人把他们交出来。罗马人却以选举他们三人为公元前 390 年的护民官作为回答。高卢人因此攻占了罗马城。（《简明不列颠百科全书》第 3 卷，第 89 ~ 90 页。）

39 辛辛纳图斯 Cincinnatus （公元前 519？ ~ ?）：罗马政治家。根据历史传说，公元前 458 年，他被罗马城人民推举为独裁官，带领军队前去解救被埃魁人围困在阿尔基多斯山上的执政官卢西乌斯·米努齐乌斯·埃斯奎利努斯·奥古里乌斯率领的罗马军队。据说他在一天之内即打败敌人。在罗马举行凯旋仪式后，他辞职返回自己的农庄。（《简明不列颠百科全书》第 8 卷，第 625 页。）

40 卢西乌斯·米努齐乌斯·埃斯奎利努斯·奥古里乌斯 Lucius Minucius Esquilinus Augurius （活动时期公元前 5 世纪中期）：罗马政治家和将军。他是公元前 458 年的罗马执政官之一。他率领罗马军队前往图斯库卢姆附近与埃魁人的军队作战，但在阿尔基多斯山被埃魁人包围。独裁官辛辛纳图斯率领军队前来救援，打败了埃魁人。（http://en. wikipedia. org/wiki/Lucius_ Minucius_ Esquilinus_ Augurius. ）

41 卢西乌斯·瓦勒里乌斯·波提图斯 Lucius Valerius Potitus （活动时期公元前 5 世纪前半期）：古罗马政治家。他是罗马共和国早期的贵族。尽管由于他参加了对卡修斯·维塞列努斯的审判和处决而受到平民的反对，但元老院仍于公元前 483 年选他为执政官。公元前 470 年，他再次当选执政官。（http://en. wikipedia. org/wiki/Lucius_ Valerius_ Potitus. ）

42 昆图斯·费边·维布拉努斯 Quintus Fabius Vibulanus （? ~ 公元前 480）：古罗马政治家和军队统帅。他是罗马共和国早期的贵族，于公元前 492 年和前 485 年两次当选执政官。在担任执政官的第一届任期内，他曾打败沃尔西人和埃魁人。在第二届任期内，他率领罗马军队与沃尔西人和埃魁人发生了更多战争。据记载，他是在与埃特鲁斯坎人的战斗中被杀死的。（http://en. wikipedia. org/wiki/Quintus_ Fabius_ Vibulanus. ）

43 盖尤斯·赫尔维乌斯 Gaius Helvius （活动时期公元前 3 世纪末 ~ 前 2 世纪初）：罗马政治家和将领。公元前 198 年，他担任罗马裁判官，率领一支军队跟随执政官帕埃图斯前往高卢进行战争。他也曾和执政官乌尔索率军在加拉提亚作战。（http://en. wikipedia. org/wiki/Gaius_ Helvius. ）

44 图斯库卢姆 Tusculum：拉丁姆的意大利人古代城市。它位于罗马东南 15 英里处。在罗马共和国晚期和帝国时代，它是罗马富人的疗养胜地。西塞罗在此完成了他的哲学著作《图斯库卢姆谈话录》。在 1191 年的一次战争中，它被罗马人完全毁灭。（《简明不列颠百科全书》第 8 卷，第 21 页。）

45 伊斯特拉 Ecetra：古罗马地名。它是古代沃尔西部落在意大利中部的一座城镇，具体位置今天已无法考证。李维在讲述公元前 495 年沃尔西人入侵罗马并被击败的事件时提

到过它。(http://en. wikipedia. org/wiki/Ecetra.)

46 安提乌姆 Antium：罗马古代城市。它位于罗马以南拉齐奥沿海地区，今天的重要城市和港口安齐奥是它的一部分。历史上，在沃尔西人被罗马人征服之前，安提乌姆一直是他们的首都。(http://en. wikipedia. org/wiki/Antium.)

47 卡佩纳 Capena：意大利伊特鲁里亚南部古代城市。它原来可能是韦伊城的殖民地，韦伊城陷落后又归附罗马。(《简明不列颠百科全书》第 4 卷，第 559 页。)

48 维爱 Veii：古埃特鲁斯坎一市镇。它位于罗马西北约 10 英里处。公元前 7 至 6 世纪，维爱称霸，与罗马人的战争连绵不断。公元前 396 年，它几乎被罗马人毁灭，后来又由罗马人重建。(《简明不列颠百科全书》第 8 卷，第 192 页。)

49 卢卡尼亚 Lucania：古代意大利南部桑尼特人部落之一卢卡尼亚人的领地。卢卡尼亚人虽然在公元前 298 年与罗马人结盟，但后来又反抗罗马。由于在历次战争中屡遭失败，它最终衰落。(《简明不列颠百科全书》第 5 卷，第 383 页。)

50 汉诺（大）Hanno the Elder（活动时期公元前 3 世纪后半期）：迦太基将军。他是第二次布匿战争中迦太基统帅汉尼拔手下的将军，但战绩不佳。他多次被罗马军队击败。公元前 212 年，他在贝内文托再次被昆图斯·富尔维乌斯率领的罗马军队打败。公元前 204 年，他在和大西庇阿军队的战斗中战败被杀。(http://en. wikipedia. org/wiki/Hanno_the_Elder.)

51 阿希利乌斯 Acilius（活动时期公元前 3 世纪末 ~ 前 2 世纪初）：罗马政治家和将军。他出身平民，公元前 201 年任平民保民官。公元前 191 年，他担任罗马执政官，率领罗马军队在温泉关打败塞琉西国王安条克三世的军队，迫使后者退出希腊。公元前 189 年，他竞选罗马监察官，但因有人指控他隐匿部分战利品而退出。[http://en. wikipedia. org/wiki/Manius_Acilius_Glabrio（Consul_191_BC）.]

52 佩尔修斯 Perseus（约公元前 212 ~ 约前 165）：腓力五世之子，马其顿末代国王（公元前 179 ~ 168 在位）。他是马其顿国王腓力五世的儿子，继位后极力谋求对希腊世界的控制权。在第三次马其顿战争中，他抗击罗马达 3 年之久。公元前 168 年，他在彼得那被保罗斯打败。他被俘后在囚禁中度过余生。(《简明不列颠百科全书》第 6 卷，第 428 页。)

53 卢西乌斯·西庇阿 Lucius Scipio（? ~ 公元前 183 后）：罗马政治家和将军。他是大西庇阿之弟，在其兄的统帅下参加了第二次迦太基战争。公元前 190 年，他被选为罗马执政官，与大西庇阿一起率领罗马军队打败了安条克三世。由于被控侵吞安条克赔偿的金钱，他在大西庇阿公元前 183 年去世后被投入牢房，但后来被赦免。(http://en. wikipedia. org/wiki/Lucius_Scipio.)

54 威勒斯 Verres（约公元前 115 ~ 前 43）：因在西西里贪赃枉法而出名的罗马行政长官。公元前 80 年，他任西利西亚副总督，与总督一起对当地民众巧取豪夺。他在公元前 73 ~ 前 71 年任西西里总督期间大肆敲诈勒索，掠夺艺术珍品。在西西里人的请求下，西塞罗对他提出控诉。在法庭判决前，他离开罗马流亡在外，但后来被处决。(《简明不列颠百科全书》第 8 卷，第 142 页。)

55 马加比传 Maccabees：《圣经》次经或伪经。《马加比传》共四卷。第一卷和第二卷讲述了公元前 2 世纪的犹太历史，它被收入天主教《圣经》，但被犹太教和基督教列为外典。第三卷和第四卷均为伪经。(《简明不列颠百科全书》第 5 卷，第 585 ~ 586 页。)

56 复境权 postliminy（拉丁语 postliminium），亦称"恢复权"。根据《布莱克法律词典》的解释，复境权是市民法中的一种法律原则或拟制，据此，一个人得以从他的地位或权利丧失或被剥夺之时起，恢复他原来拥有的地位或权利。特别是一个在战争中被俘的人逃回或返回罗马后，借助这种法律拟制，他被视为从未离开本国，因而可以恢复他所有的权利。在国际法上，复境权适用于重新取得被敌人捕获的财产，并将其返回原来的主人。根据格劳秀斯在《战争与和平法》第三卷第九章中的论述，复境权既涉及万国法，也涉及国内法；既适用于战时，也适用于平时；主体既包括个人，也包括国家；客体既涉及人身权，也涉及包括奴隶在内的财产权；内容既有主张回国的权利，也有主张恢复权利和地位的权利。

57 马塞卢斯 Marcellus（约公元前 268 ~ 前 208）：罗马名将。他于公元前 222 年和前 210 年两次当选罗马执政官。在第二次布匿战争中，他率领罗马军队攻克叙拉古，李维称他为"罗马之剑。"公元前 208 年，他在侦察汉尼拔军队的阵地时被打死。(《简明不列颠百科全书》第 5 卷，第 637 页。)

58 大流士三世 Darius III（？ ~公元前 330）：波斯阿契美尼德王朝末代国王（公元前 336 ~ 331 在位）。他出身王族旁系，由宦官巴戈阿斯拥立为王。公元前 334 年，亚历山大大帝渡过赫勒斯滂海峡，翌年攻占了小亚细亚大部分地区。公元前 333 年，他在伊苏斯战役中大败求和，但亚历山大大帝继续向美索不达米亚进军。他后来被贝苏斯杀死。(《简明不列颠百科全书》第 2 卷，第 387 页。)

59 库尔提乌斯·鲁福斯 Curtius Rufus（活动时期 1 世纪）：罗马历史学家。他著有《亚历山大史略》一书。(《捕获法》英文版，"引文作者索引"，第 404 页。)

60 查理曼 Charlemagne（约 742.4.2 ~ 814.1.28）：法兰克国王。他在公元 771 年成为法兰克王国的主宰，公元 800 年称帝。他征服了萨克森部落和阿尔瓦王国，使多瑙河地区的一些斯拉夫国家俯首称臣。他在位期间，法兰克国家急剧扩张，远远超过了中世纪部落国家的范围。(《简明不列颠百科全书》第 2 卷，第 214 页。)

61 法萨卢斯战役 Battle of Pharsalus：古罗马内战中的一次决定性战役。法萨卢斯是希腊塞萨利南部的一座城市。公元前 48 年罗马历 8 月 9 日，凯撒和庞培率领的军队在此进行会战。虽然庞培军队的人数占优，但凯撒出奇制胜打败了对方。凯撒把庞培从帖撒利亚一直追赶到埃及。后庞培被托勒密国王的部将杀害。(《简明不列颠百科全书》第 2 卷，第 841 页；《简明不列颠百科全书》第 4 卷，第 608 页。)

62 弗拉维王朝 Flavian Dynasty：古罗马帝国的一个时代。它是指公元 69 ~ 96 年三位皇帝韦斯巴芗、提图斯和图密善当政的时代。因为他们属于弗拉维氏族，故被称为弗拉维王朝。其后是所谓的"五圣主"时代。(《简明不列颠百科全书》第 3 卷，第 158 页。)

63 苏埃托尼乌斯 Suetonius（约 69 ~ 约 122 后）：古罗马传记作家、文物收藏家。他的主要著作有《名人传》和《诸凯撒生平》。特别是后一部作品使他的名声经久不衰。(《简明不列颠百科全书》第 7 卷，第 514 页。)

64 普罗科匹厄斯 Procopius（约 490 至 507 之间 ~ ?）：拜占庭历史学家。他的著作分三部分：《战争》（8 卷）、《建筑》（6 卷）和《秘史》。《战争》包括记波斯战争两卷、记汪达尔战争两卷、记哥特战争三卷和大事记。《建筑》记述查士丁尼王朝进行的主要公共工程。（《简明不列颠百科全书》第 6 卷，第 555 页。）

65 汪达尔人 Valdal：日耳曼民族的一支，429 ~ 534 年在北非保持着一个王国。5 世纪初，他们为了躲避匈奴而逃往西方，409 年定居西班牙。429 年，他们在北非定居；439 年占领迦太基后建立起一个独立专制政权。533 年罗马人侵入北非后摧毁了汪达尔人的王国。（《简明不列颠百科全书》第 8 卷，第 116 页。）

66 厄弗冷（叙利亚人），圣 Ephraem Syrus，Saint（约 306 ~ 373. 6. 9）：叙利亚基督教神学家、诗人、赞美诗作家、教义师。他是东方教会中的教理问题专家，著有神学解经著作和论辩文章多种，号称 4 世纪叙利亚教会最权威的代表人物。据 5 世纪拜占庭史学家索佐门记载，他共有作品千余种，约 300 万行。（《简明不列颠百科全书》第 2 卷，第 771 页。）

第十一章　历史分析[1]

第一部分　关于下列事件的一般阐述

一、荷兰对阿尔瓦公爵、西班牙人及腓力二世等开战的原因

我们已经说明了有关法律原则的一般术语。现在让我们把注意力转向正在讨论的这个案件的特定事实，以利于我们对下面的问题进行思考：这些事实符合有关法律原则吗？本案满足这些原则要求的各种要素吗？

不过，我认为，没有必要赘述以这种或那种方式导致系争捕获行为的每一起事件，因为那将是一项没完没了的工作，只适合撰写严格意义上的历史著作。此外，谁不知道荷兰已经和西班牙打了三十多年的仗了呢？谁不知道这场冲突是在作为西班牙国王和低地国家主权者的腓力二世［于 1567 年］任命阿尔瓦公爵[1]费尔南多为这一地区的总督后，由他率领西班牙军队进入当时和平安宁的低地国家领土[2]引起的呢？

费尔南多非常信赖自己的军队。在除了他到达之前当地发生的一场涉及宗教问题的骚乱以外再没有任何借口的情况下（甚至那些希望证明确实存在犯罪事实的人们也不得不承认，那场骚乱只能归咎于极少数人，因为它是在

---

〔1〕　本章顶部原来的标题被删除，并且被一种更详细的安排所代替。在修改过程中，格劳秀斯显然忘记添加"以下为历史分析"这个过渡性短语，以呼应在本书的论述中对各大部分进行划分的类似短语了（第一章末尾和第十二、十四和十五章开头）。同时，他也没有标明本章的序号"第十一章"。（——英译者注）

〔2〕　这里"*Terram Belgium*"一词从字面上看更可能是指"比利时领土"。不过，格劳秀斯使用的"*Belgium*"和"*Belgicis*"的概念含义广泛，在《捕获法》通篇出现这两个词的大多数段落中，它们肯定是指包括低地国家荷兰和比利时各省在内的地区。这种广义的解释被格劳秀斯另一部著作的名称《比利时事务》所确认，该书英译本的题目是《低地国家战争的编年与历史》（伦敦，1665 年）。因此，《捕获法》的英译者认为，把这两个词统一译为"低地国家"和"低地国家人民"是可行的，尽管在格劳秀斯论述中的少数几处，他用这两个词特指"比利时各省"和"比利时各省居民"。（——英译者注）

违背大多数行政官员和公民意愿的情况下发生的），他改变了法律、司法和税收制度。他采取的这些措施违反了许多君主发誓遵守的法律规定，而这些法律规定在君权和自由之间达成了一种难能可贵的平衡，并维持了帝国主权的适当限度和地方邦国的基本权利。

首先，阿尔瓦公爵的行为导致的紧急状态迫使公民开始建立一支武装以反抗暴力：因为他们被拖走并遭到体罚，财产被没收上交帝国国库或作为藐视法律的罚金，而且他们被剥夺了保护自己的一切手段。接着，各个城市分别采取了同样的反抗行动。不久以后，荷兰联省议会[1]（它是七个世纪以来真正的共同体）的加入增强了抵抗运动的力量。当然，众所周知，荷兰联省议会是作为君主和政府官员以外的人民权力的守护者而建立的。在［1572 年的］公共集会上，它命令向阿尔瓦公爵和西班牙人开战，其他低地国家人民也参加了这场战争。从反抗阿尔瓦公爵到反抗他的继任者，战争持续了许多年，因为阿尔瓦公爵的继任者们和他一样压榨低地国家人民，并且惩罚一切反抗行为。

如果我们尝试叙述从那时起流了多少血，西班牙人进行了怎么样的抢劫，抵抗者一方的战争支出给低地国家资源造成了多么大的损失（事实上，战争支出非常巨大，如果精确计算，它将超过任何时期任何其他民族的负担），或者无论在战争中还是在和平的幌子下，西班牙人的行为多么卑鄙无耻，那将是一个很长的故事。这些情形完全可以从以下事实中推断出来：西班牙人把所有不赞成罗马教廷对《圣经》所作的任何解释或者对宗教仪式存在任何异议的人一概定义为"异端"，并且把对绝对和毫无例外地服从君主有不同看法的人称为"叛逆"；同时，西班牙人拒绝接受任何主张怀柔或宽容的建议，他们公开声称，他们与"异端"或"叛逆"之间不存在任何基于诚信的友好关系。[2]

国王腓力二世不但没有保护那些托庇于他的人民，也没有在作恶者回到

---

〔1〕 "*Ordinum*" 一词在《捕获法》中有不同用法，用来指荷兰联省议会【1581 年荷兰联省共和国成立后，称"荷兰联省共和国议会"】、荷兰联省共和国总督、一个更大的政治共同体的内部管理区域，等等。在大多数情况下，它的具体含义可以根据上下文来明确界定。在这些情况下，英译本对这一名词所作的扩展翻译不再使用括号或解释性脚注加以说明。（——英译者注）

〔2〕 参见阿亚拉：《战争的权利和职务与军纪》I. vi. 11。

西班牙后给予他们应得的惩罚，反而在授予后者荣誉作为奖励的同时，竭尽全力对前者进行镇压。因此，任何人都不怀疑针对荷兰人的战争是根据他的命令并在他的支持和财政资助下发动的（腓力二世本人也不避讳这一事实），而且他显然希望通过使用武力取得一种比合法权力更大的权力。考虑到所有这些情况，为保卫他们的自由免受践踏，人民不得不诉诸低地国家法律规定的旨在反抗国内暴政的最后武器。在这种情况下，代表低地国家中更强大的部分及其人民的联省共和国总督［于 1581 年］颁布了一项法令，剥夺了腓力二世对这一部分低地国家的王权。在过去的许多世纪中，只要有可能维持对王室的效忠立场，这些低地国家人民都坚定地忠于国王，而且没有人比他们做得更好。这就是这场运动的开端，在这场运动中，人民纷纷宣誓支持反抗腓力二世的联省共和国总督的主权。

腓力二世不但更激烈和残酷地进行战争，而且雇佣刺客（混在国家的军队中）刺杀抵抗运动的合法领导人。正是在这种事实的背景下，出于对虚假和平的正当忧虑，反抗腓力二世及其儿子、西班牙王国继承人腓力三世[2]与现任西班牙国王的姐姐伊莎贝拉【伊莎贝拉·克蕾儿·尤金妮娅（奥地利的）[3]】和她的丈夫奥地利大公阿尔贝特（通过庄严的宣誓，对低地国家的权力显然转移到了他们二人手上），以及腓力国王、伊莎贝拉和阿尔贝特的盟友的斗争一直持续到今天。

二、荷兰在战争中给予西班牙人的礼让

在战争的整个过程中，像他们异乎寻常的勇敢一样，荷兰人充分展示了他们独特的人道品质。经过最坚韧不拔的斗争，他们已经打退了威胁自身生存的暴力攻击，并且在没有对敌人采取更重大行动的情况下，把同等程度的自由带给了邻邦。荷兰人也特别注意尊重所有战时的商业权利（假如这是一种可以被接受的用语的话），只要其存在不会给国家造成危险。此外，即使有时敌人残酷的暴行迫使荷兰人不得不违反自己天性变得更为强硬，他们仍然表示愿意做出与敌人相同甚至更大的让步。的确，西班牙人无疑树立了一个残忍和背信弃义的榜样；相反，荷兰人则是宽容和诚实信用的典范。

举一个特别的例子来说，所有人都知道，荷兰海岸优越的位置与荷兰人的吃苦耐劳使货物可以从荷兰海岸各地的港口方便地运往世界的其他地方。

（可以这么说）具有从事航海事业的天赋是荷兰人民的一大特征，他们认为，航海是造福于人类的所有职业中最合适的一种，同时，通过不会使任何人遭受损失的国际商品交换，可以发现维持个人生存的适当的谋生之道。因此，尽管战争对其他方面影响巨大，但它从来没有摧毁海上贸易高尚与和平的特征。直到今天，贸易显然一直都是荷兰人最注重的，他们只有在绝对必要的情况下才会使用武力。另外，按照更早的时候（像我们读到的那样）[1]雅典人提谟修斯[4]与萨摩斯[5]人打仗时类似的做法，荷兰人不仅用自己的物资帮助了他们在低地国家的对手，而且帮助了战争真正的始作俑者——在西班牙土地上的西班牙人。这种做法既使我们的商人有利可图，同时又在许多情况下拯救了西班牙人，使他们免于遭受严重的饥荒。根据更早时代的科林斯[6]人和迈加拉[7]居民树立的典范，没有任何规定禁止以尊重特定人道义务的方式进行武装冲突。因此，西班牙作者也指出，在契约或默示协议的基础上，甚至可以与敌人做生意。[2]

三、荷兰对葡萄牙开战的原因

在腓力二世被剥夺低地国家的主权之前不久，他成为卢西塔尼亚，即葡萄牙的国王。他依据什么权利或者理由成为葡萄牙国王，这不是我们关心的问题。因为只要他登上葡萄牙王位，全体葡萄牙人就承认他是他们的统治者，就像他们现在承认腓力二世的儿子是主权者并按照对待国王的习惯向他致敬、纳贡和效忠一样。从那时起，像卡斯蒂利亚[8]人、莱昂[9]人、阿拉贡[10]人和西班牙的所有其他民族一样，葡萄牙人开始对荷兰人采取同样的态度，因为葡萄牙人与这些民族合并成了一个整体。由于荷兰人作为一方，西班牙国王及其臣民和盟友作为另一方正在进行战争，因此，荷兰不可能不对葡萄牙开战。这无论如何都是不可避免的，因为葡萄牙人这个富有的民族交纳的捐税为西班牙进行战争提供了相当大的额外支持。另外，不仅来自葡萄牙人的金钱对荷兰人造成了伤害，甚至那支由梅迪纳·西多尼亚公爵率领的可怕的舰队[西班牙无敌舰队]大部分也是由葡萄牙船只和水手组成的。[1588 年] 这支

---

〔1〕 亚里士多德：《经济学》Ⅱ［p. 1350 B］。
〔2〕 阿亚拉：《战争的权利和职务与军纪》Ⅰ. ⅶ. 2。

舰队航行在海洋上，威胁要摧毁我们的国家和我们的不列颠盟友。由于荷兰人不可能以任何方式向敌人屈膝投降，因此，他们决定进行报复，并派出舰队以与不列颠人联合作战或独立行动的方式，对葡萄牙和葡萄牙人的属地发动反击。作为体现这一决定的行动之一，［1599 年］荷兰人派出一支由彼得·范·德尔·多斯指挥的舰队，公开攻击了圣托马斯岛[11]和巴西的领土。

因此，一方面，葡萄牙人把荷兰人作为敌人实施了敌对行动；另一方面，荷兰人也针锋相对，采取了同样的行动。然而，我们仍然确信，究竟哪一方在诚实信用和人道行为方面比对方更胜一筹。

四、荷兰给予葡萄牙人的礼让

的确，我们上面提到的那一点——即敌人之间仍然有必要保持商业关系——无论如何都只能建立在比这些民族之间的现存关系更正当的关系的基础上。荷兰人和葡萄牙人双方的主要利益都有赖于［商业性的］海上航行，而且长期以来商业活动一直是把他们彼此联系在一起的纽带。现在，让我们比较一下这两个国家各自为对方提供了哪些服务吧。

据说，这些国家之间的联系十分久远。有人告诉我们，当西班牙的大部分地方还处在摩尔人的统治下时，低地国家的人民已经拥有了巨大的海上权力。［大约在 1150 年］当驶往叙利亚运载［佛兰德[12]人］十字军的舰队因风暴被迫停靠在伊比利亚海岸时，应葡萄牙人的请求，十字军对里斯本（它是萨拉森人[13]王室的一个要塞）发动了进攻，并在夺取该城后把它交给了葡萄牙人。[1]出于对这种帮助的承认和报答，自古代以来，低地国家人民在葡萄牙的土地上被给予了许多特权与豁免。

对低地国家来说，根据一项旨在加强商业关系的得到广泛接受的习惯，它们的统治者将其保护扩大到所有与低地国家人民进行商业活动的葡萄牙商人，以便他们在这种权力的庇护下能更安全地免受任何伤害。在国内形势日益动荡的情况下，低地国家联省总督［于 1577 年 10 月 22 日在布鲁塞尔］签署文件，批准了符合葡萄牙商人利益的安排，其特殊目的是保护后者免受以

---

〔1〕　实际上，这一事件（即把摩尔人从里斯本赶走）发生在 1145 年。帮助葡萄牙人夺取里斯本的十字军部队由英格兰人、诺曼人和佛兰德人组成，并非全部是佛兰德人。（——英译者注）

战时特许权为借口的不利待遇。因此，葡萄牙人和他们的妻子、孩子及其他
家庭成员都被置于国家的保护之下。与此同时，他们的家私、货物、其他财
产以及与他们有关的所有正当权利也都受到保护，无论他们是否现身于低地
国家境内。根据授予葡萄牙人的权利，他们有权进入、离开低地国家或在其
领土上停留，也有权通过海路或陆路进出口他们的货物。低地国家甚至对所
有军队指挥官和士兵发布命令，指示他们保护居住在有关领土上的葡萄牙人
的人身和财产安全。甚至在低地国家已经废除腓力二世的统治但葡萄牙人仍
然承认其主权，因而双方的人民已经成为敌人的时候，［1581 年 6 月 19 日］
联省共和国总督仍然［在阿姆斯特丹］对此前颁布的法令予以确认（他这样
做一方面是应在低地国家居住并做生意的葡萄牙人的要求，另一方面是出于
保护商业免受战争破坏符合本国人民利益的考虑），在下列范围内对葡萄牙人
免于适用战争法：所有葡萄牙人基于其意愿享有安全地进出或居住在低地国
家，并与当地人民进行商业交易的权利，其生命和财产不受侵犯。后来，当
葡萄牙人意识到他们的同胞对荷兰人所犯的罪行，并受此影响再次对上述法
令表示疑虑时，联省共和国总督［于 1588 年 2 月 11 日在海牙］又一次确认
了这些法令，它们不仅适用于居住在低地国家的葡萄牙人，而且适用于居住
在其他地方的葡萄牙人。此次确认的本质在于使葡萄牙人能够在服从联省共
和国总督权力的前提下，安全地与低地国家人民进行贸易，而且这种权利甚
至适用于来自葡萄牙国内并取得出入境许可的葡萄牙人。葡萄牙人可以一直
享受这一特权，直到从一项禁令颁发之日起四个月终了时为止。此外，［1592
年 7 月 30 日在海牙］对上述法令作出的更宽泛的解释甚至使那些在安特卫普
和其他一些已经被敌人占领的低地国家城市中有永久住所的葡萄牙人也被包
括在内，尽管他们同样要遵守以下规定：为商业目的从这些城市进入联省共
和国总督管辖下的领土的人以及将货物从这些领土运往敌人占领的地方的人，
必须取得过境的特别许可。后来，［1600 年 10 月 2 日在海牙］颁布的一项法
令明确规定，允许把商品从荷兰运往巴西。根据这些法令，荷兰对所有希望
进入荷兰的葡萄牙人作出了具体规定，无论他们来自什么地方。

五、葡萄牙人在葡萄牙境内对荷兰人的伤害

荷兰人希望从葡萄牙人那里得到与他们给予后者的待遇类似的待遇，这

是完全正当合理的，特别是最早前往葡萄牙的试航使航海者心中充满了得到平等待遇的期望。但是，所有人都没有想到，作为葡萄牙的统治者和荷兰的敌人，［在1582年和以后的年代中］腓力二世对荷兰人的商业活动造成的困难比他原来【在成为葡萄牙国王之前】给葡萄牙人带来的麻烦还要多。大量船只被一种基于信任的安全感吸引到那里，而以前曾多次受到友好接待的人们也没有收到警告他们离开的新的禁令，然而——葡萄牙人完全不考虑过去得到的恩惠和根据一项默示协议承担的义务，尽管即使公开的敌意也不能使具有一般美德的人丧失其感恩意识——当葡萄牙人认为累积的大量货物值得进行抢劫的时候，停泊在伊比利亚所有港口，尤其是葡萄牙港口的每一条船（毫无疑问，它们完全属于个人财产）都被扣留下来。然后，为了赎回被扣留的船只，荷兰人被迫付出最高昂的赎金。

在如此巨大、甚至对最富裕的家庭也绝对具有毁灭性的损失面前，一个人口稠密且已习惯以贸易为本的民族除了努力从新的贸易中获取利润以弥补损失以外，他们还能做什么呢？不久以后，由于前面提到的荷兰人长期逆来顺受的性格和可能得到补偿的希望，以及相信他们近年来给予葡萄牙人的善意和恩惠可能会得到回报的良好愿望，荷兰人又一次重蹈覆辙。最后，葡萄牙人通过交替使用暗中设置陷阱和明火执仗进行抢劫的方式，不断取得对荷兰人的胜利。

甚至在荷兰国家的资源被以这种方式消耗殆尽以后（因为几乎每个人都相信，这些暴力行为造成的损失甚至大于在所有海难中遭受的损失），伊比利亚人的贪婪和残忍仍然没有得到满足。在经过长期的一系列抢劫之后，腓力三世［于1598年］登上王位，许多人再次被吸引到商业活动中来。但是，就在【奥地利】大公阿尔贝特对自由贸易的承诺言犹在耳，而且没有被以任何方式撤回的情况下（或者说撤回的太晚了，无论如何都来不及把这种变化通知给那些从海上驶来已靠近海岸的人们），突然，根据一项堪与米特拉达梯【米特拉达梯六世】的做法相媲美的野蛮敕令，船只和货物全部被没收，所有代理人的账册被审查，人们则被关起来并拖出去毒打（为西班牙人提供热情服务或信任西班牙人竟成为如此严重的罪行！），其中，数以千计的人被送到船上做划桨的奴隶。的确，如果那一天——对自由事业来说，那是多么值得庆幸的一天啊！——荷兰人没有在尼乌波特战役[14]中俘虏当时的战场指挥官、阿拉贡海军上将弗朗西斯科·门多萨，那么，这些荷兰人今天仍然会被关在西班牙船上，他们被用同样的镣铐与杀人犯和强盗锁在一起，基督教徒混迹于土耳其人和摩尔人中间，商人则与海盗为伍。当那些被以弗朗西斯科·门多萨海军上将为人质交换回来的荷兰公民返回荷兰，踏上祖国的土地时，他们已经被饥饿、枷锁和鞭笞折磨得奄奄一息。最近，随着"斯鲁伊斯号"和"斯皮诺拉号"船的捕获，又有一些荷兰人被从悲惨的奴役下解放出来。谁没有看到过这样一群群可怜的人呢？他们有些人聚集在一起是为了感谢最值得尊敬的联省共和国总督，他伟大的爱心使历经如此多苦难的精疲力竭的受害者最终能在祖国的土地上自由地呼吸，而不致死于残忍的酷刑；还有一些人和他们的亲属以及因家庭关系联系在一起的其他人聚集在一起，恳求无论如何也要对这种罪行进行报复。对于这些人的悲惨遭遇和遭受的损失，谁能无动于衷呢？作为此类野蛮事件的结果，谁没有承受过失去财产或亲友之痛呢？根据准确的估计，荷兰人的损失可能达数百万之多。然而，事实上，这个估计数字太低了，它完全没有包括自由人的身体遭受酷刑、惩罚和极度伤害的损失，而这种损失是无法衡量的。

六、葡萄牙人在其他广大地区对荷兰人的伤害

有些人假设，那些在其殖民地以及散布在遥远和分散的岛屿上的葡萄牙人可能不会如此野蛮，因为在本土，近在咫尺的统治者的命令和政府官员的恣意妄为都可能成为影响因素。但即便如此，假如一个人目睹这种行为却袖手旁观，他怎么可能是无辜的呢？假如此类借口可以被接受，我们还能对什么人实施正义的惩罚呢？肯定地讲，身处本土以外的地方（即一个人可以相对安全地行事的地方），人道品质尚未完全泯灭的人的天性将会显示出来，并表现为人与人之间的相互礼让，简而言之，它会使我们尽可能地以希望别人对待我们的方式对待别人。［然而，至于葡萄牙人］所有到过葡萄牙殖民地海岸的荷兰人，无论是因为遭遇风暴漂流到那里，还是因为希望与葡萄牙人做生意而忽视了他们极其野蛮的行为特征而去往那里，在这个问题上提供的证词都是负面的。因为对于自己做不出来的事，人们都不愿意相信它的存在，所以，让我们来看看最近发生的几件事吧。

［1598年］当来自鹿特丹的奥利维尔［范·诺特］的船队（该船队曾进

行过四次环球航行）派出的几名主要船员登上伊拉·多·普林西比岛时，迎接他们的是两边飘扬着的停战旗。但是，当葡萄牙人发现引诱更多荷兰人上岸的企图失败以后，他们马上杀死了其中的三个人，并乘坐快艇追击逃往海上的其他人，而且射杀了另外两个人。同样是奥利维尔［范·诺特］的船队，当他们航行到达里约热内卢（巴西）附近时，两名奉派登岸的水手被预先埋伏在那里的葡萄牙人抓走。此外，葡萄牙人的加农炮还向海上的船只开火，打断船帆的绳索并导致一人死亡。在多西河上，荷兰人甚至被禁止上岸和利用当地的淡水。［1599 年］劳伦特·贝克指挥下的船上的人员同样遭到了厄运。他们在经历了海上长期的颠簸后，落入葡萄牙人手中（这是比在海上航行时船只撞上两侧耸立的礁石更可怕的事）。最后，他们的船只被迫驶入一个名为"万圣湾"的港口，船只和船上的商品被作为战争捕获物而没收，人员则全部被戴上锁链。更可怕的事实是，据说在四年前，几个法国人就是在这里被绞死的。范·斯皮尔伯格［1601 年］的日记告诉我们，任何有机会在非洲海岸特定地方上岸的人们都不可能指望葡萄牙人及其使者会给予他们任何人道待遇。不过，我不准备在这里重复［在非洲］发生的那些事件，因为它们在每个人的记录中都有描述。现在，我必须重新回到与我们的主题关系特别重大的问题的讨论中来。

七、葡萄牙人伤害荷兰人的借口是后者要为商业目的进入属于前者的地区

所有人都知道，就像卡斯蒂利亚人主张美洲的大部分都属于他们一样，葡萄牙人也坚持主张与埃塞俄比亚人、印度人和巴西人通商的权利专属他们所有，其他任何人均不得分享这种权利。虽然在这个问题上，除不列颠人以外，法兰西人和意大利人以及与这些国家人民有最密切联系的所有其他民族都没有对葡萄牙人做出让步，但荷兰人（他们是葡萄牙的敌人，而且具有非凡的航海能力）并没有反对葡萄牙人的主张。可以肯定的是，葡萄牙人这种主张的非正义性对荷兰人和对其他民族同样明显，但是，鉴于我们温和的性格，我们所考虑的是在战争中我们必须做什么，而不是可以做什么。这种性格使我们在相当大的程度上受到了早期处于共同的国王统治之下以及从前与葡萄牙之间存在友好关系的记忆的影响，甚至使我们会为敌人着想。因此，只要我们的民族能够从与伊比利亚国家的贸易中获得生计，即使这种贸易一

直伴随着严重的伤害，但在找到其他办法之前，我们仍然不得不忍受这种伤害，而且这种委曲求全的做法比那些似乎可能对最终的和平谈判带来更大困难的做法更加可取。

在十年以及更长的时期内，荷兰人一直遵循着逆来顺受的政策。的确，在这段时期以后，当敌人显然有计划地企图通过饥馑和物资短缺来征服一个不可能用武力征服的民族时——即当构成我国人民生计主要来源的与伊比利亚人的贸易被切断时——我们逐渐把自己的注意力转向远距离的航行和遥远的国家。虽然这些国家已经被葡萄牙人所了解，但它们并没有臣服于葡萄牙。在采取这种行动的过程中，荷兰人如此恰到好处地表现出了他们一贯的谦逊和善意，以致哪怕让所有人挨个审视荷兰人所做的每一件事，他们也能够非常清楚地发现，荷兰人决定采取的每一个步骤都完全是出于必要性的考虑。

荷兰人对无论在陆地还是海上遇到的葡萄牙人都非常友好，葡萄牙人甚至被邀请登上我们的船只并参加宴会。我们很高兴没有实施任何据信允许对敌人实施的行为：我们没有进攻葡萄牙人的殖民地，没有烧毁他们的船只，甚至没有禁止葡萄牙人进入同一个贸易市场。然而，无论我们的航行只是出于必要的考虑，还是我们的贸易完全以和平的方式进行，这一切都未能平息葡萄牙人的愤怒，因为我们的罪行主要在于这样一个事实：我们不但没有被缺乏必需品打垮，而且敢于在追求自然赐予每个民族的财富方面与葡萄牙人进行竞争。正是基于这个唯一的借口，葡萄牙人怒火中烧，使用武力对荷兰人发起疯狂的攻击。然而，荷兰人中庸的性格使他们满足于只是采取自卫行动，他们几乎从来不会被迫对最可耻的罪行进行复仇。这一论断将被以下事件的叙述所证明。尽管这些叙述只包含主要事实，因而不够完整，但人们仍然可以从中推断出其余的情形。

[1594年] 荷兰人在他们的向导梅德布里克的伯纳德带领下，首先航行到达靠近埃塞俄比亚的那一部分邻接我们称之为几内亚的海域。因为葡萄牙人不愿意单独实施野蛮行为，所以，他们欺骗非洲人说有一群强盗来到了这里，他们将以贸易为幌子捕捉当地人（非洲人不久就将这些话和盘托出）。除使用语言进行欺骗以外，葡萄牙人还在当地挑动针对荷兰人的敌意。同时，他们发出悬赏，任何人杀死一名荷兰人可以得到一百弗罗林的赏金。此外，他们还教当地人在黄金中掺假，而黄金正是荷兰人希望在当地获得的产品。

当荷兰人在西蒙·泰伊的带领下到达同一地区的科尔索角时，由于葡萄牙人散布的谣言，致使当地的酋长亲自前来检查我们的船只。葡萄牙人还贿赂其他人，要他们包围和杀害乘坐小船离开大船驶往远处的荷兰人，而且这一计划得到了实施。类似的不幸也降临到了从代尔夫特来到这里的一群荷兰人身上。当地有一个名叫沃提埃奥（Votiaeo）［?］[1]的非洲贸易商，因为他经常和荷兰人做生意，所以在荷兰人中有较大的影响。然而，他被葡萄牙人收买并背叛了荷兰人。这一群荷兰人中有的被杀害，还有的被作为俘虏带到葡萄牙人在圣乔治·德·米纳的城堡中。他们每天都悲惨地活在酷刑和折磨的威胁之下，生不如死。因为大家都知道，一名被带到同一个城堡中的法兰西人企图逃跑，但被抓了回来，然后，他被塞进炮膛里发射了出去。在运用酷刑手段方面，葡萄牙人比法拉里斯[15]毫不逊色！[2]

在过了相当长的时间以后，［1599年的］某一天，又有一艘荷兰小船被风吹到了离圣乔治·德·米纳城堡不远的地方，它不出所料地受到攻击并最终被捕获。荷兰人惊慌失措地跳入海中。但是，即使在他们被标枪刺中死去以后，葡萄牙人仍然把他们的尸体用绳索拖了上来。接着，为了使城堡里的长官相信他们确实完成了这一光荣的任务，他们把一些人的头割下来钉在木桩上，另外一些人的头则被送给那些作为"享有特权的战士"[3]为葡萄牙人当兵的蛮族人，以鼓励这些蛮族士兵将来更勇敢地战斗。据说他们用火把头颅烤干，并且把头盖骨当作饮酒的器皿。

不过，这种刻意制造的仇恨不能长期用来对抗荷兰人正直的品质，葡萄牙人设置的陷阱也不能长期用来对抗荷兰人的聪明智慧。荷兰人在危机四伏的环境中一直不屈不挠地坚持斗争。甚至直到今天，荷兰人仍然频繁造访那片海岸。不过，荷兰人除了树立起自己诚实信用的榜样来以外，并没有对葡

---

〔1〕　这个词的拼写完全依据的是珂罗版第77页 l.3 末尾的字母，其中，第五个字母显然是一个上下有空隙的"e"，这种情况在手稿中很常见。这个字母也可能被解释为是一个"c"，"e"中间的一条线也许是删除字母"a"的时候划过来的。如果是这样，这个词就应该是"Votico"。哈马克尔和达姆斯特都把这个人的名字译作"Votica"，而"Votica"听起来肯定比"Votiaeo"更顺耳得多。另外，也许他们的翻译依据的是本英译者没有见到过的历史记录，尽管这一点并没有得到珂罗版文本的证实。（——英译者注）

〔2〕　这里引用的是法拉里斯的一个典故：他命令铸造一个铜牛，被判有罪的人被放在铜牛里面，然后在外面架上火把他活活烤死。（——英译者注）

〔3〕　"*Beneficiariis*"是指被上级指挥官作为一种恩惠免除低贱的杂役的士兵。（——英译者注）

萄牙人提出指控。

不过，如果我们把目光转向世界各地，我们在所有地方都能看到葡萄牙人同样的野蛮行为。由于这种行为的性质远远超过了敌人之间通常也不得逾越的界限，因此，它们甚至不配被称为"敌对行为"。人们在航海日志中清楚地记录下了在巴西的荷兰人经历的许多此类事件。不过，我们将不再转述这些事件，特别是考虑到在东方（即东印度群岛地区）发生的事件将会为我们提供充分的素材，而且这些素材的性质特别契合我们的论点。

八、葡萄牙人尤其是在东印度群岛地区伤害荷兰人的相同借口

最后，荷兰人开始开拓东印度群岛地区，这无疑是一个正当和有利可图的计划。但是，上帝啊！我们该怎样形容葡萄牙人的态度呢？我认为他们的态度远不是对获得财富的疯狂欲望，而完全是纯粹的嫉妒。葡萄牙人坚持认为，如此广阔的世界的一部分（甚至从阿拉伯湾开始的漫长的海岸线——或者，如果我们把其他地区也考虑进去，则从直布罗陀海峡开始——直到地球的最北端，包括没有人能够数清楚或说出其名字来的无数岛屿）只应该被用来增进他们这个单一民族的财富，如果不说是满足他们穷奢极欲的生活需求的话。同时，他们希望把其中一大部分搁置起来，不进行开发利用，尽管这样一块广大的地区足以让许多国家从事商业活动并为更多人提供生活必需品。我们怎么解释很早以前威尼斯人就在与东印度群岛地区的人们做生意的事实呢？我们又怎么解释甚至今天阿拉伯人和中国人还在为在这一地区进行贸易而相互竞争的事实呢？难道葡萄牙人仍然胆敢拒绝其他人分享不属于他们自己而且也不可能由他们全部占有的利益吗？

关于这个问题，我们必须考虑另外一个事实：在此期间，许多东印度群岛的部落不但不愿意与葡萄牙人做生意，而且避免与他们接触，甚至不想看到他们。在这些地方，葡萄牙人实际上不是被视为商人，而是被视为外来的强盗。他们破坏人类的自由，既贪得无厌，又有着强烈的控制欲，因此，除非万不得已，没有人愿意和他们打交道。当葡萄牙人最初来到世界这个地方的时候，他们建立起了殖民地和据点（当地人没有足够的认识能力认清他们的最终目的），逐步把周围地区置于他们的奴役之下。目前，通过参与东印度群岛的内战——这些内战在很大程度上是葡萄牙人自己挑起来的——他们取

得了胜利。然后，他们又利用因取得胜利而增强的实力回过头来打击那些在战争中帮助过他们的人们。

不过，我更愿意让读者们从西班牙人的作品，而不是从我的叙述中获得关于葡萄牙人罕见的背信弃义行为、被糟蹋的当地王室的妇女和儿童、被葡萄牙人的所作所为搞得鸡犬不宁的［东印度群岛］各个王国以及他们对东印度群岛国家的臣民和盟友犯下的令人发指的暴行的信息。因为我希望证明，我讨论这个问题的目的不是为了对一个民族进行恶意攻击，而是为了揭露一种犯罪，这种犯罪的来龙去脉应当被公之于众。另外，通过这种方式，我希望得到诉讼当事人通常被赋予的宽容的权利，只要法庭裁定他们对对方和其他证人所提供的证据的反驳不是有意进行伤害。

的确，有许多作者认为，如果对西班牙人在美洲的行为和葡萄牙人在东印度群岛地区的行为进行比较，可以发现前者更加残暴而后者更加卑鄙。也就是说，葡萄牙人和西班牙人同样阴险，但西班牙人更强大，也更有战斗勇气。葡萄牙人的卑鄙正是东印度群岛人民仇恨他们的原因，也是激励荷兰人勇敢地航行前往那里的原因。

从早期的航行直到今天，为了把荷兰人赶出这一地区，没有任何亵渎神灵和人神共愤的勾当是那些极其贪婪的葡萄牙人不敢做或没有做过的。他们在地球的那一个地区犯下了比在任何其他地区更加邪恶的罪行。因为知道他们的实力不如荷兰人，所以，葡萄牙人戴上了和平和友谊的面具。他们不仅希望借此使自己得到更大的安全，而且能够更有效地对完全没有敌意的人们发动突然袭击。

下面，我们将简要叙述所有最严重的罪行。我们对这些罪行的划分并非按照年代的顺序（尽管时间因素也需要考虑），而是把它们分为特定的种类。我们坚持认为：无论是作为国家还是个人，葡萄牙人对荷兰人进行虚假指控和煽动敌意的行为构成了对荷兰人的毁谤，并造成了最恶劣的后果。同时，他们用残忍和背信弃义的方式杀害了我们的许多同胞。此外，他们首先挑起了战争，包括公战和私战，甚至攻击东印度群岛人民，以纵火和屠杀的方式对他们实施报复，原因是他们与荷兰人进行了谈判。此外，我庄严宣布：我在这里所叙述的一切都有最明确的证据的支持。

第二部分　关于东印度群岛有关事件的阐述

九、葡萄牙人对荷兰人的不实指控

在刚开始的时候，由于东印度群岛人不了解荷兰人的本性，荷兰人也不熟悉东印度群岛人的语言，因此，人们能够非常合理地想象得到，用恶意的谎言阻止荷兰人接近东方的人民是一件最容易做到的事情。尽管这些谎言离事实真相相去甚远，甚至与之不存在任何相似之处，但是，它们仍然可能被不了解真相的人们所采信。尤其是在葡萄牙人来到这些地区以后，人们有理由对外来人感到恐惧和怀疑。因为对于曾经目睹和经历了如此之多的邪恶行为的人们来说，最容易的事情莫过于认为整个欧洲的人们都是声名狼藉的恶棍。葡萄牙人——在没有事实可以证明之前，说谎相对比较安全，因而他们竭尽所能地在当地统治者和国家中散布谣言——通常的做法是声称海盗已经来了，他们居无定所，海洋就是他们的家，而他们所谓的贸易就是抢劫。葡萄牙人甚至以荷兰人的装束作为证据，说他们除了武器和用于打仗的物件以外，没有任何饰品。至于葡萄牙人，一方面是因为尚未开化的人很看重华而不实的物品，另一方面是因为精神空虚的人容易受豪华服饰和用品的影响，所以，他们像对待其他难登大雅之堂的物品一样，谈起武器来总是持一种不屑一顾的态度。

当他们的谣言被第一批到达这里的荷兰人用事实戳穿以后，其他谣言又开始流传起来，比如说，这些新来的是人英格兰人，他们是世界上本性最邪恶的叛国者和小偷，等等。另外，为了加深东印度群岛人对荷兰人的恶意并敏锐地认识到许多在阿拉伯统治者统治下的沿海地区居民已经加入了默罕默德崇拜者的行列的事实，葡萄牙人把［信仰默罕默德的］东印度群岛人民最不喜欢的中国人的一些习性归结到这一群与中国人毫无共同之处的人们身上。他们指控荷兰人是一个不信奉任何神圣权威的民族，既不受宗教也不受法律的约束；他们将自己取得的不义之财再以同样不义的方式挥霍一空，他们把自己的财产都浪费在了酗酒上面。因为在当地人看来，酗酒是一种不小的罪过。葡萄牙人为荷兰人捏造的另一条罪状是东印度群岛人十分厌恶和荷兰人从来没有听说过的，那就是荷兰人有性变态倾向。为了支持这种指控，葡萄牙人提请人们注意这样的事实：荷兰人没有女人陪伴，而葡萄牙人通常到哪里都带着女人。他们由此推断出荷兰人的性取向不正常。

当这些谣言通过当地人与荷兰人的直接接触再次被戳穿以后，另外一项针对荷兰人指控又接踵而至。葡萄牙人说，荷兰人的国家有一支强大的舰队，他们隐藏在贸易利益之下的真正目的是（等对土地的探测完成以后）把当地人驱逐出去，并建立自己的主权。葡萄牙人言之凿凿地声称，假如当地的统治者和人民不和他们结成同盟，这种情形将很快成为现实。

上述事实一部分见于获取的或自愿公开的文件，另一部分来自曾经上当受骗的国家及其统治者的证词。

（一）事件一，1596 年

以上讲述的正是当四艘荷兰船只组成的船队在四位船长率领下第一次到达这一地区时，三个葡萄牙人——弗朗西斯科·德·马里兹、巴特勒和佩索阿——在淡目【淡目苏丹国[16]】苏丹（根据葡萄牙人的说法，他是爪哇[17]的最高统治者）和达玛国王的宫殿里所做的事情。他们甚至在所有人中最早与荷兰人签订契约的万丹[18]居民中也干过同样的勾当。葡萄牙人在当地抓住一切可疑的事件诋毁荷兰人：如果荷兰人因长期航行精力衰竭或者不适应当地气候导致减员，葡萄牙人就散布谣言说这些人是在做海盗时在战斗中送了命；如果荷兰人因季节原因推迟交货时间，葡萄牙人就造谣说这肯定是荷兰人在抢劫当地人，他们把货物囤积起来等待更好的机会卖高价。同样是为了制造对荷兰人的怀疑，葡萄牙人将其代表派往爪哇的各个港口——佩索阿被派到锡达加和图班[19]，巴特勒被派到潘纳罗肯，其他人则被派到雅帕拉，雅卡特拉和坦得加－爪哇——目的是败坏荷兰人的名声并煽动当地人对他们的敌意。此外，葡萄牙人并不满足于这种单方面的欺骗，他们一方面在爪哇人中间散布他们杜撰的关于荷兰人的故事，另一方面不断对荷兰人讲述爪哇人背信弃义的本性（因为葡萄牙人已经开始和我们的人接触，他们甚至被邀请出席荷兰人的宴会），企图让荷兰人知难而退，放弃在该地区做生意的打算。

（二）事件二，1599 年

直到最早到这一地区探险的报告出来之前，荷兰商人一直按兵不动。但是，在前往爪哇进行首航的人们返回之后，荷兰人开始出发前往塔普罗巴奈

（古代非常著名的一个岛屿，今天被称为"苏门答腊"），[1]他们的船队由康纳利·霍特曼指挥，并得到了在泽兰的一家公司的资助。在苏门答腊地区，一个名叫阿方索·文森特的葡萄牙人向亚齐[20]国王讲述了与葡萄牙人在爪哇散布的类似的谎言。

（三）事件三，1599年

与此同时，由雅各布·范·尼克率领的船队开始了驶往摩鹿加[21]的首次航行。管理安波纳岛的权威人士（地方行政长官和其他主要官员）不否认葡萄牙人已经在当地广泛散布了类似的谣言。正是在这一时期，葡萄牙人同样的造谣中伤使特尔纳特岛[22]国王心慌意乱。他们也以这种方式煽动大班达岛【班达群岛[23]岛屿之一】的居民，目的是把船只离开后留下来的荷兰人赶走。的确，这种私下散布的邪恶谣言传播范围很广，它们甚至传到了婆罗洲[24]，并激起了当地人的愤怒。陪同奥利弗［范·诺特］的人员在报告中披露了这个事实。

（四）事件四，1600年

葡萄牙人并不满足于只撒一次谎；相反，他们不断地玩弄同样的伎俩。因为按照荷兰海军上将威尔金斯的命令留在苏门答腊亚齐的荷兰人明显感到，由于葡萄牙人恶毒的毁谤，国王亲切的礼遇和友谊已经变成了蔑视和仇恨，以致他们不仅无法做生意，甚至连生命安全都处于危险之中。

（五）事件五，1600年

不久以后，当皮特·伯斯（后来的荷兰公司使者）率领的船只到达亚齐时，葡萄牙人在王宫里又上演了同样的戏码。他们派遣一名方济各会修道士作为所谓的"使者"，与一个名叫罗德里戈·达·科斯塔·摩塔莫里奥的船长来到马六甲。那里是葡萄牙人的殖民地，位于苏门答腊对面的大陆上。

（六）事件六，1601年

当范·尼克第二次航行到达那里的时候，葡萄牙人用马六甲语写成的信件再次如期送到特尔纳特国王的手上，而且对信使的指示也被翻译成马六甲语告知国王，其中包含了对荷兰人相同的不实指控。但是，国王——尽管一开始被突如其来的恐惧所震惊，并四下观察，以寻找阴谋反对国家的潜在的敌人——最终被荷兰人的恳切陈词所打动，拒绝把无辜的荷兰人交给他们凶残的敌人。

葡萄牙人也在中国人中做了大量工作，企图煽动他们反对荷兰人。但是，中国人是一个具有准确判断能力的民族。甚至直到今天，他们都宁可相信自己的判断能力，而不是葡萄牙人。

（七）事件七，1602 年

当雅各布·海姆斯凯尔克到达当地时，葡萄牙人赶往帕塔尼女王和柔佛[25]国王的王宫（这些王国是大陆的一部分，现在属于暹罗。但有些权威学者认为，它们过去属于黄金半岛[1]的一部分），对他们最看重的与荷兰人的友谊进行诽谤，以使他们对荷兰人产生怀疑。不过，葡萄牙人的阴谋没有得逞。现在，他们的谎言已不再有市场，时间的推移足以推翻他们的不实之词，因为（正如古人正确地指出的那样）只有真相才经得起时间的检验。

根据这些侥幸被揭露出来的事实，难道我们还不能推定仍然有更多类似的事实尚未被公众所知悉吗？

十、受葡萄牙人教唆的敌人反对荷兰人的行为

鉴于上述情况，如果说葡萄牙人在编造谎言之外还对当地人进行贿赂，没有人会感到奇怪，因为造谣煽动和金钱收买可能使各种受骗或贪财的人成为反对荷兰人的敌人和刺客。通过这种方法，葡萄牙人不但成功地保证了自己的安全，并且给我们的人制造了困难，同时，还在各地造成了一种基于无端怀疑的动荡不安的局面。这样一来，作为极少数人邪恶行为的结果，荷兰人不得不尽量避免与他们原来非常尊敬的所有人接触，而且由于这些困难，他们甚至到了打算永久放弃在东印度群岛地区进行贸易的地步。

（一）事件一，1596 年

我们确实有必要花一点时间详细讲述在荷兰人第一次到达爪哇时，葡萄牙人是如何背信弃义和精心策划为他们设置陷阱的。当时，葡萄牙人公开对我们的人表现出友好的感情，他们经常被邀请登上我们的船只，并受到热情

---

〔1〕 古代人用"黄金半岛"作为马六甲的名称。不过，格劳秀斯在第十二章中讲道，"许多人认为黄金半岛"是指日本。（——英译者注）

款待。然后，他们对荷兰人发出了回访的邀请。

我在前面提到的淡目苏丹是全爪哇的统治者，或者至少葡萄牙人宣布他是爪哇的统治者。但据报道，在对几个不再效忠于他的小国国王的战争中，他不但失去了对王国的最高统治权，而且遭受了巨大的财产损失。一个陷入困境的王公什么事都干得出来。为了能够弥补他遭受的全部损失，他只有两个依靠：一是高超的武艺，在他们的种族中，他的武艺可能是最好的；二是与葡萄牙人结盟（葡萄牙人被当地人认为是陷入绝境时最后的依靠），而且葡萄牙人当时尊称淡目苏丹为皇帝。在买通淡目苏丹让他承担消灭荷兰人的任务后，葡萄牙人把他带到万丹，当时那里停泊着我们的几艘船。他们策划邀请这几艘船上的官员出席宴会，以便让苏丹以护送他们回去为借口对这些船发动突然袭击。然而，被葡萄牙人要求为这一次行动提供协助的万丹行政首脑，或者说是摄政王（因为他以他的一位亲戚的监护人的名义管理着这个王国），揭露了这个阴谋。他先是派人前来送信，然后亲自过来把这个阴谋告诉了船上的特使。后来的事态发展证明他的警告完全属实。

我们的人被邀请参加宴会，但他们找了个借口没有出席。有一个名叫佩得罗·德·泰特的葡萄牙人与荷兰人有着亲密和友好的情谊，他拒绝参与这种卑鄙的勾当。其他人担心他走漏风声，因而派了五个人去往他家，他在毫无警觉的情况下被杀死在床上。这样一来，他们邪恶的计划没有因德·泰特的告密而遭到挫败。

与此同时，当葡萄牙人看到针对荷兰人的阴谋败露以后，他们督促淡目苏丹保留一支随时待命的军队，并在加卡特拉镇组建一支舰队。然而，这个阴谋的全部细节由被杀害的德·泰特的一位助手告诉了荷兰人。后来，这位助手被葡萄牙人在万丹强行逮捕并遭到酷刑折磨，因为他帮助了荷兰人。

葡萄牙人认识到，只要万丹摄政王倾向于我们，他们的阴谋就不可能得逞。于是，他们开始接近他，恭维他并送给他礼物。这位摄政王对任何此类好处都一概笑纳，尤其是在他只要做同一件事就既能从荷兰人那里得到战利品，又能从葡萄牙人那里获得奖赏的时候。这种双方通吃的感觉无疑强化了他在这个问题上的态度。

起初，万丹摄政王花言巧语地请求荷兰人先把商品交给他，他则推迟到将来的某个时间再交付自己用来交换的货物。后来，当荷兰人犹豫是否按照他的要求为他提供更多的商品时，摄政王招来三艘荷兰船的船长——霍特曼、威廉·劳德维克茨和吉尔·沃尔克尼尔——以及其他十个人，并突然下令给他们戴上镣铐。当时，他毫不隐瞒这一切是应葡萄牙人的要求所为，而葡萄牙人的借口是担心我们会拦截他们准备离开港口的一艘船。基于这个借口，葡萄牙人请求摄政王把上述人员作为人质关押起来。摄政王暗示这些俘虏，葡萄牙人付给他四千里斯作为贿赂，并竭力劝说他把他们交到葡萄牙人手上。与此同时，这些不幸的人们每天都经受着对最可怕的酷刑折磨的恐惧。不过，恰好在这个时候，一些爪哇人在葡萄牙人的煽动下袭击了属于荷兰人的几艘已经驶出很远的小船和快艇，但荷兰人勇敢地击退了他们的攻击。这场胜利说明荷兰人良好的战斗素养不容轻视，同时也警示了万丹的摄政王。在这种情况下，他开始着手与我们进行和平谈判。尽管对方提出的和平条件很不公平，而且要求为每名被扣押的俘虏交纳两千里斯的赎金没有任何合法依据，但我们还是接受了这些条件。

然而，每当我们的情况开始好转时，葡萄牙人就会适时地提高赏金，引诱当地人背叛我们。从马六甲来的一名葡萄牙特使给摄政王和万丹的其他重要人物带来许多礼物，其中包括六千里斯现金，目的是收买他们，让他们杀害荷兰人。葡萄牙人的做法使这些人的情感很快发生了转变：荷兰人的贸易被中止，甚至居住在万丹的中国商人也被禁止把货物卖给荷兰人。这些敌意的迹象非常明显，而且根据荷兰人在万丹的房东以及其他朋友的说法，所有在当地的荷兰头面人物的性命已经被出卖给了葡萄牙人。因此，当万丹的摄政王邀请荷兰船上的主要人物去拜访他，借口说要当面向他们通报商业管理规则的问题时，没有任何人应邀前往。在这种情况下，葡萄牙人和万丹人之间发生了争吵。葡萄牙人要求万丹人归还财物，因为他们没有履行承诺；万丹人则不愿意把已经吃到嘴里的肉吐出来，不管原来付给他们财物的原因是什么。最后，双方达成一个新的协议：万丹摄政王在葡萄牙人协助下使用武力扣押所有荷兰船只；这些船只连同船上的货物全部归摄政王，而被捕的荷兰人则归葡萄牙人；假如荷兰人的船只被击沉，则除了预先支付的六千里斯以外，摄政王还可以得到另外两千里斯作为补偿。

幸运的是，正当他们开会决定荷兰人命运的时候，由于需要淡水，荷兰船只撤往了另外一个地方（肯定是离万丹不远的地方）。在那里，他们的房东的一个报信人告诉他们，有一支舰队正准备攻击他们的船只。事实上，荷兰人自己在离开之前也看到人们正在为组建这支舰队[1]进行准备工作。荷兰人转危为安不仅是因为幸运女神的眷顾，而且是因为葡萄牙人和万丹摄政王重新发生了争吵。万丹摄政王认为，他们达成的协议中并没有规定荷兰人撤走后他有跟踪追击的义务。

当荷兰人到达加卡特拉附近的一个地方时，葡萄牙人私下唆使托蒙戈恩（一名万丹人，葡萄牙人的亲密朋友）以出售补给品为借口，企图引诱一些荷兰水手前往加卡特拉附近一个名叫爪哇海岬的地方。但是，有些中国商人事先警告我们的人说，那里有葡萄牙的驻军，他们的目的是俘虏和杀害荷兰水手。当荷兰人第二次航行返回那里的时候，他们发现爪哇人非常仇恨葡萄牙人，并对荷兰人友好起来。这时，托蒙戈恩本人承认了这一指控的真相。但他为自己辩解说，他那样做是因为更早时候混乱的局势。

不过，最恶毒的阴谋是在弗朗西斯科·佩索阿的指导下在锡达加策划的。当荷兰船只到达那里时，针对荷兰人的计划已经在锡达加的沙班达（当地行政首脑的称号）[2]的合作下制定好了。罗萨拉拉（Rasalala）［拉朗的苏丹？(the Rajah of Lalang)］[3]——一个在阿威罗出生的葡萄牙人，但他背叛了基督教的信仰，并成为该地区名副其实的海盗首领——向荷兰人报告说，已经准备好一批要出售的香料，而且锡达加国王对荷兰人非常友好。被派去调查当地情况的人带回来的信息同样如此，因为有证据证实了罗萨拉拉的说法。与此同时，还有人报告说，国王非常希望检阅远涉重洋到达当地海岸的船队。这也是一条最鼓舞人心的消息，似乎一切都在朝着荷兰人和国王陛下皆大欢

---

〔1〕 原文中用的是"*cuius*"而不是"*quarum*"，这一定是写作时无意的笔误。因为根据上下文，显然（舰队）的前面需要的是一个单数的先行词，而不是（荷兰船只）前面需要一个复数的先行词。（——英译者注）

〔2〕 更准确地讲，"沙班达"是指港口管理员和负责与外国商人交往的人。（——英译者注）

〔3〕 在手稿中，没有一横的字母"t"实际上和字母"l"无法加以区别。哈马克尔编辑的《捕获法》中的"*Rasalala*"可能是正确的。达姆斯特在他的荷兰文版中采取了和哈马克尔相同的做法，但是，他通过括号中的"*Radja Lela*"提供了另外一种解释的可能性。因为在（拉丁文本）第十一章前面的部分中，多次使用"*Rasadauma*"的称号指"淡目苏丹"（Rajah of Demak），所以，"Radja Lela"和"Rajah of Demak"这两个词的相似性必然意味着可能对"Radja Lela"一词作出诸如"利拉的苏丹"这样的解释。不过，本英译者没有能够找到一个名叫"利拉"的地方准确位置的其他线索。因此，作为一种极有可能的初步假设，格劳秀斯在这里指的是拉朗岛的苏丹，拉朗是一个位于苏门答腊东北海岸附近的岛屿。（——英译者注）

喜的方向发展。六十艘三角帆船（即一种特殊类型的帆船）出现了，每艘船上至少有六十人。壮观的场面使荷兰人认为这是在显示王室的威仪，尽管后来的事实证明这是一支货真价实的敌军。罗萨拉拉被派来确认我们的人是否觉察到了任何敌意，结果他发现一切都在朝着他所希望的方向发展。他被邀请留下来，但他拒绝了这一邀请。罗萨拉拉刚离开，锡达加的沙班达就登上了荷兰的"阿姆斯特丹号"船。当船长雷尼尔·维哈尔伸出右手对他表示欢迎的时候，这位沙班达伴装敬礼，一刀捅在了船长的身上。同时，其他参与这一阴谋的人杀害了甲板上那些既没有警觉也没有防备的荷兰人。被杀害的有简·谢林格（水手）、吉尔·威尔肯尼尔和其他九个人，还有一些人因为没有被击中要害而受了伤。该船本来难逃被捕获的命运，但是，十三名水手（他们中的多数人刚刚大病痊愈）挡住了通往下层船舱的通道，并开炮还击。他们的行动导致占据上层甲板和包围在船四周的攻击者受了伤，并在混乱中被赶到海里。于是，荷兰人至少暂时挽救了危险的局面。葡萄牙人只能恨恨地咒骂那些没有素质的当地人行事鲁莽，致使这样一个精心策划的阴谋落得竹篮打水一场空。不过，荷兰人此次的损失非常惨重，以致他们因缺乏人手不得不弃船，让它无助地漂流在海上。

（二）事件二，1599 年 9 月 11 日

现在，让我们把注意力从荷兰人转向泽兰人，从爪哇转向苏门答腊。在苏门答腊，上文提到的霍特曼率领两艘船进入了港口。

即使在葡萄牙人中，臭名昭著的阿方索·文森特的狡诈也非常出名，他经常出入亚齐的王宫。文森特和其他一些葡萄牙人逐渐与霍特曼和他的同伴建立了亲密的关系。因为在他们面前，文森特表现出他很受亚齐国王信任的样子，并假装愿意在亚齐人和泽兰人之间做一个友好的中间人，以增进后者在当地的利益。他表演得非常逼真，在好几个场合，他主动把泽兰人带到王宫里，甚至把国王正在考虑的某些计划的部分信息透露给他们，声称这是他通过贿赂王宫里面的重要人物才得到的机密消息。与此同时，他又煽动居住在当地的商人，暗示新加入的大量竞争者将会毁掉他们的生意。文森特还设法吸引当地的沙班达阿卜杜拉、王室秘书科克和国王本人注意泽兰人漂亮的船只和唾手可得的捕获物，以激发他们贪婪的欲望。［为促使他们夺取这些捕获物］他甚至编织出了这样的谎言：荷兰人已经做出决定，如果［苏门答腊

的〕商品要价过高，他们将去开发柔佛的市场。由于当时柔佛国王正在与亚齐人进行激烈和艰苦的战斗，因此，〔文森特怂恿〕他们在泽兰人的船只服务于敌人的事业之前，先下手为强捕获它们。在点燃亚齐人贪婪和仇恨的火焰以后，一个新的诡计又出场了。

一小批胡椒被交付给泽兰人，这使他们产生了以后每天都会有大批胡椒源源不断地送来的希望。在信誓旦旦地保证装在他们战船上的大批胡椒将会很快运来之后，沙班达和王室秘书科克以进行以货易货为借口，带领一大帮亚齐人登上泽兰人的船，按照当地的风俗习惯，这些人无一例外都携带着武器。他们带来了酒和食物，其中掺有当地人称为"达特罗"[1]的能够使人发狂的毒品。当水手们狼吞虎咽地吃下掺有毒品的食物后，他们突然开始在甲板和通道上乱窜，像失去理智的人，甚至像疯子一样疯狂甩头。看起来，这正是实施最近策划好的阴谋的大好机会。发狂的泽兰人被分隔开来，像羔羊一般一个个被宰杀。这不是战斗，完全是一场屠杀。那些同时因头晕目眩和受伤而失去战斗力的人们嘴里嘟囔着模糊不清的语言，呼出了最后一口气。此外，泽兰人船只的周围都是东印度群岛人的三角帆船，配备着葡萄牙人援助的武器。最后，亚齐人的捕获行动结束了。然而，有些泽兰人并没有因为食物中毒而失去战斗力，他们竭尽全力保卫自己的船只，并用炮火杀死野蛮的敌人。第一艘船（"雄狮号"）首先从敌人的攻击中突围而出，并且救出了差点被捕获的第二艘船（"雌狮号"）；然后，他们对此前按照既定阴谋取得胜利的亚齐人发起了攻击。就这样，这两艘船终于得救，但船上到处都流淌着无辜者的鲜血，霍特曼本人也被他的"客人"刺中，倒在餐厅的血泊中。另外，由于毒品的药效非常强烈，在接下来的几天里，一些水手仍然昏迷不醒地躺在那里，另外一些人则在疯狂的状态下互相伤害。当时处于亚齐人权力下的城里的荷兰人处境也很悲惨。在被葡萄牙人用礼物和承诺收买了的国王儿子的指挥下，他们也被杀害了。最少有七十人失去了生命。

（三）事件三，1600 年 4 月

不久以后，图班国王带领十四艘帆船（在东方常见的一种船）和全副武

---

〔1〕它显然是一种从具有麻醉作用的山芋科植物 dutra 或 "*Datura metel*" 中提取的药物。（——英译者注）

装的一千五百人气势汹汹地杀奔范·尼克手下的人而来（包括阿德里安·韦恩），而范·尼克本人当时还留在班达。因为图班国王已经被葡萄牙人收买，所以，他此行的目的是解除荷兰人的武装，甚至置他们于死地。如果不是全能的上帝指引刚刚到达这一地区的"卢纳号"和"卢西法号"两艘船恰好来到这里，这些人毫无疑问将遭遇灭顶之灾。

（四）事件四，1600 年

根据上述图班统治者和葡萄牙人的命令，刚才提到的因抢劫而闻名的罗萨拉拉在图班士兵和二十名葡萄牙军官的陪同下，几乎走遍了摩鹿加群岛的所有地方，目的是把荷兰商人赶出整个地区。这是与威尔金斯一起出发的人从萨西乌斯·马洛卡和万丹摄政王那里获得的报告。的确，这名海盗头子率领将近四十艘三角帆船从那些地方直奔爪哇而来。（他被告知）荷兰人的船只进入了爪哇港口。根据罗萨拉拉的誓言，他一定会捕获或者摧毁〔他发现的〕任何荷兰船只。为实现这个目的，他以图班国王的名义请求万丹摄政王予以协助。接着，罗萨拉拉又从爪哇转往加卡特拉，企图抓住合适的机会给荷兰人设置陷阱。

（五）事件五，1600 年

那些跟随范·尼克进行第二次航行并进入亚齐王宫的人面临着更严重的威胁。但由于他们匆忙地离开了那里，留在亚齐的人们才成功地挫败了葡萄牙人的阴谋。

（六）事件六，1601 年 1 月

当然，如果不在荷兰人的船上寻找内应，仅仅依靠派遣外国人攻击荷兰人不足以取得成功。当博特[26]率领的船队中的一艘船在范·卡尔登和德·弗莱明的指挥下来到亚齐并停泊在海上的时候，在同一个地方，有我们前面提到的罗德里戈·达·科斯塔·摩塔莫里奥指挥下的一艘葡萄牙船只。葡萄牙船上的炮手，来自汉堡的马丁斯·纽尔经常与负责瞭望的船长、"亨利号"上的炮手扬以及领航员和副领航员商讨杀害荷兰船上的指挥官（在成为犯罪阴谋的成员后，这些人很适合干这样的事）并把船驶往马六甲的计划。纽尔承诺每个人至少可以拿到两千达克特的赏金，但荷兰人诚实正直的品质使这个邪恶的阴谋化为泡影。

（七）事件七，1602 年

还有一次，当范·格罗斯伯根（第二家荷兰公司的特使，他与范·尼克同时出航）指挥的两艘船——"莱登号"和"哈莱姆号"——停泊在交趾支那的新西昂水域，即婆罗坎巴里斯河附近时，当地居民和国王本人给荷兰人设下了圈套。正如后来国王供认的那样，这一切都是因为一名葡萄牙传教士的煽动和虚假指控造成的。这些袭击者抓住并杀死了二十名或更多荷兰人，另外十二人因喝下有毒的亚力酒而生病或发疯，还有六人被抓走作为俘虏。由于这六个人并非最低等级的水手，为了赎回他们，我们不得不交出两门大炮和一些货物。

（八）事件八，1602 年

不久以后，雅各布·海姆斯凯尔克也来到了这里，正是由于他的勇敢，我们才得以对葡萄牙人进行报复，并取得了现在存在争议的战利品。达玛国王是葡萄牙人的朋友和葡萄牙国家的盟友（这一点从一开始就很明显）。他主动提出愿意帮助这位新来者，并为海姆斯凯尔克提供了在他盛产稻米的国家做生意的机会。但他这样做的目的只是为了通过突然袭击捕获海姆斯凯尔克的船只。在他的希望落空以后，达玛国王扣留了二十名被派来做生意的人。他们中的八人被赎回，其他人甚至连这种机会也没有得到，他们被当作不值一钱的东西扔在一边，注定要被送上达玛国王与邻邦之间当时进行战争的战场。后一群人中包括范·德尔·多斯的儿子，他不仅博学多才，而且有贵族血统。

十一、葡萄牙人对荷兰人的欺诈和背信弃义行为

然而，葡萄牙人并不满足于只是煽动［当地人对荷兰人的］仇恨，因为伊比利亚人暴躁的性格使他们在看到敌人并认为有希望给他们造成伤害时，通常不会只是消极地坐等别人采取行动。特别是当他们相信采取背信弃义和欺诈的手段能够取得胜利且不会受到惩罚的时候，他们尤其不愿意无所作为。

（一）事件一，1596 年

例如，当荷兰人第一次来到这些东方的岛屿时，葡萄牙人就催促万丹的托蒙戈恩（后来，正是通过他的手在爪哇海岬给荷兰人设下了圈套）邀请这次远征的指挥官和船长到他在海滨的别墅中用餐。托蒙戈恩本人后来透露，葡萄牙人计划同时从停泊在靠近相同地点的一艘船上登陆，把客人和主人全部抓起来；然后立即将主人释放，并将荷兰人带往马六甲。但是，由于他害

怕万丹的摄政王，因此，没有对这一阴谋提供协助。后来，葡萄牙人——在摄政王本人被收买（如同我们讲过的那样）并应葡萄牙人的要求抓捕霍特曼、沃尔克尼尔和其他一些人以后——感到十分恼火，因为摄政王更关心自己的利益而不是葡萄牙人对荷兰人的仇恨。在这种情况下，葡萄牙人在霍特曼和沃尔克尼尔的食物中下了毒。但是，当万丹的沙班达发现这两个人的头开始肿胀，腹部也鼓起来快要死去的时候，他给他们服下了被称为"牛黄"的著名的解毒药物，挽救了他们的生命。这位沙班达比那些自诩为基督教徒的人更有善心。科纳里斯·海姆斯凯尔克同样遭遇了危险。他被船长派去拜访城里的行政长官，但愤怒的葡萄牙人到处搜查和追捕他，他被迫到一位赖姓中国人家中寻求庇护，并躲藏在装稻谷的麻袋里。当葡萄牙人搜到那里的时候，主人佯装出去打鱼，让他换上中国人的衣服，把他连同渔网一起带了出去。通过这种方式，他才最终成功地死里逃生。

（二）事件二，1600 年

与此相类似，当范·尼克率领的船队中的两艘船在完成前去东印度群岛的第二次航行返航到达圣赫勒拿岛[27]时，四艘葡萄牙船只正集结在那里。荷兰人发现，寻找淡水必须穿过很长一段距离，而这时，他们看到一大队全副武装的葡萄牙人已经设下埋伏。毫无疑问，他们在等待荷兰人靠近，以便将他们一网打尽。

（三）事件三，1601 年初

另外，还有什么证据能比葡萄牙人针对范·尼克留在安波纳岛的船只采取的连续不断的敌对行动更能证明他们对荷兰人难以遏制的仇恨呢？他们公开宣布，任何人杀死一名荷兰水手将得到十里斯赏金；至于杀死其他人，根据他们的职衔和地位，赏金将会相应增加。如果有人拿来荷兰远征船队的指挥官科纳里斯·海姆斯凯尔克的人头，他将得到一千个银币［或里斯？］的赏金。当然，我们知道，按人头悬赏是伊比利亚人的习惯做法。

（四）事件四，1601 年

然而，葡萄牙人并不满足于仅仅采取这些措施。你们将看到他们犯下的比迦太基人的罪行更邪恶的罪行。在马胡奉命指挥的前往麦哲伦海峡的船队中，有一艘名为"诚信号"的船只。不过，它注定要遭遇完全没有诚信品质的敌人。当"诚信号"独自从南大洋向提多岛（它是摩鹿加群岛的一个岛屿，并被包括在葡萄牙的殖民地中）航行时，葡萄牙人的船只靠近它并用习惯性的语言询问道："你们从哪里来，到哪里去，目的是什么？"巴尔塔萨·德·科得斯（因为朱利安·博克霍尔特死亡，他是"诚信号"的代理指挥官）回答说，船上载着商品，是来做生意的。葡萄牙人说道，他们有一些丁香，如果双方有意，会很容易达成交易。他们还自愿帮助荷兰水手把船停靠在岸边，荷兰人则把礼物送给葡萄牙的主要官员。然后，双方正式达成了贸易协议。葡萄牙人邀请德·科得斯和那些最有意前来的水手上岸，以便把他们准备好送给荷兰人食用的一只瞪羚带回去；与此同时，葡萄牙人还以礼物的名义把其他补给品送到"诚信号"船上。但是，这些补给品都用药性特别强烈的毒药浸泡过。毫无疑问，这是考虑到同时预谋的大胆计划存在失败的可能性，葡萄牙人采取的额外的预防措施。的确，在双重死亡威胁下的荷兰人遭遇了更悲惨的命运，也就是说，他们落到了葡萄牙人的手上。基于对达成的协议的信任，葡萄牙人被允许登上"诚信号"船。他们把武器藏在衣服下面，在交谈的过程中乘机分散在各处，以便抓住每一个荷兰人。然后，葡萄牙人用刀向招待他们的主人刺去，并像战斗中的胜利者一样，把（已无人抵抗的）"诚信号"船和船上的所有货物据为己有。与此同时，德·科得斯企图乘坐小艇返回"诚信号"船，但他先是被击倒在小艇上，接着被割下头颅，尸体则被抛入大海。同样的命运也落到了被葡萄牙人假借参加下午聚餐的名义骗上岸的其他荷兰人身上，只有几个荷兰人因为太年轻而被厌倦了杀戮的葡萄牙人饶了性命。或者说，这几个年轻人被饶命不杀可能是全能的上帝的意愿，以便有人能够活下来为如此灭绝人性的罪行提供证词，尽管这些罪犯自己仍然在恬不知耻地炫耀他们的所作所为。

我知道读者们一定非常震惊。我也知道这几乎令人难以置信：一个基督教民族，一个对自己的文化传统和生活方式感到十分自豪的民族，竟敢犯下如此严重的罪行！竟敢违背自己的保证和承诺犯下如此严重的罪行！我能说什么呢？我能用什么语言继续进行陈述呢？我在哪里可以找到这样的语言，它既能充分描述这些罪恶的事实，又不会使人难以置信呢？尽管它们是千真万确的！因为更多——是的，甚至更多——更残忍也更具伊比利亚人特征的罪行还没有来得及告诉大家。前面所讲的仅仅是罪恶叙事的序曲而已。

六名荷兰人目睹了同伴们遭遇的灾难以及陆地和海上流淌的鲜血，他们乘坐一条小船逃跑了。尽管没有确定的希望（因为四周都是葡萄牙人威胁的声音），但他们决定宁可尝试在风浪、礁石以及任何其他危险中求生，也不愿意受伊比利亚人的残酷折磨。但葡萄牙人对他们喊道：你们投降吧！报复已经结束了！你们的人身和生命安全将得到保证！葡萄牙人甚至还对他们起誓。然而，就像誓言对其他人是一种护身符一样，它对葡萄牙只是一种用于欺骗的道具。当这六名荷兰人被转移到一艘比较小的"卡拉考"（一种那些地区常见的船）上时，一名葡萄牙军官命令他们站成一排；然后，他命令一个拔出刀来的部下说："把第一个的人的右手砍掉。"接着又说："把他的左手也砍掉。"他的命令得到了不折不扣的执行。的确，有人可能会怀疑：究竟发布命令的人和执行命令的人谁更残忍呢？但事情还没有结束，这名军官又命令把受害人的双脚分别砍掉。对于站在旁边等待着同样悲惨遭遇的其他俘虏，与他们原来强烈的求生欲望相比，现在他们更强烈地希望求死。不过，当他们一个接一个地经受这种酷刑的时候，他们的心理由恐惧转变为相互怜悯。虽然被砍掉四肢后的躯体依然活着——最恶劣的罪行——但他们已经不像人类了。然而，更不像人类的是实施这些犯罪的凶手！最后，他们准备把这些俘虏的头砍下来，不过，其中两个人在刽子手到来之前奋不顾身地跳入海中。两个人中的一个被淹死了，另一个侥幸逃出生天，并最终得以为这一骇人听闻的罪行作证。第二年，当沃尔弗特·哈蒙斯[1]抓获几名葡萄牙人并进行谈判以交换被作为俘虏扣留在提多的荷兰人时，所有细节被披露了出来。尽管他交换俘虏的计划没有成功，但是，荷兰人在一艘葡萄牙船上发现了不幸的"诚信号"船的军事设备和剩余的战利品，并重新获得了它们。

（五）事件五，1601 年 9 月

我们还要讲述另外一起犯罪。它发生的时间与上述事件大致相同，但更加邪恶。因为这样的犯罪行为竟然披上了法律神圣的外衣，尽管它既没有任何正当理由，也不符合当地或者葡萄牙的法律。

澳门是中国领土向印度洋延伸的一个商埠。应葡萄牙人的要求，中国在澳门授予葡萄牙人一项特许权，他们可以在澳门进行贸易，并且对在当地的本国人享有专属的司法管辖权。不过，即使是对葡萄牙臣民，这种司法权也

---

〔1〕 也许更为人熟知的是他盎格鲁化的名字：沃尔夫特·赫尔曼。（——英译者注）

是受限制的。[1]因为按照他们自己的习惯，在没有将被告人直接送回葡萄牙受审的情况下（这是经常发生的事情），只有果阿的总督才有权对自由民处以最严重的刑罚。

范·尼克指挥下的第二支舰队因受风浪影响被迫驶近那片海岸。范·尼克决定派出一些人去了解当地的地形，并对荷兰人到来的原因作出解释，同时取得新鲜的补给品。遵照他的指示，马丁努斯·艾普（他负责舰队的财政事务）和另外十个人登上一艘轻便小船向岸上划去。当他接近陆地时，当地人显示出一种通常表示和平友好的姿态。基于对这种姿态的信任，马丁努斯·艾普继续前行，并遇到了葡萄牙在当地的首席官员多姆·保罗。陪同多姆·保罗的是一群武装的卫士，在此之前，他们一直藏在岸上的一座修道院，或者说寺庙中。在问了荷兰人几个问题后，他们匆忙地把荷兰人带到那座寺庙里。那里有几个中国人（即中国官员），他们表示其目的是要确定到访这里的是什么人。艾普解释说，来访者是荷兰商人，他们来这里是为了做生意；他们船上装载的都是商品；如果有人愿意去船上检查，即可证明他说的完全是实话。他还补充说，他们还带着荷兰亲王给中国统治者的信件。在他作解释时，围在四周的一群葡萄牙人不断地对他进行侮辱和谩骂，结果那几个中国人只得离开那里，尽管不知道他们离开是因为对当时局势的严重性认识不足，还是因为他们被葡萄牙人用礼物收买了。然后，葡萄牙人开始对荷兰人进行酷刑拷打，但一无所获。最后，这些荷兰人被从寺庙中拖出来，在葡萄牙人的看守下被戴上最沉重的镣铐，接着，他们被扔进一个又黑又脏的地洞里。与此同时，范·尼克对这些人未能及时返回的原因感到疑惑不解和担心，于是，他命令派出一艘更大的船前去探测水深，一旦水深得到确定，船队就可以驶到离城市更近的地方。然而，这一艘船没有能够抵挡住风浪，船上包括一名领航员在内的九名荷兰人也被葡萄牙人擒获。当时，一名葡萄牙人称作"审判官"的调查员在场。这些荷兰人也受到了酷刑折磨。

在这些事件发生的同时，一则消息传到了邻近的中国广东，大意是："从

---

〔1〕 "Ne〔hoc〕quidem"（甚至这也没有）。在珂罗版中，并没有出现"hoc"一词，但在手稿的其他版本中却可以清楚地看到它。就像其他许多页中一样，珂罗版这一页有好几行末尾的字母看不到了。这可能是因为手稿这一页的边上有一道皱褶的缘故。翻译时，这种情况一般不会被注意到，除非对必须补充的字母究竟是什么存在疑问。（——英译者注）

外国船上登岸的外国人被葡萄牙人抓住了。"听到这个消息以后，广州的首席行政长官 Capado 命令派出一大队人马前往澳门，把这些俘虏带回来。葡萄牙人发现他们处于一种两难的境地，而且也不敢不理会中国方面的要求。在这种情况下，葡萄牙人又开始玩弄欺诈和惯用的诡计。他们从这些荷兰人的普通水手中挑选出六个人，除荷兰语以外，他们不懂任何其他语言。至于其他俘虏（因为消息已经被广泛传播，所以葡萄牙人无法掩盖还有更多俘虏的事实），葡萄牙人谎称他们已在过去几天死于痢疾。通过一名讲葡萄牙语的翻译，来自中国广东的特使对这六个匍匐在自己的脚下的荷兰人问了许多问题。但一方面因为这些荷兰人不懂葡萄牙语，另一方面可能因为感到害怕，他们像哑巴一样什么也说不出来。这位特使要求他们对葡萄牙人的指控作出答辩，因为葡萄牙人指控这些可怜的水手犯下了海盗一般的野蛮罪行。当他们甚至对这样的指控也沉默不语的时候，葡萄牙人即坚持说，他们的沉默应被视为是对所犯罪行供认不讳。很可能也是葡萄牙人贿赂的结果，中国使团没有对这件事做妥善处理就打道回府了。这样一来，这些俘虏就被置于了葡萄牙人的权力之下。不过，广东巡抚对这位特使办事不力感到十分恼火，同时，他判断（因为中国人是一个非常聪明的民族）葡萄牙人所做的一切是为了阻止其他国家与中国做生意，他的判断显然是完全符合事实的。

看到新的使团将被派来澳门，并将要求葡萄牙人无例外地交出所有俘虏后，葡萄牙驻广东的代表提前把广东巡抚的打算告诉了在澳门的葡萄牙人，以便他们为自己的利益早做决断，否则，他们的骗局将被揭穿。葡萄牙人从来没有像现在这样惊慌失措。因为他们看到，拒绝交出荷兰人是完全不可能的，但如果把他们移交给中国方面，则毫无疑问会坐实中国人的怀疑并使他们声名狼藉。面对这种两难处境，葡萄牙人选择大胆地实施犯罪。他们清楚地认识到，既然要犯罪，心慈手软是非常愚蠢的。他们的计划是以执行司法判决为借口，杀掉所有俘虏，这样就不可能把他们交出去了。但是，葡萄牙人自己的总督保罗（因为我们千万不能枉顾任何有助于证明一个人清白的证据）拖了很长一段时间没有采取行动。的确，在一个不属于本国的城市中，什么司法判决能够强加给外国人并剥夺生而自由的人们的生命呢？这些被告人是应该被送到里斯本，还是送到果阿总督那里去呢？经历了一段最困难的过程，那位审判官最终说服了保罗，使他同意把自己的名字附在判决书上。

这六名荷兰人的命运就这样被决定了——啊，祖国！啊，法律与正义！啊，国内鞭长莫及的对自由的保护！——他们被寄居在中国的葡萄牙人处以适用于强盗和海盗的最残酷和最可怕的刑罚。中国一直是荷兰人历经千辛万苦希望探索的地方，而且他们的到来同样是中国人所希望的。中国人非常难过地看着这个场景，然后转过头去为他们祷告：只要他们崇拜神灵并且有自己的祖国，无论他们属于什么种族以及从哪里作为客人被派到中国的水域和土地上来，一定会有人替他们报仇。

然而，我将要讲到的罪行甚至可能比这个还要残忍。剩下的十一个人当然要秘密处决，以免原来欺骗中国特使的谎言被揭穿。于是，这些荷兰人在深夜（这样他们甚至不会被人们看到，也不会引起人们的同情）被捆绑着带到他们因看到和平的信号而上岸的地方。葡萄牙人把石头绑在他们身上，然后把他们推入海中。但是，即使是在他们的脚最后一次踏在土地上的时候，即使是在他们随着波浪的颠簸已经奄奄一息的时候，他们也没有大声祈求饶命（我们可以完全相信这一点），尽管生命对每个人都非常珍贵。他们甚至没有祈求至少让妻子儿女亲手把自己埋葬在祖国的土地上，而是在呼出最后一口气的时候祈求我们帮他们做一件事——必须把这种邪恶的罪行公之于世！

上帝听到了他们的祈求！人类也听到了他们的祈求！

首先是四个来到万丹的中国人把发生的所有事情告诉了我们先前提到的那位赖姓中国人（他现在是一位有权势的人物）以及其他许多人。这位赖姓中国人把这个消息转告了荷兰人。与此同时，它传遍了爪哇和整个东印度群岛地区。在这些岛屿上，大家都知道发生了这样一件事：几个荷兰人在被葡萄牙人背信弃义地绞死后，用一种能够被别人理解的语言（即葡萄牙语）祈求自己的同胞不要忘记他们悲惨的命运。因此，当威吉布兰特·范·沃尔维克到达东印度群岛的时候，所有因这种残暴的罪行而义愤填膺的当地人都说道，如果荷兰人不能为这种背信弃义的犯罪复仇，他们就不配生活在阳光下。

然而，事情并没有到此结束。上帝还为荷兰人送来了一位整个一系列事件的证人。他目睹了整个事件的一部分，并且从无可置疑的权威来源，包括从亲手实施犯罪的葡萄牙人和其他目击证人那里，听说了另外一部分。我指的是我们在前面提到的马丁努斯·艾普。在那一群不幸的荷兰人中，除了两名十七岁的少年以外，只有他在被判处死刑并押往刑场执行的途中，经葡萄牙神父的请求被改判缓刑，尽管这并不算是真正得救。虽然在其他方面，葡萄牙神父非常敌视荷兰人，但在这种情况下，人们不得不承认这是全能的上帝的干预。艾普被从澳门送到马六甲，然后，从马六甲送到果阿。在从果阿——总督饶了他一命，尽管地方长官徒劳地表示反对——出发前往葡萄牙的途中，他在加利西亚的一个城镇贝奥纳又被关了起来。但艾普一贯的好运再次保佑了他：因为迟迟等不到国王发来的信件，所以，葡萄牙人释放了他，他立即离开了那里。两天后，国王的信件到了，传唤他出席王室法庭受审。【如果他现身法庭】等待他的无疑是死刑判决。

（六）事件六，1602 年 10 月

由于发生了这样一个触目惊心的事件，其他事件几乎不值一提了。不过，我们发现，最近出现的一个事件同样可以证明葡萄牙人的背信弃义。这一事件发生在距离赤道两个纬度的安诺班岛上的范·沃尔维克的随从身上。不久以前，在一些法兰西人去做弥撒的路上，许多人被杀死在神坛附近，其他人则被抓走。正是在同样的地方，当葡萄牙人看到荷兰使者向他们走来并展示和平标志时，他们首先对这些根据万国法享有不可侵犯权的人开枪射击，一个人被子弹击中倒下。过了一会儿，又有八个荷兰人中了埋伏并被杀死，其他人都负了伤。另外，甚至在荷兰人要求谈判并得到葡萄牙人同意的情况下，当庄严的会谈正在进行时，葡萄牙人突然撕下悬挂在他们一侧的停战旗，并使用武器向毫无防备和怀疑的荷兰人发起攻击，似乎诚信的约束对他们没有任何作用。因为即使在这种情况下，他们仍然不忘对荷兰人实施伤害。

十二、葡萄牙人首先对荷兰人发动的战争

我们坚持认为，葡萄牙人是卑鄙无耻之徒、杀人犯、投毒者和叛徒。我们已经记录了上述罪行，而且鉴于这些罪行，（任何具有基本理性的人都不能否认）我们早就可以并且应该向葡萄牙人开战，不管它们与西班牙国王之间有什么联系。不过，我不想强调这种联系。相反，如果我不能通过对各个事件尽可能清楚的叙述来证明这一点，即葡萄牙人在遭受荷兰人任何方式的伤害之前已经把荷兰国家和人民当作敌人看待，他们正在东方对荷兰国家和人民进行公战，而且葡萄牙人自己首先使用了武力，那么，我将不能指望用其他理由来为本案进行辩护。

（一）事件一，1596 年

第一次远航去往东印度群岛的荷兰船队在航线上行驶了一个月，他们一共遇到四艘葡萄牙船只，或者说大帆船。这些船不是一起，而是分别出现的。后来的事实表明，假如荷兰人愿意捕获这些单独航行的船只，他们完全可以做到这一点，特别是其中一艘船离荷兰船队很近，它无疑可以被拿捕和扣留。但是，荷兰人没有任何这种想法，在为他们提供各种帮助以后，荷兰船只秋毫无犯地驶了过去。另外，当荷兰人到达爪哇并发现葡萄牙人所犯的残暴罪行后，他们克制自己没有进行复仇，尽管扣留马六甲特使乘坐的船只是一件轻而易举的事情，而且当时他甚至仍然在出卖荷兰人。

但是，另一方面，葡萄牙已经决定与淡目苏丹的计划进行合作。葡萄牙人同意把他们的海上力量与淡目苏丹的舰队联合在一起，目的是对荷兰人作战，并截获来往于爪哇和潘姜诸岛之间的船只。不久以后，当一些荷兰人试图返回他们在万丹的船上时，他们发现港口已经被葡萄牙人封锁了。对于这件事，万丹的沙班达告诉荷兰人说，基于诚实信用的考虑，荷兰人在城里的安全是摄政王关心的问题；但一旦出了城，他们就需要靠自己的智慧和勇气去应对不测事件了。我们已经讲过，葡萄牙人也参与了托蒙戈恩编织的阴谋以及在锡达加背信弃义的犯罪。

（二）事件二，1597 年

在荷兰人在万丹延长停留的期间，葡萄牙人和万丹摄政王本人就某些战争行动达成了建立同盟的协议，协议的基本内容已在本章前面一个部分作了大致的讲述。另外，果阿总督的兄弟马诺尔指挥下的一队人马也出现在万丹，他们是葡萄牙国家派来的，并发誓要消灭荷兰人。当时，葡萄牙人有四艘巨大的战舰、三艘我们称为"单层甲板大帆船"的战船和将近三十艘双桅帆船。这支武装力量被葡萄牙人用来攻击他们四处寻找的荷兰人。当葡萄牙人发现荷兰人已经离开以后，他们勃然大怒，甚至将原来准备进攻荷兰人的武器对准了万丹居民（可见他们对荷兰人的仇恨到了多么极端的程度！），其借口是万丹居民没有阻止荷兰人离开，或者没有与葡萄牙人一道尽力追击荷兰人。

啊，我的荷兰同胞们！你们扪心自问，难道我们应该宽恕这样的人吗？他们本能地认为，只要没有能伤害到别人，自己就受到了伤害；他们不但认为荷兰人是敌人，而且认为所有没有对荷兰人表现出足够敌意的人也是敌人。

他们的目的、意图和计划与我们描述的一样，但唯一相反的是结果：葡萄牙人败在了爪哇人手上。这次失败是他们对荷兰人的态度变得比较缓和的一个额外的原因。

（三）事件三，1599 年 9 月 13 日

但是，即使在这种情况下，敌人的愤怒以及对战争的狂热并没有减少。当霍特曼在泽兰人的支持下到达苏门答腊的亚齐时（像我们已经讲过的那样），葡萄牙人当时的表现与早前的敌对政策形成了鲜明的对比，因而使人产生了友谊的法则得到重新确立的印象。但实际上，葡萄牙人的敌意并没有平息，尽管他们已经成功地给我们的海军带来了可怕的灾难。葡萄牙人违背诚信原则和一切神法规则，利用亚齐人使荷兰海军遭受了严重损失。他们蛮横地坚持对荷兰海军进行游击，目的是利用别人来完成业已开始的工作。同时，他们自己也出动了一支包括十二艘战船的舰队，冲向被击毁的荷兰船只残骸和水手。荷兰人不得不使用武力击退葡萄牙人的进攻。

（四）事件四，1599 年

范·尼克的第一次航行也几乎是在同时进行的。（马六甲主教本人写给西班牙王国国王的信中证实）范·尼克没有给葡萄牙人或其他任何人造成任何伤害或损失。根据范·尼克的命令，一艘名为"乌特勒支号"的船首先开往安波纳岛，然后，从那里开往摩鹿加［的其他地方］。荷兰的航行者遭到了一个充满敌意的民族的严重伤害（因为葡萄牙人占领了作为摩鹿加一部分的提多）。不久后，他们获悉葡萄牙人已经派人去往马六甲和菲律宾，目的是帮助当地人把荷兰人赶出整个地区，并防止他们以后再度出现。不过，荷兰人预判到了危险，并从那里撤回。

（五）事件五，1601 年初

因为科纳里斯·海姆斯凯尔克带领着两艘船留在了安波纳岛（范·尼克把他们留在那里），所以，葡萄牙人不分昼夜地对荷兰人的小船和快艇进行威胁。在经过一段不痛不痒的骚扰后，葡萄牙人完成了武装二十二艘"卡拉考"和三艘双桅帆船的任务。不过，即使在这种情况下，葡萄牙人仍然不敢发动进攻，他们只能——利用夜幕的掩护或爬上岸边的海岬——为荷兰人设置陷阱或者纵火，但谨慎和时刻保持警惕的荷兰人很容易地避开了这些危险。

（六）事件六，1601 年 5 月

不久之后，阿德里安·费恩派遣三个人乘坐一艘东印度群岛地区的三角

帆船跨海前往科纳里斯·海姆斯凯尔克那里，也就是从班达去往安波纳岛。他们中有一位名叫雅各布（姓霍特曼）的外科医生。在人数和火力上占据压倒性优势的葡萄牙人毫无征兆地对他们发动了攻击。由于无法抵抗葡萄牙人的攻击，他们只得逃跑。两名荷兰人纵身跳入海中，经过奋力挣扎后游到了附近的一个小岛上。尽管在荒无人烟的小岛上与野兽为伍，但他们发现，在这种环境下生活比被葡萄牙人抓住要好得多。因为雅各布不会游泳，所以，他落到了葡萄牙人手里。可以肯定的是，他被葡萄牙人杀害了。根据一种在整个东印度群岛流传的说法：他的四肢被绑在四艘战船拖着的绳子上，这些船猛然向不同方向开去，他的身体被分成了几块。如同我们相信（本章前面讲述的）葡萄牙人曾经把几名法国人[1]塞进铜炮炮膛当作炮弹发射出去的报道一样，我们没有理由不相信这种流传的说法。退一步讲，至少下面的事实已经得到了证实：许多人看到，像展示战利品一样，雅各布的头被砍下来并挂在"卡拉考"高高的桅杆上。

（七）事件七，1601 年

与此同时，前面提到的试图把荷兰人从摩鹿加群岛和班达赶出去的葡萄牙舰队获得了更完善的装备。此外，他们通过写信或者派遣信使的方式暗示爪哇和其他岛上所有居统治地位的人物，有关行为是葡萄牙人实施的，目的是保护当地人免受荷兰人的抢劫。他们还表示葡萄牙人是东方真正的解放者，所有统治者和国家的武装力量应该和葡萄牙人联合起来。范·尼克已经是第二次访问这些地区了。在他事先收到万丹摄政王关于这一事件的警告后，出于对自己的事业和勇敢的自信，他仍然率领两艘船开往了特尔纳特岛。在那里，他确信自己听到的传言完全属实。因为在葡萄牙人的诱惑下，特尔纳特岛的国王已经在帮助葡萄牙人反对荷兰人了。同时，葡萄牙人的两艘大帆船、两艘桨帆船和一艘战船正停靠在岸边，等待有利时机对荷兰船只发动进攻。在同一个地点还发生了一场战斗，双方都使用了大炮。

十三、葡萄牙人对荷兰人的盟友发动的战争

肯定地讲，这些事实非常清楚地证明葡萄牙人对荷兰人的敌意超越了人

---

　〔1〕毫无疑问，这里指的是本章第一部分七中所讲的那个事件，尽管格劳秀斯提到只有一名受害人受到了这样的惩罚。（——英译者注）

类之间相互仇恨的界限。任何希望为此提供更确凿的证据的人一定是在揣着明白装糊涂。因为还有什么证据能比葡萄牙人为了完成其邪恶的事业，不计代价、不顾风险，甚至不惜采取背信弃义的手段败坏荷兰人的名声、抢劫他们财产和剥夺他们生命的事实更确凿呢？

另外，还有一点使我更加担心，而且我相信它将会更严重地影响那些热爱祖国并珍视其良好声誉的人们的高尚情怀。我将要说明的是，葡萄牙人不仅残暴地对待荷兰人，而且同样残暴地对待允许荷兰人前去做生意的所有民族——事实上，他们对那些更善于作战和实力更强大的民族甚至更加残暴——其结果就是在整个东方，荷兰人这个名字逐渐成为可能带来厄运的邪恶诅咒的象征，是当地人一切不幸和灾难的来源。

（一）事件一，1601 年初

因此，我们看到（此处将不再重复前面讲过的与针对万丹人民的战争有关的任何细节），当我们不止一次谈到的科纳里斯·海姆斯凯尔克出现在安波纳岛的时候，葡萄牙人公开宣布，不仅违反法律的荷兰人，甚至当地的头面人物，均可被处以死刑；他们还为每个违反命令者的人头悬赏一百里斯。同时，葡萄牙人还提供悬赏，引诱人们刺杀坐落在当地的一座城堡的首领；他们为此承诺的赏金与刺杀荷兰舰队司令官的赏金同样多。葡萄牙人以这种方式警告诫安波纳岛的居民，勾结荷兰人者将遭到与荷兰人一样的下场。在同一时期，当葡萄牙人发现他们完全不可能战胜我们的舰队时，他们便对安波纳岛上一个用城墙围起来的城镇卢西特罗发动了猛烈进攻。在进攻被击退以后，他们转而采取围困的方式。由于缺乏补给，卢西特罗守卫者的情况变得十分危急，因此，岛上的首领前来正式接触我们的人，请求他们给予保护并提供物资援助。荷兰舰队的到来在为卢西特罗解围的同时，也给荷兰人增添了无上的光荣。

然而，其后不久，葡萄牙人再次发出威胁。他们大肆吹嘘说，不仅这些地区将不会再听到荷兰人的名字，而且他们将毁灭我们的同胞曾经落脚的每一个城市和岛屿。

（二）事件二，1601 年底和 1602 年初

为了取悦卡利卡特的国王，曾经征服了库纳拉（马拉巴尔地区印度人的海盗头子，他以在海上从事抢劫五十年和骗取了王室徽章而臭名昭著）的西

班牙皇家舰队被派往从果阿直到爪哇和苏门答腊之间的巽他海峡的一带地区，以完成对荷兰人的战争。他们还建造了必要的设施，以便这支舰队能够按照原来的方向返回。与此同时，来自其他葡萄牙殖民地的船只也集结了起来。现在，这支联合舰队有大约三十艘船：五艘来自果阿的西班牙大帆船，第一艘由安德鲁斯·胡塔多·德·门多萨指挥（旗舰），第二艘由托马斯·索萨·德·罗查指挥，第三艘由弗朗西斯科·席尔瓦·莫尼塞斯指挥，第四艘由安东尼奥·索萨指挥，第五艘由洛佩斯·德尔米达指挥；两艘来自马六甲的大型帆船分别由特拉加诺·罗德里格斯·卡斯特布兰科和乔治·平托指挥；一艘来自交趾支那的船由塞巴斯蒂安·苏亚雷斯指挥；其他则是在安德鲁·罗德里格斯·帕罗塔指挥下的一些双桅帆船和大帆船。

　　原来最早接待荷兰人的城市万丹现在成了第一个被惩罚的对象。根据后来从弗朗西斯科·索萨（里斯本的一名会计师若昂·特维斯的儿子）和其他人那里得到的信息，葡萄牙人的计划是首先进攻城外的市场（即人们所称的"巴扎"），进攻一方的带头人和那些混在人群中已经被葡萄牙人收买的人们将集合在一起，收到信号后突然向市场发起进攻。进攻者将从那里突破中国卫兵的防守，然后，对城市进行攻击。葡萄牙人对他们的胜利充满信心，甚至在牧师和耶稣会之间为主教区分配的问题发生了激烈的争吵。根据已经颁布的命令，一旦万丹被解除武装，班达群岛，安波纳岛和特尔纳特岛都要被迫服从西班牙的统治。抱着这样的目的，葡萄牙人不仅带来了武器，而且带来了金钱和香料，以作为对那些叛变的野蛮人的奖赏。

　　但是，就像上帝总是异乎寻常地显示他的威力一样，上帝给了这些狂妄自大的葡萄牙人突然和出乎意料的当头一棒。正在葡萄牙人策划摧毁万丹的时候，对他们的计划一无所知的荷兰人在沃尔夫特·哈蒙斯的指挥下乘坐几艘船来到了这里。他们此行的目的是为了进行贸易。沃尔夫特·哈蒙斯是一位特别值得赞扬的人物，因为（我斗胆这样讲）几乎从来没有人像他一样不仅在提高荷兰东印度公司的声誉，而且在提高整个荷兰人的声誉方面做出过如此巨大的贡献。一艘中国小船在巽他海峡迎上哈蒙斯的船，一名［中国］水手警告荷兰人，葡萄牙［和西班牙］舰队已经包围了前面的海域。因为他意识到葡萄牙人想要消灭荷兰人，所以，他预先到这里来告知他们，以便他们有机会安全逃走。没有人料到一场战斗将会打响，因为敌人的实力在各方面都远远超过荷兰人。从数量上看，沃尔夫特的四艘船和一艘快艇怎么能和葡萄牙的三十艘船对抗呢？从吨位上看，荷兰船只的总吨位甚至比不上安德鲁斯·胡塔多的一艘船。至于战斗人员，荷兰舰队的全部战斗人员是三百一十五人，西班牙舰队则有八百名葡萄牙士兵和至少一千五百名东印度群岛士兵，更不要说他们还有数量众多的船员。荷兰人除了勇敢精神和正义事业以外，他们在各个方面都处于下风。然而，当他们想到逃跑的耻辱和失去东印度群岛地区的贸易将给祖国带来的屈辱以及对每个荷兰家庭及其后代造成的损害[1]时，他们穿过海峡继续向前行驶，直到看到敌人为止。葡萄牙人愤怒地咆哮着，他们吹响军号，升起战旗，指挥操作大炮的喧嚣声回荡在海面上。在驶近每一艘荷兰船只时，葡萄牙人都会不停地大声叫嚷，命令荷兰人降下船帆投降。但是，我们的人在祖国从来没有被教导过按照葡萄牙人所说的方式投降，为了用行动回击敌人的辱骂，他们升起船帆，乘风加速向敌人冲去，并同时对他们猛烈开火。尽管在战斗开始时，荷兰船上的一门炮炸膛了，但命运总是青睐勇敢者，荷兰人很快恢复了勇气，继续投入战斗，并捕获了一艘又一艘葡萄牙船只。有几艘被捕获的船只已经被炮火打得千疮百孔，无法行驶，在船上的人员撤离后，它们即沉入海底。面对这样一场失败，葡萄牙人很快就屈服了（这是那些在形势有利时感觉不可一世的人们典型的反应）。在后来的日子里，他们不敢再与荷兰人交战，尽管风向对他们有利。另一方面，依照即使筋疲力尽也不肯平息怒火的野兽般的行为方式，敌人甚至点燃了自己的几艘船，并且向荷兰人冲过来，以满足他们与荷兰人同归于尽的愤怒的愿望。但这一切都显得徒劳无益！大火首先把他们船上的自己人烧死了。

　　荷兰人立即开始乘胜追击，因为他们坚信，如果不把敌人彻底打垮，在东印度群岛地区进行贸易的大门就不会打开。葡萄牙人像懦夫一样放弃了万丹，逃往摩鹿加群岛。胜利者们没有再继续追击，而是开进了被他们解放的城市，以便实现他们到这里来的首要目的。关于他们作为征服者在爪哇受到的祝贺与欢迎以及他们为荷兰人声誉的提升所做的贡献，我们有许多故事可以讲。荷兰人胜利的消息传遍了各个岛屿，这场胜利的确可以被誉为荷兰人

---

　　〔1〕　此处用的是"exsilium"（放逐），而不是"exitium"（损害、破坏、悲哀）。这一定是作者写作时的笔误。（——英译者注）

与东方人民美好未来的开端。

（三）事件三，1602 年

但是，即使在逃跑过程中，葡萄牙人仍然十分残暴。在逃出一段距离并认为已经摆脱敌人以后，他们又开始大肆进行不受惩罚的抢劫。事实上，除了希望在干坏事时能够更安全以外，即使是倒霉的厄运也无法使这些被仇恨所蛊惑的人们的内心发生任何变化。葡萄牙人首先匆忙逃往安波纳岛，当时那里还没有荷兰的舰队驻守。伊提斯和安波纳岛上那些没有充分设防的城镇以及周围的所有乡村都先后遭到葡萄牙人的攻击和破坏。就像低地国家人民原来在西班牙人手中经常遭受的野蛮迫害一样，这些地区的居民遭到了葡萄牙人的残酷迫害。葡萄牙人不分性别和年龄实施屠杀，妇女和儿童也不加区别地被杀害。他们不只是杀人，有人竟然当着父母的面砍下他们孩子的四肢，还有人用刀剖开孕妇的子宫和残害无辜者的身体。在这些事例的警示下，许多幸运地得到逃跑机会的当地人不得不抛弃他们世代居住的房屋和财产，逃到森林密布或山势险峻的荒无人烟的地区。另外一些人则跨海逃往邻近的塞兰岛。

当时在班达的沃尔夫特［·哈蒙斯］派出的一艘荷兰快艇恰好来到这个地方。一个来自安波纳岛的代表团遇到了这艘快艇，他们一起返回了班达。在许多令人难过的事件中，这是一件令人高兴的事情。安波纳岛的代表团被带去见了班达的指挥官，他们流着眼泪讲述了安波纳岛人民最近遭受的苦难，以及他们自己经历的不幸遭遇。他们补充说（尽管这个事实是不言而喻的），这些灾难之所以降临到他们头上，是因为他们与荷兰人发展商业关系。因此，他们在恳求的同时指出——以神的名义，它保佑荷兰人平安地航行在大海上，并取得对葡萄牙人辉煌的胜利；以正义的名义，它是荷兰民族的特征，并作为荷兰人商业活动的结果而闻名于世；以诚信的名义，它是可怜的人们在其自身判断的指引下视为在绝望的深渊中最后能够给予他们帮助的唯一希望——荷兰人不应该狠心地看着已经被逐出家园且一无所有的安波纳岛人再次成为无比残暴的敌人随心所欲地迫害的玩偶。

任何人，尤其是荷兰人（因为他们天生仁慈且富有同情心），都完全会被这种恳求所打动，班达的指挥官确实更为此感到良心不安。不过，他意识到，自己不能因为这些不幸的人而忽视此次航行的主要商业目的，而且这一年也是要求他们专注于进行贸易活动的一年。因此，他不得不放弃插手此事的打算，并表示希望荷兰亲王和国家会把为安波纳岛人民报仇之事记在心上。作为在当时的情况下可以做的力所能及的一件事，班达的指挥官释放了在巽他海峡战斗中俘虏的葡萄牙人（包括弗朗西斯科·索萨），他不但没有收取赎金，而且把他们送往安波纳岛的葡萄牙人那里。为了把好人做到底，他还为这些俘虏提供了武器和补给品。他希望无论葡萄牙人的本性多么野蛮，他所树立的榜样可能会使他们的思想得到升华并变得文明起来。他还希望作为获胜一方的荷兰人的所作所为能够促使葡萄牙人反过来对安波纳岛人民采取一种温和的态度。然而，后来的结果证明他的希望落空了。对于毫无正义感的葡萄牙人来说，善良的愿望是徒劳无益的。他们习惯于把真诚当作愚蠢，把忍让当作怯懦：宽容的姿态不但得不到任何回报，葡萄牙人甚至变本加厉地坚持实施他们的犯罪行为。荷兰人这个高尚的力行宽恕的事例反而使他们坚信，他们的任何强盗行径都可能免受惩罚。

（四）事件四，1602 年

最后，葡萄牙人渐渐开始不满足于只在安波纳岛上实施抢劫和暴力行为，于是，他们乘坐七艘战船、四艘西班牙大帆船和几艘"卡拉考"杀奔马基安岛（摩鹿加群岛的一部分）。他们在那里尽情释放着自己的愤怒，使用酷刑折磨当地居民，放火焚烧房屋，并把田园夷为平地。另外，岛上的主要城市（名为塔博苏斯 Tabosos［?]）[1]也被葡萄牙人纵火烧成一片废墟。可以肯定的是，马基安岛以及邻近一些岛屿在特尔纳特国王的统治下。他当时对荷兰人表现得非常友好，而他的这种态度正是导致葡萄牙人愤怒和当地人不幸遭遇的根本原因。事实上，来自沃尔夫特［·哈蒙斯］舰队的一艘船（"乌特勒支号"，它是舰队中最小的一艘船）和一艘快艇当时恰好停泊在特尔纳特从事贸易活动。马基安的居民显然知道国王有责任保护其臣民，因此，他们来到特尔纳特找他们的统治者，乞求他或者重建他们被暴力破坏的家园，或者为他可怜的人民提供安全的庇护所。国王表示愿意向他的臣民提供帮助，并劝说荷兰人答应支持他，尽管相对于葡萄牙人的整支舰队，这两艘船能够提

———————

〔1〕 达姆斯特在他的荷兰文版《捕获法》中建议把拉丁文中的 Tabosos 译作"Tafasoho"，但他同时也对这个建议表示了质疑。不过，本英译者没有找到任何其他资料说明马基安岛上有叫这两个名字之一的城镇。（——英译者注）

供的帮助可以说是微不足道的。

当［国王和他的人马］驶近马基安岛时，他们看到这个不幸的岛上到处火光闪烁。不久以后，葡萄牙人以最凶猛的姿态扑过来对他们进行攻击。因为起初葡萄牙人与东印度群岛人作战时，他们发现通常一百个当地人的实力也几乎比不上他们中的一个人，所以，这大大提高了葡萄牙人的勇气。但是，部分地由于荷兰人的建议，部分地由于当地人因遭受伤害激发出来的怒火，还部分地由于迄今为止荷兰人的好运使他们产生了可以打败葡萄牙人的信念，因此，在战斗技能和实力上并非势均力敌的敌对双方进行了一整天不分胜负的战斗。

一个月后，特尔纳特的国王再次在荷兰人的陪同下出航。当他们驶过提多岛时，遇到十五艘葡萄牙人的"卡拉考"。国王停下来——一动不动，手中紧握着武器——他在等可以听到敌人的叫骂声后再第一个杀出去，代表神和人的意志进行复仇。当这一刻来到时，国王一跃而起，用他全部的勇气和对正义的渴望投入战斗。在捕获葡萄牙人的一艘船后，他胜利地返回了自己的王国。

与此同时，葡萄牙人彻底摧毁了马基安岛。实际上，除了裸露着的了无生机的土地以外，岛上的一切已荡然无存。然而，正如毁灭一切的大火在蔓延到新的可燃物上时会相应地比原来燃烧的更猛烈一样，葡萄牙人在抢劫中已经夺取的财富激起了他们觊觎更多战利品的欲望，因此，葡萄牙人的五艘［战］船和四艘西班牙大帆船驶近了特尔纳特岛。那里的荷兰人（他们的船一直停泊在靠近海岸的地方）看到他们已经被许多敌人包围后，首先起锚并驶到更开阔的海面待机而动。后来，考虑到他们的任务是从事贸易而不是进行海战，而且他们由于浪费时间已经遭受了严重损失，物资也日渐匮乏，因而经特尔纳特的国王许可，他们离开了那里。不过，有些荷兰人留下来继续加强与国王的友好关系，并通过提供帮助和建议，使国王能够更充分地做好准备，迎接敌人的进攻。由于荷兰人的撤离，葡萄牙人变得更加不可一世起来，他们开始进攻特尔纳特岛，并抢劫和烧毁了附近几个被惊慌失措的当地人放弃的地区。

直到今天，葡萄牙人仍然继续与特尔纳特的国王作战，尽管据报道，幸运的是，他们最近的攻势有所减弱。

我们还应该提到的一点，那就是，葡萄牙人唯恐他们所做的坏事比不上荷兰人过去的敌人卡斯蒂利亚人。的确，在围绕特尔纳特岛和主要针对我们的战争中，就像我们已经看到的他们在其他场合向菲律宾人寻求援助一样，葡萄牙人使用了从马尼拉派来的辎重部队和船只（因为卡斯蒂利亚人已经开进了那座城市）。由此可见，虽然葡萄牙人和卡斯蒂利亚人这两个民族在其他方面完全缺乏默契，但为了消灭荷兰人，他们显然可以做到团结一致。

（五）事件五，1602 年

现在，我们来到了与柔佛国王有关的叙述的最后一个部分。当我想到这位君主的时候，我真诚地感到，我似乎看见了我们前往东印度群岛的航行所获得的最高和真正的奖赏，并且我要把诚挚的感谢送给我们幸运的祖国的守护神。

当雅各布·海姆斯凯尔克来到东印度群岛停留在帕塔尼的时候，他尝试接近柔佛的统治者。国王不仅给他回了信，而且通过他的兄弟希亚克王子传话说，他非常高兴地欢迎海姆斯凯尔克，他可以自由进入他的王国并进行贸易。他可以亲自来看一看，以便确信柔佛的土地上有比其他地区更多荷兰人想要的货物，而且作为柔佛的国王，他的爱好和情感与东印度群岛的其他统治者有很大的不同。柔佛国王还补充说，他清楚地了解荷兰人的诚信，他最珍惜的是与那些对盟友无比忠诚和对敌人永不屈服的人之间的友谊。

在葡萄牙人获悉荷兰人与柔佛国王谈判的消息后，他们从马六甲派来了一个代表团。代表团得到的命令是不仅要通过造谣的方式阻止国王与荷兰人进行贸易往来，而且要对他进行威胁：假如他不放弃这种打算，对他的战争将不可避免。但葡萄牙人的这些手段没有能够使国王背弃他的承诺。他用坚定但不失从容的语气对葡萄牙人说道，他从来没有发现荷兰人是像葡萄牙人所描述的那样的人。他的确听说荷兰人在受到伤害时会勇敢地进行反击，但他真的看不出这种反击为什么要受到指责。不管怎样，因为他不会伤害任何人，所以，他充分信任荷兰人。如果荷兰人与葡萄牙人之间存在任何敌意，他不会多管闲事。另外，葡萄牙人对他在自己的王国里应该怎么做指手画脚是完全错误的。相反，尽管葡萄牙人是马六甲的占领者，但也应该遵守他的法律（因为柔佛国王主张，根据历史性权利，马六甲地区也是属于他的，尽管他被迫放弃了对该地区的占有）。对于一贯不屑于听真话的葡萄牙人来说，国王的话实在太刺耳了。于是，三艘葡萄牙战船和五艘双桅帆船直接开到流经柔佛王国境内的一条河的河口，其目的一是阻止荷兰人靠近，二是通过屠杀和抢劫的方式——简而言之，以"真正的葡萄牙方式"——袭扰海岸附近的居民。[1603 年] 柔佛国王写信给海姆斯凯尔克（他当时在刁曼岛附近，着手准备为他和他的盟友遭受的伤害复仇），充分和详细地说明了所有这些事实，并请求他帮助制止葡萄牙人对柔佛王室的毁灭，因为王室的毁灭意味着他给予荷兰人的利益将不复存在。

事情的结果清楚地表明，在天父的眼中，为饱受压迫的人们提供保护是一件多么高尚和值得高兴的事啊！柔佛的大门打开了，商业协议签订了，而且——就在葡萄牙人出于对荷兰人的仇恨而在柔佛王国实施抢劫政策的地方，在一艘荷兰人的船上，柔佛国王目睹了荷兰人对葡萄牙船只的拿捕——一艘被击败的葡萄牙船只落到了荷兰人手上。

根据以上叙述可知，航行前往东印度群岛的各个荷兰公司（现在已经联合成为一个公司）的使者并没有将葡萄牙人视为敌人，尽管后者事实上把他们当作了敌人。相反，我们看到，除非万不得已，这些为建立友好关系而来的使者都放弃了进行战争的权利。派往东印度群岛的第一艘船的船长甚至没有取得授权使用武力的官方文件或者命令，尽管获得这种授权是一项通行的规则，政府不会拒绝把它给予任何荷兰人。另外，虽然后来出发的船长们的确收到了这种授权文件，但他们也很少利用它。他们只有在两种情况下才会根据授权使用武力：一是为保护自己的生命和受委托的财产免受实际的攻击，因为这是按照自然法则和诚信原则必须采取的行动；二是针对构成危险的威胁主动采取对抗措施，以免这种持续存在或可能持续存在危险造成的恐惧一直困扰他们。这些就是促使范·尼克在提多和沃尔夫特［·哈蒙斯］在万丹采取行动的动机。

最后，在一系列犯罪以让荷兰人的正直和诚信沦为笑柄的方式发生以后，原来消极的，或者或多或少处于休眠状态的战争法再次被激活，并公开运用于实践中。即使在这个时候，荷兰人也没有选择像葡萄牙人那样视人命如草芥的做法。相反，他们在进行战争时，表现出了极度的宽容。荷兰的武装部队除了要求敌人赔偿为保护人员、财产和船只付出的费用以外——因为敌人使用武力的行为致使荷兰人必须付出上述代价——他们没有提出任何额外的要求〔1602 年 3 月 16 日〕。

　　起初，泽兰人（在圣赫勒拿岛附近）捕获了葡萄牙人的一艘大帆船。他们为采取这次行动花费了很长时间，并且表现出极大的耐心。同时，假如葡萄牙人之前没有对泽兰人进行武装攻击，之后也没有用敌意的回复激怒他们，对这艘船的捕获就不会发生。此外，尽管泽兰人已经知道这些葡萄牙人已奉命向他们开战，而且也知道葡萄牙人执行上级命令的计划，但是，他们在取得胜利后想到的仍然是自己的人道主义义务，而不是伤害那些负有责任的葡萄牙人。他们不但救起了即将被淹死的敌人，而且跨越大海把他们送到巴西海岸以外的一个小岛上。在那里，泽兰人额外为葡萄牙人提供了各种补给品，并（耗费时间和精力）为他们建造了一条小船，以便利他们与美洲大陆人们的联系。

　　荷兰人采取捕获行动甚至比泽兰人还要迟缓。在海姆斯凯尔克捕获这艘大帆船之前，他们没有实施过任何一次捕获行动。即使这一次的捕获行动，也是因为他们被自己的朋友遭受的苦难深深触动，并且是因为一个对荷兰人充满敌意的民族采取的暴力和背信弃义行为使他们七年来在东印度群岛地区遭受了无数伤害和损害才采取的。因此，如果有人对这次捕获行动的正当性表示怀疑，我们完全有理由对此感到惊诧。

中译者注

1 阿尔瓦公爵 Alba，Duke of（1507. 10. 29～1582. 12. 11）：西班牙军人和政治家。他的本名为费尔南多·阿尔瓦雷斯·德托莱多。他于 1524 年加入西班牙军队，此后身经百战，成为最优秀的指挥官。1567 年 8 月，腓力二世派他率大军前往尼德兰镇压人民起义。他在尼德兰建立了新的法庭"戡乱委员会"。该法庭无视当地的所有法律，判决 1.2 万名起义者有罪。他的军队所到之处，烧杀抢掠，无所不为。他收复了荷兰的部分失地，但未能收复荷兰和泽兰的其他地区。1573 年，腓力二世将他召回。1580 年，腓力二世派他进攻葡萄牙，他在数周内便攻下了里斯本。（《简明不列颠百科全书》第 1 卷，第 51～52 页。）

2 腓力三世 Philip III（1578. 4. 14～1621. 3. 31）：西班牙哈布斯王朝第三位国王（1598～1621 在位）和葡萄牙哈布斯堡王朝第二位国王（称费利佩二世，1598～1621）。他是腓力二世和奥地利女大公安娜之子。他即位后把大权交给了宠臣莱尔马公爵，并几乎终生受他左右。在他统治时期，西班牙经济经历了严重衰退，海军也失去了无可匹敌的威力。在与荷兰的战争方面，1609 年双方签订了为期 12 年的停战协定。（http://en. wikipedia. org/wiki/Philip_III.）

3 伊莎贝拉·克蕾儿·尤金妮娅（奥地利的）Isabella Clara Eugenia of Austria（1566. 8. 12~1633. 12. 1）：西班牙公主。她是西班牙国王腓力二世之女。她在与奥地利大公阿尔贝特订婚时，作为嫁妆获得低地国家的君权，由她和阿尔贝特共同统治。他们在 1599 年结婚时，北方 7 省【荷兰联省共和国】事实上已经独立，他们只能控制尼德兰南方 10 省。他们希望重新统一这 17 个省，但其计划没有成功。（《简明不列颠百科全书》第 9 卷，第 46 页。）

4 提谟修斯 Timotheus（? ~公元前 354）：希腊政治家和将军。他是名将科农之子，公元前 378 年当选为将军，在对斯巴达人的战争中任司令官。他打败斯巴达人，并使雅典在第二次雅典同盟中居盟主地位。他竭力展现其建立帝国的雄图，但后来被控犯渎职罪行。（《简明不列颠百科全书》第 7 卷，第 735 页。）

5 萨摩斯 Samos：爱琴海中距小亚细亚大陆最近的希腊岛屿。约公元前 11 世纪爱奥尼亚人到达这里。到 7 世纪它成为希腊主要商业中心之一，与许多地区有贸易往来。哲学家和数学家毕达哥拉斯在此地出生。（《简明不列颠百科全书》第 6 卷，第 853 页。）

6 科林斯 Corinth，又译哥林多：希腊城市。它位于伯罗奔尼撒半岛科林斯湾东端，距离雅典 80 千米。它曾在公元前 146 年被罗马军队摧毁。公元前 44 年凯撒重建该城，使它成为罗马政权在希腊的驻地。（《简明不列颠百科全书》第 4 卷，第 693~694 页。）

7 迈加拉（墨伽拉）Megara：希腊萨罗尼克斯湾沿岸历史悠久的居民区。它现在分属阿提卡和科林斯两个州。迈加拉现址位于两座小山的南坡，原为墨伽拉古城的卫城。迈加拉在公元前 4 世纪逐渐强盛。古罗马灭亡后，它的地位仍很重要。（《简明不列颠百科全书》第 5 卷，第 674 页。）

8 卡斯蒂利亚 Castile：西班牙中部地区的传统名称。它的面积占西班牙本土的四分之一以上，是卡斯蒂利亚王国的核心。到 12 世纪末，它的版图远至塔古斯河以南，向东延伸到今阿拉贡的边界。在中世纪晚期，欧洲各国宫廷往往把卡斯蒂利亚和西班牙等同起来。（《简明不列颠百科全书》第 4 卷，第 569 页。）

9 莱昂 Leon：中世纪西班牙的一个王国。莱昂的国王统治加利西亚、阿斯图里亚斯以及葡萄牙独立之前的许多地区。它是加西亚一世（909~914 在位）在罗马帝国的旧营地上建立的。1230 年，它与卡斯蒂利亚合并。（《简明不列颠百科全书》第 5 卷，第 67 页。）

10 阿拉贡 Aragon：中世纪王国名。15 世纪末，它同卡斯蒂利亚合并为西班牙王国。在历史上，阿拉贡原指定都哈卡的比利牛斯王国。1035 年后，它的版图有所扩大。（《简明不列颠百科全书》第 1 卷，第 94 页。）

11 圣托马斯岛 Saint Thomas：加勒比海东部美属维尔京群岛的行政区和主岛。它在波多黎各岛以东 64 千米处，面积 83 平方千米，首府为夏洛特阿马利亚。1917 年，美国以 2500 万美元从丹（麦）属西印度群岛中购买了该岛和另外两个岛屿。（《简明不列颠百科全书》第 5 卷，第 67 页。）

12 佛兰德 Flanders：中世纪的公国。它在低地国家西南部，包括今法国的北部省、比利时的东佛兰德省和西佛兰德省以及荷兰的泽兰省。自 9 世纪中叶起，铁臂博杜安一世及其继承者们推行侵略扩张政策。法王腓力四世入侵佛兰德后，它有几个世纪归法国统治。（《简明不列颠百科全书》第 3 卷，第 145 页。）

13 萨拉森人 Saraecn：中世纪基督教用语，指所有信奉伊斯兰教的民族（阿拉伯人、突厥人等）。公元初三个世纪晚期的古典作家将西奈半岛上的阿拉伯部族称为萨拉森人。此后几个世纪，则泛指阿拉伯部族。拜占庭人把哈里发的一切穆斯林臣民皆称为萨拉森人。（《简明不列颠百科全书》第 6 卷，第 844 页。）

14 尼乌波特战役 Battle of Nieuwpoort：西班牙军队与荷兰联省共和国军队之间的一场著名战役。尼乌波特是今比利时西佛兰德省城市，位于艾泽尔河岸。1600 年 7 月 2 日，由奥伦治亲王莫里斯（拿骚的）率领的荷兰联省共和国军队在这里和西班牙军队进行了一场激烈的战斗，西班牙军队遭到惨败。（http://en. wikipedia. org/wiki/Battle_of_Nieuwpoort；《简明不列颠百科全书》第 6 卷，第 251 页。）

15 法拉里斯 Phalaris（？～约公元前 554）：西西里的阿克拉加斯僭主。他以凶狠毒辣而臭名昭著。据说他把活人放在铜牛里烧死，把人被烧时的惨叫当作牛的吼声。第一个被烧死的人就是铜牛的设计者。后来他被别人推翻，并被投入他自己的铜牛中烧死。（《简明不列颠百科全书》第 2 卷，第 830 页。）

16 淡目苏丹国 Demak Sultanate：爪哇东部第一个伊斯兰国家。它约建于 1500 年。第一代苏丹拉登·巴达曾援助其他伊斯兰首领灭麻喏巴歇。他的继任人阿迪巴迪·乌努斯于 1513 年派舰队攻占马六甲，但被葡萄牙人所败。（《简明不列颠百科全书》第 2 卷，第 453 页。）

17 爪哇 Java：印度尼西亚岛屿。它位于马来海和苏门答腊东南，婆罗洲南方，巴厘岛西面。它是全国第四大岛，面积 50574 平方千米。它在印度尼西亚政治和经济上最重要，首都雅加达位于该岛上。（《简明不列颠百科全书》第 9 卷，第 382 页。）

18 万丹 Bantan：印度尼西亚爪哇岛西北端爪哇苏丹王国旧城。它靠近现在万丹湾畔的万丹城，位于西冷正北方。16～18 世纪，它曾是爪哇和欧洲进行香料贸易的最重要港口。居民为穆斯林。（《简明不列颠百科全书》第 8 卷，第 110 页。）

19 图班 Tuban：印度尼西亚东爪哇省城市。它位于泗水西北约 80 千米处，是爪哇海岸的渔港。它是 15 世纪末叶被穆斯林统治的几个港口之一，1619 年被爪哇王国马塔兰苏丹阿贡所征服。（《简明不列颠百科全书》第 8 卷，第 8 页。）

20 亚齐 Achin：印度尼西亚苏门答腊岛地区。它位于该岛北部，境内多山，仅北部有宽阔的滨海平原，首府大亚齐濒临亚齐河。亚齐人属马来族，是虔诚的穆斯林。（《简明不列颠百科全书》第 8 卷，第 797 页。）

21 摩鹿加 Moluccas：马来群岛中一属印度尼西亚的群岛。它的面积约 74 504 平方千米，大部分岛屿多山。它在行政上由马鲁古省省会安汶管辖，居民种族成分复杂。1512 年葡萄牙人到达这里，后荷兰人在此建立统治。18 世纪末香料贸易衰落后经济停滞。（《简明不列颠百科全书》第 6 卷，第 27 页。）

22 特尔纳特岛 Ternate Island：印度尼西亚一岛屿。它位于哈马黑拉岛以西23千米处，属马鲁古省北马鲁古县，面积106平方千米。该岛过去曾是丁香种植中心，现在的贸易以肉豆蔻和椰干为主。(《简明不列颠百科全书》第7卷，第694页。)

23 班达群岛 Banda Islands：印度尼西亚班达海中岛屿。它属马鲁古省，位于安汶岛东南和塞兰岛以南。它共有九个岛屿，其中最大岛屿为大班达岛。群岛半数人口住在班达奈拉。班达奈拉是班达奈拉岛的港口城市兼首府。(《简明不列颠百科全书》第1卷，第524页。)

24 婆罗洲 Borneo：世界大岛之一。它位于马来半岛东南，属马来群岛的大巽他群岛，面积约292000平方英里。政治区划大部为印度尼西亚领土称加里曼丹。西北海岸和北端的沙捞越和沙巴1963年加入马来西亚联邦。中部为文莱苏丹国。(《简明不列颠百科全书》第6卷，第511~512页。)

25 柔佛 Johore：马来西亚马来半岛南端一州。它南隔海峡与新加坡相望，西濒马六甲海峡，东临南海。柔佛面积18984平方千米，地势平坦，中东部有900米以上的群峰。(《简明不列颠百科全书》第6卷，第789页。)

26 博特 Both（约1550~1615.2）：荷兰殖民者。1599~1601年，他率领舰队航行东印度群岛；1609年11月任荷属东印度群岛第一任总督。他先后在万丹和雅加达建立商站，垄断群岛贸易。(《简明不列颠百科全书》第2卷，第64页。)

27 圣赫勒拿岛 Saint Helena：南大西洋岛屿，英国殖民地。它距西非海岸1850千米，面积122平方千米，首府詹姆斯敦。它于1659年被英国东印度公司占有。1815~1821年，法国拿破仑一世被流放在该岛。(《简明不列颠百科全书》第7卷，第207页。)

第十二章 关于海洋自由或荷兰参与
东印度群岛贸易的权利[1]

这里需要说明的是：即使这场战争是私战，它仍然是正义战争，而且荷兰东印度公司捕获捕获物的行为同样是正义的。

本章将对以下各个主题分别进行论述：

一、任何人均可进入任何国家，这并非仅来源于许可，更来源于万国法的命令。

二、无论是基于发现、教皇的授予或战争的理由，均不能仅因为某些人属于异教徒而剥夺他们的公共或私人的所有权。

三、无论是基于占有、教皇的授予或时效（即习惯），海洋本身与海上航行权均不能被特定一方所独占。

四、无论是基于占有、教皇的授予或时效（即习惯），与他国进行贸易的权利均不能被特定一方所独占。

---

〔1〕 珂罗版第95'页只有一个被删除的标题，而第96页底部恢复后的标题是这样的："论海洋自由或论荷兰参与东印度群岛贸易的权利"。它就是格劳秀斯那一本论述海洋自由的不朽的著作（《海洋自由论》）的全称。今天，众所周知，它只是《捕获法》第十二章修改后的版本。

由于在珂罗版修订过程中对原始手稿的删除和增加，现在的第96~128页（第十二章）的文本已不再是原来《捕获法》中的样子。因此，为了尽可能准确地重现本章原始的内容，本英译者保留了在珂罗版中被剔除的部分内容，同时删除了显然是在珂罗版修订时被插入且没有剔除的几段话。例如，英译本中恢复了原来被删除的几乎构成第96页全部内容的部分；相反，删除了该页底部被插入且没有被剔除的一句话（《海洋自由论》的标题）。同样，在第十二章不同地方出现的十三章中的一些标题（有时插入旧文本之中，有时放在全新的段落之前）并不构成《捕获法》的部分，因而在英译本中被删除了。与此同时，某些已被剔除但仍符合原文本内容的旁注则保留了下来。在这些情况下，如同在其他所有重构过程中遇到的情况一样，上下文中隐含的证据（从实质内容和语法结构的角度看）和手稿原貌显示的证据（如插入的位置、书写，等等）使我们对原文的含义几乎没有或者完全没有任何疑问。（——英译者注）

一、任何人均可进入任何国家，这并非仅来源于许可，更来源于万国法的命令

如果根据前面讲过的关于战争和战利品的正义原则审慎地考查此次捕获葡萄牙大帆船的行为，我们将发现该行为完全符合这些原理。

首先，考虑到对正义的论述中所包含的全部要点，让我们从仿佛不是处理公战行为（它实际上属于公战行为），而是处理私战行为的角度来看待这一事件。换句话说，我建议采取以下步骤：假设荷兰东印度公司捕获葡萄牙大帆船的原因不同于荷兰国家公共的原因；假设东印度公司并非由长期与葡萄牙人交战的荷兰人组成，而是由任何其他［民族］的人，[1]如法兰西人、日耳曼人、不列颠人或威尼斯人组成；然后，再仔细考查在这些情况下是否［存在任何理由使我们］不能认为取得这些捕获物是正当和无可指责的。在权衡有关私人的原因之后，我们再考查公共的原因。另外，对于这个主题的两个阶段，你不妨问问自己：［对于］为自身利益而发动战争的人，允许实施什么行为；［另一方面，对于］他们的盟友，允许实施什么行为。接着，你再将注意力转向臣民，并从有关个人的角度思考原因的全部分类和定义。

在考查的第一阶段，就有关个人而言，我们发现，自然——这个问题上的女王与最高权威——赋予了所有人进行私战的权利。因此，任何人都不能固执地认为，荷兰东印度公司被排除出了能够行使这种特权者的范围，因为单个人可以正当地行使的权利，同样可以由一群人正当地行使。

在此基础上，让我们研究下一个需要考虑的问题，即导致战争的原因。我们已经看到，[2]假如发动战争的一方认为他们的原因是正义的，因而其战争也是正义的，那么，倘若进行自卫的一方认为对方正义的原因实际上是非正义的主张，则自己的战争同样是正义的。[3]因此，如果我们问葡萄牙人他

---

　　〔1〕　此处括号中的内容对应的是手稿第96页由于页边严重破损现在已经看不到的残缺部分。出于翻译的目的，这里缺失的内容由哈马克尔的《捕获法》拉丁文版本提供。哈马克尔的版本显然完成于破损发生之前，因为他没有以任何方式说明拉丁文本中的这一点是根据推测进行复原的。根据哈马克尔的版本，原来断开的各行是这样结尾的：（1）"quavi［s gente］"；（2）"nu［m quid obstet］"；（3）"cense［ri posset］"；（4）"auctor［ibus］"；（5）"a［utem pro］"。（——英译者注）

　　〔2〕　参见前面第七章，开头部分之后。

　　〔3〕　参见第七项法律【第二章】。

们对荷兰东印度公司的要求是什么，葡萄牙人必然会回答说，他们唯一的要求就是除他们自己以外，任何人都不得为从事贸易的目的进入东印度群岛地区。然而，即使葡萄牙人的这种要求是正义的，它也不能自动成为前面所讲的策划各种阴谋和实施背信弃义的犯罪的借口。不过，因为这个借口与需要讨论的许多要点有关，所以，我们应该在开始论述的时候即对其进行研究。

首先，我们认为，根据其基本原则具有普遍适用与永恒不变性质的初级万国法的权威，荷兰人应当被允许与任何国家从事贸易活动。

因为上帝的意志没有要求大自然为每个地区都提供人类生活的全部必需品，所以，他赐予不同民族在不同行业的优势技能。如果上帝的意志不是希望人类通过相互满足对方的需要和资源共享来增进他们之间的友谊，以免个人认为自己能够自给自足而离群索居，情况怎么可能会这样呢？在当前的情况下，根据上帝正义的命令，一个民族应当为另一个民族提供生活必需品。正是通过这种方式（像普林尼（老）指出的那样），无论任何地区出产的任何产品都被认为是所有地区本地出产的。[1]维吉尔在他的诗中写道：

"并非每一块土地上都能够结出每一种果实。"[2]

在另一部著作中，他又写道：

"其他人则［用熔化的铜］铸造钱币［以进行更公平的交易］……"[3]

在同一段落中，还有其他诗句。[4]

因此，任何废除这种交换制度的人同时也废除了将人类连接在一起的值得高度赞扬的伙伴关系，[5]破坏了人类增进相互利益的机会。简而言之，这种做法有悖于自然本身。想一想上帝创造的环绕整个地球并可在其上四通八达地航行的海洋，再想一想有规律的季风和时而从这里吹向那里，时而又从

---

〔1〕 普林尼（老）：《颂词》［xxix. 7〕。

〔2〕 ［维吉尔：《农事诗》Ⅱ. 109〕。

〔3〕 ［维吉尔：《埃涅阿斯纪》Ⅵ，847 f.〕。

〔4〕 即在这一段中，安契西斯还预言了罗马作为战争艺术和国家治理的领头人的命运。（——英译者注）

〔5〕 在珂罗版中，手稿第 96' 页右边空格的复原不够完善。为了便利希望逐字阅读拉丁文本的读者，应该注意，在其他空格复原完善的地方是以下列方式将缺损的单词补充完整的："so［cie］ta-tem"；"O［ce］anus"；"sta［ti］"；"n［on］"；"concessum［a］"；"summ［um］"；"dissipata［s］"；"necess［a］rium"；"iu［s］"；"Iurisc［on］sulti"；"Princi［pem］"；"al［ii］"；"sa［nc］tissimum"。（——英译者注）

那里吹向这里的不规则的海风，难道这些还不足以充分证明大自然赐予了每个民族与所有其他民族互相交往的权利吗？按照塞内加（小）[1]的观点，自然为人类提供的最高福祉在于这样的事实：它通过海风把散居各地的人民联系在一起；与此同时，它把赐予人类的礼物散布于不同地区，从而使人类相互之间的商业往来成为他们必须从事的一项活动。[1]

由此可见，从事商业交易是平等地属于所有民族的权利。最著名的法学家们把这一项原则的适用扩大到如此绝对的地步：他们否认任何国家或君主有权颁布一项普遍适用的禁令，禁止其他人享有与该国或该君主统治下的臣民进行贸易的权利。[2]这一项原则是最神圣的睦邻友好的法律的渊源。正是基于这一点，特洛伊人抱怨说：

"这是些什么人啊？

什么土地上允许有如此野蛮的习惯，

竟然禁止我们登上伸出欢迎之手的海岸？……"[3]

在该书的另一处，维吉尔还写道：

"【我们只要求】一块无害于任何人的滨海土地，

以及所有人都能自由享用的水和空气。"[4]

我们知道，有些战争正是因为禁止通商贸易的原因引起的，比如迈加拉人对雅典人的战争[5]和博洛尼亚[2]人对威尼斯人的战争。[6]另外，维多利亚认为，如果美洲的印第安人的确禁止西班牙人在当地旅行和停留，并且拒绝给予他们分享根据万国法或者习惯属于所有人的共有物的权利——简而言之，如果他们被禁止从事商业活动——那么，这些理由可以构成西班牙人对印第

---

〔1〕　塞内加（小）：《自然界问题》III. iv［V. xviii］。

〔2〕　《查士丁尼法典·法学总论》II. i. 1；《查士丁尼法典·学说汇编》I. viii. 4；参见真蒂利：《战争法三集》I. xix；《查士丁尼法典·敕令集》IV. lxiii. 4。

〔3〕　维吉尔：《埃涅阿斯纪》I［539 f.］。

〔4〕　维吉尔：《埃涅阿斯纪》VII［229 f.］。

〔5〕　狄奥多罗斯：【《历史丛书》】XI［XII. xxxix］；普卢塔克：【《希腊罗马名人比较列传》】"伯里克利传"［xxix, p. 168 B］。

〔6〕　西格尼奥：《意大利王国历史》，最后一卷。

安人发动战争的正当依据。[1] 相对于［维多利亚在同一本书前面的部分讨论过的］其他理由，这些理由确实更具有正当性。另外，我们在关于摩西³的历史记载中看到一个类似的事例，[2] 而且奥古斯丁（圣）在基于这个事例所写的评论中也提到了它。[3] 我简单复述一下这个事实：由于亚摩利人⁴不让以色列人无害通过其领土，以色列人对他们发动了正义战争，因为根据绝对正义的关于人类友好关系的法律，应当允许所有人自由行使无害通过权。为了行使无害通过权，赫拉克勒斯⁵对维奥蒂亚⁶的奥尔霍迈诺斯⁷的国王发动了战争；[4] 希腊人（在阿伽门农统帅下）也对密细亚⁸的国王发动了战争。基于同样的道理，巴尔杜斯指出，根据其自然属性，（所谓）公路应自由地对所有人开放。[5] 与此相同，我们在塔西佗的著作中看到，日耳曼人指控罗马人禁止日耳曼人不同部落之间举行集会和聚会，并对他们封闭了河流和道路，甚至在某种意义上包括天上的空气。[6] 过去，在由基督教徒组成的十字军⁹东征讨伐萨拉森人时，最具正当性的理由就是后者阻止基督教徒去往巴勒斯坦。[7]

　　基于上述原则，即使葡萄牙人是荷兰人试图前往的地区的所有者，但如果他们禁止荷兰人进入这些地区并在当地从事商业活动，他们的行为就构成了对荷兰人的伤害。目前状况的最不正义之处在于：对渴望从事商业活动的荷兰人与抱有同样愿望的其他民族以及他们从事商业活动的航道不享有任何权力的人竟然要切断他们之间的相互联系！而我们憎恨强盗和海盗最重要的原因不外乎这样的事实：他们攻击和骚扰人类相互交往的道路并使其变得不再安全。

　　无论如何，我认为，葡萄牙人并非荷兰人所到访的地区（即爪哇、苏门答腊和摩鹿加群岛）的所有人，因为根据一种无可争议的观点，任何人都不

---

〔1〕维多利亚：《论印度群岛》II. 1~7。另见科瓦鲁维亚斯：《〈天主教教会法典大全·第六卷〉评注》"刑事法规"，§9，n. 4："农场"一词。

〔2〕《圣经·旧约》"民数记" xx［14~22〕【xxi. 21~26】。

〔3〕奥古斯丁（圣）：《〈圣经·旧约〉前七章评注》IV，qu. 44，《〈民数记〉评注》，它被《天主教教会法典大全·格拉提安教令集》II. xxiii. 2. 3 所引用。

〔4〕索福克勒斯：《特拉基斯少女》，［参见阿波罗多罗斯：《希腊编年史》II. vii. 7〕。

〔5〕巴尔杜斯：《法律评论》III，293。

〔6〕塔西佗：《历史》IV［lxiv〕。

〔7〕阿尔西阿提：《法律评论》VII. 130；科瓦鲁维亚斯：《〈天主教教会法典大全·第六卷〉评注》"刑事法规"，Pt. II，§9［§10〕；巴尔托鲁：《〈敕令集〉评注》I. xi. 1。

可能是其本人从未通过自己的直接行为或者通过他人以其名义实施的行为占有的财产的所有人。上述岛屿过去和现在一直都有自己的统治者、政府、法律和司法制度。葡萄牙人和其他国家的人们一样，被允许在当地从事贸易。的确，通过缴纳贡赋和请求统治者授予他们贸易权的行为，葡萄牙人自己已经非常清楚地证实了这个事实：他们并非这些岛屿的所有人，而是外来者。他们能够在岛上居住不过是当地统治者给予的一种恩惠而已。

此外，撇开权利主张不足以构成所有权的事实不谈，因为占有也是一个必要的前提条件（因为占有某物不同于寻求占有该物的权利），我可以肯定地说，葡萄牙人甚至对上述地区没有任何所有权的名义，根据一些博学之士，包括某些西班牙权威学者的说法，这些地区的所有权从来没有被任何人剥夺。

首先，如果葡萄牙人坚持认为，作为对他们发现的回报，这些领土已经落入了他们手中，则他们的观点在法律上和事实上均得不到支持。

正如皇帝戈尔狄安[10]在他的一封信中指出的那样，发现某物不是要用眼睛看到它，而是要实际取得它。[1]因此，文法学家们赋予"发现"与"占有"相同的意义。[2]在所有的拉丁语用法中，我们"发现的"仅指我们已经"取得的"；其相反的过程则是指"失去"。[3]另外，自然理性本身和明确的法律表述以及学识渊博之人[4]的解释无不清楚地表明，只有当伴有实际占有的要素时，发现行为才足以创设一种所有权的名义，[5]也就是说，只有在动产被实际取得或者不动产被确定的界线所划定并被置于保护之下时，发现行为才足以创设一种所有权的名义。[6]然而，在目前讨论的特定案件中，完全不可能认为这一个条件已经得到满足，因为葡萄牙人并没有在东印度群岛地区驻扎卫戍部队。

另外，对于在任何意义上都不能说葡萄牙人发现了东印度群岛地区的反对意见，我们能做出什么回答呢？事实上，这个地区在过去的许多世纪，甚

---

〔1〕《查士丁尼法典·敕令集》Ⅷ. xli. 13。

〔2〕诺尼乌斯·马塞卢斯：［《简明词典》］Ⅳ，"占有"一词。

〔3〕康南：《市民法评论》Ⅲ. iii，末尾部分。

〔4〕参见多尼奥：《市民法评论》Ⅳ. x。

〔5〕《查士丁尼法典·法学总论》Ⅱ. i. 13。

〔6〕《查士丁尼法典·学说汇编》XLI. ii. 3，§3。

至早在贺拉斯[11]时代即已闻名于世了。[因为我们在贺拉斯的书信中看到了这样的诗句]：

"为摆脱贫穷，忙碌的商人漂洋过海，

去往印度最遥远的岛屿。"[1]

另外，罗马人用最准确的方式为我们描述的塔普洛班[2]更广大区域的事实说明了什么呢？[3]至于其他岛屿，不仅邻近的波斯人和阿拉伯人，甚至欧洲人，特别是威尼斯人也早在葡萄牙人之前就已经知道它们了。

二、无论是基于发现、教皇的授予或战争的理由，均不能仅因为某些人属于异教徒而剥夺他们的公共或私人的所有权

除上述论点以外，应当注意的是：首先，单纯的发现并不能赋予针对发现物的任何法律权利，除非它们在发现行为发生之前属于无主物。[4]但是，在葡萄牙人到达东印度群岛之前，这个地区的人民——尽管他们有的是偶像崇拜者，有的是穆罕默德[12]的信徒，并因此坠入了令人痛心的罪孽之中——无论是从公共还是私人的方面来看，他们对自己的财产和占有物都享有完全的所有权；如果没有正当理由，不得剥夺他们的这种权利。[5]这是西班牙人维多利亚运用无懈可击的逻辑所阐述的结论，而且它与其他最著名的权威学者

---

〔1〕　贺拉斯：【《书札》】I. i. [45 f.]。

〔2〕　格劳秀斯将这个名称适用于苏门答腊，本书大部分段落中也是这样翻译的（参见第5页英译者注）。在格劳秀斯写作的时代，使用"*Taporbane*"这个拉丁文名称并非不常见。不过，根据现在拉丁文学者的共识，当"*Taporbane*"一词出现在普林尼（老）（见下一个引注）以及其他古典拉丁作者的著作中时，它指的是"锡兰"。事实上，人们普遍认为，直到普林尼（老）的时代过去很久以后，苏门答腊才开始为西方世界所知。

另一方面，对"*Taporbane*"的经典描述中的某些细节可以更准确地适用于苏门答腊，而不是锡兰。应当记住的是，早期东印度地区的概念包括一片辽阔且鲜为人知的区域，因此，不同的航行可能记录了两个或更多的岛屿，并错误地认为它们是同一个"*Taporbane*"。既然哥伦布能把安的列斯群岛误认为是东印度群岛，那么，那些更缺乏启蒙教育的旅行者们也完全可能将苏门答腊误认为是锡兰。

由于任何对格劳秀斯使用的"*Taporbane*"一词与古典拉丁文中对这个词的适当诠释之间存在的不同解释必然是一种推测，因此，保留这个拉丁文单词的原样是明智的。不过，与此同时，需要提醒读者注意的是，格劳秀斯本人的主要兴趣在于苏门答腊及其附近地区。（——英译者注）

〔3〕　普林尼（老）：《博物志》VI. xxii [xxiv]。

〔4〕　《查士丁尼法典·学说汇编》XII. i. 3。

〔5〕　科瓦鲁维亚斯：《〈天主教教会法典大全·第六卷〉评注》"刑事法规"，Pt. II，§ 10，nn. 2，4，5。

的观点是一致的。

维多利亚宣称："任何基督教徒，无论是世俗之人还是神职人员，都不能仅仅因为其他人是异教徒而剥夺他们的民事权利和主权，除非他们犯有其他罪行。"[1]正如托马斯·阿奎那[13]正确地指出的那样，宗教信仰的因素不能废除作为所有权来源的自然法或人定法。[2]相反，主张异教徒并非其财产所有人的观点完全是一种歪理邪说。因此，仅仅因为异教徒缺乏对基督的信仰而剥夺其占有物是一种盗窃和抢劫行为，它与由于基督教徒信仰基督而剥夺他们的财产的犯罪行为完全相同。正因为如此，维多利亚正确地坚持主张，如同即使美洲印第安人是最早到达西班牙的外国人，他们也不能因此而拥有比西班牙人更多的权利一样，西班牙人不能因为美洲印第安人缺乏宗教信仰而拥有比他们更多的权利。[3]

此外，东印度群岛人民既非愚不可及，亦非缺乏理性；相反，他们既聪明，又有远见。因此，即使在这一方面也找不到征服他们的借口，而且任何这样的借口本身都显然是非正义的。普卢塔克[14]很早以前就指出，促进野蛮人的文明进程只是一种掩盖贪婪欲望的借口。[4]或换句话说，对他人财产无耻的贪婪欲望往往被掩盖在将文明引入野蛮地区的伪装之下。今天，即使是促使并非心甘情愿的民族接受更进步的习惯的借口——在更早的时期，希腊人和亚历山大大帝[15]曾经作出过这样的解释——也被所有神学家，尤其是西班牙神学家，[5]认为是邪恶和非正义的。

其次，[6]如果葡萄牙人把他们的主张建立在教皇亚历山大六世[16]所划界线的基础上，那么，在考虑所有其他问题之前，首先必须考虑的是教皇是否只是为了解决葡萄牙人和卡斯蒂利亚人之间的争端。作为两国选择的公断人，他当然有权完成这一使命，[7]因为两国统治者此前已经就这个问题缔结了某些条约。如果我们假设解决两国之间的争端是教皇的唯一目的，则我们必须

---

〔1〕　维多利亚：《论市民的权利》I. 9。

〔2〕　托马斯·阿奎那：【《神学大全》】Ⅱ. Ⅱ，q. 10，art. 12。

〔3〕　维多利亚：《论印度群岛》I，n. 4～7，19。

〔4〕　普卢塔克：【《希腊罗马名人比较列传》】［"庞培传"lxx. 3］。

〔5〕　参见巴斯克斯：《雄辩指南》"序言"n. 5［～6］。

〔6〕　葡萄牙人主张的依据首先是"对发现的回报"（见前面三段）。（——英译者注）

〔7〕　参见奥索里乌斯：［《伊曼纽尔【一世】传》］。

因此而得出这样的结论，即这种界线的划分只与西班牙人和葡萄牙人有关，对世界上的其他民族没有影响。或者说，难道教皇的意图是把世界的各三分之一分别授予这两个国家吗？即使在这种情况下——也就是说，假如教皇有这样的意图，也有权作出这种赠与——那也并不必然意味着葡萄牙人已经成了东方的所有者。因为并非赠与行为本身，而是随后发生的交付才能创设一种所有权。[1]由此可见，为了使这样的主张发生效力，必须赋予赠与的名义以实际占有的权利。

　　另外，如果任何选择对神法或人法问题进行充分研究的人能够抛开个人利益来考虑这个问题，他将不难发现，这种赠与如同将不属于自己的财产送给别人一样，是完全无效的。我在这里不想讨论与教皇权力有关的争议（换句话说，不想讨论与罗马教廷大主教的权力有关的争议），而且除了根据那些最大限度地将权力归于教皇职位的学识最渊博的学者，特别是其中的西班牙学者，所接受的假设得出的结论以外，我也不准备做出任何结论。西班牙学者已经大胆地断言（我使用的是他们自己所说的话），教皇并非整个地球上的市民社会或世俗社会的君主。[2]因为基于他们敏锐的洞察力，他们很容易了解这样的事实：我主基督放弃了对所有世俗社会的主权；[3]当他以人的形态存在于世上时，他的确不拥有统治整个世界的权力；即使说他拥有这样的统治权，这种主权权利也无论如何不能归于教皇，或者基于代理而转让给罗马教廷。因为毫无疑问，在其他方面，基督也有许多东西是不能被教皇所继承的。[4]当然，其他一些得到承认的事实也值得注意，这些事实是：即使教皇确实拥有这样的世俗权力，他行使这种权力也是不正当的，他应当满足于自

---

〔1〕《查士丁尼法典·法学总论》Ⅱ, 1, 40。

〔2〕参见巴斯克斯：《雄辩指南》xxi；托克马达：[《教会法大全》]Ⅱ. cxiii；雨果（比萨的）：[《〈格拉提安教令集〉评注大全》]Ⅰ. lxix [xcvi] 6；贝尔纳（克莱尔沃的）：《致教皇优金三世劝诫书》Ⅱ [vi. 9~11]；维多利亚：《论印度群岛》Ⅰ. 27 [Ⅱ. 3]；科瓦鲁维亚斯：《〈天主教教会法典大全·第六卷〉评注》"刑事法规"，Pt.Ⅱ，§ 9, n.7。

〔3〕《圣经·新约》"路加福音"xii. 14；《圣经·新约》"约翰福音"xviii. 36；维多利亚：《论印度群岛》Ⅰ. 25 [Ⅱ. 1]。

〔4〕维多利亚：《论印度群岛》Ⅰ. 27 [Ⅱ. 3]。

己在精神领域的管辖权；[1]在任何情况下，他都不能把这种权力让渡给世俗社会的君主；即使他确实拥有任何世俗权力，他拥有这种权力也是为了实现精神领域的目的；[2]他对异教民族没有任何权力，因为他们不是基督教会的成员。

因此，根据卡耶坦和维多利亚以及神学家和教会法学家中居主导地位的权威观点，[3]不论是根据教皇作为东印度群岛地区的统治者通过不受限制的赠与行为放弃了该领土的理由，还是根据当地居民并没有承认教皇统治权的理由，都不存在用以对抗东印度群岛地区人民的合理的主张。的确，甚至十字军显然也从来没有根据这种理由掠夺萨拉森人。

现在，我们已经对刚才讨论的借口作了研究。它清楚地表明（正如维多利亚所说的那样[4]），当西班牙人航行到达这些更遥远的地区时，他们并没有带来对这些地区土地的占有权。目前只剩下一种权利可以考虑，那就是基于战争的权利。然而，即使基于战争的权利主张是正当的，它也不能创设一种所有权，除非通过对捕获财产实际占有的权利，也就是说，只有在实际占有之后才能取得所有权。但是，葡萄牙人远远没有能够占领这些地区，而且当时也没有与荷兰人到达的大多数地区的人民进行过任何战争。由此可见，葡萄牙人不能对这些地区提出法律主张。无论他们过去在东印度群岛人民手上受到过什么伤害，考虑到它们之间长久的和平和业已建立的友好商业关系，人们也有合理的理由推定，这些伤害已经得到了谅解。

事实上，葡萄牙人不可能提出任何发动战争的借口，因为那些把战争强加给未开化民族的人（就像西班牙人对美洲印第安人发动的战争那样）通常会使用以下两种借口之一：或者是所谓的未开化民族不允许他们从事贸易；

---

〔1〕《圣经·新约》"马太福音" xx. 26；《圣经·新约》"约翰福音" vi. 15；《圣经·新约》"马太福音" xvii. 27〔25~27〕。

〔2〕维多利亚：《论印度群岛》I. 28〔II. 4〕；科瓦鲁维亚斯：《〈天主教教会法典大全·第六卷〉评注》"刑事法规"，Pt. II，§9，n. 7；《圣经·新约》"哥林多前书" v，末尾部分。

〔3〕托马斯·阿奎那：【《神学大全》】II. II，q. 12，art. 2；阿亚拉：【《战争的权利和职务与军纪》】I. ii. 29；维多利亚：《论印度群岛》I. 30〔II. 6〕；科瓦鲁维亚斯：《〈天主教教会法典大全·第六卷〉评注》"刑事法规"，Pt. II，§9，n. 7；卡耶坦：【《神学概要》】q. 66，art. 8；托马斯·阿奎那：【《神学大全》】II. II，q. 66，art. 8；西尔维斯特：《西尔维斯特全集》"论〔'背叛'和'背教'的词义" vii〔viii〕；英诺森【四世】：《〈格列高利教令集〉评注》III. xxxiv. 8；维多利亚：《论印度群岛》I. 31〔II. 7〕。

〔4〕维多利亚：《论印度群岛》I. 31〔II. 7〕。

或者是他们不愿意接受真正的基督教教义。

由于葡萄牙人已经从东印度群岛人民那里获得了从事贸易的权利，因此，在这一方面，他们没有任何抱怨的理由。

至于另一个借口，他们的理由与希腊人对未开化民族发动战争的借口一样不具有正当性。〔1〕在下面一段话中，波伊提乌隐晦地谈到了希腊人对未开化民族进行战争的借口：

"他们在进行残酷和非正义的战争，

力图互相用刀剑毁灭对方。

难道是因为他们居住在不同地方和生活方式不同吗？

但这并不是彼此发泄怒火的充分正当理由。"〔2〕

另外，托马斯·阿奎那、托莱多会议¹⁷决议、格列高利【应为格列高利九世¹⁸】以及几乎所有神学家、教会法学家和法学家们〔3〕共同得出了以下结论：即使在对未开化民族进行充分和有说服力的关于基督教教义的宣传之后（当然，原来在信仰基督教的君主统治下的民族和背教者是一个完全不同的问题，这一点可以理解），他们还是拒绝信仰基督教，我们依然不允许仅仅以此为理由对他们发动战争或者剥夺他们的财产。在这里，我们引用卡耶坦的以下论述是很有价值的：

（卡耶坦指出：）"有些异教徒无论在法律上还是事实上都不处于基督教君主的世俗管辖权之下。例如，有些异教徒从来不是罗马帝国的臣民，而且在他们居住的地方也从来没有听说过"耶稣基督"。尽管这些处于君主制政府或者民主制政府统治下的人是异教徒，但可以肯定的是，他们的统治者依然是合法的统治者。不能由于这些统治者不信仰基督而剥夺他们对其人民的统治权，因为统治权属于实在法范畴的问题，〔4〕而不信仰基督属于神法范畴的问

---

〔1〕 参见巴斯克斯：《雄辩指南》xxiv；维多利亚：《论印度群岛》II. 10。

〔2〕 波伊提乌：《论哲学的安慰》IV. iv〔7 ff〕。

〔3〕 《圣经·新约》"马太福音"x. 23；托马斯·阿奎那：【《神学大全》】II. II，q. 10，art. 8；《天主教教会法典大全·格拉提安教令集》I. xlv. 5；《天主教教会法典大全·格拉提安教令集》I. xlv. 3 和英诺森【四世】在《〈格拉提安教令集〉评注》中对这一部分的评论；巴尔托鲁：《〈敕令集〉评注》I. xi. 1；科瓦鲁维亚斯：《〈天主教教会法典大全·第六卷〉评注》"刑事法规"，Pt. II，§§9～10；阿亚拉：【《战争的权利和职务与军纪》】I. ii. 28。

〔4〕 即人定实在法。（——英译者注）

题，并且正如我们在对这个问题的讨论中已经确定的那样，神法的形式不能废除实在法的形式。事实上，就我所知，不存在任何针对这些人的世俗问题的法律规定。任何国王、皇帝，甚至罗马教廷都不能为了夺取他们的土地或迫使他们服从世俗权力的目的对他们发动战争。由于被授予在上天和世间所有权力的万王之王耶稣基督（《圣经·新约》"马太福音"xxviii. 18）派来征服世界的不是全副武装的职业军人，而是纯洁的信徒，他们'如同羊进入狼群'（《圣经·新约》"马太福音"x. 16；《圣经·新约》"路加福音"x. 3），因此，夺取他们的土地或迫使他们服从世俗权力的企图缺乏正当理由作为根据。我在《圣经·旧约》中没有发现，在的确有必要使用武力夺取占有物的情况下，对任何异教民族宣战的理由是他们没有皈依真正的宗教。相反，我发现，宣战的理由是异教民族不同意以色列人行使通过权或对他们进行攻击（如像米甸人所做的那样），或者是作为真正信徒的以色列人为了重新取得神赐予他们的财产而发动战争。由此可见，如果我们企图通过战争扩大耶稣基督的宗教影响，我们就犯下了更严重的罪行。此外，这种战争行为也不能使我们成为异教徒的合法统治者，实际上，我们是在对他们实施大规模的抢劫，而且作为非正义的征服者和捕获者，我们有义务对他们进行赔偿。我们应该派遣正直之人作为传教士，通过他们的言传身教把异教徒转变为上帝的信徒，而不应该派人去征服、掠夺和欺骗他们，把他们置于从属地位，或者效仿法利赛人[19]采取前后不一的做法，即'既入了教，却使他作地狱之子，[比你们还加倍]。[1]'"[2]

　　还有人告诉我们，[3]西班牙枢密院和神学家（特别是多明我会[20]神学家）经常发表这样的言论，他们肯定地指出，对于美洲印第安人，只能通过宣传教义而不是进行战争的方式转变他们的信仰，应当重新恢复他们被以转变信仰为借口剥夺的自由。据说，这一项政策得到了教皇保罗三世[21]、神圣罗马帝国皇帝查理五世[22]和西班牙国王的赞同。至于其他方面，我不愿意在这里详述

---

　　〔1〕　方括号中的词是后来补充的，因为卡耶坦显然想到了《圣经·新约》"马太福音"xxiii. 15中的这一段话："你们这假冒为善的文士和法利赛人有祸了！因为你们走遍洋海陆地，勾引一个人入教；既入了教，却使他作地狱之子，比你们还加倍。"（——英译者注）

　　〔2〕　卡耶坦：【《神学概要》】q. 66, art. 8。

　　〔3〕　参见奥索里乌斯《伊曼纽尔【一世】传》"序言"中约翰·曼托尔［马托尔］的言论。

这种事实：在大多数地区，葡萄牙人完全没有致力于促进基督教事业的发展，甚至根本没有为此做过任何努力，因为他们的兴趣只在于获取财富。同时，我也不准备对下面进一步的事实做出评论：西班牙学者维多利亚指出，他从来没有听到过任何关于西班牙人的奇迹、令人赞叹的事例或者出于虔诚信仰的行为典范，比如劝导他人转而皈依与他们相同的信仰；相反，他经常听到的是西班牙人层出不穷的丑闻、犯罪和亵渎神灵的行为。[1]维多利亚对于在美洲的西班牙人的评论完全可以适用于在东印度群岛地区的葡萄牙人。

总之，由于既缺乏占有的事实，也缺乏占有的权利，同时，亦不应当认为东印度群岛的财产和主权权力在葡萄牙人到来之前处于一种无主物的状态，而且——属于东印度群岛人民的——这些财产和权力不能被其他人合法地取得，因此，东印度群岛地区人民不是葡萄牙人的奴隶，而是拥有充分的社会和民事权利的自由民。这是毫无疑问的，甚至西班牙的权威学者也不否认这一点。[2]

三、无论是基于占有、教皇的授予或时效（即习惯），海洋本身与海上航行权均不能被特定一方所独占

如果葡萄牙人没有取得对东印度群岛人民、土地和政府的任何法律权利，那么，现在让我们确定他们是否可以将海洋、海上航行或者贸易活动置于他们的管辖权之下。

我们首先考察海洋问题。尽管在万国法的术语中，海洋被描述为无主物、共有物和公有物，不过，如果我们能够仿照赫西奥德[23]时代以来的所有诗人以及古代哲学家和法学家们运用的方法，我们将很容易解释这些不同术语的意义并对特定时代加以区分，而区分这些时代的依据与其说是时间的间隔，不如说是其明显的逻辑和本质特征。另外，假如我们在解释来源于自然的权利时使用的是那些被普遍认为天然地具有杰出判断能力的学者公开表达且具有权威性的学说和观点，我们就不应该受到指责。

因此，我们有必要理解，在人类历史最早的阶段，"所有权"和"共有"

---

〔1〕 维多利亚：[《论印度群岛》] I. 38 [II. 14]。

〔2〕 维多利亚：《论印度群岛》Pt. II [I. 24]，末尾部分。

是与今天的表述含义不同的概念。[1]在当代，"所有权"意味着特定人将特定物占为己有，也就是说，某物属于特定一方，它不能再被其他任何一方以同样的方式所占有；反之，"共有财产"的表述适用于被分配给多方的财产，它被他们以排他的（所谓）合伙和相互协议的方式所占有。不过，因为人类语言的贫乏，所以有必要使用相同的名词表示实际上不同的概念。这样一来，由于存在某种程度的相同或类似，以上表示我们现代习惯的表述形式被适用于另外一种早期存在的权利。在古代，"共有"只是"私有"的反义词；"所有权"意味着一种合法地使用共有［即公共］财产的权力。经院派学者选择把这种性质表述为一个事实而非法律上的概念。今天，"使用"一词所指的法律权利是一种具有私人性质的权利，或换句话说，（假如可以借用经院派学者[2]的术语）在对所有无关当事方的关系上，"使用"具有一种私人的强制力。

按照我们经常称其为"自然法"的初始万国法，并不存在私有财产。对于这种法律，诗人们有时说它盛行于黄金时代[24]，有时说它存在于萨图恩或正义之神统治的时代。事实上，我们在西塞罗的著作中看到了关于这个问题的论述："然而，在自然秩序中，没有这种所谓的私有财产。"[3]贺拉斯同样指出：

"自然没有使他、我或任何其他人，

成为私有土地的主人。"[4]

在自然的眼中，所有权没有任何区别。正是在这个意义上，我们说在遥远的古代，所有物品都属于共有财产。当诗人们声称远古人类取得的一切都是为了特定团体的共同利益，神圣契约中的正义维持了物品的共有性质时，他们所表达的也是这个意思。为了更清楚地说明这一点，他们指出，在远古时代，土地没有用界线进行划分，也不存在商品交易活动。

"错落的农庄遍布原野，

世间万物似乎均为所有人共有。"[5]

---

〔1〕 注释法学派学者与卡斯特伦西斯：《〈学说汇编〉评论》I, 1, 5；注释法学派学者：《〈格拉提安教令集〉评论》I. i. 7。

〔2〕 巴斯克斯：《雄辩指南》i. 10；《天主教教会法典大全·第六卷》V. xii. 3；《教皇克雷芒五世教令集》V. xi. 1。

〔3〕 西塞罗：［《论责任》I. viii. 21］。

〔4〕 贺拉斯：［《讽刺诗集》II. ii, 129 f］。

〔5〕 阿维亚努斯：《阿拉托斯〈物象〉评论》［302 f］。

正如我们在前面提到的那样，由于"共有"的词义已经发生变化，因此，在这里补充"似乎"一词以承认这种变化是非常恰当的。当然，这种共同所有的概念指的是对有关物品的共同使用。

"……道路向所有人开放，

对所有物品的使用属于一种共同的权利。"[1]

由此可见，当时存在一种特定形式的所有权，但它是一种不确定和普遍意义上的所有权。因为上帝没有把所有物品给予这个或那个人，而是给予了整个人类，所以，没有任何东西可以阻止许多人成为同一占有物的所有人。但是，如果我们赋予"所有权"一词以当代关于私人占有的含义，则对古代人来说，这个概念是完全不合理的，因为在他们心中，所有权不具有私人占有的性质。事实上，最恰当的表述应该是："所有物品都属于其使用者。"[2]

显然，有别于其原来含义的今天的所有权概念不是突然产生的，而是一种最初在自然本身的指引下逐渐演变的结果。由于有些物品会在使用的过程中被消耗殆尽，这或者是因为它们已经转化为使用者身体的一部分从而不允许再次被使用，[3]或者是因为它们在使用过程中逐渐变得不适合再被使用，因此，人们很快就清楚地看出，对于第一类物品（比如食物和饮料），特定形式的私人所有权与使用是不可分离的，因为"私有财产"的一个必要特征就是它不能以属于任何其他人的方式属于特定的个人。通过逻辑推理的过程，这个基本概念后来也扩大适用于第二类物品，比如衣服以及其他各种能够被搬动或自行移动的物品。鉴于这些发展，甚至所有不能移动的物品（如土地）也不得不被分配了。这一方面是因为虽然对这些物品的利用不是一种直接的消费，但［在某些情况下］它与消费的目的紧密相关（比如利用耕地和果园以获取食物，利用牧场以获取衣物［希望由动物提供］）；另一方面是因为没有足够的不可移动的物品可以满足供所有人利用的需求。

对私有财产的承认导致了私有财产法律制度的建立，而且这种法律是仿照自然秩序制定的。正如有关物品的使用权起初是通过依附于身体的行为取

---

〔1〕 塞内加（小）：《屋大维娅》［402 f］。

〔2〕 阿维亚努斯：《阿拉托斯〈物象〉评论》［301 f］。

〔3〕 《查士丁尼法典·学说汇编》Ⅶ. v；《教皇约翰二十二世教令集》ⅩⅣ. ⅲ 和 v；托马斯·阿奎那：【《神学大全》】Ⅱ. Ⅱ, q. 78, art. 1。

得的一样，私有财产权制度真正的渊源（就像我们看到的）同样如此，每个人的私人占有物也应当是通过类似的依附于身体的行为取得的。这个过程被称为"先占"，而"先占"是一个与原来由社会或团体支配的物品有关的非常恰当的术语。塞内加（小）意识到了这种转变过程，他在他的悲剧《堤厄斯忒斯》中写道：

"共同的犯罪机会

等待着那个最先抓住它的人［先占］。"〔1〕

另外，作为一名哲学家，塞内加（小）还说道："［……有多种类型的共同所有］，骑士们的座位属于所有骑士，但我占有的座位却是属于我自己的私人空间。"〔2〕

另外，昆体良指出，为所有人创造的财富成了对辛勤劳动者的奖赏。〔3〕西塞罗也声称：作为长期占有的结果，有些物品可以被取得，就像那些在被发现之前没有被任何人占有的物品成为发现者的财产一样。〔4〕不过，对于有能力反抗占有的物，比如野兽，占有［或保有］必须具有连续性；在其他情况下，唯一的条件是最初通过身体的行为取得占有能够有意识地维持。另外，对动产的先占意味着实际取得；对不动产的先占则意味着某种建筑或者划界活动。正因为如此，赫莫吉尼亚［在列举万国法的某些效果时］指出，一旦"确定财产权"以后，马上要做这两件事："划定土地界线"和"建造建筑物"。〔5〕诗人们也描述了私有财产发展的这个阶段。维吉尔写道：

"后来，人类学会了利用陷阱捕捉野兽，

利用粘鸟胶捕捉飞禽。"〔6〕

在奥维德25的作品中，我们发现了下面的段落：

"接着，人类首先谋求建造房屋。

……

---

〔1〕　塞内加（小）：《堤厄斯忒斯》［203～204］。

〔2〕　塞内加（小）：《论利益》Ⅶ.ⅻ。

〔3〕　昆体良：《雄辩家的培训》ⅹⅲ［8］。

〔4〕　西塞罗：《论责任》Ⅰ［ⅶ.21］。

〔5〕　《查士丁尼法典·学说汇编》Ⅰ.ⅰ.5。

〔6〕　维吉尔：《农事诗》Ⅰ［139～140］。

测绘员仔细地画出长长的线段，

用来标记土地的界限，

尽管像阳光和空气一样，

它从前属于共有物。"[1]

在财产制度发展的下一个阶段，正如赫莫吉尼亚［在前面提到的对万国法效果的列举中］指出的那样，商业活动开始广泛开展起来。奥维德[2]告诉我们，为了从事商业贸易，

"船舶航行在吉凶未卜的大海上。"[3]

与此同时，最早的国家开始建立起来。

因此，我们发现，脱胎于最初共同所有制度下的物被分为两种类型。有些现在成为公共财产，或换句话说，它们属于人民所有，这也是"公共财产"这一表述的真正含义；另外一些则成为严格意义上的私有财产，即属于个人的财产。

不过，公共财产占有与私人财产占有的实现方式相同。塞内加（小）指出："在我们所指的'雅典人的领土'或'坎帕尼亚[26]人的领土'上，居民们通过确定的私人界限在他们之间划分土地。"[4]因为每一个民族

"都建立了具有明确边界的王国，

并建起了新的城市"[5]

根据同样的方式，西塞罗指出，阿尔皮诺[27]的领土属于阿尔皮诺人民，图斯库卢姆的领土属于图斯库卢姆人民。接着，他补充说："……私人财产的分配同样如此。既然自然赋予人类作为共有财产的每一部分都变成了个人财产，那么，就让每个人继续占有落入自己手中的那一部分财产吧。"[6]另一方面，对于那些在分配过程中尚未被任何国家占有的土地，修昔底德称之为"未定

---

〔1〕　奥维德：《变形记》I［121，135 f.］。

〔2〕　应该注意的是奥维德所描述的事实的顺序与上面所讲的略有不同。根据这位《变形记》作者的说法，人类是在白银时代，或第二纪开始利用房屋的，而在未知水域航行和划分土地都属于人类在第四纪或铁器时代的活动。（——英译者注）

〔3〕　奥维德：［《变形记》I. 134］。

〔4〕　塞内加（小）：《论利益》Ⅶ. iv.。

〔5〕　塞内加（小）：《屋大维娅》［420 f.］。

〔6〕　西塞罗：《论责任》I［vii. 21］。

之地"，[1]即尚未根据确定的界线划定的土地。

综上所述，我们可以得出两个结论：第一，那些不能被先占或者从未被先占的物品不能成为任何人的私有财产，[2]因为所有财产都来源于先占；第二，自然创造的其他所有即使在其被特定的个人使用时仍足以为所有其他人平等地共同使用的物品，无论在今天还是在将来的任何时候，都应当保持它们由自然初创时的状态。西塞罗对这一项原则表示支持，他写道："这是一种把人与人以及所有人与所有其他人联合在一起的最广泛和全面的纽带。基于这种纽带的联系，我们共同使用自然为人类创造的所有供共同使用的物品的权利应该继续保留。"[3]

所有能够在服务于特定个人需要的同时不会损害任何其他人利益的物品都属于这种类型。这个概念（根据西塞罗的说法[4]）是下面一条格言的渊源："不得否定任何人利用流淌的河水的权利。"考虑到流淌的河水不是涓涓细流，因而法学家们将其归类为所有人的共有物之一。奥维德也赞成这种分类，他指出：

"你为什么不让我饮水呢？

对水流的利用是一种共同的权利。

无论阳光、空气或者静静流淌的河水，

自然都没有把它们作为私有财产。

我所寻求的礼物属于公共财产。"[5]

因此，奥维德争辩说，根据自然的安排，上述物品不属于私人占有物。正如乌尔比安声称的那样，根据这种安排，它们是供所有人自由使用的。[6]这首先是因为（如同涅拉修斯【卢西乌斯·涅拉修斯·普里斯库斯[28]】所言）它们最初是自然的产物，而且从未被置于任何人的所有权之下。[7]其次是因为（像西塞罗指出的那样）它们显然是自然为了供我们共同使用的目的创造

---

〔1〕　修昔底德：[《伯罗奔尼撒战争史》] I [cxxxix]。

〔2〕　杜阿隆：《〈学说汇编〉评注》I. viii。

〔3〕　西塞罗：《论责任》I [xvi. 51]。

〔4〕　西塞罗：《论责任》I [xvi. 52]。

〔5〕　奥维德：《变形记》VI [349 ff.]。

〔6〕　《查士丁尼法典·学说汇编》VIII. iv. 13。

〔7〕　《查士丁尼法典·学说汇编》XII. i. 14。

出来的。[1]另外，奥维德使用的是"公共"一词古老的含义，[2]他所谓的"公共财产"指的是属于人类社会整体，而不是属于任何一个民族的财产。在万国法的规则中，此类财产同样被表述为"公共"财产，即属于所有人共同占有且不属于任何私人占有物的财产。[3]基于两个理由，空气属于这种类型的物：第一，它不能被先占；第二，所有人都有共同使用的权利。按照同样的理由，海洋也是属于所有人的共有物，因为它如此浩瀚，以致任何人都不可能占有它；同时，"无论是为航行还是捕鱼的目的"，[4]它都适于供所有人使用。此外，与海洋有关的权利同样存在于海洋从其他物体裹挟而来并成为其自身一部分的物质，如海洋中的沙石，而其毗邻陆地的部分则被称为海岸。西塞罗正确地指出："有什么东西……能像海洋一样处于所有人共同使用的状态呢？人们既可以在海上撒网，也可以在岸边垂钓。"[5]维吉尔同样说道，空气、水和海岸对所有人开放。[6]

以上就是罗马人所说的根据自然法属于所有人的共有物。[7]如果（根据前面的论述）用另一种方式来表达这个概念，那就是它们是根据万国法所谓的公有物。与此相同，在表述对这些物的使用时，罗马人有时说它们是"共用的"，有时说它们是"公用的"。

然而，尽管就私人所有权而言，把这些物称为"无主物"是正确的，不过，它们与那些同样被称为无主物，但没有明确界定为可以共同使用的物，如野生动物、鱼类和鸟类等，存在很大区别。对于后一种类型的物，一旦被任何人抓获并占有，它们即被置于私人所有权之下；但是，对于前一种类型的物，根据全人类一致的共识，它们永远被免于成为任何人的私有财产。由于对它们的使用权属于所有人，因此，就像你不能夺走我的财产一样，任何

---

[1] 西塞罗：[《论责任》I. xvi. 51]。

[2] 参见康南：《〈查士丁尼法典〉评论》III. ii；多尼奥：《市民法评论》IV. ii。

[3] 《查士丁尼法典·学说汇编》XII. iii. 49 [45]。

[4] 《查士丁尼法典·学说汇编》I. viii. 10 [2]。

[5] 西塞罗：[《为塞克斯都·罗西乌斯辩护》xxvi. 72]。

[6] 维吉尔：[《埃涅阿斯纪》VII. 230].

[7] 《查士丁尼法典·法学总论》II. i. §1，§5；《查士丁尼法典·学说汇编》I. viii. 1，2，10；《查士丁尼法典·学说汇编》XII. i. 14 和 50；《查士丁尼法典·学说汇编》XLVII. x. 13，§7；《查士丁尼法典·学说汇编》XLIII. viii. 3，4。

人都不能从作为一个整体的人类手中夺走这种使用权。西塞罗指出，作为正义的基本职能之一，人类社会带头人的任务就是使人们能够为了共同利益而使用共有物。[1]经院派学者把上述两种类型中的一种说成是肯定意义上的共有，另一种说成是否定意义上的共有。这种区别不但为法学家们所熟悉，而且表达了公众的看法。

因此，根据阿特纳奥斯[29]的描述，宴会的主人认为，海洋是所有人的共有财产，但捕捞的鱼却是捕捞者的私人财产。另外，在普劳图斯[30]的剧作《鲁登斯》中，当年轻的奴隶说"海洋的确为所有人共有"的时候，渔夫对他的话表示赞成；然而，当奴隶补充说"在海洋中发现的一切都是共有财产"的时候，渔夫正确地表明了反对意见，他指出："我用我的渔网和钓钩捕捞的一切千真万确地是我自己的财产……"[2]

鉴于这种情况，海洋不能成为任何人的私有财产，因为自然不但允许并且命令海洋应该为人类所共有。[3]与此相同，甚至海岸也不能成为任何人的私有财产。

不过，上述观点只有在符合以下解释性说明时方可成立：即使根据自然的安排，此类物的任何部分可以被先占并成为先占者的财产，这种先占也不得妨碍对它的共同使用。这一项原则理应得到承认。因为在这种情况下，我们在前面讲过的禁止将特定物转移到私人所有权之下的两个限制性条件即不再适用。

因此，因为在特定地点建造建筑物构成某种形式的先占，所以，如果这种建造活动能够满足不给他人造成不便的条件（这是蓬波尼乌斯[31]明确规定的条件[4]），就应当允许在海岸上建造建筑物。[5]按照斯凯沃拉[32]的看法，[6]我们应当把这个条件解释为：建造建筑物不得妨碍对海岸的公共利用（即共同使用）。另外，建造建筑物的人将成为该建筑物所在地的所有人。由于该土地

---

〔1〕　西塞罗：《论责任》Ⅰ[ⅶ.20]。

〔2〕　普劳图斯：《鲁登斯》Ⅳ.ⅲ[975，977，985]。

〔3〕　参见多尼奥：【《市民法评论》】Ⅳ.ⅱ。

〔4〕　《查士丁尼法典·学说汇编》ⅩⅬⅠ.ⅰ.50。

〔5〕　《查士丁尼法典·法学总论》Ⅱ.Ⅰ，§5；《查士丁尼法典·学说汇编》Ⅰ.ⅷ.5，§1；《查士丁尼法典·学说汇编》ⅩⅩⅩⅨ.ⅱ.24。

〔6〕　《查士丁尼法典·学说汇编》ⅩⅬⅢ.ⅷ.4。

原来既不是任何人的私有财产，也不是共同使用所必不可少的，因此，它可以成为占有人的财产，但仅限于在其持续占有的期间。[1]因为就像一只野生动物一旦恢复自然的自由状态后即不再是捕获者的财产一样，海洋似乎也具有抵制占有的性质。基于完全相同的方式并根据恢复原状的原则，海岸也可能会回归海洋。

我们已经说明，任何可以通过先占成为私有财产的物同样可以成为［现代意义上的］公共财产，或者说特定国家的财产。

因此，塞尔苏斯认为，罗马帝国疆界内的所有海岸都是罗马人民的财产。[2]如果这种观点是正确的，那么，对于罗马通过其君主或行政长官允许臣民以特定形式对海岸实施先占的问题，我们完全不应该感到奇怪。[3]不过，与私人先占的形式一样，这种先占也应当受到限制，即它绝对不能损害万国法规定的共同使用的权利。鉴于这一点，罗马人民不得阻止任何人靠近海岸，[4]不能禁止任何人在海岸上晾晒渔网以及从事——人类过去和将来一直希望的——永远允许所有人从事的其他活动。[5]

但另一方面，海洋的性质不同于海岸，因为在海上（除了很小的一部分以外）既不容易建造建筑物，也很难把它围起来；况且即使真的可以在海上建造建筑物或者把海洋围起来，它也几乎不可能不妨碍对海洋的共同使用。然而，尽管如此，如果能证明极小一部分海洋能够被先占，则对这一部分海洋的先占可以得到承认。贺拉斯夸张地写道：

"当码头伸入海水深处后，

鱼类感到海洋变得狭窄起来。"[6]

的确，塞尔苏斯坚持认为，在海里打下的木桩属于打桩人的财产。不过，他又补充说，如果此类建筑对海洋以后的使用构成妨碍，则不应当授予任何人这种特许权。[7]乌尔比安同样指出，这种保护措施必须扩大适用于在海中

---

〔1〕《查士丁尼法典·学说汇编》I. viii. 10；《查士丁尼法典·学说汇编》XLI. i. 14。

〔2〕《查士丁尼法典·学说汇编》XLIII. viii. 3；多尼奥：【《市民法评论》】IV. ii. ix。

〔3〕《查士丁尼法典·学说汇编》XLI. i. 50；《查士丁尼法典·学说汇编》XLIII. viii. 2，§10 和 §16。

〔4〕《查士丁尼法典·学说汇编》I. viii. 4。

〔5〕《查士丁尼法典·学说汇编》XLIII. viii. 3。

〔6〕贺拉斯：《歌集》III［i. 33 f.］。

〔7〕《查士丁尼法典·学说汇编》XLIII. viii. 3。

建造基础设施者的权利，即建造活动不得对其他任何人造成损害；如果可能与他人利益发生冲突，无疑应当适用不得在公共场所建造任何建筑物的禁令。[1]拉贝奥[33]主张，如果在海上建造任何建筑物，则应当援引以下禁令：任何建筑物的建造"不得损害港口、锚地或航道的航行安全。"[2]

适用于航行的原则——即海洋航行活动保持对所有人开放——也应当适用于捕鱼。但是，如果有人用木桩把一小块海面围起来作为自己的鱼塘，并使其成为私有财产，这并不构成对捕鱼自由的侵犯。卢库卢斯[34]就在那不勒斯附近的一座山中开凿了一条水渠，把海水引到他的别墅里面。[3]我想瓦罗[4]和科卢梅拉[35][5]提到的海水鱼塘也是引海水形成的。马提雅尔[36]在描写阿波利纳里斯【即普林尼（小）[37]】在福尔米亚[38]的别墅时，也提到了同样的鱼塘：

"每当深深的海水感到风神的威力时，

阿波利纳里斯的餐桌却对此不屑一顾

因为桌上依然堆满来自海洋的各种产品。"[6]

另外，我们还看到了安布罗斯（圣）[39]的说法："为了不再缺乏鲜鱼，你把海水引入自己的庄园。"[7]

上述言论有助于澄清法学家保罗这一段话的含义：如果任何人对任何一部分海洋拥有私有权利，他就有权申请保持占有的禁令［在他被妨碍行使其权利的情况下］。保罗还补充说，当然，这种方式旨在适用于私人诉讼，而不是那些具有公共性质的诉讼（公共性质的诉讼包括可以根据共同的万国法提出的诉讼）。他认为，他所描述的情况涉及基于私有名义，而非公有或共有名义享有的权利。[8]因为（正如马西亚努斯[40]指出的那样）已经被先占和能够被先占的一切将不再像海洋那样受万国法的调整。[9]举例来说，假如有人阻

─────────────

〔1〕《查士丁尼法典·学说汇编》XLIII. viii. 2，§8。

〔2〕《查士丁尼法典·学说汇编》XLIII. xii. 1，§17。

〔3〕普林尼（老）：《博物志》X. liv［X. lxxx. 170］。

〔4〕瓦罗：［《论农业》III. xvii. 9］。

〔5〕科卢梅拉：［《论农业》VIII. xvi 和 xvii］。

〔6〕马提雅尔：《铭辞集》X. xxx［19～20］。

〔7〕安布罗斯（圣）：《论拿伯》iii［12］。

〔8〕《查士丁尼法典·学说汇编》XLVII. x. 14。

〔9〕《查士丁尼法典·学说汇编》I. viii. 4。

止卢库卢斯或阿波利纳里斯在他们把一小块海面圈起来建成的私人鱼塘中捕鱼，按照法学家保罗的说法，他们就有权要求颁发一项禁令——基于私人财产的理由——而不仅仅是提起损害赔偿之诉。[1]的确，就像对一个小河汊一样，即使是对一个小海湾，如果我作为先占者占有了这个地方并在其中捕鱼，而且这种状态持续了许多年，因而我正式宣布有意在该小海湾建立私有权利，那么，我就可以禁止任何其他人在这里享有同样的权利（这是从马西亚努斯的言论中得出的结论[2]）。准确地讲，这与我对构成我地产组成部分的一个湖泊的权利完全相同。在我占有的存续期间，这条规则将一直有效；甚至我们已经论述过的海岸的情形亦为如此。

然而，如果对有关海域的权利主张超出了正常的小海湾的范围，这条规则即不再适用，因为它可能妨碍对这一海域的共同使用。因此，也许有人设想我可以禁止其他人在我的住所或乡村别墅前面垂钓，但这种做法缺乏法律依据。事实上，这种法律依据的确非常欠缺，乌尔比安完全不承认这一点，他认为，任何被禁止垂钓之人均可提起损害赔偿之诉。[3]不过，利奥皇帝【利奥一世[41]】（我们并没有遵守他制定的法律）不顾支持这一条规则的法律原则，改变了这条规则。他坚持认为，"面向"大海的近岸水域属于居住在岸上的人们的私有财产。同时，他把这一水域的捕鱼权也划给了他们。[4]不过，利奥皇帝对适用他的规则附加了一个条件，即有关水域已通过建造与其他海域隔开的建筑以及像希腊人所说的阻挡物［如防波堤］[5]被实施了先占。毫无疑问，利奥皇帝认为，只要人们［实际上］可以在海洋的任何地方捕鱼，他们就不应当妒忌别人取得这么一小片海域。[6]可以肯定的是，假如有人阻止公众对大片海域的使用，即使他能够做到这一点，这也是一种无法容忍的邪恶行为。安布罗斯（圣）义正词严地谴责了这种邪恶行为，他指出："他们通过正式的取得，对整个辽阔的海洋提出权利主张。同时，他们提醒我们说：

---

〔1〕《查士丁尼法典·学说汇编》XLIV. iii. 7。

〔2〕《查士丁尼法典·学说汇编》XLVII. x. 13，§7；《查士丁尼法典·学说汇编》XLI. iii. 45。

〔3〕《查士丁尼法典·学说汇编》XLVII. x. 13，§7。

〔4〕《利奥一世新律》lvi。

〔5〕《利奥一世新律》lvii。

〔6〕《利奥一世新律》cii, ciii, civ；另见居雅斯：《法律意见》XIV. i。

捕鱼权和家奴一样，都必须按照役使的条件服从他们的意志。有人说：'这个海湾是属于我的，那个海湾是属于他的'。他们根据实力瓜分了物质世界所有的构成要素。"[1]

总之，海洋是不属于商品这一类物中的一种，也就是说，它不能成为任何人的私有财产。[2]鉴于这一点——根据学识更渊博的权威学者的观点且在正确和严格的意义上——海洋的任何部分都不能被认为是任何国家的领土。当普拉森蒂努斯[42]讲下面一句话的时候，他似乎已经认识到了这一点。普拉森蒂努斯指出：海洋是属于所有人的共有物；除上帝以外，任何人都不拥有对它的所有权。约翰内斯·费伯显然也意识到了同样的事实，他肯定地指出，海洋从来都是一种自权利物，它一直保持着当一切都属于共有物时的原始状态。[3]

假如不是这样，诸如海洋此类所有人的共有物与像河流此类严格意义上的公有物之间就没有区别了。一个特定国家可以占有一条河流，只要它处于该国的边界以内；但该国不能以同样的方式占有海洋。如同私人所有权是私人先占的结果一样，一国对其领土的统治权必须是该国先占的结果。塞尔苏斯认识到了这一条真理，他在罗马人有权先占的海岸（尽管要满足先占行为不得妨碍对海岸的共同使用的条件）与依然保持着原始的自然特征的海洋本身之间做了明确的区分。[4]与此同时，没有任何法律提出了相反的原则。事实上，那些持反对意见的学者们引用的法律要么是适用于明显可以被先占的岛屿，要么是适用于（准确地讲）并非"共有"而是"公有"的港口。[5]此外，那些坚持认为海洋是罗马帝国一部分的权威学者在解释他们的观点时，将罗马人对海洋的权利限于保护和管辖的职能，并把这种权利与所有权加以区别。[6]也许这些权威学者没有充分注意到这样的事实：尽管罗马人民有权在海上部署海军舰队以保护航行者的安全和惩罚被抓捕的海盗，但是，他们

---

〔1〕 安布罗斯（圣）：《创世六日》V. x [27]。

〔2〕 多尼奥：【《市民法评论》】IV. vi.。

〔3〕 约翰内斯·费伯：《〈法学总论〉评注》II. i. 5；另见市民法与教会法评论家：《〈学说汇编〉评注》XIV. ii. 9。

〔4〕 《查士丁尼法典·学说汇编》XLIII. viii. 3。

〔5〕 《查士丁尼法典·学说汇编》V. i. 9；《查士丁尼法典·学说汇编》XXXIX. iv. 15。

〔6〕 注释法学派学者：《〈学说汇编〉评注》I. viii. 2；巴尔杜斯和注释法学派学者：《〈法学总论〉评注》II. i. 1 和 5。

这样做的依据并不是他们的私有权利，而是其他自由民族同样享有的共同的海洋权利。

另一方面，我们承认，特定国家之间可能会达成协议，规定在海上这个或那个特定部分捕获的海盗应当被置于这个或那个国家的管辖权之下；我们还承认，为了便于区分不同的管辖区域，的确存在这种意义上的海洋边界。然而，虽然此类安排对承担协议义务的缔约方确实有拘束力，但它不能以同样的方式对其他民族产生拘束力，也不能使如此划分的海洋区域变成任何一方的私有财产，因为它只是确立了一种在缔约方之间有效的权利。[1]

乌尔比安在一个特定场合回答问题时进一步确认了这种符合自然理性的区分。当时，有人问这位法学家：当一个拥有两处海上资产的所有人在出售其中一处时，他是否有权强加一种禁止在属于该资产的特定海域捕鱼的地役权。乌尔比安回答道，对于这里涉及的特定客体——即海洋——不能设置地役权，因为基于其自然特征，海洋向所有人开放。不过，他又补充说，契约中隐含的诚实信用原则要求遵守交易中附加的条件，因此，目前的实际占有人和将来继承这种占有权的人都应当受这种条件的拘束。[2]的确，乌尔比安指的是私人的交易和私法的问题，然而，同样的原则也平等地适用于目前关于领土和万国法的讨论，因为国家在其与全人类的关系上具有个人的地位。[3]

同样，对在海上捕鱼征收的捐税被认为属于君主，它构成了一种有拘束力的义务。但是，这种拘束力针对的不是征税的客体（即海洋或特定的渔业活动），而是从事捕鱼活动的个人。[4]对臣民来说，由于国家或者君主根据共同同意对他们拥有合法权力，因此，强制征收这种捐税是可以允许的。但至于外国人，他们在任何地方行使捕鱼权均应被免除公共捐税，以免对不得被正当地置于任何地役权之下的海洋强行设置一种地役权。因为适用于海洋与河流的基本原则不同，河流具有公共的性质（即它是国家财产），所以国家或

---

〔1〕　巴尔杜斯：《论封建》［p. 19］。另见《查士丁尼法典·学说汇编》XI. xiii（xii）；安基勒斯：《〈学说汇编〉评注》XLVII. x. 14。

〔2〕　《查士丁尼法典·学说汇编》VIII. iv. 13。另见《查士丁尼法典·学说汇编》VIII. iv. 4。

〔3〕　参见本章第286～291页以及第293和294页。

〔4〕　《论封建》II. lvi。

君主甚至可以转让或者出租在河流中捕鱼的权利。[1]事实上，按照古代人对这种权利的解释，只要满足"有权出租之人已将使用有关场所的特权出租给另一方"的条件，承租人即被授予了诉诸"关于使用公共场所"的禁令的权利。[2]不过，海洋不能满足这种条件。[3]至于其他问题，那些将捕鱼本身也包括在王室特权中的人并没有认真关注他们引用的那一段话，但安德里亚·德·伊塞尔尼亚和雅各布·阿尔瓦罗托注意到了这个错误。[4]

到目前为止，我们已经说明，无论国家还是个人，都不能对海洋本身建立私有权利（我们已将海洋中的小海湾作为例外），因为无论是基于自然的安排还是公众使用的原因，都不允许对海洋实施先占。另外，我们考察这个问题的目的是为了清楚地说明，葡萄牙人并没有在人们航行前往东印度群岛所经过的那一片海域建立起私有权利。因为相对于已经提及的其他案件，在本案中，阻碍葡萄牙人建立私人所有权的两个因素无疑更为有力。在其他案件中只是构成障碍的问题，在本案中完全不可能解决；在其他情况下我们指责为非正义的行为，在本案中完全是野蛮，甚至是非人道的做法。

我们现在讨论的不是四面被陆地包围且有些地方的宽度甚至比河流还要狭窄的内海，虽然罗马的法学家们在前面提到的反对贪婪欲望的著名论述中[5]确实谈到过内海的概念。我们讨论的主题是海洋，即自古以来一直被描述为波澜壮阔、无边无际，以天为界和作为万物之母的海洋！古代人相信，海洋永不枯竭的源泉不但来自泉水、河流和内海，而且来自天上的云彩，以及在某种程度上来自日月星辰。总之，潮起潮落的海洋环绕着作为人类家园的地球，它既不能被占有，也不能被圈禁；与其说是陆地拥有海洋，不如说是海洋拥有陆地。

此外，我们所讨论的问题并非局限于海洋中的某个海湾或海峡，甚至并非局限于在岸上目力所及的整个海域。相反，葡萄牙人所主张的是位于世界两个部分之间的整个浩瀚无垠的海域。这两个部分相距如此遥远，以致许多

---

〔1〕　巴尔杜斯：《论时效》Princ. 5，pt. 4，qu. 6，n. 4。

〔2〕　《查士丁尼法典·学说汇编》XLVII. x. 13，§7。

〔3〕　《查士丁尼法典·学说汇编》XLIII. ix。

〔4〕　《论封建》，标题：王室有什么特权，no. 72。

〔5〕　参见本章上文各处引用的学者言论。

世纪以来，两个地区的人们都互相不了解对方。的确，如果把葡萄牙人和西班牙人（他们也提出了同样的要求）主张的海洋区域加在一起，几乎全部海洋都落入了这两个国家的手中，而其他所有国家将发现他们被限制在北方狭窄的一带海域内。这是对自然极大的欺骗！因为当自然将海洋环绕在所有民族周围时，她相信海洋足以平等地满足所有人的需要。如果有人阻止其他人对这种共有财产的使用并将对如此广阔的海域的主权和统治权保留给自己，他就应当被视为一个非理性地追求权力之人；如果他禁止别人在海洋中捕鱼，他就难以逃脱贪婪成性的指责；但如果有人竟然禁止他人在海上航行，尽管这种航行活动不会给他造成任何损害，我们又该如何评价他呢？

如果唯一一个火堆的主人禁止别人从他的火堆中取火或者分享火光，我应当根据有关人类伙伴关系的法律诅咒他最终将成为一名罪犯。因为恩尼乌斯[43]这样说明了这种法律的效力和本质：

"当他用火把点亮别人的灯火时，

自己的火把依然光芒四射……"[1]

既然可以这样做而且不会给自己造成损害，一个人为什么不能与他人分享对接受者有益同时对提供者无害的一切呢？[2]哲学家们坚持认为，某些利益不仅应该提供给陌生人，甚至应该提供给忘恩负义之徒，[3]而这就是他们所说的这种类型的利益。

进一步讲，那种涉及私人财产时的妒忌态度在涉及共有财产时必然具有一种野蛮的特征。因为如果你把根据自然的命令与共同同意属于你我二人的物品绝对地据为己有，甚至完全剥夺了我的使用权，尽管允许我使用并不会对它作为你的财产与以前相比有任何减损，那么，这就是一种最邪恶的行为。

此外，还应该注意的是，即使是那些将他人的占有物掌握在自己手中或者将属于所有人的共有财产排他性地据为己有的人也要依据他们已经确立了对这些物的实际占有的理由。因为正如我们讲过的那样，私有财产制度起源于原始占有，所以，把特定物保持在自己手中会产生某种类似所有权的表象，尽管这种保持可能是非正义的。

---

〔1〕　西塞罗：《论责任》I. xvi. 52。

〔2〕　西塞罗：《论责任》[I. xvi. 51~52]。

〔3〕　塞内加（小）：《论利益》III. xxviii [IV. xxviii]。

　　然而，难道葡萄牙人已经像我们通常在占领广袤的土地时所做的那样在辽阔的海洋周围建立起了防御工事，并以这种方式获得了排除任何他们希望排除的人利用海洋的权力了吗？或者说，到目前为止，葡萄牙人在以损害其他国家利益的方式划分世界的过程中，难道不是甚至无法根据实际标明的边界线（无论是自然的还是人为的）来为自己的权利主张辩护，反而不得不求助于某种凭空想象的分界线的吗？如果这种主张能够得到承认，以及如果这种划界方法足以构成有效占领，那么，几何学家们肯定早已占领了整个地球表面，天文学家们也肯定早已占领了整个天空。然而，在本案中，我们在哪里可以看到对于确立所有权必不可少的实际占领的要素呢？的确，显然没有任何说法比我们那些学识渊博的权威学者所表达的这种观点更正确了：既然海洋像空气一样无法被实际占领，它就不能成为任何特定国家的占有物。[1]

　　另一方面，如果葡萄牙人把他们早于其他国家人民进行的航海活动以及或多或少地对航线的开辟说成是先占，难道还有比这种观点更荒谬的吗？由于今天海洋的任何部分都有人首先在其上进行过航行，因此，按照以上观点，必然会得出每一个可以航行到达的地区都已经被某个航海者"先占"了的结论。这样一来，我们就应当被排除在全部的海洋之外。事实上，我们甚至必须承认那些［最早的］环球探险家已经取得了整个海洋。然而，任何人都不能忽视这样的事实：当一艘船在海上驶过后，除了短暂地留下一条航迹以外，它不会产生任何法律权利。无论如何，葡萄牙人的主张——即在他们航行之前，没有人在上述辽阔的海洋区域进行过航行——是完全不符合事实的。在靠近毛里塔尼亚的上述一大片水域内，很早以前就有人进行过航行。[2]在亚历山大大帝取得东征胜利的过程中，远征军穿过了去往东方更远的地区的海域，直到阿拉伯湾。此外，有许多证据显示，加的斯[44]人民很早以前就非常熟悉这一片可以航行的海域了。例如，当奥古斯都的儿子［义子］盖尤斯·凯撒[45]统治阿拉伯湾地区的时候，他发现了不少被确定为西班牙沉船残骸的东西。塞利乌斯·安提帕特[46]讲道，他亲眼见过一个从西班牙航行到埃塞俄比亚

----

〔1〕　约翰内斯·费伯：《〈法学总论〉评注》Ⅱ.i.5。

〔2〕　普林尼（老）：《博物志》Ⅱ.lxix［lxvii］；普林尼（老）：《博物志》Ⅵ.xxxi；梅拉：【《世界概览》】Ⅲ［ix］。

进行商业贸易的人。如果我们承认科纳利乌斯·内波斯[47]所言属实,那么,阿拉伯人也非常熟悉这些海域。根据内波斯的叙述,在他生活的时代,某个名叫欧多克索斯的人从亚历山大的国王拉提鲁斯【埃及国王托勒密九世[48]】那里逃了出来,他从阿拉伯湾起航并最终到达了加的斯。另外,完全可以肯定的是,拥有强大航海能力的迦太基人不可能长期忽视这一部分海洋。因为在迦太基的鼎盛时期,汉诺[49]从加的斯航行到了阿拉伯的边界(即绕过了今天被称为好望角的海岬,尽管在古代它的名字似乎叫作希斯珀里恩角)。汉诺在他的记录中描述了整个航行过程,特别是海岸和许多岛屿的位置。他指出,直到他们航行到达的最远处,海水依然一望无际,但他们的给养已经消耗殆尽。此外,普林尼(老)也讲述了这条航线和从东印度地区前来觐见奥古斯都的使节以及从塔普洛班[1]前来觐见皇帝克劳狄【应为克劳狄一世[50]】的使节。随后,他讲述了图拉真[51]的事迹和托勒密[52]的著作。[2]普林尼(老)的记录足以证明,在罗马权力达到巅峰的时期,从阿拉伯湾到印度和印度洋上的岛屿,甚至到被许多人认为是日本的黄金半岛[3]的海上航行已经成为一种习惯性的活动。事实上,早在斯特拉博生活的时代,根据他的记载,一支属于亚力山大城商人的船队就从阿拉伯湾出发,探索去往最远处的埃塞俄比亚和印度的航线,尽管古代几乎没有船只敢于尝试进行这样的航行。[4]罗马人民从海上航行中获得了丰厚的收入。普林尼(老)[5]补充说,因为担心受到海盗的攻击,商船上配备有许多弓箭手。他还指出,仅仅印度一个地区,每年从罗马帝国的进口额即达五千万塞斯特斯【罗马货币单位】——如果加上阿拉伯地区和中国——这一数额达到了一亿塞斯特斯;从这些地区进口的商品的售价可以达到原价的 100 倍。[6]古代人记录的这些事例足以肯定地证明,葡萄牙

---

〔1〕 可能是锡兰,参见第 5 页英译者注。(——英译者注)

〔2〕 普林尼(老):《博物志》Ⅵ. xxiii〔xxiv〕。

〔3〕 "黄金半岛"通常被认为是马六甲古代的名称(参见第十一章第二部分一,事件七中的英译者注)。另外,应该注意的是,格劳秀斯本人并没有明确赞同黄金半岛就是日本的说法。(——英译者注)

〔4〕 斯特拉博:《地理概论》Ⅱ〔v. 12〕和 XVII。

〔5〕 普林尼(老):《博物志》〔Ⅵ. xxiii〕和 XII. xix〔xviii〕。

〔6〕 由于普林尼(老)【《博物志》】第十二卷还没有出现在勒布版系列中,因此,本处引注根据格罗诺维乌斯版(莱顿,1669 年版)进行了核实。(——英译者注)

人并不是［上述海域］最早的航行者。

总之，在葡萄牙人到来之前，这一片海洋的各个海域已经被人们所熟知。现在，甚至不知道从前什么时候这些海域是人所不知的。肯定地讲，摩尔人[53]、埃塞俄比亚人、阿拉伯人、波斯人和东印度群岛人不可能不了解他们居住地周围的海域。因此，大言不惭地声称自己发现了这些海域的人无疑是在撒谎。

不过，（有人会问）葡萄牙人最先恢复了也许被忽视了若干世纪的在这些海域的航行利用，而且不可否认，是他们——付出巨大努力和代价并历尽艰险——使尚不熟悉这个地区的欧洲国家把注意力转向了它，难道葡萄牙人所做的这一切都是微不足道的吗？情况绝对不是这样！如果葡萄牙人的目的确实如此——即向所有人指出他们在无人帮助的情况下通过自己的努力重新发现的航线——谁会如此不通情达理地不对葡萄牙人为他们提供的帮助表示由衷的感谢呢？在这个问题上，如果葡萄牙人像所有伟大的发现者一样旨在利用其发现造福人类，而不是服务于自己的利益，他们也将赢得同样的感谢、赞扬以及永久的荣誉。

另一方面，如果葡萄牙人行为的目的是为了使自己获得财富，他们应该满足于已经获得的利益了。因为在这些行业中，最大的利润总是落入那些最早进入的人手中。事实上，我们了解到，葡萄牙人最初航行获得的回报有时是其原来投资的 40 倍，甚至更多。我们还了解到，作为这些回报的结果，那个从前长期处于贫穷状态的国家的人民突然一夜暴富，过上了豪华奢侈的生活，即使是那些最繁荣的国家在其最鼎盛的时期也几乎没有获得过如此多的财富。

最后，如果葡萄牙人在航海事业中一意孤行，试图阻止所有其他民族按照他们的道路发展，那么，他们就不配得到别人的感谢，因为他们考虑的只是自己［排他性］的利益。

事实上，葡萄牙人不能把这种利益称为他们"自己的"利益，因为他们夺取的是属于别人的利益，其原因在于无法证明假如葡萄牙人没有到达那些地区，其他人就不可能到达那里。确实，随着时代的快速发展，人们对海洋和陆地地理状况的了解与对几乎每一种其他人文及自然学科的认识一样与日俱增。前面提到的古代探险的事例激起了人们极大的兴趣。即使那些遥远的海岸没有一下子向人们开放，至少它们也将在不同的海上航行过程中逐步被人们所发现，而每一个新的发现都将为下一个发现指明道路。简而言之，假如没有葡萄牙人，其他国家的人民也能够取得像他们那样的成就，因为许多国家的人民和葡萄牙人一样热衷于从事商业活动和在陌生的土地上创业。已经非常了解印度的威尼斯人迫切寻求进一步加深他们对印度的认识。布列塔尼[54]的法兰西人持之以恒的努力和不列颠人英勇无畏的精神不可能使这项事业半途而废。荷兰人自己也更义无反顾地投身到了海上探险的事业之中。

由此可见，葡萄牙人的观点得不到基于正义的论点以及权威学者有说服力的论述的支持。因为每一位认为海洋可以被置于个人主权下的权威学者都主张这种主权应该被授予对最近的港口和相邻的海岸拥有统治权的人。[1]然而，在我们所说的绵延不绝和漫长的海岸线上，除了几个据称属于葡萄牙人设防的据点以外，他们不能说任何其他东西是他们的占有物。

进一步讲，即使一个人确实对海洋拥有主权，但如同罗马人民无权禁止任何人在属于罗马帝国的海岸上实施任何万国法允许的行为一样，他仍然无权减损对海洋的共同使用。[2]另外，即使可以禁止某种特定的共同使用行为，比如捕鱼（因为有人可能主张，鱼类的供应在某种程度上会枯竭），但无论如何也不能禁止不会给海洋造成任何损害的航行。到目前为止，支持这种观点的最具结论性的证据是我们已经引用过的权威学者发表的以下论点：[3]即使土地已经被划分为国家或者个人的财产，但否认来自任何国家的人都享有土地上的通过权（当然，这是指非武装和无害通过的权利）依然是非正义的，因为它与不得否认任何人都享有饮用河水的权利完全相同。支持这种论点的理由十分清楚：由于自然赋予每个特定物一种以上的用途，因此，一方面，对于那种只有在私人所有权之下才便于发挥其作用的用途，各国似乎已经在它们之间作了分配；另一方面，对于那种对其行使使用权不会损害所有权人地位的用途，仍然保留给了［作为整体的人类社会］。

由此可见，作为一个得到普遍承认的事实，任何禁止他人在海上航行

---

〔1〕　注释法学派学者：《〈天主教教会法典大全·第六卷〉评注》I. vi. 3. 2 以及教会法学者对这一部分的评论；注释法学派学者：《〈格列高利教令集〉评注》II. ix. 3.［《天主教教会法典大全·格列高利教令集》引注中的"tit."取代了《查士丁尼法典·学说汇编》中的"ff"。（——英译者注）〕

〔2〕　《学说汇编》I. viii. 4；真蒂利：《战争法三集》I. xix. 末尾部分。

〔3〕　参见本章第 273 和 274 页以及第 287 和 288 页。

的人都得不到法律的支持。实际上，乌尔比安宣布说，发布此种禁令者甚至应当负损害赔偿责任。[1]其他法学家们认为，在这种情况下，应当允许对他发布禁止干扰使用［共有物］的禁制令。因此，荷兰人主张的依据是一项普遍的权利，因为所有人都承认，海上航行应当向每个人开放，即使这种航行没有得到任何统治者的允许。[2]事实上，这一项原则也明确规定在西班牙法律之中。[3]

教皇亚历山大六世的赠与可能成为葡萄牙人为自己主张海洋权利和专属性航行权进行辩护的第二个论据（因为他们以发现为理由的主张并不成立）。但是，以上论述清楚地表明，教皇的赠与只是一种子虚乌有的借口，原因是对于不属于商业活动范畴的事物，赠与没有任何意义。由于海洋和海上航行权不能成为任何人的私有财产，因此，教皇不能将其作为礼物赠与别人，葡萄牙人也不能接受这种赠与。

另外，因为我们在前面已经断定（基于特别有远见的权威学者的意见）教皇并非全世界的世俗统治者，所以，教皇同样并非海洋的世俗统治者就很容易理解了。不过，即使承认他拥有这种统治权，属于教皇神圣职权的一部分权利仍然不能正当地转让给任何一个国家或者国王，正如一位皇帝不能将帝国的行省转用于自己的目的或者一时心血来潮通过出售将其转让给他人一样。[4]无论如何，只有最厚颜无耻的人才会否认以下观点的合法性：由于除了在特定情形下可能需要教皇基于其神职进行某种干预以外，任何人都没有把管辖世俗事务的权利让予教皇，同时，由于我们正在讨论的问题——即海洋和海上航行权——只与利润和收益有关，不涉及任何虔诚信仰的事务，因此，就目前的问题而言，教皇的权力是完全无效的。

然后，对于甚至君主——即世俗统治者——也不能禁止任何人进行海上航行的反对意见，我们应该如何回答呢？应该说，即使世俗统治者对海洋拥

---

〔1〕《查士丁尼法典·学说汇编》XLⅢ. viii. 2，§9；注释法学派学者：《〈学说汇编〉评注》XLⅡ-Ⅱ. xiv. 1. ［手稿边缘此处被磨损掉了。本旁注缺失的部分和后面两个旁注根据格劳秀斯的《海洋自由论》作了补充］。（——英译者注）

〔2〕巴尔杜斯：《〈学说汇编〉评注》I. viii. 3；苏亚雷斯：《航海实务》Consil. 1。

〔3〕［《西班牙法典第七编》］Pt. Ⅲ, tit. xxviii，法律 10 和 12［法律 3］。

〔4〕维多利亚：《论印度群岛》26［Ⅱ. 2］。

有权利，那也只是一种管辖权和保护权。

此外，作为一项得到普遍承认的原则，教皇无权实施任何违反自然法的行为。[1]同时，我们已经非常清楚地说明，任何人把海洋或者对海洋的利用作为私有财产而占有都是违反自然法的。

最后，由于教皇完全无权剥夺任何人属于他们自己的权利，因此，假设他只凭一句话就想剥夺许多国家属于它们自己的与伊比利亚人民同样的权利——这些国家不应该受到这样的对待，因为它们没有对任何人实施过应受谴责的欺诈或伤害行为——对他的行为该如何解释呢？

鉴于以上情况，我们必须得出这样的结论：或者说按照上述解释方法，教皇的赠与公告没有法律效力；或者说（这种选择同样可信）教皇的本意是希望解决西班牙与葡萄牙两国之间的争端，且无意在任何程度上减损其他国家的权利。

作为可以诉诸的最后手段，对非正义行为的辩护通常会以时效或者习惯作为根据。葡萄牙人同样试图以此为根据为自己进行辩护。然而，无可辩驳的法律观点使他们无法从其中的任何一个概念中得到支持。

时效来源于市民法。正因为如此，它不能适用于国王之间或者自由民族之间的关系，[2]而且当时效与比市民法效力更高的自然法或［初级］万国法发生冲突时，它的效力要小得多。

进一步讲，在我们讨论的这个问题中，甚至市民法本身也构成了时效的障碍。[3]因为市民法禁止通过时效取得那些不能被纳入财产项下的物，[4]市民法也禁止通过时效取得那些不能被占有或准占有[5]或者不能被转让[6]的物，而海洋以及对海洋的使用正属于符合所有这些特征的物。

另外，既然无论是因为有关财产的性质，还是因为时效对属于一些人的某项特权产生的不利影响，公有财产（换句话说，属于特定国家的财产）不

---

〔1〕　西尔维斯特：《西尔维斯特全集》"论'教皇'的词义"xvi。

〔2〕　巴斯克斯：《雄辩指南》li［23］。

〔3〕　参见多尼奥：《市民法评论》V. xxii. f。

〔4〕　《查士丁尼法典·学说汇编》XVIII. i. 6；《查士丁尼法典·学说汇编》XLI. iii. 9。

〔5〕　《查士丁尼法典·学说汇编》XLI. iii. 25；《天主教教会法典大全·第六卷》V. xii. ult. , reg. 3。

〔6〕　《查士丁尼法典·学说汇编》L. xvi. 28；《查士丁尼法典·学说汇编》XXIII. v. 16。

能基于无论多长时间持续占有的结果而被［私人］取得，［1］那么，对于共有物，这种同样［永久］的权利应当给予整个人类而不是某个单独的国家必然是真正符合正义的要求！事实上，这正是帕皮尼安55在其著作中所确立的原则，他指出："根据万国法，在取得'公有'［即共有］土地时，建立在长期占有基础上的时效通常不被承认为具有法律效力。"［2］帕皮尼安以举例的方式提到了海岸，并设计了一个通过建造建筑物对一部分海岸实施先占的案例：如果在原先的建筑物损毁以后，别人在原址上又建起了一座建筑物，前一座建筑物的主人不能［根据原先的占领］对后一座建筑物的主人提出异议。接着，帕皮尼安又基于公有［即国有］物举了一个类似的例子：即使一个人多年来一直在一条河的支流上捕鱼［而且他是唯一在那里捕鱼的人］，但是（当然，假设后来他的捕鱼行为中断了），他依然无权阻止另一个人享有与他同样的捕鱼权。

因此，尽管安基勒斯和那些赞成其观点的人们同意，威尼斯人和热那亚人能够通过时效取得邻近其海岸的海湾的特定权利，［3］但是，他们的看法是错误或者故意欺骗他人的。当法学家们不是为了法律和理性的利益，而是为了向比他们更有权势的人邀宠而运用其神圣的职业所具有的权威时，经常会发生这种情况。如果适当地结合帕皮尼安的言论，对于（我们前文提到过的）马西亚努斯的回答，［4］肯定不可能作出与约翰内斯和巴尔托鲁（萨索费拉托的）所赞成且现在又得到所有权威学者［5］接受的观点不同的解释。这种观点就是：设置禁止的权利只在占领持续期间内有效；如果占领中断，设置禁止的权利即失去效力；因为（正如卡斯特伦西斯56正确地指出的那样）一旦占领中断，即使在此之前占领已经持续了一千年，占领者仍将失去其权利。［6］另外，即使马西亚努斯的意思是只要承认先占就要承认时效的权利（尽管几

---

〔1〕《查士丁尼法典·敕令集》Ⅷ. xi（xii）. 6；《查士丁尼法典·敕令集》Ⅺ. xlii. 9；《查士丁尼法典·学说汇编》XLⅢ. xi. 2。

〔2〕《查士丁尼法典·学说汇编》XLⅠ. iii. 49〔45〕。

〔3〕安基勒斯：《法律评论》289。这是关于和平的其他章节的主题。

〔4〕《查士丁尼法典·学说汇编》XⅦV. iii. 7。

〔5〕杜阿隆：《〈学说汇编〉评注》XLⅠ. iii；居雅斯：《〈学说汇编〉评注》49〔45〕；多尼奥：《市民法评论》V. xxii。

〔6〕卡斯特伦西斯：《〈学说汇编〉评注》XLⅠ. i. 14, n. 4。

乎没有人相信他持有这种观点），但把关于公有河流的观点适用于共有的海洋，或者把关于小河支流的观点适用于辽阔的海湾，依然是十分荒谬的。因为把时效适用于海洋或海湾将会对根据万国法属于共有财产的物的使用造成损害；相反，在公有河流或小河支流等其他情况下，时效不会对公共使用造成大的妨碍。除此之外，安基勒斯提出的关于使用引水渠的另一种论点[1]也被所有人正确地拒绝了，因为（像卡斯特伦西斯所说的那样）它完全偏离了主题。

同时，那种认为时效起源于人类记忆所不及的遥远古代的说法也不符合事实。因为对于法律完全排除任何时效取得之物，即使时间跨度再长也不能被认为是一个相关的因素，也就是说，（假如借用菲利努斯【桑迪欧57】的观点）不能够通过时效取得之物不能仅仅由于无法追忆的时间的流逝而变成能够通过时效取得之物。[2]巴尔布斯58承认这些看法是正确的，但他同时解释说，安基勒斯的观点也已经被接受，因为无法追忆的时间的流逝被视为与合法授予的某项特权具有同样的效力，由此可以推定它是一种完全的权利。[3]

基于以上论述，确切地讲，我们所引用的权威学者的观点显然是这样的：如果一个国家的任何部分（如罗马帝国的某个部分）在早于任何历史记载之前的某个时期已经在行使某种权利，则如同承认君主以前授予的某项特权一样，应该承认该部分存在一种时效取得的权利。然而，由于任何人都不是全人类的主宰，不能把有悖于全人类利益的权利授予任何一个人或者一个国家，而且由于时效取得的借口已经被驳倒，因此，时效取得的权利必然无法成立。由此可见，即使是根据这些权威学者的观点，无限的时间流逝也不能在国王之间或者自由民族之间产生一种时效取得的权利。

另外，安基勒斯还提出了一种非常愚蠢的观点，他坚持认为，即使时效不能产生所有权，但它也应当成为一种有利于占有人的例外。不过，帕皮尼安此前断然拒绝承认存在这样的例外，[4]况且他也不可能持不同的立场，因

---

〔1〕 安基勒斯：《〈敕令集〉评注》XI. xliii [xlii] 4。另见安基勒斯：《〈敕令集〉评注》XI. xliii [xlii] 9；《查士丁尼法典·学说汇编》XLIII. xx. 3, §4。

〔2〕 菲利努斯【桑迪欧】：《〈格列高利教令集〉评论》II. xxvi. 11。

〔3〕 巴尔布斯：《论时效》Princ. 5, pt. 4, qu. 6, n. 8。

〔4〕 《查士丁尼法典·学说汇编》XLI. iii. 45。

为在他所处的时代，时效本身就是一种例外。

因此，我们已经证明以下结论是正确的，而且它也得到了西班牙法律[1]的明确肯定：无论可能作为其依据的时间持续了多久，时效都不能适用于那些已被确定为属于全人类共同使用的物。在支持这一结论的其他论点中，第一个论点可以表述如下：任何使用共有财产之人显然是在行使一种共有而非私有的权利；鉴于其不完全占有的特点，就确立时效取得的主张而言，他拥有的权利只相当于一个用益权人的权利。除此之外，第二个论点也值得考虑：即使可能存在一种［一般性的］假设，支持基于无法追忆的时间的流逝存在一种与时效有关的权利和善意【取得】，[2]但如果特定案件的事实清楚地表明完全不可能授予这种权利，而且相应地存在明显的恶意（无论是对于国家还是个人，恶意均被视为一种永久无法消除的因素），则时效取得的主张将由于存在双重瑕疵而无效。[3]此外，第三种论点则基于这样一个事实，即正在研究的问题涉及一种纯粹的授予性权利，这种形式的权利（正如我们将很快说明的那样）不允许通过时效取得。

然而，在争论这个问题时，时效和习惯的微妙关系并没有结束。我们知道，有些人对时效和习惯做了区别，当然是为了便于他们在前一个概念上站不住脚的时候，可以退回到后一个概念上寻求庇护。但实际上，他们所做的区别是十分荒谬的。他们坚持认为，通过时效的过程，原来属于一个人的权利被剥夺，然后将其给予另一个人；[4]相反，如果在将某一项权利给予某一个人的过程中不需要首先剥夺另一个人的权利，这就可以被称为习惯。但是，这等于是说在（最初被授予全人类共同行使的）海上航行权被一个主张权利之人以排除其他人使用的方式侵占以后，他的获益并非必然会导致人类整体

---

〔1〕【《西班牙法典第七编》】Pt. Ⅲ, tit. xxix, 法律 7，"公共场所"一章；苏亚雷斯：《航海实务》Consil. 1, n. 4。

〔2〕法辛尼乌斯：《法律争端全书十三卷》Ⅷ. xxvi 和 xxxiii；科瓦鲁维亚斯：《〈天主教教会法典大全·第六卷〉评注》"占有人法规"Pt. Ⅱ, §2, n. 8；《〈天主教教会法典大全·第六卷〉评注》"占有人法规"Pt. Ⅱ, §8〔7〕, n. 5 和 n. 6。

〔3〕法辛尼乌斯：《法律争端全书十三卷》Ⅷ. xxviii。

〔4〕［安基卢斯］阿雷提努斯：《〈学说汇编〉评注》Ⅰ. viii〔《〈法学总论〉评注》Ⅱ. i. 2〕；巴尔布斯：《论时效》Princ. 5, pt. 4, qu. 6, n. 2。

的受损！[1]

　　对法学家保罗言论的误解为这种错误认识开辟了道路。尽管保罗讨论的是海上属于特定个人的私人权利，但阿库修斯[59]认为，通过一种特权或习惯，可以取得该段讨论中所述的权利。[2]然而，这种对法学家保罗原文的补充根本不符合其原意，它看起来像是一个居心叵测的推测者的臆断，而不是一个实事求是的解释者的贡献。我们已经解释了保罗的真实思想。[3]另外，那些误解了保罗言论的人只要认真思考一下恰好在保罗那一段话前面的乌尔比安的论述，[4]他们就会以一种完全不同的态度来看待这个问题，因为乌尔比安承认，任何被禁止在我住所前面钓鱼的人都毫无疑问是一种非法侵占行为的受害者。[5]虽然这种侵占行为得到了习惯的支持，但它没有任何法律依据。因此，被强行禁止钓鱼之人应该被允许提起损害赔偿之诉。

　　鉴于这种情况，乌尔比安拒绝接受禁止他人钓鱼的做法，并称它是一种"非法侵占"；同时，在信仰基督教的权威学者中，安布罗斯（圣）也持有同样的看法。[6]难道他们的观点都不正确吗？完全违反自然法或万国法的习惯不发生效力，[7]难道这个事实还不够清楚吗？习惯是实在法的一种形式，但实在法不能使普遍的法律准则无效，而海洋应该供所有人共同使用就是一项普遍的法律准则。另外，我们在讨论时效时的论述同样可以正确地适用于习惯：对持不同看法的权威学者的观点所做的任何研究都肯定会证明他们把习惯与特权置于了同等地位。任何人都没有权力将一项有损全人类利益的特权授予他人，因而以上提到的习惯在涉及不同国家的关系上没有任何效力。

　　事实上，西班牙的骄傲巴斯克斯已经对整个问题进行了透彻的论述。[8]作为一名法学家，尽管巴斯克斯在对法律进行深入研究和公正解释方面并没

---

[1]　参见巴斯克斯：《雄辩指南》xxix. 38 [xx. 38]。

[2]　阿库修斯：《〈学说汇编〉评注》XLVII. x. 14。

[3]　参见第 292～293 页。（——英译者注）

[4]　《查士丁尼法典·学说汇编》XLVII. x. 13，§7。

[5]　参见注释法学派学者：《〈学说汇编〉评注》XLVII. x. 13，§7。

[6]　安布罗斯（圣）：《论职责》I. xxviii [132]；真蒂利：《战争法三集》I. xix，接近末尾部分。

[7]　《查士丁尼法典·敕令集》IX. xlviii. 1 [=《查士丁尼法典·新律》ix]；《天主教教会法典大全·格列高利教令集》I. iv. 11。

[8]　巴斯克斯：《雄辩指南》lxxxix. 12 ff。

有给人们留下他们所期望的东西，但是，他提出了这样一种观点，并通过引用许多权威学者的论述使它得到进一步的确认——即根据万国法，属于所有人共有的公共区域不能成为时效取得的对象——然后，他又为这种观点补充了我们已经讲过的安基勒斯以及其他人提出的某些例外。不过，在开始研究这些例外之前，他正确地指出，有关此类事项的真理有赖于自然法和万国法上正确的概念。巴斯克斯指出，来源于神意的自然法是永远不变的，初级万国法（它被认为不同于次级或实在万国法，后者可以改变，但前者不可改变）构成自然法的一部分。如果某些习惯不符合初级万国法，它们就不应当是属于人类（按照这位法学家的观点），而是属于野兽的习惯；它们表现出来的不是法律和惯例，而是腐败和堕落。因此，这些习惯既不能因为时间流逝的结果而具有时效的形式，也不能因为任何法律的制定而具有正当性，甚至不能因为许多国家的同意、接受和实践而得到确认。巴斯克斯列举了包括西班牙神学家阿方索·德·卡斯特罗[60]的证词[1]在内的几个事例，以增强其观点的说服力。

　　巴斯克斯[2]讲道：“从这些论述中，我们清楚地认识到，以上提到的那些人的看法本质上是有问题的。他们相信，热那亚人，或者甚至威尼斯人，可以禁止其他人在他们各自海洋的海湾或海域内航行，而且这种禁止对其他人不构成一种伤害，就像他们可以根据时效对这些水域主张权利一样。然而，这种做法不但有悖于实在法的准则，[3]而且违反我们讲过的具有不可改变性质的自然法或初级万国法。它违反自然法或初级万国法的事实非常明显：因为根据上述法律，不仅所有海洋以及海面，而且所有其他不动产都属于共同财产。另外，尽管这种法律后来被部分地放弃了——例如，就土地的所有权和财产权而言，虽然根据自然法土地是共有的，但经过一系列分化和分配过程，它被从共有物中剥离了出来[4]——然而，海洋的所有权过去是，现在仍

---

　　〔1〕 阿方索·德·卡斯特罗：《论法律惩罚的权力》II. xiv, p. 572。

　　〔2〕 巴斯克斯：[《雄辩指南》] p. 752，n. 30 [lxxxix. 30～35]。[此处的旁注和后面的引语都是巴斯克斯本人的原话。（——英译者注）]

　　〔3〕 参见《查士丁尼法典·学说汇编》XII. i. 14；《查士丁尼法典·学说汇编》XII. iii. 49 [45]；《查士丁尼法典·法学总论》II. i. 2；《查士丁尼法典·学说汇编》XLIV. iii. 7；《查士丁尼法典·学说汇编》XLVII. x. 14。

　　〔4〕 参见《查士丁尼法典·学说汇编》I. i. 5；《查士丁尼法典·法学总论》I. ii，开头部分；《查士丁尼法典·法学总论》I. ii. 1。

然是一个不同的问题。因为从创世之初直到今天，海洋一直是，而且依然是一种共有物。众所周知，海洋的地位从来没有改变，也不存在任何例外。的确，我经常听到许多葡萄牙人说，他们的国王根据时效确立了在西（可能是'东'[之误]）[1]印度群岛海域以及该地区广阔的大洋中航行的权利，其结果就是不能允许其他国家的人民通过这些海域进行航行。我们西班牙的普通民众显然也有同样的看法——即在延伸到被我们伟大的国王、西班牙王国的主权者征服的东印度地区的广阔无垠的海洋上进行航行构成一种除西班牙人以外不对任何其他人开放的权利。这种看法相当于说这是一种西班牙人通过时效取得的权利。但是，所有这些人的看法与那些总是沉浸在像热那亚人和威尼斯人类似幻想中的人们的看法一样，都是极其错误的。以下事实更清楚地证明了所有这种观点的荒谬：在这些国家中，没有一个制定了能够针对它自己主张时效的制度，也就是说，威尼斯共和国并没有建立起一种可以针对它自己提出时效主张的制度，在热那亚共和国也不能针对它提出主张时效的案件，西班牙王国和葡萄牙各自同样不存在这样的制度。[2]因为主张时效的行为人和相对方必然是不同的主体。[3]另一方面，这些国家更不能针对其他国家运用时效的权利，因为时效权利的运用严格限于民事权利，我们在前面的段落[4]中已经对此作了充分的阐述。因此，当利益攸关的各方都属于不承认在世俗事务方面存在上级权威的君主或国家时，不可能存在时效的权利。因为在针对外国人民、国家甚至个人的问题上，特定地区严格意义上的市民法仿佛实际上不存在或者从来没有存在过一样。在对待此类外国实体时，必须参考并适用共同的万国法，无论是初级万国法还是次级万国法。作为一个充分确立的事实，万国法从来没有授予对海洋行使时效或侵占的权利。[在这个意义上]，自从创世以来，万国法的效力一如既往地完全相同；即使到今天，对海域的使用依然构成一种共同的权利。因此，在涉及海洋或其他水域的情况下，任何人都没有，也不可能取得与共同使用有关的权利以外的其他

---

〔1〕 圆括号中的说明是格劳秀斯补充的。（——英译者注）

〔2〕 《查士丁尼法典·学说汇编》Ⅻ. ⅲ. 4，§27；《查士丁尼法典·法学总论》Ⅳ. ⅵ. 14。

〔3〕 参见前述《查士丁尼法典》中的法律与《查士丁尼法典·学说汇编》XXX. ⅰ. 11。另见在巴尔托鲁和耶逊的《〈学说汇编〉评注》XXX. I 中评论家们所做的详细论述。

〔4〕 [巴斯克斯：《雄辩指南》] Pt. I，Qq. 3 和 4，开头部分。

权利。此外，自然法和神法都坚持这样一条著名的准则：'你不希望别人对你做什么，你就不能对别人做什么。'【'己所不欲，勿施于人。'】由此可见，因为不能证明海上航行除了对航行者本人以外，还可能会对任何其他人造成损害，所以，不应该承认任何人拥有阻止航行活动的权力和权利，以免有人通过干涉本质上可以自由从事且在任何意义上不会给他自己造成损害的活动而阻碍航行自由，并违反上述准则和已经确定的规则。[1]同时，我们的论点也得到了这一事实的支持，即所有没有被明确禁止的行为都应该被理解为是允许的。[2]【法无明文禁止皆可为】实际上，由于诉诸时效阻止海上航行的行为不会给行为人带来任何利益［却会对受该阻止行为影响的一方造成损害］，[3]因此，仅仅说这种阻止海上航行的企图违反自然法是不够的，因为我们还负有一种反其道而行之的积极义务，那就是在不会给自己造成损害的前提下，竭尽所能地施惠于所有人的义务。"

在引用了许多教会法和人定法权威学者的论述以支持自己的上述论点之后，巴斯克斯[4]接着讲道：

"因此，我们清楚地看到，我们已经引用过其论述的一些人，即约翰内斯·费伯、安基勒斯、巴尔杜斯以及［乔尼斯］弗朗西斯科·巴尔布斯，所持的观点本质上是错误的。因为这些权威学者相信，对于那些根据万国属于共同财产的地方，即使不能被根据时效取得，也可以被根据习惯取得。这种观点是完全错误的！

这种观点所包含的理论空洞无物、模糊不清，完全看不到任何理性的光芒，而且旨在把法律完全建立在文字而非事实的基础上。[5]与西班牙人、葡萄牙人、威尼斯人、热那亚人以及其他国家人民的海洋实践活动有关的事例清楚地表明，海上航行的专属性权利和禁止他人进行海上航行的权利既不能通

---

〔1〕《查士丁尼法典·学说汇编》I. v. 4；《查士丁尼法典·法学总论》I. iii. 1；《查士丁尼法典·学说汇编》XLIII. xxix. 1~2；《查士丁尼法典·学说汇编》XLIV. v. 1，§5；《查士丁尼法典·敕令集》III. xxviii. 35，§1。

〔2〕《查士丁尼法典·学说汇编》IV. vi. 28，§2；《查士丁尼法典·敕令集》III. xliv. 7。

〔3〕哈马克尔的《捕获法》中没有对插入的这个短语"*et impedito noceat*"作任何编辑说明，但其目的肯定是为了阐明这种论点。（——英译者注）

〔4〕［《查士丁尼法典·敕令集》III. lxxxix〕36。

〔5〕与《查士丁尼法典·敕令集》VI. xliv. 2 相抵触。

过时效取得，也不能通过习惯取得，因为时效和习惯显然涉及同样的原则。[1]
以上引证的法律和论点已经说明，这种权利的取得不但有违自然正义，而且
只会造成损害，不会产生利益，因此，正如这种权利的取得不可能得到实在
法准则的明确授权[2]一样，它也不可能根据默示的法律，如习惯的授权而实
现。此外，时间的推移不能证明海上航行权的取得具有正当性，相反，它只
能使这种主张日益无效且更不具有正当性。[3]"

　　然后，巴斯克斯继续对这个问题进行了论述。他指出，从土地最早被先
占时起，如同拥有［在自己的领地内］狩猎的权利一样，一个特定的民族就
有了在自己的河流上捕鱼的权利。他还说道，一旦这些权利以承认它们可以
被分配给特定个人的方式从古老的共同体权利中分离出来以后，它们就可能
被个人根据无法追忆的时间的流逝，通过时效的方式取得。这似乎是国家通
过一种默示的特许对个人的授权。但作为补充，巴斯克斯强调指出，这种结
果是通过时效，而不是习惯产生的，因为它只改善了取得权利的一方的地位，
而其他各方的地位却受到了损害。在列举了通过时效在一条河流上建立捕鱼
的私有权利所必需的三个条件以后，巴斯克斯[4]补充说道：

　　"对于海洋，我们应该怎么说呢？的确，在海洋的问题上，条件更为严
格。因为即使把上述三个条件加在一起，也不足以取得这样的海洋权利。需
要对一方面是海洋另一方面是土地和河流进行区别的原因在于：就海洋而言，
如同更早的时代一样，无论是今天还是任何时候，初级万国法赋予各国的捕
鱼和航行的权利一如既往地没有任何克减，它们也从来没有被从人类共同的
权利体系中分离出去，从而附属于一个人或一群人；相反，在属于后一种物
（即与土地或河流有关的物）的情况下，就像我们已经讲过的那样，事物的发
展过程是不同的。但是，为什么在涉及海洋时，次级万国法即不再发生作用，
不能产生在适用于土地和河流时分离出［由私人控制的部分］权利的效果呢？
对于这个问题，可以做如下回答：'因为在涉及土地或河流的情况下，法律如

---

　　〔1〕《查士丁尼法典·学说汇编》IX. ii. 32。

　　〔2〕《天主教教会法典大全·格拉提安教令集》I. iv. 2；《查士丁尼法典·学说汇编》I. iii. 1～2，
32；《查士丁尼法典·学说汇编》I. iii. 32 f。

　　〔3〕《天主教教会法典大全·格列高利教令集》II. xxvi. 20。

　　〔4〕《天主教教会法典大全·格列高利教令集》II. xxvi. 39［～41］。

此规定是为了满足实际需要；但在涉及海洋时，并不存在这样的实际需要。'因为大家一般都承认，如果许多人在同一块森林中打猎或者在同一条河流中捕鱼，森林中的野生动物和河里的鱼类可能会被赶尽杀绝或捕捞殆尽；然而，反对过度使用的意见却不能适用于海洋。与此相类似，在河流上建造建筑物容易阻碍或阻止水上航行，[1]但在海上建造建筑物却不会发生这种情况。同理，建造引水渠很可能使河流干涸，但海洋绝对不存在这种可能性。由此可见，对于这两种情形，不能采用同样的逻辑推理方法。另外，我们在前面所讲的大意是对水流（甚至包括泉水和小溪）的利用构成一种共有权利的说法与目前讨论的问题无关。因为大家都知道，那些论述指的是饮水以及类似行为，此类行为对于河流的所有权或者其他权利完全不会造成损害或者只可能造成轻微损害。我们不需要关注这些微不足道的问题。[2]此外，我们的观点也得到了以下事实的进一步确认，即一个不正当的主张不能通过时效而发生效力，无论时间过去了多久；一项不正当的法律既不能产生一种时效，也不能因时间的流逝而具有正当性。[3]"

最后，巴斯克斯[4]指出："不能通过时效取得之物不可能根据法律规定而成为时效取得的客体；不能通过时效取得之物也不可能根据时间的流逝而成为时效取得的客体，即使过了一千年以后也不行。"这个观点得到了许多权威学者论述的支持。[5]

现在，每个读者都很清楚，无论持续了多长时间，侵占行为也不能阻止对共有物的使用。我们还必须补充一点：不同意这个一般性结论的人们的观点无论如何也不能适用于我们正在讨论的特定问题。因为那些持不同意见者谈论的是地中海，而我们谈论的是大洋；他们讨论的是海湾，而我们讨论的却是无边无际的海洋。从先占的角度来看，这两个概念存在很大区别。那些权威学者[6]所承认的拥有因时效取得的权利的民族（比如威尼斯人和热那亚

---

〔1〕《查士丁尼法典·学说汇编》XLIII. xiii，整个部分。

〔2〕《查士丁尼法典·学说汇编》IV. i. 4；巴斯克斯：《论继承的演变》I. vii。

〔3〕巴尔布斯：《论时效》Princ. 5，pt. 5，qu. 11 和 Princ. 5 中的其他部分；注释法学派学者：《〈格拉提安教令集〉评注》II. x. 3. 8；阿方索·德·卡斯特罗：《论法律惩罚的权力》II. xiv。

〔4〕巴斯克斯：[《雄辩指南》lxxxix] 44。

〔5〕巴尔杜斯和安基勒斯：《〈敕令集〉评注》VII. xxxix. 4。

〔6〕参见安基勒斯：《〈法学总论〉评注》II. i. 5 以及前面提及的其他部分。

人）占有着相关水域连续不断的海岸线，但是，正如我们刚才清楚地指出的那样，葡萄牙人连这个理由都没有。

事实上，即使时间的推移能够创设一种针对特定国家公共财产的时效取得的权利，但在目前的情况下，仍然缺乏某些必要的条件。第一，根据一项得到普遍接受的原则，[1]任何基于特定占有行为主张时效取得权利的人不但必须在很长的时期内持续地实施占有行为，而且这种占有行为从记忆所及的时间之前就开始了。第二，在整个这一时期，除了经主张时效取得之人许可或者他不知情的情况以外，没有任何其他人实施过占有行为。第三，主张时效取得之人曾经阻止所有其他希望使用有关占有物的人对该物的使用，此类制止措施应当为人所共知，并得到了有关各方的同意。因为即使他一直在行使占有行为，并且一直在阻止部分而非全部希望使用有关占有物的人使用该物，（根据权威学者们的观点）这个条件仍然没有得到满足。其原因在于即使部分人被阻止使用该物，但其他人仍然可以自由地使用它，那么，按照法学家们的观点，这种占有就不足以确立一种时效取得的权利。此外，上述所有条件必须同时具备。这一方面是因为法律倾向于反对对公有财产的时效取得；另一方面显然是为了使主张时效取得之人能够行使真正属于他自己的权利，而不是一种共有权利，并且使他能够通过不受干扰的占有来行使这种权利。进而言之，因为这里的条件之一是占有行为应该超出记忆所及的时间，所以，证明时间过去了一个世纪并非总是足够的（这一点是著名的法律解释者提出来的）;[2]相反，必须存在一种我们的祖先传给我们的得到充分确立的传统，而且任何依然在世的人从来没有耳闻目睹过与此相矛盾的证据。

在 1477 年国王约翰【即若昂二世[61]】统治时期，与他们在非洲的利益相联系，葡萄牙人首先开始了对更遥远的海洋区域的探索之旅。[3]20 年后，在伊曼纽尔国王【即曼努埃尔一世[62]】继承王位以后，葡萄牙人航行经过了好望角；此后又过了很长时间，他们才到达马六甲以及更远处的岛屿。这些岛屿正是 1595 年荷兰人航行去往的地方，他们比葡萄牙探险者晚了不到 100 年。另外，甚至在这一段时期内，某些当事方反对他方对这一片海域的使用

---

〔1〕　安基勒斯：《〈法学总论〉评注》Ⅱ. i. 38。

〔2〕　科瓦鲁维亚斯：《〈天主教教会法典大全·第六卷〉评注》"占有人法规" Pt. Ⅱ, § 3, n. 6。

〔3〕　奥索里乌斯：[《葡萄牙国王曼努埃尔【一世】传》] Ⅰ [pp. 15 ff]。

同样构成对任何一方主张时效取得的障碍。早在 1519 年，卡斯蒂利亚人的行动就使人们对葡萄牙人占有摩鹿加附近海域的问题产生了疑问。同时，法兰西人和英格兰人也公开而非隐蔽地使用武力开辟了通往世界这一部分的航道。此外，所有这些地区的居民，包括非洲人和亚洲人，一直在利用离他们各自海岸最近的那一部分海域进行航行和捕鱼，而葡萄牙人从来没有禁止他们从事这些活动。

鉴于上述情况，我们必然会得出以下结论：**葡萄牙人没有禁止任何其他国家人民在延伸到东印度群岛的广阔海域进行航行的权利。**

四、无论是基于占有、教皇的授予或时效（即习惯），与他国进行贸易的权利均不能被特定一方所独占

另外，如果葡萄牙人坚持主张他们拥有与东印度群岛人从事贸易的独占权，他们的主张也将以同样的方式被已经提出的全部论点所否定。我们将简单回顾这些论点，并将其适用于我们所进行的讨论的这个特定阶段。

根据万国法，这一项原则已经得到确立：所有人都享有与其他人自由进行贸易的权利，[1]任何人都不得剥夺其他人的这一项权利。因为对这一项原则的需要在所有权被划分后即已存在，所以，它的起源显然非常古老。正如亚里士多德在《政治学》中敏锐地指出的那样：为了适当地满足所有人的需要，以货易货弥补了自然的缺憾。[2]因此，根据万国法，进行以货易货贸易的权利必然是所有人所共有的，它不但是一种消极（即非排他的）意义上的权利，而且是一种积极（像法学家所说的那样）[3]或肯定意义上的权利。现在，万国法的消极特征正在发生改变，而其积极特征则并没有改变。

对于这种情况的论述，可以澄清如下：大自然把所有物品赋予所有人类；然而，由于不同地区之间的距离使人们无法利用人类生活所需的许多物品（正如我们在另外一处指出的那样，并非每个地区都能生产每一种物品），因此，不同地区人民的往来就成为必要。真正意义上的以货易货并非在人类社会的早期即已存在，它是人们根据自己的判断，为相互利用对方领土上发现

---

〔1〕《查士丁尼法典·学说汇编》L. i. 5 和巴尔托鲁：《〈学说汇编〉评注》L. i. 5 [n. 8]。

〔2〕亚里士多德：《政治学》L. ix [ⅲ]。

〔3〕参见科瓦鲁维亚斯：《〈天主教教会法典大全·第六卷〉评注》"刑事法规" Pt. Ⅱ，§ 8。

的物品而发展起来的。这种交易很大程度上模仿了中国人进行商品交换的方式，据说，中国人把货物放在某个偏僻的地方，买卖完全依靠交易对象的谨慎和诚信。[1]不过，当动产被置于私人财产权下以后（正如我们解释过的那样，这是由于需求压力导致的），马上就出现了以货易货的交换形式，[2]以便一个人的供不应求可以从另一个人的供大于求那里得到满足。因此，（就像普林尼（老）[3]引用荷马的言论指出的那样）商业活动是为了满足生活需要而发展起来的。此外，当不动产也开始在不同所有人之间进行分配之后，共同体所有制度的普遍废除使得商业活动不仅在地理上相距遥远的人们之间，而且在邻近的人们之间也成为必要。后来，为了便利商业活动，人们发明了货币，[4]而货币的［拉丁文］名称是"*nummus*"，"它来源于希腊语单词［习惯或法律］"，[5]因而货币是一种民事制度。[6]

我们发现，构成所有契约基础的一般原则［交换原则］本身来源于自然；[7]相反，交换的各种具体形式和价款的实际交付［赚钱的过程］本身却来源于法律或传统。[8]对于它们之间的区别，更早的法律注释学家们没有能够清楚地加以区分。不过，人们普遍同意，私人所有权——至少是动产——来源于初级万国法，[9]而且所有不涉及支付对价的契约同样如此。

哲学家们对希腊语中两种类型的交易作了区别，[10]我们可以把它们译为"批发"贸易和"零售"贸易。前者——就像这个术语本身表明的那样，在相距遥远的国家之间进行——在自然秩序中居优先地位，而且柏拉图也是这

---

〔1〕　梅拉：《世界概览》Ⅲ.［vii］。

〔2〕　《查士丁尼法典·学说汇编》XVIII. i. 1。

〔3〕　普林尼（老）：［《博物志》］XXXIII. i。

〔4〕　《查士丁尼法典·学说汇编》XVIII. i. 1。

〔5〕　亚里士多德：《尼可马亥伦理学》V. viii［V. v. 10］；亚里士多德：《政治学》I. ix［I. iii. 15］。

〔6〕　参见第二章，第八项法律。［作者也许打算把这个旁注和文本中已经删除的那一段话一并删掉。（——英译者注）］

〔7〕　《天主教教会法典大全·格拉提安教令集》I. i. 7；亚里士多德：《政治学》I. ix［I. iii］。

〔8〕　拉丁文单词"*institutum*"可以表示法律或者传统。不过，由于上下文显示格劳秀斯头脑中希望同时表达这样两个含义，因此，英文短语对它作了扩张解释。（——英译者注）

〔9〕　参见卡斯特伦西斯：《〈学说汇编〉评注》I. i. 5，n. 20 和 n. 28 中引用的西努斯以及其他人的言论。

〔10〕　柏拉图：《智者篇》［p. 223 D］。

样排列的；[1]后者似乎是指亚里士多德所说的"店铺"交易形式，[2]或者说是市民之间在一个固定场所进行交易的形式。亚里士多德还把批发贸易分为"海路"贸易和"陆路"贸易。后者是指通过商品的陆路运输进行的贸易；前者则是指通过商品的海路运输进行的贸易。[3]当然，零售贸易更琐碎和卑下，[4]批发贸易则更值得推崇，特别是涉及海路运输时尤为如此，因为它使许多人能够分享大量的物品。正因为如此，乌尔比安声称，对船舶运输的管理是最值得一个共同体关心的事项，[5]而［小］商贩[6]的服务则不具有同样的价值。事实上，根据自然的安排，发展前一种贸易是绝对必要的。亚里士多德指出："存在一种与所有物品有关的交易过程，它首先来源于自然的安排，因为就某些物品而言，有些人供大于求，其他人却供不应求。"[7]塞内加（小）也说明了这样一条规则："根据万国法的规定，你可以卖掉你买来的东西。"[8]

总之，贸易自由起源于具有自然和永久属性的初级万国法，因而它不能被克减；即使可以被克减，那也只能是所有国家同意的结果。因此，如果说一个国家可以正当地强行阻止其他两个国家缔结它们希望缔结的协议，那将是完全不可想象的。

首先，无论是发现还是先占都与自由贸易无关，因为自由贸易的权利不是可以被夺取的有形物品。即使葡萄牙人是最早与东印度群岛人民从事贸易的人，这也无助于强化他们的地位，况且他们最早与东印度群岛人民从事贸易的主张也被认为完全是一种谎言。因为在开始的时候，不同国家的人们朝

---

〔1〕　柏拉图：《国家篇》Ⅱ［xi～xii］，它被《查士丁尼法典·学说汇编》L. xi. 2 所引用。

〔2〕　亚里士多德：《政治学》L. xi［I. iii. 16］。

〔3〕　严格地讲，这里引用的亚里士多德著作中的这一段话概括性地把"商业"分为三种类型：海路贸易、陆路贸易和零售贸易。因此，格劳秀斯排除零售贸易并对所有商业活动采取两分法的做法暗示它属于这一段的内容，尽管他没有明示这一点。（——英译者注）

〔4〕　西塞罗：《论责任》Ⅰ［xlii. 150］；亚里士多德：《政治学》L. ix［I. iii］。

〔5〕　《查士丁尼法典·学说汇编》XIV. i. 1，§20。

〔6〕　乌尔比安所用的 *institorum* 一词的主要含义是"为他人销售货物的代理人"。不过，格劳秀斯的观点说明，他头脑中想的是这个词的另一个含义，即"沿街叫卖者"或"小商贩"。（——英译者注）

〔7〕　亚里士多德：［《政治学》I. iii. 12］。

〔8〕　塞内加（小）：《论利益》L. ix。

着不同的方向航行，必然有人会成为第一批与［各个不同地区的］人民进行贸易的人。但毫无疑问，他们并不能因此而获得特殊的权利。

因此，假如葡萄牙人的确拥有任何允许他们与东印度群岛人民进行贸易的排他性的权利，这种权利也必须像其他形式的地役权一样来源于明示或者默示的特许（即来源于时效）。因为在其他情况下，不可能存在这样的权利。

也许除了教皇以外，没有人可以明确授予这种排他性的贸易权；但不幸的是，教皇也没有这样的权力，因为任何人都无权把不属于自己的东西赠与别人。教皇——除非他是整个世俗世界的主宰，但头脑清醒的人们都拒绝承认这种假设——不能主张甚至普遍的贸易权也属于他的管辖范围。当有关情形只涉及物质利益的取得而与管理精神领域的事务完全没有关系的时候，对教皇权力的反对尤为强烈，因为（正如人们普遍承认的那样）在精神领域以外，教皇的权力不发生效力。另外，如果教皇希望只把这种权利授予葡萄牙人，同时剥夺其他人同样的权利，他就是在实施双重伤害。首先，他这样做是对东印度群岛人民的伤害，（正如我们已经讲过的那样）由于东印度群岛人民处于基督教会的范围以外，他们完全不受教皇的管辖。既然教皇无权剥夺属于他们的任何东西，他也无权剥夺他们（所拥有的）与自己希望的任何人进行贸易的权利。其次，他这样做也对所有其他人，包括基督徒和非基督徒的伤害，因为他无权在没有理由以及没有对提出的理由进行公开听证的情况下剥夺他们的有关权利。的确，鉴于甚至世俗领主也无权在其领地内禁止自由贸易的事实（我们已经基于逻辑推理和权威学说的标准说明了这一点），教皇的这种主张怎么能站得住脚呢？根据同样的道理，我们必须承认，违反永恒的自然法和万国法的教皇的权力没有任何效力，因为自然法和万国法是注定会永世长存的自由本身的渊源。

还需要考虑的一个问题就是时效，或者如果读者们喜欢使用另外一个词，那就是习惯。然而，我们已经指出，根据巴斯克斯的观点，无论时效还是习惯，它们在自由国家或者不同民族统治者之间的关系上没有任何效力；另外，当它们违反根据最早的法律形式所形成的原则时，同样没有任何效力。因此，在这种情况下，我们发现，时间的推移不能使贸易权被私人所占有，因为这种权利不具有私有财产的特征。由此可见，在我们所讨论的案件中，不可能存在任何权利或者善意【取得】。根据教会法学家的观点，在明显缺乏这两个因素的情况下，时效不能被视为是一种权利，而是一种伤害。

此外，对贸易的准占有的概念似乎不是建立在一种私有权利，而是建立在一种属于所有人的共有权利基础上的。因此，反过来说，不应当仅仅由于葡萄牙人以外的其他民族可能忽视了与东印度群岛人民的商业往来就推定他们不这样做是出于对葡萄牙人利益的尊重，而应当推定他们的忽视是出于利益的考虑。他们的这种态度无论如何都不能妨碍他们当其认为这样做符合自身利益时，随时开始他们之前由于克制而没有进行的商业活动。事实上，对于这些涉及自由判断或者纯粹属于选择能力的问题，权威学者们[1]已经规定了一项无可置疑的原则，大意是：属于这个范畴的行为只代表一种权力或能力的运用，并不构成任何新的权利；在这种情况下，即使时间过去一千年也不能创设一种基于时效或习惯的权利。（正如巴斯克斯主张的那样[2]）这一项原则的适用既可能是积极的，也可以是消极的，因为我既不能被迫继续做迄今为止我出于自己的意愿一直在做的事情，也不能被迫不去做迄今为止我出于自己的意愿还没有做的事情。我们有必要换个思路来看这个问题：假如我们作为个人一直没有与其他个人缔结契约，那么，即使将来出现了这样的机会，我们也不再有缔结契约的权利了。难道还有比这更荒谬的结论吗？另外，巴斯克斯正确地指出，即使是无限的时光流逝也不能使特定行为的过程被视为是强制而非自愿的。[3]

因此，要确立任何此类权利主张，葡萄牙人必须证明存在一种强制的因素。不过，强制本身——因为在本案中，这种强制违反自然法，而且损害人类整体的利益——也不能创设他们所主张的权利，因为这种强制必须从记忆所及的时间之前开始并持续到现在。[4]然而，实际情况并非如此，即使是从威尼斯人通过经由亚历山大城的航道几乎完全控制了与东印度群岛的贸易[5]

─────────

〔1〕　注释法学派学者和巴尔托鲁：《〈学说汇编〉评注》XLIII. xi. 2；巴尔布斯：《论时效》Princ. 5，pt. 4，qu. 1；帕诺米特努斯：《〈格列高利教令集〉评注》III. viii. 10；市民法与教会法评论家：《〈学说汇编〉评注》XII. ii. 41 和科瓦鲁维亚斯：《〈天主教教会法典大全·第六卷〉评注》"占有人法规" Pt. II，§ 4，n. 6。

〔2〕　巴斯克斯：《雄辩指南》iv. 10 和 12。

〔3〕　巴斯克斯：《雄辩指南》iv. 12。

〔4〕　巴斯克斯：《雄辩指南》iv. 11。

〔5〕　圭恰尔迪尼：《意大利历史》XIX。

以来，时间也没有超过一百年。除此之外，另一个条件是不存在对这种强制的反抗。但是，法兰西人、英格兰人以及其他人实际上都在对葡萄牙人的强制进行反抗。[1]只有一部分人受到强制的事实并不能满足这个条件；相反，必须是所有人都已经服从这种强制。因为只要有一个人不接受强制，所有人拥有自由的主张就继续有效。阿拉伯人和中国人与东印度群岛人的贸易活动已经不间断地进行了几个世纪，而且今天仍然在继续。由此可见，那种建立在侵占基础上的权利主张没有任何效力。

前面的论述非常清楚地揭露了那些企图阻止其他任何人分享其利益的人们财迷心窍的贪婪本质，他们为了急于使自己的良心得到安抚而提出的各种论点没有任何价值，甚至作为他们同伙的西班牙权威学者也有力地证明了这一点。[2]这些权威学者尽可能坦率地表示，在关于印度群岛问题[3]上使用的所有借口都不具有正当性。他们补充说，神学家们从来没有认真研究过这个问题，也没有对此表示同意。

的确，葡萄牙人抱怨说，日益增加的竞争者使他们的利润不断缩水。但是，还有什么能比这种抱怨更不正义的吗？因为在最无可置疑的法律原则中，我们发现了这样一项推定的原则：对于一个行使自己权利的人，应当推定他没有实施或企图实施欺诈行为，甚至也没有损害另一个人的利益。[4]特别是在某一行为并非有意对他人造成损害，而是旨在增进行为人自身利益的情况下，这一推定尤为正确。[5]因为我们的注意力应当集中于行为的根本目的，而不是其外在的结果。[6]实际上，根据乌尔比安对此类案件所作的严格解释，行为人并非有意造成损害，而只是不让另一个人继续享有他迄今为止一直享

---

〔1〕　参见第 300 ~ 301 页。

〔2〕　巴斯克斯：《雄辩指南》x. 10；维多利亚：《论印度群岛》Ⅰ [Ⅲ] 3。

〔3〕　这里使用的 "*Indicis*" 一词显然既包括格劳秀斯特别感兴趣的东印度群岛问题，也包括前面引用过的西班牙权威学者在其著作中讨论的美洲【西】印度群岛问题。（——英译者注）

〔4〕　《查士丁尼法典·学说汇编》Ⅵ. i. 27，§4；《查士丁尼法典·学说汇编》L. xvii. 55；《查士丁尼法典·学说汇编》XLⅡ. viii. 13；《查士丁尼法典·学说汇编》XXXIX. ii. 24，§12；《查士丁尼法典·学说汇编》L. xvii. 151；巴尔托鲁：《〈学说汇编〉评注》XLⅢ. xii. 1 [2]，n. 5；卡斯特伦西斯：《〈敕令集〉评注》Ⅲ. xxxiv. 10。

〔5〕　查士丁尼法典·学说汇编》XXXIX. iii. 1，§23。

〔6〕　参见巴斯克斯：《雄辩指南》iv. 3 f。

有的利益。〔1〕另外，每个人都应当为自己的利益勇敢投身于能够获得利润的事业，而不是眼看它掌握在另一个人手里，即使这可能是他首先从事的。〔2〕这样做既符合自然，〔3〕也符合最高形式的法律和衡平原则。谁有耐心去听一个工匠抱怨说由于另一个工匠掌握了同样的手艺，从而使他的利润减少了呢？在本案中，荷兰人的理由比其竞争对手的理由更具有正当性，因为他们自身的利益是与全人类的利益联系在一起的，而葡萄牙人却在试图破坏这种普遍的利益。

认为荷兰人的活动是出于对抗的动机是一种有失公允的说法，巴斯克斯也曾经在与一个类似案件有关的情况下讲过这样的话。〔4〕我们必须断然拒绝这种论断，除非他指的不但是一种良性的，而且是最值得推崇的竞争，即像赫西奥德所说那样，"对人类有益的竞争"。〔5〕巴斯克斯指出，如果有人慈悲为怀，在粮食极度匮乏的时候以相对较低的价格出售粮食，他就会遭到那些无耻和铁石心肠的人们的反对，因为他们希望在这种极其严峻的时刻能够以比平常更高的价格出售自己的粮食。毋庸讳言，这种善举减少了其他人的利润。巴斯克斯补充说："我们不否认这一点，但是，那些人利润的减少有益于整个人类。假如世界上所有统治者和暴君的利益都能以同样的方式减少，那将是全人类的福音！"〔6〕

的确，伊比利亚人把整个世界都当作其附庸，并随心所欲地决定是否允许他们进行贸易，难道还有比这种情况更有违正义的吗？在每个国家，粮食投机商都会被憎恨，甚至受到惩罚。〔7〕在生活中，没有任何其他行为比在市场上哄抬物价更令人深恶痛绝的了。当然，这种痛恨是正义的，因为自然为人类提供了共同分享的果实，但投机商却在违反自然的命令实施犯罪。〔8〕另外，不应当认为贸易制度的发明是为了少数人的利益；相反，它是为了使一个人产品的匮乏可以通过另一个人产品的富余得到弥补，尽管所有在交换过

---

〔1〕《查士丁尼法典·学说汇编》XXXIX. ii. 26。

〔2〕 巴斯克斯：《雄辩指南》iv. 3 f.。

〔3〕 参见前面第二章关于第二项法律的论述。

〔4〕 巴斯克斯：《雄辩指南》iv. 5。

〔5〕 赫西奥德：《工作与时日》24。

〔6〕 巴斯克斯：《雄辩指南》iv. 5。

〔7〕《查士丁尼法典·敕令集》IV. lix. 1。

〔8〕 卡耶坦：《神学概要》II～II, qu. 77, art. 1, ad 3。

程中付出劳动和承担风险的人不可能不获得正当的利润。[1]难道我们能说上面提到的那种当其发生在某个单独的国家（即相对较小的人类的联合体）时被视为非常有害的做法应该在由人类组成的国际社会中被容忍，从而使伊比利亚民族可以对整个地球建立起一种垄断吗？[2]

简而言之，让葡萄牙人大声哭喊去吧！想喊多高喊多高，想哭多久哭多久！他们哭喊道："你们使我们的利润缩水了！"荷兰人回答说："完全不是这样！我们是在寻求获得自己的利润！"["你们使我们的利润缩水了！"]"难道你们因为我们取得了一部分海洋和海风而生气吗？"["你们使我们的利润缩水了！"]"谁承诺说你们可以一直占有这些利润呢？"["你们使我们的利润缩水了！"]"你们仍然占有没有受到损害的同样的利润，我们对此没有任何异议。"["我们在以公平的价格进行交易。""你们使我们的利润缩水了！""你们坚持认为，一个人不应当向另一个人对可能属于自己利润来源的任何东西提出的主张做出让步。"]

总之，由于我们在前面已经清楚地说明[3]（有来自维多利亚的权威确认及许多事例的证明），为保卫自由贸易并反抗阻碍自由贸易者是战争的正当理由，因此，我们的结论是：荷兰人有正当理由对葡萄牙人进行战争。关于这一结论的进一步证据来自下面更详细的论述。

保卫或重新取得自己的占有物、追索债务或者实施正当惩罚均构成战争

---

〔1〕 亚里士多德：《政治学》I. ix〔I. iii〕。

〔2〕 此处手稿第116'页页边插入的一段话是英译本中删除的段落之一。它是《海洋自由论》修改后的一部分，但并非《捕获法》原稿中的一部分（参见本章第一个英译者注）。另一方面，书稿本页上部被删除的部分词语和本页下部的整个部分在英文版中被保留了下来，因为它们只是为了与《海洋自由论》文本的修改相协调才被删除的。出于同样的原因，第117～118'页（《海洋自由论》第十三章的正文和注释）在英译本中被删除了（从第116'页底部直到第119页顶部），包括从那里到第121'页底部被删除的所有材料。

这里对原始拉丁文本的重构主要建立在有关段落的内容和句法的基础上，尽管手稿的某些物理特征也证明这样做是正确的。例如，与《捕获法》相比，《海洋自由论》插入部分手写的字体更小，而且更圆润；同时，一种更为陈旧的页码标示痕迹显示第116～116'页原来被标为第112页，第119～119'页原来被标为第113页，而插入页（117～118'页）则被标为112.3页和112.5页。

重构中唯一存在合理怀疑的词语是第116'页顶部原来被单独删除而现在保留下来的词语。这些词语见于紧随本注释之后荷兰人与葡萄牙人之间想象中的对话。本英译者将它们放在括号中，以便读者可以得出自己的结论。哈马克尔保留了有关词语，但格劳秀斯可能主要是出于文体方面的原因，把它们从《捕获法》中略去了。（——英译者注）

〔3〕 参见本章开头部分。

的正当理由，而且甚至权利也应该被包括在"占有物"之中。因此，巴尔杜斯声称，对禁止我行使自己权利的人进行攻击是正当的。[1]不过，"权利"的概念既包括我们以私人身份应该享有的权利，也包括我们根据有关人类伙伴关系的法律（奥古斯丁（圣）在论述对亚摩利人进行战争的理由时提到了这一点[2]）应该享有的权利，也就是说，对公有物的使用——如利用海洋和商业机会——构成权利概念的一部分。由此可见，如果任何人享有对此类权利的准占有，他就可以采取适当措施保卫其权利主张。[3]蓬波尼乌斯同样坚持认为，如果一个人为了自身利益占有属于所有人的共有财产并进而损害了其他人的利益，则应该使用武力制止这种行为。[4]因为对于在法庭诉讼程序中可以正当地适用禁制令的所有案件，在法庭外均可正当地使用武力进行对抗。[5]有一位行政长官指出："我禁止使用武力阻止船只或快艇在公共河流上航行，或者阻止在河岸上卸载货物。"[6]根据拉贝奥的建议[7]对这一条禁令作出解释的学者们主张，应该以同样方式制定一项适用于海洋的禁令。[8]拉贝奥在评论这位行政长官的禁令时说道："根据这一项规定，在公共河流中或者河岸上，不得实施任何可能有损船只停泊或航行的任何行为。"[9]如果把同样的禁令适用于海洋，我们应当这样表述："在海洋中或者海岸上，不得实施任何可能有损船只对港口的使用、停泊或海上航行的行为。"简而言之，对于不正当地使用武力的行为，应该正当地使用武力进行还击。其他研究战争主题的学者也支持同样的原则。[10]他们主张，既然可以为保护财产进行战争，同样并首先[11]可以为保护根据自然法应该共同使用的物品的使用权而进行战争。因

---

〔1〕　巴尔杜斯：《〈敕令集〉评注》Ⅷ. iv. 1，n. 38〔35〕。

〔2〕　奥古斯丁（圣）：〔《〈圣经·旧约〉前七章评注》，《〈民数记〉评注》Ⅳ. 44〕。

〔3〕　参见前面第二章，第二项和第四项法律。

〔4〕　《查士丁尼法典·学说汇编》ⅩⅡ. i. 50。

〔5〕　此处拉丁文本中标注的页码参见上一个英译者注。（——英译者注）

〔6〕　《查士丁尼法典·学说汇编》ⅩⅬⅢ. xiv. 1。

〔7〕　《查士丁尼法典·学说汇编》ⅩⅬⅢ. xii. 1。

〔8〕　参见注释法学派学者对《查士丁尼法典·学说汇编》ⅩⅬⅢ. xiv. 1 所作的评论。

〔9〕　《查士丁尼法典·学说汇编》ⅩⅬⅢ. xii. 1. §17。

〔10〕　亨利（哥库姆的）：《战争法》Prop. 9。

〔11〕　这是对手稿中此处写在两行之间难以辨认的短语或单词"*in primo*"或"*imprimis*"的解释。（——英译者注）

此（这些作者坚持认为），对于那些封锁生活必需品运输的往来通道的人，可以主动进行对抗，即使［主动对抗的一方］尚未取得其统治者的授权。另外，正是［对共有物共同使用的］强行禁止使这种对抗具有了正当性。

此外，在共同使用共有物被强行禁止以后，如果一个人被禁止在海上航行，或者被禁止出售或使用自己的财产，他就可以正当地诉诸损害赔偿之诉（以取代要求发布恢复原状的禁令）。这是乌尔比安在许多段落中阐述的决定。[1]因此，对共同使用共有物的禁止必然构成一种伤害，而且受害人受到他人伤害是其进行战争的正当理由。[2]此外，如同允许我们重新取得被从我们手里抢走的财产一样，当我们的有关权利被强行剥夺以后，我们同样可以采取适当措施使它重新得到恢复。

接下来让我们考虑导致债务存在的原因。[3]因为根据自然法，任何阻碍他人行使上述权利者均有义务对由此造成的损害进行赔偿。西尔维斯特指出："按照正直之人的看法，阻止渔夫或捕鸟人捕捞或抓获原本可能被捕捞或抓获的鱼类或鸟类（因为它们属于包括在共同权利范围内的物[4]）的人使自己承担了一种责任，因为对鱼类或鸟类的私人利用是渔夫或捕鸟人享有的自由和独立的权利，而他的阻止行为剥夺了这种权利以及其中所包含的（可以这么说）潜在利益。"[5]西尔维斯特补充说："无论在任何地方，那些阻挠粮食或其他商品进口以便自己可以加价出售货物的人，在加价的范围内对付出高价的购买者负有债务；同时，他们对原本希望把货物出口到这里的人在其所受损失的范围内也负有债务。因为制造障碍的一方实施了非正义行为，并把他们的私人和个人利益置于了公共和共同利益之上。同样的结论也适用于那些为了以后能够随心所欲地卖出而串通买光某种商品的人，他们应该对所有因此而遭受损失的人负赔偿的责任。"

---

〔1〕《查士丁尼法典·学说汇编》XLIII. viii. 2, §9；《查士丁尼法典·学说汇编》XLVII. x. 13〔§7〕；《查士丁尼法典·学说汇编》XLVII. x. 24。

〔2〕《天主教教会法典大全·格拉提安教令集》II. xxiii. 2. 2。

〔3〕参见第六项法律【第二章】。

〔4〕正如格拉尔杜斯、奥尔德拉杜斯和安东尼努斯（圣）所说的那样。

〔5〕西尔维斯特：【《西尔维斯特全集》】"论'赔偿'的词义"Pt. III，末尾部分［xii. 4］。

不过，除了使他人遭受的损失以外，他们的罪过本身也创设了一种责任。[1]我们在前面已经讨论过这一点。[2]有罪不罚有悖于自然理性。[3]在大多数情况下，市民法对造成损害的行为的惩罚是处以罚金；[4]对使用暴力侵犯他人自由的行为的惩罚是剥夺罪犯的部分财产；[5]对垄断行为的惩罚则是公开没收垄断者的全部货物。[6]在本案中，上述犯罪和侵权行为全部交织在一起。

的确，惩罚犯罪的严厉程度应当根据公共利益的考量加重或者减轻。但是，对于那些根据自然而不是依据法律或传统[7]被认为是邪恶的，且从正常比例的角度来看完全不允许的犯罪，甚至可以在法律规定的尺度以外加重惩罚。由此可见，由于自然规定我们不应该把属于他人的任何财产据为己有，因此，那些企图把属于所有人类的共有权利转变为私人占有物的人所犯的罪行更加严重，因为从比例的角度来看，此类犯罪行为的受害人要多得多。此外，之所以说这种罪行特别严重，是因为它伤害的是通过最古老的纽带把我们联系在一起，并且我们对其负有责任的整个人类社会。正是这种考虑促使安布罗斯（圣）大声疾呼，反对那些阻止他人进入海洋的人。[8]奥古斯丁（圣）反对阻止他人利用公路的人。[9]格列高利（圣）（纳西昂的)[63]则反对那些买光所有商品并囤积起来，希望从货物的普遍短缺中为自己牟利的人。用他自己的话说，他们把制造货物短缺作为达到目的的手段。[10]的确，根据这位圣贤［格列高利（圣）（纳西昂的)］的看法，任何通过操纵粮食供应扭曲市场价格的人都应当受到公众的诅咒，并被指控为犯罪。毫无疑问，所有这些做法都是极其邪恶的。即使没有其他原因，这些人也应该被作为杀一儆百

---

〔1〕　参见《查士丁尼法典·学说汇编》XLVIII. xii. 2；《查士丁尼法典·学说汇编》XLVII. xi. 6 以及注释法学派学者对此所作的评论。

〔2〕　参见第五项法律【第二章】；前面第四章开头部分和第十章。

〔3〕　参见《查士丁尼法典·学说汇编》XLVII. x 整个部分和市民法及教会法学者对此所作的评论。

〔4〕　《查士丁尼法典·学说汇编》XLVIII. vi 和 vii。

〔5〕　另见《查士丁尼法典·学说汇编》XLIII. xvi. 11。

〔6〕　《查士丁尼法典·敕令集》IV. lix。

〔7〕　"non ab instituto"，对于这个拉丁文短语更充分的翻译，参见第 315 页脚注 6。（——英译者注）

〔8〕　安布罗斯（圣）：《创世六日》V. x。

〔9〕　引自《天主教教会法典大全·格拉提安教令集》II. xxiii. 2. 3。

〔10〕　格列高利（圣）（纳西昂的)：《在巴西勒【应为大巴西勒（圣）】葬礼上的演说》［《演讲集》xliii，§ 34，p. 797 D］。

的典型受到惩罚。不过，与其他人相比，更应该受到正义的惩罚的是那些将共有权利的行使据为己有的人。另外，巴尔杜斯指出，根据教会法和良心法（它与自然法是相同的），为了赎罪，犯罪人应该交出其所有财物。[1]因此，根据这个理由和前面提到的其他理由，在荷兰人反对葡萄牙人的战争中，荷兰人的行为具有正当性。

前面的所有论点都基于禁止商业贸易的事实，然而，我们还可以从禁止的方法中得出其他同样有说服力的论点。我们在前面的章节中讲述的葡萄牙人的各种造谣诽谤应该被置于禁止的方法项下。[2]

假设我们保护自己的占有物是恰当的，而且不应该让任何人将其从我们手中夺走，那么，我们可能会问："一位品德高尚之人的良好声誉难道不比个人的占有物更重要吗？对于精神高贵的著名人物来说，良好的声誉确实是比任何物质利益更珍贵的财富，几乎比生命本身还要珍贵。"[3]对一个人品质的诽谤的确构成一种伤害，而伤害行为的一般用语意味着诽谤行为是其中的一种类型。因为我们找不到比"伤害"[4]一词更明确的用语来描述这种侮人名节的行为，[5]或者说希腊人所谓［肆无忌惮的侮辱行为］了。我们目前讨论的不是无足轻重的恶作剧，它在给作弄人的人带来快乐的同时不会给被作弄的人造成大的伤害；相反，我们所指的侮辱和诽谤使荷兰人在全世界面前名誉扫地；葡萄牙人编造的虚假和可怕的指控使全人类都厌恶和憎恨荷兰人；同时，这种侮辱和诽谤使许多国家的君主及人民耻于和荷兰人交往，并将与他们接触视为一种邪恶和侮辱性的经历。在更早的时候，有些民族就背负着这样的恶名：如西里西亚人，因为他们从事海盗行为；如凯克洛普斯人，[6]

---

〔1〕　巴尔杜斯：《〈敕令集〉评注》Ⅵ. ii. 15。

〔2〕　参见前面第十一章第二部分九。

〔3〕　《传道经》【亦称《便西拉智训》】xxvi. 7；安查拉诺：《法律评论》325。

〔4〕　《查士丁尼法典·学说汇编》XLVII. x. 1。

〔5〕　上面引自《查士丁尼法典·学说汇编》的一段话中还包括这样一句："但具体来说，'伤害'一词还表示'侮辱'的意思。"（——英译者注）

〔6〕　这里把"Cercopes"写成了"Cecropes"（可能是写作时把它和"Cecropii"（雅典人或阿提卡人）混淆了）。根据奥维德（《变形记》xiv. 91～100中）的记载，由于"Cercopes"或"Cercopians"是一个惯于欺诈和背信弃义的民族，因此，朱庇特因其罪行把他们变成了猴子。（——英译者注）【事实上，"Cercopes"或"Cercopians"不应该被译为"凯克洛普斯人"。凯克洛普斯是传说中古希腊阿提卡的第一位国王，据说他制定了关于婚姻和财产的法律。】

因为他们惯于偷窃；如波斯人，因为他们难以启齿的性风俗；游牧民族，因为他们不受法律约束和非社会化的生活方式。不过，可能提出的任何指控都不足以描述那些既不信神也不信仰任何宗教的人们令人厌恶的邪恶，因为他们的生活态度如此地有悖于人性，以致一个人完全不能相信竟然会存在没有任何内在神圣信仰，也不举行任何宗教仪式的民族。[1]然而，葡萄牙人却把所有这些指控全部强加在荷兰人身上。他们出于抹黑荷兰人的目的不惜睁着眼睛说瞎话，却无法指出哪怕任何一项单独的指控是真正适合于荷兰人，而不是适合于其他民族的。事实上，那些对低地国家的问题做过更深入研究的外国学者[2]提供的大量证据证明了这样一个事实：低地国家的人民非常热衷于发展商业贸易，而不是从事海盗行为；他们更不具有掠夺的倾向，在性事和整个生活方式方面比其他所有民族更有节制；同时，他们对法律、行政长官，尤其是宗教，怀有深深的敬意。

因此，当荷兰人发现他们被以这种方式侮辱时，他们采取了正义的行动以维护自己良好的声誉。同时，他们通过自己的行动正当地表现出对那些手持武器的敌人的反抗，以便消除东印度群岛人民头脑中的一切疑虑。因为既然允许一个人保护其他财产和权利，难道不允许他保护自己的声誉吗？[3]换句话说，怎么能不允许一个人拿起武器来保护自己声誉的完整性，并在它受到损害时加以恢复呢？实际发生的情况是：一个不正当地诋毁无辜者清誉的人应当被正当地击败，他应当用自己的耻辱洗刷无辜者被玷污的名声。[4]毫无疑问，像窃贼一样，诽谤者也负有赔偿的义务。[5]如果他无法以其他形式提供赔偿，甚至可以设想采取罚金的形式。此外，受害人不但可以就其受到的伤害提起民事诉讼，[6]而且可以提起刑事诉讼。[7]正是由于这个原因，元

〔1〕　西塞罗：《论神性》Ⅰ〔xvi. 43〕。

〔2〕　参见夏萨尼乌斯：《世界奇观目录》，序言中"荷兰"一词；圭恰尔迪尼：《荷兰轶事》"荷兰与比利时的道德与习惯"各章。

〔3〕　参见前面第二章第二项法律。

〔4〕　市民法和教会法评论家：《〈学说汇编〉评注》XLVIII. viii. 9 和《〈学说汇编〉评注》XLVII. xix. 1；维多利亚：《战争法》4；帕诺米特斯：《〈格列高利教令集〉评注》Ⅱ. xiii. 12，n. 17。

〔5〕　参见第六项法律【第二章】。

〔6〕　参见第五项法律【第二章】。

〔7〕　《查士丁尼法典·法学总论》Ⅳ. iv. 10。

老院通过的《图尔皮里安法》规定应该对诽谤者处以刑罚。[1]因此，出于同样的原因拿起武器进行战斗也是合法的。在维吉尔的作品中，我们看到了这样的诗句：

"啊，朱庇特！"她喊道："难道你让这个陌生人

在我们的王国里嘲笑一番后安然离开吗？

难道全城人不应该拿起武器来立即追赶吗？

难道不应该马上把船从船坞里拖出来吗？

赶快追啊！火把点起来，船帆升起来，

弯下腰用力划桨啊！"[2]

的确，我们经常发现，即便在战争期间，用极其恶毒的语言辱骂敌人的人也会受到胜利者的惩罚。[3]这种做法似乎表明，战争本身不会宽恕这种恶毒的行为。

上述原因肯定构成了发动战争的正当理由。另外，我们还注意到，并非每一种［使战争具有正当性的］权利在战争开始之前即已存在，[4]有一种权利发生在武装冲突中，保护这种权利是为了使战争能够正常进行。

保卫自己的生命就包括在这一种权利之中。[5]因为当我们保卫或试图重新取得我们的权利或者试图取得我们的权利，但敌人却使用武力对抗我们的这种尝试时，尽管我们是无辜的，但我们的生命显然陷入了危险之中。这种情势构成了最古老和最正义的战争理由。另外，在这种原因存在之前，荷兰人甚至没有开始实施敌对行动。这一事实在我们按照顺序对有关事件所做的叙述中已经讲得很清楚了。[6]

然后，让我们考虑这些原因中的另一个原因，即保卫［在战争中受到威胁的］财产、[7]重新取得在战争中实际损失的财产或者取得被认为与在战争

---

〔1〕《查士丁尼法典·学说汇编》XLVIII. xvi，整个部分。

〔2〕维吉尔：［《埃涅阿斯纪》IV. 590 ff］。

〔3〕普卢塔克：《希腊罗马名人比较列传》"提莫莱昂传"［xxxii～xxxiii］；真蒂利：《战争法三集》II. xviii。

〔4〕参见前面第七章中对问题一的论述。

〔5〕参见第一项法律【第二章】。

〔6〕参见前面第十一章"历史分析"，第二部分十和十二。

〔7〕参见第二项法律【第二章】；另见前面第四章开头部分的论述。

中损失的财产价值相当的等价物。因为在战争中，非正义一方应对正义一方因武装冲突遭受的全部损失承担责任。现在，一个得到充分证明的事实是，有些船只及其运载的货物是葡萄牙人使用暴力从荷兰人手中夺取的，[1]而且在夺取船只和货物的过程中，荷兰人还遭受了许多其他损失。例如，在许多情况下，在荷兰人遭到灾难性的失败后，他们只得被迫弃船或者烧毁船只。

还需要考虑的另外一点是敌对一方向另一方追索对方所欠的债务。[2]我们必须把付出的代价包括在债务之中，因为发动非正义战争的一方对无辜一方所负的债务包括整个冲突期间支出的全部费用。毫无疑问，有关这些事件的所有记录充分证明了这个事实：要在地球上如此遥远的一个地区抵抗葡萄牙人，不消耗巨额费用是完全不可能的。[3]可以恰当地归入此类费用中的项目有：武装船只的费用，这笔费用既高昂又有必要；雇佣更多水手的费用；因涉及风险而增加的费用以及为治疗伤员和奖励战斗中的勇士付出的费用。

此外，我们对损失和费用的评估还应当扩大适用于荷兰人在那些受葡萄牙人唆使的人手上已经遭受或担心可能遭受的损失以及已经付出或担心可能付出的费用。因为发布［实施伤害行为］命令的人和实施［伤害行为］的人都负有损害赔偿的义务。[4]在此类损害赔偿的范围内，还可以就赎回俘虏时向蛮族人支付的赎金提出赔偿请求。

实施惩罚是证明战争具有正当性的理由中的最后一个理由。

任何故意发动非正义战争的人都在实施非常严重的犯罪，因而应该受到适当的惩罚，因为这种罪行的严重性使罪犯不应该得到保护。[5]葡萄牙人造成的伤害——一部分是通过他人造成的，一部分是他们直接造成的——的确非常严重。[6]同时，根据法学家们的观点，直接造成的伤害与通过代理人造成的同样的伤害没有区别。[7]发布实施伤害命令者并不比执行伤害命令者罪行更轻——相反，他的罪行甚至更重。已有的判决表明，命令或教唆他人实

---

[1]　参见"历史分析"［第十一章］，第二部分十和十二。

[2]　参见第六项法律【第二章】；另见前面第四章开头部分的论述。

[3]　参见前面第十一章"历史分析"，第二部分全部内容。

[4]　托马斯·阿奎那：【最高神学】Ⅱ～Ⅱ, qu. 62, art. 7, in concl.。

[5]　参见第五项法律【第二章】和前面第四章关于第一个问题的论述。

[6]　参见"历史分析"［第十一章］以上引用的各个部分。

[7]　参见安基卢斯［阿雷提努斯］在《论犯罪》§ "Et Sempronium" 中的论述。

施攻击者应该受到正义的反击，这是非常正确的。[1]人类不应当模仿狗的行为，因为（像古代谚语中所说的那样）狗只知道冲向扔过来的石头，而不是冲向扔石头的人。对于这一类案件，人们可以恰当地适用著名的关于号角手的故事中阐明的道理：那些激励别人进行战斗而自己却不冒任何危险的人尤其应当受到惩罚。的确，按照塞内加（小）的观点："实施暴力行为之人与自身享用了他人通过［使用暴力]〔2〕获得的财物之人应当受到同样的惩罚。"[3]在他所写的一个悲剧中，塞内加（小）精辟地指出：

"犯罪行为的受益者同样是罪犯。"[4]

以上事实也说明了犯罪的不同类型。

对人类进行屠杀是最严重的犯罪。这个事实说明了法律为什么禁止谋杀的原因。[5]由于葡萄牙人用最卑鄙和最残忍的方式杀害了许多荷兰人，因此，从良心上讲，荷兰东印度公司不可能不为其雇员复仇。荷马通过忒提斯[64]之口说道：

"孩子啊！对于被以最卑鄙的方式杀害的同伴

你为他们复仇的确是高尚之举。"[6][7]

此外，因为被奴役相当于死亡，所以，自由必须被置于与生命几乎同等重要的地位。通过两者的对比，我们不难看出，使一个生而自由的人处于他本不该处于的囚禁之中，[8]给他戴上镣铐并严刑拷打是一种严重的犯罪。但是，葡萄牙人却一直在，而且仍然在对许多荷兰人实施这种行为。事实上，葡萄牙人一直顽固地坚持这种做法，甚至在任何情况下都不允许我们用更多

---

〔1〕 巴尔杜斯：《〈敕令集〉评注》VIII. iv. 1，n. 56［35］以及英诺森【四世】对这一部分的评论。

〔2〕 在准备进行英译本的翻译时，译者没有在塞内加（小）的著作中找到这一段话。因此，括号中的短语只是根据上下文推断出来的。（——英译者注）

〔3〕 塞内加（小）：《美狄亚》［500 f.］。

〔4〕 塞内加（小）：《美狄亚》［500 f.］。

〔5〕《查士丁尼法典·学说汇编》XLVIII. viii；《查士丁尼法典·敕令集》IX. xvi.。

〔6〕 荷马：［《伊利亚特》XVIII. 128～129］。

〔7〕 在这里，格劳秀斯的拉丁文本（英译本是据此进行翻译的）和希腊原文之间有一个不同寻常和值得注意的区别。前者指的是为已被杀死的同伴复仇，这样就支持了格劳秀斯的论点；但后者却只是要求采取行动保护活着的同伴。（——英译者注）

〔8〕《查士丁尼法典·学说汇编》XLVIII. xv，整个部分；《查士丁尼法典·学说汇编》XLIII. xxix［整个部分］。

的葡萄牙俘虏或者巨额赎金赎回那些被俘的荷兰人；相反，他们选择将这些俘虏永远置于奴役之下。所有法学家们都谴责这种做法，认为即使是在基督教徒之间的合法战争中，这样做也是不允许的，因为它违反既定的法律。[1]

进一步讲，有什么能比背信弃义或不讲信誉更令人厌恶呢？[2]作为一条规则，其他邪恶行为只影响其所指向的特定个人，而那些背信弃义的犯罪人则是对上帝犯罪，因为他们在做出保证时是以上帝为见证人的（也许是采用固定的格式化语言，或至少是采用其他某种形式援引上帝作证）。同时，他们也是对整个人类社会犯罪，因为背信弃义的行为割断了当我们身处完全陌生的人们中间时唯一赖以保障安全的纽带。在更早的时候，即使在罗马人有正当理由向其他民族开战的情况下，他们通常也会在宣战前发表一份断绝与对方的友好关系的声明。[3]与此相反，葡萄牙人在阴谋策划针对荷兰人的极其残暴的行动，并伺机成功实施他们残忍计划的同时，却在利用友谊的假象试图迷惑我们。[4]更过分的是，葡萄牙人并不满足于这种背信弃义的行为！他们对荷兰人充满敌意的行动达到了如此恶劣的地步：他们公开挑战神圣的和平，公开挑战确定无疑的条约，公开挑战根据誓约承担的神圣义务！总之，世界上没有任何神圣的东西可以制止葡萄牙人对荷兰人的杀戮。

与这些背信弃义行为相类似的是葡萄牙人在友谊的伪装下实施的投毒和暗杀活动。[5]很久以前对国王佩尔修斯的评论可以适用于目前的情形：葡萄牙人并不打算进行一场光明正大的战争；相反，他们"采取各种隐蔽的方式实施抢劫和暴力等犯罪行为"。[6]亚历山大大大帝对大流士说过的话同样可以适用于葡萄牙人："你进行的是邪恶的战争。虽然你手里拿着武器，但你却企图通过悬赏来取得敌人的人头。"[7]的确，按照亚历山大大大帝的说法，犯下这种

---

〔1〕　巴尔托鲁与市民法和教会法评论家：《〈学说汇编〉评注》XLIX. xv. 24 ［nn. 11~12］；科瓦鲁维亚斯：《〈天主教教会法典大全·第六卷〉评注》"刑事法规" Pt. 2，§11，n. 6。

〔2〕　参见市民法和教会法评论家：《〈学说汇编〉评注》XII. ii. 13，§6；另见《查士丁尼法典·学说汇编》XLVII. xx. 4；《查士丁尼法典·敕令集》II. iv. 41；参见格利乌斯：《雅典之夜》VII ［VI］. xviii 和前面【第八章】结论七第三点（二）。

〔3〕　李维：【《罗马史》】XXXVI ［iii］以及其他卷各处。

〔4〕　参见"历史分析"【第十一章】第二部分，尤其是第二部分十一。

〔5〕　参见前面【第八章】结论七第三点（二）。

〔6〕　李维：【《罗马史》】XLII xviii］。

〔7〕　库尔提乌斯：《亚历山大史略》IV ［i. 12］。

罪行的人"不是堂堂正正的敌人，而是投毒者和刺客。即使追到天涯海角，也要将他彻底消灭。"[1]

还应该提到某些其他罪行（尽管与上述罪行相比，它们的性质没有那么严重，但其本身仍然值得注意），如暴力行为（公共暴力行为，私人暴力行为，武装暴力行为或强夺财产的暴力行为）[2]以及其他在非正义战争的过程中几乎不可能不发生的罪行。我们在前面的叙述中已经说明了葡萄牙人实施这些罪行的事实。

此外，我们也不应该忽视对企图实施犯罪的惩罚[3]问题（至少对于更残暴的犯罪）。因此，虽然葡萄牙人纵火焚烧整个船队包括船上人员的犯罪得以被阻止，而且他们实施的许多类似犯罪由于缺乏运气而不是缺乏犯罪故意最终没有得逞，但是，他们不应该被免于惩罚。塞内加（小）很好地论述了这一项原则，他指出："任何意图实施伤害行为之人应当被视为已经在实施伤害行为。"[4]"如果一个人已经为杀人拿起武器并具有抢劫和杀人的意图，则在他的双手沾满鲜血之前，他就已经成为了一名匪徒。"[5]塞内加（小）还指出："只要具有充分的犯罪意图，即使实际的犯罪行为尚未完成，全部犯罪应该被视为已经完成。"[6]

还有一项原则也得到了普遍接受，那就是：如果针对任何人，即使是自由人，实施的犯罪对有关第三方造成伤害，则不仅直接受害人，而且因其与直接受害人有联系而遭到攻击的第三方，都有权提起损害赔偿之诉。[7]因此，荷兰人有权就葡萄牙人对东印度群岛人实施的伤害[8]提起损害赔偿之诉，就像东印度群岛人以他们自己的名义提起诉讼一样。

---

〔1〕　库尔提乌斯：《亚历山大史略》IV［xi. 18］。

〔2〕　参见《查士丁尼法典·学说汇编》XLVIII. vi 和 vii，整个部分；《查士丁尼法典·学说汇编》XLIII. xvi，整个部分；《查士丁尼法典·敕令集》IX. xii，整个部分。

〔3〕　《查士丁尼法典·学说汇编》XLVII. x. 15，§1与市民法和教会法评论家对此所作的评论；《查士丁尼法典·敕令集》IX. xvi. 7。

〔4〕　塞内加（小）：《论忿怒》I. iii［1～2］。

〔5〕　塞内加（小）：《论利益》V. xiv。

〔6〕　塞内加（小）：《论智者不惑》vii［4］。

〔7〕　参见巴尔托鲁：《〈学说汇编〉评注》XLVII. i. 3；市民法和教会法评论家：《〈法学总论〉评注》IV. iv. 6。

〔8〕　参见"历史分析"［第十一章］，第二部分十三。

最后必须牢记的事实是：如果一个国家及其政府官员未能制止本国公民公开实施的可耻行为，则他们应该为此承担罪责。[1]鉴于这一点，我们应将作为整体的葡萄牙国家的支持列为葡萄牙人所犯罪行的最后一个原因，因为该国纵容本国人实施了上述邪恶罪行。[2]

由于上述所列罪行性质非常严重，因此，无论出于任何适当的考虑，都必须对它们处以罪刑相适应的严厉惩罚。根据市民法的准则，只有极少数惩罚限于罚金，大量惩罚涉及没收财产，并同时判处流放或羞辱刑，而且许多惩罚涉及死刑。[3]对于上述罪行，因为（像我们很快将会谈到的那样）不能通过司法程序予以惩罚，所以，允许使用武力实施惩罚。[4]事实上，我们已经说明，为了惩罚对我们的犯罪，我们有权在战争中对罪犯进行攻击，尽管在任何其他意义上他们都不从属于我们的权力；同时，我们在前面还说明，发动正义战争的人被赋予了作为一名法官的所有权力。

到目前为止，我们一直在讨论战争的原因。下面让我们考虑与敌人本身直接相关的问题。现在，我们已经得出了这样的结论：如果某些个人、某一国家或其政府官员实施了伤害行为，对他们发动战争即是正义的；如果一个国家对实施了伤害行为的本国公民提供保护，对该国发动战争也是正义的；如果一个国家保护实施了伤害行为的盟国及其臣民，对该国发动战争同样是正义的。

由此可见，第一，荷兰东印度公司在战争中攻击那些犯有上述罪行的葡萄牙人是允许的。

第二，荷兰东印度公司在战争中攻击有关国家，即葡萄牙，也是允许的。因为没有任何规定禁止一场战争一方面是私战，另一方面是公战，况且前者同时也是正义的。亚伯拉罕对诸王发动的战争具有这种性质，也许大卫对扫罗发动的战争同样如此。此外，由于以下两个原因，葡萄牙国家应当在战争中受到攻击。

首先，对葡萄牙国家进行战争的原因在于该国通过其直接行为或政府官

---

〔1〕《天主教教会法典大全·格拉提安教令集》Ⅱ. xxiii. 2. 2。

〔2〕 参见"历史分析"，第十一章全部。

〔3〕 参见第323页及其后若干页。

〔4〕 参见前面第二章关于第九条规则的论述；维多利亚：《战争法》13 和19。

员伤害了在东印度群岛从事贸易活动的荷兰商人。人们普遍承认，[1]根据国家的决定实施的行为，甚至根据构成整个国家主要部分的那些人或者政府官员发布的命令实施的行为，均为整个国家的行为。[2]我们在本书的另一个部分已经证明了这一点。事实上，葡萄牙国家决定派遣果阿总督的弟弟曼努埃尔率领几艘船来到东印度群岛，并且指示他一旦遇到荷兰人就对他们发起攻击，甚至要求惩罚那些不愿意参加攻击的人。[3]正是根据葡萄牙国家的决定，越来越多的船只（这里还涉及西班牙人的援助）被武装起来对抗荷兰人。[4]同时，还是根据葡萄牙国家的决定，葡萄牙人组成了一支由安德鲁斯·胡塔多·德·门多萨指挥的可怕的舰队，旨在彻底消灭所有荷兰人以及那些允许荷兰人进行贸易的人。[5]此外，甚至安德鲁斯·胡塔多·德·门多萨现在还率领着一支强大的舰队驻扎在马六甲附近，奉命对整个地区的所有外国商人进行抢劫。最后，还是根据葡萄牙国家的决定，荷兰人被像俘虏一样关押起来并送往葡萄牙。

其次，对葡萄牙国家进行战争的原因还在于该国未能采取措施惩罚对荷兰人实施犯罪的葡萄牙人。事实上，葡萄牙国家一直在保护这些罪犯，并阻止对他们进行惩罚。当有关案件涉及国家有权防止或惩罚的公开和持续的伤害行为时，法学家们既一致谴责那些明确拒绝正义的国家，也一致谴责那些忽视正义的国家。[6]假如这样的规定不能适用于目前的案件，它还能在什么情况下适用呢？上帝啊，荷兰人究竟在葡萄牙人手中遭受了多少次最严重的伤害呢？一次？那根本不值一提！十次？这个估计太低了！一百次？它仍然

---

〔1〕　帕诺米特努斯：《巴塞尔大宪章》；亚历山大（伊莫拉的）：《法律评论》Ⅵ. 13；耶逊：《〈学说汇编〉评注》Ⅻ. i. 27。

〔2〕　格劳秀斯起初是这样写的：人们普遍承认，整个国家都要为那些行为承担责任……在将此句改为现在的表述时，他加入了一个新的系动词"*esse*"（are），但没有同时删除"*teneri*"（承担责任）一词。尽管后者能够在被强行解释为"被认为［是整个国家的行为］"的意义上保留下来，但它在英译本中被删除了，因为一种更可能的假设是格劳秀斯在做出另一种选择的时候忘记把它删掉了。（——英译者注）

〔3〕　参见"历史分析"【第十一章】，第二部分十二，事件二。

〔4〕　参见"历史分析"［第十一章］，第二部分十二，事件四。

〔5〕　参见"历史分析"［第十一章］，第二部分十三，事件二。

〔6〕　弗里图斯：《法律评论》Ⅱ；阿尔西阿提：《法律评论》Ⅴ. xxiii；耶逊：《〈学说汇编〉评注》Ⅻ. i. 27；市民法和教会法评论家：《〈学说汇编〉评注》L. xvii. 50；德西奥：《法律评论》486；参见真蒂利：《战争法三集》I. xxi。

没有接近真实的数字！用我们的话来说，那就是"他们从不放过任何可能实施伤害的机会。"此外，这些伤害不是秘密地，而是公开地在所有东印度群岛人的面前在陆地和海上实施的。实际上，如果不是存在以下事实，即不允许任何外国人接近这片土地既是所有葡萄牙人的共同想法，也是葡萄牙整个国家的决定，而且还在感情上得到所有葡萄牙人的支持，那么，还有什么能构成葡萄牙惩罚这些犯罪行为人或至少撤销他们实施伤害的权力的障碍呢？

第三，[1]如经证明一个国家实施了伤害行为，则该国臣民都应当像在战争中一样受到攻击，也就是说，每个葡萄牙人都要无例外地承担责任。这样做的原因部分地在于臣民们不得不保卫他们的国家，部分地在于一个国家的行为与其每个成员有关。奥古斯丁（圣）下面的言论可以恰到好处地适用于本案："一个特定民族中的个人以私人身份实施犯罪行为是一回事；但一个特定民族通过联合起来的整体如同具有一种思想和一个意志一样共同实施犯罪行为是另一回事。在公民作为整体出现的场合，意味着公民个人也出现了；但在公民个人出现的场合，并不必然意味着作为整体的公民也出现了。因为个人可以存在于整体之外，但整体必须包括不同的个人；整体是由集合在一起的个人组成的，或者假定它是所有人的总和。"[2]极度的刚愎自用和固执己见是包括所有葡萄牙人在内的葡萄牙民族的特征，正因为如此，他们竭尽全力——为达此目的，作为整体和个体的葡萄牙人集中财力和武力——使荷兰人在印度地区无法得到安全。

鉴于这种情况，我们发现，我们不仅有证明战争正当性的理由，而且有将葡萄牙人划入敌人之列的正当理由。现在，我们所讨论的问题的困难之处在于开战的权力似乎并非可以轻易地授予私主体一方。

不过，我们已经说明，在可诉诸的司法程序缺失的情况下，并不禁止私人发动战争。因此，当可诉诸的司法程序持续缺失时，私人被允许采取自然法所允许的一切措施。[私人]可以使用武力追索债务已经得到普遍承认。根

---

〔1〕　这是关于可以正当地对敌人实施攻击的第三个主要结论，我们应该把它作为一个有别于战争正当理由的问题看待，而不能把格劳秀斯在这里的排序与他将葡萄牙人作为一个整体进行攻击的理由的排序相混淆。后者是由紧接着"第二"的结论之后的两段构成的。（——英译者注）【即此处的"第三"是与前面的"第一"和"第二"一个序列，而不是与"首先"和"其次"一个序列。】

〔2〕　奥古斯丁（圣）：《〈圣经·旧约〉前七章评注Ⅲ.》qu. 26，《利未记评注》。

据权威学者非常正确的观点，我们已提出了一种补充性的论点，即在必要情况下，甚至不应该否认根据正义的规则实施惩罚的权力。

在我们目前讨论的问题中，可诉诸的司法程序的持续缺失实际上是一个不证自明的事实。导致这一场战争的所有事件几乎全部发生在海上，而且我们坚持认为（我相信它是正确的），就行为发生地而言，任何人都不能对海洋主张特殊的管辖权。[1] 另外，［在目前情况下］即使存在这种特殊的管辖权，它也应当属于东印度群岛的统治者，然而，他们并不希望卷入本案，葡萄牙人也不承认他们可以成为本案的法官。因此，从行为发生地来看，在法律上和事实上都缺乏可诉诸的司法程序。从案件当事方来看，除葡萄牙国家或其统治者或者荷兰国家以外，不可能有其他法官，因为它是涉及葡萄牙和荷兰两国的争端。葡萄牙国家及其统治者是首先采取行动的一方，他们不仅公开对荷兰人实施伤害，并率先发动了战争。这个事实显然剥夺了他们作为法官的权力。同时，进一步考虑到他们在实施了无数背信弃义的行为以后，竟然（无视先前的协议）把残酷无情的待遇扩大适用于荷兰的使者，因此，不能由他们对案件进行审理显然是正当的。如此看来，诉诸荷兰国家作为法官应该是一种正当程序，但由于本案的发生地相距遥远，不可能进行这样的诉讼。由此可见，可诉诸的司法程序的缺失不是暂时的，而是持续和长期的。如果我们记住在东印度群岛发生的事件的先后顺序及其相互关系，并将其时间和地点形成一个链条加以考虑，这一结论的正确性尤为明显。

不过，即使战争是正义的，我们仍然需要考虑在战争过程中允许实施的行为的程度问题。

我们已经清楚地说明，任何人都不得超越有争议的权利的适当界限，也不得超越对待根据这种权利负有义务之人的适当界限。我们在与战争原因有关的讨论中已经论述了支持荷兰人对抗葡萄牙人的特定权利的性质。不过，让我们先把各项复仇主张搁置起来，这些主张证明葡萄牙人限制商业贸易的行为违反了万国法，而且对荷兰人实施了毫无事实依据的恶毒诽谤、谋杀、背信弃义的犯罪和抢劫，因而使荷兰人对他们的惩罚具有正当性。与此同时，葡萄牙人迄今为止遭受的损失并没有能够满足荷兰人的主张。

---

〔1〕　参见第 283 页及其后若干页。

　　让我们把注意力转向下一个其真实性被证明没有任何争议的论点：葡萄牙人一直阻挠荷兰人与可以选择其贸易伙伴的东印度群岛各国进行自由贸易；葡萄牙人有义务对因其干涉而使荷兰人遭受的全部利润损失进行赔偿。的确，葡萄牙人给荷兰人造成的损失达到了惊人的数额，因为葡萄牙人设置的圈套，荷兰人最初的航行实际上是徒劳无益和一无所获的。让我们再考虑下一个事实，那就是，葡萄牙人也应该为他们发动非正义战争给荷兰人造成的损失承担赔偿责任（甚至包括被纳入费用项下的损失）。至于损失的主要类别，我们已经做了简单的列举。如果对所有项目进行准确的计算——包括对有利可图的各个行业的干扰以及因此造成的损失和费用——而且如果把被葡萄牙人捕获的大帆船及其所载货物的价值也计算在内，则荷兰人遭受的损失无疑将被证明大大超过他们所取得的全部价值；或者说，荷兰人因获得胜利而向葡萄牙人主张战争赔偿的数额要比葡萄牙人获胜后向荷兰人要求赔偿的数额高得多。无论如何，我们都应当从葡萄牙人手中获得足以为将来的战争提供进一步资金支持的赔偿。因为损害尚未消除，危险尚未远去，而且战斗的残酷性仍在日益增加。总之，我们认为，系争战争行为不仅没有超越有争议的权利的界限，甚至离这种界限仍然相距甚远。

　　任何人都不反对这种观点，即其财产被夺取之人不需要对自己取得赔偿的行为承担责任。实际上，葡萄牙国家或葡萄牙人民有义务对我上面提到的各项损害提供赔偿，因为他们阻碍了商业活动，发动战争，并有意忽视对罪犯的惩罚。现在，我们已经说明，对于一个国家所欠的债务，可以强行从作为该国成员的个人那里追索（这样做的依据实际上不是市民法，而是万国法）。关于这一点，除了合理的论点和来自权威学者的观点以外，报复制度也为我们提供了特别的范例。在报复制度中，假如一个人受到另一国公民的伤害，且该国未能主持正义，或者（更需要强调的是）一个人受到某个特定国家的直接伤害，他就可以正当地从作为该国公民的任何其他人那里获得他应得的赔偿。因此，我们得出这样一个同时得到西班牙人自己的证言支持的结论：除了对罪有应得或阻碍伸展正义的臣民以外，不得对其他臣民实施人身伤害；但是，在［一国所欠的］全部债务得到清偿之前的任何时候，可以从该国任何臣民手中夺取战利品，即使商人或其他阶层的人亦无例外，无论他们多么无辜。由此可见，在使这些货物成为捕获物的必要范围内，对那些作为大帆船及其所载货物的主人的商人开战显然是允许的。实际上，在这个特定案件中，尤其应当注意这样一个事实：被捕获的大帆船以及船上的货主是从澳门出发的，也就是说，他们来自那个将近二十名荷兰人作为葡萄牙人暴行的受害人被绞死和淹死的地方。[1]谁能说这些货主是无辜者呢？另外，我还要说明更具结论性的一点，那就是，在这一艘船上发现了从那些可怜的受害人身上剥下来的衣服和用品，葡萄牙人正准备把这些物品作为他们取得（所谓）辉煌胜利的战利品送回自己的国家。毫无疑问，如果没有这样的证据，恐怕没有人会完全相信竟然有人能犯下如此极端残忍的罪行。对于船上的这些人，你们还觉得应该怜悯吗？或者说，假如荷兰人一直停留在对财产损失不断增长的担忧之上，同时却饶恕有能力实施上述犯罪行为之人的性命，难道葡萄牙人不是更会把荷兰人的仁慈当作嘲讽的笑料了吗？

不过，除了对有争议的权利的限制以外，我们还对战争规定了另外一个限制。我指的是诚信原则所施加的限制。在目前的案件中，我们充分履行了对敌人做出的所有承诺。对于那些在和平时期屠杀荷兰人的葡萄牙人，当他们在战争中被［荷兰人］打败时，我们承诺并保证他们的生命安全；不仅保证生命安全，我们还承诺无偿地给予他们自由，尽管我们允许为还他们自由而向他们索取一大笔赎金。此外，为了不会使给予他们的这些优惠待遇落空，在葡萄牙人被释放后，我们还派卫兵将他们护送到马六甲。简而言之，战胜一方的人民对战败者表现出了极大的仁慈，以致缺乏这种品质的葡萄牙人对荷兰人的美德惊叹不已。马六甲元老院、马六甲总督以及被捕获船只的司令官的信件（见本书附录）[2]为荷兰人的宽厚仁慈提供了一份值得关注的证词，其中明确讲到了他们的"诚信"。最后需要提到的一个事实是：在［1603年8月］葡萄牙人被范·沃尔维克率领的舰队击败后不久，他们在澳门宣布说，假如他们在战争中取得胜利，他们不打算如此仁慈地对待荷兰人。

至于战争的目的，每个人应当在这一点上对自己负责。事实上，如果任

---

〔1〕 参见"历史分析"【第十一章】，第二部分十一，事件五。

〔2〕 【格劳秀斯·】《捕获法》手稿的最后一页（第163页）有一份某些文献的列表，包括此处提到的信件。格劳秀斯希望将列表中的文献作为自己书稿的附件［参见本英译本第366页］。但是，在格劳秀斯的手稿中并没有发现这些文献。不过，弗鲁因教授后来在其荷兰文本或日耳曼文本中把所有这些文献都附了上去。（——英译者注）

何民族精神不具备所有人民共有的性质，这个问题就不属于人类判断的范围。在这个意义上，肯定地讲，个人行为构成了一种推定的基础。我们已经讲过，战争的真正目的是实现个人的权利。如果捕获战利品符合这个目的，则对该战利品的捕获即可被推定为正当的，对它的取得也同样是正当的。但是，如果一名勇士只是为了增加个人财富而捕获战利品，则不应当这样推定。让我们看看后一种推论在适用于葡萄牙人或荷兰人的时候，何者更为可信。

古代的学者们告诉我们，甚至在很久以前，葡萄牙人就习惯于靠抢劫和掠夺为生。[1]葡萄牙更上层的人士完全了解，自古以来，他们的种族就有着邪恶和嗜血的贪婪欲望；[2]他们也不可能没有意识到，在基督教徒中，许多葡萄牙人根本不被视为基督教徒。

我不想在此以对比的方式重复可以找到的关于荷兰人非常值得骄傲的记录。让我们记住前面曾经提到并且与目前的论述有关的这样一种观点就可以了：在［属于日耳曼语系的］所有民族的土地上，没有任何民族比荷兰人更不容易被战利品所诱惑。因此，塔西佗在描写基维利斯的战争时指出，日耳曼人为掠夺而战，荷兰人则为荣誉而战。[3]几乎与我们属于同一时代的外国学者也声称，在属于日耳曼语系的各个民族中，荷兰人以从不觊觎他人财产而著称。[4]甚至在印度的葡萄牙人也不得不对荷兰人表示敬意，马六甲大主教在写给国王的一封信中非常清楚地表达了这种敬佩之情："他们从来不伤害当地人，更不要说伤害葡萄牙人了。总之，他们没有给任何国家制造麻烦。"然后，他又补充说："他们在当地人中是最受欢迎的，并且得到了人们的喜爱，因为他们正当地做生意，而不诉诸暴力或伤害。"显然，荷兰人只追求商业目的。假如他们不是被迫卷入战争，他们会非常满足于这些目的的实现。荷兰人首次航行以来全部的一系列事件和他们在如此长的时期内为维持和平所表现出来的忍耐充分证明了这一事实。例如，（像我们已经指出的那样）[5]

〔1〕 斯特拉博：《地理概论》【III. iii. 6】；狄奥多罗斯：《历史丛书》【V. 34】；塞尔维乌斯：《论〈农事诗〉》III［408］。

〔2〕 奥索里乌斯：《伊曼纽尔【一世】传》I。

〔3〕 塔西佗：《历史》IV［lxxiii］。

〔4〕 夏萨尼乌斯：《论勃艮第与整个高卢的习惯》，序言中"荷兰"一词。

〔5〕 参见"历史分析"【第十一章】，第二部分十二，事件一。

尽管荷兰人在进行第一次航行时分别遇到了四艘单独航行的葡萄牙船只，在贪婪者的眼中，它们是很容易被捕获的猎物，但是，这些船只没有受到任何伤害，它们继续进行着自己的航行。另外，在有些场合，荷兰人甚至把从葡萄牙人手中捕获的物品自愿还给了他们。例如，沃尔夫特·赫尔蒙斯曾经捕获了一艘奉派驶往伯南布哥并到达赤道这一边的葡萄牙船只（属于"轻便帆船"级），但他后来又把它还给了葡萄牙人。尽管过去的经验表明，当葡萄牙人对报复的恐惧日益减轻以后，他们会更大胆地对抗荷兰人，然而，后者仍然勉励自己以尽可能的温和的方式对待他们，并试图发现这些既贪婪又冷酷的人们是否会因为其货物遭受的损失而使他们对正义与和平表现出起码的尊重。

事实上，对荷兰人在许多场合表现出来的自律的称道甚至构成了对这个低调民族的价值观和声誉的侮辱，不过，我仍然要为下面一个事件发声，因为其过程与系争战利品捕获的时间密切相关。当时，达玛的统治者扣留了以代表身份派往他那里的二十名荷兰人（我们已经在其他章节中谈到过这个事件[1]），他对释放其中的八人提出了高额赎金，但拒绝以任何条件释放其他人。在这种情况下，海姆斯凯尔克——他认为不能让荷兰人的自由置于危险之中，而且当这种背信弃义行为使受害人陷入悲惨境地时，其所面临的危险尤为严重——决定进行复仇，强行夺取抵押物作为荷兰人安全的保障。当时，在来自柔佛的其他船只中，恰好有一艘被称为"帆船"级的船只正驶往达玛。海姆斯凯尔克认为它是属于达玛的财产，于是直接将其扣留。接着，海姆斯凯尔克派遣信使去见达玛国王，承诺如果他释放仍被扣留的十二名荷兰人，他将交还该船并从此与达玛发展友好关系。但是，达玛国王完全没有被海姆斯凯尔克提出的条件所打动，他甚至企图派军队从看守船只的卫兵手中夺取该船。鉴于达玛国王的这种反应，最佳方案似乎是把船上的商品转移到别处，然后把船长，连同船只本身和船上的其他七十个人送还达玛。海姆斯凯尔克再次承诺，如果船长能使被扣押的荷兰人成功获释，他将交还船上的商品或者与这些商品等值的金钱（估计约为五卡提【斤】黄金）。后来，在由于季节变化的考虑以及缺乏淡水必须改变锚地时，海姆斯凯尔克将他管辖下的所

---

〔1〕　参见"历史分析"【第十一章】，第二部分十，事件八。

有东印度群岛人全部遣送回家。他还派遣两个人作为使节去往柔佛，希望通过他们向柔佛国王表达歉意，并请国王授权一个人前来，以便他把原先提到的五卡提黄金交给该人。不过，柔佛国王回复说，他不认为海姆斯凯尔克的所作所为有任何需要道歉的地方，因为事实很清楚，荷兰人非常友善，他们不希望伤害任何热爱和平的人。至于其他问题，在所有国家看来，对那些原先伤害过自己的人进行报复不仅无可指摘，而且值得称道。柔佛国王还补充说，如果战争的命运导致的复仇迫使他或者他的臣民之一不得不付出某种代价，他没有理由不平静地承受这种结果；就他本人来说，荷兰人的友谊本身足以构成完全和充分的补偿。后来，当海姆斯凯尔克为商业目的到达柔佛时，经过一番周折和请求，王室同意他向原来被扣留的那艘船的船长拉萨杜塔进行赔偿。作为五卡提黄金的替代品，他付给愿意接受这笔钱的拉萨杜塔一千二百里斯，尽管那艘船上的商品价值还不到七百里斯。

这个事件最令人惊讶的特点是什么呢？是付出代价交换被非法且违背诚信被抓走的荷兰人的事实吗？是在其他东印度群岛人仍然扣押着荷兰人的同时，释放那些东印度群岛人的行为吗？是海姆斯凯尔克在柔佛统治者面前的自责吗？是海姆斯凯尔克甚至在柔佛统治者面前提出请求［希望他准许自己进行赔偿］的事实吗？是在本来可以不支付任何赔偿的情况下，海姆斯凯尔克却付出了更多的赔偿吗？可以肯定地说，从来没有这么慷慨的抢劫者。

由于即使不存在以上所列的证据，对有疑义的案件也应该作出更有利于荷兰人的解释，因此，我们应该推定，那些击败葡萄牙人的荷兰人的意图和目的是通过使不能被善意所怀柔的葡萄牙人遭受损失的办法，至少迫使他们转而采取另外一种不同的行为方式。正如安布罗斯（圣）所说的那样，对于那些无法剥夺其抢劫意图的人，我们应该剥夺他们实施抢劫的能力。[1]

即使是现在，如果葡萄牙人能够放弃其野蛮行径，承认人类相互间的伙伴关系，并且只在商品的价格上与其他竞争者一争高下，这也是一种很好的结果！荷兰人随时准备消除敌对意图，忘却我们提到的所有罪行，并放弃发动一场胜利战争的良机。对荷兰人来说，能够在自愿的基础上获得利润就足

---

〔1〕 安布罗斯（圣）：《论〈诗篇〉》CXVIII，"布道词" viii，第 2 节［第 58 节，n. 25］；《天主教教会法典大全·格拉提安教令集》II. xxiii. 4. 33。

够了。

　　因此，无论我们是把这场战争目的解释为为遭受的损失和付出的成本获得赔偿，还是坚持认为也包括消除对方不正当的恶意，这两个目的无疑都是正义的，而实现其中之一对我们来说就已经足够了。在审查全部有关原因之后，我们作出以下裁决：荷兰东印度公司对被捕获船只从前的所有者葡萄牙人发动的战争属于正义战争，因而该公司捕获系争捕获物的行为是完全正义的。这是根据我们已经制定的基本原则可以清楚地得出的结论。另外，由于通过私战取得的战利品在清偿全部债务的范围内首先并完全属于发动正义战争一方的财产（如同我们以无可争议的论点说明的那样），因此，我们所讨论的被捕获的大帆船以及船上的商品理应成为以私人代价进行这场战争的荷兰东印度公司的财产，而且（像我们所说的那样）该大帆船及其所载商品的价值无论如何也不足以抵销葡萄牙人欠该公司的债务。我们已经明确指出，在私战中取得战利品的意义与在公战中同样重要。的确，关于这一点，甚至那些在术语的使用上无法达成一致意见的人们在基本事实上也不存在争议。因为作为一种普遍的共识，[1]当不存在任何法官时，即使只是司法程序的暂时缺失，为了重新获得财产和追索正当债务（包括支出的费用）的目的，同样可以夺取敌人的占有物，除非在特殊情况下，某些权威学者要求随后通过司法裁判解决战利品的归属。在这些情况下，对于在夺取战利品后由法官作出判决解决其归属的问题，并不存在任何疑义。[2]另外，经院派哲学家们制定了这样一项范围更广泛的原则：即使一场战争从原因、意图、有关人员和授权等角度看属于非正义战争，但如果涉及财产问题——如作为以追索财产为目的而发动战争的结果，通常允许间隔一段时间再进行战争——发动战争的一方在良心上并不负有恢复原状的义务，除非他取得的财产总额或者给敌人造成的损失超过了敌人原来不正当地占有他的财产的价值。[3]

　　就其为了保护自身利益而诉诸武力这一点上，以上论述应当适用于荷兰东印度公司进行战争的原因。

---

〔1〕　参见前面第十章开头部分的论述和巴尔托鲁：《论报复》Qu. 9，ad 4，将近结尾部分。

〔2〕　参见下一章第二部分结尾之处。

〔3〕　西尔维斯特：【《西尔维斯特全集》】"论'战争'的词义"[Pt. I, x [1]。

　　同样，鉴于以上论述，[1]荷兰东印度公司无疑也有权拿起武器为其盟友和朋友（比如泽兰人的公司）遭受的损害而战，并计算作为赔偿的结果，他们可以取得什么，当然，首先是取得荷兰东印度公司本身为此付出的代价。在这个意义上，可以认为荷兰人并没有发起武装冲突，而只是参加了发起冲突的泽兰人或东印度群岛人的武装部队。在这种情况下，缴获的战利品应该在战争发起者分配给荷兰人的范围内成为他们的财产。不过，因为私人与东印度群岛地区的君主或人民的同盟构成了一场公战而不是私战，所以，刚才提出的问题将被推迟到后面更适当的场合进行讨论。

　　另外，对有关从事私战的臣民问题进行讨论——或者更具体地讲，对有关为荷兰东印度公司服务且其地位的重要性或大或小的水手或雇员的问题进行讨论——实际上是多此一举。其原因部分地在于我们的研究主要不涉及这些人；部分地在于根据前面的论述并基于一开始确定的原则对他们进行衡量以后，我们显然肯定有正当理由相信，这些下属在效忠荷兰东印度公司以及在反对葡萄牙人的战争中坚决执行公司命令的行为是无可指责的。因此，如果荷兰东印度公司同样把一部分战利品分配给他们，则他们将这一部分财产据为己有也是正当和无可指责的。

　　中译者注

　　1 塞内加（小）Seneca（约公元前4~公元65）：古罗马雄辩家、悲剧作家、哲学家和政治家。他是罗马著名修辞学导师卢西乌斯·安牛斯·塞内加的次子，公元1世纪中叶罗马学术界的领袖人物。他曾积极参加政治活动，于公元50年任罗马执政官，后担任皇储尼禄的教师。他一生创作了许多作品，其中有一些最出色的哲学著作。另外，他还写了一些政治讽刺文章。（《简明不列颠百科全书》第6卷，第890页。）

　　2 博洛尼亚 Bologna（又译为波伦亚）：意大利北部城市。它是艾米列亚－罗马涅区首府和博洛尼亚省省会。公元前4世纪它被G．博伊伊占领后成为古罗马殖民地和城市。它于1506年并入教皇辖地；1860年归属意大利。该市有许多大教堂，建于11世纪的博洛尼亚大学在12~13世纪名望最高。（《简明不列颠百科全书》第2卷，第57页。）

　　〔1〕　参见前面第九章结论八第一点和前面第十章结论九第一点（一）之前的论述。

3 摩西 Moses：公元前 13 世纪希伯来人领袖。根据犹太教传说，他是最伟大的先知和导师。早期犹太教和早期基督教的传说认为，他是律法书（即犹太教《圣经》前五卷）的著作者，今天的保守教派仍持这种见解。据《圣经》记载，他的父母属于希伯来人的利未支派。希伯来人已经在埃及生活若干代，但因他们构成对王朝的威胁，某一代法老把他们贬为奴隶。他率领希伯来人离开埃及，摆脱了埃及人的奴役。（《简明不列颠百科全书》第 6 卷，第 35 页。）

4 亚摩利人 Amorites：古代一游牧部族或部族集团。据《圣经·旧约》记载，他们属于迦南之子亚摩利的后裔，是以色列人的凶恶敌人，但与以色列十二支派之一的以法莲人关系密切。他们的活动区域在犹大以南，可能延伸到阿拉伯北部。（《简明不列颠百科全书》第 8 卷，第 796 页；《基督教圣经与神学词典》，第 40 页。）

5 赫拉克勒斯 Heracles：希腊罗马神话中最著名的英雄。他是宙斯和阿尔克墨涅（珀尔修斯的孙女）所生的儿子。宙斯曾发誓说珀尔修斯家族生的下一个儿子将成为希腊的统治者，但宙斯善妒的妻子赫拉使诡计让欧律斯透斯先生下来，并成为希腊国王。他后来被迫成为欧律斯透斯的奴仆，并按照欧律斯透斯的要求完成了 12 件苦差。罗马神话中有许多关于他的故事。（《简明不列颠百科全书》第 3 卷，第 743 页。）

6 维奥蒂亚 Boeotia：古希腊一个具有独特军事、艺术和政治历史的地区。它的范围大约等于今天希腊的维奥蒂亚州。它南临科林斯湾，东濒埃维亚湾，首府莱瓦贾。在古代，维奥蒂亚防御同盟在雅典和斯巴达的对抗中具有突出作用。（《简明不列颠百科全书》第 8 卷，第 192 页。）

7 奥尔霍迈诺斯 Orchomenus：古代维奥蒂亚城市。它位于科皮阿平原北部海峡，是米尼亚王朝的所在地。根据罗马神话传说，赫拉克勒斯曾对奥尔霍迈诺斯王国发动战争，取得胜利后，他与该国的一位公主墨加拉结婚。但他在一次发疯时杀死了自己的妻子和孩子。（《简明不列颠百科全书》第 1 卷，第 336 页；《简明不列颠百科全书》第 8 卷，第 192 页。）

8 密细亚 Mysia 古安纳托利亚西北部一地区。它北濒马尔马拉海，西接爱琴海。荷马曾提到密细亚人，说他们是特洛伊人最初的盟友。密细亚相继隶属吕底亚、波斯和帕加马。公元前 129 年，它并入罗马的亚细亚行省。（《简明不列颠百科全书》第 5 卷，第 888 页。）

9 十字军 Crusades：西方基督教徒组织的反对伊斯兰国家的几次远征。为控制圣城耶路撒冷和夺取与耶稣基督尘世生活有联系的一些地区，从 1095 年到 1291 年之间，即从发动第一次十字军东征开始到拉丁基督教徒最后被赶出其在叙利亚的基地为止的期间，在教皇和欧洲国家国王的号召和领导下，欧洲基督教徒共进行了 8 次主要的远征。十字军东征对欧洲社会的政治、经济等方面产生了重要影响。（《简明不列颠百科全书》第 7 卷，第 266～267 页。）

10 戈尔狄安：Gordian：罗马帝国有祖孙三代三位名叫戈尔狄安的皇帝，分别是戈尔狄安一世（约 157～238.4），戈尔狄安二世（? ～238.4）和戈尔狄安三世（225～244）。【他们当皇帝的时间都不长，此处可能是指皇帝戈尔狄安一世。】参见《简明不列颠百科全书》第 3 卷，第 315 页。

11 贺拉斯 Horace（公元前 65.12 ~ 前 8.11.27）：罗马杰出诗人。他出生于意大利东南部的韦努西亚，父亲是获得自由的奴隶。他在罗马和雅典接受了教育。公元前 44 年凯撒被刺后，他站在对立派布鲁图一边作战，但后来与奥古斯都关系密切。公元前 20 年左右，他实际上成了罗马最伟大的诗人。他较早的作品有《讽刺诗集》和《长短句集》。他对西方文学发挥了重大影响的作品主要是《诗集》和《书札》。（《简明不列颠百科全书》第 3卷，第 729 页。）

12 穆罕默德 Muhammad（约 570 ~ 632.6.8）：伊斯兰教和阿拉伯帝国的创立者。他引起了对人类历史具有重大意义的宗教、社会和文化的发展。他是遗腹子，生于麦加。公元610 年他在麦加附近的山洞中潜思冥想，得到神示。公元 613 年左右，他公开传教，影响逐步扩大。从公元 624 年开始，他率领穆斯林武装与其他部族和犹太人作战。在他去世前，阿拉伯半岛个别地区出现武装反抗，但伊斯兰教国家已强大得足以应付。他身后留下了基本统一的阿拉伯半岛。（《简明不列颠百科全书》第 6 卷，第 119 页。）

13 托马斯·阿奎那 Thomas Aquinas（约 1225 ~ 1274.3.7）：中世纪意大利神学家、经院哲学家。他出身贵族家庭，少年时就学于卡西诺山的本笃会修院，1239 年入那不勒斯大学。1245 年他在巴黎师从著名神学家大阿尔伯特学习古希腊哲学和神学，1252 年在巴黎大学讲授《圣经》，1256 年讲授神学和哲学。他曾先后担任亚历山大四世、乌尔班四世和克雷芒四世三位教皇的教廷神学教师和法兰西国王路易九世的神学顾问。他著有《反异教大全》《神学大全》等。《神学大全》虽未完成，但已有 200 余万字；全书分为三部，被认为是基督教的百科全书。他把亚里士多德哲学运用于神学领域，创造了巨大的经院哲学和神学体系。[《中国大百科全书》（第 2 版），第 22 卷，第 466 页。]

14 普卢塔克 Plutarch（约 46 ~ 119 后）对 16 ~ 19 世纪初的欧洲影响最大的古典作家之一。他在罗马帝国时期生于希腊维奥蒂亚的凯罗涅亚，曾被皇帝图拉真授予等同于执政官的高位。他有罗马和雅典的公民权，游历过许多地方，但常住地还是凯罗涅亚。他一生写了大量作品，据称多达 227 种。其中最著名的是他为希腊罗马军人、立法者、演说家和政治家撰写的《希腊罗马名人比较列传》。此外，还有一些总称为《道德论丛》的作品 60 余篇。他的哲学是折中的，以柏拉图派为主，也包括斯多葛等派的观点。（《简明不列颠百科全书》第 6 卷，第 550 页。）

15 亚历山大大帝 Alexander the Great（公元前 356 ~ 前 323.6.13）：马其顿国王和世界征服者中的突出人物。他是马其顿国王腓力二世之子，13 岁时拜希腊哲学家亚里士多德为师。公元前 336 年腓力二世遇刺身亡后，他登上王位，不久将反叛的底比斯城夷为平地。公元前 334 年春，他率领马其顿军队渡过赫勒斯滂海峡，开始了对东方的远征。在其后的十年中，他显示出卓越的军事才能，先后占领波斯、埃及、巴比伦、印度等地区，征服了当时欧洲人已知世界的绝大部分。（《简明不列颠百科全书》第 8 卷，第 788 ~ 789 页。）

16 教皇亚历山大六世 Alexander Ⅵ, Pope（1431 ~ 1503.8.18）：西班牙籍教皇（1492 ~1503 在位）。他曾在博洛尼亚学习法律，1456 年由叔父教皇加里斯都三世任命为枢机主教。1492 年，他不顾贿选之嫌，经秘密会议激烈争吵当选教皇。他在位 11 年间，为推行自己的政策以维护本家族的利益并巩固自己的教权和政权，先后任命了 47 名枢机主教。

他是文艺复兴时期腐化堕落教皇中的典型。1494 年他主持谈判，缔结《托德西利亚斯条约》，把美洲大陆分为两部分，分别授予葡萄牙和西班牙。(《简明不列颠百科全书》第 8 卷，第 790 页。)

17 托莱多会议 Toledo, councils of：大约公元 400～702 年西班牙天主教会在托莱多举行的 18 次会议，其中，至少 11 次是全国性会议。虽然它们是宗教会议，但往往对西班牙政局有重大影响。几乎每次会议都是西班牙国王为了争取教会支持而召开的。(《简明不列颠百科全书》第 8 卷，第 52 页。)

18 格列高利九世 Gregory IX（1170 前～1241.8.22）：意大利籍教皇（1227～1241 在位）。他是教会势力达到顶峰的 13 世纪最有力的教皇之一。他精通教会法和神学，以创立异端裁判所及维护教皇特权而著名。他登上教皇位后，对神圣罗马帝国皇帝腓特烈二世日益不满，双方冲突不断。他命令教会法学家莱蒙编纂教会法典，名为《格列高利教令集》，于 1234 年颁行。法典的内容以会议决议和教皇手谕为依据，分别编排共 5 卷。它被沿用到第一次世界大战后，一直是天主教教会法的根本文献。(《简明不列颠百科全书》第 3 卷，第 378～379 页。)

19 法利赛人 Pharisees：犹太教的一派，盛行于第二圣殿时代。法利赛派出现于公元前 2 世纪，他们继承哈西德派的传统，一言一行都有明确的准则。虽然他们被指责为拘泥于律法的词句而忽视其精神，但他们严格律己，笃信教义，仇视信奉异教的罗马统治者，赢得众多百姓的拥护。他们鼓吹灵魂不死，肉体复活，犯罪要受惩罚，既有上帝的预定，又有人的自由意志。这些观点与基督教教义颇为一致。公元 70 年耶路撒冷被毁后，法利赛人不见于史籍。(《简明不列颠百科全书》第 2 卷，第 837 页。)

20 多明我会 Dominicans：又名布道兄弟会，俗称黑衣兄弟会，天主教四大托钵修会之一。它于 1215 年由多明我（圣）创立。多明我（圣）根据奥古斯丁（圣）的规章为其门徒制定规则，并在图卢茨开办了第一处教团。1216 年，多明我会获教皇洪诺留三世批准。该会实行退省默念与积极工作相结合的方法，修士过集体生活。异端裁判所成立后，罗马教廷委托多明我会负责掌管。(《简明不列颠百科全书》第 2 卷，第 749 页。)

21 保罗三世 Paul III, Pope（1468.2.29～1549.11.10）：意大利籍教皇（1534～1549 在位）。他原名亚历山大·法尔内塞，出身于托斯卡纳的雇佣军将领家族，自幼旅居罗马。在教皇亚历山大六世和利奥十世在位时，他很受重用。在登上教皇之位后，他一方面利用权力为子女和子女亲属谋取利益，追求世俗习惯；另一方面锐意整顿教会，赞助新修会的建立，承认耶稣会。在位期间，如何处理与神圣罗马帝国皇帝查理五世和法兰西国王弗兰西斯一世的关系是他的一大难题。(《简明不列颠百科全书》第 1 卷，第 558 页。)

22 查理五世 Charles V Emperor（1500.2.24～1558.9.21）：神圣罗马帝国皇帝（1519～1556 在位）和西班牙国王。他是卡斯蒂利亚国王腓力一世之子，神圣罗马帝国皇帝马克西米连一世之孙。他于 1516 年成为西班牙国王，但他的暴政使西班牙人民怨声载道。1519 年，他击败法兰西的弗兰西斯一世当选为德意志国王。1520 年 10 月，他在亚琛加冕，并同时获得神圣罗马帝国皇帝称号。次年，他返回西班牙，血腥镇压了卡斯蒂利亚的公社起义。1527 年，他率领西班牙和德意志军队征讨教皇，攻入罗马城并使教皇降服。他晚年在争夺西欧霸权的斗争中失败，于 1556 年退位。（《简明不列颠百科全书》第 2 卷，第 217 页。）

23 赫西奥德 Hesiod（创作时期公元前 8 世纪）：希腊最早的史诗诗人之一。在西方文化中，他第一个把劝诫或教训写入诗中。他的《神谱》记述了诸主宰神之间为争夺权力而进行的血腥战斗。他的另一部著作《工作与时日》则说明人类在尘世间的处境在他所谓“铁的时代”是很悲惨的。他原来是牧人，后来才成为诗人和歌手。他一生大部分时间在埃利科山麓附近的阿斯克拉村度过。（《简明不列颠百科全书》第 3 卷，第 753 页。）

24 黄金时代 Golden Age：在拉丁文学中指约公元前 70～公元 18 年这段时期。这是一个文学成就突出的时期，作为文学媒介的拉丁文达到尽善尽美的地步，作者们写出了大量拉丁文杰作。它通常又分为两个主要时代：公元前 70～前 43 年的西塞罗时代；公元前 43～公元 18 年的奥古斯都时代。（《简明不列颠百科全书》第 4 卷，第 61 页。）

25 奥维德 Ovid（公元前 43～公元 17）：古罗马最伟大的诗人之一。他出生于一个古老的家族，曾在罗马修辞学校和雅典精修学校学习，后与朋友游历希腊。他做过小司法官，不久后专门从事写诗。他的诗丰富了拉丁文诗的宝库，对欧洲文学的影响最大。他以三种重要的文体发表了作品：1. 已失传的悲剧《美狄亚》；2.12 卷的《岁时记》叙述了罗马年及其宗教节日；3. 杰作《变形记》是用六韵步诗行写成的 15 卷长诗，是神话与传奇的集锦。他晚年被奥古斯都放逐到黑海边的托弥，后来在那里去世。（《简明不列颠百科全书》第 1 卷，第 383 页。）

26 坎帕尼亚 Campania：意大利南部地区。它濒临第勒尼安海，在加里利亚诺河和波利卡斯特罗湾之间。早期由希腊殖民者和埃特鲁里亚人定居。公元前 6 世纪建区，以卡普阿市为中心。公元 4 世纪末全区罗马化，后成为罗马的一个区。（《简明不列颠百科全书》第 4 卷，第 624 页。）

27 阿尔皮诺 Arpino：意大利拉齐奥地区城镇。西塞罗、阿格里帕和马略诞生于此。它的巨大的石砌城墙是沃尔西人所建，遗迹至今仍围绕着该城。（《简明不列颠百科全书》第 1 卷，第 46 页。）

28 卢西乌斯·涅拉修斯·普里斯库斯 Lucius Neratius Priscus（50～？）：古罗马政治家和著名法学家。他第一个为人所知的公职是大约在 79～80 年担任军事保民官。83～84 年他任裁判官，后进入元老院。他曾在 97 年 5～6 月短期出任罗马执政官；后来还担任过下日耳曼行省总督（98～101）和潘诺尼亚行省总督（102～105）。他一度是普罗库卢斯学派的首领，曾在法律问题上为图拉真皇帝提供帮助，也是后来哈德良皇帝的法律顾问之一。他的作品有《规则汇编》15 卷、《羊皮纸文稿》7 卷等。（http://en. wikipedia. org/wiki/Lucius_ Neratius_ Priscus. ）

29 阿特纳奥斯 Athenaeus（活动时期约 200 年左右）：古希腊语法学家。《欢宴的智者》是他的重要著作。它是一部以贵族酒会形式写成的作品，叙述了许多学识渊博的人在一次宴会上相遇的故事。该书的价值部分地在于保存了已散佚的古代作品中的大量引文，它征引范围广泛，多达 800 位作者，同时提供了古代社会生活各方面不寻常的资料。（《简明不列颠百科全书》第 1 卷，第 157 页。）

30 普劳图斯 Plautus（约公元前 254～前 187）：古罗马著名喜剧作家。他是与泰伦提乌斯齐名的喜剧作家，生平不详。他的剧本大多取材于公元前4世纪末和公元前3世纪初的希腊"新喜剧"。西塞罗十分欣赏他运用拉丁语的才能。他是一位真正大众化的戏剧家，喜剧效果来自夸张、诙谐的描写，但也承认正直、忠诚、崇高的品格是美德。他的原作没有保存下来，在罗马学者瓦罗时代看到的已是经过改动的演出本。（《简明不列颠百科全书》第6卷，第540页。）

31 蓬波尼乌斯 Pomponius（活动时期2世纪）：罗马法学家。他生活在哈德良、安东尼·庇护和马可·奥勒利乌斯在位时期，著有《蓬波尼乌斯手册》等法学著作。《查士丁尼法典·学说汇编》和乌尔比安以及法学家保罗都引用过他的论述。（《捕获法》英文版，"引文作者索引"，第409页；http://en.wikipedia.org/wiki/Sextus_Pomponius.）

32 斯凯沃拉 Scaevola（？～公元前82）：罗马法学家。他是对罗马法进行科学研究的创始人。公元前95年担任执政官时，他和其他人一起使《李锡尼·穆西亚法》得以通过。卸任执政官后，他出任亚细亚总督，并在约公元前89年被任命为大祭司。他是一套80卷本的民法论著和一部法规、司法判例和古代文献汇编的作者，该汇编经常被后世作者援引和仿效。他的一本名为《解说》的手册是《查士丁尼法典》中所摘引的最古老的著作。（《简明不列颠百科全书》第7卷，第426页。）

33 拉贝奥 Labeo（？～10/11）：意大利桑尼特人的罗马法学家。他年轻时拥护罗马共和政体，反对帝国形式的政府，但仍然被奥古斯都任命为裁判官。他被认为是法学史上最有创新精神的思想家之一。他的现存部分著作（据说他曾写过400本书）和后来的法学家对他的观点的大量援引足以证明他享有进步的法律解释者和创造者的声誉。他被视为是以他的信徒普罗库卢斯命名的普罗库卢斯法学派的创始人。（《简明不列颠百科全书》第5卷，第4页。）

34 卢库卢斯 Lucullus（约公元前117～前58/56）：罗马大将。他在公元前88年任财务官，曾经参加苏拉向罗马的进军，后来又先后担任营造官和行政长官。公元前74年，本都国王米特拉达梯入侵罗马的比提尼亚行省，他担任西利西亚和亚细亚总督，指挥罗马军队作战，并于公元前72年在卡比拉击败敌人。他非常富有，在罗马城外、图斯库卢姆和那不勒斯有许多庄园。在那不勒斯的一处庄园里有一个人造海水池塘。（《简明不列颠百科全书》第5卷，第385页；http://en.wikipedia.org/wiki/Lucullus.）

35 科卢梅拉 Columella（公元1世纪～？）：罗马军人和农民。他写过很多农业和有关题材的著作，目的是提高对农业和朴素生活的热爱。他的著作流传下来的有《论农村》和《论树木》。这两本著作的英文合译本题为《论农业》（1745）。（《简明不列颠百科全书》第4卷，第696页。）

36 马提雅尔 Martial（约38/41～约104）：罗马著名铭辞作家。他出生在罗马在西班牙的移民地比尔比利时，刚过20岁即来到罗马。经过多年的努力，他最后得享终身骑士的特权。他的第一部诗集发表于公元80年，后来发表了许多卷铭辞集，共1500多首，全面反映了当时的社会情况。他实际是现代警句诗的开山祖师，他的诗千百年来受到无数读者的赞美。（《简明不列颠百科全书》第5卷，第649页。）

37 普林尼（小）Pliny the Younger（61/62～约113）：罗马作家和行政官员。他是作家普林尼（老）的养子，18 岁开业当律师，在民事法庭中卓有声誉。他于公元 93 年任裁判官，公元 100 年任执政官。他还担任过罗马比提尼亚和本都行省总督，三次出任图拉真皇帝司法委员会成员。他留下了一批富有文学魅力的私人信札，其中描述了罗马帝国全盛时期的社会生活和历史事件。他非常富有，有许多别墅，主要不动产在今天意大利中部的翁布里亚。（《简明不列颠百科全书》第 6 卷，第 549 页；http://en. wikipedia. org/wiki/Pliny_the_younger.）

38 福尔米亚 Formia：原称莫拉迪加塔，意大利拉齐奥区城镇。它临加埃塔湾，原为古代沃尔西人城镇，后来成为古罗马的避暑胜地。它以出产葡萄酒著名，现有史前巨石城墙和一些古罗马遗迹。（《简明不列颠百科全书》第 3 卷，第 206 页。）

39 安布罗斯（圣）Ambrose Saint（约 339～397）：古代基督教拉丁教父。他在罗马出生和成长，约 370 年任伊米利亚 - 利古里亚省省长，住在米兰。公元 374 年，他被市民拥戴为主教，始受洗礼，任米兰主教。他熟读当代希腊著作，运用新柏拉图派哲学解释《圣经》的寓意。后来成为希波主教的奥古斯丁（圣）就是因为聆听他的传教而皈依了基督教。他谴责社会弊端，厉行禁欲，主张独身。（《简明不列颠百科全书》第 1 卷，第 267～268 页。）

40 马西亚努斯 Marcianus（活动时期 3 世纪前期）：罗马法学家。他的生卒日期不详，应该是和法学家保罗以及乌尔比安同期的法学家。他发表了大量著作，主要有《法学总论》（16 卷）、《公开审判》（2 卷）、《上诉》（2 卷）、《法规选集》（5）卷等。他的著作在罗马法学界有很大影响，《查士丁尼法典·学说汇编》中有 275 处引用了他著作中的片段，《查士丁尼法典·法学总论》也引用了他《法学总论》中的部分内容。（http://en. wikipedia. org/wiki/Aelius_Marcianus.）

41 利奥一世 Leo I（？～474.2.3）：东罗马帝国皇帝（457～474 在位）。他早年从军，投身阿斯帕尔将军麾下。457 年 2 月 7 日，他被拥立为皇帝。他于 467 年策立安提米乌斯为西罗马皇帝；次年东西罗马合兵攻打北非的汪达尔人，遭受惨败。他曾主持制定一部名为《利奥一世新律》的法典。（《简明不列颠百科全书》第 5 卷，第 249 页；《捕获法》英文版，"引文作者索引"，第 406 页。）

42 普拉森蒂努斯 Placentinus（？～1192）：意大利法学家和注释学家。他来自皮亚琴查，曾经在博洛尼亚大学教书。他在 1160 年创建了蒙彼利埃大学法学院。（http://en. wikipedia. org/wiki/Placentinus.）

43 恩尼乌斯 Ennius, Quintus（公元前 239～前 169）：叙事诗人、戏剧家兼讽刺作家。他曾在罗马教书并改编希腊剧本，也曾与包括大西庇阿在内的许多头面人物相处，关系融洽。他是早期拉丁诗人中最有影响者，被公认为罗马文学之父。他的叙事诗《编年记》叙述了从埃涅阿斯的漂流到自己所处时代的罗马，是一部民族史诗。他擅长写悲剧，从希腊剧本改编过来的戏剧尚存 19 个剧目，大半为欧里庇得斯的作品。在整个共和时期，西塞罗等人赞扬了他的作品。（《简明不列颠百科全书》第 2 卷，第 788 页。）

44 加的斯 Cadiz：西班牙安达卢西亚省份。它东南滨地中海，西临大西洋，面积 7385 平方千米。它的沿岸有直布罗陀和加的斯等重要海湾，伸入直布罗陀湾的塔里法角为欧洲大陆最南端的海岬。(《简明不列颠百科全书》第 4 卷，第 245 页。)

45 盖尤斯·凯撒 Gaius Caesar（公元前 20 ~ 公元 4.2.21）：罗马皇帝奥古斯都的外孙。他是奥古斯都最亲密的僚属阿格里帕和奥古斯都的女儿尤莉娅的长子。公元前 17 年，奥古斯都宣布他为自己的继承人。公元前 1 年，他以总督衔前往亚美尼亚处理遭到安息人入侵的该地区事务。他在试图平息当地一次叛乱时受了重伤，死于返回意大利的途中。(《简明不列颠百科全书》第 4 卷，第 608 页。)

46 塞利乌斯·安提帕特 Caelius Antipater（活动时期公元 200 年前后）：希腊诡辩家和修辞学家。他是阿德里亚努斯和坡吕克斯的学生。虽然他在同一时代的学者中并非出类拔萃，但据说他在书信写作方面的艺术胜过所有其他人，因此，皇帝塞维鲁聘他为自己的私人秘书以及他的两个儿子的教师。他后来被任命为比提尼亚和本都总督，68 岁去世。菲洛斯特拉托斯曾提到过他的作品。(http：//en. wikipedia. org/wiki/ Caelius_ Antipater.)

47 科纳利乌斯·内波斯 Cornelius Nepos（约公元前 100 ~ 约前 25）：罗马历史学家。他是西塞罗的朋友。他的主要著作有《名人传》、《年代学》、《轶事集》等。他的著作行文朴素，不以文体见长。(《简明不列颠百科全书》第 6 卷，第 200 页。)

48 托勒密九世 Ptolemy IX（? ~ 公元前 80）：马其顿人埃及国王（公元前 116 ~ 前 110，前 109 ~ 前 107，前 88 ~ 前 80 在位）。他是托勒密八世之子，绰号"拉提鲁斯"。托勒密八世去世后，按照他的遗嘱，其遗孀克娄巴特拉三世成为埃及与叙利亚的实际统治者。迫于民意，她选择其子托勒密九世同她联合执政。由于母子不和，他两次被放逐。克娄巴特拉死后，他弟弟托勒密十世执政。因托勒密十世不得民心被逐，他于公元前 88 年独揽王权。(《简明不列颠百科全书》第 6 卷，第 200 页；http：//en. wikipedia. org/wiki/ Ptolemi_ IX_ La-thyros.)

49 汉诺 Hanno（活动时期约公元前 5 世纪）：迦太基人。他在公元前 5 世纪进行了一次在非洲西海岸探险和殖民的航行。当时他率领 60 艘船，载 6 万男女出航。他在今摩洛哥境内及其周围建立了 5 座城，然后继续南下，可能在塞内加尔河畔建立瑟恩。他显然到过今天的冈比亚或塞拉利昂海岸。10 世纪的希腊文《汉诺周航记》可能由迦太基文翻译而来。(《简明不列颠百科全书》第 3 卷，第 680 页。)

50 克劳狄一世 Claudius I（公元前 10.8.1 ~ 公元 54.10.13）：罗马皇帝和历史学家。他是罗马大将尼禄·克劳狄·德鲁苏斯之子，年轻时在李维的鼓励下研究历史，用希腊文写成了 20 卷《伊特鲁里亚史》和 8 卷《迦太基史》。他 37 年出任执政官，41 年初罗马皇帝盖尤斯遇害后，他被御林军拥立为皇帝。他在 41 ~ 42 年吞并毛里塔尼亚，43 年夺取小亚细亚的吕基亚地区，44 年把犹太改为一个行省，46 年占领色雷斯并在不列颠和其他地区取得一系列胜利。在内政方面，他采取了许多开明政策，鼓励城市建设，开辟殖民地，扩大罗马公民人数。(《简明不列颠百科全书》第 4 卷，第 752 页。)

51 图拉真 Trajan（约 53.9.15 ~ 117.8.8/9）：罗马皇帝。他父亲是罗马高级官员，官至叙利亚和亚细亚总督。他从军后曾在叙利亚军团任军官，89 年在西班牙指挥一个军团。他于公元 91 年和 98 年两次担任罗马执政官。在他第二次担任执政官之后不久，皇帝内尔瓦去世，他被军队和元老院推举为皇帝。他对内休养生息，对外扩张领土。他发动了对安息的战争，公元115年占领上美索不达米亚，不久率军进抵底格里斯河，攻占了安息首都泰西封。（《简明不列颠百科全书》第8卷，第13页。）

52 托勒密 Ptolemy（活动时期公元2世纪）：著名天文学家、地理学家和数学家。他的生平不详，其主要研究成果是在埃及亚历山大城完成的。他在天文学方面的研究成果主要体现在《天文学大成》这部巨著之中，他发表的地心宇宙体系（托勒密体系）在天文学中占统治地位达1300年之久。他的《地理学指南》使他获得地理学家的声望。该书共分8卷，载有如何根据经纬度绘制地图的说明以及用经纬度标明的欧、亚、非三洲某些地方的地理位置。他在地理学上的影响也持续了1300年。（《简明不列颠百科全书》第8卷，第52～53页。）

53 摩尔人 Moor：英语文献中的摩洛哥人。后来亦指在11～17世纪创造了阿拉伯安达卢西亚文化，随后在非洲定居下来的西班牙穆斯林居民或阿拉伯人、西班牙人及柏柏尔人的混血后代。它偶尔也指一般的穆斯林。（《简明不列颠百科全书》第6卷，第23页。）

54 布列塔尼 Brittany：法国古省和公爵领地，包括克尔特人从英国移入以前被称为阿摩里卡的地方。它由法国西北部的半岛组成，几乎相当于今天的菲尼斯泰尔，面积27194平方千米。布列塔尼人兼有冒险和守旧精神，许多人长于航海，充当海军。（《简明不列颠百科全书》第2卷，第145页。）

55 帕皮尼安 Papinian（约140～212）：罗马法学家。他最重要的著作是两部案例集：《问题集》（37卷）和《解答集》（19卷）。但他在死后才成为罗马法的权威人物，这可能是因为他的高尚道德品格和古典时期以后帝国的基督教统治者的世界观相一致。（《简明不列颠百科全书》第6卷，第385页。）

56 卡斯特伦西斯 Castrensis（？～约1441）：意大利法学家。他的著作包括《法律评论》和对《查士丁尼法典·学说汇编》以及《查士丁尼法典·敕令集》的评论。（《捕获法》英文版，"引文作者索引"，第400页。）

57 桑迪欧 Sandeo（约1444～1503）：意大利教会法学家。他著有《〈格列高利教令集〉评论》一书。（《捕获法》英文版，"引文作者索引"，第410页。）

58 巴尔布斯 Balbus（活动时期1510年左右）：意大利法学家。他著有《论时效》一书。（《捕获法》英文版，"引文作者索引"，第399页。）

59 阿库修斯 Accursius（约1182～约1260）：13世纪杰出的法学家，革新罗马法的法律学者。他是查士丁尼的罗马法法典的许多注释家中的最后一个，他的权威性著作《法令注释》（1220～1250）胜过他以前的学者们的注释。他曾任波伦亚大学教授，在那里接触到罗马人的许多法律著作。他对罗马法的注释影响了后来欧洲各个法典的发展，其中包括19世纪初制定的《拿破仑法典》。（《简明不列颠百科全书》第1卷，第85页。）

60 阿方索·德·卡斯特罗 Alfonso de Castro（1495～1558.2.11）：西班牙方济各会神学家和法学家。他15岁加入方济各会并成为一名优秀的传教士。后来他进入阿尔卡拉大学学习神学和法学。他曾在著名的萨拉曼卡大学担任教授，也曾担任神圣罗马帝国皇帝查理五世和西班牙国王腓力二世的法律顾问。他主要研究刑法，致力于利用刑法维护"真正的信仰"。他的成果丰富，最主要的刑法著作是1550年在萨拉曼卡出版的《论法律惩罚的权力》。在一些作品中，他被称为"西班牙刑法之父"。（http://en. wikipedia. org/wiki/ Alfonso_ de_ Castro.）

61 若昂二世 John II of Portugal（1455～1495. 10）：葡萄牙国王（1481～1495 在位）。他是阿丰索五世与伊莎贝拉王后的独生子，1474 年阿丰索五世命他主管"几内亚贸易"和对非洲的探险。他继位后支持寻找非洲的最南端和通往印度的海路。但当哥伦布提出向西航行前往印度的计划时，他没有批准。1493 年哥伦布探险返回欧洲后，教皇把他新发现的岛屿全部授予西班牙。他对此提出抗议。经过多次折冲，两国签订《托德西利亚斯条约》，确定以佛得角群岛以西 370 里格处为双方的分界线，界线以西的岛屿归西班牙。（《简明不列颠百科全书》第 6 卷，第 813 页。）

62 曼努埃尔一世 Manuel I of Portugal（1469. 5. 31～1521. 12）：葡萄牙国王（1495～1521 在位）。他出生在阿尔科谢蒂，1491 年成为约翰二世的继承人，1495 年继承王位。在他统治期间，葡萄牙人开辟了通达印度的海路，发现了巴西和纽芬兰。他对这些新发现的土地提出主权要求，并得到教皇的批准和西班牙的承认。1510 年葡萄牙驻印度总督占领果阿，次年征服马来半岛的马六甲，从此葡萄牙垄断了东方的香料贸易。1513 年葡萄牙人到达中国。建立了葡萄牙政权，并开始与中国接触。（《简明不列颠百科全书》第 5 卷，第 716 页。）

63 格列高利（圣）（纳西昂的）Gregory of Nazianzen，Saint（约 330～389）：基督教教父。他对上帝三位一体的教义提出了明确和有力的解释。公元 381 年的君士坦丁堡会议批准了他的三位一体论，并写入《尼西亚信经》。他的著作有宣教文和大量的通信。（《简明不列颠百科全书》第 3 卷，第 377 页。）

64 忒提斯 Thetis：希腊神话人物。她是宙斯和波塞冬都爱上的海中仙女。由于正义女神忒弥斯说她注定要生一个比他父亲更强大的儿子，两位神祇便把她许给了珀琉斯。她和珀琉斯的儿子是阿喀琉斯。（《简明不列颠百科全书》第 7 卷，第 692 页。）

第十三章　荷兰的战争与荷兰东印度公司取得系争捕获物是正义的

这里需要说明的是：荷兰的战争是正义的，荷兰东印度公司在祖国的公共事业中取得系争捕获物同样是正义的。

第一部分、对主动发动战争的责任人［荷兰及联省共和国］总督与议会[1]而言，荷兰的战争与取得系争捕获物是正义的。

第二部分、对作为【荷兰及联省共和国】总督与议会臣民的荷兰东印度公司而言，荷兰的战争与取得系争捕获物是正义的。

第三部分、基于我们的盟友的公共事业，［荷兰的战争与取得系争捕获物］同样是［正义的］。

本章将对以下主题分别进行论述

一、一个有组织的政治共同体或其内部各省，即使在一位君主的统治下，仍然有权进行公战。

二、维护对君主有拘束力的世代相传的法律是进行反对君主的战争的正当理由。

三、反对君主的战争不需要宣战。

四、正直的公民有义务服从现任行政长官。

五、当公民为保卫国家和法律对君主进行战争时，其行为不违反诚信原则。

六、一个国家对作为自己从前统治者的君主进行的战争是对外战争。

七、基督教徒有时与正在和其他基督教徒作战的异教徒结成战争同盟是正当的。

---

〔1〕　关于"*ordinum*"一词，参见226页英译者注。（——英译者注）

第一部分　对主动发动战争的责任人［荷兰及联省共和国］总督与议会而言，荷兰的战争与取得系争捕获物是正义的

尽管已经阐明的意义表明，这一场【荷兰人捕获葡萄牙船只的】武装冲突可能是一场私战，而且是一场正义的私战，但更准确地讲，它实际上是一场公战，系争捕获物也是根据公法取得的。事实上，这场冲突是由如今经和低地国家其他各省结为联盟的荷兰联省共和国议会发动的。

我们已经宣布，发动战争的首要和最高的权力属于国家，而且（可以说）任何完善的共同体都是真正的国家。因此，（像维多利亚指出的那样）阿拉贡王国形成了一个有别于卡斯蒂利亚王国的国家，尽管事实上这两个王国隶属于同一位君主。[1]由此可见，荷兰的领地本身也构成了一个完整的国家。另外，正如当一个人谈到队列和步兵时实际上是指军队一样，当他谈到［组成一个政治共同体的］内部各省时，他希望其他人能够理解，他指的就是该共同体本身，因为一个实体的所有部分集合在一起事实上相当于整个实体。

一、一个有组织的政治共同体或其内部各省，即使在一位君主的统治下，仍然有权进行公战

在哲学家们进行的学术讨论中有这样一个熟悉的观点：如果某一事物本身构成另一事物具有某种性质的原因，则该事物同样具有这种性质，而且它必然在更大程度上具有这种性质。现在，根据自然法和神法（根据我们前面提到的来自维多利亚的完全合理的结论），[2]所有公民社会的权力属于国家。就其性质而言，国家有能力进行自我管理，处理自己的事务，并号令所有成员服务于公共利益。另一方面，任何并非由统治者个人或者王室推选出来的

---

〔1〕　维多利亚：《战争法》7。

〔2〕　维多利亚：《论市民的权利》7；参见科瓦鲁维亚斯：《实践问题》i，concl. 1 中的论述；另见前面第二章关于第十项法律的论述。

君主均不能取得来自国家授予的正当权力，[1]发动战争的权利只有在君主为国家利益而行为并获得国家授权的意义上才可能属于他。[2]由此可见，更重要的和优先的宣战权属于国家本身，[3]君主则被视为国家推选出的代表，以实现国家不便通过自己的直接行为实现的目的。因此，即使是在建立了君主制度以后，国家权力仍然完整地保留在那里：[4]这种权力的确原封不动地保留在那里，因为我们前面引用过的西班牙神学家的论述[5]证明，国家可以用一位君主替换另一位君主，或者用来自一个王室的元首替换来自另一个王室的元首。维多利亚曾经提到过法兰克人［罢黜希尔德里克【应为希尔德里克三世¹】］的事例。

根据这些论点，虽然荷兰隶属于一位君主，但它显然并不缺乏独立于这位君主发动一场公战的权力，否则，它就不足以自立。维多利亚也曾运用这种自立的论点来证明尽管某些国王隶属于某位皇帝，但他们并没有被禁止独立地发动战争。[6]

此外，尽管那些我们称之为"内部各省"的实体［原则上］不等于国家本身，相反，它们具有由后者任命的地方行政长官进行管理的特征，而且这些行政长官的地位低于君主，但是，与葡萄牙人发生的有关冲突依然是一场公战。因为与维多利亚[7]和其他权威学者的观点相一致，我坚持认为，当君主不作为的时候，下级行政长官不仅有权对伤害行为进行反击，而且有权为惩罚来自外部的犯罪人发动公战。根据科瓦鲁维亚斯的观点，如果君主制政府存在不作为的问题，该国的一部分甚至可以选举自己的行政长官，尽管在其他情况下，行政长官只能由国王任命。[8]因为（正如科瓦鲁维亚斯指出的那样）人民一直保留着自然法授予他们的权力，并且可以在国王不行使自己

---

〔1〕　科瓦鲁维亚斯：《实践问题》i，concl. 4；巴斯克斯：《雄辩指南》xx. 24 ff；巴斯克斯：《雄辩指南》xlvii. 5；迪朗杜：《论管辖权的起源》。

〔2〕　维多利亚：《战争法》6。

〔3〕　亨利（哥库姆的）：【《战争法》】序言和Prop. 12，"对最后一个论点的回答"。

〔4〕　这是巴斯克斯在《雄辩指南》xlvii. 11中的主张。

〔5〕　维多利亚：《论印度群岛》Pt. I［Sect. III］，16。

〔6〕　维多利亚：《战争法》8。

〔7〕　维多利亚：《战争法》9。

〔8〕　科瓦鲁维亚斯：《实践问题》iv. 3。

的权力时行使这种权力。［科瓦鲁维亚斯接着讲道］"否则，人民自己和国家本身将陷于极其严重和紧急的危险之中而无力进行抵抗。与此同时，认为可以放任这种情况的发生是一种极其荒谬的假设"。从法律的立场上看，不存在和没有作用的存在属于彼此相同的概念。因此，卡斯特伦西斯指出："没有上级和有一个不负责任的上级没有任何区别。"[1]

如果在君主不存在或者不履行职责的情况下允许下级行政长官发动一场战争，那么，当君主本人对国家造成损害且这种损害只有通过诉诸武力才能得到纠正时，允许对他发动战争难道不是更确定无疑的吗？不仅那些认为教皇应该服从枢机院的神学家，[2]甚至认为应该把教皇的权力置于枢机院之上的持不同意见的学者也承认（尽管后者的理论承认教皇拥有更高的权力），假如教皇走上毁灭教会的道路，枢机院可以违背他的意志召开会议，根据枢机院的权力对教皇进行抵制，禁止执行他的命令，甚至在证明有必要时，对他采取武力行动。今天，除了作为世俗的联省共和国议会以外，枢机院还可能是什么呢？除了作为一个世俗的枢机院以外，［政治性的］联省共和国议会还可能是什么呢？的确，在类比的基础上，相对于反对教皇的枢机院，应该授予政治性的议会反对君主的更大的权力。因为那些宣布教皇的权力并非来自教会而是直接来自耶稣基督的人们也承认，除了来源于国家的权力之外，君主没有任何权力。[3]

因此，荷兰联省共和国议会有权宣战。

荷兰联省共和国议会有权宣战的事实因以下情况显得更为明确：从荷兰作为一个政治实体最早出现时起，根据长期延续下来的习惯和我们传统的法律，最初成立于布拉班特的荷兰议会就被授予了神圣不可侵犯的权力，[4]而且其他低地国家后来也采取了同样的做法。那些世代相传的准则明确规定，对于违反这块土地上的法律的君主，议会有充分的权力拒绝对他效忠和予以

---

〔1〕　卡斯特伦西斯：《〈学说汇编〉评注》l. i. 5，n. 18。

〔2〕　西尔维斯特：《西尔维斯特全集》"论'教皇'的词义"iv；托尔科马达：【《〈格列高利教令集〉评注》】Ⅲ. x；维多利亚：《论教皇与枢机院的权力》23～24。

〔3〕　维多利亚《论教会的权利》Qu. 3，n. 2；科瓦鲁维亚斯：《实践问题》i. 2 与 c. "犯罪"，§9，n. 6。参见卡耶坦：《神学概要》Qu，art. 10 与《论教皇与枢机院的权力》[《教皇与枢机院权力之比较》]Ⅱ. i 中的论述。

〔4〕　参见"历史分析"【第十一章】，第一部分 [一]，事件一。

尊重。[1]

当然，如果我们试图讨论荷兰人和低地国家的其他民族共同发动的首先是反对阿尔瓦公爵以及陪同他的西班牙人，然后是反对同时也是荷兰领地伯爵的西班牙国王腓力二世的战争[2]背后的原因，我们就应当超越目前任务的范围。的确，由于有关这个问题的所有论著早已公之于众，我理应不再对其他学者令人信服的论述画蛇添足。不过，我认为仍然有必要发表自己的看法，以概括这些论点并使其足以用于当前的目的。

众所周知，[1568年2月16日] 阿尔瓦公爵和西班牙人［在马德里］公开宣布，甚至正式颁布命令，规定低地国家的所有成文法和习惯法（可以说）都要服从国王的自由裁量权。然而，可以为这种宣告提供辩护的唯一借口是这样一个事实：少数人为了私人目的引发了某种骚乱，并采取了突然起义的方式，但它很快遭到行政长官的镇压。因为所有法律权威[3]都不约而同地以最一致的方式坚决主张，不应当由整个社会为犯罪行为承担责任，所以，任何根据上述借口采取的措施以及除了根据上述借口之外不允许采取的措施都必然是非正义的，应当加以抵制。[4]

由于各省总督以其最高行政长官的身份被赋予了保护各省及其公民权利的职责，[5]因此，第一，他们有责任保护各省及其公民免受非法进入的外来军队对和平局势的暴力破坏；[6]第二，他们有责任保护公民的生命财产免受非法判决的侵害，因为这些判决不符合共同接受的法律形式和我们民族的习惯，而这种习惯通过适用于外国人而对他们发生效力；第三，他们也有责任保护各省及其公民个人免予遵守各种其性质不仅直接违背法律，[7]而且有损人类共同自由的要求，因为（正如西班牙权威学者巴斯克斯指出的那样[8]）

---

〔1〕　参见对莱杜斯和圭恰尔迪尼［《荷兰轶事》］c.《布拉班特的特权》的介绍，末尾部分。

〔2〕　参见"历史分析"【第十一章】，第一部分一。

〔3〕　巴尔托鲁：《〈学说汇编〉评注》XLVIII. xix. 16，§10；巴尔杜斯：《论封建》［p. 19］；耶逊：《〈学说汇编〉评注》XII. i. 27；安德列亚斯·盖尔：《论和平》II. ix。

〔4〕　《查士丁尼法典·敕令集》X. i. 5；《查士丁尼法典·敕令集》XII. xl. 5。参见巴尔托鲁：《论归尔甫派与吉伯林派》中的论述。另见前面第二章第一项法律。

〔5〕　巴斯克斯：《雄辩指南》xli. 20 ff和xviii. 7。

〔6〕　参见第一项和第二项法律【第二章】。

〔7〕　参见第二项法律【第二章】。

〔8〕　巴斯克斯：《雄辩指南》viii和vii的全部以及xliii. 6。

这些要求将会为接踵而至的抢劫和未来的奴役打开方便之门；第四，作为他们的主要职责之一，这些最高行政长官理应竭尽全力保证我们的祖先传给我们[1]并由君主的誓约赋予其神圣意义的契约得到认真遵守，因为这种契约使我们政府的主权形式能够延续下去；他们至少应该保证不能通过对这些许多世纪以来为我们提供了基本安全保证的神圣契约的违反，使我们被以行省的形式置于贪婪和反复无常的西班牙人的统治之下；最后，他们有责任采取措施惩罚那些一再伤害和以恶劣的方式对待我们的祖国和公民的人。[2]

二、维护对君主有拘束力的世代相传的法律是进行反对君主的战争的正当理由

对于上述情况，腓力二世本人无疑负有责任——我们多次向他提出请求——保护遭到西班牙军队蹂躏的荷兰人和其他低地国家人民，并将罪犯绳之以法，因为这两项职能正是导致建立任何君主制度的原因。另外，一些重要的权威法学家宣布，一个民族可以脱离其君主，假如该君主疏于对他们提供保护；同时，根据他们的观点，甚至不能否认该民族选择另一位统治者的权利。[3]前面提到的著名西班牙学者巴斯克斯是（非常有影响的）腓力二世最高参议会的议员，他坚持认为，如果居上位者拒绝为其臣民主持正义，则不但应该剥夺他依法拥有的最高管辖权，而且他永远不得再次获得这种权力。巴斯克斯补充说："因此，君主们应当尽最大的审慎义务，以免错误和轻率地拒绝伸张正义，从而使臣民反过来合法地诉诸反抗和暴动的方式。"[4]假如一位君主不但没有对犯罪者施加正义的惩罚，反而以授予他们荣誉的方式予以嘉奖，人们必然会怎么说呢？假如一位君主不但没有对受压迫的人民给予保护，反而亲自为维持对他们的压迫出谋划策，提供金钱、舰队和军队，并且罔顾古老的政府统治形式，像对待被征服民族一样强加给他们一种他可以任意选择的法律，人们又必然会怎么说呢？在这些情况下，人们必然会说：我

---

〔1〕 参见第六项法律和第三条规则【第二章】。

〔2〕 参见第五项法律【第二章】。

〔3〕 巴斯克斯：《雄辩指南》v. 10；卡斯特伦西斯：《〈学说汇编〉评注》I. i. 5，nn. 17 和 18；市民法与教会法评论家：《〈学说汇编〉评注》XLVIII. xix. 19。

〔4〕 巴斯克斯：《雄辩指南》"序言"，nn. 16 和 17。

们有更正当的理由拒绝对他效忠。

侵犯任何一方权利的判决都是非正义的；违反司法形式的判决甚至不是真正的判决。同样的标准也可以适用于法律。根据神法，只有犯下有违婚姻本质的罪过且被称为通奸时，婚姻关系才得被解除。基于同样的道理，只要一个犯罪人所犯罪行并非攻击国家，则在被定罪之前，他仍然是一个公民；但是，如果他所犯的罪行是攻击国家，则从犯罪之时起，他即不再是一个公民。[1]同样的原则也适用于行政长官，包括最高等级的行政长官。正是由于这个原因，罗马人拒绝承认安东尼是执政官。[2]再举一例：普卢塔克从提比略·格拉古的演说中选取的下面一段论述是完全正确的，尽管普卢塔克对它的适用也许不太准确。这一段论述的拉丁文［据此译为英文］是这样的：

"保民官是神圣的，因为他已献身于普通民众的事业，也因为他是普通民众的保卫者。但是，如果他改变了自己的角色，不正当地骚扰人民，剥夺人民的权力并取消他们的投票权，他就通过这些行为使自己失去了管理的职务，因为这些行为中的任何一种都有悖于他被授予的职务的宗旨。但在其他情况下，假如他破坏了元老院的议事大厅并纵火烧毁了公共造船厂，难道仍然不[3]允许解除他保民官的职务吗？的确如此！即使他确实实施了这种行为，他依然是一个保民官，只不过是一个坏的保民官而已。但是，如果他践踏了普通民众的权利，他就彻底不是一个保民官了。"[4]

此外，有什么权力比有些人[5]现在归于罗马教皇的权力更崇高或更神圣呢？这些人否认教皇服从任何人类的裁判。他们这种观点的根据在于教皇至高无上的权力并不是来源于人类，而只是来源于上帝。不过，他们也承认，教皇可以通过自己的行为自我罢黜，假如他背弃了信仰。同时，在这种情况下，主教团也可以宣布罢黜他，因为异端邪说与教皇制度是完全不相容的。

---

〔1〕　西塞罗：《反喀提林》Ⅰ［xi. 28］。

〔2〕　西塞罗：《反腓力辞》Ⅳ［iii. 6 ff］以及其他各个部分。

〔3〕　格劳秀斯在这里使用的疑问词"‐ne"只是表达"nonne"的意思，要求作出肯定性的回答。他这样做是为了更准确地表达其所引用的段落的思想。该段的思想旨在特别指出："即使保民官企图破坏元老院的议事大厅，也不妨碍他继续做保民官。"

〔4〕　普卢塔克：《希腊罗马名人比较列传》"提比略·格拉古传"［xv. 2～3］。

〔5〕　西尔维斯特：《西尔维斯特全集》"论‘教皇’的词义"iv；托克马达：《教会概览》Ⅳ，pt. ii，第十九至二十章。

教皇必须像人的头一样履行职责，并把生命力输送到全身。因此，（正如那些承认教皇可以被罢黜的人们认为的那样）假如他在精神上已经死亡，就不能让他继续待在教皇的位置上了。不过，人的头可能会感染疾病，甚至可能因此而无法正常思维，但头仍然是头；然而，如果头被砍掉，它就不再是头了。根据同样的推理，当教皇以有悖于教皇制度应有的方式实施行为的时候，他就事实上失去了所有权利和权力。[1]另外，如果这时他企图使用武力恢复依据上述方式失去的教皇权力，无疑将会受到武力的制裁。[2]

　　现在，同样的结论也可以适用于——而且更应该适用于——与君主有关的情形，因为除了来自国家的权利以外，元首本身没有任何权利。由此可见，（根据主要是西班牙人[3]自己支持的理论）授予君主的权力可以被收回，尤其是当君主超越其职权范围行事的时候。在这种情况下，他事实上已不再被视为是一位君主。[4]因为一个滥用主权权力之人不配拥有主权，也不再是一位君主。作为这种行为的结果，他使自己成为一名僭主，[5]甚至那些认为国家应该服从君主的人们也会给予他僭主的地位。假如我们思考类似的有关封臣的事例，这一点就很清楚了：根据法律，封臣对野蛮和残暴的主人的效忠义务可以被解除。[6]

　　对于正当地失去的权利，只能通过违法的方式重新提出主张。当腓力二世竭力希望通过战争重新取得他已经失去的主权者地位，并且甚至企图对正当行为进行惩罚时，荷兰人就有了完全正义的战争理由，即保卫自己的生命、财产和合法的自由。[7]

---

〔1〕《天主教教会法典大全·格拉提安教令集》Ⅱ. xxiv. 1. 1. 3，4，31。

〔2〕参见前面【第十二章】关于第二个主题的论述。

〔3〕巴斯克斯：《雄辩指南》i. 8，第三个案例，引自伊塞尔尼亚，托马斯·阿奎那和霍斯廷西斯的著作。

〔4〕巴斯克斯：《雄辩指南》viii. 19。

〔5〕巴斯克斯：《雄辩指南》i. 8，第一个案例；【《雄辩指南》】viii. 11；【《雄辩指南》】xviii. 10；科瓦鲁维亚斯：《实践问题》i. 6，将近末尾部分；《天主教教会法典大全·格拉提安教令集》Ⅱ. ii. 7. 29 中的论点。

〔6〕巴尔杜斯：《论封建》[p. 51]，结尾部分；参见《查士丁尼法典·法学总论》Ⅰ. viii，末尾部分；参见《论封建》Ⅱ. xxvi 和 xlvii；巴尔杜斯：《论封建》[p. 80，左面]。

〔7〕参见第一和第二项法律【第二章】；参见《查士丁尼法典·学说汇编》Ⅰ. ii. 2，§3 的文本和巴尔托鲁：《论暴君》3，末尾部分。

因此，在战争的过程中依次会产生一些额外的权利。[1]第一是因为西班牙非正义地给荷兰人造成巨大损失[2]的结果（战争的早期是通过摧毁田园或毁灭及抢劫城镇，后来的许多年则是通过夺取战利品）。第二是因为战争本身支出的结果，（正如我们实事求是地指出的那样）[3]这种支出从过去到现在与日俱增，实际上，任何其他项目的支出都无法与之相比；考虑到战争的旷日持久以及荷兰人所抵抗的敌人有着雄厚的财力资源，这一事实完全可以理解。第三是因为犯罪行为的结果，[4]在这一项下不仅包括在非正义战争中构成犯罪的对无辜者的屠杀、抢劫以及所有此类暴力行为，而且包括即使在正义战争中也不允许的其他行为。有无数事例属于后一种类型的犯罪——如暴行、背信弃义和贪婪——我们无法在此一一列举，甚至历史著作也难以充分记载。如果将以上三者合而为一，它几乎构成了对权利无法衡量的侵害，或者说，至少在任何时候这种侵害都没有通过取得胜利得到充分补偿的可能。

至于葡萄牙人，由于他们首先发动了好战的攻击（正如他们所做的那样，比如，他们的海军构成西班牙舰队的一部分），以下相同的考虑[5]——对伤害行为的自卫、追索支出的费用和实施正义的惩罚——构成对他们进行战争的正当理由。其他正当理由还应该包括要求葡萄牙人交还他们在许多事件中扣留的所有荷兰船只和水手，并对与此有关的犯罪实施惩罚。[6]的确，同样的理由也适用于荷兰人在葡萄牙人权力所及的世界各地遭到的抢劫和屠杀（他们的这种权力似乎天然地是被用来伤害他人的）。[7]不过，在印度地区，存在着证明荷兰国家的战争行动具有正当性的特殊原因。这些原因有的与荷兰国家的利益有关，其他则与荷兰公民的利益有关。

在第一方面的原因【与荷兰国家利益有关的原因】项下，我们可以将阻止全体荷兰人民进行商业贸易以及在其他民族中败坏荷兰人民的声誉所造成

---

〔1〕　参见前面第七章一中的论述和前面第四章开头部分之后的论述。

〔2〕　参见第二项法律【第二章】。

〔3〕　参见第六项法律【第二章】和"历史分析"［第十一章］，第一部分一。

〔4〕　参见第五项法律【第二章】。

〔5〕　参见第一项法律、第二项法律、第五项法律、第六项法律【第二章】和"历史分析"【第十一章】，第一部分三。

〔6〕　参见第二项法律和第六项法律【第二章】与"历史分析"【第十一章】，第一部分五。

〔7〕　参见第二项法律和第四项法律【第二章】与"历史分析"【第十一章】，第一部分六和七。

的损害列入其中。[1]事实上，在有关私战原因的论述中，我们已经讨论论过与荷兰国家及其公民利益有关的原因，[2]但在本案的情况下，特别值得强调的是：即使在东印度群岛从事贸易的权力专属于葡萄牙人，甚至他们有权禁止其他民族在此从事贸易活动，但鉴于荷兰人正在进行反对葡萄牙统治者的正义战争的事实，荷兰人仍然被允许夺取葡萄牙人在其他情况下可以主张作为其特权的这种权利，就像荷兰人被允许夺取敌人臣民的财产一样。

对于第二方面的原因［与荷兰公民利益有关的原因］，显然，国家本质上应该保护公民的权利并为他们复仇，因为公民社会的建立主要是为了能够由全体成员完成个人不能完成的任务。[3]如果（像西塞罗告诉我们的那样）[4]罗马人经常因为他们的［商人或］船东[5]遭受严重损害而发动战争，那么，荷兰人为什么不能为许多荷兰人赖以维持生计的东印度公司的利益而战呢？的确，荷兰人既有权——此外，在国家允许的范围内也有义务——保护在世的同胞免受死亡的威胁，[6]也有权为死亡的同胞复仇；他们也可以并且应该以同样的方式使用武力保护或重新取得公民的财产。难道还有什么比《圣经》和最古老的万国法以及市民法中规定的战争理由，即违反使节神圣不可侵犯的规则，更神圣的吗？[7]此外，什么是挑起战争的行为呢？难道不允许在海上航行和进入港口不是挑起战争的行为吗？葡萄牙人［不仅不允许在海上航行和进入港口］还在其权力范围内采取各种手段把其他人赶走！难道捕获人类也属于他们的权力范围吗？此外，葡萄牙人甚至不允许赎回被捕获的人员！难道杀害人类也属于他们的权力范围吗？葡萄牙人甚至不满足于屠杀，而是首先对受害者进行酷刑折磨！难道实施军事攻击也属于他们的权力范围吗？葡萄牙人在和平的伪装下对荷兰人进行野蛮攻击所造成的损害的残酷性难道没有远远超过战争中的攻击吗？不过，我不准备重复在本部分或者关于私战

---

〔1〕　参见前面第十二章第 321～327 页的分析和引用的事例。

〔2〕　参见前面第六章一之后和前面第九章的论述。

〔3〕　参见前面第二章中对第七项法律和第八项法律的论述。

〔4〕　西塞罗：《论马尼利安法》［v. 11］。

〔5〕　由于西塞罗的原文中是"商人或船东"，因此，翻译时这里用括号中的短语加以说明。（——英译者注）

〔6〕　参见第一项法律、第二项法律、第五项法律和第六项法律【第二章】。

〔7〕　《圣经·旧约》"撒母耳记下"x，以及所有历史学家的记载；《查士丁尼法典·学说汇编》L. vii. 18（17）。

的讨论中[1]可以看到的论述了。像公民拥有保护自己的权利一样，国家必须无例外地拥有保护其公民的同样的权利。

鉴于腓力二世、西班牙人和葡萄牙人对荷兰人民造成的伤害，我们有正当理由把他们三方中的任何一方视为敌人。这一结论可以建立在各个事件中上述每一方各自特殊原因的基础上。不过，我们已经指出，即使没有针对葡萄牙人的特殊战争理由，敌人的盟友和臣民在任何情况下也都具有敌人的地位。从前，葡萄牙人臣服于国王腓力二世；如今，他们又臣服于腓力三世。[2]腓力三世不仅继承了他父亲的王位，而且继续对荷兰进行战争。同时，葡萄牙向西班牙贡献的财富支持了这场战争。另外，葡萄牙人成为西班牙的盟友，他们在对荷兰的战争中提供或请求相互协助。西班牙舰队［的组成和活动］清楚地证明了这一点，[3]而且我们在关于东印度群岛各个事件中的叙述中对此也作了一般性的说明。[4]进一步讲，某些因为经常提及而不需要在此重复的论点已经表明，我们把葡萄牙人归类为敌人可以被理解为既包括个人，也包括国家。

荷兰人首先对阿尔瓦公爵及其率领的西班牙军队，然后对腓力国王，最后对葡萄牙人开战，他们的作战方式同样是正义的，也就是说，符合必要性原则。因为我们已经指出，对于在战争中首先受到攻击的一方，并不存在必须"选择敌对行动以外的救济方法"的正式要求，也没有必须颁布任何宣战法令的正式要求。现在看来，首先，阿尔瓦公爵和胡作非为的西班牙军队显然对当时处于和平状态的情势进行了干涉，[5]而且腓力二世在荷兰人仍然拥戴他为君主的时候对他们使用了武力；[6]同时，一系列事件的过程清楚地表明，葡萄牙人是首先开战的一方。[7]其次，安全会见阿尔瓦公爵不可能得到允许，因为他对敌人的行动表明，他不会尊重他们的任何合法权利。至于腓

---

〔1〕　参见"历史分析"【第十一章】，第二部分全部；另见前面第二章和【第十二章】第327页及其后若干页的论述。

〔2〕　参见"历史分析"【第十一章】，第一部分三。

〔3〕　参见"历史分析"【第十一章】，第二部分十三，事件四，末尾部分。

〔4〕　参见"历史分析"【第十一章】，第二部分十；参见前面第十二章第332页及其后若干页的论述；另见本章第364页及其后若干页的论述

〔5〕　参见"历史分析"【第十一章】，第一部分一。

〔6〕　参见"历史分析"【第十一章】，第一部分一。

〔7〕　参见"历史分析"【第十一章】，第二部分十二。

力二世，在荷兰使者马奎斯·范·登·伯格和蒙提格尼被处死后，谁不害怕前去西班牙会见他呢？另外，在甚至连对举着休战旗的人提供保护的协议都不存在的情况下，那些在东印度群岛地区与葡萄牙人打交道的人有什么安全保障呢？最后，正如我们已经讲过的那样，只要违反了各国关于使节与商业权利的法律，就不需要进行宣战。

三、反对君主的战争不需要宣战

我们有必要进一步指出：直到宣布废除腓力二世的主权之前【1581 年】，对主动发动战争的责任人而言，保卫荷兰的战争是一场内战。因为（按照神学家们的教导）[1]像在根据司法命令判决教皇违法的情况下，教皇并不被视为教会的首脑，而只是其中的一名成员一样，地区的主要官员和作为君主的腓力二世均被视为国家的一个部分。由此可见，即使敌人没有首先使用武力，也没有违反万国法，对他开战时仍然没有必要宣战，尽管这是对外敌发动战争时的适当程序。（正如我们在前面指出的那样）西塞罗的以下结论是十分恰当的：即使安东尼是执政官，或换句话说，是罗马人民的最高行政长官，但派遣使者对他宣战并非必须履行的义务。虽然一项公开的法令宣布塔奎尼乌斯家族有罪，但它并不伴随着对国王【应为塔奎尼乌斯（高傲者）】的宣战，尽管没有人认为因此而对他宣战是非正义的。[在内战的情况下] 以表决的方式决定进行战争就足够了，而且这种决定确实已经被表决通过：荷兰联省议会通过了对阿尔瓦公爵开战的决定；荷兰联省议会和由"全尼德兰联盟"合法召集的其他民族（包括几乎所有低地国家的民族）代表组成的议会也通过了对腓力二世开战的决定。[2]

此外，对于葡萄牙人，根据我们已经确定并且没有受到这一领域任何权威学者反对的下面一项原则，我们的观点更容易得到证明。这一项原则是：当针对特定一方的战争开始后，基于交战的事实，即可认为宣战的意图已充分告知该特定一方的所有盟友和臣民，因为依附于敌人的人必然也是敌人。另外，关于东印度群岛问题的临时和平协定完全无损于这种观点。虽然荷兰

---

〔1〕　西尔维斯特：《西尔维斯特全集》"论'教皇'的词义"iv。
〔2〕　参见"历史分析"【第十一章】，第一部分一。

人尽可能地使自己的行为符合协定的规定，但葡萄牙人却终止了它。作为一项共识，在停战协定被终止或者遭到破坏以后，随之而来的敌对行动并不被认为是一场新的战争，而是以前开始的战争的延续，因而没有必要再正式宣战。[1]事实上，即使从葡萄牙人的立场来看，联省共和国总督颁布的将西班牙国王统治下的所有人的货物均视为战利品的命令[2]亦相当于宣战的法令。

即使根据前面关于私战的论述，荷兰人特定的系争战斗行动显然也没有超出有关权利的范围。因为我们已经指出，现在正在审查的捕获物甚至无法补偿葡萄牙人给荷兰人造成的损失。荷兰联省共和国议会有多大权力呢？联省共和国议会不仅有权就特殊损害获得赔偿，而且有权通过拿捕船只为本国公民在世界所有地方，特别是在葡萄牙遭受的损害获得赔偿。在战争中，联省共和国的成员也有权以法官的身份对如此之多的犯罪行为人处以应得的惩罚。同时，他们被授权像从其他人那里一样，从葡萄牙人手中取得在反对西班牙人的整个战争中付出的巨大代价的赔偿。

与此同时，没有任何理由对［夺取捕获物的］人员表示怀疑。西班牙神学家维多利亚提出的以下观点完全正确，并且得到了普遍赞同：如果敌人不愿意采取适当方式恢复原状，受害方也不能从其他渠道取得适当的补偿，他就可以从任何来源获得满意的救济，无论是从罪犯，还是从无辜者那里。维多利亚继续讲道："例如，假如法兰西的匪徒在西班牙领土上夺取了战利品，虽然法兰西国王有能力，但他不愿意迫使匪徒交还这些物品，那么，经过其主权者授权，西班牙人就有权夺取法兰西商人或农民的财产，尽管这些法兰西人可能是无辜的。也许法兰西国家或其君主一开始并不存在过失，但该国或其统治者现在应当受到指责，因为（像奥古斯丁（圣）[3]宣布的那样）他们在纠正其臣民的违法行为并提供赔偿方面存在过失，而受害一方的君主则可以从该国的任何成员或者任何组成部分那里获得满意的赔偿。"[4]

此外，人们也不能从任何立场出发指责荷兰人违反了诚信原则，因为并不存在任何以荷兰国家的名义对葡萄牙人做出的承诺，除非有人选择把我们

---

〔1〕 劳登西斯：《论战争》29；另见真蒂利：《战争法三集》Ⅱ.ⅱ。

〔2〕 参见本章第二部分。

〔3〕 奥古斯丁（圣）：［《圣经·旧约前七章评注》Ⅵ. qu. 10］。

〔4〕 维多利亚：《战争法》41。

在其他地方〔1〕作为荷兰人宽大为怀的证据中提到的授予葡萄牙人保证他们安全过境的文书归类为这种承诺。不过，这些文书只是承认允许葡萄牙人往返于敌对地区与荷兰领土之间，它们并没有额外允许葡萄牙人往返于敌对地区与其他地区之间，更不用说往返于敌对地区之间了。显然，这种授予有限的特许权的原因是我们非常仁慈的领导者希望促进本国同胞的商业利益，并在客观上有利于增加公共财政收入，但是，他们并不希望为敌人提供致富的机会，因为这样做不仅对这些领导者没有好处，甚至十分危险。另外，即使对国家授予的利益〔通常〕可以作最广义的解释，但人们一般认为，这种广义解释的原则并不适用于对我们所讲的特权与豁免的解释。〔2〕因为此类特权与豁免不符合普遍的法律，所以，必然不允许将其扩展到最大的范围。目前，我只希望简单地说明以下事实：对于国家授予的其他某些利益（特别是应有关当事方要求授予的利益）应该作狭义的解释，〔3〕假如这些利益涉及任何新的和不寻常的因素，尤其是涉及对公共利益的潜在威胁。肯定地讲，这种警示应该在更大的程度上适用于授予敌人的特权！对于作为敌人的个人，完全没有理由给予他们任何优惠，支持给予敌人优惠的动机不仅与此类案件中通常的动机不同，而且具有截然相反的性质！我认为没有必要对下面一点作出详细说明，那就是：即使可以对授予葡萄牙人安全过境的文书作最广义的解释，但任何看到过葡萄牙人在被授予这种特权后所实施行为的记录的人都不会对他们根本不配被给予这种慷慨的优惠有哪怕一丁点儿怀疑。

至于目前的战争所追求的目的，无论我们指的是【反对西班牙的】整个战争，还是特指反对葡萄牙的战争，联省共和国总督已经明确指出，战争的唯一目的是实现国家及其公民应有的权利，即在敌人的恶意最终被消除以后，建立真正的和平；与此同时，在尽可能稳定的条件下维持根据自然的安排向所有人开放且非常适合荷兰人特质的商业往来。

由此可见，根据任何一项标准，包括良知的标准，反对葡萄牙的战争都是完全正义的，因而对系争捕获物的捕获也是正义的。

首先，在为保卫权利所付出的代价得到充分赔偿的范围内，系争捕获

---

〔1〕　参见"历史分析"【第十一章】，第一部分四。

〔2〕　耶逊：《〈学说汇编〉评注》I. iv. 3，nn. 33 和 37。

〔3〕　耶逊：《〈学说汇编〉评注》I. iv. 3，n. 32。

物必须被认为构成国家取得的财产（尽管它可能是通过为国家服务的某些成员取得的），而在本案中，荷兰人付出的代价远远超过了被捕获的捕获物的价值。[1]不过，这些捕获物也可能作为国家授予的结果，成为荷兰东印度公司的财产。我们将在后面更适当的场合说明，它们的确被授予了荷兰东印度公司。

第二部分　对作为【荷兰及联省共和国】总督与议会臣民的荷兰东印度公司而言，荷兰的战争与取得系争捕获物是正义的

如果我们将注意力转向根据荷兰联省共和国总督的命令从事这场战争的臣民，如荷兰东印度公司，我们将会在更确定的基础上了解前面第一部分中关于主动发动战争的责任人（即联省共和国总督）的论述的正确性。因为我们应该明确，那些对臣民来说也许是正确的事物，对发动战争的责任人来说无疑是完全正确的。不过，让我们暂且在这里运用来自初级和次级万国法并被应用于捕获法中的与臣民有关的原则对这一点进行进一步的研究。

四、正直的公民有义务服从现任行政长官

首先，作为一个得到普遍承认的事实，组成荷兰东印度公司的个人均需服从荷兰联省共和国总督。因为在有关领土上的所有人或者已明示宣誓效忠联省共和国议会，或者通过使自己成为这个政治共同体的一部分，表示愿意依照该共同体的习惯生活并服从其任命的行政长官而默示保证效忠。这种默示保证（如同我们在另一段中指出的那样）[2]与口头保证具有同样的约束力。

---

〔1〕　珂罗版第 133 页底部的交叉引用之后是第 133' 页顶部被删除的短语"第二部分"，它显然是对所引用的结论九第二点（二）【参见第十章】的补充。因为结论九第二点的两个部分均与格劳秀斯此处的论点密切相关，所以，第二部分去掉的引文也许被认为是与紧接着第十三章第二部分的引文有明显重复无意中被删除的。但它应该被保留下来。在这种情况下，该交叉引用应该被表述为："由结论九第二点（一）和（二）引申而来。"（——英译者注）

〔2〕　参见前面第二章第三条规则稍后以及第七项法律之前的论述；另见前面第八章结论七第三点（二）之前的论述。（——英译者注）

欧里庇得斯〔1〕写道：

"根据长期确立的习惯，

统治者应该得到尊重……"

另一位悲剧作家也表达了同样的思想：

"从今以后，作为本分之举，

让我们顺从诸神并尊重两位阿特利达^{2}吧！

因为他们是国王，

不服从他们是一种罪过。"〔2〕

正如亚西比德宣称的那样，最正义之事是"我们应该努力维持祖先流传给我们的治理形式"。〔3〕奥古斯丁（圣）同样明智地把这种行为定义为一个正直的人和正直的公民的义务。〔4〕的确，即使是作为领路人和真理化身的上帝也没有命令犹太人去研究罗马人究竟根据什么权利占有巴勒斯坦的；相反，因为犹太人生活在罗马帝国的土地上，所以，上帝要求他们顺服当时罗马帝国的首领凯撒，就像在钱币上铸造凯撒头像所象征的那样。〔5〕

此外，臣民们应该服从联省共和国总督不仅是因为荷兰联省共和国议会是目前得到承认的政府形式，而且是因为其主权得到了共同的法律的支持。今天，荷兰人以及那些与荷兰人组成联邦的民族不再效忠于其他任何君主。在这些民族中，君主的所有权力通常产生于对彼此有约束力的誓词，但自从腓力二世去世后，已不存在荷兰人根据规定的誓词宣誓效忠的君主了。事实上，希望得到宣誓效忠的腓力三世据信已经完全和自愿地放弃了对佛兰德各民族的主权，因此，腓力三世对荷兰人不再有任何权利。阿尔贝特与其妻子〔6〕

---

〔1〕 本英文版编辑未能在勒布版的欧里庇得斯著作中找到这一段引语。由于格劳秀斯本人没有告诉我们该引语的出处，因此，或者是该引语不够准确，或者是他错把别人著作中的言论算在了欧里庇得斯头上。格劳秀斯可能将来自其他某位作者的类似的一段话与欧里庇得斯《腓尼基少女》（l. 393）中的一句话混淆了。格劳秀斯在《战争与和平法》（第1卷，第四章，第二节（2））中引用了这一句话。在勒布版译文中，这句话是这样的："对于统治者的愚蠢和错误，我们必须容忍。"（——英译者注）

〔2〕 索福克勒斯：《埃阿斯》[666 ff]。

〔3〕 修昔底德：[《伯罗奔尼撒战争史》] VI [lxxxix. 6]。

〔4〕 马克罗比奥斯：《农神节》II. iv。

〔5〕 《圣经·新约》"马太福音"xxii. 21；《圣经·新约》"马可福音"xii. 17；《圣经·新约》"路加福音"xx. 25。

〔6〕 伊莎贝拉是腓力二世的女儿。（——英译者注）

也不可能拥有超越根据联省共和国总督的意志获得的权力。因为很清楚，即使是某个民族的一部分也不能在违背其意志的条件下被转移给其他民族统治。〔1〕现在，在任何种类的任何案件中都不再有君主。毋庸置疑的事实是，所有主权权力均被赋予其内部分为各个省的联省共和国，或者（像科瓦鲁维亚斯告诉我们的那样）被赋予贵族和代表整个国家的首脑。〔2〕在荷兰联省共和国，这样的机构被正确地命名为"联省共和国总督"或"联省共和国议会"。〔3〕法学家保罗曾经指出："某一特定行为是由整个机构，〔4〕还是由该机构授权的某个人实施的，几乎没有什么区别。"〔5〕

　　因此，由于我们现在所说的这些人是荷兰联省共和国总督的臣民，如果他们不认为联省共和国议会发动的战争是非正义的，他们完全不需要承担任何责任，只要他们对战争的认识没有什么不可饶恕的错误。所有恪尽职守和有良知的公民（迄今为止的论述都是为他们的利益进行的，其他公民则不值得考虑）都不认为他们所从事的战争是非正义的，这一事实可以通过以下非常有说服力的论点得到证明：任何人都不会在非常清楚地知道一场战争是非正义的情况下参加并竭尽全力地支持它。以上提到的这些公民通过（自愿）参战的行为，证明他们对这场战争持肯定的看法。同时，根据我们稍早关于这场冲突的原因的论述，〔6〕所有人都很容易接受作为这种观点的根据的无可置疑的推理。此外，即使在有疑义的情况下，公民仍然有义务服从行政长官的权力，尤其是服从在当时当地职务最高的行政长官的权力。正如我们指出的那样，现在，荷兰人民只承认联省共和国总督具有最高权力。由于这个原因，不但根据联省共和国总督的授权正在与葡萄牙作战的人们，而且那些从前以武力反抗阿尔瓦公爵，甚至国王腓力二世的人们，都属于根据诚信原则进行战争的战斗员。

---

〔1〕　巴斯克斯：[《雄辩指南》]，第五章全部；阿亚拉：[《战争的权利和职务与军纪》] I. vi. 9。

〔2〕　科瓦鲁维亚斯：《实践问题》i. 4。

〔3〕　这两个机构的名称译自单一的拉丁文术语"Ordines"。（——英译者注）

〔4〕　在引自《查士丁尼法典·学说汇编》的这一段话中，"Ordo."一词（其单数形式是"Ordines"）指各种形式的集体和联合体。（——英译者注）

〔5〕　《查士丁尼法典·学说汇编》III. iv. 6 [§ 1]；另见约翰内斯·费伯：《〈法学总论〉评注》IV. xvi. 3 和《〈学说汇编〉评注》I. ii. 2，§ 6。

〔6〕　参见前面第七章三中的论述；另见《天主教教会法典大全·格拉提安教令集》II. xi. 3. 94。

五、当公民为保卫国家和法律对君主进行战争时，其行为不违反诚信原则

目前正在审理的案件的性质使它必然与令人厌恶的趋炎附势的做法无关。那是一种自由的人们嗤之以鼻，但同时也显然是为了腐蚀高贵的灵魂而存在的人们趋之若鹜的做法。那些趋炎附势之徒一贯认为，任何起义都没有正当理由。如果他们的确是认真的，并且认为发动起义或者拿起武器来反抗一直是或现在是君主的人们不可能有正当理由，那么，他们就构成了对每一个现存王室的威胁，因为今天几乎没有任何主权权力来自与早期相同的渊源。另一方面，对那些不能主张任何合法理由的统治者来说，即使是在相当长的时期内执掌权力的额外条件也不会使他们在良心上产生安全感。我不想在此详细叙述大卫为了保护自己反抗扫罗以及脱离约兰³统治的立拿城的著名事例，〔1〕但对于亚伯拉罕，我们的反对者该怎么说呢？《圣经》的历史清楚地证明了这一事实：所多玛与相邻城市组成的王国在被以栏⁴王基大老玛统治十二年后开始反抗他的统治，这一事件导致了以栏对所多玛的战争。难道我们相信最具神性的亚伯拉罕是在支持反叛者，并且为正当地惩罚其臣民的国王设置障碍吗？〔2〕简而言之，难道他是使自己卷入了反对以栏王的完全没有任何正当性的战争吗？或者说，难道托马斯·阿奎那（圣）的观点不更有道理吗？按照这位神圣的博士的说法，暴君的统治是非正义的，因为他追求的是个人利益而不是公共利益，所以，把那些鼓动反对其统治的人指控为暴乱是错误的；更准确地讲，暴君本身才是暴乱之源，为了能更安稳地进行统治，他在自己统治下的人民中间制造混乱和社会分裂。〔3〕下面一点是不证自明的：所谓的暴君不仅包括那些使用暴力篡夺并非正当地属于他们的主权权力之人，也包括那些以暴力方式滥用合法的主权权力之人。〔4〕也就是说，暴君这一术语不但适用于权力来源不正当的情形，而且适用于不正当行使权力的情形。（帕诺

---

〔1〕《圣经·旧约》"撒母耳记上"整卷［xxiii ff.］；《圣经·旧约》"历代志下" xxi［10］；《圣经·旧约》"创世纪" xiv。

〔2〕亚伯拉罕帮助了所多玛人，特别是在基大老玛及其盟友采取报复措施之后。（——英译者注）

〔3〕托马斯·阿奎那：【《最高神学》】Ⅱ-Ⅱ，qu. 42，art. 2，ad 3。

〔4〕巴尔托鲁：《论暴君》27。

米特努斯[1]告诉我们）即使主权者是教皇或者皇帝，但在臣民的眼中，仅有战争是由教皇或者皇帝发动的事实并不必然会使战争看起来具有正义的性质，因为这些掌权者同样有能力实施犯罪。相反，正义战争的背后必然有正义的原因。

因此，虽然我们不能说君主的主权权力可以被轻率地抛弃，或者任何因君主的行为而遭受的损害都足以严重到使抛弃主权权力具有正当性的程度，但是，我们也必须坚决否认所有拒绝承认主权权力的人都犯下了叛乱罪的结论，因为这个宽泛的结论受制于许多条件，我们在下面仅讨论其中的两个。

首先，即使在某种程度上整个国家反对其君主可能是一种罪过，但有这种罪过的国家仍然不能被称为叛乱者。[2]因为君主因国家和为国家而存在，但国家却并非因君主或为君主而存在。[3]因此，谴责那些不服从君主的人为叛乱者[4]的原因在于这样的事实，即他们反对的是来源于国家的权威，并且伤害的不是某一个人，而是整个共同体。当反对我们观点的人[5]在试图说明反对君主没有任何正当理由的时候，他们所依据的唯一论点就是没有任何正当理由反对国家，而且国家［或祖国］与君主密不可分。依据同样的道理，认为整个国家是叛乱者与认为一个人会对自己实施伤害同样正确。[6]事实上，如果有必要，我可以从所有不同的历史记载中援引许多事例，说明有些民族摆脱了主权者的统治并获得自由，而且他们没有被称为叛乱者。[7]另外，将来自罗马教皇的法律并被某些权威学者适用于对这一问题的讨论的这种观点——即身体各个部分与头相分离并非明智之举——适用于来自人类的主权是完全不恰当的，因为（正如巴斯克斯[8]正确地指出的那样）这种类比不能构成作为整体的国家与为其服务的首脑相分离的障碍。国家可以脱离君主而存在，但君

---

〔1〕　帕诺米特努斯：《〈格列高利教令集〉评注》Ⅱ. xiii. 12，n. 12；西尔维斯特：《西尔维斯特全集》"论‘战争'的词义"［Pt.］Ⅰ. iv。

〔2〕　参见巴斯克斯：［《雄辩指南》］lxxxii. 6 和 9。

〔3〕　参见巴斯克斯：［《雄辩指南》］i. 10。

〔4〕　参见《查士丁尼法典·学说汇编》XLVIII. iv. 11。

〔5〕　阿亚拉：［《战争的权利和职务与军纪》］Ⅰ. ii. 22。

〔6〕　参见亚里士多德：《尼可马亥伦理学》Ⅴ. xi，末尾部分。

〔7〕　巴斯克斯：［《雄辩指南》］viii. 21. ff。

〔8〕　巴斯克斯：［《雄辩指南》］lxxxii. 9。

主只能经国家的普遍同意而产生。至于其他反对意见，包括常见的关于人民反对政府的高谈阔论，它们与现在讨论的问题无关。其原因在于并非所有现行的政府形式都是不可取的，也并非每一种没有君主的政府治理形式都是受到普遍欢迎的。

其次，我们还需要考虑另外一个条件——它是那些认为无论任何时候都应该绝对服从君主的理论的支持者们提出来的。这种理论的支持者解释说，它只能适用于君主具有完全和最高权力的情形，因此，如果君主的权力受到经法律授权的或来自行政长官的其他某种权力的限制，绝对服从的理论即无法适用。[1]正是因为这个原因，罗马人发动了对企图退出罗马帝国的沃尔西人、拉丁人、西班牙人和迦太基人的战争，就像他们不是对国内的叛乱者，而是在正式宣战的战争中对合法的敌人作战一样，甚至当时这些人民仍然在向罗马进贡、纳税并负有尊重罗马人民最高权威的义务。举例来说，一方面是斯巴达的掌政官、罗马和威尼斯的元老院；另一方面是保萨尼阿斯[5]、尼禄[6]和法里埃罗[7]。[2]谁不同意后一类中的成员比前一类人更是真正的叛乱者呢？另外，卡耶坦宣称，许多地方的法律具有这样的性质，即国王只是一种名义。[3]同时，根据普罗库卢斯的说法，并非每一个国家都会因为承认另一个国家的最高权力而使自己不再是一个自由的国家。[4]其他许多权威学者也表达了类似的观点。[5]

的确，我们并不否认，对所有正直的公民来说，当存在疑义时君主的权力必然优先于任何下级行政长官的权力。但是，根据同样的推理，对这些公民来说，国家整体共同做出的决定比根据君主个人意志做出的决定具有更高的效力，因为后者的权力来源于国家的权力。[6]依照同样的推理方式，我们

---

〔1〕　阿亚拉：[《战争的权利和职务与军纪》] I. ii. 26 末尾部分。

〔2〕　斯巴达将军保萨尼阿斯以其堂弟及其监护人的名义合法地行使着某些王室权力，但是，斯巴达掌政官指控他有向波斯国王叛变的嫌疑，因而命令逮捕他。尼禄因其所犯罪行被罗马元老院判处死刑。威尼斯执政官马林诺·法里埃罗被威尼斯十人执政团（并非格劳秀斯所说的元老院）下令斩首，因为他阴谋煽动平民反对贵族。（——英译者注）

〔3〕　卡耶坦：《神学概要》qu. 40，art. 1。

〔4〕　《查士丁尼法典·学说汇编》XLIX. xv. 7。

〔5〕　巴斯克斯：[《雄辩指南》] iii. 3；巴斯克斯：[《雄辩指南》] xxiii. 3；巴斯克斯：[《雄辩指南》] xlvii. 9 ff.。

〔6〕　巴斯克斯：[《雄辩指南》] i. 11。

祖先流传下来的法律的权威应该优先于君主的权威，因为法律的命令比个人的命令更神圣，而且更少被玷污。[1]

另外，如果君主统治已经被废除并建立了共和制政府，当存在疑义时，公民们应该遵循的适当的行为方式将由有利于主张自由权利的法律予以规定，[2] 而且这种做法具有正当性。因为自由来源于自然，而并发布命令的权力来源于人的行为，所以，当存在疑义时，来源于自然的事物应居优先地位，并被给予有利的考虑。[3] 后来的权威学者也规定了这样一条原则：任何之前作出的不利于自由的判决均不得用来对抗就其地位提起诉讼的臣民。[4] 这一项原则首先适用于既非过度亦非不受拘束的自由（因为过度和不受拘束的自由被这些权威学者更准确地称为"特权"），或者换句话说，它适用于由政府官员的管理权力和国家最重要人物的权威以及公民的善意所确认的自由地位。尽管以上论述是通过一般用语表达的，但它可以特别容易地适用于我们的主题。

至于其他方面，鉴于我们统治机关的事业已经得到了几乎所有邻国君主口头或行动上的支持，[5] 因此，正直的公民更应该予以支持。假如它不是建立在绝对明确的权利的基础上，人们几乎很难相信这些君主会鼓励此类有争议的战争。的确，如果没有这种权利基础，则需要存在下面的理由：

"因为君主要竭尽全力保护他们的生命。"[6]

关于战争的正当性，我们的敌人的默示承认也具有某种效力。可以肯定的是，在上述起义开始之初，敌人疯狂地迁怒于抓获的俘虏，判决他们犯有叛国罪并将他们处以死刑。但当我们的国家获得无可置疑的实力并能够以纪律严明的军队对抗敌人以后，他们马上转而采取要求支付赎金交换俘虏的做法，并转而承认了调整捕获战利品的法律以及其他涉及战时相互关系的制度。现在，所有这些制度都只适用于具有正当地位的敌人，也就是说，（根据我们

---

〔1〕　巴斯克斯：[《雄辩指南》] xli. 26 和 27；维多利亚：《论教皇与市民的权利》23，末尾部分。

〔2〕　《查士丁尼法典·敕令集》Ⅶ. xvi. 14；李维：【《罗马史》】Ⅲ xliv ff.] 中关于弗吉尼亚的故事；《查士丁尼法典·法学总论》Ⅰ. ii. 2。另见 "iure enim" 一词。

〔3〕　参见前面第七章结论六第三点之前的内容。

〔4〕　巴尔杜斯：《〈敕令集〉评注》Ⅵ. xxx. 21，直到末尾之处。

〔5〕　参见英格兰女王关于保卫比利时的原因的声明。

〔6〕　塞内加（小）：《俄狄浦斯》[242]。

在另一个场合对这个术语的解释)〔1〕在对各种可能性进行权衡以后，至少可以被认为是得到了政府权力支持的敌人。另外，西塞罗指出，一个合法的敌人应当拥有国家、〔元老院〕、〔2〕国库、公民普遍和一致的支持以及——假如情况允许——和平与条约得以建立其上的某种理性基础。〔3〕如果西塞罗没有误导我们，他对敌人的解释是正确的。

由此可见，我们的公民没有任何理由接受那种认为反对腓力二世的战争不具有正当性的观点，他们也更没有理由接受反对葡萄牙人的战争不具有正当性的观点。我们的结论的正确性尤其得到以下事实的确认：正当理性从无可争议的自然法则得出以下两条规律：商业自由不得侵犯；诚实信用不得违反。然而，每个人都知道，葡萄牙人每天都在实施违反这两条禁止性规律的行为。

在证明荷兰公民遵守了诚实信用原则以后，我们发现，我们已经解决了所有其他尚待解决的问题。因为从依据诚信行事的臣民的立场来看，只要战争是针对行政长官认为的敌人发动的，它就是正义的，而且葡萄牙人，无论是作为整体还是个人，均被联省共和国总督视为敌人。以下事实清楚地说明了后一论断的正确性：彼得·范·德·杜斯率领的舰队被派往圣托马斯岛和巴西；〔4〕联省共和国总督的军舰从葡萄牙人那里夺取了许多船只和大量商品。此外，作为一个不证自明的事实，当一个君主成为敌人时，其臣民同样也成为了敌人。

另一方面，我没有绝对否认葡萄牙人一方存在诚信的可能性。葡萄牙人也可能认为，作为他们的君主，腓力二世有对荷兰人发动战争的正当理由，尽管他们很难得出这样的结论，尤其是对居住在东印度群岛的葡萄牙人来说，考虑到西班牙人公开实施的伤害，他们的确很难得出这样的结论。

在这个意义上，（无论是对荷兰公民还是葡萄牙公民来说），战争确实可能都是正义的，双方都在问心无愧地进行战争。具体到这场战斗，由于它得到了各自行政长官的许可，因而对双方都是合法的。荷兰联省共和国总督的

---

〔1〕 参见前面第七章，接近末尾部分。

〔2〕 西塞罗的论述中包括"元老院"一词，但格劳秀斯却在他几乎是对原文逐字所作的解释中把它省略掉了。（——英译者注）

〔3〕 西塞罗：《反腓力辞》IV〔vi. 14〕。

〔4〕 参见"历史分析"【第十一章】，第一部分三。

确承认，允许夺取拥有系争船舶的葡萄牙人的财产。

这种特许的证据包含在荷兰联省共和国总督此前于 1599 年 4 月 2 日颁布的法令中，而该项法令是在西班牙人使用暴力捕获得到公开的保护保证的船只，将船上人员投进监牢并将他们置于最悲惨的奴役状态之下，[1] 从而为他们的背信弃义提供了最终证据之后颁发的。基于这些证据，联省共和国总督得以证明，[2] 西班牙人以及所有支持西班牙人或拥护他们事业的人们在贪婪的统治欲（在这种欲望之下，任何国家均无安全可言）的驱使下，实施了非常野蛮的行为。然而，由于他们还没有能够通过使用暴力和欺骗手段征服荷兰人民及其盟友，因此，他们现在又在使用同样的暴力和诡计，甚至不惜违反自己发誓保证遵守的诚信原则，竭力将其他民族从世界任何地方的贸易中排除出去。鉴于这种情况，因为联省共和国总督的目的是通过在西班牙占领的各个王国和省采取敌对行动并通过利用属于国家和属于利益攸关的个人的船只强行取得对所受损失的补偿和赔偿的方式，制止西班牙人的野蛮行为，所以，联省共和国议会颁布了一项命令。该项命令指出，禁止往来于西班牙之间以及往来于西班牙的支持者或西班牙事业的拥护者之间的运输是绝对必要的。该项命令要求采取一切措施，禁止他们之间在陆地和海上的运输。这一行动计划不但符合万国公法、[3] 罗马法和各交战国接受的习惯，而且符合较早时联省共和国总督本人和英国女王颁布的法令。因此，上述 1599 年的法令宣布，凡属西班牙王国国王支配下的所有人和所有货物，无论位于何处，均被视为正当的战利品。另外，该法令再次规定，严格禁止和阻止来自任何王国、地区或具有任何地位的任何人或所有人，以任何借口或理由，通过陆路和水路以直接或迂回的方式将船只、货物和任何商品运输、携带或运送至任何属于敌人的港口、城镇或地方（无论是位于西班牙王国、葡萄牙或其他欧洲王国），以及处于现在的西班牙王国国王权力之下或者大公爵［阿尔贝特］与其妻子［伊莎贝拉］统治下的港口、城镇或地方；违反禁令者的船只、货物和商品将被没收，并被处以法令规定的其他刑罚。荷兰联省共和国总督

---

〔1〕　参见"历史分析"【第十一章】，第一部分五。

〔2〕　即上面提到的法令。本段的其他部分很大程度上是对该法令的解释，在有些地方是对它的复述。（——英译者注）

〔3〕　参见前面第八章，引申问题一之前的论述。

还命令负责海上事务并通常审理此类案件的官员（其整体上被称为海军部）根据法令的规定，对原定运送给敌人但被截获的货物作出判决。

联省共和国议会对授予葡萄牙人的自由通行证所作的解释符合 1599 年的法令。[1]鉴于一些人以不符合其本意的方式和被禁止的目的使用安全通行证的事实，联省共和国总督发表了以下声明：有关安全通行证应当被解释为在低地国家联省共和国领域内的葡萄牙人及其货物以及这些葡萄牙人在根据低地国家的习惯取得特别许可后仅将其从这里运往其他地方的货物，将在公共保障下得到完全的安全保证。但是，如果葡萄牙人被发现将商品从敌对地区运往其他敌对地区（例如，从圣托马斯岛或巴西运往里斯本，或相反），或者从敌对地区运往其他非敌对地区，或者从非敌对地区运往敌对地区，则这些在运输过程中被截获的葡萄牙人、船只或货物即不再享有公共安全保障；一旦它们被属于国家的船只捕获，或被以其他方式捕获，即可被作为战利品处理。

因此，鉴于以下三个原因，"凯瑟琳号"大帆船及其运载的货物显然应当归捕获者所有：第一，该船及其货物属于作为西班牙国王臣民的葡萄牙人所有；第二，该船及其货物来自澳门，澳门是葡萄牙的殖民地，因而应该被视为敌对地区；第三，该船及其货物的目的地是葡萄牙城市里斯本。

至于一个与此密切相关的问题，即捕获"凯瑟琳号"大帆船的荷兰人是否得到了这样做的命令，对这个问题进行任何讨论显然属于多此一举。因为在战争中，臣民的所有义务就是关注敌人或自己的长官，而是否得到捕获命令的问题与关注敌人完全没有关系。至于敌人，只要有对其实施攻击的理由就足够了。由于葡萄牙人在与荷兰人的关系上具有敌人的地位，并且他们的确对抢劫行为负有责任，因此，应当根据命令还是可以独立于命令之外捕获葡萄牙人的财产不属于捕获者关注的问题。迦太基元老院对罗马人就汉尼拔的行动的质问所做的答复准确地说明了这种区别。（就我们所知）当时，一位迦太基贵族做出了这样的［部分］回答："不过，在我看来，你应该问的不是围攻萨贡托究竟是个人行为还是公共政策的结果，而是这种围攻究竟是正义还是非正义的。因为追究我们自己公民的行为到底是根据权力机关的命令还是自作主张实施的，以及是否应该因此而对他进行惩罚，这完全是我们自己

---

[1]　参见"历史分析"【第十一章】，第一部分四。

的事情。我们只需要与你讨论这样一个问题：他的行动是条约允许的吗?"〔1〕

因此，即使从葡萄牙人的立场来看，［对"凯瑟琳号"大帆船］实际采取的行动无疑也是允许的。无论如何，联省共和国总督与联省共和国议会（它是与第二个问题有关的机构）不仅没有谴责东印度公司及其雇员的行为，而且通过干预捕获物的分配以及授予捕获者奖励和荣誉对此表示赞同。由此可见，即使事先没有得到命令，这种授权的缺失也可以由于行为有利于公共利益以及事后的追认而得到弥补。〔2〕

不过，此次捕获行动事先没有得到命令的说法并不正确。因为作为一个众所周知的事实——而且它得到了荷兰联省共和国议会 1604 年 9 月 1 日通过的法令的追认——早在海姆斯凯尔克的舰队出发之前，联省共和国议会就警告东印度公司的董事们必须准备保护其商业利益，并且必须为此目的进行武装，以便公司不但有能力抵御来自葡萄牙人敌对攻击的企图，而且有能力采取主动行动对后者采取战斗行动。由此可见，我们得到了来自最高权力机关的命令，它无疑能够解决是否事先得到了命令的问题。

另外，假如看起来有必要取得授权，那么，除了以上提到的命令以外，最容易方法的就是从我们杰出的莫里斯（拿骚的）⁸亲王那里取得准许开战的最充分授权的信件，而且他通常不会拒绝将此类信件授予任何人。但是，（如同我们在前面另一段〔3〕中指出的那样）荷兰人一贯性情温和，他们并不注重公战的理由，而是尽可能地寻求免受葡萄牙人的伤害。只有在绝对必要的情况下，他们才会决定诉诸武力。然而，即使缺乏其他授权，系争捕获行为也可以说得到了这种文件的授权。因为莫里斯（拿骚的）亲王的确将特定信件授予了舰队司令海姆斯凯尔克以及其他单个船只的司令官。莫里斯（拿骚的）亲王至高无上的权威来自其家族的血统和个人的功绩。根据我们在其他地方阐述的论点，〔4〕莫里斯（拿骚的）亲王无疑有权命令发动战争，因为依据荷兰联省共和国总督的命令，他被授予在陆地和海上进行战争的最高权力。莫里斯（拿骚的）亲王在致海姆斯凯尔克的信件中禁止他与任何人进行战斗，

---

〔1〕　李维：【《罗马史》】XXI［xviii. 6~7］。

〔2〕　《天主教教会法典大全·第六卷》V, ult. , reg. 10。

〔3〕　参见前面第十一章末尾部分。

〔4〕　参见［第八章］结论七第四点之前的部分。

除非为了避免企图伤害他本人以及他指挥下的人员和船只的行为而不得不这样做；不过，一旦发生企图实施伤害的行为，他不仅被允许，甚至被命令采取他认为必要的一切手段保护他本人及其指挥下的人员和船只的安全，或者取得损害赔偿。因此，如果任何表现出敌意的人落入海姆斯凯尔克手中，他有权或者将他们交给莫里斯（拿骚的）亲王，或者以他在当时情况下认为必要和适当的方式对他们进行处置。鉴于所有国家的法律都允许以武力对抗武力的事实，莫里斯（拿骚的）亲王宣布，他同样认为这样做是正义和光荣的。另外，莫里斯（拿骚的）亲王的信件也授予指挥单个船只的司令官相当于船长或百人队队长的权力，而且这种授权是与让他们根据自己的判断挑选水手和船上各级指挥官的命令联系在一起的。这些单个船只的司令官也被禁止使用武力，除非有人企图采取敌对行动阻止他们进行航行或从事商业活动。当有人企图实施此类行动时，他们被严令竭尽全力制伏这些以敌对方式行事的人。另外，莫里斯（拿骚的）亲王的信件还要求上述司令官将捕获的货物运回联省共和国境内，并由此等货物所在地的海事法官将其作为捕获物作出判决，或者以某种其他方式酌情处理。总之，每一艘船的司令官都被命令履行一名船长应当履行的所有职能。

当一位亲王同意采取一切必要手段以取得对所受损害的满意的赔偿，并援引万国法这样做的时候，人们必然会设想他不仅同意从实际造成损害的人那里，而且同意从所有根据万国法负有赔偿义务的人那里强行取得赔偿。因为选择性的解释——即我们应当追捕并抓获那个对我们实际造成伤害的人——在任何情况下都难以付诸实施，而且几乎不可能适用于我们所指的这个海事案件。另外，关于授权开战的命令比授权报复［的信件］含义更为狭窄的看法同样是不正确的。因此，司令官们收到的命令具有以下效果：私人根据万国法已经实施的任何行为［以及在本案中实施的行为］现在应该被认为是根据具有溯及力的公共授权并且在有相当于进行战争的命令的情况下实施的行为。

此外，我们已经说明，[1]根据万国法，国家或行政长官的行为将使作为臣民的个人承担一种责任；与此同时，臣民的行为——［对国家来说］不对

---

〔1〕 参见【第七章】第103页及其后若干页与前面第十二章第336页和第332页及其后若干页的论述；另见本章第一部分中的论述。

其行为进行惩罚是一种罪过——也将使国家整体承担一种责任。在这个意义上，一个公民将会因另一个公民的行为而承担某种责任。还应该记住的是，"损害赔偿"不仅意味着获得对遭受的损害和付出的代价的赔偿，而且意味着可以采取无疑属于国家权力范围内的惩罚性措施。因为所有解释这个问题的学者都同意，就像对本国公民一样，国家有权对外国人处以罪有应得的惩罚。[1]

接着，让我们确认针对海姆斯凯尔克或他率领的船只或作为他部下的人员实施的行为是否可以被归类为联省共和国议会或莫里斯（拿骚的）亲王所指的"伤害"行为。

在这种情况下，我尽量克制自己不去回忆在"凯瑟琳号"大帆船上发现的令人伤心的捕获物，[2]以免激起对葡萄牙人的仇恨。因为有些物品是原先从那些在澳门附近被葡萄牙人绞死和溺毙的荷兰人那里夺取的，而且这种行为违反神法的所有准则和诚信原则。但是，这些荷兰人与祖国的联系以及他们属于雇佣海姆斯凯尔克并由他提供服务的同一个公司派到东方从事贸易活动的人员的事实使海姆斯凯尔克不可能将他们视同陌路，[3]这位舰队司令和他的水手们也不可能不被对这种罪行的回忆深深打动。可以确定的是，如果可以召唤联省共和国总督和莫里斯（拿骚的）亲王前来就此事作证，他们同样会命令宣战并授权海姆斯凯尔克司令官和他的部下采取战斗行动。我也尽量克制自己不去再次描述在海姆斯凯尔克之前进行的航行中，葡萄牙人拦截了他的一些随从（他们被从班达派往安波纳）[4]并卑鄙地杀害了其中一个人的事实。但是，这并不是说我不了解这样的事实，即根据有关法律，为朋友所受伤害复仇之人不仅是为朋友所受的伤害复仇，在某种意义上也是为自己所受的伤害复仇。[5]我认识到，这一项原则特别适用于当我们身处远离家乡和亲友的如此陌生的地区时。因为在这种情况下，我们尤其会珍惜自己的同胞，就像他们是我们亲密的朋友一样，而且与祖国的距离越遥远，这种把我

---

〔1〕　维多利亚：《战争法》19；卡耶坦：《神学概要》qu. 64, art. 3。

〔2〕　参见第364页的论述。

〔3〕　参见卡迪纳尔〔萨巴里拉〕：《〈克雷芒教令集〉评注》I. iii. 3, § verum。

〔4〕　参见"历史分析"【第十一章】，第二部分十二，事件六。

〔5〕　盖尔：《学说汇编》评注》III. iii. 35；巴尔杜斯：《〈敕令集〉评注》IX. ii. 1；注释法学派学者：《〈学说汇编〉评注》XI. xlix. 2；亚历山大（伊莫拉的）：《〈学说汇编〉评注》XLVIII. i. 4；亚历山大（伊莫拉的）：《〈学说汇编〉评注》XLVIII. ii. 2。

们和祖国联系在一起的纽带就越牢固。我甚至不愿意回忆早期受荷兰东印度公司派遣进行探险的人们被迫与葡萄牙人战斗的频率有多高。[1]［简单地讲，我们在这里进行的讨论将严格限于以下问题：］海姆斯凯尔克本人以及他的水手和船长们［在发生捕获"凯瑟琳号"大帆船事件的航行过程中］究竟受到了什么以及何种程度的伤害？

　　就在海姆斯凯尔克和他的部下刚刚航行通过加那利群岛的时候，他们遇到了由十三艘武装船只组成的西班牙舰队。西班牙人正确地断定他们所看到的是前往东印度群岛的荷兰人，于是蜂拥而上将他们当作敌人进行攻击。荷兰人的船只被大炮和来复枪轰成碎片，他们甚至不得不进行肉搏。一些水手被杀死，许多人被打伤，而且"红狮号"船即将落入敌人手中。在这千钧一发之际，海姆斯凯尔克赶来增援，他眼睁睁地看着一些部下死去，另外一些人受伤致残。在这场遭遇战中，海姆斯凯尔克船队的商品、船只和人员的生命安全受到极大威胁，"红狮号"船遭到严重损坏并被迫脱离船队返回祖国的事实证明了他们遭遇的不幸。另外，在这场战斗结束后的第二天，其地位仅次于旗舰的那艘船再次遇到了西班牙人，并几乎被击沉。事实上，它后来再也没有能与荷兰船队会合，这给船队的远征带来了极大的不便。

　　的确，这些事件是由西班牙人造成的。但不可否认的是，西班牙人和葡萄牙人不仅拥有同一位统治者，而且他们具有与荷兰人作战的同样的理由和敌对意图；（正如我们已经指出的那样）甚至葡萄牙人在东印度群岛地区与荷兰人的战争也是在西班牙人的支持下进行的。因此，我们有正当理由将与西班牙人和葡萄牙人发生的事件相提并论，而不对这两个民族加以区别。从著名法学家的论述[2]中——事实上是从万国法中——我们得出下面一条原理：如同允许一个人保护自己的盟友一样，他也被允许攻击犯罪人的盟友以及所有共同实施犯罪或参与犯罪人犯罪行为的人。在本案中，这一条原理的效力得到了强化，因为西班牙人对探索东印度群岛的荷兰人的伤害是应葡萄牙官方的建议和要求，或至少是为了使葡萄牙人感到满足而实施的。

　　另一方面，至于达玛国王以进行商业谈判为幌子拘捕海姆斯凯尔克的部

---

　　〔1〕　参见"历史分析"【第十一章】，［第二部分十二〕。

　　〔2〕　巴尔杜斯：《〈敕令集〉评注》Ⅷ. iv. 1，n. 24［20〕；约翰（莱尼亚诺的）：《论战争、报复与决斗》Ⅱ. iii，qu. 2，开头部分［第一百三十四章〕。

下并使他们沦为奴隶的事件，[1]因为缺乏充分证据证明它与先前的战争原因有关，所以，我不认同因此对葡萄牙人提出的指控，尽管达玛国王本人无疑把这件事归责于葡萄牙人。简而言之，我仅把自己的论点建立在我认为已经得到清楚证明的事实之上。

当葡萄牙人听说柔佛国王准备允许海姆斯凯尔克与柔佛建立商业关系后，他们通过我们在前面提到的使节[2]向柔佛国王信誓旦旦地指出，不但所有荷兰人都贪婪成性，海姆斯凯尔克更是荷兰人派来侦察柔佛国土的间谍；将来，荷兰人将使用强大的海军对柔佛进行攻击，把现在的占有人赶走，并把这里据为己有。假如这种诬陷不构成伤害，什么行为才能被称为伤害呢？除了海姆斯凯尔克及其同伴以外，还有谁是更直接地受到这种诬陷影响的人呢？尽管在更广泛的意义上，我们整个民族都会受到影响。葡萄牙人还威胁说，如果任何人给予荷兰人通行权，他们将诉诸战争。这样的威胁难道不也是一种严重的伤害吗？况且这不仅仅是威胁，相反，他们实际上已经在进行战争了。他们部署的军舰一方面对柔佛人民实施抢劫，另一方面竭力阻止荷兰人进入这一地区。正如我们在前面讲过的那样，[3]当一方被迫接受了对另一方的诬陷以及一个人被禁止行使根据万国法享有的权利时，实际的伤害就造成了。

因此，当我们站在【莫里斯（拿骚的）亲王】致海姆斯凯尔克的授权信件的立场上考虑这个问题的时候，我们发现，无疑存在着应当予以赔偿的伤害；当我们站在【莫里斯（拿骚的）亲王】对舰队各位船长发布的命令的立场上考虑这个问题的时候，我们清楚地看到，有人实施了损害商业交易的活动。另外，所有葡萄牙人，无论是集体还是单独的个人，特别是位于地球那一部分的葡萄牙人，都对此处所讲的伤害负有责任。这不但是因为他们未能惩罚特定个人的犯罪，[4]而且是因为葡萄牙的使节和舰队是根据葡萄牙国家的权力和统治马六甲的葡萄牙官员颁布的法令被派往那里的。由此可见，无

---

〔1〕　参见"历史分析"【第十一章】，第二部分十，事件八。

〔2〕　参见"历史分析"【第十一章】，第二部分九，事件七和"历史分析"【第十一章】，第二部分十三，事件五。

〔3〕　参见前面第十二章第321页及其后若干页的论述；《查士丁尼法典·学说汇编》XLVII. x. 13；市民法与教会法评论家：《学说汇编》评注》XLVII. i. 3。

〔4〕　参见前面第十二章第331页及其后若干页的论述。

论是考虑到写给舰队司令的授权他甚至可以对处置有关人员作出决定的信件（这是更重要的论点），还是考虑到写给舰队各位船长的明确提到捕获物的信件，根据【莫里斯（拿骚的）亲王的】命令，允许对葡萄牙人的大帆船采取行动是毋庸置疑的。

因此，发动战争的权力被授予了舰队司令和各位船长。同时，根据这种授权，作战的权力自然也通过各级长官被授予了他们挑选出来的水手，[1]这就像在陆地上指挥一支军队一样。此外，这些水手要按照军队的誓言起誓，为执行船长或上级的命令，不怕牺牲和受伤。毫无疑问，我们同意乌尔比安说过的这样一句话：不仅是船长和船上的指挥官，而且舰队中的所有水手和划桨手都应当被归类为战士。[2]

不过，还应该注意的是，即使没有发布专门针对捕获物的命令，鉴于国家已经把管辖权授予舰队司令和各位船长的事实，这些指挥官应当有权——在不存在其他法官和为了维护臣民的权利及自身权威的情况下——对反抗他们权威的葡萄牙罪犯实施惩罚并捕获他们的财产。根据教会法和市民法学者的观点，如果这种行为得到事先发布的命令的支持，则这一结论无疑尤为正确。[3]在本案中，1602 年 12 月 4 日，海军司令发布了一项命令，而且该命令通过协助他行使职能的最高海军部得到了有效实施。历史上，盖尤斯·皮纳利乌斯曾经在某种程度上践行了这一项原则。因为尽管让他留在西西里岛汉纳市的目的是管理那里的要塞，而不是该座城市，但是，当他获悉该城中的一部分人正准备发动叛乱，而罗马人民和执政官均没有能力进行攻击时，他不仅将策划叛乱的始作俑者处以死刑，而且纵兵抢劫了整座城市。[4]

由此可见，因为荷兰人和葡萄牙人的交战原因均得到了公共权力的支持，而且荷兰人的交战原因在诚实信用的各个方面均经得起检验，所以，如果假设葡萄牙人的交战原因在诚实信用方面同样经得起检验，那么，根据次级万

---

〔1〕　参见第 376 页对各位船长授权的信件；另见【第八章】结论七第四点之前的论述。

〔2〕　《查士丁尼法典·学说汇编》 XXXVII. xiii. 1 〔§1〕。

〔3〕　巴尔托鲁：《〈学说汇编〉评注》 XLIX. xv. 24, nn. 11 和 12；英诺森【四世】：《〈格列高利教令集〉评注》 II. xiii. 12, n. 9 和 II. xxiv. 29, n. 5；帕诺米特努斯：《〈格列高利教令集〉评注》 II. xxiv. 29, n. 9。

〔4〕　参见弗朗蒂努斯：〔《战略三书》 IV. vii. 22〕；波利艾努斯：〔《战略学》 VIII. xxi〕。

国法，双方各自对捕获物的占有不但无愧于良心，而且它们事实上也应该成为捕获者的财产。

六、一个国家对作为自己从前统治者的君主进行的战争是对外战争

由于荷兰是一个有别于葡萄牙的国家，因此，目前的战争不是内战，而是一场外战。实际上，甚至反对腓力二世的战争也不是内战，因为作为这场战争的结果，荷兰国家的所有部分均不再效忠于腓力二世，而且他们宣布，腓力二世不再拥有对荷兰的主权。（如同阿庇安所引用的那样[1]）卡修斯在他对罗得岛人发表的演说中坚持认为，当一个国家反抗某个人的独裁统治为自由而战时，它就是一场公开的战争，而不是内部的纷争。罗马人民反抗塔奎尼乌斯【（高傲者）】及其盟友的战争完全是一场内［外？][2]战。[3]因此，我们看到，双方都在夺取对方的战利品，罗马人民甚至夺取了埃特鲁斯坎人（他们是塔奎尼乌斯【（高傲者）】的追随者，就像葡萄牙人是腓力二世的追随者一样）的战利品。另外，我们的巴尔托鲁（在这个问题上，其他权威学者遵循着他的观点）首先宣布，埃特鲁斯坎人的城市不但在法律上完全从属于国王，而且事实上也部分地从属于他。[4]然后，他又补充说，但是，当国王与一个自认为是自由市的城邦（如佛罗伦萨城邦或比萨城邦）之间发生战争时，根据公法，允许夺取战利品。[5]

在本案中，任何人都能想象得到，荷兰东印度公司以及作为公司的代表指挥这些船只的人是在服务国家和效忠联省共和国总督的目的激励下英勇作战的，他们渴望为国家复仇并保护公司的利益。

根据以上所有论述，就我们此处考虑的各个方面，对于参战的臣民而言，这场战争显然是正义的，而且系争捕获物的取得也是正义的。这两个结论的正确性得到了智慧出众的费尔尼奥·戴尔·布科尔克（马六甲总督）

---

〔1〕　阿庇安：《内战史》Ⅳ［ix. 69］。

〔2〕　根据上下文，这里的"civile"（内）似乎是无意中被写错了，它应该是其反义词"externum"（外），或者可能是"apertum"（公开的）。（——英译者注）

〔3〕　李维：【《罗马史》】Ⅱ［各处］。

〔4〕　巴尔托鲁：《〈学说汇编〉评注》XLIX. xv. 24，nn. 3 和 4；帕诺米特努斯：《〈格列高利教令集〉评注》Ⅱ. xxiv. 29，n. 12。

〔5〕　巴尔托鲁：《〈学说汇编〉评注》XLIX. xv. 24，n. 16。

的承认。他在 1603 年 3 月 9 日写给海姆斯凯尔克的信中指出："你捕获了一艘很有价值的船只。享受船上的财富吧！因为它是你在一场正义战争中捕获的。"

到目前为止，我们已经论述了这个问题，即在公战中夺取的战利品——在直接的意义上且根据法律——是为国家取得的。但与此同时，我们也讲到，根据特殊安排或者一般法律，这些战利品可以转归那些首先取得它们并使其成为国家财产的个人所有。事实上，按照法兰西和低地国家的一项非常古老的习惯以及荷兰法律的明确规定，根据国家的命令但由私人武装的船只夺取的战利品，其五分之一属于国家，十分之一属于海军司令，剩余部分则依据习惯或可能达成的协议规定的比例，在船主、船长、指挥官和水手之间进行分配。[1] 由于捕获"凯瑟琳号"大帆船的船只是荷兰东印度公司的财产，船上的船长和水手均为东印度公司付薪的雇员，而且这些船只是由该公司武装的——简而言之，由于全部风险和费用都由荷兰东印度公司承担，而且国家并没有承诺给予其任何奖励——因此，除了特别排除的部分和水手们应得的报酬以外，全部捕获物应当属于荷兰东印度公司。这不但符合上述荷兰法律的规定，而且符合得到普遍接受的法律的规定。

首先，以上论断符合海军部的决定，因为海军部成员——在应荷兰东印度公司的请求通知所有与本案有关的各方出庭，并在一方缺席的情况下进行审理后——于 1604 年 9 月 9 日宣布：经判决，系争捕获物属于正当捕获物。其次，以上论断也符合荷兰联省共和国议会 ［1604 年 9 月 1 日］ 通过的法令。[2] 因为尽管有人以与国家的财政权存在冲突为理由反对荷兰东印度公司的权利，但联省共和国议会仍然在其法令中不吝溢美之词对夺取捕获物的行为表示赞赏；与此同时，该法令命令财政大臣、其他财政部官员和所有行政长官将本次夺取的捕获物以及将来可能在东印度群岛地区缴获的任何战利品均视为在公战中缴获的战利品，对此等战利品的处置权应当属于荷兰联省共和国总督和海军部。

---

〔1〕 参见 ［第十章］ 引申问题之前的论述；《海军学院指南》第 22 条 ［载于 " Groot Placaet - Boeck "，V. viii. 1］。

〔2〕 参见前面的内容。

第三部分　基于我们的盟友的公共事业，
　　　　　　[荷兰的战争与取得系争捕获物]
　　　　　　同样是［正义的］

对于我们开始时讨论的问题［基于祖国的公共事业，本案具有正义性的问题］，以上论述肯定应该足够了。然而，为了消除任何可能引起争议的理由，我们要进一步补充这样一个论断：即使脱离我们官方议会为之辩护的理由及其发布的命令对本案进行考查，这一场战争无疑依然具有正义和公战的性质，而且取得捕获物符合荷兰东印度公司的利益。

七、基督教徒有时与正在和其他基督教徒作战的异教徒结成战争同盟是正当的

这一论断得到了那些在战争期间荷兰东印度公司通过其雇员对他们施以援手的［东印度群岛地区］国家法律的肯定。在该地区有一个名为柔佛的王国，它一直被认为是一个主权国家，因而其国王显然拥有进行公战的权力。在战争中，这位国王请求乘船到达该国的荷兰人为他们提供帮助。我们已经在另外一段[1]中说明，根据自然的安排和人类的兄弟情谊，一个人应当怎样适当地帮助另一个人。我们很高兴地看到，作为柔佛国王的盟友，荷兰人参战是允许的。人们甚至可能进一步指出，由于荷兰人完全有能力对柔佛国王提供援助，因此，假如拒绝提供这种援助，他们很可能会产生负罪感。

这就是我们得出的论断，无论我们是否参考了命令我们将无辜者从毁灭的灾难中解救出来的《圣经》，[2]也无论我们是否借鉴了哲学家们[3]所坚持的以下学说，即存在两种类型的非正义：一种以实施伤害行为的人为特征；另一种以虽然有能力但并未能帮助受害者抵御伤害的人为特征。如果一个人在有能力抵御或反击伤害时没有这样做，他就犯下了严重的过失，因为这相

---

〔1〕　参见关于结论五第一点的论述【第六章】。

〔2〕　《圣经·旧约》"箴言" xxii. 2 [xxxi. 8]。

〔3〕　西塞罗：《论责任》I [vii. 23]；另见【《旧约次经》】《传道经》iv. 9。

当于抛弃了自己的父母、朋友或祖国。（根据上述哲学家[1]的观点）一个人必须关心自己的市民同胞，而不是陌生人。这种观点等于完全否定了具有普遍性的人类友好关系的纽带，而对这种纽带的否定必然会被认为是对作为造物主的上帝的亵渎。我们的法学家们认为，对于这种不作为负有责任者与实施伤害者同样有罪；[2]同时，教会的神父们认为，未能抵御对其同伴的伤害者，其罪孽不亚于实施伤害者。[3]

　　按照亚里士多德的观点，当受害人从前曾经给予我们某种特殊的利益时，这一项原则的基础尤为坚固。[4]目前，正是由于受害人给予了我们某种利益，他们在遭受着其他人的伤害。让我们设想一下，面对这种情形，亚里士多德会怎么说呢？而这正是发生在东印度群岛人身上的事情。柔佛国王和我们在其他地方[5]提到的［东印度群岛］民族正在遭受葡萄牙人屠杀和抢劫的蹂躏，葡萄牙人这样做的唯一借口是柔佛国王和这些民族允许荷兰人进入他们的国家。考虑到上述论点，谁能否认这些东印度群岛人遭受的伤害应该是荷兰人正当地关切的问题呢？

　　或者说，我们应该相信我们与那些尚未接受基督教信仰的人们毫无共同之处吗？这种看法显然与奥古斯丁（圣）的虔诚信仰的原则相去甚远。奥古斯丁（圣）（在解释我们的主命令我们爱护邻人的信条时）宣称，"邻人"一词明显包括"所有人类"。[6]另外，《福音书》中那位善良的撒玛利亚人的寓言教导我们，不能由于宗教原因而废除依据人道原则行事的义务。[7]由此可见，保护异教徒免受伤害（甚至免受基督教徒的伤害）不但是一种得到普遍承认的正义的做法，而且对此进行过专门研究的权威学者还坚持认为，为了保护自己的权利，在许多情况下可以正当地与异教徒建立同盟和缔结条约。[8]（我

---

〔1〕　西塞罗：《论责任》Ⅲ［vi. 28］。

〔2〕　巴尔杜斯：《〈敕令集〉评注》Ⅵ. i. 1。

〔3〕　安布罗斯（圣）：《论职责》Ⅰ. xxxvi［178］。

〔4〕　亚里士多德：《亚历山大修辞学》iii［ii = pp. 1424 B, 1425 A］。

〔5〕　参见"历史分析"【第十一章】，第二部分十三。

〔6〕　奥古斯丁（圣）：《论基督教原理》［Ⅰ. xxx. 32］。

〔7〕　《圣经·新约》"路加福音"x. 29 ff。

〔8〕　阿里亚斯：《论战争与正义》192；帕诺米特努斯：《〈格列高利教令集〉评注》Ⅲ. xxxiv. 8, n. 15；维多利亚：Rel. I, Pt. ii, nn. 15 和 17［《论印度群岛》Sect. Ⅲ, nn. 15 和 17］。

们被告知）亚伯拉罕、以撒[9]、大卫、所罗门以及马加比家族[10]的人们都曾经采取过这种做法。[1]

无论如何，柔佛国王进行战争的原因肯定是完全正义的。[2]还有什么能比一个从事贸易的民族强行禁止一位自由的国王与另一个民族进行商业往来更不公平呢？[3]如果这种强行禁止行为没有构成违反万国法的对不同国王在各自辖区内享有的管辖权的干涉，什么行为才能构成这种干涉呢？由于这里所说的伤害是对具有官方权力的柔佛国王实施的，作为对他未能依照命令行事的惩罚，他正式受到了战争的威胁，而且针对他的战争马上就要开始，因此，他把葡萄牙人——不论集体还是单独的个人——视为敌人是完全正当的。[4]因为任何人都不否认，那些命令向我们开战的人实际上是我们的敌人。由此看来，柔佛国王没有必要发表战争宣言，特别是考虑到葡萄牙人已经用军舰封锁了柔佛的港口，并且在岸上进行抢劫的事实，宣战就更没有必要了。毫无疑问，葡萄牙人在受柔佛国王保护的领土上实施了公开的抢劫，他们应该为因其所犯罪行造成的损失和损害负赔偿责任，并为这些肆无忌惮的伤害行为支付额外的罚金。

现在，正如国王本人出于良好的动机采取行动尽力维护其权利和保护其臣民一样，荷兰人出于善意前来为他提供援助同样是值得称道的。事实上，没有任何东西比这种善意行为能更好地服务于真正的宗教事业了。我们必须首先关心别人的安全，以免使他们转变信仰的希望（就像教会的神父经常说的那样）随着身体的死亡而消失。我们必须向东印度群岛人民显示作为一名基督教徒意味着什么，以便使他们相信，并非所有基督教徒都是像西班牙人那样的人。让这些人民见识一下脱去伪装的宗教，没有欺诈的商业贸易和不伴随伤害行为的军队吧！让他们在哪怕是对异教徒也禁止歧视

---

〔1〕《圣经·旧约》"创世纪"xxi，末尾部分；《圣经·旧约》"创世纪"xxvi，末尾部分；《圣经·旧约》"撒母耳记上"xxvii ff；参见尼古拉斯（里拉的）对此所作的评论；《圣经·旧约》"列王纪上"iii 和 v；西尔维斯特：《西尔维斯特全集》"论'战争'的词义"〔Pt. I〕ix. 3。

〔2〕参见"历史分析"【第十一章】，第二部分十三，事件五。

〔3〕参见前面第十二章第321页及其后若干页的论述。

〔4〕《查士丁尼法典·学说汇编》L. xvi. 118。

的真正的信仰面前发出感叹吧！为了达到这些目的，我们应该努力使人们
成为上帝的信徒。

　　因此，不论是对柔佛国王，还是对作为柔佛国王保护者的荷兰人来说，
这场战争在各个方面都是正义的。肯定地讲，根据自然法，夺取捕获物的权
利被赋予柔佛统治者本人，但是，这种权利也可以通过他的授予成为荷兰人
的权利。另外，由于战争是为了国王的利益由荷兰东印度公司的舰队进行的，
在没有任何正式补偿协议的情况下，东印度公司承担了全部的费用和风险
（考虑到可能发生的任何不利的命运转折），而且公司的雇员奋不顾身地进行
战斗，因此，根据共同接受并得到自然衡平原则确认的战争惯例[1]的明确规
定，系争捕获物依法应当由荷兰东印度公司取得。

　　此外，刚才关于荷兰东印度公司在此次事件中的作用的论述同样可以适
用于我们官方议会发挥的作用，也就是说，这些捕获物是根据议会的命令，
基于以柔佛国王的名义发动战争的理由，由东印度公司支付代价并为该公司
本身的利益而取得的。实际上，这种取得战利品的权利的正义性质得到了充
分的肯定，而且有些权威学者特别推崇罗马帝国的做法，因为罗马帝国在保
护其盟友的过程中，通过使敌人付出代价从而增强了自己的实力。[2]作为特
拉斯卡拉¹¹人的盟友，西班牙人根据同样的权利对［其他］墨西哥印第安人
提出了主张。[3]葡萄牙人在东印度群岛的许多地区也是这样做的。

　　在对这些问题进行充分论述之后，我们得出如下结论：**捕获葡萄牙人的大
帆船及其货物的战争是完全正义的，不论它是公战还是私战，也不论它——假
定是公战——是以荷兰国家还是以其盟友的名义进行的；这场战争不仅是为
了我们政府的利益，更是为了荷兰东印度公司的利益。我们进一步得出如下
结论：从所有法律的角度来看，荷兰东印度公司本身都应该是上述捕获物的
所有者。**

---

〔1〕　参见卢普斯：《论战争与军事》§ *Si bene advertas* 和其他人的论述。

〔2〕　托马斯·阿奎那：《论政府原理》Ⅲ［xiii］。

〔3〕　维多利亚：《论印度群岛》Sect. Ⅲ, n. 17。

中译者注

1 希尔德里克三世 Childeric III（？~755）：墨洛温王朝末代国王。当时法国的实权早已掌握在加洛林王朝的官相们手中。铁锤查理死后，他的儿子卡洛曼和矮子丕平三世将他扶上法兰克王位，以掩饰他们的权力。他后来被废黜软禁。（参见《简明不列颠百科全书》第 8 卷，第 450 页。）

2 阿特利达 Atridae：指希腊传说中迈锡尼王阿特柔斯与埃洛珀的两个儿子阿伽门农和墨涅拉俄斯。阿伽门农后来成为迈锡尼或阿尔戈斯王，墨涅拉俄斯则成为斯巴达王。

3 约兰 Jehoram：《圣经》人物。他是南国犹大的君王（约公元前 849 ~ 前 842 在位），约沙法的儿子和继承人。他采纳了亚哈的异教作风和暴政，故死时无人纪念。（《基督教圣经与神学词典》，第 299 页。）

4 以栏 Elam：《圣经》地名。它是挪亚之孙、闪的长子及其后裔的领土。为现今底格里斯河及伊朗高原之间的一片狭长高地。（《基督教圣经与神学词典》，第 188 页。）

5 保萨尼阿斯 Pausanias（？~ 约公元前 470/465）：斯巴达将领。他是莱奥尼达斯之侄，莱奥尼达斯战死（公元前 480 年）后，他为前者之子当摄政。他曾于公元前 479 年打败波斯人，次年攻占拜占庭。斯巴达人怀疑他有媚外行为，将他召回斯巴达。提洛同盟成立时，他私自跑回拜占庭，后来又有煽动农奴起义的嫌疑。斯巴达人把他围在一个神庙里活活困死。（《简明不列颠百科全书》第 1 卷，第 559 页。）

6 尼禄 Nero（37.12.5 ~ 68.6.9）：罗马皇帝。他即位时还不到 17 岁，是罗马的第一位少年皇帝。公元 59 年之前，他一直施行仁政，如取消流血的竞技活动，减少税赋，取消极刑等。但后来他下令处死了自己的母亲和妻子，显示出真正的凶残。公元 68 年，帝国各地发生叛乱，罗马各军团拥立加尔巴为皇帝，元老院判处他死刑。（《简明不列颠百科全书》第 6 卷，第 239 页。）

7 法里埃罗 Faliero（1274 ~ 1355.4.17）：意大利威尼斯行政长官。他于 1354 ~ 1355 年任执政官，因反对贵族统治而被杀。拜伦的《威尼斯执政官马林诺·法里埃罗》（1821）即以他的悲惨故事为题材。（《简明不列颠百科全书》第 2 卷，第 836 页。）

8 莫里斯（拿骚的）Maurice of Nassau（1567.11.13 ~ 1625）：荷兰共和国军队的缔造者。他是威廉一世（沉默者）的次子。父亲被刺后，他被选为荷兰最高行政长官，后担任联省军队总司令。他与其堂弟威廉·路易及奥尔登巴内费尔特组成强有力的三人执政，稳步加强反西班牙统治的力量，1612 年和西班牙达成 12 年停战协定。后来，他在和奥尔登巴内费尔特争夺权力的斗争中胜出，并在 1618 年将后者处决。同年他成为奥伦治亲王。（《简明不列颠百科全书》第 6 卷，第 58 ~ 59 页。）

9 以撒 Isaac：《圣经·旧约》所载以色列人第二代列祖。他是亚伯拉罕和撒莱所生的独子，也是以扫和雅各之父。上帝曾命亚伯拉罕以以撒为牺牲献祭，亚伯拉罕准备遵从上帝的指示，但上帝开恩保存了他的生命。（《简明不列颠百科全书》第 9 卷，第 75 页。）

10 马加比家族 Maccabees：巴勒斯坦地区耶路撒冷附近的犹太教世袭祭司长家族。曾于公元前 2 世纪领导武装起义，反对镇压犹太教、破坏犹太教律法的叙利亚国王安条克。

马加比原是授予公元前 168～前 164 年犹太独立战争中的英雄、玛他提亚之子犹大的光荣称号，后泛指犹大所属家族特别是玛他提亚及其众子犹大、约翰、西门、以利亚撒和约拿单，还包括西门之子许尔琪。(《简明不列颠百科全书》第 5 卷，第 585 页。)

11 特拉斯卡拉 Tlaxcala：墨西哥内陆高原一州。它西邻墨西哥州，面积 4016 平方千米，原是印第安特拉斯卡拉公国。该州首府特拉斯卡拉位于拉马林切火山西北麓，濒临萨瓦潘河，1519 年被西班牙人占领。(《简明不列颠百科全书》第 7 卷，第 699 页。)

第十四章　捕获与占有系争捕获物是光荣的

第一部分　捕获系争捕获物是光荣的

本部分将对以下主题分别进行论述：

一、凡属正义的皆是光荣的

二、为盟友或祖国的利益对死不悔改之人进行复仇是尤为光荣的

三、出于正义目的捕获战利品是尤为光荣的

第二部分　占有系争捕获物是光荣的

第一部分　捕获系争捕获物是光荣的

关于荷兰的战争和荷兰东印度公司取得系争捕获物均属正义之举的问题，我相信我们已经满足了追求真理的读者们的要求。因为我们提供的证据充分证明，鉴于葡萄牙人实施了伤害行为，我们才捕获了他们的货物，并将捕获的货物交给部分商人占有。这些行为符合虔诚信仰、自然和习惯的要求。

不过，虽然有一些人在先入为主的错误观念主导下无法按照理性的指引作出判断，但我们不能把他们所有人归为一种类型，或者简单地给他们贴上一个标签。据我们所知，尽管一些人不敢否认我们正在讨论的这一件事的正义性质（他们也不能为否认其正义性质提出任何辩护理由），然而，他们仍然坚持认为，这似乎并不完全是一件光荣之事。

一、凡属正义的皆是光荣的

不过，他们的论点显然存在矛盾，因为我们一直被告诫说，任何无可争议的正义之事不可能不是光荣之事。[1]每一个定义光荣属性的人都试图使我

---

〔1〕　西塞罗：《论发明》Ⅱ［ⅳ，各个部分］；西塞罗：《论责任》Ⅰ［ⅸ.62］；西塞罗：《论责任》Ⅲ［ⅷ.33~35］；西塞罗：《论道德目的》Ⅰ［ⅹⅵ.50］；亚里士多德：《论美德与恶习》，开头部分［《优台谟伦理学》Ⅶ.ⅹⅴ］。

们相信，光荣或者相当于美德本身，或者是美德所固有的或来源于美德的一种品质。无论如何，"光荣"的概念不可能脱离美德的概念，任何美好的事物不可能不是光荣的。实际上，根据更为严谨的权威学者的定义，光荣是指令人愉悦的事物，因为它是美好的。[1]由此可见，令人愉悦和美好是光荣的两个特征，它们相互依存，密不可分。

在聪明和善良的人看来，任何事物如果符合真正的正义，它就不可能是卑鄙或可耻的。这一论断可以被以下看法所证实：任何一种美德都不可能违背一般美德，或者引用先贤关于正义的至理名言来表述，那就是：正义的美德包含着所有其他美德。[2]事实上，对于理智的人来说，我们不需要提供任何论据来证明这一点，因为在很早以前（按照柏拉图的说法[3]），年轻的亚西比德就在苏格拉底的启发下自然和本能地认识到下面的结论是一个真理：行正义之事者必然在行光荣之事。另外，哲学家们已经在他们的著作中对这个得到普遍赞同的结论做了充分的论述。[4]

为了能正确领会我们的观点，读者们必须理解，我们使用的"正义"一词不是指市民法所允许之事，或者（更准确地讲）不是指法律所默许之事。[5]因为法学家们断定，任何事实上并非正义但可以免受惩罚且在一定程度上被认为可允许之事并非同时是光荣之事。[6]相反，我们使用的"正义"一词应该被理解为是指永恒的自然法命令所行且得到牢固确立之事，因为自然法命令所行且得到牢固确立的一切必然是光荣的。这一项原则的效力如此之广泛，以致斯多葛派学者和许多哲学家认为，所谓"光荣"就是指符合自然的命令，除此之外，它不可能有任何其他更明确的定义。[7]鉴于这种情况，许多作者甚至用这个术语专指得到普遍承认的共同的法律。这种解释证明了先贤们流传下来的这样一个说法：光荣的力量在于人们（像）出于自然的冲

---

〔1〕　亚里士多德：《论辩篇》I. ix〔3〕。

〔2〕　亚里士多德：《尼可马亥伦理学》V. iii〔V. i. 15〕，引自一首古诗。

〔3〕　柏拉图：《亚西比德》I，p. 114 E。

〔4〕　亚里士多德：《论辩篇》I. ix〔3〕。

〔5〕　西塞罗：《图斯库卢姆谈话录》V〔ix. 26〕。

〔6〕　《查士丁尼法典·学说汇编》I. xvii. 144；西塞罗：《为巴尔布斯辩护》〔iii. 8〕。

〔7〕　西塞罗：《论学术问题》I〔II. xliii. 132〕；西塞罗：《论法律》I〔xvii. 46〕；西塞罗：《论责任》I〔xiv. 42〕。

动那样自发地追求其内在的价值。[1]

由此可见，因为我们已经证明调整战利品的法律与战争法一样来源于上帝植根于人们心中的自然本能，而且从作为自然法和万国法基础的原则来看，我们所审议的行为明显具有衡平的性质，所以，该行为不包含可能使任何人感到可耻的因素。

二、为盟友或祖国的利益对死不悔改之人进行复仇是尤为光荣的

另外，就我个人而言，我反对任何人企图对在当时的情况下捕获和占有敌人财产的行为提出质疑，因为这些行为不但没有任何可耻之处，而且是最光荣的。那些特别关注光荣的概念的学者告诉我们，勇敢和正义是光荣的两个构成要素。正是由于这一点，光荣在美德中具有崇高的地位，因为在私人和公共生活中，这两种品质特征无疑是［对其他人］[2]最为有利的。[3]

诗人们关于勇敢的作品不胜枚举。令人印象深刻的是提尔泰奥斯《挽歌》中的以下著名诗句：

“为保卫国土、妻子和所爱的人，

冒着生命危险与敌人进行战斗，

这是多么光荣和勇敢的行为啊！”[4]

勇敢是在凯旋游行中被称颂的美德，勇士们戴上花环，被刻石铭记，并像下面这个人一样受到欢呼：

“让我们称他为‘胜利者’，

并且把‘最勇敢者’的头衔授予他吧！”

勇敢是这样一种美德：国王因此得到称颂，凡人则因此跻身诸神之列。

“凭借这种美德，波吕刻斯[1]

在璀璨的群星中获得一席之地；

---

〔1〕　亚里士多德：《论辩篇》I. ix〔3〕；西塞罗：《论道德目的》V〔III. xi. 36〕。

〔2〕　在本句的英文译文中加入括号中的短语是为了保留亚里士多德论点中的一个关键因素，因为亚里士多德是格劳秀斯在这个问题上特别引用的唯一一位作者。（——英译者注）

〔3〕　亚里士多德：《论辩篇》I. ix〔5~6〕。

〔4〕　提尔泰奥斯：《挽歌》〔10, lines 1 ff〕。

游侠赫拉克勒斯同样如此……"〔1〕

另外，（因为我们目前所关注的案件同样涉及在海上发生的冲突）难道我们不能说在雅典人和希腊人的眼中，在海战中歼灭了波斯舰队的地米斯托克利几乎赢得了［比波吕刻斯和赫拉克勒斯］更卓著的声誉吗？尽管西内吉鲁斯只是一介市民，但他获得了无可置疑的名声。在罗马人中，杜伊利乌斯²在海战中征服迦太基人后，得到了无休止地庆祝胜利的奖赏，每当他出行的时候，都有人举着火把在前面开道。简而言之，正如懦夫和"逃兵"［那些在战场上丢掉盾牌的人］在任何地方都会受到鄙视，而且在有些地方还会受到严厉惩罚一样，所有民族和国家都会把最高荣誉授予那些因其勇敢行为提升了自己和国家声望的勇士。所有国家建立的奖励勇敢行为的一般制度以及那些值得赞赏的特殊制度（像斯巴达人和罗马人的制度）都非常清楚地证明了勇敢的价值，从而使我们在这里对这个问题进行详细论述成为一种画蛇添足之举。

至于正义的品质，古人早已正确地指出，即使是日月星辰的光辉，也无法与之媲美。〔2〕事实上，他们甚至断言（如同西塞罗［在《论法律》中］所说的那样），任何并非正义之事，绝非光荣之事。〔3〕因为在某种意义上，正义是持久的价值和荣誉的基础［这也是西塞罗在《论责任》中告诉我们的］。如果没有正义，任何事物都不值得称赞。〔4〕

由此可见，难道还有任何其他行为像兼具勇敢和正义这两种美德的行为一样光明正大和光彩夺目的吗？然而，除了在公开和正义的战争中以外，我们没有更好的机会清楚地展示兼具这两种美德的行为。

"我们要在战场上

向首先伤害我们之人复仇"〔5〕

正如我们在另外一段〔6〕中援引安布罗斯（圣）的话〔7〕指出的那样，在

---

〔1〕 贺拉斯：［《歌集》Ⅲ. iii. 9～10］。

〔2〕 亚里士多德：《尼可马亥伦理学》Ⅴ. iii［Ⅴ. i. 15］。

〔3〕 西塞罗：《论法律》Ⅰ［各处］。

〔4〕 西塞罗：《论责任》Ⅰ［Ⅱ. xx. 71］。

〔5〕 荷马：［《伊利亚特》ⅩⅩⅣ. 369］

〔6〕 参见前面第三章，末尾部分。

〔7〕 安布罗斯（圣）：《论职责》Ⅰ. xxvii［129］。

保卫祖国、同伴和弱者中表现出来的勇敢[1]最充分地反映了"正义"一词的意义。最有智慧的哲学家亚里士多德也告诉我们，[2]向敌人复仇是一件光荣之事，"因为以牙还牙是正义的，而正义的必然是光荣的；另外，勇敢者有义务拒绝接受投降"。因此，"胜利和因胜利而被授予的荣誉被纳入最光荣之事的行列"。正是因为这一点，所以，"即使它们不会带来利益，但依然是人们努力追求的目标"，[3]因为它们证明了美德的最高境界。我重复一遍，这些是亚里士多德的教导。

有一种反对意见认为，假如我们能够保持克制，宽恕那些我们有权对其实施伤害的人，并通过这种克制证明我们比自己的敌人更高尚，我们就显示出了一种更高的姿态，而且这样做并不违反耶稣基督以及哲学家们制定的准则。不过，这种反对意见没有合法的依据。因为在这种情况下保持克制既有悖于正义和公共利益，也有悖于光荣。

我们已经在前面[4]解释过那些谴责（某种形式的）复仇的人们所持的两种观点：一是在可以诉诸法官的情况下，个人直接采取行动进行复仇是不合适的；二是（在直接采取行动进行复仇具有正当性的情况下）必须存在正当理由[5]并遵守复仇的正当界限（不得逾越这种界限），且复仇者需心灵纯洁，并出于正当的动机。但是，这些条件绝不能排除在正当和必要的情形下进行复仇的可能性。塞内加（小）简明扼要地指出："宽恕所有人与不宽恕任何人同样残忍。"[6]在奥古斯丁（圣）的著作中，我们看到了对这种观点的精辟论述：

---

　　〔1〕"Fortitudo"在拉丁文中有"勇气"和"勇敢"两重含义，因此，必须根据上下文进行翻译。在上一段引自安布罗斯（圣）的论述中，英文翻译使用了"勇敢"一词，以更准确地反映安布罗斯（圣）的原意。不过，在此处特殊的上下文中，有必要说明这个词的两重含义，以便保留格劳秀斯论点的说服力和安布罗斯（圣）的思想。（——英译者注）

　　〔2〕　在拉丁文本中，这些摘自《论辩篇》中的论述都是以直接引语的形式重现的。但是，正如此处英译本中通过引号表明的那样，本段拉丁文的有些部分实际上是并非十分贴切的释义。（——英译者注）

　　〔3〕　亚里士多德：关于《论辩篇》I. ix〔24～25〕。

　　〔4〕　参见前面第二章关于第五项法律的论述和前面第八章关于结论七第一点的论述。

　　〔5〕　此处手稿的页边出现了一个对《查士丁尼法典·学说汇编》的引注。当格劳秀斯把正文中对应的段落划掉时，他无疑打算删除这一引注。（——英译者注）

　　〔6〕　塞内加（小）：《论宽恕》I. ii〔2〕。

"以善报善和以恶报恶是报应的两种适当形式。在这两种行为模式中，前者尤其是善良者的特征，但它也被邪恶者所接受，因此，基督并没有指责这一点。不过，基督的确指出，以善报善是不够的，因为即使是异教徒也会这么做。后者尤其是邪恶者的特征，但它也被高尚者所接受，因为 [神] [1] 法已经规定了复仇的适当限度。" [2]

接着，奥古斯丁（圣）对这一段论述作了进一步解释。他指出，正当的复仇是出于对正义的热爱而不是乐于看到他人承受痛苦，这种复仇行为不是 [真正的] 以恶报恶，而是以正义回报非正义，或者换句话说（仍然是按照奥古斯丁（圣）的说法），是以善报恶。 [3] 这是在模仿上帝作为裁判者时的行为方式。

因此，为了使我们能够清楚地理解在什么情况下复仇是光荣的以及另一方面什么情况下应该表示宽恕的问题，我们似乎需要区别加害人和受害人的不同情况。

首先，对于受害人以及受害人与其盟友或祖国共同遭受伤害的情形，我们显然不能像可以轻易宽恕直接对我们自身施加的伤害行为那样，宽恕这种公开的犯罪或对他人施加痛苦的行为。有这样一句法学家们反复重申的格言，其大意是：未能保护受害人免受伤害者无异于加害人的帮凶。 [4] 在这里，我们再次引用奥古斯丁（圣）说过的话："事实证明，允许犯罪发生之人应该对该犯罪承担责任；有能力制止某一行为而未予制止之人实际上赞同该行为的发生。" [5] 正如这位权威作者在另一部著作中指出的那样："由于不作为而使过失发展为犯罪不是无辜者的应有之意。无辜者应尽的义务不仅是不对他人实施伤害，而且要制止犯罪的发生，甚至惩罚已经发生的犯罪。这样一来，之前满怀仇恨的人可能会通过自己的亲身经历得到改造，或其他人可能会由

---

〔1〕 此处是引自《天主教教会法典大全·格拉提安教令集》中的论述，特指《圣经·旧约》"出埃及记" xxi. 24 中的这一句话："以眼还眼，以牙还牙，以手还手，以脚还脚。"（——英译者注）

〔2〕 奥古斯丁（圣）：《论〈诗篇〉》CVIII [4]，它被《天主教教会法典大全·格拉提安教令集》II. xxiii. 3. 1 所引用。

〔3〕 [奥古斯丁（圣）：《论〈诗篇〉》CVIII. 7]。

〔4〕 《天主教教会法典大全·格拉提安教令集》I. lxxxiii. 5；阿里亚斯：《论战争与正义》37~38。

〔5〕 奥古斯丁（圣）：《论〈诗篇〉》LXXXI。

于可怕的先例而受到威慑。"〔1〕安布罗斯（圣）也严厉谴责了那种误入歧途的滥施仁慈的做法，因为它在将无辜者投入毁灭的深渊的同时，放纵了阴谋毁灭无数人生命的罪犯。〔2〕安布罗斯（圣）说道："美德的指导原则包括不容忍并制止伤害。如果一个人未能制止对盟友的伤害，则他的过失相当于自己实施了这种伤害。"〔3〕另外，如同这种与盟友有关的原则最值得赞赏一样，与祖国有关的观点同样如此。西塞罗（在一篇反对喀提林的演说中）指出："即使我们尽可能地对那些企图毁灭每一个家庭和毁灭作为我们每个人共同家园的国家的人采取严厉的态度，我们仍然可以被认为是仁慈的。但是，如果我们过于宽容，我们将不得不重蹈覆辙，使我们的国家和公民陷入残酷的灾难之中。"〔4〕按照奥古斯丁（圣）的观点，表现出如此宽容的人犯有背叛和藐视主权权威的罪行。对于这个论断，奥古斯丁（圣）评论说："因此，如果命令［一名士兵〕〔5〕去做某事，但他没有做，他要受到惩罚；相反，如果没有命令一名士兵去做某事，但他做了，他同样要受到惩罚。"〔6〕

其次，正如我已经指出的那样，我们也必须从与加害人的关系方面考虑这个问题。假如他们显然不能通过怀柔得到改造，假如他们如此地冥顽不灵，以致证明这种警告——"通过宽恕过去的犯罪，我们将招致新的伤害"——的确所言不虚，那么，对他们进行复仇就是光荣的，因为这样做是必要的。在修昔底德的著作中，有许多支持这种观点的精辟见解，包括引自克里昂³的演说中的著名论点：当与在仁慈的情感指引下行事的人或者希望通过仁慈的行为与他人建立友好关系的人交往时，显示仁慈和宽容是正确的；相反，当与对仇恨念念不忘的人或者即使宽恕其罪孽也不能因此而使他放弃敌意的人交往时，显示仁慈和宽容就是错误的。〔7〕在该书的另外一段中，修昔底德坚持认为，不能对敌人做出任何让步，以免他们变得更加傲慢无礼，并把别人

---

〔1〕 奥古斯丁（圣）：《论上帝之城》。

〔2〕 安布罗斯（圣）：《论〈诗篇〉》CXVIII，"布道词" viii［vs. 58，§25］。

〔3〕 安布罗斯（圣）：《论职责》I. xxxvi［178］。

〔4〕 西塞罗：《反喀提林》IV［vi. 12］。

〔5〕 奥古斯丁（圣）在这里讨论的是一名士兵根据命令杀人和他主动杀人之间的区别。关于这一段话更长的节录，参见第110～111页。（——英译者注）

〔6〕 奥古斯丁（圣）：《论上帝之城》I. xxvi。

〔7〕 修昔底德：《伯罗奔尼撒战争史》III［xl］。

出于善意提供的机会视为对方软弱可欺的表现。[1]另外，还需要考虑的是，当我们对坚持在敌意的驱动下行事的人释放善意时，这种行为会被对方归结为我们良心有愧，而不是主动表示宽容；同时，以这种方式追求宽宏大量的名声反而会使别人鄙视我们。因此，希罗狄安[4]引用塞维鲁的话讲道："虽然首先实施伤害行为是非正义的，但对已经受到的伤害不进行复仇无疑是软弱无能的表现。"[2]

另外，难道复仇对有罪的一方没有任何好处吗？柏拉图主义者说明了关于这个问题的真理。他们坚持主张："对他人实施伤害是最邪恶的犯罪，但没有对实施伤害行为的罪犯进行惩罚是更严重的犯罪。如果这种有罪不罚的问题久拖不决，同时，罪犯没有因人们的谴责和唾弃而受到惩罚，那么，这将是一种比存在惩罚更严重和痛苦的状态。"[3]的确，在某种意义上（根据我们的神学学者，也根据最伟大的神学家奥古斯丁（圣）[4]的观点），如果我们能使作恶者心存恐惧从而威慑他们不敢实施犯罪，这实际上对他们也是一件好事。我们还可以引用奥古斯丁（圣）具有同样效果的其他论述。在《致卢特利乌斯书》中，他写道："相对于一个因为害怕听到小孩哭喊却不担心他可能被小刀伤害或杀死，从而不把小刀从他手中夺走的人，一个为了不使罪犯伤心而对他予以纵容和庇护，从而助长他犯罪的人甚至更为残忍。"[5]奥古斯丁（圣）还告诫说："另外，那些制定法律对你所犯的严重罪行通过处以罚金，没收不动产、货物或金钱的方式略施惩戒和矫正的人，应该被认为是非常细心的导师和仁慈的顾问，因为他们考虑通过这些你能够承受的［作为犯罪后果的］方式，可以使你摆脱因亵渎神灵而产生的负罪感，并免于遭受永远的诅咒。"[6]哲罗姆（圣）在对《西番雅书》所作的评论中表达了同样的观点。他写道："当一名强盗或海盗的力量被削弱而变得力不从心的时候，这种虚弱的状态实际上有益于他。因为这些从前利用自己的力量为非作歹之人在失去

---

〔1〕　雅典人与米洛斯岛人之间的这一段对话载于修昔底德的《伯罗奔尼撒战争史》Ⅴ〔xcv, xcvii〕之中。

〔2〕　希罗狄安：〔《历史》Ⅵ. iii. 4〕。

〔3〕　阿普列乌斯：《论柏拉图》〔Ⅱ, p. 615〕。

〔4〕　奥古斯丁（圣）：《书信集》cliv〔clvii. 5〕"致普布利科拉书"。

〔5〕　奥古斯丁（圣）：《书信集》"致卢特利乌斯书"。

〔6〕　奥古斯丁（圣）：《反佩蒂里亚努斯》Ⅱ。

这种能力后，将不会再干犯罪的勾当。"[1]

最后，在对战争的各个不同阶段进行认真思考后，在处理国内事务方面良好的判断能力足以清楚地告诉我们，适当的宽容应该表现在战争开始或者结束的时候（当然，在战争开始时确立宽大的名声是为了使敌人在心理上形成一种对我们有利的影响；在战争结束时显示宽大是为了在一旦获得安全保障后可以更容易地控制被打败的敌人）。但是，在战争进行期间并且仍然存在高度危险时，最正确的做法莫过于使敌人感到恐惧。

三、出于正义目的捕获战利品是尤为光荣的

现在，让我们特别地从捕获战利品的角度来审视什么是光荣的问题，以便能够确定：一方面，什么捕获行为被认为是光荣的；另一方面，什么捕获行为被认为是卑鄙和可耻的。因为在这一点上的糊涂认识是普遍和十分有害的错误的根源，它使邪恶得以隐藏在貌似善良的伪装之下，或者使正义被非常近似于可耻的行为所玷污。不过，只要我们牢记前面所确定的与什么是光荣的规则相一致的什么是正义的规则，那么，对此做出必要区别就是顺理成章的了。

首先，在没有急迫理由的情况下，个人通过私下使用武力抢劫他人而获得财产是可耻的。当他们的行为发生在海上时，我们称这些人为"海盗"。其次，同样的指责也适用于那些没有合法理由而擅自行使权力发动公战获得财产的人。例如，根据历史记载，在更早的时期，有些民族的整体——克里特岛人，西里西亚人，甚至希腊人（根据荷马的证言）以及日耳曼人和诺曼人——在没有正当理由的情况下，公然和公开地进行抢劫。对于这些抢劫财产的人，我们称他们为"掠夺者"（是完全正当的）。另外，那些在为合法开战采取必要措施之前抢劫财产的人也应该受到谴责。这种针对财产的攻击受到了学者们的严厉谴责，并被他们称为"抢劫行为"。

不过，这三种可耻的夺取财产的形式具有明显的特征，很容易加以分辨，因此，我们应该将主要注意力放在夺取财产的第四种形式上。除非通过推测和分析，这种形式很难被发现。它是指在一场正义或者据信是正义的战争中，

---

[1]　哲罗姆（圣）：[《论〈西番雅书〉》i.]。

一个人只是出于个人利益，而不是为实现战争目的，即实现权利，而有意夺取财产的行为。

　　有迹象显示，这种夺取财产的事实的发生通常与几乎没有什么可供其指挥的武装力量的个人（特别是没有给敌人造成损失的个人）出其不意地对非武装人员和弱者进行的攻击和抢劫有密切的关系，尽管他没有实力敢于在战斗中公开主张占有被掠夺的土地。因为这种人既不能明显地削弱敌人的实力，也不能促进本方利益的实现，所以，人们很容易怀疑他参战的动机只是为了个人利益。我们也可以把偶然在海上发生的抢劫渔民或船东的人归入此类，这些海上的攻击者同样担心自己被他人发现。

　　的确，"凭借自己的力量而不是靠阴谋诡计战胜敌人之人"[1]是真正的战士，他们与这种难登大雅之堂的行为毫不相干。因此，无论是在陆战还是在海战中，那些通过偷袭偷偷摸摸地占有敌人财产的人是一种类型；[2]而公开展示自己的标志或徽章、主动投入战斗或者向敌人挑战的整支军队或舰队是另一种类型，对他们应该有不同的评价。由于后一种类型的人是在以一切方式赢得战争胜利的迫切愿望驱使下进行战斗的，因此，即使他们犯下错误，也应该予以宽容。如果他们是为了正义的事业，则应该得到奖励。相反，前一种类型的人应该受到普遍的谴责，因为他们通过胆大妄为而不是正常交战的方式，将公共损失转化为个人所得。这种行为模式显然既有悖于正义，也称不上勇敢，[3]因为勇敢的美德只能体现在合法的敌人之间的战斗中。

　　如果我们把以上观点适用于现在的目的，并回顾那些已经叙述过的事实，我们很容易发现，尽管葡萄牙人披着商人的外衣，但他们无异于海盗。因为如果"海盗"的名称可以被恰当地用来指封锁海洋并阻碍国际贸易发展的人，难道我们不应该把这些使用武力禁止欧洲国家（甚至包括那些他们没有任何理由与之进行战争的国家）利用海洋并前往印度的人归入海盗之列吗？他们甚至不能从为其野蛮行为进行辩护的五花八门且相互矛盾的各种借口中，找出一个可以被他们自己相对公正的同胞所接受的理由。因此，鉴于这一类人在古代就因其损害整个人类的利益而被确定地认为属于普遍憎恨的对象，而

---

〔1〕　维吉尔：[《埃涅阿斯纪》X. 735]。

〔2〕　参见阿方索·格雷罗在《研究原理》xlvi 中对这种区别的论述。

〔3〕　即它与光荣的概念所包含的两种重要美德是不相容的。（——英译者注）

且今天没有人，或者更准确地讲，几乎没有人同意把葡萄牙人排除出这一类人的范围，为什么还有人担心对他们进行惩罚会使人们感到厌恶呢？

基于以上论述，我们的结论是：如同没有人会指责一个在旅途中受到强盗袭击的旅行者勇敢和正当地擒获强盗的行为一样，商人们为了保证自己能够更安全地享受权利，对侵犯公共权利之人进行合理的复仇不可能不是光荣的行为。同时，如同生活在危险地区的农民在进行耕作时经常随身携带刀剑与他们农耕的生活方式并不矛盾一样（我们能够理解这一点），商人们进行复仇与经商的生活方式也不存在冲突，因为西塞罗使我们相信："无论是自然秩序，还是法律原则或者习惯，都没有禁止一个人掌握一种以上的技艺。"[1]如果一种技艺是出于选择，另一种技艺是出于必要，而且后者与前者的结合是为了服务于选择的技艺，因为如果没有后者的服务，即无法继续从事选择的技艺，那么，这样的多种技艺是非常值得推崇的。此外，人类社会的历史教导我们，不但雅典人、迦太基人以及（过去和今天的）葡萄牙人经常使用武力保护商业贸易，而且古代的荷兰人（他们是最纯洁和无可指责的人，因此，能够效仿他们实施行为是具有超越美德的能力的体现）也为他们的后代留下了这种行为的光辉事例。在众多事例中，我特别挑出一个来加以介绍。

许多年前的1438年，与普鲁士人以及西班牙人和威尼斯人（因为当时这两个民族都有在北部海域航行的习惯）结为联盟的日耳曼人沿海国家（吕贝克、汉堡、但泽、吕讷堡、维斯马、罗斯托克、伦登等）一直在等待挑起争端的借口，而在商业竞争对手之间，这种争端是司空见惯的。最后，他们不但开始抢劫在海上航行且缺乏战争准备的荷兰人，而且杀害他们或者把他们置于最残酷的囚禁状态下。尽管荷兰人遭受了最严重的伤害，但他们仍然在使用武力之前选择诉诸所有其他争端解决方法，试图通过合法委任的使节重新取得他们的财产。他们警告这些国家停止私下的抢劫行为（除非他们愿意对造成的损失提供赔偿），并与荷兰人在战争中公开较量。但是，由于事实证明日耳曼人完全不可能主动尊重荷兰人的权利，因此，经统治他们的君主（勃艮第的菲利普一世【菲利普（善良的）[5]】）同意，我们的人民开始在所有城市武装船只。不久以后，他们用这些船只对敌人发起攻击（大多数攻击是

---

〔1〕　西塞罗：《论演说家》I〔1.216〕。

在正式宣战后进行的）。他们全心全意地投入了一场勇敢和成功的战斗。结果是在开战后不久，除荷兰人的船只以外，海上再也看不到其他人的船只了。

这些荷兰船只通过展示拖网的方式纪念他们取得的多次胜利，并以此表示海上的敌人已经被清除干净。在一次战斗中，荷兰人捕获了二十艘日耳曼人的船只、三艘普鲁士人的船只以及一艘和它们在一起预定开往泽兰的满载货物的威尼斯大帆船。在后来的一次战斗中，荷兰人又捕获了三艘大船。尽管此前落入敌人手中的荷兰人当时还在最恶劣的监禁条件下备受煎熬，但日耳曼俘虏仍然被给予了最体面的待遇。胜利者用抽签的方法分配了捕获物。这些捕获物被证明非常有价值，它们不仅足以为先前遭受的损害提供赔偿，而且可以在一定程度上补偿战争的支出。

日耳曼各国在遭受毁灭性的打击后被迫求和，因为他们担心在他们中间享有极大权威的一个人的预言将成为现实。这个人预言的大意是，不要挑衅一头狮子！一旦它被激怒，你们将很难使它再次平静下来。荷兰人愉快地接受了日耳曼人的要求，因为这个民族一贯向往和平并对和平持开放的态度，即使是在进行正义的复仇和光荣且胜利的战争时同样如此。

我们不要再自寻烦恼地搜索来自外国的事例了。仅仅从这个本国的事例中，我们就可以学到许多东西。它为我们展示了发动战争时的正义、战斗中的勇敢和停战时的平等。我们从中发现，能在胜利时显示仁慈的人也能在捕获战利品时保持克制。另外，如果任何人把上述事件与我们在前面章节[1]中讲述的发生在东印度群岛地区的事件进行比较，他一定会承认，在经过一百六十年后，荷兰人早期的行为特征依然没有改变。

因此，我们的结论是：为实现一个人的正当权利而复仇是光荣的，荷兰商人对葡萄牙人的复仇具有正义的性质。

不过，本案不仅涉及上述商人的私人原因，而且涉及国家及其盟友的原因。国家参战的原因不但在于国家需要大企业，因为它们将提供公众生活的必需品和国家财政收入的来源，还在于在世界的每个地区击败和征服伊比利亚人——他们企图分裂我们的祖国，并在其废墟上建立一种独裁统治——符合所有人的利益。如果不这样做，总有一天，甚至地球上最遥远的地区也要

---

〔1〕 ［参见前面第十一章，第二部分］。

被迫给他们进贡，以帮助他们征服荷兰。另外，我们的盟友参战的原因也与此有关，换言之，仅仅因为他们不敌视荷兰人，东印度群岛地区的国王和人民就遭到葡萄牙人火与剑的攻击。危如累卵的万丹，一片焦土的马基安和被抢劫一空的巴齐安，这一切都证明了葡萄牙人的立场。任何人如果宽恕这些（对祖国及其盟友犯下的）罪行，他必然会陷入最声名狼藉的境地，因为有什么会比背叛和我们患难与共的祖国以及为了我们的利益而身处险境的盟友更可耻的呢？

我们知道，在古代，有人告诫罗马人说："你们必须在那些不了解萨贡托的灾难的人们中间寻找盟友。"[1][2]同样，你们可以肯定的是，如果不是承蒙上帝厚爱向亚洲国家显示了荷兰人享誉欧洲的美德，并通过活生生的事例使那里的人们相信，相对于葡萄牙人的野蛮和背信弃义，荷兰人的确既勇敢又讲诚信，那么，当东印度群岛人看到荷兰人的船只驶来的时候，他们一定会像看到不祥和可怕的凶兆一样吓得瑟瑟发抖，[那里的]人们将想尽一切办法逃避与我们的人进行任何接触，甚至迫使我们的人不得不逃之夭夭。就我个人而言，我确实发现，在超过三十个年头的整个战争的历史中，印象最深刻的教训就是盟友之间应该遵守诚信。当莱顿的居民由于他们的城市遭受不幸和敌人的围攻而精疲力竭的时候，当他们的供给以及所有可以转化为食物的极端需要的一切消耗殆尽的时候，他们依然没有背弃诚信原则。同时，在这一原则的激励下，其他荷兰人转而在海上进行活动，以弥补在陆地和收成方面的损失。正是诚信原则在我们共同的战争中保护了英格兰，也正是诚信原则使法兰西在危难之时得到救助。诚信在对内方面是一种有益的品质，在对外关系中则是一种荣誉。对于身处世界最偏远地区的人们来说，诚信更是绝对必要的。因为如果不是通过他们的美德，从前老死不相往来的人们很难使自己为其他人所充分了解。我们与这些相距遥远的民族不存在共同的宗教纽带，也不存在建立在条约基础上的关系，然而，将所有人类联合起来的自然的和相互需要的纽带以及特定的商业贸易关系使我们和他们联系在一起，

---

〔1〕　李维：【《罗马史》】XXI〔xix. 10〕。

〔2〕　这是西班牙部落之一的沃尔西人对罗马使节的答复。当时，他正在为罗马寻找反对迦太基人的新的盟友。但在此之前，当罗马的盟国萨贡托被迦太基统帅汉尼拔彻底摧毁时，罗马人没有对萨贡托提供救援。（——英译者注）

而商业贸易是促进国家和个人利益的一个基本和非常重要的因素。此外，这样一种相信可能实现的希望，即这些民族最终会看到理性之光并接受基督教教义，只能基于树立诚信、仁慈和宽容的行为典范，而绝不可能建立在毁灭城市和虐待人民的基础之上。

另一方面，让我们把注意力转向葡萄牙人的性格特征。谁都不能否认，尽管荷兰人在遭受伤害之后仍然向葡萄牙人含蓄地做出了有利于和解的姿态，但是，葡萄牙人没有表现出任何软化从其先辈那里继承而来的凶恶秉性的意思。他们一再滥用荷兰人的仁慈，不但轻蔑地看待它，更把它视为自己背信弃义的依仗。由此可见，杰出的历史学家修昔底德的这种观点是正确的，他指出，那些蛮横无理地伤害别人的人尤其不可能因怀柔和绥靖而收手，一旦他们对任何受害人表现出敌意，就一定会竭尽全力地完全毁灭他。[1] 由于对这样的敌人表示宽容只会给自己带来危险和被视为懦夫的耻辱，因此，对他们进行复仇是光荣和必要的。对于西班牙人的本性，我们也早已熟知。在目前正在低地国家进行的战争的开始阶段，尽管低地国家人民对西班牙人表现出了一定程度的宽容，但他们毫不掩饰自己的冷酷无情。直到被以其人之道还治其人之身以后，他们才开始对原来的行为模式做出改变。

然而，在东印度群岛地区，荷兰人甚至没有采取对等的报复措施。谁不知道任何人身伤害都比财产损失要严重得多呢？[2] 在这个地区，当荷兰人被活活地撕成碎片或者被送到船上做划桨手的时候，那些被荷兰人俘虏的葡萄牙人的生命和自由却没有受到任何侵犯。实际上，迫使这些俘虏承受比他们对别人施加的痛苦更大的痛苦完全符合正义的要求，因为他们在没有受到任何冒犯的情况下首先示范了这种野蛮行为。事实上，荷兰人现在所做的一切几乎称不上是复仇。它只是一种惩戒，希望这种惩戒能够使那些铁石心肠的人们体会到其他人在失去财物时是多么的痛苦和绝望。

　　"并非只有阿特柔斯的儿子们

　　感受到了这种悲伤……"[3]

　　另外，（像我们已经指出的那样）由于捕获战利品的光荣行为主要取决于

---

〔1〕　修昔底德：《伯罗奔尼撒战争史》Ⅲ［xl. 将近末尾部分］

〔2〕　市民法和教会法评论家：《〈学说汇编〉评注》XLVIII. xix. 10。

〔3〕　维吉尔：［《埃涅阿斯纪》Ⅸ. 138～139］。

追求的目的，因此，我们必须在此重申我们已在前面的段落中提供证据证明了的一种观点：通过多次放弃捕获非常有价值的财产的机会，荷兰的水手们已经令人满意地澄清了别人对他们【出于贪婪而捕获"凯瑟琳号"大帆船】的怀疑，现在，没有人相信他们只是由于贪图战利品而将自己置身于如此严重的危险之中。他们之所以这样做，是因为他们认识到不可能以任何其他方法遏制葡萄牙人贪得无厌地索取财富的本性。此外，我们现在所指的这些特殊的捕获物并不代表荷兰人获得的利润，它们只是对我们遭受的损失的补偿，因此，没有什么行为是比这种行为更光荣的了。

我们有必要再次重申，荷兰人没有采取任何欺骗、背信弃义（尽管如果对葡萄牙人采取欺骗和背信弃义的手段，可以免于被指责为非正义行为），甚至秘密和伪装的方式寻找战机；相反，他们进行的是一场光明正大的和公开的战争。除此之外，人数很少的荷兰人经常与实力远比自己强大得多的敌人进行战斗，他们在精神上和身体上表现出了巨大的勇气和力量。除了因为维护正义应得的奖励以外，他们有权主张获得勇敢者的荣誉。

的确，对于什么行为应当予以谴责和什么行为应当予以褒奖的问题，已经没有任何值得怀疑的了；同样，对于每一种行为，一个人能够期望所有人作出什么判断也没有任何值得怀疑的了。我们应该记住，荷兰人曾经受到东印度群岛地区贵族们的批评，因为荷兰人非常热衷于维护和平，当他们首次航行前往东印度群岛遇到一艘葡萄牙大帆船的时候，四艘荷兰船只居然降下船帆以示敬意。我们还应该记住，中国人也曾经告诫那些荷兰人，假如他们眼看自己的盟友在澳门被绞死和溺死而不为其复仇，他们所谓公正的名声就得不到哪怕一丁点儿尊敬。现在，让我们反过来想象一下，我们正在听着万丹人民喜悦的欢呼，荷兰人的勇敢将他们从迫在眉睫的灾难中拯救了出来，所以他们称颂我们的舰队是他们唯一的解放者。在这些岛屿上，荷兰人的行为为自己赢得了多么伟大的声誉啊！同时，它给敌人的各个阶层传播了多么巨大的恐惧啊！当万丹国王——终于进行复仇并安全地——站在被捕获的大帆船水手位置上的时候，他感到多么兴奋啊！正是这些事迹将荷兰民族的荣誉传播到了地球上的每个角落。

的确，我们必须承认，在进行这些战争之前，荷兰人的声誉局限于很小的范围内。实际上，谁能否认这一事实呢？荷兰人的活动以及这些活动所产生的声誉受到了两个海峡的限制：北边是桑德海峡，西边是直布罗陀海峡。由于打败了敌人西班牙人，荷兰开始名扬天下。因为居住在遥远的地方，甚至海洋最远端岛屿上的居民也开始了解到，有这样一个敢于挑战强大的西班牙的小国，它经过这么多年的战斗，甚至成功地把强大的西班牙军队赶回了老家。

在荷兰人出现在东印度群岛人中间以后，正如商人们的习惯性做法一样，这些新来者的价值在东印度群岛地区受到了详细的考察。荷兰人的诚信和勤劳得到了普遍称赞，他们为进行商业贸易而穿越如此辽阔的海洋的事实也得到了充分的肯定。然而，西班牙人［和葡萄牙人］可怕的名声仍然占据着主导地位，因为他们被相信是地球上几乎所有地区的征服者，同时也是在世俗世界从来没有被战胜过的人。的确，东印度群岛人民憎恨葡萄牙人，但与此同时，他们也害怕，甚至敬畏葡萄牙人，就像（有人告诉我们说）未开化民族崇拜魔鬼只是为了避免受到它们伤害一样。葡萄牙人拥有的名声和他们引起的恐惧使他们得以占有那些他们并没有建立起实际统治的岛屿和海岸，许多人甚至不敢在没有取得葡萄牙人许可之前在海上航行。葡萄牙人轻蔑地认为，其他所有民族都是劣等民族，在强大的西班牙各民族面前，他们注定会很快屈膝投降。但是，当荷兰人被激怒并显示出他们的勇敢精神时，当那些起初由于自己的淳朴善良而被敌人的诡计欺骗的人们开始以武力对抗武力时，当他们看到葡萄牙人被打得一败涂地、四处奔逃并被抓获成为俘虏时，哪一个东印度群岛人没有被惊得目瞪口呆呢？哪一个东印度群岛人没有对荷兰这个国家的存在表示由衷的赞叹呢？不过，尽管有这样的能力，但除非万不得已，荷兰人不会显示自己的力量。在东印度群岛的每一个地方，人们都称赞荷兰人是最勇敢的战士、盟友的保护者和敌人的克星；在东印度群岛的每一个地方，人们都真诚地祈祷和希望我们的民族扮演东方救世主的角色。

伴随着东印度群岛人民日益表现出来的对荷兰人的好感，葡萄牙人不可一世和令人恐惧的名声在荷兰人面前逐渐坍塌。对于由衷地欢迎这种变化的人们来说，他们对这种变化的热情就像葡萄牙人在他们心中激起的仇恨一样强烈。每个人都希望了解，究竟是什么土地养育了这样勇敢和正义的人们，究竟是什么政府在管理着他们的事务。每一个东印度群岛的国家都争先恐后地向荷兰派遣使节，前来赠送礼品的人络绎不绝，每个国家都争相与荷兰结盟。东印度群岛的君主们迫切希望会见我们的水手，似乎他们是王子一般。另外，他们还对荷兰人免除了其他国家国民需要缴纳的进口税和什一税。总之，他们没有忽视任何向荷兰表达善意甚至敬意的细节。

另外，抛开亚洲人的态度不论，整个欧洲对这一事件的反应也是毋庸置疑的。我们看到，那些最伟大的君主们欣然接受了从这些捕获物中挑选出来送给他们的礼物；来自所有国家的人们蜂拥而至，参加这一次拍卖捕获物的盛会。在国内，荷兰联省共和国议会颁布了法令，以政府机构的身份说明，这个事件为整个国家增添了极大的光彩。公民们感谢上帝，庆祝自己的祖国取得了如此伟大的胜利。的确，那些参加过这场胜利的战斗的人们，无论在其中发挥了什么作用，都被视为最高尚的人，并得到了普遍的赞扬和尊敬。

还有什么要说的吗？得到赞扬固然值得称道，不过，（正如一位名人经常说的那样）只有当这种赞扬来自那些同样值得赞扬的人时，它才是最值得称道的。至于那些批评者，在大多数情况下，你越使他们感到不快，你就越是一个值得赞扬的人。事实上，如果现在仍然有人坚持主张对于葡萄牙人所犯的罪行应该通过有罪不罚的方式加以鼓励，或者觉得对于这些本性最凶残的人，甚至连夺取他们的财物都是错误的，那么，在我看来，他们几乎不配称为人，更不配称为"荷兰人"！

第二部分　占有系争捕获物是光荣的

有些批评者可能承认，葡萄牙人的财产被捕获是他们罪有应得。但与此同时，他们感到，自己占有从敌人手中捕获的财产或者由这些财产产生的收益无论如何都是不合适的。

不过，担心以这种方式取得财产会受到指责是一种心理极度自卑和有着错误认识的表现，因为那些最伟大的国王和王子以及所有最杰出的人士都把这种取得财产的做法引以为荣。如果并非如此，对于那些为使胜利者名垂青史而建立的纪念碑，用来自敌人的战利品搭建的凯旋门，通过拍卖战利品获得的收益，以及（无论是古代的罗马人，还是今天的威尼斯人）用敌人精心雕琢的船首[1]装饰的公共剧场，我们能做出什么解释呢？

可以肯定的是，这些存在忧虑的人能够从《圣经》中看到，人们不但可以问心无愧地取得和占有战利品，而且它还被认为是一种最光荣的行为。因为这样做可谓一举多得：既能使我们自己获得利益，又能使敌人产生恐惧，还能以此为例启迪教育他人。因此，上帝除允诺给予亚伯拉罕的子孙其他赏赐外，还允诺给予他们一项特别光荣的赏赐：他将使亚伯拉罕的子孙"得着仇敌的大门"。[2]雅各[6]分给约瑟[7]的财产是雅各十分欣赏的，因为那是他"用弓用刀[3]，从亚摩利人手下夺的那块地"。[4]另外，我们还看到，约书亚在打发玛拿西支派的人回去时，把从敌人那里夺取的战利品作为光荣的象征送给了他们，并称这是对他们所提供服务的奖赏。[5]大卫在把一部分战利品送给他的朋友犹大长老时说道："这是从耶和华仇敌那里夺来的，送你们为礼物。"[6]

塞内加（小）认为，在主要的慈善行为中，包括把"通过行使战争权缴获的财产"转移给穷人，[7]而且使穷人"通过从敌人那里夺取的战利品变得富裕起来，在战斗英雄眼中是无上光荣的事"。[8]另外，如果我们求教于法学家，我们发现阿库修斯毫不犹豫地指出，我们通过英勇奋战的方式获得的一切，远比从祖先那里继承的财产更真正地属于我们自己。[9]

至于那些倾向于承认战利品可以保留给国家但否认私人拥有这种权利的

---

〔1〕 对于 Rostra 一词的含义，根据此处的上下文中，需要在英译时做出扩大解释。Rostra 一词早期的含义是"鸟兽的嘴或船首"，但最终演变为"公共表演台"和"公开演讲者的讲台"，因为罗马人习惯把捕获的敌船的船首悬挂在剧场中。格劳秀斯显然希望通过使用 Rostra 一词使人们联想到它后来的含义以及由此引申出来的习惯。（——英译者注）

〔2〕 《圣经·旧约》"创世记"xxii. 17；《圣经·旧约》"创世记"xxiv. 60。

〔3〕 此处使用的"won by the spear"便于作多种解释，以便尽可能地贴近格劳秀斯援引的《圣经》中的原文。（——英译者注）

〔4〕 《圣经·旧约》"创世记"xlviii. 末尾部分。

〔5〕 《圣经·旧约》["约书亚记"] xxii。

〔6〕 《圣经·旧约》"撒母耳记上"xxx. 26。

〔7〕 塞内加（小）：《论利益》III. xxxiii.

〔8〕 在此处引用的塞内加（小）的一段话中，塞内加（小）特别指的是西庇阿交给其父亲的战利品。因此，把格劳秀斯更一般的论述整体上作为直接引语并不准确，尽管《捕获法》拉丁文本中是这样做的。（——英译者注）

〔9〕 阿库修斯：《〈学说汇编〉评注》XLIX. xv. 28。

人，如果我们在这里回顾一下其正确性已在另外一个部分的论述[1]中得到证明并且可以被表述为如下的结论：在基本和直接的意义上，在经公共授权进行的战争中捕获的财产属于国家，但如同从国家手中购买这种被捕获财的产是正当行为一样，作为礼物从国家手中接受此类财产同样是光荣的，那么，他们所做的这种过分细致的区别——除了它并没有得到符合逻辑的论点支持以外——很容易被驳倒。正是基于这个道理，对于国家为表彰个人勇敢作战的行为而从公共战利品中分给他们的那一部分战利品，荷马有时称其为"光荣的象征"，有时称其为"象征荣誉的礼物"。[2]二者都属于表示非常光荣的用语。

因为荷兰联省共和国议会已经以承认系争战利品属于这些商人的方式证明，商人们通过他们的辛劳和付出的代价为祖国增添了光彩，同时也削弱了我们共同的敌人的实力，而且因为荷兰联省共和国议会已经表明它希望从这些战利品中拿出一部分奖励给这些商人，以表示国家对他们的感谢，所以，难道因此而获得的所有收益不应该被认为是对为祖国做出杰出贡献者的奖赏吗？还有什么能比这样的奖赏更光荣呢？

此外，从敌人手中取得仅够补偿我们遭受的损失和为配备及武装船队已经支出和将要支出的费用的财产，这在什么意义上能成为令人厌恶的事情呢？况且正是这些商人需要为所有这些费用的支出承担责任。任何对本案的背景进行过认真思考的人都不难发现，这样取得的回报与我们通过司法判决取得对损害和成本的赔偿没有任何区别。这种赔偿甚至经常通过诉诸武力的方式取得。

因此，我们认为这一点已经得到证实：既然取得捕获物是正义的，则没有任何理由认为占有该捕获物是可耻的。

中译者注

1 波吕刻斯 Pollux（亦称波吕丢刻斯）：希腊神话人物。他与兄弟卡斯托耳及妹妹海伦

[1]　参见前面第十章，结论九第二点。
[2]　荷马：[《伊利亚特》I. 122，163]。

是宙斯和勒达的孩子。他勇敢善战，曾经参加卡吕冬狩猎野猪，并作为阿尔戈船英雄之一参与夺取金羊毛。卡斯托耳生命有限，但波吕刻斯却享寿不朽。因兄弟情深，故在卡斯托耳死后，波吕刻斯请求宙斯让他复活，甚至愿意以放弃自己生命的不朽为代价。宙斯深受感动，遂安排他们轮流在人间和冥间生活，每天轮换一次。北河二和北河三双子星分别以卡斯托耳和波吕刻斯命名。(http://en. wikipedia. org/wiki/Pollus；《简明不列颠百科全书》第 1 卷，第 586 页。)

2 杜伊利乌斯 Duilius（活动时期公元前 3 世纪）：罗马元帅。他在公元前 260 年出任执政官，统帅罗马舰队。他发明带有挠钩的登船桥，并利用这种战具在西西里北部海岸的迈利附近重创迦太基舰队。罗马为他举行了凯旋仪式，以庆祝罗马历史上的第一次海战胜利。(《简明不列颠百科全书》第 2 卷，第 717 页。)

3 克里昂 Cleon（? ~公元前 422）：雅典政治中商业阶级的第一个著名代表人物。他在伯里克利死后成为雅典民主派的领袖。在伯罗奔尼撒战争中，他力主进攻。公元前 427 年攻克叛变的米蒂利尼后，他建议处死所有公民，将妇女儿童变为奴隶。公元前 425 年因围困斯法克特里亚岛，他的名声达到顶峰。他后来被斯巴达将军布拉西达斯打败，死于安菲波利斯。(《简明不列颠百科全书》第 4 卷，第 762 ~ 763 页。)

4 希罗狄安 Herodian（? ~236 后）：叙利亚历史学家。他曾用希腊文书写了 180 ~ 234 年之间的罗马帝国历史，但在年代和地理方面常有错误。(《简明不列颠百科全书》第 8 卷，第 465 页。)

5 菲利普（善良的）Philip the Good（1396. 7. 31 ~ 1467. 6. 15）：勃艮第瓦卢瓦家族 4 个公爵中最重要的一个。他是"无畏的约翰"之子，23 岁继勃艮第公爵之位。他极力扩张领土，进攻和吞并弱小的邻邦。1424 ~ 1433 年间，经多次亲自率军激战，他征服了荷兰和泽兰城市同盟。1448 年征服卢森堡公国后，他的领土扩展达到最盛时期。他是勃艮第公国的真正缔造者和阿尔卑斯山以北文艺的最主要倡导者。(《简明不列颠百科全书》第 3 卷，第 60 页。)

6 雅各 Jacob：《圣经》人物。他是以撒的儿子，以扫的孪生弟弟，以色列的先祖。他一直争取取代以扫的长子地位，从而导致兄弟不和。他逃往巴旦亚兰避难，并在那里娶妻生子，他的十二个儿子是以色列人十二个支派的祖先。他后来重回故土，在毗努伊勒涉水渡过雅博河时与天使摔跤，神给他改名为"以色列"，表示能够与神角力的人。(《基督教圣经与神学词典》，第 292 页。)

7 约瑟 Joseph：《圣经》人物。他是雅各与拉结所生的儿子，少年时被兄长出卖，后来辗转成为埃及的首相。他是以法莲和玛拿西支派的先祖。(《基督教圣经与神学词典》，第 314 页。)

第十五章　捕获与占有系争捕获物是有利的

第一部分　捕获系争捕获物是有利的

本部分将对以下主题分别进行论述

一、凡属正义的皆是有利的

二、凡属光荣的皆是有利的

三、有助于增进国家利益的是尤为有利的

四、有助于增进盟友利益的是尤为有利的

五、有助于给敌人造成损害的是尤为有利的

六、容易实现的亦是有利的

第二部分　保持占有系争捕获物是有利的

小结

第一部分　捕获系争捕获物是有利的

让我们转向下一个、也是我们讨论的最后一个问题，即从利益的角度对捕获系争捕获物的行为进行考查。毫无疑问，对许多人来说，我们对这个主题的研究似乎多此一举。因为他们以物质所得作为衡量是否符合自身利益的标准，所以，他们认为，所有人都知道取得战利品是符合自身利益的，它是增加私人财产的一种很重要的来源。

但是，我一直抱着这样的信念：利益永远不能与光荣和正义的概念相分离。[1]因此，我认为，炫耀财富而枉顾光荣和正义是一个人彻底腐化堕落的标志。我希望证明，本案中的确存在利益因素，但也不乏光荣和正义的属性。准确地讲，本案中的利益是以光荣和正义的性质为基础的。

---

〔1〕　参见前面第十二、十三、十四章。

一、凡属正义的皆是有利的

因为正义之人（正如我们在前面已经讲过的那样）[1]首先是利己的，所以，柏拉图在赞扬正义时指出，[就其效果来说]我们不仅应该考虑光荣和公正的名声，而且应该考虑快乐或利益。[2]

二、凡属光荣的皆是有利的

同样，至于什么是光荣的问题，我们发现，无论是某种不符合逻辑的思维模式（这种思维模式对人类无疑是灾难性的）强行把光荣的概念与和它存在本质联系的利益的概念隔离开来，还是承认光荣的属性构成所有被称为利益的事物的一个特别显著和突出的特征，可以肯定的是，每一个追求美德名声的人都承认，任何可耻的事物都不可能是真正有利的；相反，光荣的事物因其光荣的属性不可能不是有利的。为了支持这种观点，西塞罗在《论责任》中对此进行了大量的论述。[3]在另一部著作中，西塞罗说明了以下观点："凡属正义的，皆为有利的；凡属光荣的，皆为正义的；由此可见，凡属光荣的，亦为有利的。"[4][5]的确，没有人能反驳西塞罗的这个论点，因为甚至最推崇个人享乐的伊壁鸠鲁派学者也声称："如果没有光荣和正义，一个人不可能快乐地生活。"[6]另外，利益具有共同和公共的特征，[7]法学家们在大多数情况下所指的也是这种利益，[8]它与光荣的概念有着特别密切的关系。

首先，正当地取得的一切都是有利的。由于此类财富有助于实现许多目

---

〔1〕 参见前面第一章和前面第二章开头部分。

〔2〕 柏拉图：《关于正义的对话》[《国家篇》I. p. 362 B～D]。

〔3〕 西塞罗：《论责任》III [各个部分]。

〔4〕 西塞罗：《论道德目的》III [xxi. 71]。

〔5〕 西塞罗的原文很不紧凑："……公平从来不可能与便利[即利益]相分离，凡是公平和正义的也是光荣的；反过来说，凡是光荣的也是正义和公平的。"不过，翻译西塞罗《论道德目的》一书的拉克汉姆指出，后一个"honestum"似乎是西塞罗无意中写错了，它原本应该是"utile"；或者说他希望表达的意思是"受公众尊敬的"因而是"有利的"。如果按照拉克汉姆的说明，格劳秀斯准确地复述了西塞罗观点的实质。（——英译者注）

〔6〕 参见卡修斯致西塞罗的一封信，载于西塞罗：《致友人书》XV. xix。

〔7〕 亚里士多德：《论辩篇》I. vi [6～7]和《论辩篇》I. ix [1～7]。

〔8〕 《查士丁尼法典·学说汇编》I. iv. 2。

的，因而甚至被最严谨的哲学家们归类为"更为可取"之物。战利品属于这种类型的财物，只要它们的取得是正义和光荣的，就不应该被鄙视。

"神所赐光荣之礼物不得被鄙视。"[1]

事实上，我们已经指出，上帝把这种特殊的利益视为赐予其虔诚子民的福报。[2]

战利品之所以有利主要在于那些因获得战利品而光荣致富的人们可以惠及许多其他人，而且大量富裕的公民群体符合国家的利益。此外，由于部分系争捕获物在国家没有付出任何代价的情况下落入了荷兰国家手中，考虑到国家在这场艰苦的战争中耗费巨大而面临公共财政困难，这些捕获物将给国家带来巨大和特殊的利益。罗马人民曾经在许多年里被迫缴纳捐税以支持各种战争的需要。尽管这种持续不断的需求成为罗马人民沉重的负担，但他们认为这是不可避免和必须忍受的。然而，在征服马其顿以后，来自战利品的所得极大地充实了国库，所有公民的纳税义务随之被免除，甚至在此后的一些年里，罗马人再也没有被要求缴纳任何捐税。由此可见，后来进行战争的费用是由以前被征服的民族支付的。我个人不打算预估荷兰人希望将来取得多少［财政］收入，但是，每个人都承认，如果我们能最大限度地从敌人而非本国公民的来源获得额外收入，国家财政肯定会因此而受益。

三、有助于增进国家利益的是尤为有利的

哲学家们在讨论什么是利益的时候，强调了这样一条值得推崇的原则：对于利益问题，必须考虑每个国家的制度、习惯和特殊需要。[3]

可以肯定的是，在所有国家，海运管理都被置于政府的最高权力之下。[4]那些为了带回粮食和各种必需品而从事海外贸易的人被认为实际上是在弥补国家商业活动的不足。[5]特别需要指出的是，谁会对荷兰的事务如此地无知，以致不了解荷兰必需品供应的唯一来源、国家的声誉以及对这一切的保护全

---

[1]　［荷马：《伊利亚特》Ⅲ.65］。

[2]　参见前面第十四章末尾部分。

[3]　亚里士多德：《论辩篇》Ⅰ.viii［1~2］。

[4]　《查士丁尼法典·学说汇编》ⅩⅣ.i.1，§20。

[5]　《查士丁尼法典·学说汇编》Ⅰ.vi.5，§3。另见《查士丁尼法典·学说汇编》Ⅰ.xi.2。

部有赖于航海和贸易呢？另外，在荷兰企业从事贸易的所有地区中，我们在东印度群岛地区的商业贸易在价值，广度以及由此产生的利润方面，无可争议地占据首要地位。

当西班牙人的野蛮行为中断了我们［在其他地区］的商业活动时，承蒙上帝的特殊眷顾，他为荷兰打开了通往东印度群岛的航线，拯救了我们当时濒临崩溃的商业。的确，上帝的垂青可能也为东印度群岛人民的福祉做出了安排，他鼓励他们（以荷兰人为榜样）勇敢地挑战西班牙人令人生畏的名声，同时赐予他们认识真正和永恒的信仰的机会。尽管在新形势下凶恶的敌人仍然不愿意放弃他们的利益，但无论如何，［不可否认的是］〔1〕上帝的眷顾总是在适当的时机以有利于荷兰人的方式介入，告诉他们在哪里可以找到人们长期以来以高得多的价格求购的货物，并指出从海上前往比走陆路更加安全。事实上，虽然荷兰船队在长达十年往返东方的航行中，面对难以预测和恶劣的气候，跨越一无所知的辽阔海域，最后才能抵达陌生的港口，而且所到之处无不面临着葡萄牙人设置的陷阱，但是，荷兰人从来没有空手而归，这难道不是令人惊奇和几乎不可思议的吗？毫无疑问，神意进行干预的目的在于防止出现在没有这种干预的情况下必然出现的可怕后果，即人们精神涣散，非常有利可图的企业一开始就遭到严重挫败，从而使伟大的事业进入最困难的阶段。

因此，我相信，被称为"祖国之父"的荷兰联省共和国议会的议员们在高瞻远瞩地将他们的注意力转向东印度群岛地区的贸易问题，并命令受他们管辖的各个东印度公司（它们原来是分散的实体，由于互相伤害而可能导致毁灭）根据法律合并成一个整体的时候，他们不仅是受人类智慧的指引，而且是受某种形式的神意的指导。荷兰联省共和国议会后来授予新的荷兰东印度公司许多特权的事实充分证明，该公司对荷兰的公共利益具有非常重要的意义。当公司的合并最终完成时，没有人怀疑它为国家的繁荣昌盛奠定了尽可能坚实的基础。

作为这一项措施的结果，东印度群岛人民满怀敬意地看到荷兰的公司牢固地建立在和谐统一的基础上，葡萄牙人则陷入一种惊慌失措的状态。由于

---

〔1〕 显然，拉丁文本在这里无意中遗漏了一个否定式短语。哈马克尔在这句话的末尾补充了"*dubitari nequit*"（不可否认的是）这几个字。（——英译者注）

其他欧洲国家对荷兰人的诚实信用和远见卓识有良好的印象，它们选择把自己的资金投给已经建立起来且管理有序的荷兰东印度公司，而不愿意自己承担海上的风险。通过吸收外国投资的方式，这个组建不足十年、原始资本不足三十万弗罗林的公司，现在的资本已经达到了七百万弗罗林。普遍表现出来的兴奋和乐观的情绪说明，人们坚信荷兰东印度公司的利润有望逐年大幅增长。鉴于过往经验的证据，这种信心绝对是有道理的。

但是，更大的成就还等待我们去取得。迄今为止，我们只到访了东印度群岛地区的少数港口，每一处诱人的海岸都在等待着我们：这边是邻接阿拉伯海和孟加拉湾的土地，那边是中国的海岸。在这些地方，新的获取利润的机会是如此丰富，以致当一船船的商品被源源不断地运来并分销到最遥远的地区时，后来的商品仍然能够卖出与最早运来的商品一样的价钱。

我们都知道西班牙人和葡萄牙人是从多么贫穷的状态下崛起的，现在又达到了多么富裕的程度！事实上，在这些民族历史的早期，在他们还没有进行海上航行之前，他们的统治者几乎凑不出钱来建造第一批出海航行的船只。甚至时至今日，作为昔日贫穷的一种象征，他们仍然习惯用小铜板作为货币计量单位。然而，今天我们看到，同样是这些人，无论是在国内还是在他们极度骄傲的遍布世界的殖民地，他们在房屋、家具装饰、服装以及随行仆役方面，显示的不仅仅是优雅和华丽，而是真正的奢侈。他们的奢侈达到了如此的程度，以致人们完全可以把对古代提尔[1]人的这种评价适用于他们，即他们的商人像王子一样。[1]的确，当来自"凯瑟琳号"大帆船上的捕获物最近被拍卖时，谁不对所展示的财宝叹为观止呢？谁不对此感到十分震惊呢？谁不觉得这些拍卖品实际上是皇室财产，而不是私人所有物呢？

让荷兰人甚至从他们的敌人那里学习致富的正当方法吧！让荷兰人从他们光荣地勤俭持家的祖先那里学习正确使用财富的方法吧！现在，整个社会将从来自东印度群岛地区贸易的利益中获得最大的财富之果，而且这些利益主要在于它们构成了国家捐税和关税收入中更大的份额。尽管在海外航行中获得的巨大利益使西班牙国王敢于把恐怖传播到整个世界，然而，这种对他的独裁专制思想产生了激励作用的成功却被荷兰人用来发挥更正义的保护生

---

〔1〕《圣经·旧约》"耶利米书"［"以赛亚书"］xxiii. 8。

命和自由的作用。公众从这些利益中得到的另一方面的好处在于普通民众中有许多人在从事商业贸易和海上航行，而且除此之外，他们无法从其他来源获得维持生计的收入。因此，正如以赛亚[2]预言的那样：他的货财和利息，要归耶和华为圣，必不积攒存留；因为他的货财必为住在耶和华面前的人所得，使他们吃饱，穿耐久的衣服。[1][2]

难道放弃这种如此有利可图且必需的商业活动是我们希望的吗？我不相信有人会赞成采取这种做法。

但是，只要那些在他们享有安全的地方别人就休想得到安全的人，那些通过自己的言行表明他们不允许其他欧洲人为从事贸易的目的来到系争地区的人（另外，这种态度并非基于某种合法权利，而是建立在不愿意放弃或与他人分享任何来源的利益的基础上），以及那些为了获取利益而不择手段地采取背信弃义的犯罪或者公开进行战争的人没有被赶走，我们就不可能继续从事贸易活动。的确，对于那些为了个人发财致富而不择手段的人来说，什么事干不出来呢？他们甚至毫无顾忌地在地方官员中散布谣言，乃至贿赂他们，试图把他们的邻居、刚刚到达中国不久的卡斯蒂利亚人置于死地，尽管这些卡斯蒂利亚人和他们处于同一位国王的统治之下，实际上是这些造谣生事者的同胞。不过，尽管伊比利亚人不顾它们之间基于血缘关系的义务，但是，中国人更注重受害人和客人的权利（中国人原本不需要考虑他们的权利，并且可以正当地对卡斯蒂利亚人表示敌意，因为当时据报道，西班牙人在菲律宾屠杀了一万名中国人），因而他们的阴谋没有得逞。不过，对于葡萄牙人对卡斯蒂利亚人背信弃义的行为，我们不应该过分地感到惊奇，因为葡萄牙人在只为个人利益着想和嫉妒心理的驱动下，甚至可以在任何地方杀死自己的同胞，只要后者不是属于同一个贸易公司[3]的成员。由此可见，除非诉诸复仇措施，我们不可能保护自己免受这种人的伤害。正如西班牙神学家维多利亚正确地所说的那样，即使战争的目的只是为了防御，也不可能不对敌人进行复仇。维多利亚指出：

---

〔1〕《圣经·旧约》"以赛亚书" xxiii，末尾部分。

〔2〕格劳秀斯对引自以赛亚的这一段话的解释用词非常晦涩，以致译者认为在这里部分地采用杜埃版《圣经》中的语言比较合适，尽管本英译本中所有来自《圣经》的直接引语都采用的是詹姆斯国王版《圣经》的文本。（——英译者注）

〔3〕"Societatis"一词可以指各种类型的社团。不过，在这里，格劳秀斯考虑的可能是它的通常含义，即"合伙或贸易公司"。（——英译者注）

"因为假如不通过对惩罚的恐惧使他们不敢再实施伤害行为，敌人将大胆地再次对我们进行攻击。"[1]因此，正如公共利益要求我们维持对东印度群岛地区的贸易一样，公共利益同样迫切要求我们采取一切可允许的方法遏制葡萄牙人，包括对他们施加各种痛苦，其中最轻的就是剥夺他们的财产。

四、有助于增进盟友利益的是尤为有利的

虽然以上所列举的利益具有国内的性质，但除此之外，还有其他同样重要的利益，其效果以增进盟友的利益或使敌人遭受损失的形式表现在国外。

在整个宇宙中——除永恒的上帝以外——人类最大的利益莫过于人类本身，因此，在与利益有关的所有成就中，最大的成就是赢得与他人的友好关系。西塞罗在许多段落中谈论过这一点。[2]他接受了帕奈提奥斯[3]的观点，后者在他关于趋利避害的［即有利的］[3]全部讨论中始终坚持同样的观点。[4]亚里士多德也把朋友和友谊列为对人类最有利的事项。他指出，由于友谊本身的缘故和它能够带来许多［利益的］结果，它成为人们向往和追求的目标。他认为，"热爱朋友"比"热爱金钱"更加高尚。[5]

五、有助于给敌人造成损害的是尤为有利的

然而，另一方面，正如以下著名诗句中表述的那样，有时，对人类造成极其严重伤害的正是人类自己：

"人类最大的痛苦来自哪里呢？

不是别处，正是人类自身。"[6]

---

〔1〕　维多利亚：《战争法》开头部分［n.1，证据五］。

〔2〕　西塞罗：［《论责任》，各个部分］。

〔3〕　"*De Vtili*"意指"关于趋利避害的""有用的"或"有利的"。为了保持连贯性，对于本章中格劳秀斯为表达自己的论点使用的"*utilis*"一词，译者一律将其译为"有利的"。然而，英语中并没有一个对等的术语，可以令人满意地表示"*utilis*"一词的全部含义，而且在翻译格劳秀斯引用的其他作者的著作时，严格遵守连贯性规则也并非总是具有可行性。

还应该注意的是，帕奈提奥斯希腊语原著的标题从字面上看是"关于什么是适度的""恰当的"或"合适的"，在英文中，该书的标题被译为《论适度》。（——英译者注）

〔4〕　帕奈提奥斯：［《论适度》］。

〔5〕　亚里士多德：《论辩篇》I. vi［I. vii. 18］。

〔6〕　［维吉尔：《埃涅阿斯纪》II. 105］。

因此，正如反向推理告诉我们敌人的快乐就是我们的痛苦一样，根据相互对立的因素的性质，对敌人最不利的就是对我们最有利的。这正是下面祈求中的含义：

"这正是伊萨卡人【奥德修斯】所渴望的，

也是阿特柔斯的儿子们愿意付出高昂代价实现的。"〔1〕

正因为如此，那些研究什么是利益的学者也非常正确地赋予这种特殊利益（即对敌人造成伤害）以极大的重要性。

不过，让我们还是回到最初的论点上来吧。每个人都知道友谊的巨大力量。正是因为这种力量，就像商人有必要结成同盟一样，对那些正在进行战争的人来说，不仅与邻人、甚至与遥远地区的人们结盟也是有利的。米特拉达梯【米特拉达梯六世】之所以受到人们称赞，是因为他派遣使者一路前往西班牙去见塞多留4以及罗马人当时正与之作战的将军们。〔2〕因为米特拉达梯【六世】知道他与之打交道的敌人的性质，也就是说，他知道罗马人占据着世界很大一部分地区，而且罗马是一个既强大又富有的国家。因此，根据他的设想，他要让罗马在争夺霸权的战争中两线作战，即在两个完全不同且相距遥远的地区与两支［敌对的］军队〔3〕同时在陆地和海上进行战争，而这两支军队将在各自地区协调行动。

我无意夸大或者贬低伊比利亚民族的实力。我的确知道，他们统治的疆域比米特拉达梯【六世】时代的罗马人统治的范围还要广阔，甚至可能超过我们的时代或其他时代任何国家的领土范围。我也知道，伊比利亚民族实力的基础不在低地国家或西班牙，而是在大洋彼岸的地区，正是从这些地区获得的财富和资源使他们能够支持国家的巨额支出和战争。不过，我还知道，他们也在那些遥远的地区收获了与他们获得的权力同样大的仇恨。如果荷兰人希望结束战争，就要利用这种仇恨。为了推翻这种已经遍布世界每个角落

〔1〕 这是西门所讲的话。他告诫俘虏他的特洛伊人说，对他实施报复将损害他们的事业，因为这样做只会使他们的敌人奥德修斯（伊萨卡人）与（阿特柔斯的儿子）阿伽门农和墨涅拉俄斯兄弟感到高兴。（——英译者注）

〔2〕 西塞罗：《论〈马尼利安法〉》［iv. 9］。

〔3〕 "Binis copiis［hostium］"。由于漏掉了"hostium"（敌对的）一词，因此，格劳秀斯的这一句话很容易引起歧义，因为它可以被翻译为"用［他们自己的］两支军队"。但是，这样的翻译不符合事实，因为在引用的这一段话中，西塞罗特别提到了"敌对的军队"。（——英译者注）

的暴政，北方联盟必须和最遥远的东方人民联合起来。

荷兰人早就应该寻求与东印度群岛地区的国王和人民建立友谊了。但你看，现在反而是人家主动向荷兰人寻求友谊来了。在我们的主要官员中，谁没有遇到过东印度群岛人请求我们给予救援和帮助以对抗葡萄牙人的情形呢？怎么解释特尔纳特岛国王和岛国安波纳的请求呢？怎么解释我们收到的柔佛国王的信件呢？另外，亚齐的贵族甚至亲自来到了海牙的王宫。与此相类似的一个事件被认为是奥古斯都因为国家昌盛而获得尊敬的显著标志[1]（这是指来自东印度的使者对奥古斯都的拜访，他们带来了珍贵的礼物，但他们只是炫耀他们经过了多么长距离的航行才来到这里，尽管他们的肤色已足以证明他们的确是来自属于另一个气候带的地区），而另一个类似事件则为克劳狄【应为克劳狄一世】的统治增添了特殊光彩[2]（他接见了来自塔普罗巴奈［锡兰］[3]的使者）。但对荷兰人来说，这样的事件已经变得司空见惯，以致他们不再感到新鲜了。除了和我们联合起来共同打击葡萄牙人以外，难道这些使者还有其他希望和请求吗？他们如此地信任我们的诚信，以致请求荷兰人在东印度群岛的土地上建立要塞！他们强烈要求将马六甲海峡和巽他海峡置于荷兰人的控制之下！他们中的一些人为我们封锁马六甲这个贩卖奴隶的交通要道提供了必要的物资，[4]并告诉我们完成这个任务可以采用的方法。

当前形势的另一个更重要的特征是与荷兰人的友谊在东印度群岛人民之间发挥着一种协调的作用。苏门答腊已经和岛国锡兰[5]缔结了条约，康提5和亚齐的国王也发誓同仇敌忾协力抗击葡萄牙人。由于荷兰人的缘故，亚齐

---

　　〔1〕　弗洛鲁斯：［《罗马简史》Ⅱ. xxxiv〕。

　　〔2〕　普林尼（老）：《博物志》Ⅵ. xxii［Ⅵ. xxiv. 84〕。

　　〔3〕　"*Taprobane*"【塔普罗巴奈】这个名称被格劳秀斯本人用来指苏门答腊。但是，在此处引自普林尼（老）《博物志》的那一段话中，它一般被解释为指的是锡兰。至于"*Taprobane*"一词在《捕获法》其他段落中的重要性，参见第 5 页、第 240 页和第 277 页的英译者注。（——英译者注）

　　〔4〕　"*Commeatus*"一词也可以被译为"自由通行"、"护航"或"运输"。在达姆斯特的荷兰语译本中，关于荷兰历史的部分具有重要价值，他在此处将"*Commeatus*"一词译作"供应品"和"给养"。（——英译者注）

　　〔5〕　"*Celonem*"：很明显，当格劳秀斯意在指锡兰的时候，他总是使用这个名词的某种形式。在同一句话中，"*Taprobane*"一词显然不是指锡兰，而是指苏门答腊。在《捕获法》中涉及这个问题的所有其他地方，格劳秀斯都是这样做的，他既没有引用，也没有解释其他某位作者的说法。参见上上一个英译者注以及其中指出的其他注释。（——英译者注）

国王摒弃了他与柔佛投资者之间的宿怨，现在，这两个对手之间的竞争归结到了一点上，那就是：在荷兰人眼中谁更重要。如果不是从前荷兰对葡萄牙开战的态度显得犹豫不决，其他许多国王也早就加入我们的事业了。

因此，我们现在应该得出什么结论呢？我们能对这样有利的形势不屑一顾吗？即使不说这种冷漠的态度有悖于我们的公共利益，实际上，从葡萄牙人为了报复当地人与荷兰人之间的友好关系而围攻他们的城市、把田地变为一片废墟并纵火烧毁乡村的时候起，在道义上我们也不可能采取这种态度了。因为假如此类在任何意义上都不仅应该鼓励坚持而且应该发扬光大的联盟（如果不想毁掉我们的贸易，我们确实没有其他选择）只是一种权宜之计的话，对于那些我们希望与其建立同盟关系的国家，我们还能提供什么保证和诚信的承诺呢？的确，我们必须给予他们所唯一希望的保证，即勇敢地对葡萄牙人发动进攻（荷兰人应公开宣布葡萄牙人是自己的敌人），并且像敌人一样对待他们。对罪有应得的葡萄牙人实施复仇是正义和光荣的，而宽恕他们则是危险的，尤其是考虑到东印度群岛人多疑的性格，这种危险尤为严重。

为了支持我的这一论断，我要讲述最近发生的一件事：

当斯皮尔伯格从泽兰到达这里的时候，康提（位于锡兰岛上的一个国家）国王对有关荷兰的事务表现出了极大的兴趣，他整天向我们详细询问历史上著名的战争：

"关于普里阿摩斯与赫克托耳，

【她】渴望了解许多情况……"[1]

康提国王乐此不疲地想象着战无不胜的莫里斯亲王的模样和尼乌波特[6]战役的画面。国王自己以及王后和他们的孩子们已经开始学习荷兰语中的词汇，以便使康提王国可以被称为已经是荷兰的一部分了。国王宣布说，他希望把他的长子（在成年后）送到莫里斯亲王那里，以便让这个年轻人在这位伟大的统帅教导下学习军事。国王还请荷兰人在康提王国境内他们认为合适的任何地方选址建设一座要塞，他补充说，他宁愿和妻子儿女为建设要塞运送石块，也不愿意放弃自己衷心喜欢的这一项工程。不久以后，他接见了来访的西波尔德·德·沃特（他是维基布兰德·沃里克统帅的舰队的副司令官），他

---

〔1〕［维吉尔：《埃涅阿斯纪》I. 750］。

请求德·沃特为他进攻位于康提王国边境且在当时被葡萄牙人占据的哥伦布要塞提供帮助。国王非常真诚地提出由他们自己发动进攻，但请求西波尔德·德·沃特帮助守卫船只，以抵挡可能从果阿来的葡萄牙人的援军。他许诺对荷兰人的帮助给予各种奖赏，并且愿意把从敌人那里夺取的地方委托荷兰军队守卫。但是，不幸的事件就这样发生了。为了结交盟友，西波尔德从锡兰出发前往亚齐，并在航行途捕获了四艘葡萄牙船只。然而，虽然康提国王曾经当面向西波尔德提出过请求，而且在荷兰人起航出发以后又写信给他，以神和勇敢的莫里斯亲王的名义，恳求西波尔德为了康提王国与荷兰之间的友谊，把他可能抓获的任何葡萄牙人交给国王处置，但德·沃特显然很容易找到仁慈的借口，并直接释放了这些俘虏。对于德·沃特将把这些葡萄牙人交给他这件事，康提国王从来没有任何怀疑，因此，为了表示礼遇，尽管他原来承诺只是在威塔努姆会见德·沃特，但他却一路赶往拜蒂克洛[7]（它是荷兰舰队到达的地方）去迎接这位舰队司令官。然而，在拜蒂克洛，一场悲剧发生了：国王非常震惊地发现那些被抓获的犯有罪行的俘虏竟然被西波尔德释放了，他自己的请求也受到了公然的蔑视！一怒之下，他下令处死西波尔德（他甚至用为自己辩解的方式傲慢地回答国王的质问）和近五十名其他人！他以这种方式为自己未能对葡萄牙人实施的复仇进行了复仇。

此外，这样的仁慈（假如仁慈在这里的确是一个适当的用语）已经导致敌人的嘲笑，盟友的疑惑和我们人民的重大损失。因此，如果我们几乎不可能说服那些打起仗来比欧洲人更凶狠的东印度群岛民族接受这种说法，即我们的习惯是即使在能够消灭敌人时，也应该给他们留一条活路，而且如果这些民族看到葡萄牙人的船只（肯定将被作为战利品捕获的船只）从荷兰人的手中溜走，那么，他们除了相信一定是私下进行的背信弃义的交易发挥了作用以及荷兰人和葡萄牙人是一丘之貉以外，你还能指望他们相信其他什么呢？鉴于这一点，我们有必要向他们保证遵守诚信，并给予他们一种令其感到满意的理由，以换取他们对我们的友谊。这种令他们满意的理由就是使他们遭受的苦难得到补偿，也就是让他们有机会看到，那些在全世界进行抢劫的强盗被剥夺了他们拥有的一切。

下面，让我们探讨我们从敌人遭受的损失中获得利益的问题。

作为荷兰人的敌人，葡萄牙人是塔西佗在另外一个场合[1]所描述的那种人：他们在逆境中畏首畏尾，在顺境中胆大妄为，毫不在乎任何神法或人法。因此，我们最重要的利益就在于使葡萄牙人一看到勇敢的荷兰人就想起他们以前遭受的损失，因而两腿发抖，望风而逃。即使相对于荷兰的船只，他们的船只在数量和大小方面占据相当大的优势，他们也不敢与荷兰人进行对抗，因为正是这些荷兰船只经常使他们遭受严重损失。由于他们不敢靠近荷兰船只停泊的地方，荷兰人不但免于实际的危险，更不用担心受到骚扰。事实上，这个结果已经部分地实现了，因为东印度群岛地区的国王们宣称，葡萄牙人只要看到，甚至有人提到荷兰人，他们都会吓得浑身发抖，脸色惨白。当我们听说葡萄牙人遵照命令将被荷兰人捕获的船上的货物亲手搬到荷兰人船上的时候，我们能够从这个事实中得出什么结论呢？或者说我们能够从已经有人在为获得海上安全航行的特权而向荷兰人支付费用的进一步的事实中得出什么结论呢？同样，当我们的敌人意识到荷兰人可以轻易地抓获一大群俘虏的时候，他们向偶尔被抓获的荷兰俘虏发泄愤怒时就要三思而后行；与此同时，对报复的担心会迫使他们采取一种不同的行为方式，而这种不同的方式在荷兰人通过善意行为鼓励他们这样做的时候反而会被拒绝。

此外，要么他们将来继续为我们提供同样的战利品，而这种选择显然会给我们的国家和公民个人带来巨大利益；要么他们从进攻别人转向保护自己，在东印度群岛水域保持大量船只进行防御，建筑许多要塞加强对殖民地的守卫，并且（作为最困难的任务）需要时刻对所有情况同时保持警戒。由此产生的巨大支出和沉重负担不但会消耗葡萄牙人所有的私人利润，而且会耗尽葡萄牙国家这个荷兰自由的顽固敌人从整个东印度群岛地区获得的财政收入。人们很容易想象到，这两个结果对我们国家将会产生多么巨大的利益。因为每个人都知道，金钱构成战争的主要资源，所以，[在战争中]自己能获得金钱供给是头等重要的事；同时，处于第二位的最重要的事就是防止敌人获得金钱供给。由此可见，假如腓力国王从他在东印度群岛的领地获得的所有产品和收入都需要像他从某些欧洲领地获得收入那样支付高昂的代价，那么，可以肯定，我们未来的战争将被证明会容易得多。没有人怀疑西班牙通过与

---

〔1〕　塔西佗：[《历史》I. lxviii]。

意大利人的交易获得的财政支持是使战争得以持续下去的主要手段。同理，假如荷兰人的资源能够抵得上西班牙从另一部分低地国家【是指那些没有加入荷兰联省共和国，仍然在西班牙统治下的低地国家】获得的财政收入，我们早就可以结束这场战争了。因此，如果西班牙的财政崩溃——随之而来的是获得其他资金所必要的信用的丧失——除了发生将导致一场大革命的军事暴乱以外，还可能出现什么后果呢？

对于那些了解有关事件历史的人来说，下面一点十分清楚：几乎所有为荷兰带来好运和繁荣的事件，其原因和根源都与敌人的财力不足有关。《根特和约》的签订和最初包括几乎所有低地国家的反西班牙同盟的建立，使我们在财力拮据和四分五裂的基础上重建为一个完整而幸福的国家，而这一切均得益于敌人的收入来源枯竭以及由此导致的内部冲突。另外，除了由于敌人派遣了一支强大的舰队与不列颠作战[1]以及他们在与法兰西的战争中耗费巨大而导致财政困难（这种财政枯竭的程度极其严重，以致直到今天都未能恢复）的原因以外，对于荷兰在被帕尔马公爵统治了那么长时期之后，能够在一位杰出领袖的坚强领导下，经过同样长的年代反过来取得胜利的事实，我们还能作出其他解释吗？正是因为财政资源的枯竭导致了法兰西边境地区频发的动乱、意大利人在舍根的暴动和我们的敌人相互之间的厮杀，也正是因为财政资源的枯竭引发了圣－安德鲁的背叛和佛兰德遭到攻击的一系列新的动乱以及那一场著名战役的机会；[2]同时，财政困难也是导致霍赫斯特拉滕【今比利时安特卫普省一城市】叛乱的导火索，在那场叛乱中，根据荷兰人自己的命令，他们的田园被洗劫一空。

至于当前的形势，确切地讲，因为我们的敌人怀着更大的野心，甚至企图占有荷兰人拥有特殊权利的那些海洋，所以，我们要尽一切努力，通过让他们在财政负担已经非常沉重的情况下再增加额外支出的方法，确保挫败他们的企图。目前，最重要的是我们要在整个东印度群岛地区给伊比利亚人制造尽可能多的麻烦，使他们一次又一次地陷入由新的失败和损失导致的混乱中。考虑到我方支出的费用不是由国家，而是由公民个人承担的，这种行为

---

　　〔1〕　1588 年著名的无敌舰队。（——英译者注）
　　〔2〕　这里的"敦刻尔克战役"也许是 1600 年发生在西佛兰德省尼乌波特的一场战役的另一种提法。这一场战役的结果是莫里斯（拿骚的）的军队大胜西班牙军队。（——英译者注）

方式尤其值得推崇。此外，谁说在东印度群岛地区取得的成功不会增强我们在美洲地区进行大胆开拓的信心呢？在这种情况下，我们的确可以认为，由于［伊比利亚人在新世界的］统治建立在对所有国家进行剥夺的基础上，因此，他们的统治也就成了任何国家都可以合法地剥夺的目标。

六、容易实现的亦是有利的

假如（像在这些问题上的权威学者坚持认为的那样）[1]是否容易实现确实是一个人在评估特定项目的利益时考虑的因素，那么，就让敌人用他们愿意付出的高昂代价装备舰队，直到四面八方都回响着他们进行战备工作的噪音去吧！如果荷兰人对于自己和敌人的估计并非完全错误，那么，就像（我们所知道的）汉尼拔讽刺安条克国王【应为安条克三世】的军队不会对罗马人构成危险那样，我们也不会有真正的危险。因为在安条克三世向汉尼拔炫耀他的金银饰品光彩夺目且人数众多的军队、装备着大镰刀的战车、华盖罩顶的战象与配着闪亮缰绳和华丽马衣及其他装饰的骑兵之后，他询问这位迦太基将军，这一切是否足以对付罗马人；汉尼拔（他把注意力全部集中在这些人缺乏战斗精神的弱点上）回答说，即使罗马人被认为是世界上最贪婪的人，眼前的这些东西也的确足以使他们满足了。尽管实际上安条克三世的问题是他的军队的实力是否比得上罗马人，但从汉尼拔的回答来看，似乎国王问他说当这些东西作为被捕获的战利品时是否足以使敌人满意。如果我们在这里借用这位迦太基将军表达的思想并对其措辞加以修改，那就是：无论葡萄牙人在整个印度所做的战备工作性质如何——无论这种战备工作多么壮观和耗资巨大——这些东西对荷兰人来说已经足够了。因为对于此前遭受了巨大损失的荷兰人来说，他们可以正当地期望从葡萄牙人预备的战利品中获得适当补偿。正如很久以前安提西尼[8]清楚地指出的那样："我们应当希望我们的敌人拥有财富而缺乏勇气。因为在这种情况下，这些财富并非属于［现在］拥有它们的人，而是属于［后来］赢得它们的人。"[2]的确，在经过审慎的思考后，没有人会反对这种看法。

---

〔1〕 亚里士多德：《论辩篇》I, vi［26］。
〔2〕 参见斯托博乌斯：《文选》LII［LIV. 41］。

从船只的比例上看，荷兰的船只比较小，但更灵活，易于规避海上和战争中的各种紧急情况；同时，它们的结构可以使敌人船只发射的炮弹从上空飞过而不会造成损害。相反，体积庞大且移动缓慢的葡萄牙船只不是为打战，而是为运载货物建造的，整个船体都暴露在敌人的炮火之下，而且不足以抵御风浪。一般来说，这样的船只适于被别人征服，而不适于征服别人。荷兰人——生长在凛冽的寒风和冰冷的海水中以及北方的星空下，许多人甚至从孩提时代起，在海上度过的时间甚至比在陆地上还要长——像熟悉土地一样熟悉海洋；他们极其耐寒，能够长时间忍受没有食物的状态。对他们来说，漫长的航行中〔像去往东印度群岛的航行〕必然会遇到的困难完全是司空见惯的现象。同时，得益于国内漫长的战争，他们既勇敢又富有战斗经验。相反，葡萄牙人体质羸弱，他们生活在温暖的气候环境中，并且被骄奢淫逸的生活淘空了身体，因此，他们不足以忍受晕船和海上颠簸的痛苦。此外，葡萄牙人本质上缺乏男子汉气概；他们纵情酒色，不能熟练使用武器，而且在航行中还要被一大群病人拖累，这些人甚至妨碍了健康人的行动。简而言之，葡萄牙人不适合作战，（按照一种著名的说法）可以说，"他们只能成为密细亚人的战利品"。[1]

在这种情况下，我们发现，荷兰的水手们获得了如此大的自信，以致无论在任何时候，即使他们人数很少而葡萄牙人人数众多，他们也不放弃在战斗中取胜的可能性。在许多情况下，具有敏锐判断能力的将军根据士兵们的面部表情和行为举止表达出来的信息，在观察他们战争开始前的求战欲望后，便宣布胜利无疑是属于他们的。根据这些将军们的判断，这样的证据是最好的征兆和最准确的预言。因此，当荷兰人看到自己人大无畏的精神以后，他们应该期待将会看到巨大的胜利。这些荷兰人对战士们的勇敢和好运的信任既不是盲目乐观，也不是没有正当理由的，因为他们有这一方面现成的最无可辩驳的证据，并且（可以说）有胜利的保证。

在很长一段时期内〔举一个例子来证明西班牙人和葡萄牙人的虚弱〕，法

---

〔1〕　也就是说，即使是最弱小的民族也能对他们实施抢劫。密细亚（小亚细亚一个古老的地理区域）的居民由于被认为缺乏男子汉气概而广受鄙视，以致希腊人在讽刺一个人的时候经常会说："他是密细亚人中最差劲的一个。"（参见西塞罗：《为弗拉库斯辩护》xxvii. 65。）（——英译者注）

兰西人[1]对［西班牙］与美洲之间贸易的成功干扰达到了这样一种程度：几乎没有西班牙士兵不曾被法兰西人俘虏过。在有些情况下，胜利者捕获的战利品如此之多，甚至船上的服务生都可以带八百达克特回家。法兰西人还成功地洗劫了新世界的所有岛屿和美洲大陆本身。另一方面，如果西班牙人侥幸捕获了一艘法兰西船只——不是因为他们很勇敢，而是对方的指挥官太懦弱——对他们来说，这似乎如此地非同小可，以致从他们庆祝胜利的方式来看，好像他们征服了整个法兰西，而不是只捕获了一艘法兰西船只。这种情况的发生不是因为法兰西人在海上航行和作战能力方面具有巨大优势，而是因为西班牙人贪婪的欲望使他们的船上满载商品和乘客，而没有装备任何武器。同样，英格兰人在完成环球航行之后，实际上袭击了所有的西班牙领地。［与英格兰人相比］其他任何人从来没有像他们那样，在成功地取得如此多的财产的同时，付出如此少的代价。

作为真正的"海洋之子"，荷兰人能够希望获得什么呢？虽然我们无意做任何令人反感的比较，但我们可以说，荷兰人从来没有在势均力敌的战场上或者任何公开的海战中处于劣势。另外，尽管我可以从与法兰西人、日耳曼人和英格兰人交战的记录中找到光辉的事例，但我不想再返回到前面关于我们历史的部分中说明自己的观点。让我们把所有注意力都放在伊比利亚的敌人身上吧——他们也得到了来自某些低地国家的支持——让我们对这一场战争的开始到目前这个令人欣慰的时刻做一个简单的回顾吧！

我们看待这个事件的链条应该从博苏伯爵【他与阿尔瓦公爵一起来到荷兰】的被俘、泽兰人民早期对葡萄牙人财产的捕获、乘坐小船逃走的梅地纳塞利公爵到与西班牙人浴血奋战的德·霍特。此外，难道还有任何一支舰队会比敌人在那个可怕的年代［1588年］派来与不列颠和荷兰交战的舰队更强大吗？难道与高卢海［即英吉利海峡］相比，东印度群岛海域的海峡不是更狭窄，而且浅海地形更不确定吗？据说后者除了有无数的浅滩和沙洲以外，还包括七万个岛屿，敌人更笨重的大船更容易在这里触礁。难道我们忘记被迫搁浅在加的斯附近的海滩并被荷兰和英格兰军队焚毁的那支舰队了吗？还有那支对其主子来说非常致命的斯皮诺拉[9]的舰队？另外，难道敌人还有比安

---

〔1〕　参见约翰·米特尔［或马特尔］为奥索里奥［《伊曼纽尔【一世】传》p. 20］所作的序言。

德鲁斯·胡塔多·德·门多萨更勇敢和更杰出的将领吗？然而，尽管双方实力相差悬殊，［荷兰方面］只有六艘相对较小的战船，对方却有三十多艘体积更大和火力更强的战舰，但门多萨还是在万丹附近被击败并被迫逃走。自从门多萨战败以后，又有多少葡萄牙船只被捕获、击沉或焚毁了呢？其他的不讲，让我们只看那些最大的船只吧。除了在斯皮尔伯格和英格兰人之间分配战利品得到的一艘船以外，还有三艘大帆船落到荷兰人手中。虽然我称这三艘大帆船为船，但它们可能更应该被视为浮动的堡垒，甚至城镇，因为每艘船上都有七百多人。这三艘船中的一艘是科纳利·塞巴斯蒂安在圣海伦娜岛附近捕获的，它落入了泽兰人手中；另一艘就是被海姆斯凯尔克捕获并带回来的这艘船；第三艘则是由沃里克的舰队在澳门附近夺取的。与此同时，还发生了更引人注目的事件，那就是荷兰人击溃了敌人的一整支舰队，解放了柔佛，并把一位非常友好的国王从围困中解救了出来。事情的经过是这样的：雅各布·皮埃特斯率领上面提到的沃里克舰队中的两艘战船和一艘快艇驶往帕塔尼，希望进一步强化当地女王已经表现出来的对荷兰的友好关系。在航行途中，皮埃特斯发现，葡萄牙人占领了属于柔佛王国的一条河流。葡萄牙人有两艘大帆船以及二十五艘以上的双桅帆船和其他船只，他们使这一地区充满了可怕的恐惧。皮埃特斯认为，放弃一位受到巨大危险威胁的盟国君主是错误的，因此，他决定和葡萄牙人进行战斗；战斗一直持续到当天晚上，敌人溃不成军狼狈地逃向外海。如果我们要讲述国王如何亲自来到获胜的荷兰船上表达谢意，并对作为盟友的荷兰人再次向他证明了的诚信表示赞扬，那将是一个很长的故事。不过，荷兰人没有满足于已经取得的胜利，相反，他们再次出发对敌人进行搜索。经过一场激战，葡萄牙人的两艘大帆船遭到重创，他们弯下腰拼命划桨才勉强逃出生天。

　　在我们对葡萄牙人取得的无数光荣的胜利面前，难道还有人相信我们应该害怕葡萄牙人吗？绝对不！前进，前进，水手的国家！我们可以设想以下著名的神谕不是说给在亚克兴角[10]的奥古斯都，而是说给你们听的：

　　“你们不要被每条船都配有一百条船桨的舰队吓倒，

　　　因为大海不愿意它们在其上航行。

　　　你们也不要被船首奇形怪状的雕饰吓倒，

　　　因为它们不过是凸凹的线条和彩绘的鬼怪。

战士的战斗力取决于他为什么而战。

如果没有正义的战争原因，

耻辱感会让他丢下手中的武器。"〔1〕

最后两行无疑是正确的，而且特别适合目前的讨论。荷兰水手知道，他是为维护万国法而战，而他的对手则是为反对人类的友好关系而战；荷兰水手知道，他的敌人进行战斗是为了建立暴政，而他进行战斗则是为了保卫自己和别人的自由；荷兰水手还知道，敌人是在内心邪恶欲望的驱使下进行战斗，而他则是在敌人长期以来一次又一次的诽谤、残酷的待遇和背信弃义的激励下进行战斗。希腊最伟大的演说家指出："为了抵御伤害，所有人都会竭尽全力拼死一战。但这种情形不会发生在出于夺取他人财产的贪婪动机而采取行动的时候。"〔2〕亚历山大大帝也以符合其军队总司令身份的方式说道："首先实施伤害行为是对对方最严重的挑衅。当一个人为反击伤害者而战时，他战斗的目的不是实施伤害，而是进行自卫。（由于进行自卫是问心无愧的）因此，他有最大的希望赢得胜利。"〔3〕

荷兰联省共和国议会在［1604 年 9 月 1 日］发布的法令中以更简洁的方式总结了以上关于利益问题的观点。〔4〕该法令明确宣布，承蒙上帝的恩典，在我们与葡萄牙人斗争的过程中，航海和贸易受到保护并不断发展，〔5〕友好的王国和城市得到解放，我们取得了对敌人的伟大胜利并从中获得巨大利益（我们希望从敌人那里取得更大的胜利和利益）。该法令也清楚地表明，这些利益的取得无不伴随着敌人遭受的严重伤害和巨大损失，并且在没有给国家增加任何财政负担的情况下，为荷兰联省共和国及其城市带来光荣、利润和公正的名声。

第二部分　保持占有系争捕获物是有利的

正如国家从战争给葡萄牙人造成的损害和对葡萄牙人的剥夺中获得了和

---

〔1〕　普洛佩提乌斯：《哀歌》IV. vi［47 ff］。

〔2〕　［狄摩西尼：《论罗得岛人的自由》II. p. 193。］

〔3〕　［普卢塔克：《希腊罗马名人比较列传》"亚历山大传"。］

〔4〕　参见上文第 376 页提到的这一项法令。（——英译者注）

〔5〕　马特尔：《奥索里乌斯〈伊曼纽尔【一世】传〉》"序言"。

商人们同样多的利益一样，让商人们成为系争战利品的主人也会使国家获得和他们同样多的利益。考虑到在这场特别漫长和艰苦的战争中的各种支出，尤其是海军的巨额支出，已经使公共财政不堪重负，因而最合适的办法就是通过由私人付出代价来摧毁敌人的力量。但是，一个理性的人不会无缘无故地付出代价，除非有望取得公平的利益抵消可能的风险。因此，荷兰联省共和国议会的议员们采取了一个非常恰当的措施，他们不仅在其他方面支持与东印度群岛的贸易，而且断定东印度公司将其自付代价和自担风险捕获的财产分给公司成员是正义和对国家有利的。这样做既符合（例如）普洛佩提乌斯所表达的这样一项原则，即"战利品应当属于那些经过勇敢战斗夺取它们的人"，[1] 也符合自然理性的要求。

因此，我们的结论是：那些对如此丰厚的利益不屑一顾的人是在极其不负责任地挥霍自己的机会和运气。我几乎可以完全正当地认为，（可以说）拒绝怀着感恩的心接受根据战争法和万国法以及荷兰联省共和国议会和最高行政长官的授予属于我们的财产，是一种不可理喻的顽固不化的表现。由此可见，我们可以合理地推测，没有人会坚持拒绝或抛弃这些财产；如果确实有这种人，他们也不会成为正当地信仰上帝和效忠国家的人们希望效仿的榜样。不过，有些荷兰人的确非常单纯，他们耐心地倾听着来自自己同胞的口中但偏向敌人的煽情的说辞。非常遗憾的是，[对敌人的] 有罪不罚甚至发展到了如此地步：有些荷兰人竟然声称，葡萄牙人的所作所为是允许的，但荷兰人不能这么做。我对这些人最大的诅咒就是希望他们有朝一日落入他们如此热情支持的敌人手中，亲身体验一下葡萄牙人的残酷手段，只要它不会对我们的主权和国家带来损害和危险。

不过，对于他们的空谈——或者确切地讲，对公共事业的恶意贬损——还是交给法律和法官去依法处理吧！对我们来说，能够给具有错误认识的人带来启发就足够了。

因此，对于那些可能拒绝接受系争利益并认为假如不这样做将有悖于正义和良心要求的人来说，如果有任何符合逻辑的方法或者权威论述能够对他们产生影响，那么，本书在前面部分中阐述的论点和为证明这些论点所列举

---

〔1〕 普洛佩提乌斯：《哀歌》Ⅲ. ⅲ［Ⅲ. ⅳ. 21］。

的事例可能会使他们变得更加清醒。我相信，除了极其顽固的人以外，我们已经阐明的观点足以使其他所有人相信，取得上述利益是最光荣之事。

　　另外，至于那些主要对利益问题感兴趣的批评者（假如有这样的人），让我们看看他们可能对取得捕获物提出什么反对意见吧。的确，我不认为有人会在目前情况下提出这样一句名言："非法夺取的财产将以同样的方式失去，以卑鄙的方法取得的财产不能被传给后世。"事实上，我们自己也认同这种说法。同时，我们进一步承认，任何不符合正义和光荣标准的都不可能是有利的，尽管因长期的时间流逝可能使不义之财享受到财产的保护并得到官方的认可。现在，最无可辩驳的观点已经证明，我们现在讨论的案情与刚才引用的那句名言所述的情形完全相反，因此，（可以这么说）任何基于这种理由的反对意见必然会由于不存在基本前提而根本站不住脚。相反，不可否认的真相是：任何财产的地位都不可能被追溯至在战争中取得其所有权之前的状态；同样不可否认的真相是：（如同西塞罗在《论义务》一书中指出的那样）[1]几乎所有国家的安全都取决于在战争中取得的财产。

　　因此，我们经常在许多作者的著作中看到这样的论述：使用武力从敌人手中夺取的一切均可被正当地占有，而且此类财产均可以正当的名义和理由被其所有人的后代继承。罗马人在回答奥隆奇人[11]有关埃塞特朗斯领土的问题时说明了这一点。罗马人还告诉沃尔西人，以这种方式取得的财产和通过赠与取得的财产没有任何区别。这种论断可能受到了以下事实的启发：承担战争风险的双方似乎达成了一项契约，根据该契约的规定，被捕获的财产将被转移给捕获者。因此，假如一个希望成为胜利者的人不幸被击败，他就不得不接受战败者的命运。这不能说是不正义的。在这里，我们有必要引用狄奥尼西奥斯（哈利卡尔那索斯的）著作中的原文来说明这一点。在狄奥尼西奥斯（哈利卡尔那索斯的）记载的提修斯·拉西乌斯[12]的演说中有这样一段话：

　　"我们罗马人相信，我们根据战争法以捕获方式取得的财产是最正当和最光荣的，任何人都不能说服我们把这些财产还给那些失去它们的人，不能让他们用假惺惺的恭顺毁掉我们勇敢的见证。我们的信念是我们应该尽力把大量财富留给子孙后代，这也是公共利益之所在。难道我们会允许任何人夺走

---

〔1〕　西塞罗：《论责任》I〔vii. 21〕。

我们已经取得的财产吗？难道我们会命令把通常应该用来对付敌人的做法用来对付我们自己吗？"〔1〕

另外，我们发现，罗马元老院议员在对沃尔西人的答复中是这样说的：

"另一方面，我们把从敌人那里捕获的财产视为最光荣的财产。我们自己并不是第一个制定这项规则的人，我们只是像遵守神法，而不是人定法那样遵守着它。它得到了所有民族，无论希腊还是未开化民族惯例的确认。我们不会由于胆怯而把任何东西还给你们，也不会放弃任何在战争中取得的财产。由于疏忽或害怕而失去用勇敢和勇气换来的财产是最耻辱的事情。"〔2〕

在对萨谟奈人的答复中，我们还看到了这样的说法："……这些财产是我们使用武力取得的，这构成了最正当的财产权利。"〔3〕另外，法布里齐乌斯在他的演说中也指出："这种取得财产的方式（法布里齐乌斯指的是通过战争取得财产的方式）不但具有正义和光荣的特点，而且能使人从中感到极大的快乐。"〔4〕

不过，即使占有系争捕获物本身没有任何疑义，我们仍然必须解决事后可能出现的担忧。例如，倘若以后案件被提交给法庭时怎么办？在这里，我们必须设想，这场想象中的审判的法官是西班牙人，还是非西班牙人？

如果有人相信，即使是对于过去的案件，荷兰人也可能有义务在西班牙法庭上进行辩护，那么，他必然是对祖国的前途抱着最悲观的看法。假如此类案件在西班牙法庭审判的情况能够并且真的发生——让这种想法见鬼去吧！——不仅这一批特殊的捕获物，而且每个荷兰人连同他的所有财产都会输得一干二净。因为

"如果让某位新法官对战争作出判决，

你们所有人将会发现他的手并不干净。"〔5〕

也许有人担心，如果重新恢复与敌人的商业关系但战争仍然继续下去，作为接受系争战利品的结果，自己的财产也可能会被敌人扣留。然而，难道

---

〔1〕　狄奥尼西奥斯（哈利卡尔那索斯的）：《罗马史》Ⅵ［xxxvi］。

〔2〕　狄奥尼西奥斯（哈利卡尔那索斯的）：《罗马史》Ⅷ［x］。

〔3〕　参见［《名家选集》p. 10 中收录的狄奥尼西奥斯（哈利卡尔那索斯的）《罗马史》片段。］

〔4〕　参见［《名家选集》p. 18 中收录的狄奥尼西奥斯（哈利卡尔那索斯的）《罗马史》片段。］

〔5〕　卢卡：［《内战记》］Ⅶ［263］。

在我们讨论的事件发生之前，敌人没有采取过这种做法吗？或者说，难道敌
人继续这样做真的需要新的借口吗？另外，我不太明白的是，既然人们发现
在东印度群岛的贸易利润颇丰且日进斗金，为什么还要继续在存在大量风险
和来自敌人的仇视的其他地方做生意呢？总之，我们要么完全放弃［与敌人
的贸易］，要么只有在西班牙人离开荷兰人的商品活不下去以后再和他们做生
意。此外，即使敌人真的再回到从前背信弃义的老路上，他们对荷兰商人提
出起诉也不会[1]是因为他们占有了上述捕获物（因为在［敌对］国家的土地
上，没有人能知道谁接受了部分捕获物，或相反，谁拒绝接受任何捕获物），
而是因为他们藐视西班牙国王颁布的敕令与东印度群岛人民进行贸易。谁不
知道西班牙政府已经对带领这一次商业探险的人颁发禁令了呢？在西班牙人
颁发禁令的时候，荷兰人还没有捕获这一艘大帆船。因为在西班牙国王眼中，
与东印度群岛人进行贸易的做法是一种十恶不赦的犯罪，所以，他发明了一
种极其阴险和无耻的方法，以代替他无法对这些个人施加的惩罚。此外，即
使指控特别地以捕获物的取得为依据，如果这种取得行为被认为明显是不正
当的（因为敌人很可能这样认为），那么，根据赔偿的规则和法学家的权威观
点，不但取得占有之人，而且——在最完整的意义上——这一行为的倡导者
和支持者都要承担责任。[2]因此，既然假如案件由一名西班牙国籍的法官审
理，没有人会因为这一行为而免受惩罚，我们就没有理由为取得捕获物一事
更加担忧。实际上，我们应当做的是竭尽全力防止案件由西班牙法官审理。

　　另一方面，如果我们设想审理案件的法官不是敌人，而是某个友好的君
主或民族，则首先我们刚才提到的那种担忧就没有根据了，因为为了交战双
方之间的行为而没收抵押物或诉诸报复从来都是不允许的。的确，只要战争
没有被宣布为非正义的（没有人对荷兰人发动的战争作出过它是非正义的判

---

　　[1]　此处的拉丁文本（珂罗版第160页倒数第三行）有点令人费解，因为格劳秀斯没有完整地
完成他提出的替代性选择。在"eo"被删除后，"ex"一词显然也应该被删除，而且本应作为前置修饰
词的"non"离它现在修饰的短语太远。在英文译文中，这一句是按照格劳秀斯正确地完成其修改后
的形式处理的，即：没有对"ex"进行翻译，"non"则被移到了"也"引导的句子前面。（——英译
者注）

　　[2]　参见前面第八章第一部分中对结论七第三点（一）的论述。约翰·卢普斯：《论战争与军
事》§"Si bene advertas"；威廉·马泰：［《论正义与合法战争》］Req. I，末尾部分；［特罗瓦马拉］：
《罗塞拉全集》"论'战争'的词义"n. 6。

决），保持占有被捕获的财产就是非常正当的行为，对这些财产不能提出任何
质疑。此外，诉诸报复只能是为了本国公民的利益，而不能代表外国人实施，
但本案只与葡萄牙人有关［他们不是任何非西班牙国家的公民］。

此外，如果我们设想审理案件的是某位［非西班牙国籍的］法官，［但］
他忠诚于西班牙的事业，并且希望把一切都交给西班牙，那么，这位法官主
要考虑的肯定不是取得捕获物的问题，而是荷兰人使用武力反对［西班牙］
统治者、与东印度群岛人进行贸易，以及许多其他问题；这些问题有的需要
补偿，有的需要抗辩。因为战利品的取得可能导致相当于但不超过其价值的
赔偿义务，所以，战利品的恢复原状只是意味着不能再取得来自该战利品的
利润，但不会导致其他实际损失。然而，如果根据对我们的其他指控来计算
赔偿额，那就不知道会有多少了。

至于报复，从性质上看，它适用于一个公民的行为涉及同一国家的任何
其他公民的情形，因此，那些取得一部分捕获物的人和没有取得任何捕获物
的人一样，不需要担心报复的问题。由此可见，没有理由［由于担心报复的
危险］拒绝对捕获物提出权利主张。

还可能有这样一些人，他们在有限的意义上主张取得捕获物［而不是断
然拒绝接受分配给自己的捕获物份额］，但同时希望通过其他一些方法消除自
己的顾虑或担忧。他们的想法是不正确的，因为对于自己主张的财产，只能
是或者保持占有，或者转让。另外，保持占有该财产可能有两种意图：或者
是为了把它返还给敌人，或者为了自己的利益把它留下来。

不过，对于捕获的财产，我们既不能，也不应该把它返还给从前的所有
人。因为我们到哪儿去找这些所有人呢？难道我们指望敌国的臣民从印度或
里斯本赶来，通过被称为"共同争夺之诉"[1]的法律盛会重新主张他们的财
产权吗？事实上，那些所有人似乎已公开承认，他们的不幸只是战争法注定
的命运，因此，他们自己也已经从心里放弃了重新获得财产的一切希望。应
该说，真正可笑之极的是那些持相反观点、对甚至敌人都没有质疑的合法权
利表示怀疑的人。因为很清楚，依据诚信原则进行战争的人甚至在道德上也

---

〔1〕 拉丁文短语 "*manum ex iure conserere*"（共同争夺之诉）用来表示这样一种仪式：多个诉讼
当事人同时把他们的手放在系争财产上面，每个人都主张该财产属于自己。（——英译者注）

没有恢复原状的义务。同时，不应该把战利品返还给敌人是正确的，即使完全存在返还的可能性。因为任何帮助敌人的行为，无论是以经济还是任何其他方式，都是违反法律和侵犯国家尊严的。[1]假如祖国能够对那些准备为敌人提供这种帮助的人发声，她必然会对他们说："所有正直的公民都要为这个目标而行动、为这个事业而奋斗，并毫不犹豫地为此奉献自己的鲜血和财产，那就是：通过剥夺敌人实施伤害的每一种方式，最大程度地保证国家的幸福安康。因为正直的公民们相信，应该剥夺那些顽固坚持敌对立场之人的生命，并剥夺那些显然是以损害荷兰利益的方式错误地利用其资源之人的财产，这样做既有利于祖国，也会为他们带来光荣。至于你们，难道你们真的希望把我们在幸运之神的眷顾下，在战争中从敌人手里夺取的战利品再还给他们吗？难道你们真的希望把祖国的损失转化为那些处心积虑地阴谋毁灭祖国和你们每个人的财富吗？他们的所作所为不是因为过失或错误，而是因为受他们的野心和贪婪欲望的驱使。"我认为，任何人在听过这一番训诫之后都会认识到他的错误，承认他是由于受错误观念的影响误入歧途，而不是蓄意不忠诚于自己的祖国。

假如确定不允许将被捕获的财产返还给敌人，那么，现在让我们考虑把这些财产与我们自己的其他财产加以区分是否有利的问题。

如果把它们加以区分是为了防止其他财产与战利品相混合而受到玷污，则这种近似迷信的顾虑实际上是非常可笑和不值一驳的。除非我们相信，来路不正的财产就像臭鸡蛋一样，如果把它和其他财产放在一起，（似乎）每个铜板都会沾上臭味。但事实上，我们应该承认，"财产"一词指的是性质完全相同的作为整体的财产，尽管它们可能被分别放在不同的保险箱或者钱包里。[2]由此可见，虽然正当地取得财产（这一表述包括在正义战争中夺取战利品）是增加财产总量并为之增添光彩的正当途径，但这些财产仍然会被不当地获得的财产所玷污，即使将它们分开并运到相距很远的地方。因此，现在唯一有关的问题是：我是否希望把这些财产算作自己的财产呢？对于那些我取得并持有的财产，别人不会认为应该将其从我的财产中剔除出去。

---

〔1〕《查士丁尼法典·学说汇编》XLVIII. iv. 4。

〔2〕巴尔托鲁：《〈学说汇编〉评注》XXIV. iii. 2，n. 17；市民法与教会法评论家：《〈学说汇编〉评注》XII. vi. 38。

此外，如果有人将财产分别放置是为了在将来有一天法庭可能作出判决命令他［将被捕获的财产］恢复原状时，避免寻找财产的麻烦，那么，他不仅是在为完全不需要担心，或至少不需要过分担心的不确定事件（正如我们已经指出的那样）自寻烦恼，而且他对法律存在严重误解并夸大了自己遭受损失的可能性。假如一个人仍然持有某件战利品而没有把它消费掉，他将更容易被强迫恢复原状。因为作为一条得到充分确立的规则，在财产已经被消费掉的情况下，基于对善意原则的承认，它应该被放弃给使用人。[1]

有些人实际上对战利品提出了主张，却又将其主张的战利品转让给别人。这种做法同样不能更有效地使自己感到心安理得。因为假如他们真的认为系争财产带有某种瑕疵，那么，由这种瑕疵产生的责任显然不可能通过任何占有的转移而被消除；这不仅是通过法律确定的规则，也是道德所施加的更有约束力的义务。[2]因此，如果一个人占有了分给他的战利品，但因为心中不安而不能坦然行事——即他依然相信对该战利品的捕获是非正义的——他就将永远受恢复原状的义务的约束；（根据有关这一主题的权威学者的学说）即使通过出售或赠与行为将其转让给［后来的］第一千个占有人，也不能使他摆脱这种义务。[3]此外，倘若有人认为，如果他对战利品一下都没有动就把对它的所有权利转让给了别人，他的责任会更小，他就是一个对一般法律原理完全无知的人。因为无论我把什么东西交给他人占有，即使这种交付是通过间接占有程序[4]完成的，它也必然被认为是属于我的。假如除此之外可以接受其他推理过程，则我们通过自己的代理人取得或消费的一切就都不是属于我们的了。

进一步讲，一个转让其财产的人必须把它们分发给穷人，或者送给某个有组织的实体或个人。

当一个人将其财产作为礼物送给穷人时，他等于完全把礼物献给了上帝。对于这种行为，的确应该致以最高的敬意。当人们得到完全出乎意料的钱财

---

〔1〕　参见前面第八章引申问题二中的论述；维多利亚：《战争法》33。

〔2〕　《查士丁尼法典·法学总论》Ⅱ. vi. 2。

〔3〕　西尔维斯特：《西尔维斯特全集》"论'战争'的词义"［Pt. I］x.［3］；约翰·卢普斯：《论战争与军事》§ *Si bene advertas*；威廉·马泰：《论正义与合法战争》Req. I，末尾部分。

〔4〕　"*Brevi……manu*"；更具体地讲，"直接来自［我之前的所有人］之手"。

时，有什么能比对帮助我们取得战争胜利的上帝的恩赐表示感谢更加正当呢？因此，不仅在犹太人中，而且在希腊人、罗马人以及其他民族中，把十分之一或某种类似比例的战利品奉献给神成了一种确定的习惯。另一方面，这个事实也足以清楚地表明，胜利者不必把所有战利品都奉献给神。即使亚伯拉罕也只是把战利品的十分之一交给了大祭司，并没有剥夺他的盟友和仆从们应得的份额。[1]此外，关于摩西的史书清楚地写着，在供奉给上帝丰富的祭品以后，仍然留下了许多战利品：每个人都分得了很大一份。[2]不过，我们必须给予最充分考虑的是这样一个问题：如果有人从战利品中留出一部分作为献给上帝的祭品，那么，这一部分祭品究竟是算他自己的财产，还是属于他人的财产呢？如果他把祭品算作自己的财产贡献出去，这种行为无疑是恰当的，我们对此不会有任何异议，因为他可以转让自己取得的任何财产。但是，如果他贡献的礼物是别人的财产，他就要当心触犯自己尽心竭力希望取悦的上帝了，因为他献给神的是神认为不能心安理得地享受的。上帝在禁止用娼妓所得金钱敬献给他的时候非常清楚地表明，他所悦纳的礼物必须来自正当取得的财物。[3]它也是奥古斯丁（圣）这一句话的意义：人不应当偷窃，即使因为缺乏供奉上帝的祭品。[4]

另一方面，如果那些将权利转让给有组织的实体或者个人的人取得了某种对价作为交换，他们就必须被认为已经出卖了这种权利。即使他们除了感谢之外并不希望对方支付任何金钱，他们仍然不能否认，自己正在把起初被认为属于自己的财产转让给别人。由于任何人都不能转让不属于自己的财产，[5]因此，无论是在良心法庭还是民事法庭上，实施了这种转让行为的人将发现，他们与那些接受了［战利品］所有权的人具有同等地位。因为后者取得的也不是实际的物品，而是其价款。另外，他们平常也是以这种方式交换其他物品的。

---

〔1〕《圣经·旧约》"创世纪" xiv, 末尾部分。

〔2〕《圣经·旧约》"民数记" xxxi. 53。

〔3〕《圣经·旧约》"申命记" xxiii. 18。

〔4〕奥古斯丁（圣）：《反尤里安——致克劳狄乌斯》V. viii［载《书信集》ccvii］。

〔5〕塞内加（小）：《论利益》V. xii [7]；《查士丁尼法典·学说汇编》L. xvii. 54。

小　结

由此可见，那些认为总会有某种理由证明取得和占有来自敌人葡萄牙人的战利品是一种不明智的行为的人如果不是在自欺，就是在欺人。

鉴于这种情况，我劝荷兰的商人们和荷兰东印度公司不要被任何借口所阻挠（因为所有借口都是错误的和没有说服力的），从而在自己的目标上退却：这个目标不但获得了业已确立的习惯和人类的赞同，而且得到了神法和良心法庭的支持；它不但不是卑鄙的，而且被认为是非常光荣甚至光彩夺目的。总之，这个目标不但不会带来损害，而且预示着对个人和公众的最大利益。让他们带着作为荷兰人特征的神圣的诚信精神频繁地航行去往最遥远的地方吧！让他们对抗一切可能的伤害，保卫我们的商业权利吧！让他们为祖国赢得盟友，为祖国和他们自己取得敌人的财产吧！

此外，我恳请我们政府的议会（包括各省议会和联省共和国总督）的每一位成员、各位领袖和公众自由的代表，继续维持在开始时给予海外贸易的优惠待遇，以促进和保护这样一项最适于我们从事的、不利于敌人但有利于荷兰人民并能够为各级议会带来无上光荣的事业。我也恳请你们不要让付出辛劳但得不到回报、英勇作战但得不到荣誉、甘冒风险但得不到利润和付出代价但得不到补偿的现象发生。

我还要向永恒的上帝祈求。他是荷兰的缔造者与精神支柱。我们用"最杰出的"指代他的智慧，用"最强大的"指代他的力量。承蒙上帝的恩典，他选择荷兰人而不是任何其他民族以昭示人类的力量在他的威力面前是多么的不堪一击！还是承蒙上帝的恩典，他使荷兰人民在他所创造的世界最遥远的地区展示了我们的荣耀！我虔诚地祈祷并祈求：第一，请上帝为我们的人民灌输与基督教徒称号相一致的行为习惯，以免因他们的错误而使尚未皈依基督教的民族对这种真正的宗教感到厌恶。第二，请上帝挫败我们的敌人残忍的阴谋，不要使无辜者屈服于野蛮的敌人；相反，请上帝把损失和灾难加诸后者，将赞美和荣誉赏赐予前者。请上帝遏制那些与祖国离心离德之人令人厌恶的疯狂，并赐给那些因错误观点而误入歧途之人正确的认识能力；请上帝赐给我们所有人智慧，使我们能以感恩和纯洁的精神利用与享受胜利的成果（我们承认，这种胜利成果同样是来自上天的恩赐）。

随附以下每一份文件的附本：

《联省共和国总督法令》（1599 年 4 月 2 日）；

《海军部意见》；

《荷兰联省共和国议会法令》（1604 年 9 月 1 日）；

《马六甲主教致国王的信件摘要》（1600 年 4 月 30 日）；

《马六甲元老院信件》（1603 年 3 月 9 日）；

《马六甲总督致雅各布·海姆斯凯尔克的信件》（1603 年 3 月 9 日）；

《马六甲总督的另一封信件》（1603 年 3 月 26 日）；

《被捕获船只司令官致海姆斯凯尔克的信件》（1603 年 3 月 24 日）。[1]

中译者注

1 提尔 Tyre：今名苏尔，黎巴嫩南部省沿海城镇。它最初可能是其北面的西顿城殖民点，公元前 14 世纪曾臣属埃及。埃及人在腓尼基势力衰竭时独立。不久后它取代西顿成为贸易中心，与地中海各地普遍发展贸易关系，并于公元前 9 世纪在北非建立子城迦太基。公元前 8 世纪后，它先后臣服亚述和波斯阿契美尼德王朝。公元前 322 年，它被亚历山大大帝攻克，嗣后属托勒密王朝。（《简明不列颠百科全书》第 7 卷，第 732 页。）

2 以赛亚 Isaiah：《圣经》人物。他是以色列历史上最伟大的先知之一。大约公元前 8 世纪末，他在南国犹大事奉，历经乌西雅、约坦、亚哈斯、希西家等朝代。传统上认为他是《以赛亚书》的信息的讲述者。（《基督教圣经与神学词典》，第 286～287 页。）

3 帕奈提奥斯 Panaetius（活动时期公元前 180～前 109）：罗马的斯多葛哲学创始人。他是斯奇比奥·埃米利安努斯和波利比奥斯的朋友，也是第欧根尼和安提帕特的学生。他长期定居罗马，成为斯奇比奥集团中有影响的一员。继安提帕特为学派首脑后，他在雅典度过一生的最后 20 年。他写的 5 篇论文均已失传，但他重要的伦理学论文《论适度》成为西塞罗《论责任》前两卷的范本。（《简明不列颠百科全书》第 6 卷，第 383 页。）

4 塞多留 Sertorius（约公元前 123～前 72）：罗马政治家和军事将领。公元前 105 和前 102 年，他两度在高卢作战，后任山南高卢军事指挥官。公元前 83 年，他任行政长官，负责管辖西班牙各行省。当苏拉派兵向他进攻时，他退居非洲，公元前 80 年重返西班牙。

---

[1] 尽管格劳秀斯《捕获法》的手稿中并没有包括这八份文件，但在荷兰国立莱顿大学图书馆管理员 F. C. 威德尔博士的热情帮助下，获得了这些文件的荷兰语和德语文本。它们被复制在本书的后面。（——英译者注）【中译本中未包含这些文件】

公元前 77 年他在西班牙举起叛旗，同年，庞培率领罗马军队前来镇压。他在与罗马军队的战争中显示出战略和战术方面的高度才能，但后来兵败被杀。(《简明不列颠百科全书》第 6 卷，第 870 页。)

5 康提 Kandy：斯里兰卡地名。今天的康提是斯里兰卡中央省省会和行政区，而 15 世纪末的康提王国是锡兰重要的独立君主国家，也是最后一个被殖民强国征服的僧伽罗人王国。17 世纪初，所有其他僧伽罗人王国都被葡萄牙人所灭，唯有它又巍然屹立了两个世纪。在葡萄牙人统治锡兰时，它与荷兰人结盟；在荷兰人统治锡兰时，它又寻求英国人的援助。(《简明不列颠百科全书》第 4 卷，第 644 页。)

6 尼乌波特 Nieuwpoort：比利时西佛兰德省城市。它位于艾泽尔河岸，是重要的港口，也是海滨游览地区。(《简明不列颠百科全书》第 6 卷，第 251 页。)【1600 年 7 月 2 日，莫里斯亲王率领的荷兰联省共和国军队与阿尔贝特率领的西班牙军队在尼乌波特发生战争，荷兰军队击溃了西班牙军队，是谓"尼乌波特战役"。不过，荷兰军队未能夺取尼乌波特。】

7 拜蒂克洛 Batticaloa：斯里兰卡地名。它是斯里兰卡东部省省会和行政区，位于东岸的一个岛上。它有堤道、桥梁、轮渡、公路和铁路与主岛相通。(《简明不列颠百科全书》第 1 卷，第 517 页。)

8 安提西尼 Antisthenes（约公元前 445 ~ 前 365）：雅典的希腊哲学家，苏格拉底的学生。他是犬儒哲学学派创始人（人们也常说该学派创始人是第欧根尼）。他哲学思想的根源来自社会内部存在的矛盾与不平。他认为幸福由德行决定，德行可通过教育培养。哲学上的犬儒学派在他去世后长期存在。(《简明不列颠百科全书》第 1 卷，第 306 页。)

9 斯皮诺拉 Spinola（1569 ~ 1630.9.25）：西班牙杰出军事指挥官。他于 1602 年率领自费招募的 9000 人的军队进军西属尼德兰。在 1603 年占领奥斯坦德后，他被任命为西班牙在尼德兰的驻军总司令。他虽然在 17 世纪初反对荷兰共和国的战争中赢得声誉，但他最终未能摧毁荷兰人的军事力量。(《简明不列颠百科全书》第 7 卷，第 449 页。)

10 亚克兴角 Actium：希腊地名。它是希腊阿卡纳尼亚北部的海岬，现为圣尼古拉奥斯角。公元前 31 年，屋大维【奥古斯丁】在此大败安东尼，成为罗马世界的当然霸主。(《简明不列颠百科全书》第 9 卷，第 780 页。)

11 奥隆奇人 Aurunci：古意大利坎帕尼亚部落。他们居住在沃尔图努斯河与利里斯河之间的一块滨海狭长地带（今卡塞塔省境内）。公元前 295 年为罗马所灭。(《简明不列颠百科全书》第 1 卷，第 362 页。)

12 拉西乌斯 Larcius（活动时间公元前 6 世纪后期 ~ 前 5 世纪初期）：罗马政治家。据传他是罗马第一任独裁官。公元前 501 年，他平定了 30 个拉丁城市的叛乱。(《简明不列颠百科全书》第 5 卷，第 60 页。)

附录：《捕获法》第二章中的规则与法律

一、九条规则

1. 神意之体现即为法。

2. 体现所有人意志之人类共同同意即为法。

3. 个人所示之意志即为自身应守之法。

4. 国家所示之意志即为全体公民应守之法。

5. 国家所示之意志即为公民个人相互关系中应守之法。

6. 行政长官所示之意志即为公民整体应守之法。

7. 行政长官所示之意志即为公民个人应守之法。

8. 所有国家所示之意志即为所有国家应守之法。

9. 对于司法程序，被告国或其公民为被告之国家有优先权；倘若经证明上述国家疏于履行司法职责，则原告国或其公民为原告之国家应成为法官。

二、十三项法律

1. 应当允许保护［自己的］生命并避免任何证明有害之威胁。

2. 应当允许为自己取得并保有对生活有用之物。

3. 任何人均不得伤害他人。

4. 任何人均不得强占已被他人占有之物。

5. 有恶必纠。

6. 有善必报。

7. 公民不仅应当自我克制不伤害其他公民，而且应当保护作为整体与个人之其他公民。

8. 公民不仅应当自我克制不夺取他人之私有财产或共有财产，而且应当对他人与整体所需之财产做出贡献。

9. 非经司法程序，任何公民不得对其他公民行使其权利。

10. 行政长官在所有问题上均应为国家利益而行为。

11. 国家应确认行政长官的一切行为均为有效。

12. 非经司法程序，任何国家或其公民均不得试图对其他国家或其公民行使权利。

13. 倘若［法律］能被同时遵守，则［所有］法律均应被遵守；倘若法律不能被同时遵守，则上位法优先于下位法。

中译者注索引

A

B

C

D

E

F

G

H

M

R

S

T

W

Z

后　记

　　《捕获法》是格劳秀斯创作最早，但出版最晚的一部著作。本书发端于捕获法庭的诉讼，却反映了宏大的时代背景。当时，已经宣布独立的荷兰联省共和国一方面与不承认其独立地位的西班牙作战，另一方面为争夺在东印度群岛地区从事贸易的权利与葡萄牙进行斗争。《捕获法》系统地论证了荷兰的民族独立战争与捕获战利品和捕获物的正当性，论证了海洋自由与在荷兰东印度群岛地区从事贸易活动的合法性，并提出了一系列重要的自然法和万国法原则，是一部逻辑严密，论证充分，具有重要学术意义的国际法著作。事实上，格劳秀斯在收集自己作为辩护人所写的辩护词、捕获法庭的判决和荷兰东印度公司的文件的基础上完成的这一部著作，成为他后来创作《战争与和平法》时所依据的重要文稿。弗鲁因教授指出，只是《捕获法》中理论分析的部分就为《战争与和平法》提供了二分之一的内容。[1] 由此可见，《捕获法》一书构成《战争与和平法》的基础，其学术地位和价值是不言而喻的。

　　我从 2006 年开始进行格劳秀斯《战争与和平法》（全译本）的翻译。经过长期不懈的努力，《战争与和平法》第 1 至第 3 卷分别于 2015～2017 年顺利出版。在即将完成《战争与和平法》翻译工作的时候，我产生了继续翻译卡内基基金会资助出版的"国际法经典著作"系列中格劳秀斯其余两本著作的想法。由于在翻译《战争与和平法》的过程中积累了必要的资料和经验，因而这两部著作的翻译进展比较顺利。2018 年《海洋自由论》出版后，我开始了对《捕获法》的翻译工作。尽管 2020 年 1 月开始的新冠疫情打乱了正常的工作和生活，但我却因祸得福，得以抽出更多的时间投入本书的翻译之中。现在，《捕获法》一书的翻译已经结束，这也意味着我最终全部完成了对格劳秀斯主要国际法著作的翻译工作，心中自然感到十分欣慰。

---

　　〔1〕 ［荷］格劳秀斯著，［美］弗朗西斯·W. 凯尔西等英译，马呈元译：《战争与和平法》（第 1 卷）（修订版），中国政法大学出版社 2018 年版，"序文"，第 29 页。

虽然翻译作品缺乏原创性，但对国际法名著的翻译和探讨是国际法基础研究的重要组成部分。我认为，能够为有意研究和学习国际法的学者和读者提供译文格式和内容相对统一和高质量的格劳秀斯主要国际法著作的中文译本是一项有意义的工作，也是一名国际法学人的职责所在。这一系列译著的出版对于中国国际法学界加强对国际法基础理论的研究并将其运用于当代国际法的理论与实践无疑具有重要的价值。

在本书即将付梓之际，我应该对为此付出劳动的所有人表示感谢：

感谢北京外国语大学马海良教授在本书翻译过程中对少数疑难问题提出的宝贵意见。

感谢原联合国大会部高级翻译程萍女士对个别英文名词的理解和翻译提供的有益帮助。

感谢我原来的研究生、日内瓦国际法高级研究院梁卓博士在部分"中译者注"词条的维基百科检索方面提供的帮助。目前研究条件的逼仄窘迫由此可见一斑。

感谢我的研究生李晓瑜同学在"中译者注索引"的编制和部分译文的录入方面所做的细致认真的工作。她付出的劳动为我提供了很大便利，并节约了我的工作时间。

感谢中国政法大学出版社总编室柴云吉主任和有关编辑人员为本书的出版所做的大量工作。

马呈元
2020 年 8 月 8 日
北京 中国政法大学

图书在版编目（ＣＩＰ）数据

捕获法/(荷)格劳秀斯著；马呈元译.—北京：中国政法大学出版社，2020.12
ISBN 978-7-5620-9803-4

Ⅰ.①捕…　Ⅱ.①格…　②马…　Ⅲ.①捕获法—研究　Ⅳ.①D993.5

中国版本图书馆CIP数据核字(2020)第270864号

出　版　者	中国政法大学出版社
地　　　址	北京市海淀区西土城路 25 号
邮寄地址	北京 100088 信箱 8034 分箱　邮编 100088
网　　　址	http://www.cuplpress.com (网络实名：中国政法大学出版社)
电　　　话	010-58908285(总编室) 58908334(邮购部)
承　　　印	北京中科印刷有限公司
开　　　本	720mm×960mm　1/16
印　　　张	31.75
字　　　数	518 千字
版　　　次	2020 年 12 月第 1 版
印　　　次	2020 年 12 月第 1 次印刷
定　　　价	148.00 元